© Noordhoff Uitgevers bv

Serie Beheersen van bedrijfsprocessen

De kern van de administratieve organisatie

Mark Paur RA MMO

drs. Toine van Boxel

Derde druk

Noordhoff Uitgevers Groningen/Utrecht

© Noordhoff Uitgevers bv

Ontwerp omslag: G2K (Groningen-Amsterdam)
Omslagillustratie: iStock

Eventuele op- en aanmerkingen over deze of andere uitgaven kunt u richten aan: Noordhoff Uitgevers bv, Afdeling Hoger Onderwijs, Antwoordnummer 13, 9700 VB Groningen of via het contactformulier op www.mijnnoordhoff.nl.

De informatie in deze uitgave is uitsluitend bedoeld als algemene informatie. Aan deze informatie kunt u geen rechten of aansprakelijkheid van de auteur(s), redactie of uitgever ontlenen.

0 / 19

© 2019 Noordhoff Uitgevers bv, Groningen/Utrecht, Nederland.

Deze uitgave is beschermd op grond van het auteursrecht. Wanneer u (her)gebruik wilt maken van de informatie in deze uitgave, dient u vooraf schriftelijke toestemming te verkrijgen van Noordhoff Uitgevers bv. Meer informatie over collectieve regelingen voor het onderwijs is te vinden op www.onderwijsenauteursrecht.nl.

This publication is protected by copyright. Prior written permission of Noordhoff Uitgevers bv is required to (re)use the information in this publication.

ISBN 978-90-01-88961-6
NUR 786

© Noordhoff Uitgevers bv

Woord vooraf

In het woord vooraf van de eerste en tweede druk werd de noodzaak van het beheersen van de bedrijfsvoering onderstreept. In beide gevallen (2010 en 2014) werd dit geïllustreerd met een aantal voorbeelden uit de praktijk waaruit bleek dat bedrijven en andere organisaties niet 'in control' waren. Helaas is dit voor de derde druk niet anders: banken die zich niet houden aan wetgeving; ziekenhuizen die failliet gaan omdat de financiële situatie slechter was dan verwacht en verdenkingen van steekpenningen, het haalt regelmatig de voorpagina's van de kranten. En had iemand in 2014 van het woord 'sjoemelsoftware' gehoord? Kortom: bedrijven vliegen nog steeds regelmatig uit de bocht.

In dat opzicht is er niet veel veranderd. Wat wel verandert, is de omgeving waarin bedrijven opereren. De situatie in de wereld is onzeker: handelsoorlogen steken de kop op, Brexit stelt nieuwe eisen aan het zakendoen met een van onze belangrijkste handelspartners en de technologie blijft zich razendsnel ontwikkelen. Hoewel niemand in de toekomst kan kijken, is de verwachting dat de ontwikkelingen zullen versnellen. Blockchain en kunstmatige intelligentie kunnen een 'gamechanger' worden in veel sectoren.

Vanwege de impact van deze ontwikkelingen is het voor een boek over administratieve organisatie belangrijk om up-to-date te blijven. Dat hopen we te bereiken met deze herziening. We behouden uiteraard het goede, met name de relatie met de praktijk en de toegankelijkheid van de stof voor de hbo-student. We hebben hierin een aantal accenten aangebracht, mede op basis van de vernieuwde CEA-eindtermen voor de accountantsopleiding. Dit betreft vooral de hoofdstukken die voorafgaan aan de praktijkhoofdstukken. We besteden meer aandacht aan het brede begrip control, met een prominentere plaats voor het COSO-model, waarbij we ons baseren op het COSO-ICF model van 2013. Daarna gaan we uitgebreider in op de diverse componenten van de administratieve organisatie. Hierbij plaatsen we het begrip 'risico' in perspectief van zowel COSO als administratieve organisatie, voor veel studenten lastig te onderscheiden. In de inleiding op de volgende pagina's beschrijven we uitgebreider de verschillen tussen de vorige en deze druk. In de conversietabel wordt duidelijk waar onderwerpen uit de tweede druk te vinden zijn in deze, vernieuwde, derde druk.

De structuur van het praktijkdeel is op hoofdlijnen ongewijzigd gebleven. We volgen hierbij het typologiemodel van Starreveld. Omdat het boek primair bedoeld is voor hbo-studenten accountancy en bedrijfseconomie (finance & control) komen bepaalde typologieën (met name financiële instellingen en overheidsorganisaties) niet aan bod. De opbouw van de praktijkhoofdstukken is in de derde druk meer uniform, waarbij we de

volgorde van de componenten van de administratieve organisatie hanteren. In het nieuwe hoofdstuk 22 vertalen we alle theorie naar de uitwerking van casussen. Hierbij zijn 7 casussen opgenomen waarvan de uitwerkingen op de website staan.
We hopen met de vernieuwing van het boek en de bijbehorende website nog beter aan te sluiten op de wensen van de hbo-student en -docent om de taaie materie van administratieve organisatie toegankelijk en inzichtelijk te presenteren.

Wij houden ons uitdrukkelijk aanbevolen voor suggesties ter verbetering van dit boek en wensen u veel studie- en leesplezier.

Mark Paur
Toine van Boxel
Najaar 2018

Serieoverzicht

Serie Beheersen van bedrijfsprocessen
- *Beginselen van de financiële administratie* (2ᵉ dr., 2013), 978-90-01-82065-7
  website: www.beginselenvandefinancieleadministratie.noordhoff.nl
- *ERP en Business Management* (4ᵉ dr., 2016), 978-90-01-87593-0
  website: www.erp.noordhoff.nl
- *Beginselen van de administratieve organisatie* (3e dr., 2017), 978-90-01-87681-4
  website: www.beginselenadministratieveorganisatie.noordhoff.nl
- *De kern van de administratieve organisatie* (3ᵉ dr., 2019), 978-90-01-88961-6
  website: www.kernadministratieveorganisatie.noordhoff.nl

Inhoud

Inleiding 12

DEEL 1
Theoretische grondslagen 16

1 Organisatie en besturing 19
1.1 Organisatie 21
1.2 Besturing van de organisatie 24
  Samenvatting 32
  Eindvragen 33

2 Control en controlmodellen 37
2.1 Waarom control? 39
2.2 Wat is control? 43
2.3 COSO Internal Control Framework 46
2.4 Risicomanagement 52
2.5 Toepassingen in de praktijk 54
2.6 Tax Control Framework 60
  Samenvatting 61
  Eindvragen 63

3 Informatie en informatieverzorging 67
3.1 Informatie als product 69
3.2 Soorten informatie 73
3.3 Balanced Scorecard 75
  Samenvatting 84
  Eindvragen 85

DEEL 2
Administratieve organisatie 88

4 Administratieve organisatie en interne controle 91
4.1 Wat is administratieve organisatie? 93
4.2 Interne controle 94
4.3 Interne controle en internal control 95
4.4 Elementen van administratieve organisatie 98
  Samenvatting 100
  Eindvragen 101

5   Typologie en attentiepunten 105
5.1 Typologie 107
5.2 Attentiepunten en risico's 109
     Samenvatting 111
     Eindvragen 112

6   Randvoorwaarden van de administratieve organisatie 115
6.1 Functiescheiding 117
6.2 Automatisering 119
6.3 Begroting en normen 120
6.4 Richtlijnen 121
     Samenvatting 123
     Eindvragen 124

7   Automatisering 127
7.1 Relatie tussen automatisering en administratieve organisatie 129
7.2 Aard van de automatisering binnen de organisatie 130
7.3 Enterprise resource planning 131
7.4 Ontwikkelingen binnen automatisering 134
7.5 Beheersing van de automatisering 138
7.6 General computer controls 142
     Samenvatting 149
     Eindvragen 150

8   Processen en controles en analyses 153
8.1 Processen 155
8.2 Controles en analyses 159
8.3 SOLL en IST 164
     Samenvatting 166
     Eindvragen 167

DEEL 3
Toepassingen 168

Deel 3A
Handel 172

9   Inkoop: de Bijenkorf 175
9.1 Typologie en steunpunten 177
9.2 Attentiepunten en risico's 178
9.3 Randvoorwaarden 178
9.4 Processen 181
9.5 Controles en analyses 196
9.6 Informatiebehoefte inkoop 197
9.7 Samenvattende schema's inkoop 198
     Eindvragen 203

10   Voorraad: de Bijenkorf 205
10.1 Attentiepunten en risico's 207
10.2 Randvoorwaarden 207

10.3	Processen 207	
10.4	Controle van de voorraad 213	
10.5	Controles en analyses 215	
10.6	Samenvattende schema's voorraad 215	
	Eindvragen 217	

11	**Verkoop op rekening: FrysTec** 221
11.1	Typologie en steunpunten 223
11.2	Attentiepunten en risico's 224
11.3	Randvoorwaarden 224
11.4	Processen 227
11.5	Controles en analyses 241
11.6	Informatiebehoefte verkoop op rekening 242
11.7	Samenvattende schema's verkoop op rekening 243
	Eindvragen 248

12	**Contante verkopen: MediaMarkt** 251
12.1	Typologie en steunpunten 253
12.2	Attentiepunten en risico's 253
12.3	Randvoorwaarden 254
12.4	Processen 255
12.5	Controles en analyses 264
12.6	Informatiebehoefte contante verkopen 265
12.7	Samenvattende schema's contante verkopen 265
	Eindvragen 268

Deel 3B
Productie 270

13	**Massaproductie: ChocBar bv** 273
13.1	Typologie en steunpunten 275
13.2	Attentiepunten en risico's 277
13.3	Randvoorwaarden 277
13.4	Processen 280
13.5	Controles en analyses 284
13.6	Informatiebehoefte massaproductie 288
13.7	Samenvattende schema's massaproductie 289
	Eindvragen 293

14	**Stukproductie: C-bouw** 297
14.1	Typologie en steunpunten 299
14.2	Attentiepunten en risico's 299
14.3	Randvoorwaarden 301
14.4	Processen 302
14.5	Controles en analyses 314
14.6	Informatiebehoefte stukproductie 316
14.7	Samenvattende schema's stukproductie 317
	Eindvragen 322

Deel 3C
Dienstverlening 324

15 Bedrijven met doorstroming van goederen die eigendom zijn van het bedrijf: Smiley's eetcafé 327
15.1 Typologie en steunpunten 329
15.2 Attentiepunten en risico's 330
15.3 Randvoorwaarden 330
15.4 Processen 332
15.5 Controles en analyses 334
15.6 Informatiebehoefte dienstverlening doorstroming eigen goederen 335
15.7 Samenvattende schema's dienstverlening doorstroming eigen goederen 336
Eindvragen 340

16 Bedrijven met doorstroming van goederen van derden: Vakgarage Kleinman 343
16.1 Typologie en steunpunten 345
16.2 Attentiepunten en risico's 346
16.3 Randvoorwaarden 346
16.4 Processen 348
16.5 Controles en analyses 350
16.6 Informatiebehoefte dienstverlening doorstroming goederen van derden 351
16.7 Samenvattende schema's dienstverlening doorstroming goederen van derden 352
Eindvragen 356

17 Bedrijven die via vaste verbindingen bepaalde diensten, energie of stoffen leveren: TeleFour 359
17.1 Typologie en steunpunten 361
17.2 Attentiepunten en risico's 361
17.3 Randvoorwaarden 362
17.4 Processen 363
17.5 Controles en analyses 367
17.6 Informatiebehoefte dienstverlening via vaste verbindingen 368
17.7 Samenvattende schema's dienstverlening via vaste verbindingen 369
Eindvragen 372

18 Bedrijven die informatie of informatiediensten leveren: Apple App Store 375
18.1 Typologie en steunpunten 377
18.2 Attentiepunten en risico's 378
18.3 Randvoorwaarden 378
18.4 Processen 379
18.5 Controles en analyses 381
18.6 Informatiebehoefte bedrijven die informatie(diensten) leveren 382
18.7 Samenvattende schema's bedrijven die informatie of informatie(diensten) leveren 383
Eindvragen 385

19 Bedrijven die capaciteit met specifieke reservering beschikbaar stellen: SaturnusHotels 389

- 19.1 Typologie en steunpunten 391
- 19.2 Attentiepunten en risico's 393
- 19.3 Randvoorwaarden 393
- 19.4 Processen 395
- 19.5 Controles en analyses 403
- 19.6 Informatiebehoefte beschikbaar stellen capaciteit met specifieke reservering 404
- 19.7 Samenvattende schema's beschikbaar stellen capaciteit met specifieke reservering 405
- Eindvragen 410

20 Bedrijven die capaciteit zonder specifieke reservering beschikbaar stellen: pretpark 413

- 20.1 Typologie en steunpunten 415
- 20.2 Attentiepunten en risico's 416
- 20.3 Randvoorwaarden 416
- 20.4 Processen 417
- 20.5 Controles en analyses 420
- 20.6 Informatiebehoefte toegang zonder specifieke reservering 421
- 20.7 Samenvattende schema's toegang zonder specifieke reservering 421
- Eindvragen 424

21 Bedrijven in de categorie 'overige dienstverlening': Accountantskantoor Check(t)Zeker 427

- 21.1 Typologie en steunpunten 429
- 21.2 Attentiepunten 429
- 21.3 Randvoorwaarden 430
- 21.4 Processen 431
- 21.5 Controles en analyses 442
- 21.6 Informatiebehoefte het accountantskantoor 444
- 21.7 Samenvattende schema's het accountantskantoor 445
- Eindvragen 449

22 Bedrijven in de categorie 'overige dienstverlening': casussen 451

- 22.1 Inleiding casussen 452
- 22.2 Commerciële omroep 453
- 22.3 Makelaarskantoor 454
- 22.4 Airbnb 454
- 22.5 Rijn Kraanverhuur 455
- 22.6 Event Catering 456
- 22.7 FlexCheck Detachering 457
- 22.8 Pechhulporganisatie 458

Antwoorden op de tussenvragen 460

Illustratieverantwoording 473

Afkortingenlijst 474

Register 476

Inleiding

Studenten van verschillende studierichtingen hebben te maken met het vakgebied administratieve organisatie (AO). Voor accountancystudenten is het traditioneel een van de kernvakken. Ook in de studie bedrijfseconomie (finance & control) is er een ruime plaats ingeruimd voor administratieve organisatie of, zoals het ook wel genoemd wordt, bestuurlijke informatievoorziening. Maar ook voor studenten van andere studierichtingen, zoals onder meer bedrijfskunde en bedrijfskundige informatica, is het zinvol op toegankelijke wijze kennis te nemen van het vak, zonder daarbij in oppervlakkigheden te vervallen.

Dat is het doel van dit boek. Het boek gaat verder waar het boek *Beginselen van de administratieve organisatie* stopt. Toch is het niet noodzakelijk het boek 'Beginselen' eerst bestudeerd te hebben, voordat de student met *De kern van de administratieve organisatie* begint. Dat komt omdat we voor een structuur hebben gekozen waarin het boek in drie delen is opgesplitst. In het eerste deel, de hoofdstukken 1 tot en met 3, behandelen we een aantal begrippen, theorieën en methoden, die een kader vormen voor het vakgebied. In hoofdstuk 1 staat de organisatie en de besturing van organisaties centraal. De organisatie en haar doelstellingen vormen tenslotte het uitgangspunt van de administratieve organisatie. Hoofdstuk 2 behandelt het begrip control en controlmodellen. We kijken naar het begrip control in relatie tot administratieve organisatie en we gaan ook in op het belang van 'soft controls', omdat in toenemende mate ingezien wordt dat het niet zozeer de 'instrumenten' zijn die het succes van organisaties bepalen, maar juist de mensen. In dit hoofdstuk besteden we ook ruim aandacht aan COSO en begrippen die daarmee samenhangen. In hoofdstuk 3 staan we stil bij informatie en informatieverzorging. We hebben aandacht voor de kwaliteitsaspecten en de soorten informatie. Was de informatieverzorging bij bedrijven van oudsher gericht op het vastleggen en verwerken van financiële gegevens en het verstrekken van financiële informatie, tegenwoordig is ook niet financiële informatie van groot belang. Om die reden gaan we in hoofdstuk 3 ook uitgebreid in op de Balanced Scorecard.

Deel 2 omvat de hoofdstukken 4 tot en met 8. In deze hoofdstukken bespreken we de kernbegrippen van de AO. Deze begrippen worden geoperationaliseerd in deel 3: de toepassing. Hoofdstuk 4 is gewijd aan de vraag wat administratieve organisatie is. Tevens wordt onderzocht wat de relatie tussen AO, interne controle en internal control is. Daarnaast worden de onderdelen van de administratieve organisatie benoemd. Deze onderdelen worden in de volgende hoofdstukken van deel 2 verder uitgediept. In hoofdstuk 5 komen de typologiemodellen van Starreveld en van Vaassen aan de orde en daarmee samenhangend wordt ingegaan op het begrip risico en attentiepunt. Hoofdstuk 6 behandelt de randvoorwaarden van de administratieve organisatie: functiescheiding, automatisering, begroting en normen/richtlijnen. Na de korte uiteenzetting in hoofdstuk 6, wordt het onderwerp automatisering in hoofdstuk 7 opnieuw (en nu uitvoerig) aan

de orde gesteld. Het gaat daarbij met name om de relatie tussen automatisering en administratieve organisatie en de wijze waarop de risico's van de automatisering kunnen worden beheerst. Hoofdstuk 8 heeft als onderwerp processen en controles. In dit hoofdstuk gaat het om de beschrijving van processen en de technieken die daarbij kunnen worden toegepast. Daarnaast behandelen we in dit hoofdstuk de controles en analyses waarmee kan worden onderzocht of de informatie over het proces betrouwbaar is.
Deel 3 beslaat de hoofdstukken 9 tot en met 22. Centraal in dit deel staat de typologie van Starreveld (zie tabel 1 hierna). Voor (vrijwel) elk type binnen de typologie, hebben we een voorbeeldonderneming beschreven. We hebben voor deze benadering gekozen, omdat in het typologiemodel de kenmerkende verschillen tussen de diverse typen organisaties goed tot uitdrukking komen. Ook leidt het volgen van dit model ertoe dat begonnen wordt met de relatief eenvoudige bedrijven. In elk hoofdstuk van dit deel (met uitzondering van hoofdstuk 22, daarover straks meer) staat een bepaalde onderneming centraal, gebaseerd op een casus. In deze casussen zijn de in deel 2 benoemde elementen van de AO beschreven. De hoofdstukken van deel 3 kennen dan ook een vaste structuur (zie ook de opmerkingen hierna onder het kopje 'Bij de derde druk'). Wij denken dat dit de herkenbaarheid voor de student zal vergroten.
In de keuze van de casussen is een verscheidenheid aangehouden van grote, (deels) bestaande ondernemingen, alsmede kleinere (fictieve) ondernemingen. Hiermee zijn de hoofdstukken zowel voor het grootbedrijf als voor het midden-en kleinbedrijf (mkb) toepasbaar.

TABEL 1 Typologie van Starreveld

Typologiemodel van Starreveld				**Hoofdstuk**
Werkend voor de markt	Handelsbedrijven	Op rekening		9 (inkoop), 10 (voorraad) en 11 (verkoop)
		Tegen contante betaling		12
	Productiebedrijven	Massaproductie		13
		Stukproductie		14
	Agrarische en extractieve bedrijven			Op website
	Bedrijven gericht op massale gegevensverwerking			Op website
	Dienstverlenende bedrijven	Met een zekere goederenbeweging	Eigen goederen	15
			Goederen van derden	16
			Levering via vaste verbindingen	17
		Informatiediensten		17
		Beschikbaar stellen capaciteit	Met specifieke reservering	19
			Zonder specifieke reservering	20
		Overige dienstverlening		21
Niet werkend voor de markt	Financiële instellingen	Niet opgenomen in boek en/of website		
	Overheid	Niet opgenomen in boek en/of website		
	Privaatrechtelijke instellingen	Niet opgenomen in boek en/of website		

Financiële instellingen en niet voor de markt opererende organisaties vallen buiten de scope van de hbo-opleiding, waarvoor deze uitgave primair bedoeld is.

In elk hoofdstuk zijn tussenvragen opgenomen waarin de student direct de kennis kan toetsen. De antwoorden op de tussenvragen staan achter in het boek vermeld. Elk hoofdstuk wordt afgesloten met een vijftal theorievragen en twee vraagstukken. De uitwerkingen hiervan alsmede nader studiemateriaal zijn te vinden op de website bij dit boek, www.kernadministratieveorganisatie.noordhoff.nl. Tot slot merken wij op dat waar in het boek gesproken wordt over 'hij', dit gelezen moet worden als 'hij/zij'.

Bij de derde druk
Ten opzichte van de tweede druk heeft zich een aantal wijzigingen voorgedaan.

Ten eerste hebben we gemeend om de structuur van deel 1 te wijzigen en een nieuw deel 2 toe te voegen. Hoewel de onderwerpen die behandeld worden grotendeels overeenkomen met de tweede druk, is de indeling van de hoofdstukken gewijzigd en hebben we bij de onderwerpen extra accenten aangebracht om een logischer geheel te krijgen. De belangrijkste wijzigingen zijn in tabel 2 opgenomen.

TABEL 2 Conversietabel onderwerpen per hoofdstuk

Onderwerp	Tweede druk	Derde druk
Informatieverzorging	Hoofdstuk 1	Hoofdstuk 3
Wat is AO?	Hoofdstuk 2	Hoofdstuk 4
Waaruit bestaat de AO?	Hoofdstuk 2	Hoofdstuk 5 t/m 8
Interne controle en internal control	Hoofdstuk 3	Hoofdstuk 4
Harde en zachte controlemaatregelen	Hoofdstuk 3	Hoofdstuk 2
Risicobegrippen	Hoofdstuk 4	Hoofdstuk 2
Risicomanagement	Hoofdstuk 4	Hoofdstuk 2
Balanced Scorecard	Hoofdstuk 5	Hoofdstuk 3
INK-model	Hoofdstuk 5	Hoofdstuk 2
Automatisering	Hoofdstuk 6	Hoofdstuk 7

Ten tweede: zoals hiervoor al opgemerkt hebben alle hoofdstukken in deel 3 (behalve hoofdstuk 22) nu een vaste structuur die overeenkomt met de inhoud van deel 2:
1 Typologie en steunpunten
2 Attentiepunten en risico's
3 Randvoorwaarden
4 Processen
5 Controles en analyses

We denken dat deze opzet de student een handvat biedt bij het zelfstandig uitwerken van AO-casussen.

De derde opmerking gaat over het voorraadproces. In de tweede druk werd dit samen met het inkoopproces behandeld in hoofdstuk 7. Aangezien dit hoofdstuk in de nieuwe opzet aanzienlijk omvangrijker werd, hebben we gemeend om het voorraadproces separaat te moeten behandelen. Dit gebeurt in hoofdstuk 10.

Ten vierde: de hoofdstukken 19 en 20 uit de tweede druk hebben plaatsgemaakt voor het nieuwe hoofdstuk 22. De hoofdstukken 19 en 20 behandelden dezelfde typologie als hoofdstuk 18 uit de tweede druk (nu hoofdstuk 21). Dit bleek toch 'te veel van hetzelfde' te zijn. Vandaar dat wij ervoor gekozen hebben om in plaats daarvan een hoofdstuk met casussen op te nemen: het nieuwe hoofdstuk 22. We beogen hiermee de student een mogelijkheid te bieden om de opgedane kennis te toetsen aan een aantal praktisch ingestoken casussen. De modeluitwerkingen zijn weer te vinden op de website bij het boek.

Tot slot het hoofdstuk 23 van de tweede druk (het AO-handboek): uit reacties van gebruikers is ons gebleken dat we dit hoofdstuk beter op de website bij het boek zouden kunnen opnemen. Mede vanuit het streven om het aantal pagina's te beperken, hebben we gemeend om aan deze oproep gehoor te geven.

Uiteraard is de tekst waar nodig geactualiseerd. Met name in hoofdstuk 7, automatisering, hebben we geprobeerd om ook de laatste technologische ontwikkelingen mee te nemen. Daarin zullen we vast niet volledig zijn geslaagd, daarvoor gaan deze ontwikkelingen veel te snel!

Een laatste opmerking betreft het casusbedrijf bij de typologie 'leveren van informatie' of 'informatiediensten'. Vanwege de herkenbaarheid bij studenten hebben we de Itunes Store ingewisseld voor de Apple App Store.

Wij hopen het vak administratieve organisatie op deze manier nog meer toegankelijk te hebben gemaakt.

DEEL 1
Theoretische grondslagen

1 **Organisatie en besturing** 19
2 **Control en controlmodellen** 37
3 **Informatie en informatieverzorging** 67

Bij de vorige druk schreven we dat het thema 'in control' al een tijdlang bijzonder actueel is. Dit is nu nog onveranderd het geval. Hoewel (zeker nationaal), op het moment van schrijven van deze tekst – zomer 2018 –, het betrekkelijk rustig is rond 'boekhoudschandalen', verschijnen met enige regelmaat berichten in het nieuws waaruit blijkt dat organisaties niet 'in control' zijn. Of het nu grote IT-projecten bij de overheid betreft (Defensie), commotie rondom salarissen van topbestuurders of het al of niet betaald hebben van steekpenningen, in al deze situaties kan geconcludeerd worden dat er 'iets niet goed gaat'. Dit ondanks het feit dat de afgelopen jaren veel regelgeving, zowel in binnen- als buitenland, is verschenen, waarvan de rode draad is dat de leiding van een organisatie dient te (kunnen) verklaren dat zij 'in control' is.
In het eerste deel van dit boek, gaan we dit gebied verkennen. In hoofdstuk 1 starten we met de begrippen organisatie en besturing. Hierbij kijken we wat een organisatie is, maar ook wat het betekent om de organisatie zodanig te besturen, dat de doelstellingen behaald worden. Hierbij komen begrippen als missie, visie en strategie aan de orde. Ook zullen we zien dat het belangrijk is over (de juiste) informatie te beschikken en dat de leiding de organisatie zodanig 'in control' moet hebben dat met een redelijke mate van zekerheid verwacht kan worden dat de doelstellingen inderdaad gerealiseerd zullen worden. Hoofdstuk 2 gaat geheel over het begrip 'control'. We onderzoeken wat dit begrip inhoudt en staan uitgebreid stil bij het COSO Internal Control Framework. 'COSO' is een term die je vaak zult tegenkomen als het over control gaat. Ook gaan we in dit hoofdstuk nader in op een onderdeel van control, namelijk risk management. Ook hierin komt COSO terug, in de vorm van COSO-ERM. Daarnaast staan we stil bij andere (control)modellen, zowel uit de theorie, waarbij we de Levers of Control van Simons behandelen, als uit de praktijk, zoals de PDCA-cyclus. Net als in hoofdstuk 1 zien we in hoofdstuk 2 dat informatie onderdeel is van, respectievelijk voorwaarde is voor, een goede control. De onderwerpen informatie en informatieverzorging komen uitgebreid aan de orde in hoofdstuk 3, waarmee we het bruggetje maken naar administratieve organisatie. We zullen namelijk zien dat het de functie van de administratieve organisatie is de juiste en betrouwbare informatie te leveren.

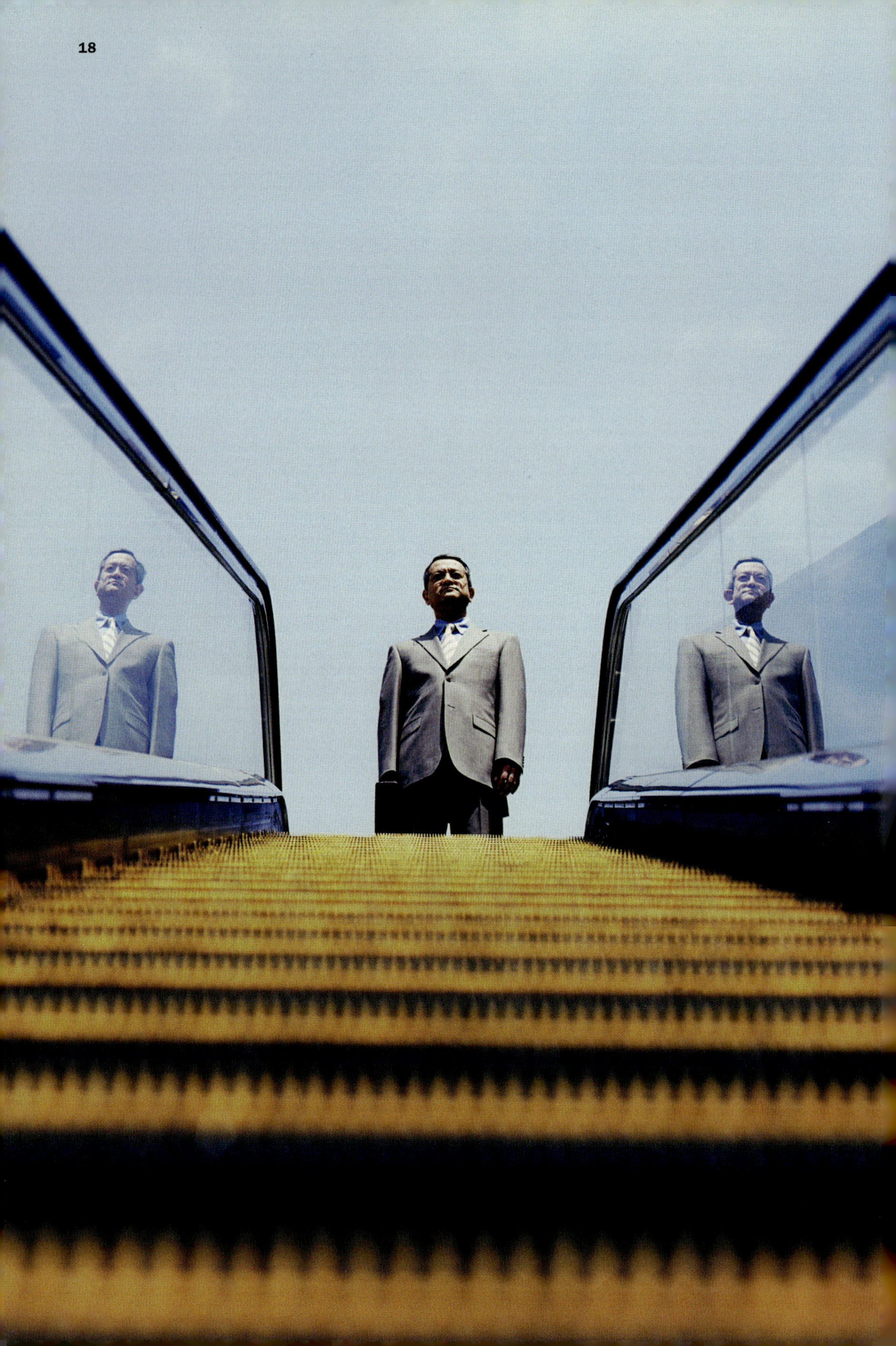

1
Organisatie en besturing

1.1 **Organisatie**
1.2 **Besturing van de organisatie**

In dit hoofdstuk staan de begrippen organisatie en besturing centraal. We doen dit omdat administratieve organisatie een belangrijke rol speelt in de besturing van organisaties.
Eerst staan we in paragraaf 1.1 stil bij het begrip organisatie. Vervolgens zullen we kijken naar de besturing van organisaties (paragraaf 1.2).

Openingscasus

De Volksbank
De Volksbank is een zelfstandige Nederlandse bankholding met vier onderscheidende banken: SNS is een bank zonder franje met dienstverlening via internet en 188 winkels in het hele land. De ASN Bank richt zich op burgers met een grote betrokkenheid bij 'de wereld van morgen'. RegioBank werkt via lokale tussenpersonen en richt zich op mensen in de regio. Ook BLG Wonen werkt via tussenpersonen. Deze bank helpt klanten om hun woonwensen te realiseren. Het hoofdkantoor van de Volksbank bevindt zich in Utrecht.

De Volksbank kent vier kernwaarden die zijn vastgelegd in een manifest: duurzaamheid, mens voor mens, nut in plaats van rendement en financiële weerbaarheid. Alle producten en activiteiten worden aan deze kernwaarden getoetst. De missie van de Volksbank is om te bankieren met de menselijke maat. Om deze missie waar te maken, hanteert de bank het principe van gedeelde waarde. Gedeelde waarde richt zich op maatschappelijke, economische, financiële en niet-financiële aspecten, die hand in hand gaan. De Volksbank wil de gedeelde waarde optimaliseren door nut te leveren aan de klanten, maatschappelijke verantwoordelijkheid te nemen, zingeving te verzorgen voor de medewerkers en rendement voor de aandeelhouder(s) te behalen.

De Volksbank wil haar bedrijfsvoering nog eenvoudiger en efficiënter maken. Maatregelen om processen en producten te vereenvoudigen en te digitaliseren, zullen de dienstverlening aan de klant eenvoudiger, goedkoper en transparanter maken en er tevens voor zorgen dat de bank een toekomstbestendig en laag kostenniveau kan verwezenlijken.

Om aansluiting te houden bij de technologische ontwikkelingen, zal de Volksbank zich blijven ontwikkelen tot een wendbare organisatie die slim innoveert. De Volksbank volgt de bancaire innovaties op de voet en zal snel en gericht innoveren om haar klanten steeds beter te kunnen bedienen. De Volksbank kiest daarbij voor een open innovatieproces met multidisciplinaire externe samenwerking en partners.

1.1 Organisatie

Administratieve organisatie speelt zich af binnen organisaties. Daarom is het goed eerst stil te staan bij de vraag wat een organisatie is. Daarna gaan we in op de doelstellingen van een organisatie. Ten slotte bespreken we de input van een organisatie.

1.1.1 Wat is een organisatie?

We hanteren de volgende definitie voor een organisatie:

> Een organisatie is een samenwerkingsverband van mensen die met behulp van de inzet van middelen (input) een bepaalde prestatie leveren (output) om daarmee een doelstelling te bereiken.

Organisatie

Laten we eens kijken naar de elementen die in deze definitie zijn genoemd. Het eerste dat opvalt, is dat er een samenwerkingsverband van mensen moet zijn. Er moeten minimaal twee mensen zijn die op een of andere manier met elkaar samenwerken. Dit betekent dat een Boeing 747 geen organisatie is. Misschien zijn andere elementen van de definitie wel op een vliegtuig van toepassing, maar doordat het object vliegtuig niets menselijks bevat, is het geen organisatie.

TUSSENVRAAG 1.1
Toch is binnen een vliegende Boeing wel degelijk sprake van een organisatie en misschien wel van verschillende organisaties. Welke twee organisaties kun je noemen binnen zo'n toestel? Geef hierbij aan wat hun doelstellingen zijn.

Het feit dat een organisatie wordt gevormd door mensen maakt het zo interessant. Want mensen maken fouten. Dit kan onopzettelijk gebeuren (iedereen maakt fouten), maar ook opzettelijk (fraude).
Uit de definitie blijkt ook dat de organisatie doelstellingen heeft. Het is belangrijk te bedenken dat dit de doelstellingen van de organisatie als geheel zijn. Deze hoeven niet overeen te komen met de doelstellingen van de mensen die er onderdeel van vormen (zie voorbeeld 1.1).

VOORBEELD 1.1

Waarom voetbalt Ali?

Ali is sportief ingesteld en speelt graag voetbal. Hij speelt al jaren in het derde elftal van de FC Baltovenaars. Hoewel hij een aardig balletje kan trappen, voetbalt hij toch vooral voor de lol. Het biertje in de kantine na afloop van de training of wedstrijd is misschien wel belangrijker dan de resultaten. Met ingang van het nieuwe seizoen is er een nieuwe trainer. Die heeft samen met het bestuur bedacht dat het derde elftal grote ambities kan waarmaken. Niets minder dan het districtskampioenschap is het doel en daarna promotie naar een hogere klasse. Om dit te bereiken, moet er voortaan vier keer per week getraind gaan worden. En het biertje kan echt niet meer. Mineraalwater of een energiedrank moet het zijn. Ali krijgt er steeds minder lol in.

Uit voorbeeld 1.1 blijkt dat de doelstellingen van de organisatie niet altijd overeen hoeven te komen met de doelstellingen van de mensen die er onderdeel van zijn. Dit kan zijn omdat de doelstellingen van de organisatie wijzigen (zoals in het voorbeeld het geval is), dan wel omdat de doelstellingen van de mensen veranderen. Misschien krijgt Ali wel een vriendin die wil dat hij elke avond bij haar op de bank zit. Dan had hij sowieso moeten stoppen. Ook kan het voorkomen dat mensen bij 'de verkeerde organisatie' terechtkomen. Met verkeerd bedoelen we dan een organisatie waarbij die persoon zich niet thuis voelt; uiteraard is dat voor iedereen anders.

Een belangrijke opdracht voor het topmanagement van een organisatie is ervoor te zorgen dat de mensen in de organisatie die dingen doen die bijdragen aan het bereiken van de organisatiedoelstellingen. Zeker in grote organisaties is het geen gemakkelijke opgave de medewerkers dat te laten doen wat goed is voor de organisatie. In de managementliteratuur heeft dit de laatste jaren bijzonder veel aandacht gekregen, waarbij de hoofdboodschap is dat een organisatie niet 'technocratisch' kan worden aangestuurd, maar dat het succes ook afhankelijk is van de cultuur van de organisatie. Hierbij geldt dat de cultuur afhankelijk is van het type organisatie: een notariskantoor, waar alles volgens de regels moet, zal een andere cultuur hebben dan een jong bedrijf dat computergames ontwikkelt. Omdat dit onderwerp ook voor een succesvolle administratieve organisatie van belang is, gaan we in hoofdstuk 2 in op deze zogenoemde soft controls.

Organisatiedoelstellingen

1.1.2 Doelstellingen van een organisatie

Output

De organisatie wil haar doelstellingen bereiken door output te leveren. Bij bedrijven is de output meestal een product of een dienst. Belangrijk is op te merken dat de output goed moet worden onderscheiden van de doelstelling. Zo zien we bij bedrijven vaak dat er sprake is van (onder meer) een financiële doelstelling, bijvoorbeeld een winstgroei van x%. Dit wordt bereikt door de verkoop van goederen of diensten. Het is dan ook gelijk het kenmerkende verschil tussen een bedrijf en een organisatie. De definitie van organisatie hebben we hiervoor gezien. Een bedrijf is een specifieke vorm van een organisatie, namelijk een organisatie waar het doel is het behalen van winst. Voor het vakgebied administratieve organisatie is dit onderscheid overigens niet altijd van belang. Daarom zullen we de termen door elkaar heen gebruiken, tenzij het specifiek gaat om zaken die voor een bedrijf wel gelden en voor andere organisaties niet of omgekeerd.

TUSSENVRAAG 1.2
Wat is de te leveren output bij de FC Baltovenaars?

1.1.3 Input van een organisatie

Input

Het laatste waar we op dit moment bij stil willen staan is de input van een organisatie. Een organisatie heeft input nodig om haar output te kunnen produceren. Je zou kunnen zeggen dat als een bepaalde categorie input ontbreekt, er geen sprake kan zijn van output. We onderscheiden hierbij de volgende vier soorten input:
1 geld
2 goederen
3 mensen
4 informatie

Geld
Geen organisatie kan zonder geld, of wat wetenschappelijker geformuleerd: kapitaal. Dit geld kan uit verschillende bronnen komen, en is mede afhankelijk van het type organisatie.

TUSSENVRAAG 1.3
Welke drie bronnen van kapitaal zal FC Baltovenaars hebben?

Bij bedrijven waarop we ons verder zullen richten, onderscheiden we geld afkomstig van de eigenaren (eigen vermogen) en geld afkomstig van derden, zoals de bank (vreemd vermogen).
Het is goed stil te staan bij de positie van de verschaffers van eigen vermogen. Zoals gezegd zijn dit de eigenaren van het bedrijf. Dit kunnen mensen zijn die aandelen op de beurs gekocht hebben, maar er zijn ook andere situaties denkbaar. Zo kan iemand die met hard werken een eigen zaak heeft opgebouwd, op een gegeven moment besluiten de leiding aan iemand anders over te dragen, maar wel zelf het eigendom te houden. Je kunt je voorstellen dat de belangen van de (nieuwe) leiding en die van de eigenaar uit elkaar kunnen lopen. Dit kan zelfs zover gaan dat de (nieuwe) leiding meer oog heeft voor haar eigen (privé)belang dan voor het belang van de onderneming en daarmee de eigenaar. Dit is de oorsprong van wat we noemen de agency- **Agencytheorie**
theorie. Hierin worden twee partijen onderscheiden, namelijk de principaal (in ons voorbeeld de eigenaar) en de agent (in ons voorbeeld de leiding).
De eigenaar kan benadeeld worden doordat de leiding andere belangen heeft, maar ook doordat de leiding over alle informatie beschikt die de eigenaar niet (meer) heeft. Hierbij heeft de eigenaar twee problemen:
1 Hidden action. Hij weet niet zeker of de agent zijn best doet en of hij de **Hidden action**
 goede dingen doet.
2 Hidden information. Hij weet niet of de agent de waarheid vertelt als hij **Hidden**
 zich verantwoordt. **information**

We noemen dit ook wel informatieasymmetrie. De ene partij (de agent **Informatie-**
dus) heeft een informatievoorsprong en weet dus hoe het écht zit. Voor- **asymmetrie**
beelden doen zich voor in de meeste verhoudingen op basis van ondergeschiktheid, denk aan werkgever-werknemer, aandeelhouders-directie, maar ook minister-ambtenaar en parlement-regering. Vanwege deze problematiek is de behoefte aan controle ontstaan.
In figuur 1.1 is de agencytheorie schematisch weergegeven.

FIGUUR 1.1 Agencytheorie

Goederen
Elke organisatie heeft meer of minder goederen nodig om de output te kunnen leveren. Een autofabriek heeft grondstoffen nodig en machines.

Een luchtvaartmaatschappij heeft vliegtuigen nodig en een voetbalclub in elk geval voetballen. Een categorie goederen waar we afzonderlijk bij willen stilstaan, zijn computersystemen. Er zijn maar weinig organisaties die kunnen functioneren zonder computers (misschien de FC Baltovenaars, al wordt de contributieadministratie waarschijnlijk op een pc bijgehouden). Sterker, veel organisaties zijn sterk afhankelijk van het goed functioneren van hun computersystemen. En sommige bedrijven, zoals internetwinkels, zijn in feite computersystemen. Omdat automatisering van wezenlijk belang is voor de administratieve organisatie wijden we daar een apart hoofdstuk aan (hoofdstuk 7).

Mensen
De groep mensen zijn we eerder tegengekomen. Immers, zonder mensen is er geen sprake van een organisatie. Toch wordt de factor 'arbeid' ook beschouwd als input die nodig is voor het produceren van de output. Overigens verschilt dit per type bedrijf. Er zijn bedrijven met relatief weinig medewerkers (kapitaalintensief) en er zijn bedrijven waar de factor arbeid belangrijk is (arbeidsintensief).

TUSSENVRAAG 1.4
Geef een voorbeeld van een kapitaalintensief bedrijf en van een arbeidsintensief bedrijf.

Informatie
Als laatste noemen we informatie. Mensen (of machines) in de organisatie hebben de juiste informatie nodig om hun werk kunnen doen. We zullen zien dat informatie een centraal begrip is binnen administratieve organisatie.

1.2 Besturing van de organisatie

We bespreken in deze paragraaf een model waarvan we eerst diverse stappen die gaan over het bereiken van de organisatiedoelstellingen, beknopt weergeven, Daarna gaan we in op de stappen die specifiek het besturen van de organisatie betreffen.

1.2.1 Bereiken van organisatiedoelstellingen
Hiervoor hebben we gezien dat een organisatie een doel heeft. In de organisatie vindt op een of andere wijze een verwerking van input plaats, die tot output moet leiden om vervolgens het doel te realiseren. Als we dit vereenvoudigd weergeven, krijgen we het model van figuur 1.2.

FIGUUR 1.2 Organisatie en doelstellingen

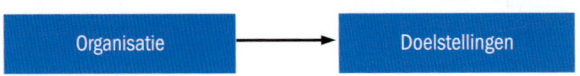

Als we dit model uitbreiden, voegen we elementen toe die zorgen dat de output, die de organisatie 'produceert' op basis van input, leidt tot het bereiken van de doelstellingen. Dit is weergegeven in figuur 1.3.

FIGUUR 1.3 Input, output en doelstellingen

Echter, in de praktijk blijkt het halen van de doelstellingen een lastige opgave. Daarom bepalen organisaties vooraf de doelstelling die ze willen bereiken en ze meten of deze ook werkelijk behaald wordt. Zo niet, dan zal bijsturing plaatsvinden. Dit proces is weergegeven in figuur 1.4.

FIGUUR 1.4 Bereikte versus gewenste doelstellingen en bijsturing

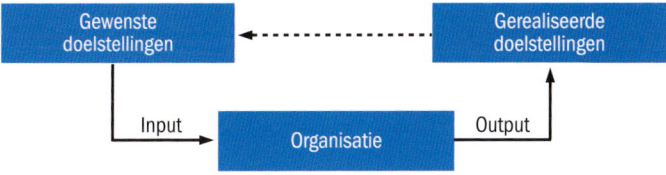

1.2.2 Stappen voor het besturen van organisaties

Hiervoor hebben we de diverse stappen beknopt weergegeven. In figuur 1.5 maken we een sprong naar een uitgebreidere weergave waarin we een aantal begrippen tegenkomen die meer aansluiten bij de gangbare literatuur over de besturing van organisaties en die een goede basis vormen voor het nadenken over de rol van de administratieve organisatie in het geheel.

FIGUUR 1.5 Besturing van organisaties

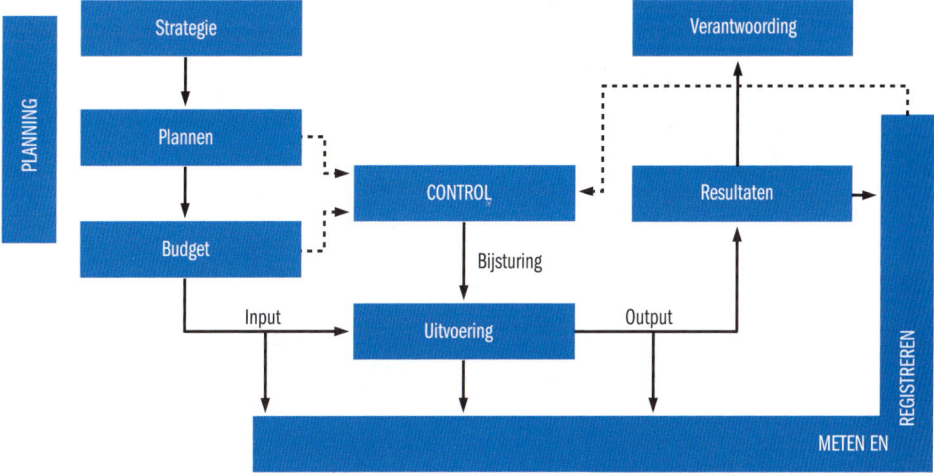

We gaan nu nader in op de diverse elementen van dit schema.

Strategie
Het schema begint met het formuleren van de strategie. Hierin komen we begrippen als missie en visie tegen. Populair gezegd: 'waartoe zijn we op aarde' en welke doelstellingen willen we bereiken, op korte en op lange termijn? Laten we ingaan op de begrippen missie en visie.

Missie
Het bestaansrecht van de organisatie kan als startpunt voor het besturen van organisaties worden gezien. Dit is vastgelegd in de missie.
De missie is een beknopte verklaring met daarin (zie voorbeeld 1.2):
- de reden waarom de organisatie bestaat
- het primaire doel waarop de activiteiten zijn gericht
- de kernwaarden die als richtlijn functioneren voor de werkzaamheden van de werknemers
- de wijze waarop de organisatie verwacht de concurrentie aan te gaan
- de wijze waarop de organisatie verwacht de klanten waarde te bieden

---

VOORBEELD 1.2

De missie van Philips

De missie van Philips luidt: 'Het leven van mensen verbeteren met zinvolle innovaties.'

Bron: website Philips NV, najaar 2017

Visie
De volgende stap is het ontwikkelen van een visie voor de toekomst. Hierin moet duidelijk worden gemaakt welke richting de organisatie op wil gaan. Daarnaast moet het iedereen binnen de organisatie helpen om in te zien waarom en hoe zij hun bijdrage aan de organisatie moeten leveren.
De missie wordt vertaald in een visie. De visie geeft een beeld van de doelstellingen van de organisatie op middellange tot lange termijn (drie tot tien jaar). De visie geeft aan – vaak in kleurrijke of 'visionaire bewoordingen' – waar de organisatie voor 'wil gaan'; hoe de organisatie door de wereld gezien wil worden (voorbeeld 1.3).

VOORBEELD 1.3

De visie van Philips

Philips streeft ernaar om door middel van innovaties de wereld om ons heen gezonder en duurzamer te maken. Ons doel is om in 2025 de levens van drie miljard mensen te hebben verbeterd. Wij bieden de beste werkomgeving voor mensen die onze passie delen en samen bieden we onze klanten en aandeelhouders ongekende meerwaarde.

Bron: website Philips NV, najaar 2017

Klanten, medewerkers en aandeelhouders krijgen door de missie en visie inzicht in wat voor organisatie het is en wat deze wil bereiken.
De missie verandert niet vaak, de visie zal periodiek geactualiseerd moeten worden.

Een stap verder is het formuleren van de strategie, ook wel strategische uitgangspunten genoemd. Geven de missie en visie vooral aan wat de organisatie wil bereiken, de strategische uitgangspunten formuleren, op hoofdlijnen, hoe dit bereikt moet worden. Laten we weer naar Philips kijken (voorbeeld 1.4).

Strategie

VOORBEELD 1.4

De uitgangspunten van Philips

De uitgangspunten van Philips zijn:
- klanten beter bedienen en de productiviteit verbeteren
- forse toename van de groei van kernactiviteiten
- succesvolle toepassingen ontwikkelen voor de zorgketen

Bron: website Philips NV, najaar 2017

Uiteraard komen missie, visie en strategie niet uit de lucht vallen. Binnen bestaande organisaties zullen deze zijn gebaseerd op het verleden. Een strategiewijziging, zeker bij grote organisaties, is net zoiets als het veranderen van de koers van een mammoettanker. Dat zal geleidelijk gaan. Toch zal de strategie wijzigen, met name door veranderingen in de buitenwereld. De wereld is complex en dynamisch. De ontwikkelingen gaan snel. Dit geldt op het gebied van de technologie, maar ook op het gebied van de economie, het milieu, wet- en regelgeving, concurrenten, klanten en leveranciers. Kortom, er zijn veel omstandigheden die van belang zijn.

TUSSENVRAAG 1.5
Op welk niveau in de organisatie van het casusbedrijf, de Volksbank, zal de strategie voor de ASN Bank worden bepaald?

Doelen en plannen
De volgende stap is het vertalen van de strategie naar concrete doelen en plannen. De strategie is zowel op een hoog abstractieniveau als op een hoog niveau in de organisatie, de doelen zijn daarentegen veel concreter geformuleerd (voorbeeld 1.5).
De doelstellingen zijn bij bedrijven veelal financieel. Bij andere soorten organisaties (denk aan gemeenten en ziekenhuizen) zullen de doelstellingen op een andere manier geformuleerd zijn.

> **VOORBEELD 1.5**
>
> ## Doelstellingen van Philips op de middellange termijn
>
> Uitgaande van 2017 zijn de doelstellingen van Philips op de middellange termijn:
> - groei van ongeveer 5% per jaar
> - gemiddelde 100 basispunten jaarlijks EBITA-marge verbetering
> - rendement op geïnvesteerd vermogen (ROIC) verbeterd tot ongeveer 14–16 %
> - jaarlijks kasstromen van EUR 1–1,5 miljard
>
> *Toelichting:*
> Rendement = winst in % van het vermogen
> EBITA = earning before interest tax and amortisation (winst voor rente, belastingen en afschrijvingen)
>
> *Bron: website Philips NV, najaar 2017*

Daarnaast worden concrete acties geformuleerd die voor een bepaalde periode moeten leiden tot het realiseren van de strategie (plannen). Hierin worden meestal twee soorten plannen onderscheiden: meerjarenplannen en jaarplannen. Hierbij zijn de meerjarenplannen een soort verbindingsschakel tussen de strategie en het jaarplan voor het komende jaar. Was de strategie nog op het niveau van het totale bedrijf, de plannen zijn op het niveau van bedrijfsonderdeel, zoals afdelingen of, binnen een groot concern, werkmaatschappijen. Zowel de doelen als de plannen dienen SMART geformuleerd te zijn:
- *Specifiek*. De doelstelling moet concreet zijn.
- *Meetbaar*. Het behalen van de doelstelling moet meetbaar zijn.
- *Acceptabel*. Degene die de doelstelling moet halen, moet het ermee eens zijn.
- *Realistisch*. De doelstelling moet haalbaar zijn.
- *Tijdgebonden*. Het moet bekend zijn wanneer de doelstelling behaald moet zijn.

Budget

De volgende stap is het vertalen van de plannen in geld. Hiertoe stellen bedrijven jaarlijks een budget op. Hierin is financieel weergegeven wat het bedrijf en de afdelingen die daarbinnen functioneren het komende jaar moeten bereiken. In dit verband wordt ook wel over targets gesproken. Met de plannen en het budget zijn we beland op het zogenaamde tactische niveau. Hiermee bedoelen we het niveau in de organisatie dat niet zelf de strategie bepaalt, maar ook niet zelf de 'eigenlijke' organisatieactiviteiten verricht. Dit is het terrein van het middle management. Het middle management is niet alleen verantwoordelijk voor het vertalen van de strategie naar de uitvoering, maar ook, en misschien wel bij uitstek, heeft het de taak om te bewaken of de doelstellingen behaald worden. Dit laatste is onderdeel van 'control', een begrip waar we het nog uitgebreid over gaan hebben in hoofdstuk 2.

Planning & control

In figuur 1.5 zag je naast de stappen die we tot nu toe behandeld hebben het woord 'planning' staan. Dit is een van de twee elementen uit het begrip planning & control. Hiermee bedoelen we het hele proces van het vooraf bepalen van de doelstellingen en hoe die te bereiken (planning) en vervolgens het bewaken (letterlijk 'beheersen') van de realisatie van de doelstellingen. Hierbij vindt planning vooraf (ex-ante) plaats en control achteraf (ex-post), of liever tijdens het proces.

Planning & control

TUSSENVRAAG 1.6
Waarom vindt control bij voorkeur tijdens het proces plaats?

Uitvoering

Bij de uitvoering hebben we te maken met de dagelijkse activiteiten en alhoewel er jaarlijks plannen en budgetten worden opgesteld, die allemaal moeten worden gerealiseerd, lopen de dagelijkse activiteiten natuurlijk gewoon door. De organisatie blijft levensmiddelen verhandelen (supermarkt), auto's bouwen (autofabriek), mensen vervoeren (luchtvaartmaatschappij), mensen opleiden (school) enzovoort. Alleen om een boekjaar (ook financieel) te kunnen afsluiten, vindt er een jaarlijkse 'knip' plaats en wordt weer met een schone lei begonnen.

Al deze activiteiten hebben gemeen dat mensen in de organisatie met behulp van input een zekere output produceren. Deze output moet er vervolgens toe leiden dat de doelstellingen van de organisatie behaald worden. Met de uitvoering hebben we het terrein van de planning verlaten en komen we terecht in het domein van de control. Hiervoor is het van belang dat we gaan meten.

Meten en registreren

Zoals je in figuur 1.5 hebt kunnen zien, is er, nadat de uitvoering gestart is, een grote plaats weggelegd voor het meten en registreren. Hiermee bedoelen we dat er van alles moet worden vastgelegd omtrent de uitvoering. Zo meten we de input, de output en welke resultaten er zijn bereikt. Zo ontstaat veel informatie. Met deze informatie wordt onder meer het volgende gedaan:
- bijsturen als de uitvoering misgaat
- verantwoording afleggen aan de chef
- samenvatten om te beoordelen of het budget gehaald wordt
- samenvatten om te beoordelen of de strategie gerealiseerd wordt

Je kunt het ook anders zeggen: van alle activiteiten in de organisatie worden gegevens gemeten en vastgelegd om daaruit informatie te kunnen herleiden die van belang is voor de organisatie. In dit kader spreken we ook wel over het gegevensverwerkend proces.

Gegevensverwerkend proces

Een belangrijke en ook moeilijke vraag hierbij is welke informatie benodigd is en dus welke gegevens moeten worden vastgelegd. Het zal duidelijk zijn, dat als je wilt weten hoe de leeftijdsopbouw van het personeelsbestand is, je de geboortedatum (en niet de leeftijd!) van elke medewerker ergens moet hebben vastgelegd. In elke organisatie zijn er bepaalde factoren die zo belangrijk zijn voor het behalen van de organisatiedoelstellingen, dat informatie erover echt van 'levensbelang' is. Deze onderwerpen worden dan ook kritische succesfactoren (KSF's) genoemd. Zonder informatie over de KSF kan de organisatie niet functioneren en bestuurd worden.

Kritische succesfactoren

Bedenk hierbij dat het verdergaat dan alleen maar financiële informatie. Zeker in het bedrijfsleven gaat het uiteindelijk om het geld en dat is ook afhankelijk van een heleboel andere factoren die niet (direct) in geld zijn uit te drukken. Voorbeelden hiervan zijn kwaliteit van het product, klanttevredenheid en levertijden. In een volgend hoofdstuk gaan we in op een aantal instrumenten dat is ontwikkeld om met name het management in een organisatie van de juiste informatie te voorzien. Een van de instrumenten die daarbij aan de orde zal komen, is de Balanced Scorecard.
Tot slot is het van belang op te merken dat het niet alleen gaat om informatie uit het bedrijf zelf (interne informatie), maar ook om informatie uit de buitenwereld (externe informatie).

Control
Zoals je in figuur 1.5 ziet, staat het blokje control centraal in het schema. Via dit blokje vindt een confrontatie plaats van de werkelijkheid (onderkant en rechterkant van het schema) met de plannen. Deze confrontatie kan leiden tot bijsturing. In het schema is dit weergegeven door de stippellijnen. Deze bijsturing kan plaatsvinden op de drie niveaus:
- *Operationeel*: de uitvoering loopt niet goed.
- *Tactisch*: het budget wordt niet gehaald (omzet) of overschreden (kosten).
- *Strategisch*: de strategische doelstellingen worden niet behaald.

TUSSENVRAAG 1.7
Bij welke van deze drie niveaus zal, naast interne informatie, ook externe informatie van belang zijn?

Hiermee is de cirkel weer rond en zijn we terug bij de strategie. We zeggen ook wel dat het schema werkt volgens het cybernetisch principe. Hiermee bedoelen we dat de werkelijkheid wordt afgezet tegen een vooraf geformuleerde norm op grond waarvan (eventueel) bijsturing plaatsvindt. Een apparaat dat we allemaal kennen en dat werkt volgens het cybernetisch principe is de thermostaat van de centrale verwarming.

TUSSENVRAAG 1.8
Leg uit waarom een thermostaat volgens het cybernetisch principe werkt.

Omdat er een nauwe relatie bestaat tussen control en administratieve organisatie en omdat er de laatste jaren veel aandacht is voor control, gaan we in het volgende hoofdstuk verder in op dit onderwerp.

Verantwoording

Verantwoording afleggen
IST-situatie
SOLL-situatie

Als laatste gaan we in op het element van verantwoording afleggen. Door de werkelijkheid met de plannen te vergelijken (we zeggen in dit kader ook wel de IST-situatie tegenover de SOLL-situatie) is er sprake van verantwoording afleggen. Populair gezegd: zijn de zaken goed gegaan en zo niet, hoe komt dat? Binnen organisaties vindt deze verantwoording op alle niveaus plaats. Iedereen legt verantwoording over zijn werkzaamheden af aan zijn baas. In veel gevallen zal dit op basis van informatie gaan. Dit geldt tot het hoogste niveau: de president-directeur legt verantwoording af aan de Raad van Commissarissen. Dit is het zogenaamde toezichthoudend orgaan, dat (zoals de naam al zegt) toezicht houdt op de gehele organisatie. Je zult begrijpen dat dit zeker voor een grote organisatie een lastige taak is.

Daarnaast legt een organisatie in haar geheel extern verantwoording af. Het bekendste voorbeeld is een jaarrekening, maar ook de belastingaangifte kan gezien worden als het afleggen van verantwoording, in dit geval aan de Belastingdienst.

In deze paragraaf hebben we inzicht gegeven in het besturen van een organisatie. Hierbij hebben we gezien dat een centrale rol is weggelegd voor informatie, op alle niveaus. Zonder informatie kan een organisatie niet functioneren. Informatie ontstaat niet vanzelf, maar moet worden gemaakt. Denk maar aan je rooster op school. Als er geen roosteraar (vaak zelfs een complete afdeling) zou zijn die zich met het roosteren bezighoudt, zou er ook geen rooster zijn. Het spreekt voor zich dat er zonder rooster ook geen onderwijs mogelijk is. Of denk eens aan een bank die geen informatie heeft over haar rekeninghouders of de uitstaande tegoeden en kredieten. Zo'n bank zal haar deuren direct moeten sluiten. Het is daarom van het grootste belang dat de medewerkers van een organisatie kunnen beschikken over de informatie die zij nodig hebben om te kunnen functioneren. Informatie is nodig om te kunnen plannen, uitvoeren en beheersen en voor het afleggen van verantwoording. In hoofdstuk 3 zullen we dieper ingaan op het gebruik van informatie en het 'produceren' van informatie. Ook zullen we onderzoeken aan welke eisen informatie moet voldoen.

Samenvatting

▶ In dit hoofdstuk hebben we kennisgemaakt met de begrippen organisatie en besturing. We zijn gestart met een kennismaking met het begrip organisatie. Vervolgens hebben we gekeken naar de manier waarop organisaties hun doelstellingen formuleren en bewaken dat de doelstellingen gehaald worden. Een van de conclusies was dat het binnen de organisatie van essentieel belang is dat over de juiste informatie wordt beschikt.

Eindvragen

1.1 Geef van de volgende organisaties aan wat de input, output en doelstellingen zijn.
  a studentenprojectgroep binnen een hbo-opleiding
  b feestcommissie van de voetbalvereniging
  c politieke partij

1.2 Beschrijf de agencytheorie.

1.3 Beschrijf waarom het begrip planning & control een centrale positie inneemt bij de besturing van organisaties.

1.4 Zowel doelen als de plannen dienen SMART geformuleerd te zijn. Wat houdt dat in?

1.5 Job de Klein heeft een grote snackbar in de wijk Oost van de stad. Hij heeft twee medewerkers in vaste dienst en in het weekend werken er ook nog twee flexkrachten. In de wijk Oost wonen veel jongeren en mensen van buitenlandse komaf. De snackbar van De Klein heeft, begin van dit jaar, het tot dan toe traditionele assortiment behoorlijk verruimd en biedt nu ook vegetarische, veganistische, halal en 100% biologisch verantwoorde producten aan. De prijzen van de nieuwe producten liggen gemiddeld genomen wel boven die van het traditionele assortiment.

De missie van De Klein was altijd: 'Lekkere snacks voor weinig geld aanbieden' en de visie: 'Wij bieden de mensen uit de buurt een ruime keuze aan snacks, zodat ze niet altijd zelf hoeven te koken'. Ontwikkel een missie en visie die beter aansluit bij het vernieuwde assortiment van de snackbar.

1.6 'De Zonnekoning' is een bedrijf dat zonnepanelen verkoopt en plaatst. Tot dusverre gingen vertegenwoordigers van het bedrijf eerst altijd bij mogelijke klanten thuis langs om te kijken waar de panelen het best geplaatst zouden kunnen worden. Met ingang van 1 januari jl. werkt het bedrijf nog uitsluitend via internet en wordt op basis van luchtfoto's automatisch bepaald waar de panelen moeten komen.

Op welke niveau in de onderneming is de beslissing genomen om nog alleen te werken via internet? Licht je antwoord toe.

1.7 Bij fietsenfabriek 'De Vliegende Hollander' zijn in het productieplan voor 2018 de volgende gegevens opgenomen (tabel 1.1).

TABEL 1.1 Productieplan 2018

Model	Aantal te produceren	Kostprijs per stuk
Batavier	10.000	€225
Saks	12.500	€255
Frisii	13.500	€305

In het verkoopplan voor 2018 zijn de volgende verkoopprijzen genoemd (tabel 1.2).

TABEL 1.2 Verkoopplan 2018

Model	Aantal verkocht	Verkoopprijs per stuk
Batavier	10.500	€455
Saks	12.500	€540
Frisii	14.500	€765

Begin 2019 presenteert de controller van De Vliegende Hollander de volgende resultaten aan het management (tabel 1.3).

TABEL 1.3 Resultaten 2018

Model	Aantal geproduceerd	Kostprijs per stuk	Aantal verkocht	Verkoopprijs per stuk
Batavier	9.500	€205	9.100	€437
Saks	12.100	€272	12.000	€555
Frisii	11.900	€345	12.500	€747

a Geef aan wat het IST en SOLL is.
b Geef aan in hoeverre IST en SOLL afwijken.
c Bedenk welke oorzaken er kunnen zijn voor de afwijking tussen IST en SOLL.
d De controller presenteerde de resultaten na afloop van het jaar. Is dit volgens jou de meest effectieve manier om het management te ondersteunen? Zo niet, hoe zou hij het dan beter kunnen doen?

2
Control en controlmodellen

2.1 **Waarom control?**
2.2 **Wat is control?**
2.3 **COSO Internal Control Framework**
2.4 **Risicomanagement**
2.5 **Toepassingen in de praktijk**
2.6 **Tax Control Framework**

In het vorige hoofdstuk hebben we gezien dat administratieve organisatie niet op zichzelf staat. Het is nauw verbonden met de begrippen organisatie, informatie en control. Dit laatste begrip staat in dit hoofdstuk centraal. Er is tegenwoordig veel aandacht voor control, zowel in de wetenschap als in de praktijk. Dit komt onder andere doordat de wetgever, direct dan wel indirect, ook eisen stelt aan het 'in control zijn' van bedrijven en andere organisaties.
In paragraaf 2.1 gaan we in op de vraag waarom control zo belangrijk is tegenwoordig; hierin behandelen we ook kort enige wet- en regelgeving. Paragraaf 2.2 houdt zich bezig met de vraag wat control is, hierbij komt ook een aantal controlmodellen vanuit de theorie aan de orde. Ook gaan we in op het onderscheid tussen hard en soft controls. Paragraaf 2.3 behandelt een belangrijk control model framework namelijk COSO. Paragraaf 2.4 gaat over hoe ondernemingen met risico's moeten omgaan. In paragraaf 2.5 wordt een aantal modellen benoemd die in de praktijk worden toegepast. We sluiten – kort – af met een specifieke toepassing, namelijk het Tax Control Framework.

Openingscasus

Boekhoudschandalen
In de jaren negentig van de vorige eeuw leken de economische bomen tot in de hemel te kunnen groeien. Het ging erg goed en de bedrijfswinsten waren in het algemeen hoog. Er waren zelfs bedrijven die buitengewoon goed presteerden. Eén daarvan was het Amerikaanse energiebedrijf Enron. Dit bedrijf, dat in 1985 was ontstaan uit een fusie, was uitgegroeid tot een beursliefeling met ongekende winsten. Tussen 1995 en 2000 was de beurswaarde maar liefst verzevenvoudigd en op een bepaald moment had Enron 20.000 mensen in dienst. Deze medewerkers hadden hun pensioenvoorziening (uiteraard) voor een belangrijk deel in aandelen Enron belegd. Het was een sprookje, eigenlijk te mooi om waar te zijn. En ook hier geldt 'als het te mooi is om waar te zijn, is het waarschijnlijk ook niet waar'. De gepresenteerde winsten bleken niet te kloppen, Enron had een risicovolle manier van financieren en eind 2001 zakte het als een kaartenhuis in elkaar. Enron was failliet, medewerkers waren hun baan en meestal hun pensioen kwijt en beleggers hun geld. De accountant van Enron, Arthur Andersen, een van de grootste kantoren ter wereld, werd in de val meegesleept en verdween ook. Enron wordt wel de 'moeder aller boekhoudschandalen genoemd', want er volgden er nog meer.

In Nederland werd door sommigen gezegd dat dit 'typisch Amerikaans' was, omdat bedrijven daar gericht waren op aandeelhouderswaarde en dan ook nog op korte termijn. In Nederland, waar bedrijven er niet alleen zijn voor de aandeelhouders, maar ook voor andere belanghebbenden, zou dit niet zo snel gebeuren, werd beweerd. Helaas, niets bleek minder waar. Begin 2003 werd duidelijk dat een van de Nederlandse 'parels aan de beurs', namelijk Ahold (moederbedrijf van onder meer Albert Heijn), ook de zaken in de cijfers anders had voorgesteld dan ze in werkelijkheid waren. Hoewel Ahold niet failliet is gegaan, was de schade groot, vooral bij beleggers. De beurskoers daalde op één dag maar liefst met 64%. Vele rechtszaken tegen Ahold, tegen de topmensen en tegen de accountant volgden. Wat Enron voor de Verenigde Staten was, was Ahold voor Nederland. Helaas volgden er daarna over de hele wereld nog meer schandalen en is 'boekhoudschandaal' inmiddels een ingeburgerd begrip.

2.1 Waarom control?

Het woord 'control' stond op een centrale plaats in figuur 1.5 van het vorige hoofdstuk. Daarin hebben we gezien dat een organisatie (we gaven het voorbeeld van Philips) financiële en niet-financiële doelstellingen heeft, die ze wil behalen. Nu is het de kunst voor de topleiding van Philips om ervoor te zorgen dat de circa 115.000 medewerkers over de hele wereld zo werken, dat de onderneming haar doelstellingen bereikt. Met andere woorden: Philips moet 'in control' zijn. Als student weet je hoe moeilijk het is om met een projectgroep van vier een doel te bereiken, dus je kunt je voorstellen hoe lastig dat in een wat grotere organisatie moet zijn.

TUSSENVRAAG 2.1
Welke maatregelen neem je in een projectgroep om te zorgen dat er een voldoende product uitkomt?

Misschien heb je zelf de ervaring dat het niet gelukt is de doelstelling te bereiken, doordat het product een onvoldoende opleverde. Of er lag uiteindelijk wel een goed product, maar de samenwerking verliep dermate stroef dat groepsleden met ruzie het project zijn uitgegaan. Of, wat minder erg maar wel lastig, het doel is wel bereikt, maar er moest zoveel opnieuw gedaan worden en het verliep zo inefficiënt dat het wel heel veel tijd (en slaap) gekost heeft. In het slechtste geval, maar daar gaan we niet van uit, zaten jullie misschien wel zo klem dat er een rapport van een groep die het project vorig jaar gedaan heeft, is overgeschreven (we noemen dat gewoon fraude). Bij een bedrijf ligt het eigenlijk hetzelfde. In de openingscasus hebben we situaties gezien waarin het helemaal uit de hand is gelopen. Daar werd uiteindelijk een hoge prijs betaald voor het feit dat het bedrijf niet 'in control' bleek te zijn.

In control

Zoals uit de openingscasus blijkt, komen boekhoudschandalen helaas nogal eens voor. Maar er verschijnen daarnaast ook andere berichten in het nieuws over bedrijven waar het nodige verkeerd gegaan is. Kijk maar eens naar het volgende artikel.

● www.nos.nl

'Sjoemelsoftware' VW weet wanneer auto op rollenbank staat

'Dit is niet het werk van een technicus die dit op een achternamiddag bedacht heeft zonder de baas in te lichten', zegt autojournalist Wim Oude Weernink over het uitlaatgassenschandaal bij Volkswagen. Hij is ervan overtuigd dat de top van de autofabrikant wist van het gesjoemel met uitstoot-testen.
Dat autofabrikanten testen voor de uitstoot van CO_2 en stikstof beïnvloeden, was al bekend. Ze plakken roosters af en pompen de banden extra hard op. Soms worden zelfs banden zonder profiel gebruikt waardoor de auto zuiniger uit de test komt dan dat hij in dagelijks gebruik is. Vooralsnog is dat toegestaan in Europa, maar nieuwe regels moeten voorkomen dat dit in de toekomst zo blijft.

Verboden software

Maar Volkswagen ging in de Verenigde Staten nog een stap verder. Volgens Jos Dings, directeur van de Brusselse milieuorganisatie Transport & Environment, kan de speciale 'sjoemelsoftware' in de auto's een testsituatie herkennen. Zo staan de auto's bij een test op een rollenbank. Dus als er gas wordt gegeven draaien de wielen wel, maar gaat de auto niet vooruit. Software kan dat registeren en concluderen dat het waarschijnlijk om een test gaat.
Ook is het opvallend als er langere tijd gas wordt gegeven, zonder dat het stuur beweegt. Dat is een tweede indicatie dat het om een test gaat. En de auto kan, omdat de tests over het algemeen binnen zijn, geen contact maken met de satelliet van het GPS-systeem. Dan is er nog een vierde element waar de software naar kijkt: de auto's moeten worden getest bij een temperatuur tussen de 20 en 30 graden.
Als de software eenmaal door heeft dat het om een test gaat, zorgt die ervoor dat de auto zo schoon mogelijk rijdt. En dat is verboden, zegt Dings. Volkswagen leidde op die manier milieu-inspecteurs om de tuin bij het testen van de uitstoot van zo'n 11 miljoen auto's. Het is volgens deskundigen vrijwel onmogelijk om te controleren of dergelijke software in een auto actief is.
[...]

22 september 2015

Ook hier is de financiële schade enorm. Alleen al in de Verenigde Staten heeft Volkswagen voor 25 miljard dollar schikkingen getroffen. Daarnaast is de beurskoers van Volkswagen gedaald, waar beleggers weer de dupe van zijn. Kortom, ook hier een spoor van vernieling.
De vraag 'waarom control?' is eigenlijk heel makkelijk te beantwoorden: om te voorkomen dat er situaties als een onvoldoende voor een project, Enron, Ahold en Volkswagen ontstaan. Dit is een 'negatieve formulering', namelijk wat je wilt voorkomen. Positief geformuleerd gaat het om de volgende punten in een bedrijf:
- efficiëntie en effectiviteit van bedrijfsprocessen
- betrouwbare rapportages
- naleven van wet- en regelgeving

Deze opsomming is gebaseerd op COSO, waarover in paragraaf 2.3 meer. Laten we eens naar deze drie onderdelen kijken. **COSO**
Efficiënt wil zeggen dat er een goede verhouding is tussen de input en de output. Iemand die efficiënt werkt, verspilt geen tijd of geld. Je doet de dingen in één keer goed, zodat je niets over hoeft te doen. We kunnen zeggen 'de dingen goed doen'. Nu kun je heel efficiënt werken maar toch je doel niet bereiken. Je bent dan niet effectief. Je haalt je doel niet. De volgende tekening waarin je van A (huidige situatie) naar B (doel) wilt, verduidelijkt dit (figuur 2.1). **Efficiënt**

Effectief

FIGUUR 2.1 Efficiënt en effectief

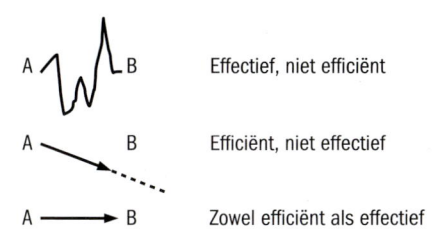

A ⋀⋁⋀ B   Effectief, niet efficiënt

A ↘ B   Efficiënt, niet effectief

A ⟶ B   Zowel efficiënt als effectief

We hebben in het vorige hoofdstuk gezien dat een bedrijf zijn doelen wil halen (effectief). Maar dit zal wel met een goede verhouding tussen opbrengsten (output) en kosten (input) gepaard moeten gaan. Want anders is er sprake van verlies en dat houdt geen bedrijf lang vol.

Betrouwbare rapportages wil zeggen dat de informatie die naar buiten gaat, maar ook de informatie binnen het bedrijf betrouwbaar is. Dit speelde met name bij de boekhoudschandalen. Op basis van de jaarrekeningen zouden Enron en Ahold er heel goed voor staan, terwijl het in werkelijkheid een stuk slechter ging. Toen deze bom eindelijk barstte, was het te laat, zoals we al gezien hebben. Vooral dit onderdeel heeft ervoor gezorgd dat er, in binnen- en buitenland, wet- en regelgeving is gekomen om de beleggers en andere belanghebbenden bij het bedrijf (werknemers, leveranciers, banken) te beschermen. In de Verenigde Staten is dit de Sarbanes-Oxley-wet SOx en in Nederland de corporate governance code. Voordat we deze code kort gaan toelichten, bespreken we eerst het laatste element, namelijk het naleven van wet- en regelgeving.

Het naleven van wet- en regelgeving wordt ook wel compliance genoemd. Zowel bij Enron, Ahold als bij Volkswagen zijn wetten overtreden. Dit heeft, zoals we gezien hebben, ernstige gevolgen gehad. Daarom is het van belang dat bedrijven (of liever: de mensen in de bedrijven) zich aan de wetten en regels houden.

Deze drie elementen samen maken dat een bedrijf al dan niet 'in control' is. Aangezien de gevolgen voor de samenleving groot kunnen zijn als dat ontbreekt, is er eigenlijk sinds de grote boekhoudschandalen veel aandacht voor control, zowel in de wetenschap (al was dat daarvoor ook al), de wet- en regelgeving als in het bedrijfsleven zelf.

Betrouwbare rapportages

Boekhoud-schandalen

SOx

Compliance

TUSSENVRAAG 2.2
Wat zou je zelf als mogelijk belangrijkste oorzaak van de ontsporingen bij Enron en Volkswagen zien?

Zoals hiervoor gezegd hebben de boekhoudschandalen in Nederland onder meer geleid tot de corporate governance code. De eerste versie (2004) stond bekend als de code Tabaksblat (genoemd naar de voorzitter van de commissie die de code heeft opgesteld). Inmiddels zijn we toe aan de derde versie, getiteld Nederlandse corporate governance code. Anders dan in de VS is dit geen wet, maar via het Burgerlijk Wetboek, titel 2.9, is de code wel in de wet verankerd. De code geldt voor beursgenoteerde bedrijven en bestaat uit 'principes' en 'best practices'. Het doel van de code is, om het simpel te zeggen, 'goed bestuur en goed toezicht'. Voor wat betreft ons onderwerp, control, zijn onder meer de volgende bepalingen van belang (zie kader).

Nederlandse corporate governance code

> **BEPALINGEN UIT NEDERLANDSE CORPORATE GOVERNANCE CODE**
>
> *Principe 1.2*
> De vennootschap beschikt over adequate interne risicobeheersings- en controlesystemen. [...]
>
> *Best practice 1.2.3*
> Het bestuur monitort de interne risicobeheersings- en controlesystemen [...] Deze monitoring [...] is gericht op strategische, operationele, compliance en verslaggevingsrisico's.
>
> *Principe 1.4*
> Het bestuur legt verantwoording af over de effectiviteit van de opzet en werking van de interne risicobeheersings- en controlesystemen.
>
> Bron: Nederlandse corporate governance code, december 2016

We zien overeenkomsten met de drie elementen die we hiervoor gezien hebben:
- Strategie gaat met name om de effectiviteit van de bedrijfsprocessen.
- Operationeel betreft met name de efficiency van bedrijfsprocessen.
- Compliance gaat over het houden aan wet- en regelgeving.
- Verslaggevingsrisico's, tot slot, gaan over betrouwbare rapportages.

In control statement

Daarnaast zien we dat het bestuur verantwoording moet afleggen. Het doet dit doorgaans in de vorm van een 'in control statement'.
In voorbeeld 2.1 is het in control statement van TomTom over het boekjaar 2017 opgenomen.

VOORBEELD 2.1

In control statement

In control and responsibility statement
The Management Board states, in accordance with best practice provision 1.4.3. of the Code, that:
- The Management Board report provides sufficient insight into any important deficiencies in the effectiveness of the internal risk management and control systems that were detected during the 2017 financial year.
- The risk management and control systems provide a reasonable assurance that the 2017 financial statements do not contain any errors of material importance.
- Based on TomTom's current state of affairs, it is justified that the financial reporting is prepared on a going concern basis.
- The Management Board report discloses all material risks and uncertainties that are relevant regarding the expectation as to the continuity of TomTom for the 12-month period after the date of issue of this Management Board report.

The risk management and control section of the Management Board report provides a clear substantiation of the above-mentioned statement. With

reference to section 5.25c paragraph 2c of the Financial Markets Supervision Act, the Management Board states that, to the best of its knowledge:
- The annual financial statements give a true and fair view of the assets, liabilities, financial position and loss of the company and the undertakings included in the consolidation taken as a whole; and that
- The Management Board report provides a fair view of the development and performance of the business and the position of the company and the undertakings included in the consolidation taken as a whole, together with a description of the principal risks and uncertainties that the company faces.

Bron: Annual Report TomTom 2017

Nu we weten waarom control belangrijk is, wordt het tijd om te kijken wat control inhoudt.

2.2 Wat is control?

De definitie van control die we in dit boek hanteren, is ontleend aan COSO en luidt:

> Control is het proces dat gericht is op het verkrijgen van een redelijke mate van zekerheid omtrent het bereiken van doelstellingen op het gebied van:
> - de effectiviteit en efficiëntie van de bedrijfsprocessen
> - de betrouwbaarheid van de financiële informatieverzorging
> - de naleving van relevante wet- en regelgeving, beleidsrichtlijnen en procedures

Control

Als je naar deze definitie kijkt, word je eigenlijk nog niets wijzer. Je kan het begin van de zin vertalen met 'alle maatregelen die nodig zijn om...', maar ook dan weet je nog steeds niet welke maatregelen dit zijn. En daar zit precies het probleem, want het kunnen heel veel maatregelen zijn, ook maatregelen op het gebied van administratieve organisatie. Deze maatregelen worden allemaal uitgebreid besproken in de rest van dit boek. Toch valt hierover vooraf wel iets meer te zeggen. Er zijn namelijk vanuit de theorie meerdere controlmodellen beschikbaar, die het vraagstuk 'wat control inhoudt' wetenschappelijk benaderen. Voorbeelden hiervan zijn:
- Simons, 1995
- Merchant, 2007
- Malmi & Brow, 2008
- Fereira & Otley, 2009

Behandeling van deze modellen valt buiten het kader van dit boek. Daarvoor verwijzen we naar de literatuur over management control. Toch willen we aandacht besteden aan het model van Simons, omdat daarin op hoofdlijnen duidelijk wordt gemaakt waaruit een goede control bestaat. Simons onderscheidt namelijk vier levers of control, ofwel 'hefbomen' die gezamenlijk zorgen voor een goede control (figuur 2.2).

Levers of control

FIGUUR 2.2 Levers of control

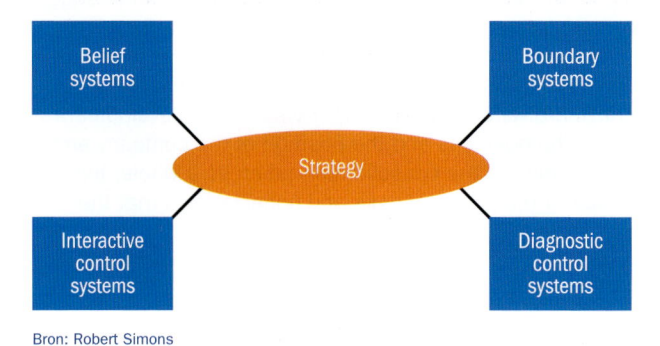

```
┌──────────┐                    ┌──────────┐
│ Belief   │                    │ Boundary │
│ systems  │                    │ systems  │
└────┬─────┘                    └─────┬────┘
     │         ╭──────────╮           │
     ├─────────┤ Strategy ├───────────┤
     │         ╰──────────╯           │
┌────┴─────┐                    ┌─────┴────┐
│Interactive│                   │Diagnostic│
│ control  │                    │ control  │
│ systems  │                    │ systems  │
└──────────┘                    └──────────┘
```

Bron: Robert Simons

In het midden van het model zie je de strategie staan. De strategische doelstellingen moeten worden gerealiseerd en wel op een efficiënte manier, binnen de wet- en regelgeving en met gebruik van betrouwbare rapportages. Om dat te bereiken, zijn volgens Simons de volgende vier 'levers' van belang:

1 *Belief systems*. Dit betreft zaken als missie en visie, maar ook cultuur is hier van belang: 'waar geloven we in'. In de ideale wereld zou je kunnen zeggen, dat als mensen weten waar ze naar toe moeten en ze allemaal hetzelfde beeld voor ogen hebben, dat het dan goed komt.
Maar: mensen kunnen altijd 'uit de bocht vliegen'. Daarom introduceert Simons de

2 *Boundary systems*. Dit zijn de grenzen waar mensen niet overheen mogen. Dit zullen vooral regels zijn, in de vorm van richtlijnen, maar ook zaken als gedragscodes.
Het is dan wel van belang te volgen of mensen ook binnen de grenzen blijven en of ze goed presteren. Vandaar de

3 *Diagnostic control systems*. Dit is het tegenover elkaar zetten van de bereikte resultaten en de doelstellingen. Hier gaat het vooral om betrouwbare informatie over wat bereikt is.
Tot slot moet van tijd tot tijd vanuit een soort helicopterview gekeken worden of de doelstelling nog wel haalbaar is. Dit is zeker van belang in de sterk veranderende wereld van nu! Om die reden benoemde Simons de

4 *Interactive control systems*. Hierin is overleg met diverse betrokkenen in en buiten de organisatie van belang om te kijken of het doel nog wel 'goed is' en of we niet te veel van de koers afwijken.

In dit model komt goed het onderscheid tussen hard controls en soft controls naar voren.

Hard controls Bij hard controls gaat het in het algemeen over structuren, taken, verantwoordelijkheden en procedures. Binnen Simons zijn dit de boundary systems en de diagnostic control systems. Ook administratieve organisatie richt zich vooral op deze controls.

Soft controls Soft controls werken in op overtuigingen, ideeën en opvattingen van mensen (ik ga op het werk niet zitten lummelen, want daar word ik niet voor betaald). Bij soft controls gaat het om persoonlijke afwegingen van mensen in bepaalde situaties. Bij Simons zie je dit vooral terug in de belief systems.

Welk type control de overhand heeft, is van veel verschillende factoren afhankelijk; een daarvan is de omvang van de organisatie. In figuur 2.3 is dit weergegeven.

FIGUUR 2.3 Type controls in relatie tot omvang organisatie

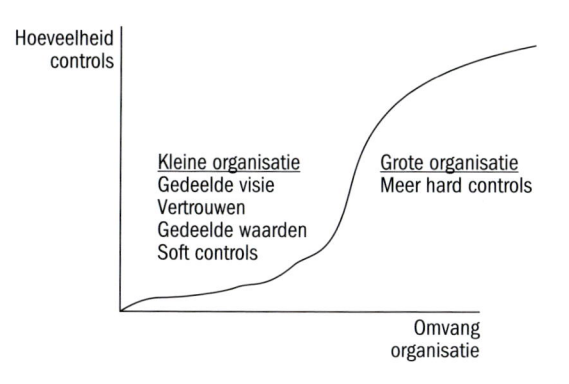

Hoeveelheid controls (verticale as) – Omvang organisatie (horizontale as)

Kleine organisatie
Gedeelde visie
Vertrouwen
Gedeelde waarden
Soft controls

Grote organisatie
Meer hard controls

Zolang de organisatie klein is, zal er sprake zijn van een gedeelde visie, onderling vertrouwen en gedeelde waarden, typische soft controls. Dit zie je vooral bij start-ups. Als drie vrienden (zoals bij Airbnb) een briljant idee hebben, zal dit in het begin goed werken. Inmiddels heeft Airbnb ruim 3.100 werknemers (mei 2018). Bij een dergelijke omvang ontstaat het risico dat mensen niet altijd het bedrijfsbelang voorop stellen of om andere redenen niet optimaal presteren en dan worden de hard controls van groter belang.

Hard controls kunnen niet zonder soft controls en omgekeerd. Wanneer er een juiste balans is, kunnen zij elkaar versterken. Zonder al te diep op de achterliggende oorzaken in te willen gaan, zou je kunnen zeggen dat het met name het gestegen opleidingsniveau en zelfbewustzijn van medewerkers is die de effectieve inzet van soft controls mogelijk heeft gemaakt. Daarnaast zitten moderne organisaties vaak zodanig ingewikkeld in elkaar, dat het haast onmogelijk is om de precieze taakbeschrijving van medewerkers op te stellen. De aansturing van medewerkers laat dan vanzelf meer ruimte over voor eigen initiatief, beslissingen en verantwoordelijkheden.

We hebben inmiddels onze verkenning van 'control' uitgebreid door naar de levers of control van Simons te kijken en daarbij naar het onderscheid tussen hard controls en soft controls. Maar we weten nog steeds niet welke maatregelen we nu concreet moeten nemen of welke instrumenten we moeten inzetten. Hier worstelen bedrijven ook mee. Om ze daarbij te helpen, zijn zogenaamde 'frameworks' (modellen) opgesteld. Niet dat die een **Frameworks** pasklare oplossing hebben, maar ze geven wel aan welke stappen moeten worden doorlopen om control effectief te doen zijn. Later zullen we zien dat hier een nauwe relatie met administratieve organisatie ligt. Maar eerst gaan we naar de frameworks kijken en we doen dat aan de hand van (we zijn de naam al een paar keer eerder tegengekomen) COSO.

2.3 COSO Internal Control Framework

In deze paragraaf introduceren we eerst de COSO-kubus. Daarna bespreken we de vijf stappen die ervoor moeten zorgen dat de organisatie in control is.

2.3.1 De COSO-kubus

COSO

Internal control

COSO is de naam van een Amerikaanse commissie, bestaande uit accountants, auditors, financiële deskundigen en de Amerikaanse Rekenkamer, die in 1992 een rapport publiceerde over internal control (*Internal Control – Integrated Framework*). In dat rapport werd een invulling aan internal control gegeven die sindsdien door veel organisaties is overgenomen. Zeker sinds de boekhoudschandalen staat dit volop in de belangstelling. Het COSO Internal Control Framework (COSO-ICFR) wordt weergegeven in

COSO-kubus

de zogenoemde COSO-kubus (figuur 2.4). De COSO-kubus geeft de relatie weer tussen:
- de doelstellingen van een organisatie
- de controlcomponenten
- de onderdelen van de organisatie waarop het framework van toepassing is

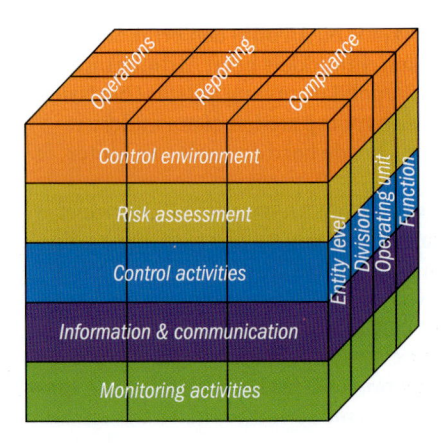

FIGUUR 2.4 De COSO-kubus

De bovenzijde van de kubus geeft de gebieden weer waarop de organisatie in control moet zijn:
- *Operations*: effectief en efficiënt gebruik van middelen om het doel te bereiken.
- *Reporting*: betrouwbare (financiële) informatieverzorging.
- *Compliance*: naleving wet- en regelgeving.

Hierin herken je de doelstellingen van control die we eerder in dit hoofdstuk besproken hebben.

De rechterkant van de kubus laat zien dat COSO alle onderdelen van de organisatie omvat. Hierbij merken we op dat het model ontwikkeld is voor grote ondernemingen. De onderdelen zijn:
- *Entity-level*: de totale onderneming.
- *Division*: het totaal van de bedrijfsonderdelen die tot een bepaalde divisie behoren, bij Philips bijvoorbeeld de divisie Philips Consumer Lifestyle.

- *Operating unit:* een bedrijf binnen de divisie, bij Philips bijvoorbeeld een fabriek waar scheerapparaten worden gemaakt.
- *Function:* de functie die binnen het bedrijf wordt uitgeoefend.

Maar het belangrijkste is wel de voorkant. Daarin zijn vijf stappen te zien die gezamenlijk, op de juiste wijze ingevuld, ervoor moeten zorgen dat de organisatie in control is.

2.3.2 Effectieve control in vijf stappen

Sinds de versie 2013 van de COSO-kubus zijn de vijf stappen uitgewerkt in 17 principes, die op hun beurt weer verder zijn gespecificeerd naar 87 focuspunten. Wij behandelen de vijf stappen hierna, waarbij we ook de principes benoemen. Deze gaan we niet allemaal behandelen, maar wel willen we de relatie duidelijk maken met hetgeen eerder in dit hoofdstuk naar voren gekomen is.

Principes

Control environment (controleomgeving)

De eerste stap is control environment. Hier gaat het erom dat de organisatie zodanig is ingericht, dat het mogelijk is de doelstellingen te behalen. De principes die erbij horen, zijn beschreven in het volgende kader.

DE PRINCIPES BEHOREND BIJ CONTROL ENVIRONMENT

1 The organization demonstrates a commitment to integrity and ethical values.
2 The board of directors demonstrates independence form management and exercises oversight over the development and performance of internal control.
3 Management establishes, with board oversight, structures, reporting lines, and appropriate authorities and responsibilities in the pursuit of objectives.
4 The organization demonstrates a commitment to attract, develop and retain competent individuals in alignment with objectives.
5 The organization holds individuals accountable for their internal control responsibilities in the pursuit of objectives.

Hierbij valt ten eerste op dat de doelstellingen van de organisatie een belangrijke rol spelen (P3, P4 en P5). Ten tweede zien we hard controls (P3), maar meer nog soft controls (P1, P4 en P5). P2 betreft het toezicht op het bestuur (in Nederlandse begrippen door de Raad van Commissarissen), waarbij het toezicht op control centraal staat en waarbij de Raad van Commissarissen onafhankelijk is van het bestuur.

Samenvattend kunnen we zeggen dat de structuur en de cultuur binnen de organisatie een goede control mogelijk moeten maken.

Risk assessment (risicobeoordeling)

De volgende stap is risicobeoordeling. In de volgende paragraaf gaan we in op een apart COSO-model, namelijk COSO-ERM (Enterprise Risk Management). Maar ook binnen COSO-ICFR komt risicobeoordeling aan de orde. De hierbij behorende principes zijn weergegeven in het volgende kader.

DE PRINCIPES BEHOREND BIJ RISK ASSESSMENT

6 The organization specifies objectives with sufficient clarity to enable the identification and assessment of risks related to the objectives.
7 The organization identifies risks to the achievement of its objectives across the entity and analyzes risks as a basis for determining how the risks should be management.
8 The organization considers the potential of fraud in assessing risks to the achievement of objectives.
9 The organization identifies and assesses changes that could significantly impact the system of internal control.

Risicomanagement

Ook hier zie je weer de centrale plaats voor de doelstellingen (P6 en P8). De centrale gedachte achter het begrip risicomanagement is dat er risico's zijn die het halen van de doelstellingen in de weg kunnen staan. Het gaat er dan om dat deze risico's worden ontdekt en vervolgens worden beheerst (P7), anders geformuleerd: welke risico's kunnen ontstaan en hoe moet daarmee worden omgegaan. P8 vraagt speciale aandacht voor het risico dat er fraude in het spel is en P9 voor veranderingen, binnen of buiten de organisatie, die risico's met zich mee kunnen brengen.

Voorbeeld 2.2 is ontleend aan de jaarrekening 2017 van TomTom. Hierbij zijn twee risico's vermeld van de in totaal tien die TomTom bespreekt.

VOORBEELD 2.2
Risico's TomTom

Failure to grow our automotive business
We might be unable to pursue new automotive opportunities and lose market share versus competition. Also, new map and navigation providers may choose to enter the automotive market, which could increase the level of competition we face.
There could be additional operational and technical challenges in growing our Automotive business and maintaining profitability over the longer term in such a rapidly evolving environment. If we are unsuccessful in maintaining and growing a profitable Automotive business, our financial condition, results of operations and liquidity may be materially adversely affected.

Risk response
We believe TomTom is well positioned to address the future needs of our customers and to successfully pursue Automotive opportunities. With our technological innovation, we continuously develop new product and service offerings in the areas of navigation, traffic, maps and autonomous driving. We believe these innovations will allow us to remain competitive in the automotive market.

Unavailability of online services
We provide a variety of customer-facing online services on a 24/7 basis. These include fleet management services, live traffic information, location-based services and sales via our website. To provide these services to our customers we rely on our own, as well as outsourced, information techno-

logy, telecommunications and other infrastructure systems. A significant disruption to the availability of these systems could cause interruptions in our service to customers that may cause reputational damage for TomTom and could trigger contractual penalties, which could have a material adverse effect on our financial condition and results of operations.

Risk response
We have established a process in relation to business continuity for internal infrastructure including full redundancy for key services such as fleet management, location-based services and some traffic delivery platforms. We also agreed minimum service levels with relevant outsourced service providers. Continuous monitoring of system availability is in place.

Bron: Annual Report TomTom 2017

Control activities (beheersmaatregelen)

We hebben nu twee stappen gehad: de controlomgeving en de risico's die ervoor kunnen zorgen dat de doelstellingen niet behaald worden. Nu volgt een belangrijke stap, namelijk de control activities, ofwel de beheersmaatregelen, die ervoor moeten zorgen dat de risico's beheerst worden en de organisatie haar doelstellingen wel behaalt. Alleen wélke beheersmaatregelen dat zijn, zegt COSO niet. Dat is het onderwerp van meerdere vakgebieden, waarvan management control, management accounting, organisatiekunde en administratieve organisatie de belangrijkste zijn. Eigenlijk gaat (de rest) van dit boek over de beheersmaatregelen op het gebied van de administratieve organisatie. De principes zijn weergegeven in het volgende kader.

Beheersmaatregelen

DE PRINCIPES BEHOREND BIJ CONTROL ACTIVITIES
10 The organization selects and develops control activities that contribute to the mitigation of risks to the achievement of objectives to acceptable levels.
11 The organization selects and develops general control activities over technology to support the achievement of objectives.
12 The organization deploys control activities through policies that establish what is expected and procedures that put policies into action.

P10 komt overeen met wat we hiervoor vermeld hebben, namelijk het selecteren en ontwikkelen van beheersmaatregelen waardoor de organisatiedoelstellingen worden behaald. P11 vraagt hierbij speciale aandacht voor beheersmaatregelen rond (informatie)technologie. Organisaties zijn tegenwoordig in hoge mate geautomatiseerd (computers, robots, tablets) dit brengt specifieke risico's met zich mee. Denk bijvoorbeeld aan hacking of cyberaanvallen, maar ook aan het risico dat ontstaat als de systemen uitvallen, want voor veel bedrijven is dat een ramp. P12 tot slot, stelt dat de beheersmaatregelen duidelijk moeten zijn vastgelegd in richtlijnen, zodat duidelijk is wat van de medewerkers verwacht wordt.

Information and communication (informatie en communicatie)

In hoofdstuk 1 hebben we gezien dat informatie heel belangrijk is binnen organisaties en ook daarbuiten. De boekhoudschandalen, waarmee we dit hoofdstuk zijn begonnen, kwamen erop neer dat de informatie die naar buiten werd gebracht onbetrouwbaar bleek te zijn. Ook binnen COSO is informatie van belang, al is het hier beperkt tot informatie die gaat over de interne beheersing. In het kader zie je de principes die bij deze stap horen.

DE PRINCIPES BEHOREND BIJ INFORMATION AND COMMUNICATION

13 The organization obtains or generates and uses relevant, quality information to support the functioning of internal control.
14 The organization internally communicates information, including objectives and responsibilities for internal control, necessary to support the functioning of internal control.
15 The organization communicates with external parties regarding matters affecting the functioning of internal control.

De eerdergenoemde Nederlandse corporate governance code verplicht dat een onderneming in haar bestuursverslag informatie opneemt over het functioneren van de interne beheersing. Dat sluit dus aan op principe 15 van COSO.

Monitoring (bewaking)

De laatste stap gaat over monitoring, met in het kader de laatste twee principes.

DE PRINCIPES BEHOREND BIJ MONITORING

16 The organization selects, develops, and performs ongoing and/or separate evaluations to ascertain whether the components of internal control are present and functioning.
17 The organization evaluates and communicates internal control deficiencies in a timely manner to those parties responsible for taking corrective action, including senior management and the board of directors, as appropriate.

In dit onderdeel gaat het erom dat constant wordt bewaakt of de beheersmaatregelen (control activities) bestaan en naar behoren werken (P16). In het geval dat daar problemen bij worden gesignaleerd, moeten die tijdig worden gecommuniceerd, indien nodig naar de topleiding en de Raad van Commissarissen.

Three lines of defence model

In dit kader willen we het zogenaamde three lines of defence model toelichten. Dit is een model waarin de verantwoordelijkheden voor de beheersmaatregelen zijn verdeeld over drie partijen, zoals blijkt uit figuur 2.5.

FIGUUR 2.5 Three lines of defence model

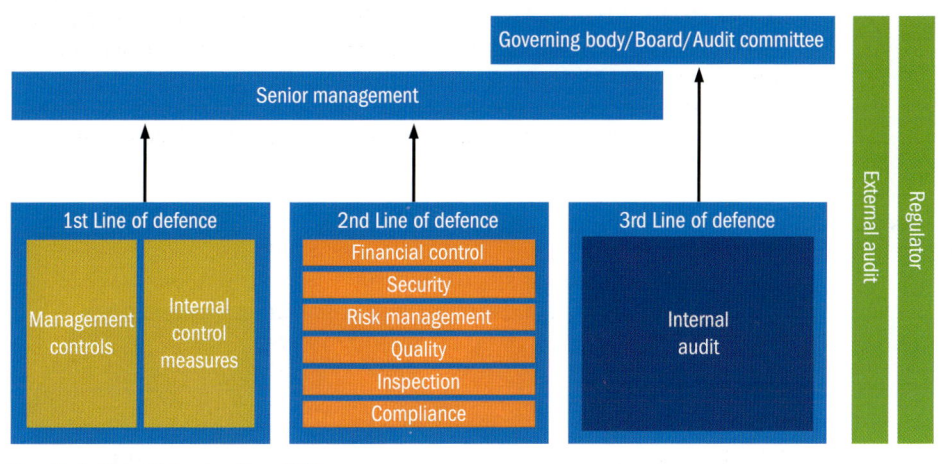

```
                                    Governing body/Board/Audit committee
                      Senior management
  1st Line of defence        2nd Line of defence        3rd Line of defence
                             Financial control
                             Security
  Management   Internal      Risk management            Internal
  controls     control       Quality                    audit
               measures      Inspection
                             Compliance
                                                                    External audit | Regulator
```

Bron: The institute of internal auditors, 2013

Uit het model van figuur 2.5 blijkt dat er drie plekken zijn waar binnen de organisatie gewerkt wordt aan de beheersmaatregelen:
- De eerste lijn is het lijnmanagement dat verantwoordelijk is voor management control en maatregelen van interne beheersing (die veelal onderdeel zullen zijn van de administratieve organisatie).
- De tweede lijn zijn stafafdelingen die het management ondersteunen bij de opzet, invoering en monitoring van de beheersmaatregelen. Welke afdelingen dit zijn, verschilt per organisatie, maar de afdeling Financial control (of binnen administratieve organisatie: Financiële administratie) zal hier zeker een rol in spelen. Daarnaast kunnen er afdelingen zijn als 'risk management', 'compliance' en 'inspection' die zich met specifieke aspecten van COSO bezighouden.
- Tot slot is er de derde lijn, namelijk de afdeling internal audit. Zeker grote bedrijven hebben een internal-auditafdeling (interne accountantsafdeling) die onder meer als taak heeft te controleren of de maatregelen in de twee eerste lijnen goed gewerkt hebben. Een bijzondere bevoegdheid van de internal-auditafdeling is dat zij rechtstreeks toegang heeft tot de Raad van Commissarissen, dus buiten de directie om. Dit zal deze afdeling alleen in uitzonderingsgevallen doen (zoals bij Enron en Ahold, als sprake is van frauderende bestuurders).

Naast de drie verdedigingslijnen zie je in figuur 2.5 nog twee externe partijen:
1 de extern accountant die de jaarrekening controleert
2 externe toezichthouders, zoals De Nederlandsche Bank bij banken en verzekeringsmaatschappijen

Voor deze laatste partijen geldt dat die werken vanuit hun eigen specifieke verantwoordelijkheid en buiten het beheersingsproces in de organisatie zelf staan.

2.4 Risicomanagement

In het COSO-ICFR-model wordt aandacht besteed aan risicomanagement. Dit is een onderwerp dat de laatste jaren volop in de belangstelling heeft gestaan en waar COSO ook apart het ERM-model (Enterprise Risk Management) voor heeft ontwikkeld. In 2017 werd hier een nieuwe versie van gepubliceerd en die ziet eruit als in figuur 2.6.

FIGUUR 2.6 COSO-ERM

ENTERPRISE RISK MANAGEMENT

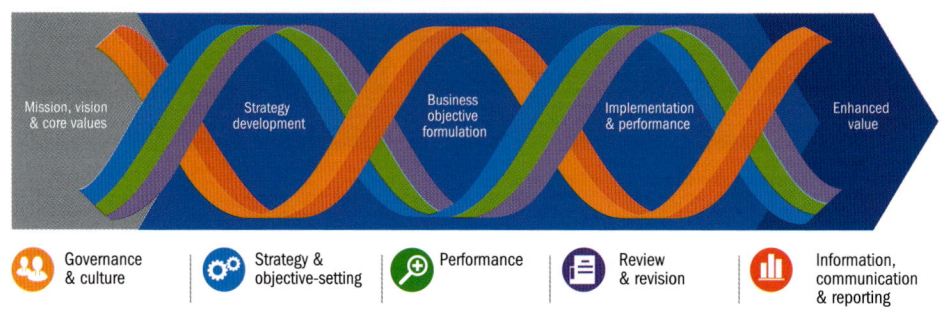

Mission, vision & core values | Strategy development | Business objective formulation | Implementation & performance | Enhanced value

- Governance & culture
- Strategy & objective-setting
- Performance
- Review & revision
- Information, communication & reporting

Bron: coso.org

Risk appetite

Hoewel dit model niet als een kubus is gepresenteerd, zien we toch elementen terug die we ook in het COSO-ICFR-model gezien hebben (figuur 2.4). Binnen ERM gaat het specifiek om de vraag hoe met risico's wordt omgegaan, die het behalen van de bedrijfsdoelstellingen kunnen bedreigen. Een paar specifiek op risicomanagement gerichte punten willen we nader toelichten. Om te beginnen zal als onderdeel van de strategievorming de risk appetite moeten worden bepaald. Met andere woorden: hoe gaat de onderneming met risico's om, welke risico's vindt de onderneming acceptabel? Bedenk hierbij dat ondernemen per definitie betekent risico's nemen. Zonder risico geen winst! Maar je kan hier meer of minder voorzichtig mee omgaan. In voorbeeld 2.3 zie je twee door TomTom genoemde risico's met daarbij de risk appetite.

VOORBEELD 2.3

Risk appetite TomTom

Risico	Risk appetite
FAILURE TO GROW OUR AUTOMOTIVE BUSINESS	Medium
UNAVAILABILITY OF ONLINE SERVICES	Low

Bron: Annual Report TomTom 2017

Je ziet in voorbeeld 2.3 dat bij het eerste (strategische) risico de risk appetite medium is, terwijl het bij het risico van het niet beschikbaar zijn van computersystemen laag is.

TUSSENVRAAG 2.3
Probeer deze keuzes te verklaren.

Vervolgens worden in workshops door ervaren (key-)medewerkers van het bedrijf zogenoemde events benoemd (Event Identification), die het behalen van de gestelde doelen negatief of positief kunnen beïnvloeden. Bij een negatieve invloed spreken we van een threat (bedreiging), bij een positieve invloed van een opportunity (mogelijkheid). De 'ernst' van de beïnvloeding hangt af van de kans × impact. Om de risico's inzichtelijk en bespreekbaar te maken, worden de risico's op basis van de kans dat ze voorkomen en hun gevolgen (impact) in een zogenoemde risicomatrix grafisch weergegeven. Figuur 2.7 is een voorbeeld van een risicomatrix, met daarin de kans en de impact.

Kans × impact

Risicomatrix

FIGUUR 2.7 Risicomatrix

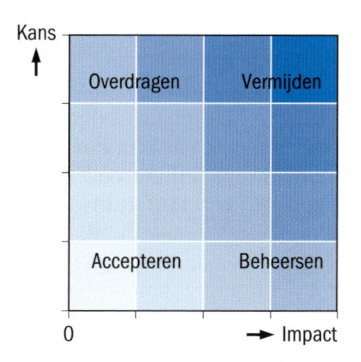

Kans ↑		
Overdragen	Vermijden	
Accepteren	Beheersen	
0	→ Impact	

Op basis van zo'n inzichtelijke weergave kunnen medewerkers in een bedrijf in sessies onderling bepalen welke risico's men belangrijk genoeg vindt om te beheersen. In de praktijk wordt er geprioriteerd (gerangschikt) en komen er meestal tussen de zeven en vijftien meest belangrijke risico's uit, die van wezenlijke invloed kunnen zijn op het behalen van de bedrijfsdoelstellingen. In welke mate het bedrijf deze risico's accepteert en of en in hoeverre ze beheersmaatregelen wil nemen, hangt af van de eerder vastgestelde risk appetite. Een bedrijf met een hoge risk appetite zal meer risico's accepteren (en dus de kans op een hogere winst) dan een bedrijf met een lagere risk appetite (minder winst maar wel met een grotere kans dat die behaald wordt). Voor de belangrijkste risico's wordt gekeken of er beheersmaatregelen kunnen worden vastgesteld en gedefinieerd, de zogenoemde risk response. Soms kan een bedrijf zelf maatregelen vaststellen, maar sommige risico's moet men wellicht verzekeren (kans op bedrijfsbrand) of moet men accepteren, omdat er überhaupt geen beheersmaatregelen mogelijk zijn. In het ergste geval wil het bedrijf deze risico's vermijden en besluit het bijvoorbeeld om de betreffende activiteit af te stoten of zich uit een bepaalde markt terug te trekken. In de Engelse literatuur worden deze vier risk responses vaak aangeduid met de term de 4 T's: Transfer (overdragen

Risk response

ofwel verzekeren), Treat (beheersen), Take (accepteren) of Terminate (vermijden, dus ermee stoppen).

2.5 Toepassingen in de praktijk

COSO is een belangrijk hulpmiddel bij het invoeren en bewaken van control binnen een organisatie. Het geeft echter geen concrete handvatten voor welke beheersmaatregelen moeten worden ingevoerd. In de praktijk zijn er meerdere modellen (frameworks) die een stap verder gaan en richting geven aan hoe de invulling moet plaatsvinden. Er zijn meerdere, zo niet tientallen, modellen in omloop die vanuit verschillende invalshoeken zijn ontstaan, zoals control, kwaliteitsmanagement en strategie. Wij benoemen een drietal:
- ISO 9001
- INK-model
- PDCA-cyclus

In deze paragraaf behandelen we deze modellen, waarbij we de meeste aandacht besteden aan het INK-model.

2.5.1 ISO 9001

ISO staat voor 'internationale organisatie voor standaardisatie'. ISO 9001 komt uit de kwaliteitsmanagementhoek en kan gebruikt worden om te beoordelen of een organisatie voldoet aan de eisen van klanten en andere belanghebbenden. Onafhankelijke 'auditoren' kunnen op basis hiervan een 'ISO-certificaat' afgeven, wat de concurrentiepositie zal verbeteren. Ook het INK-model (INK: Instituut Nederlandse Kwaliteit) komt uit de kwaliteitshoek en is gebaseerd op de PDCA-cyclus.

2.5.2 INK-model

Het INK-model wordt gerekend tot het terrein van de zogenoemde integrale kwaliteitszorg, beter bekend als total quality management (TQM). TQM is een managementfilosofie die erop is gericht de bedrijfsprestaties voortdurend te verbeteren. TQM legt veel nadruk op het voldoen aan de eisen van de klant en het ontwikkelen van de bedrijfsstrategie. Het INK-model is ontwikkeld door het Instituut Nederlandse Kwaliteit (INK), de Nederlandse partnerorganisatie van de European Foundation for Quality Management (EFQM). Er bestaan twee versies van het model: de versie Ondernemingen voor profitorganisaties en de versie Publieke Sector, Onderwijs en Zorginstellingen voor de non-profitsector.

INK-model

INK omschrijft de kern van het model als volgt:

> Elke organisatie heeft een primair proces en de uitkomsten van dit proces moeten de behoeften van de stakeholders van de organisatie bevredigen. Het proces moet daarom goed georganiseerd worden. Wanneer blijkt dat de doelstellingen niet worden gehaald, moet daarop worden gereageerd en zal het proces moeten worden verbeterd of vernieuwd.

Onder de stakeholders worden de belanghebbenden van de organisatie verstaan. Het gaat dan om klanten en partnerbedrijven (zoals leveranciers), medewerkers, bestuur en financiers (zoals de overheid of de aandeelhouders) en de maatschappij in zijn geheel.

Het INK-model bestaat nu ruim twintig jaar en in die periode is het model bij veel verschillende organisaties toegepast. Volgens INK is daarbij vast komen te staan dat succesvolle organisaties voldoen aan vijf fundamentele kenmerken:

1 *Inspirerend leiderschap*. De leiding bepaalt een uitdagende koers op basis van externe en interne informatie; zij draagt deze koers uit en luistert daarbij naar anderen, gaat consequenties, ook voor zichzelf, niet uit de weg, is integer en houdt vol.
2 *Resultaatgerichtheid*. De leiding en medewerkers zijn gericht op het behalen van de afgesproken resultaten voor alle belanghebbenden. De inspanningen zijn daardoor evenwichtig en doelgericht. Op basis van resultaten en veranderingen in de omgeving worden ambities en doelen bijgesteld.
3 *Continu verbeteren en vernieuwen*. Gemeten resultaten worden systematisch vergeleken met de van de visie afgeleide doelstellingen. Trends en afwijkingen worden geanalyseerd en leiden tot duurzame verbeteringen en vernieuwingen. De leiding stimuleert medewerkers om zich te verbeteren door middel van kennis uitwisselen en gezamenlijk leren.
4 *Bouwen op vertrouwen*. Processen, hun onderlinge relaties en bijbehorende prestatie-indicatoren zijn beschreven en ook gecommuniceerd naar de belangrijkste doelgroepen. Taken, bevoegdheden en verantwoordelijkheden van ieder zijn bekend. Kosten en baten van diverse onderdelen zijn bekend en medewerkers kennen hun bijdrage aan het resultaat van de organisatie als geheel.
5 *Samenwerking*. Leiding en medewerkers nemen gezamenlijk verantwoordelijkheid voor het te behalen succes. Persoonlijke doelen en organisatiedoelen zijn op elkaar afgestemd. Met partners in netwerken wordt gezocht naar toegevoegde waarde voor het geheel.

In het INK-model worden negen aandachtsgebieden onderscheiden, verdeeld over de onderdelen resultaten en organisatie. Zie figuur 2.8.

FIGUUR 2.8 Aandachtsgebieden in het INK-model

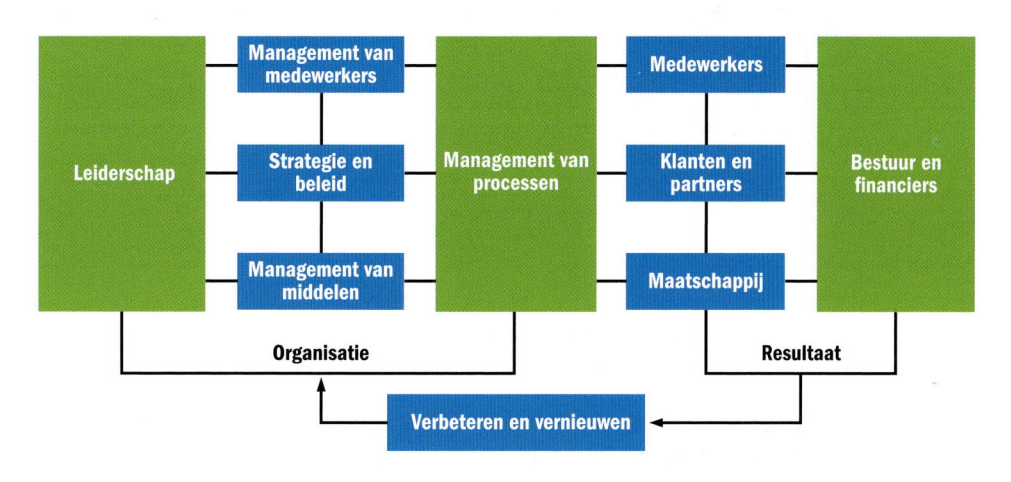

In de vijf organisatiegebieden, de linkerhelft van het model, wordt weergeven hoe de organisatie is ingericht. Volgens INK dagen de organisatiegebieden het management uit om, uitgaande van een heldere missie en visie (Leiderschap), een duidelijke strategie (Strategie en beleid) te kiezen en daarbij passende doelen te formuleren, zowel voor de inzet van personeel (Management van medewerkers), geld, kennis en gebouwen (Management van middelen) als voor de inrichting van processen (Management van processen).

De vier resultaatgebieden, de rechterhelft van het model, geven weer wat de beoogde of bereikte resultaten zijn van de organisatie. De gedachte hierbij is dat een organisatie altijd resultaten bereikt voor een bepaalde groep belanghebbenden. Het INK-model stelt dat de organisatie voor elk van deze doelgroepen moet bepalen welke resultaten het voor die doelgroep behalen wil. Anders gezegd: in welke mate wil de organisatie tegemoetkomen aan de wensen, verwachtingen en behoeften van de verschillende stakeholders? Keuzes zijn hierbij onontkoombaar, het is namelijk onmogelijk om aan de wensen van alle belanghebbenden te voldoen. De vier resultaatgebieden bieden een structuur om voor de verschillende doelgroepen relevante prestatie-indicatoren te kiezen, aan de hand waarvan vervolgens behaalde resultaten gemeten kunnen worden. Het gaat dan om indicatoren als: is de klant tevreden over het door ons geleverde product en is hij ook tevreden over de manier waarop dit product tot stand komt? Of ten aanzien van de maatschappij: wat doet onze organisatie terug voor de maatschappij en hoe wordt dat door de maatschappij ervaren?

TUSSENVRAAG 2.4
Probeer een indicator te formuleren voor het resultaatgebied Medewerkers.

Naast de genoemde resultaat- en organisatiegebieden is er nog een tiende aandachtsgebied en dat is Verbeteren en vernieuwen. Bij verbeteren gaat het om de vraag hoe het werk in de organisatie kan worden verbeterd of hoe meer gedaan kan worden met hetzelfde of hetzelfde met minder. Bij een productiebedrijf zou de vraag concreet kunnen zijn: 'Hoe kunnen we van deze grondstoffen het best controleren of ze aan de inkoopspecificatie voldoen en hoe kunnen we dat het best organiseren?' Bij vernieuwen gaat het om vragen als (bij een handelsbedrijf): 'Waarom werken we met rechtstreekse verkoop en doen we dat niet via een website?' Het aandachtsgebied Verbeteren en vernieuwen wordt wel de feedbackloop in het model genoemd, omdat het op grond van de gemeten resultaten en evaluatiegegevens nieuw beleid zal initiëren en dat terugkoppelt naar de organisatie (zie figuur 2.9).

FIGUUR 2.9 De feedbackloop

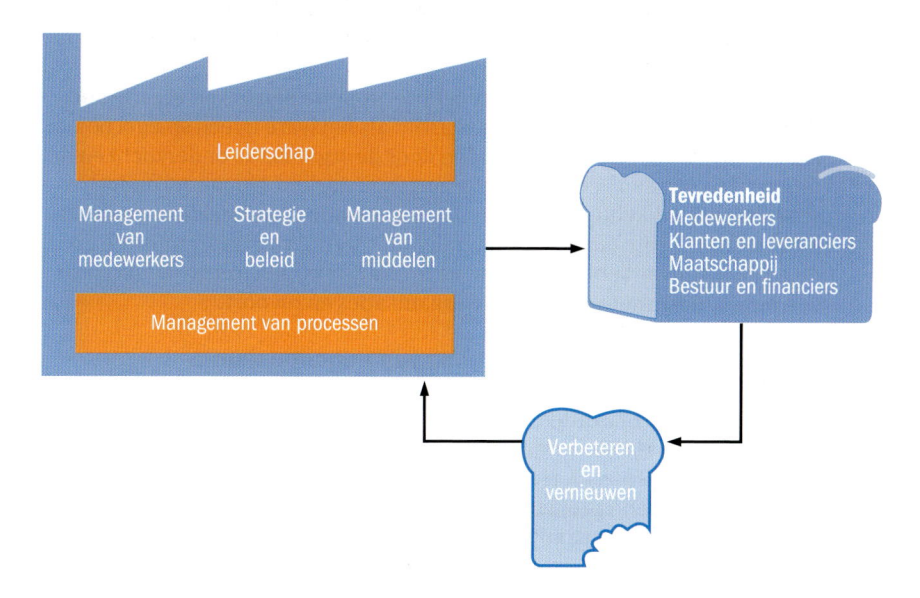

2.5.3 PDCA-cyclus

De verbetering is een continu proces bij INK. Eigenlijk kun je zeggen dat het toepassen van INK betekent dat er onafgebroken verbeterd moet worden. Om het verbeterproces te kunnen richten en sturen, wordt gebruikgemaakt van een zogenoemde verbetercyclus, de Demingcirkel (zie figuur 2.10).

Verbetercyclus

FIGUUR 2.10 Demingcirkel

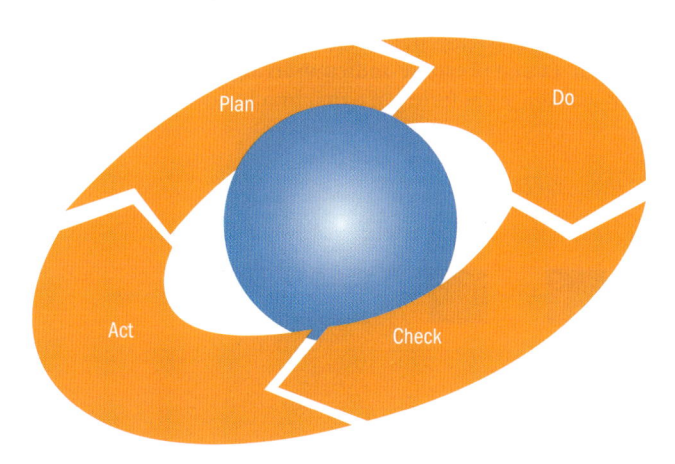

De Demingcirkel (of PDCA-cirkel) bestaat uit vier onderdelen:
1 *P*lan: het plannen van verbeteractiviteiten en het stellen van doelen.
2 *D*o: het uitvoeren van geplande activiteiten.

3 *Check*: meten en nagaan in hoeverre de afgesproken doelen zijn behaald.
4 *Act(ualize)*: bijstellen van het plan, de normen of de uitvoering.

Het INK-model gaat uit van 'zelfdiagnose' door de betrokken organisatie, dat wil zeggen dat de organisatie zichzelf als het ware in een spiegel bekijkt. De aandachtsgebieden worden door de organisatie onderzocht en de uitkomsten worden vervolgens afgezet tegen de door het model onderscheiden ontwikkelingsfasen van een organisatie. Voorbeelden van dergelijk onderzoek zijn: onderzoek naar de waardering van de organisatie door de eigen medewerkers, de klanten en leveranciers; een imago-onderzoek; een benchmark met vergelijkbare organisaties enzovoort.

2.5.4 Vijf ontwikkelingsfasen van een organisatie

Excellente organisatie

Volgens het INK-model moeten vijf fasen worden doorlopen om een excellente organisatie te worden. De fasen, afgeleid van de vijf fundamentele kenmerken (zie subparagraaf 2.5.2), zijn:
1 *Activiteitgeoriënteerd*. Het gaat hierbij om de kwaliteit in de eigen werksituatie. Iedereen probeert zijn eigen werk zo goed mogelijk te doen. Problemen krijgen aandacht als er klachten zijn (zie figuur 2.11).

FIGUUR 2.11 Fase 1 Activiteitgeoriënteerd

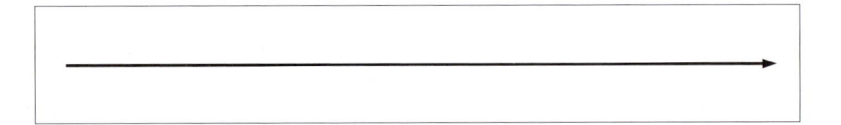

2 *Procesgeoriënteerd*. Het primaire proces wordt goed beheerst. De afzonderlijke processtappen zijn vastgesteld en taken en verantwoordelijkheden zijn beschreven. Er zijn prestatie-indicatoren afgesproken en op basis van metingen worden verbeteringen aangebracht (zie figuur 2.12).

FIGUUR 2.12 Fase 2 Procesgeoriënteerd

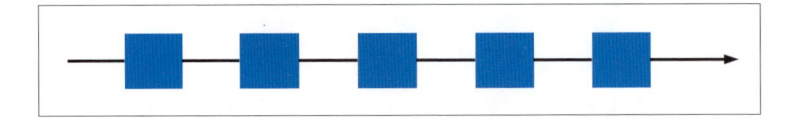

3 *Systeemgeoriënteerd*. Op alle niveaus (directie, afdeling, individuele werknemer) wordt (met behulp van de Demingcirkel) systematisch gewerkt aan het verbeteren van het primaire proces. De insteek is problemen te voorkomen in plaats van te verhelpen (zie figuur 2.13).

FIGUUR 2.13 Fase 3 Systeemgeoriënteerd

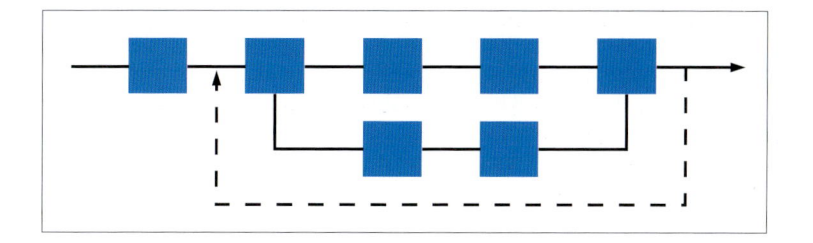

4 *Ketengeoriënteerd.* Samen met partners (leveranciers, andere organisaties) wordt ernaar gestreefd om gezamenlijk maximale toegevoegde waarde te realiseren. Per partner wordt bepaald wie het meest geschikt is om een bepaalde taak uit te voeren (zie figuur 2.14).

FIGUUR 2.14 Fase 4 Ketengeoriënteerd

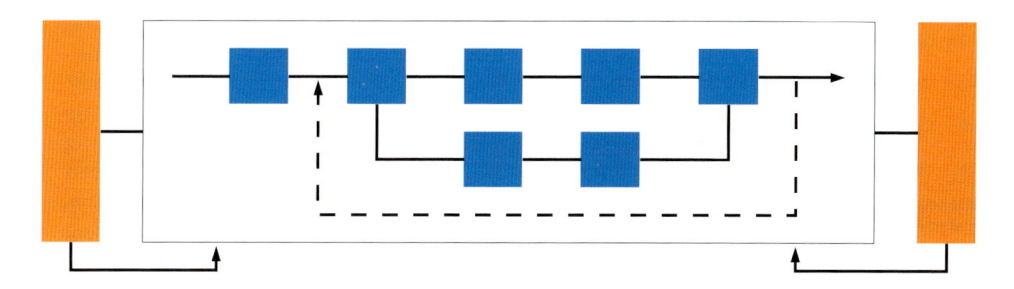

5 *Transformatiegeoriënteerd.* De strategie is erop gericht om als bedrijf bij de top te horen. Het proces van continu verbeteren is in de organisatiestructuur en -cultuur verankerd (zie figuur 2.15).

FIGUUR 2.15 Fase 5 Transformatiegeoriënteerd

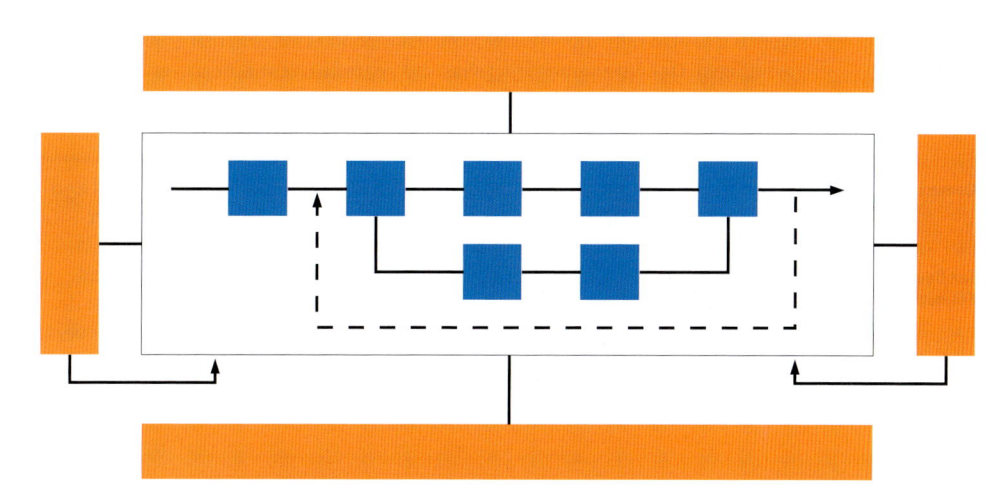

TUSSENVRAAG 2.5
Wat wordt verstaan onder een excellente organisatie?

Met het onderscheiden van vijf fasen wordt de suggestie gewekt dat een hogere fase per definitie beter is, en eigenlijk is dat ook zo. Een organisatie die zich bijvoorbeeld in fase 3 bevindt, voldoet immers op meer terreinen aan de vijf fundamentele kenmerken van het INK-model dan een organisatie in fase 1. Aan de andere kant geldt dat de vijfde fase niet voor alle organisaties de meest gewenste is. Organisaties met een beperkte omvang en met een weinig complexe structuur zullen uitstekend kunnen functioneren in een lagere fase.

2.6 Tax Control Framework

Tot nu toe hebben we gezien dat het vooral het bedrijf zelf is, waarvoor een goede control van belang is. De laatste jaren is er een ontwikkeling gaande waarbij we zien dat ook de Belastingdienst naar de control bij belastingplichtige bedrijven kijkt. Ze doet dit in het kader van horizontaal toezicht. We zullen dit kort toelichten.

Horizontaal toezicht

Bedrijven dienen aangiftes in op grond waarvan ze belasting betalen. Dit geldt voor de loonheffing, de omzetbelasting, maar ook voor de winstbelasting (inkomstenbelasting of vennootschapsbelasting). Je zou kunnen zeggen dat bedrijven hiermee verantwoording afleggen aan de Belastingdienst. Maar wel een verantwoording die direct tot betalen van belasting leidt. Van oudsher voert de Belastingdienst achteraf controles uit. Bij een boekenonderzoek komen controleurs van de fiscus controleren of het bedrijf de belastingregels netjes heeft toegepast en of het alles heeft aangegeven wat het moest aangeven. Dit is een dure, ineffectieve (achteraf)vorm van controle, waarbij een bedrijf nogal eens voor onaangename verassingen kan komen te staan. De controle gaat over vijf jaar terug en een eventuele naheffing kan met boete en rente tot grote bedragen oplopen. Vandaar dat bedrijven en fiscus behoefte hebben gekregen aan een andere methodiek. Dit is het eerdergenoemde horizontaal toezicht.

Boekenonderzoek

De website van de Belastingdienst vermeldt het volgende (www.belastingdienst.nl):

> 'Horizontaal toezicht is voor ons de voorkeursstrategie bij grote ondernemingen. Wij sluiten individuele convenanten horizontaal toezicht met grote ondernemingen. De convenanten zijn gebaseerd op transparantie, begrip en wederzijds vertrouwen. Daarbij is het uitgangspunt dat er voldoende aandacht is voor de fiscale beheersing binnen de onderneming (Tax Control Framework).'

Convenant

Zoals je ziet in het citaat sluit de Belastingdienst een convenant af met een bedrijf, gebaseerd op een samenwerkingsrelatie waarin wederzijds vertrouwen belangrijk is. Dit kan alleen als de fiscale beheersing op orde is, het zogenoemd Tax Control Framework. En dan zijn we weer bij control. Het proces 'van transactie tot aangifte' moet zodanig zijn ingericht dat de kans op fouten minimaal is. In dat geval kunnen bedrijf en fiscus erop vertrouwen dat de aangiften juist zijn en is er minder controle achteraf nodig.

Tax Control Framework

Samenvatting

▶ In dit hoofdstuk hebben we het begrip control vanuit meerdere invalshoeken bekeken. Eerst hebben we stilgestaan bij de grote boekhoudschandalen die aanleiding zijn geweest voor de aandacht die er momenteel bestaat voor het begrip control. Vervolgens hebben we een aantal modellen vanuit de wetenschap benoemd, waarvan er één is uitgelicht (Simons). Hierbij hebben we ook aandacht besteed aan het onderscheid tussen hard controls en soft controls en gezien dat deze twee vormen van control elkaar aanvullen. We hebben uitgebreid stilgestaan bij het COSO-model waarbij we gezien hebben dat de drie doelstellingen van control daarin terugkomen:
- effectiviteit en efficiency van de processen (operations)
- betrouwbare informatie (reporting)
- voldoen aan wet en regelgeving (compliance).

▶ COSO geeft de stappen weer die doorlopen moeten worden om een goede control te waarborgen:
- control environment
- risk assessment
- control activities
- information and communication
- monitoring

Hierbij hebben we ook de 17 principes besproken die deze vijf onderdelen verdere invulling geven.
Omdat risicomanagement volop in de belangstelling staat, hebben we daar een aparte paragraaf aan gewijd. Hierbij hebben we gezien dat de formule kans × impact een belangrijke graadmeter is om het belang van risico's in te schatten.

▶ Ook hebben we stilgestaan bij een aantal in de praktijk gebruikte modellen die veelal een achtergrond vanuit kwaliteitsmanagement hebben. Hierbij hebben we onder andere aandacht besteed aan het INK-model, waarbij het erom gaat dat met de uitkomsten van het bedrijfsproces de behoeften van de stakeholders van de organisatie worden bevredigd. Het proces moet daarom goed georganiseerd zijn. Als blijkt dat dit niet zo is, zal het proces moeten worden verbeterd of vernieuwd.

▶ INK onderkent vijf fundamentele kenmerken van succesvolle organisaties. Daarnaast zijn er negen aandachtsgebieden, verdeeld over de onderdelen resultaten en organisatie. Het tiende aandachtsgebied is de feedbackloop van het model genoemd. Op grond van de gemeten resultaten en evaluatiegegevens zal dit gebied nieuw beleid initiëren en dat terugkoppelen naar de organisatie. Er zal daarbij gebruik worden gemaakt van de Demingcirkel. INK onderscheidt vijf fasen die doorlopen moeten worden voordat een organisatie een excellente organisatie is. Niet alle organisaties streven ernaar om een fase 5-organisatie te worden.

▶ Tot slot hebben we kort aandacht besteed aan het Tax Control Framework, dat de belastingdienst hanteert in het kader van horizontaal toezicht.

Eindvragen

2.1 Wat is de definitie van control volgens COSO?

2.2 Benoem de vier levers of control volgens het model van Simons.

2.3 Welke vijf stappen moeten binnen COSO worden doorlopen om te kunnen waarborgen dat de organisatie in control is?

2.4 Wat wordt bij het INK-model verstaan onder de stakeholders en welke stakeholders zijn er?

2.5 Wat is een Demingcirkel en waar wordt bij INK de Demingcirkel voor gebruikt?

2.6 HeavyHef (hierna te noemen HH) is een fabriek van tractoren. Het in Drenthe gevestigd bedrijf heeft nog alle kenmerken van een familiebedrijf. Veel inwoners van het dorp werken bij de fabriek, waar meestal ook hun vader en grootvader gewerkt hebben. HH maakt vijf typen tractoren, waarbij het verschil vooral zit in het motorvermogen. De 150 werknemers zijn trots op hun product, met name het motorische deel. Zware dieselmotoren met veel kracht. De laatste jaren gaat het wat minder met het bedrijf. De concurrentie is hevig en veel boeren willen overstappen op een milieuvriendelijkere tractor dan de bakbeesten van HH.
Begin 2018 is het bedrijf overgenomen door Tesla. Deze fabrikant van elektrische auto's, waarvan het succes afhangt van de eigenschappen van de door hen zelf ontwikkelde batterij, ziet in HH een mooie kans om zich kleinschalig met de ontwikkeling van elektrische tractoren bezig te houden. Het voornemen is de productie van de dieselmotoren in principe binnen vijf jaar af te bouwen. De serviceorganisatie voor het onderhoud van de diesel-tractoren zal voorlopig blijven bestaan.

Bespreek drie van de principes in het COSO-ICFR-model die, gegeven de ontwikkelingen bij HH, het meeste aandacht vragen. Licht het antwoord toe.

2.7 Bij een commercieel opleidingsinstituut werken vijf medewerkers in vaste dienst en ongeveer 40 parttimedocenten. De docenten hebben van de leiding van het instituut een beschrijving gekregen van het lesprogramma en een opgave van de te gebruiken literatuur. Iedere docent is verder zelf verantwoordelijk voor de door hem gegeven cursus en lost eventuele problemen zo veel mogelijk zelf op tijdens de wekelijkse contactmomenten. Een keer per half jaar is er een vergadering van directie en docenten waarin de cursusplanning voor de nieuwe periode wordt besproken.

In welke ontwikkelingsfase van het INK-model bevindt het instituut zich?

2.8 Bij een commercieel opleidingsinstituut werken vijf medewerkers in vaste dienst en ongeveer 40 parttimedocenten. De docenten hebben gezamenlijk met de leiding van het instituut een beschrijving opgesteld van de lesprogramma's en een overzicht gemaakt van de te gebruiken literatuur. De docenten zijn per vakterrein ingedeeld in teams. Elk team is verantwoordelijk voor de eigen cursussen. Een keer per maand wordt de gang van zaken door het team geëvalueerd en worden verbeteringsvoorstellen opgesteld. Na elke onderwijsperiode wordt een studentenevaluatie afgenomen. De uitkomst van deze evaluatie wordt eerst door de vakteams besproken en komt daarna ook aan de orde in de tweemaandelijkse vergadering van directie en docenten.

a In welke ontwikkelingsfase van het INK-model bevindt het instituut zich?
b Wat zal met betrekking tot het aantal uren dat de docenten bij het instituut in dienst zijn, het verschil zijn met de situatie bij opdracht **2.7**? Wat is daarvan het gevolg?
c Wat moet gedaan worden wanneer het instituut in de volgende fase terecht wil komen?

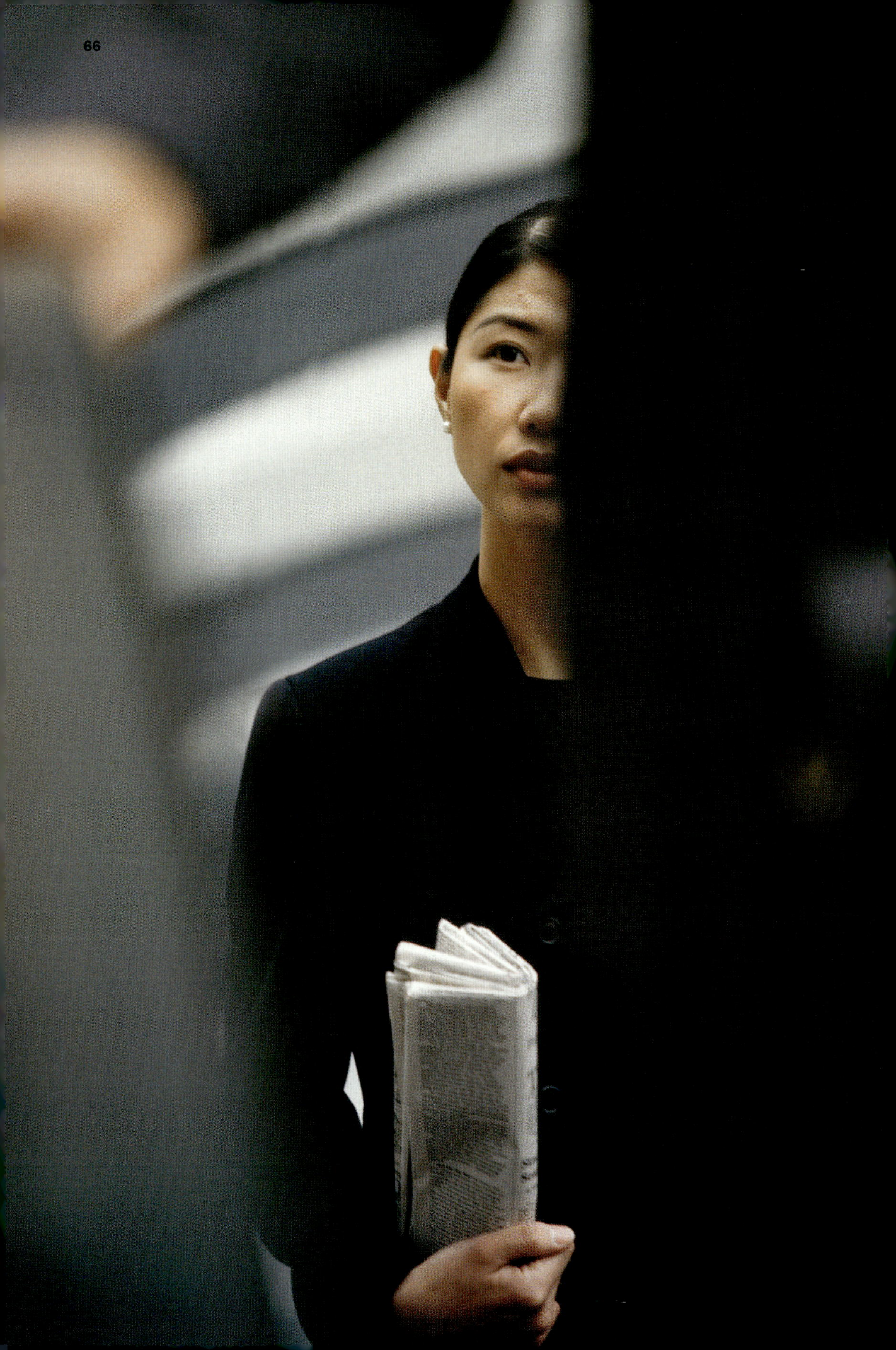

3
Informatie en informatieverzorging

3.1 **Informatie als product**
3.2 **Soorten informatie**
3.3 **Balanced Scorecard**

In hoofdstuk 1 hebben we gezien dat er voor planning & control veel gegevens moeten worden vastgelegd, om informatie te kunnen verstrekken aan degenen die beslissingen moeten nemen. Ook in hoofdstuk 2, dat over control ging, kwam naar voren dat informatie essentieel is, sterker nog, betrouwbare informatie is een van de doelstellingen van control volgens COSO. In dit hoofdstuk gaan we verder in op het begrip informatie en de manier waarop informatie tot stand komt. In paragraaf 3.1 onderzoeken we hoe informatie wordt gemaakt en welke kwaliteitseisen daarbij van toepassing zijn. In paragraaf 3.2 gaan we dieper in op het soort informatie voor de verschillende niveaus in de organisatie.
In hoofdstuk 1 werd al uitvoerig ingegaan op de noodzaak voor elke organisatie om zich te bezinnen op de eigen strategie, missie en doelen. Een organisatie die zelf niet weet waarom ze bestaat, wat ze wil en hoe ze dat gaat aanpakken, heeft immers weinig kans om te overleven. Het vertalen van de strategie naar uiteindelijk de activiteiten van alledag, is een lastige bezigheid en het is er bovendien een die feitelijk nooit afgerond kan worden, omdat de organisatie continu verandert. Modern management vraagt om stuurmiddelen die niet alleen op financiële gegevens gebaseerd zijn. Er moet ook andere informatie voorhanden zijn, wil het management de totale organisatie goed op koers kunnen houden. In de loop der jaren zijn er daarom allerlei instrumenten ontwikkeld om de managementactiviteiten te ondersteunen. In paragraaf 3.3 wordt alleen de Balanced Scorecard (BSC) besproken, want het zou binnen het kader van dit boek te ver voeren om alle management- en besturingsmethoden te behandelen.

Openingscasus

Magnitude bv
Magnitude bv is een communicatieadviesbureau voor de overheid. Magnitude adviseert en ondersteunt overheidsorganisaties bij het uitdragen van hun boodschap en het realiseren van een beter contact tussen overheid en burgers.
Magnitude focust zich vooral op media-inkoop, media-advisering en media-analyse. De medewerkers bij Magnitude zijn hoogopgeleid en creatief. Zij zijn georganiseerd in autonome businessunits rondom een specifiek overheidsorgaan of een specifieke sector. Zo is er een businessunit Belastingen, een unit voor de rijksoverheid en een voor de gemeentes. Er zijn drie staforganen: automatisering, personeelszaken en financiële administratie. De opdrachten worden uitgevoerd in projectvorm, met een doorlooptijd van enkele weken tot maximaal een jaar. Bij sommige projecten bestaat het projectteam uit medewerkers van verschillende businessunits. Het team wordt beoordeeld op de mate waarin een opdracht binnen het budget is uitgevoerd en de klant tevreden is met het behaalde resultaat.
De businessunits zijn resultaatverantwoordelijk, dat wil zeggen dat de unit verantwoordelijk is voor het behalen van de geformuleerde doelstelling. Het management van Magnitude stelt zich op als teammanager en probeert alle medewerkers voortdurend te motiveren en aan te zetten tot het leveren van optimale prestaties.
De managementinformatie wordt volledig bepaald door de Balanced Scorecard (BSC) die het bedrijf sinds enkele jaren gebruikt. Aangezien de organisatie van Magnitude marktgericht is, wordt de informatie ook per marktsegment weergegeven. De maandelijkse managementrapportage heeft betrekking op alle aspecten van de BSC. Twee keer per jaar wordt een uitgebreidere rapportage opgesteld, hieraan worden dan ook inhoudelijke analyses toegevoegd. De uitgebreide rapportage vormt de basis voor het halfjaarlijkse plannings- en controlegesprek tussen de algemene directie en het management van de businessunits.
De inhoud van de algemene BSC van Magnitude zet zich als het ware voort in de individuele 'scorecards' van de medewerkers. Het informatiesysteem is in staat om per medewerker aan te geven in hoeverre hij de aangegeven doelstellingen van de individuele scorecard heeft gerealiseerd. Ook deze informatie wordt halfjaarlijks gegenereerd en vormt het uitgangspunt bij de evaluatiegesprekken tussen de individuele medewerker en het management van de businessunit.

De BSC van Magnitude ziet er als volgt uit:

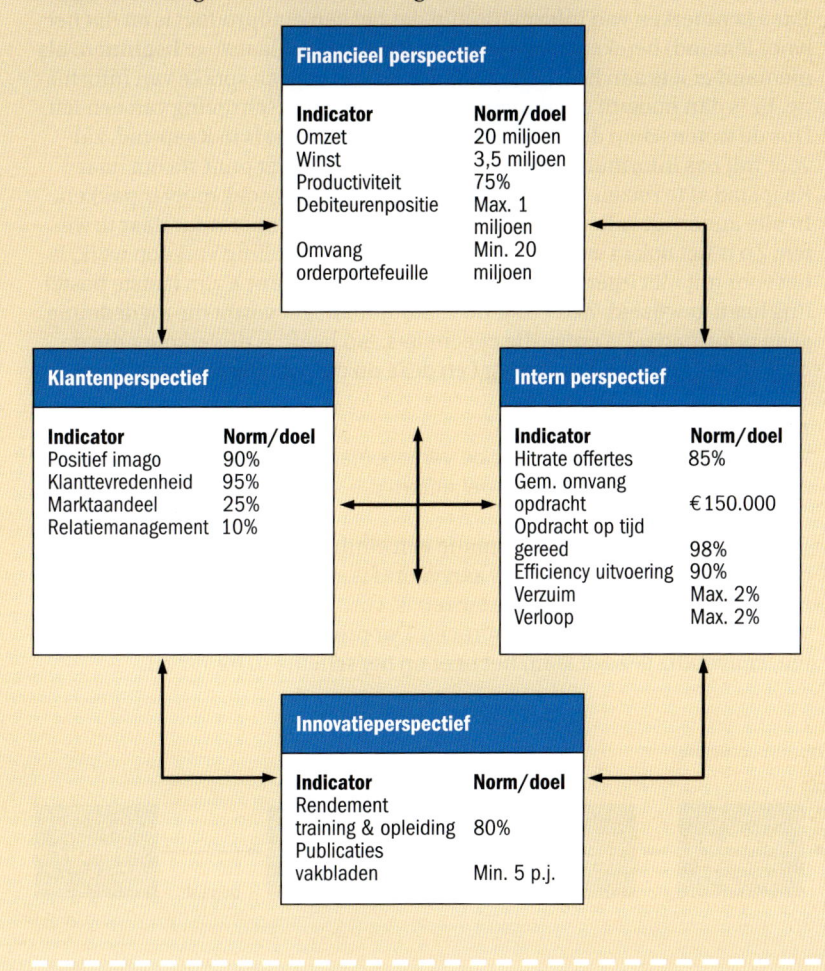

Financieel perspectief

Indicator	Norm/doel
Omzet	20 miljoen
Winst	3,5 miljoen
Productiviteit	75%
Debiteurenpositie	Max. 1 miljoen
Omvang orderportefeuille	Min. 20 miljoen

Klantenperspectief

Indicator	Norm/doel
Positief imago	90%
Klanttevredenheid	95%
Marktaandeel	25%
Relatiemanagement	10%

Intern perspectief

Indicator	Norm/doel
Hitrate offertes	85%
Gem. omvang opdracht	€ 150.000
Opdracht op tijd gereed	98%
Efficiency uitvoering	90%
Verzuim	Max. 2%
Verloop	Max. 2%

Innovatieperspectief

Indicator	Norm/doel
Rendement training & opleiding	80%
Publicaties vakbladen	Min. 5 p.j.

3.1 Informatie als product

In hoofdstuk 1 heb je al kunnen lezen dat een organisatie informatie nodig heeft om (goed) te kunnen functioneren. Eigenlijk is dat ook een voor de hand liggende conclusie, want stel je eens voor dat er op Schiphol geen informatie is over vluchten die vertrekken of aankomen, dat niemand weet waar je moet inchecken, je koffer kunt afgeven of oppikken. Ook zonder al te veel fantasie, zul je jezelf kunnen voorstellen wat voor een enorme chaos dat zou veroorzaken en je zult ook begrijpen dat de luchthaven waarschijnlijk direct zal moeten sluiten.

Uit hoofdstuk 2, control, is het belang van betrouwbare informatie je duidelijk geworden. Zowel informatie die naar buiten gaat, als de informatie intern het bedrijf moet betrouwbaar zijn.

We gaan nu eerst in op het 'maken' van informatie en de kwaliteitseisen van informatie. In de volgende paragraaf willen we onderzoeken welke soorten van informatie te onderscheiden zijn.

3.1.1 Maken van informatie

Informatie

Twee kenmerken van informatie zijn dat het een eindproduct is en dat het (voor iemand) betekenis moet hebben. Om met dat laatste te beginnen: als niemand er iets aan heeft of er iets mee kan, is er geen sprake van informatie. Er is dan hooguit sprake van een gegeven, de beschrijving van een feit. Dus de wetenschap dat het op dit moment 30 graden is in Kaapstad, zal voor mij pas informatie zijn als ik bijvoorbeeld op het punt sta om naar Kaapstad af te reizen. Ik weet dan dat ik mijn korte broek moet inpakken. In alle andere gevallen heb ik er niets aan om de temperatuur daar te weten. Zo is het ook in een bedrijf. Als ik niet op de afdeling Verkoop werk, is het voor mij niet interessant om te vernemen dat klant X zijn laatste bestelling heeft gewijzigd. Zelfs voor de verkoopmanager vormt die mededeling geen informatie. De enige die er echt iets aan heeft, is de verkoper die de bestelling van X heeft vastgelegd en deze nu dus zal moeten aanpassen.

Gegeven

TUSSENVRAAG 3.1
Waarom is de mededeling voor de verkoopmanager geen informatie? Wat zou met betrekking tot klant X wel informatie voor de manager kunnen zijn?

Het andere kenmerk, dat informatie een eindproduct is, doet vermoeden dat er dus een productieproces aan vooraf is gegaan. En inderdaad, net als bier het eindproduct van het brouwen is, vormt informatie het eindproduct van het informatieverzorgingsproces. Dat proces kent een aantal activiteiten, eenvoudig gezegd komt het neer op het schema in figuur 3.1.

Informatieverzorgingsproces

FIGUUR 3.1 Informatieverzorging

Gegevens verzamelen en vastleggen → Gegevens verwerken → Informatie verstrekken —voorziet in→ Informatiebehoefte ←bepaalt— Functie

Zoals je ziet in figuur 3.1 vormt de functie van een medewerker het uitgangspunt. Logisch, want zoals gezegd: informatie die niet in een behoefte voorziet, is geen informatie. Je zult je kunnen voorstellen dat veel, zo niet alle, activiteiten in het proces van informatieverzorging zijn geautomatiseerd. Onder automatiseren wordt verstaan dat de activiteiten worden uitgevoerd door een computersysteem. Het verzamelen en vastleggen zal bij sommige bedrijven nog handmatig gebeuren, de verwerking en verstrekking worden in elk geval door het computersysteem gedaan. Bij het handmatig verzamelen en vastleggen van gegevens kun je bijvoorbeeld denken aan het verzamelen van inkoopfacturen die met de post van leveranciers zijn ontvangen en het vervolgens inscannen van die gegevens in het computersysteem. Tegenwoordig worden de inkoopfacturen voor een groot deel op elektronische wijze aangeleverd, zodat de gegevens niet meer apart vastgelegd hoeven te worden. Bij de productie geldt eigenlijk iets soortgelijks: bij sommige bedrijven worden de productiegegevens nog handmatig verzameld en daarna ingevoerd, bij andere bedrijven worden de gegevens automatisch door de machines zelf in het computersysteem geregistreerd. Bij de verwerking van gegevens gaat het erom dat de gevraagde informatie wordt samengesteld op basis van de vastgelegde gegevens. Als het

Automatiseren

management bijvoorbeeld een overzicht van de verkopen in Nederland over het afgelopen kwartaal wil hebben, dan zal dat worden 'geproduceerd' op basis van de gegevens van alle individuele verkooptransacties in Nederland in de betreffende periode. Het zodanig inrichten van de informatieverzorging dat het alle medewerkers de gewenste informatie kan leveren, is overigens een langdurig en kostbaar traject en is ook niet zonder risico's (zie het volgende krantenartikel).

DE VOLKSKRANT, 7 JULI 2017

Weer mislukt duur ict-project overheid: Plasterk stopt modernisering basisadministratie

Plasterk kreeg het advies zijn verlies te nemen.
DOOR ROBERT GIEBELS
DEN HAAG – De mislukte modernisering van het bevolkingsregister heeft tot dusverre al 90 miljoen euro gekost. Dat heeft minister Plasterk (Binnenlandse Zaken, PvdA) laten weten aan de Tweede Kamer.

Hij besloot woensdag de stekker uit het project te trekken, nu blijkt dat een centraal computersysteem van alle persoonsgegevens niet te bouwen is. Daarmee is wederom een groot ict-project van de overheid volledig mislukt.
[...]

3.1.2 Kwaliteitseisen

De overeenkomst van informatie met een industrieel eindproduct gaat nog verder en heeft ook betrekking op de kwaliteitseisen die aan een product worden gesteld. Een auto die van de lopende band in de autofabriek af komt rollen, moet aan allerlei kwaliteitseisen voldoen. De auto moet veilig zijn, zuinig, milieuvriendelijk en je moet er ook nog 180 km per uur mee kunnen rijden. De eisen die aan de kwaliteit van informatie worden gesteld, zijn minder spectaculair en hebben de gebruikers van de informatie als uitgangspunt. Tenslotte is de informatie bedoeld om hen te ondersteunen bij het nemen van beslissingen. We onderscheiden:
- kwaliteitseisen van informatie
- kwaliteitseisen van het productieproces van informatie

Kwaliteitseisen van informatie
De kwaliteitseisen van informatie komen in principe neer op:
- begrijpelijkheid
- relevantie
- betrouwbaarheid

Begrijpelijkheid
Is de informatie in een zodanige vorm dat zij voor de gebruiker te begrijpen en daardoor te gebruiken is? De gebruiker van de informatie zal zelf ook kunnen aangeven in welke vorm hij de informatie het liefst ontvangt. Tenslotte heeft de een graag een grafiek en ziet een ander liever een tabel met getallen.

Begrijpelijkheid

Relevantie
De informatie moet de medewerker in staat stellen om zijn werk goed te kunnen uitvoeren. Deze kwaliteitseis kent twee aspecten:
1 Effectiviteit. Wordt degene die de informatie ontvangt er echt door ondersteund? We hebben hier weer te maken met onze eerdere stelling dat informatie die niet voorziet in de informatiebehoefte, geen informatie is. Zoals in subparagraaf 3.1.1 is aangegeven, hangt de informatiebehoefte af van de functie en taken die iemand heeft. De directeur van het bedrijf moet over andere zaken worden geïnformeerd dan de inkoper of administrateur.
2 Tijdigheid. Is de informatie er op het juiste moment? Als de directie morgenochtend wil besluiten of er al dan niet wordt geïnvesteerd in een nieuwe machine, moet de informatie waarop die beslissing wordt gebaseerd uiterlijk vandaag beschikbaar zijn. Informatie die pas over een paar dagen bekend wordt, is niet meer relevant en heeft daarom geen enkele waarde meer.

Betrouwbaarheid
Kun je de informatie vertrouwen? Deze kwaliteitseis wordt vaak onderverdeeld in:
1 Juistheid. Klopt de informatie met de werkelijkheid? Als een verkoper, op basis van de voorraadinformatie, aan een klant belooft dat er morgen zal worden geleverd, is het wel vervelend als blijkt dat er in werkelijkheid onvoldoende op voorraad ligt in het magazijn.
2 Volledigheid. Is er niets van belang achterwege gelaten? Als de directie over de investering in de machine beslist, moet de informatie over de kosten en baten wel volledig zijn. Als bijvoorbeeld informatie over bepaalde kosten is weggelaten, zal de beslissing misschien wel ten onrechte worden genomen.

TUSSENVRAAG 3.2
Wat zou er de oorzaak van kunnen zijn dat de verstrekte informatie niet met de werkelijkheid overeenkomt?

Kwaliteitseisen van het productieproces van informatie
Ook aan het productieproces van informatie, de informatieverzorging, kunnen eisen worden gesteld. Een randvoorwaarde bij de informatieverzorging is dat de baten altijd groter moeten zijn dan de kosten. Dit klinkt redelijk, maar het probleem daarbij is dat het soms lastig is om de baten goed te kunnen berekenen. Soms wordt in dit verband ook wel een onderscheid gemaakt naar mate van urgentie. Er is dan sprake van noodzakelijke, gewenste en nuttige informatie. Bij de noodzakelijke informatie wordt niet op de kosten gelet, bij de gewenste en nuttige informatie speelt het kostenaspect een steeds belangrijker rol. Naast deze randvoorwaarde zijn er de volgende kwaliteitseisen:
- Flexibiliteit. Hoe eenvoudig kan het informatiesysteem worden aangepast als de informatiebehoeften zijn veranderd? Bij moderne systemen is dat veelal een kwestie van enkele parameters anders instellen, bij oudere systemen gaat dat een stuk moeizamer.
- Continuïteit. Zijn er afdoende maatregelen getroffen om uitval van het computersysteem te voorkomen? Denk aan bijvoorbeeld beveiligingsmaatregelen of periodieke back-ups. Met name het beveiligingsaspect is

de laatste jaren steeds belangrijker geworden en dat is ook niet vreemd als je denkt aan het gigantische aantal hacks, DDoS-aanvallen, malware, phising, ransomware waar bedrijven en particulieren continu mee worden geconfronteerd.
- Betrouwbaarheid en controleerbaarheid. Is de gegevensverwerking betrouwbaar en kan dat worden gecontroleerd? De controle gebeurt tijdens zogenaamde EDP-audits op basis van logbestanden, waarin exact is vastgelegd wie, wanneer, wat met het systeem heeft gedaan.
- Privacy. Zijn er maatregelen genomen om onbevoegd gebruik van de informatie te voorkomen? De portier van een ziekenhuis mag geen toegang hebben tot medische gegevens, maar moet wel weten waar alle patiënten liggen.

Betrouwbaarheid

Privacy

TUSSENVRAAG 3.3
Zijn de baten van de informatieverzorging bij elke organisatie hetzelfde? Zijn de baten bij een bank anders dan bij bijvoorbeeld een ziekenhuis?

Om de informatieverzorging te kunnen uitvoeren, is een geautomatiseerd informatiesysteem nodig. In hoofdstuk 7, automatisering, besteden we daar uitgebreid aandacht aan.

3.2 Soorten informatie

We hebben nu gezien hoe informatie wordt gemaakt. In deze paragraaf onderzoeken we welke soorten informatie er zijn en waar ze worden gebruikt. In hoofdstuk 1 werd al duidelijk dat de inhoud van informatie afhankelijk is van de functie die de informatie heeft bij de besturing van de organisatie. Deze niveaus kunnen we samenvatten in de informatiepiramide (zie figuur 3.2).

Informatiepiramide

FIGUUR 3.2 Informatiepiramide

De niveaus hangen samen met het niveau van besturing van de organisatie. In tabel 3.1 zijn de kenmerken van de drie soorten informatie samengevat.

TABEL 3.1 Voorbeelden van informatie volgens de informatiepiramide

Soort informatie	Bestemd voor	Doel	Kenmerk	Voorbeeld
Strategisch	Topmanagement	Bepalen strategie	Veelal extern	Technologische ontwikkelingen
Tactisch	Middle management	Bepalen of doelstellingen gehaald worden	Samengevatte interne informatie	Omzet t.o.v. budget
Operationeel	Uitvoerend management	Dagelijkse gang van zaken goed laten verlopen	Gedetailleerde interne informatie	Uit te leveren goederen voor klant A

3.2.1 Strategische informatie

Op strategisch niveau wordt nagedacht over hoe de missie en visie van de organisatie in de toekomst gerealiseerd kunnen worden. De omstandigheden die van invloed zijn op de strategie zijn vooral extern. Dat betekent dat de informatie die nodig is voor het formuleren van de strategie ook voor een belangrijk deel extern zal zijn. Voor het bepalen van de benodigde strategische informatie maken we gebruik van het DESTEP-model, dat in tabel 3.2 is weergegeven.

DESTEP-model

TABEL 3.2 DESTEP-model

D	Demografisch	Hoe ontwikkelt de bevolking zich?
E	Economisch	Hoe ontwikkelt de economie zich?
S	Sociaal-cultureel	Hoe ontwikkelt de maatschappij zich?
T	Technologisch	Zijn er technologisch belangrijke ontwikkelingen?
E	Ecologisch	Welke eisen stelt de zorg voor milieu en klimaat?
P	Politiek-juridisch	Zijn er politieke maatregelen te verwachten?

Omgevingsfactoren

Het DESTEP-model beschrijft een zestal belangrijke omgevingsfactoren, die de organisatie beïnvloeden, maar waar de organisatie zelf geen enkele invloed op kan uitoefenen. Het is van belang om over deze factoren geïnformeerd te zijn, omdat zij de strategische keuzes van een organisatie mede kunnen bepalen. Zo is het bijvoorbeeld voor een bierbrouwerij, die overweegt de Indonesische markt te betreden, belangrijk om te weten wat de sociaal-culturele tendens in dat land is als het gaat om de consumptie van alcohol. Een belangrijke bron van dergelijke informatie is, als het om Nederland gaat, het Centraal Bureau voor de Statistiek (CBS). De bierbrouwerij, die we net als voorbeeld aanhaalden, zal bij de strategische afweging overigens ook enkele andere factoren laten meewegen. Denk aan de factor markt: wat is de omvang van de biermarkt in Indonesië, wat zijn de kosten en mogelijkheden om toe te kunnen treden enzovoort? Daarnaast speelt de factor concurrentie een belangrijke rol: is er een concurrentiestrijd gaande of is er juist helemaal geen concurrentie?

In paragraaf 3.3 gaan we in op de Balanced Scorecard (BSC). Dit is een breed inzetbare methodiek ter ondersteuning van het management. De BSC biedt ook handvatten voor de 'doorvertaling' van strategische naar operationele doelstellingen. Omgekeerd kan operationele informatie uit de BSC worden gebruikt bij het bepalen van de strategie.

3.2.2 Tactische informatie

In hoofdstuk 2 is uitgebreid stilgestaan bij het begrip 'control'. Om control te kunnen uitoefenen, is informatie nodig. In tegenstelling tot de strategische informatie, die grotendeels van buiten de organisatie afkomstig is, betreft het hier informatie uit de organisatie zelf. We spreken dan over tactische informatie. Tactische informatie is nodig voor het controleren, bewaken en aansturen van de bedrijfsprocessen. Factoren die hier bijvoorbeeld spelen zijn de bezettingsgraad van een afdeling, de kostprijs van een product of de hoogte van de onderhanden werkpositie. Hierbij gaat het er altijd om dat de informatie wordt afgezet tegen een norm. Zonder norm is er eigenlijk geen sprake van informatie.

Tactische informatie

Norm

TUSSENVRAAG 3.4
Waar zal de norm bij tactische informatie te vinden zijn?

De eerder al genoemde BSC wordt vooral ook op tactisch niveau ingezet. De informatie uit de BSC wordt dan ingezet voor de beheersing van de organisatie en de interne processen. We gaan in de volgende paragraaf uitgebreid in op de BSC.

3.2.3 Operationele informatie

Voor de uitvoering van de (dagelijkse) activiteiten in een organisatie is operationele informatie nodig. Deze informatie is heel concreet en zeer gedetailleerd. In tabel 3.3 zijn willekeurige voorbeelden van operationele informatie opgenomen, met daarbij de afdeling of functionaris die informatie nodig heeft.

Operationele informatie

TABEL 3.3 Voorbeelden van operationele informatie

Operationele informatie	Afdeling of functionaris
Productieplanning: welke producten moeten gemaakt worden?	Hoofd Productie
Grondstoffen: welke grondstoffen zijn nodig?	Productiemedewerker
Rooster: waar vindt welke les plaats?	Docent, student
Goederenontvangst: welke goederen zijn besteld?	Magazijnmeester
Salarissen: welke mensen zijn in dienst met welk salaris?	Salarisadministrateur
Klanten: welke klanten moeten gebeld worden?	Verkoper

De lijst in tabel 3.3 is natuurlijk incompleet en verschilt per organisatie en daarbinnen per afdeling en per functionaris. Zoals al eerder opgemerkt, is deze informatie erg gedetailleerd. Het gaat om een individuele klant, order, werknemer enzovoort en dan vaak ook nog maar alleen om het adres, het opstaande saldo of het aantal bestelde producten. Tactische en strategische informatie zijn meer samengevatte informatie, ook wel geaggregeerde informatie genoemd. Bijvoorbeeld: totale omzet, totale productie enzovoort.

Geaggregeerde informatie

3.3 Balanced Scorecard

In deze paragraaf over de Balanced Scorecard zien we eerst waarop de informatieverzorging bij bedrijven is gericht. Vervolgens bespreken we de rol van de Balanced Scorecard. Daarna gaan we kort in op de strategiekaart. Ten slotte staan we uitgebreid stil bij prestatie-indicatoren.

3.3.1 Informatieverzorging bij bedrijven

De informatieverzorging bij bedrijven is van oudsher gericht op het vastleggen en verwerken van financiële gegevens en het verstrekken van financiële informatie. Plannen, budgetten en begrotingen waren altijd financieel van aard. Verwachtingen voor de toekomst werden ook altijd weergegeven in hoeveelheden geld ('volgend jaar verwachten we een winst van 10 miljoen'). Financiële gegevens die toch al werden vastgelegd omwille van de externe verantwoording aan de aandeelhouders of de overheid, werden ook gebruikt voor de interne besturing en beheersing. Voordeel van financiële gegevens is bovendien dat ze eenvoudig geaggregeerd (op een hoop geveegd) kunnen worden, waardoor allerlei verschillende activiteiten met één cijfer benoemd kunnen worden. Nadeel van financiële gegevens is wel dat ze feitelijk alleen iets zeggen over de prestaties van de organisatie in het verleden. Snelle beslissingen in actuele situaties worden daarmee niet ondersteund. Daarnaast bieden financiële gegevens ook weinig inzicht in moeilijk te waarderen bezittingen, zoals menselijk kapitaal (de gezamenlijke kennis binnen de organisatie) of de loyaliteit van klanten (blijven klanten ook klant bij ons). In de jaren tachtig van de vorige eeuw ontstond bij managers al het idee, dat ze essentiële informatie misten en dat financiële feiten alleen niet zaligmakend zijn. In 1992 en 1993 publiceerden de Amerikanen Robert Kaplan en David Norton een aantal artikelen, waarmee ze de basis legden voor wat nu bekend staat als de **Balanced Scorecard** (BSC). In 2005 schreven Kaplan en Norton een nieuwe versie van de artikelen, alleen dan vanuit ruim tien jaar ervaring met de BSC.

3.3.2 Rol van de BSC

De BSC kan het best worden omschreven als een instrument waarmee het management, vanuit verschillende invalshoeken, de prestaties van de organisatie als geheel kan bekijken. Vaak wordt de vergelijking aangehaald met het dashboard van een auto of beter nog: de cockpit van een vliegtuig. Vliegen is een ingewikkeld proces waarbij informatie over tal van aspecten noodzakelijk is, denk aan: de hoogte, positie, richting, windsnelheid en -richting, hoeveelheid brandstof enzovoort. Al deze informatie wordt weergegeven met metertjes en stelt de piloot in staat om succesvol zijn bestemming te bereiken. Managers zijn ervoor verantwoordelijk dat de organisatie op de bestemming komt die zij wil bereiken; daarom hebben zij behoefte aan informatie over allerlei aspecten die samen inzicht geven in de huidige en de verwachte situatie van de organisatie.

De laatste jaren wordt ook veel aandacht geschonken aan de rol die de BSC kan spelen bij de praktische invulling van de bedrijfsstrategie (zie hoofdstuk 1). De BSC wordt dan niet alleen gezien als een hulpmiddel tot beheersing van de bedrijfsprocessen, maar ook als een methode om de strategische doelen te communiceren en te evalueren. De BSC onderscheidt vier invalshoeken (ook wel **perspectieven** genoemd):

1 *Financieel perspectief.* Hierbij gaat het om hoe de organisatie er financieel voorstaat. Dit is enerzijds van belang voor het controleren van de bedrijfsvoering en de juistheid van de bedrijfsstrategie. Anderzijds is het ook belangrijk voor de financiers (aandeelhouders, verstrekkers van vreemd vermogen).

2 *Interne processen.* Dit betreft de mate waarin processen effectief en efficiënt verlopen.
3 *Markt en klanten.* Hierbij gaat het om het oordeel van de afnemers over de producten en diensten.
4 *Innovatie.* Dit betreft de capaciteit van de organisatie om producten en diensten blijvend te verbeteren en nieuwe te ontwikkelen.

Figuur 3.3 geeft de perspectieven van de Balanced Scorecard weer.

FIGUUR 3.3 Perspectieven van de Balanced Scorecard

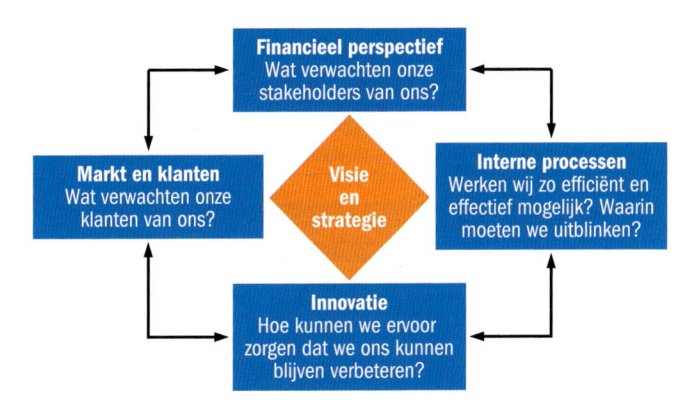

```
                    Financieel perspectief
                    Wat verwachten onze
                    stakeholders van ons?

  Markt en klanten        Visie         Interne processen
  Wat verwachten onze      en           Werken wij zo efficiënt en
  klanten van ons?      strategie       effectief mogelijk? Waarin
                                        moeten we uitblinken?

                         Innovatie
                    Hoe kunnen we ervoor
                    zorgen dat we ons kunnen
                    blijven verbeteren?
```

Zoals ook zichtbaar is in de BSC van het casusbedrijf Magnitude bv, wordt voor elk perspectief een aantal prestatie-indicatoren geformuleerd. Je kunt je voorstellen dat deze indicatoren niet zomaar uit de lucht komen vallen. In hoofdstuk 1 werd al uiteengezet hoe de visie van een organisatie zich vertaalt in strategie en hoe vervolgens de strategie wordt vertaald in doelen. De volgende stap is de vertaling van doelen naar prestatie-indicatoren. We komen daar in subparagraaf 3.3.4 op terug.

Prestatie-indicatoren

TUSSENVRAAG 3.5
Wat zouden de doelen van Magnitude bv kunnen zijn?

3.3.3 Strategiekaart
Een modern hulpmiddel bij de doorvertaling van strategie naar doelstellingen is de zogenoemde strategiekaart (ook wel oorzaak-en-gevolgdiagram genoemd). De strategiekaart kent dezelfde indeling als de BSC, maar maakt het mogelijk om onderlinge verbanden tussen de perspectieven te leggen. Een verandering in het ene perspectief en de gevolgen daarvan voor een ander, kunnen op die manier inzichtelijk gemaakt worden. Figuur 3.4 geeft een algemene strategiekaart voor een productiebedrijf weer.

Strategiekaart

FIGUUR 3.4 Een algemene strategiekaart voor een productiebedrijf

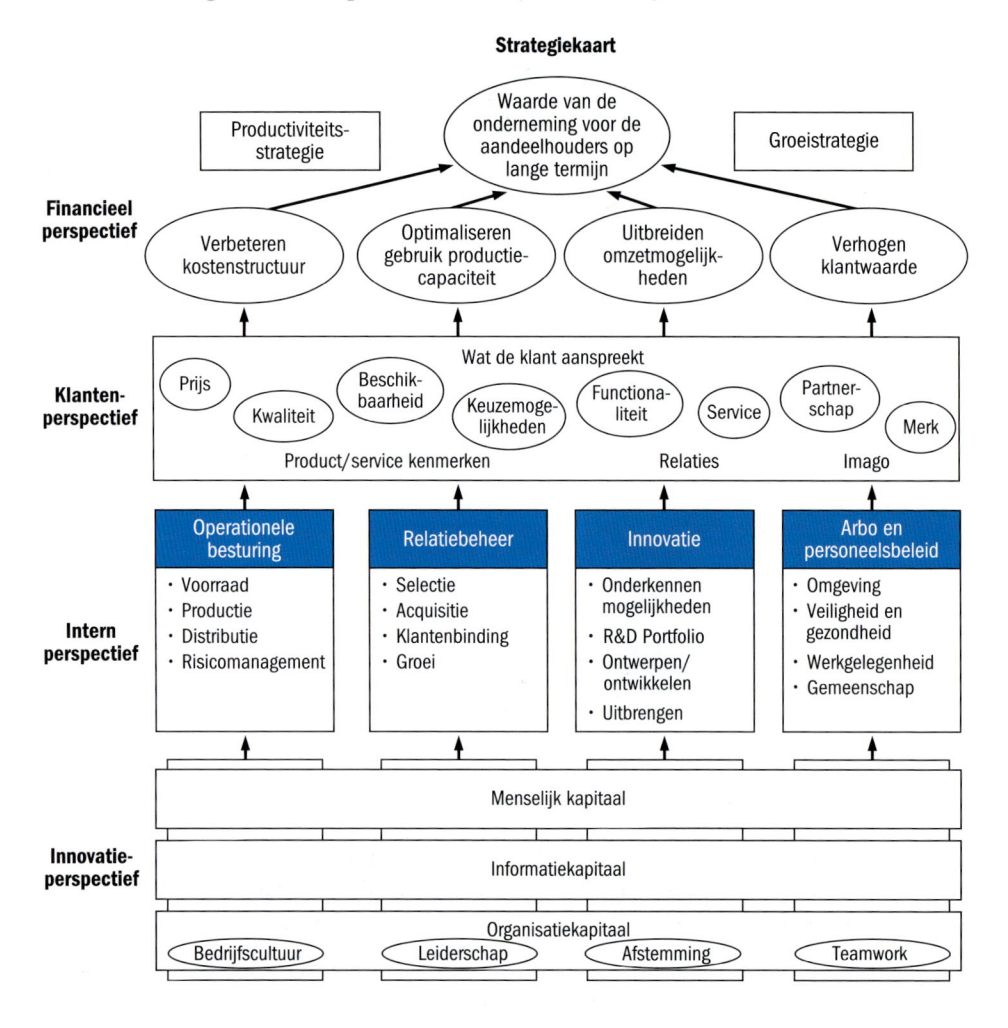

Strategiekaart

Financieel perspectief
- Productiviteitsstrategie
- Waarde van de onderneming voor de aandeelhouders op lange termijn
- Groeistrategie
- Verbeteren kostenstructuur
- Optimaliseren gebruik productiecapaciteit
- Uitbreiden omzetmogelijkheden
- Verhogen klantwaarde

Klantenperspectief — Wat de klant aanspreekt
- Prijs, Kwaliteit, Beschikbaarheid, Keuzemogelijkheden, Functionaliteit, Service, Partnerschap, Merk
- Product/service kenmerken — Relaties — Imago

Intern perspectief

Operationele besturing
- Voorraad
- Productie
- Distributie
- Risicomanagement

Relatiebeheer
- Selectie
- Acquisitie
- Klantenbinding
- Groei

Innovatie
- Onderkennen mogelijkheden
- R&D Portfolio
- Ontwerpen/ontwikkelen
- Uitbrengen

Arbo en personeelsbeleid
- Omgeving
- Veiligheid en gezondheid
- Werkgelegenheid
- Gemeenschap

Innovatieperspectief
- Menselijk kapitaal
- Informatiekapitaal
- Organisatiekapitaal: Bedrijfscultuur, Leiderschap, Afstemming, Teamwork

Een voorbeeld (in tekst): een logistieke dienstverlener heeft als doelstelling de aandeelhouderswaarde te verhogen, dat wil concreet zeggen dat het bedrijf in de toekomst een hoger dividend wil uitkeren (financieel perspectief). Om dit te bereiken, moet de klantloyaliteit verbeteren (klantperspectief) en om dat te bereiken, zullen alle producten altijd tijdig moeten worden afgeleverd (intern perspectief). Op het niveau van de interne processen betekent dit dat de kwaliteit van het leveringsproces moet verbeteren en dat de doorlooptijden worden geoptimaliseerd. De doelstellingen op dit niveau kunnen alleen worden gerealiseerd, wanneer het kwaliteitsbewustzijn van de medewerkers verbetert en de medewerkers over voldoende planningsvaardigheden beschikken (leer- en innovatieperspectief). Figuur 3.5 geeft dit voorbeeld in een strategiekaart weer.

FIGUUR 3.5 Het voorbeeld in een strategiekaart

Financieel perspectief — Bedrijfsresultaat

Klantenperspectief — Klantloyaliteit, Tijdige levering

Intern perspectief — Kwaliteit proces, Doorlooptijden

Innovatieperspectief — Vaardigheden medewerkers

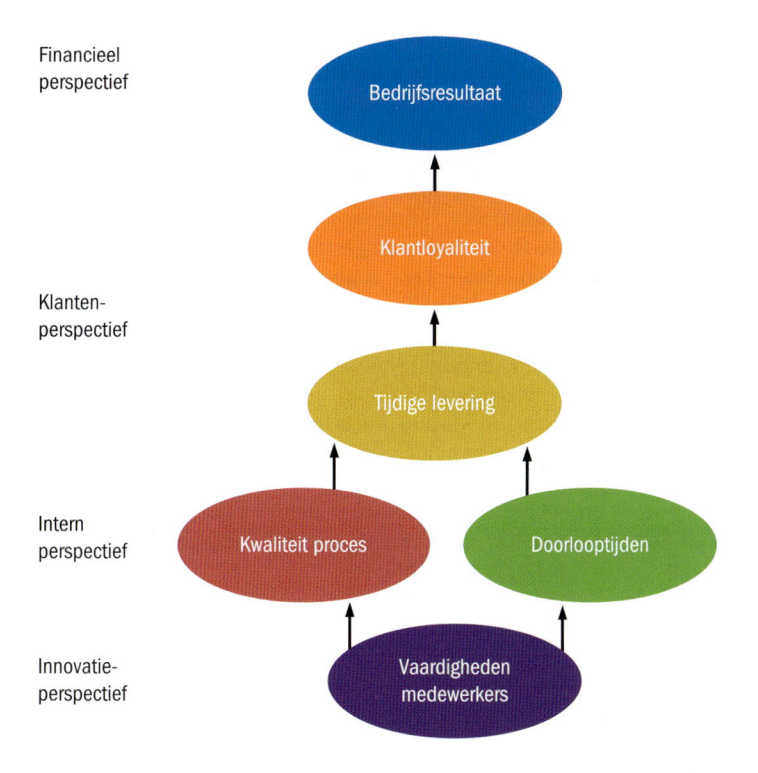

3.3.4 Prestatie-indicatoren

Wil de BSC effectief gebruikt kunnen worden, dan zullen de prestaties van de organisatie gemeten moeten worden. Voorafgaand aan de meting moeten eerst de zogenoemde kritische succesfactoren in kaart worden gebracht. Een kritische succesfactor (KSF) is datgene waarin een organisatie moet uitmunten om te kunnen overleven. Wat minder dramatisch gezegd: datgene wat voor het succes van de organisatie van doorslaggevende betekenis is. Voorbeeld: als het doel van een landelijk dagblad eruit bestaat om zijn abonnees aan zich te binden, dan is een uitstekende bezorging van de krant een KSF. Of: als een boekenzaak alle klanten wil kunnen bedienen, dan zal een breed assortiment aan boeken een KSF zijn.

De KSF's kunnen worden gekoppeld aan bedrijfsprocessen. Zo zal de KSF van de bezorging van de krant worden ondergebracht bij het distributieproces en de KSF van de boekenzaak kan worden gekoppeld aan het inkoopproces. Daaropvolgend kunnen de KSF's worden geoperationaliseerd (meetbaar gemaakt worden) door middel van prestatie-indicatoren (PI's). De PI's (vaak wordt gesproken over KPI's: key performance indicators ofwel kritieke prestatie-indicatoren) zijn als het ware meetpunten die inzicht geven in die aspecten van de bedrijfsprocessen die van belang zijn bij de realisatie van het bedrijfsdoel. Anders gezegd: een prestatie-indicator is een variabele die inzicht geeft in de prestaties van een organisatie. Bij het daadwerkelijk benoemen van de PI's, is het belangrijk dat er werkbare meetpunten worden gekozen. De onderwerpen die we hierna nader toelichten, zijn:
- de meetbaarheid van de prestatie van een organisatie
- de normen per prestatie-indicator

Kritische succesfactor

Kritieke prestatie-indicatoren

- maatschappelijk verantwoord ondernemen
- voordelen en valkuilen van de BSC

Meetbaarheid van de prestaties van een organisatie

SMART

De prestatie-indicator moet SMART zijn (we spraken hier eerder al over in hoofdstuk 1):

- *Specifiek*. De te meten prestatie moet voor alle betrokkenen duidelijk zijn. Dus 'kosten' is als indicator onvoldoende specifiek want welke kosten worden precies bedoeld?
- *Meetbaar*. Het prestatieniveau moet vastgesteld kunnen worden. De indicator 'inspanning van medewerkers' is onmogelijk te meten.
- *Acceptabel*. De betrokken medewerkers moeten de te meten prestatie ook willen en kunnen leveren. De indicator 'tijd die niet aan het werk is besteed', zal waarschijnlijk op nogal wat weerstand stuiten.
- *Realistisch*. De prestatie moet haalbaar zijn, zodat de uitdaging om haar te leveren ook aanwezig is. Bij Magnitude is het niet realistisch om een prestatie-indicator te maken van het aantal projecten dat met de helft van het budget is gerealiseerd.
- *Tijdgebonden*. Het moet helder zijn wanneer de prestatie geleverd moet zijn. Vindt de meting van het aantal kostenoverschrijdingen aan het begin of aan het eind van een periode plaats?

Enkele algemeen toepasbare PI's zijn bijvoorbeeld: aantal verloren klanten (klantenperspectief), gemiddelde opbrengst per fte (financieel), aantal verzuimdagen (intern), gemiddeld aantal opleidingsuren per medewerker (innovatie).

Om de resultaten zichtbaar te krijgen en te kunnen vergelijken met de doelstellingen, dienen de indicatoren dus periodiek te worden gemeten. Je kunt je waarschijnlijk wel voorstellen dat het informatiesysteem van de organisatie hierbij een belangrijke rol speelt. Tenslotte worden alle relevante gegevens van de organisatie hierin vastgelegd. Als het informatiesysteem goed is opgezet, zijn de prestatie-indicatoren hierbij zeker meegenomen. Dus een belangrijk deel van de periodieke meting zal door het bedrijfsinformatiesysteem kunnen worden afgehandeld. Voor bepaalde metingen zal de registratie op een andere manier moeten worden geregeld, denk bijvoorbeeld aan het aantal 'nee'-verkopen in de boekhandel. Dat wordt niet vastgelegd in het informatiesysteem en zal dus op een andere manier geregistreerd moeten worden.

Normen per prestatie-indicator

Ook zullen per prestatie-indicator normen bepaald moeten worden, waaraan de indicator minimaal moet voldoen. Voldoet de prestatie van de indicator niet aan de norm, dan moet actie worden ondernomen. Zie tabel 3.4.

TABEL 3.4 Normen per prestatie-indicator

Bedrijf	Doel	Kritische succesfactor	Proces	Prestatie-indicator	Norm
Landelijk dagblad	Abonnees aan zich binden	Uitstekende bezorging	Distributie	Aantal klachten over bezorging	Max. 1%
				Snelheid bij afhandelen klachten	Binnen 4 uur
Boekenzaak	Alle klanten kunnen bedienen	Breed assortiment	Inkoop	Aantal 'nee'-verkopen	Max. 5%

TUSSENVRAAG 3.6
In de BSC van Magnitude ontbreken de KSF's. Probeer enkele KSF's voor het bedrijf te benoemen.

In het begin, als prestatie-indicatoren net zijn ingevoerd, zullen de prestatiemetingen waarschijnlijk nog grote schommelingen vertonen. Naarmate langer met de indicatoren wordt gewerkt, zullen de schommelingen minder worden en zal de norm steeds vaker worden benaderd. Al te ambitieuze normen zullen overigens gaandeweg ook naar beneden worden bijgesteld.
De naam Balanced Scorecard geeft al aan dat er evenwicht moet zijn tussen de vier perspectieven. Dat evenwicht moet er bijvoorbeeld uit bestaan dat zowel lange- als kortetermijndoelstellingen worden opgenomen (kortetermijndoelstellingen zijn bijvoorbeeld doelstellingen op het terrein van de interne processen, de langetermijndoelstelling is het innovatieperspectief). Er moet ook evenwicht zijn bij de verdeling over traditionele (financiële) en niet-traditionele PI's. Bovendien moet er zowel aandacht zijn voor 'leading'- als 'lagging'-indicatoren. Onder lagging worden indicatoren verstaan die een beeld geven van de situatie zoals die nu is en waaraan niets meer kan worden veranderd (bijvoorbeeld het aantal ontvangen orders). Met leading worden prestaties van nu bedoeld die op termijn wellicht tot succes kunnen leiden (bijvoorbeeld het aantal verkoopgesprekken met mogelijke klanten of het aantal salestrainingen dat door de verkoopmedewerkers is gevolgd.)

TUSSENVRAAG 3.7
Welke PI's bij Magnitude zijn leading en welke zijn lagging?

Je kunt je misschien voorstellen dat de directie van Magnitude het spoor volledig bijster raakt als er elke maand rapportages verschijnen waarin de prestaties van een paar honderd indicatoren worden beschreven. Daarom moet het aantal indicatoren beperkt blijven tot een stuk of zes per perspectief, dus in totaal tussen de twintig en dertig.

De BSC wordt op verschillende niveaus in de organisatie samengesteld. Bij Magnitude zal de BSC bijvoorbeeld worden opgesteld op concernniveau, maar ook per afzonderlijke businessunit. Op concernniveau zal de aandacht waarschijnlijk meer uitgaan naar financiële indicatoren, terwijl er bij de businessunits veel aandacht is voor de niet-financiële aspecten.

TUSSENVRAAG 3.8
Bij Magnitude was er ook sprake van persoonlijke scorecards. Op welke manier zouden hierbij de PI's en de bijhorende normen zijn gedefinieerd?

Wanneer er te veel belang wordt gehecht aan de score op prestatie-indicatoren kan dat ongewenste gevolgen hebben. De invoering van prestatiecontracten bij de politie is daar een voorbeeld van. Bij het prestatiecontract voor de politie was een van de prestatie-indicatoren het aantal opgeloste geweldsmisdrijven. Om een zo goed mogelijke score te behalen (en de daarbij passende betaling door de overheid), werd het begrip geweldsmisdrijven door de politie wat opgerekt. Zo werd het spuiten van graffiti gecategoriseerd als 'openlijke geweldpleging'. Door nu zo veel mogelijk jongeren op te pakken die met een spuitbus rondliepen, kon de score betrekkelijk eenvoudig worden verhoogd. De resultaten bij de oplossing van de echte geweldsmisdrijven stegen evenwel niet. De focus verlegde zich dus naar 'Quick wins', waarmee snel meetbaar kwantitatieve successen konden worden behaald. De prestatie-indicator zorgde voor een onvoorzien en ongewenst effect. Het prestatiecontract voor de politie is inmiddels overigens zodanig aangepast, dat nu veel meer naar de kwaliteit van de geleverde prestaties wordt gekeken.

Maatschappelijk verantwoord ondernemen

Een actueel thema waar de BSC tegenwoordig veelvuldig bij wordt ingezet, is het duurzaam of maatschappelijk verantwoord ondernemen (mvo). Mvo gaat uit van de triple P-benadering. Het is een vorm van ondernemen gericht op verantwoorde economische prestaties (profit), met respect voor de menselijke aspecten (people) en binnen ecologische randvoorwaarden (planet). Bij mvo wordt de BSC vaak uitgebreid met een duurzaam perspectief; er wordt dan wel gesproken over de Sustainable Balanced Scorecard ('sustainable' betekent duurzaam). Met deze scorecard kunnen de prestaties van duurzame indicatoren worden gemeten en kan een verband worden gelegd met de financiële en overige indicatoren. Op die manier kunnen de resultaten van de duurzame doelstelling worden beoordeeld in samenhang met de overige bedrijfsdoelstellingen. Zie voorbeeld 3.1.

VOORBEELD 3.1

De Balanced Scorecard van Bierbrouwerij Gulpener

De mvo-maatregelen van de Bierbrouwerij Gulpener staan op een Balanced Scorecard. Halmans, de directeur van de brouwerij, laat de spreadsheet zien die bij elke directievergadering op tafel komt. In een stuk of twintig rijen staan de criteria, onderverdeeld in de categorieën people, planet en profit, de drie P's van mvo. Elke maand wordt de werkelijke waarde vergeleken met het doel, dat elk jaar naar beneden wordt geschroefd. 'Het is belangrijk elke maand naar je doelen te kijken. Bij de start is iedereen enthousiast, maar na één, twee jaar kan dat verloren gaan.'

De grondstoffen staan onder Planet. Daar staan bijvoorbeeld ook het energieverbruik en de hoeveelheid water per gebrouwen hectoliter, de eenheid waarin brouwers alles uitdrukken. Onder de P van People staan bijvoorbeeld het maandelijkse ziekteverzuim (doel: 2%) en het personeelsverloop. Onderaan, onder Profit, staan de financiële parameters. Het in 2001 ingezette beleid is vanaf 2004 financieel succesvol. 'We hebben een aantal jaar gewerkt en geïnvesteerd zonder respons uit de markt. Als je met mvo morgen winst wilt maken, dan raad ik het af.' Of, zoals de Limburgse band Rowwen Hèze zong in een van de weinige reclamecampagnes van Gulpener, ''t Is een kwestie van geduld'. 'Daarom is het zo belangrijk dat mvo is verankerd bij management en aandeelhouder. Onze eigenaar zegt: we hebben de tijd.'

Bron: www.sprout.nl ('Make over: John Halmans, Gulpener Bierbrouwerij')

Voordelen en valkuilen van de BSC

Concluderend zouden we kunnen zeggen dat de gedachte achter de BSC is dat er veel gemeten moet en kan worden. De BSC biedt een aantal voordelen:
- Door het bepalen van de kritieke succesfactoren wordt de bedrijfsstrategie voor iedereen in de organisatie duidelijk. Medewerkers gaan begrijpen waarom specifieke activiteiten uitgevoerd moeten worden en zullen daardoor ook beter gaan samenwerken om de bedrijfsdoelen te realiseren.
- De prestatie-indicatoren geven een set aan managementinformatie waarbij een balans wordt gevonden tussen verleden, heden en toekomst en financiële en niet-financiële informatie.

In de praktijk kent de invoering van de BSC evenwel ook enkele valkuilen:
- Het gevoel kan ontstaan dat de BSC wordt geïmplementeerd zodat het management meer controle kan uitoefenen. Dit wordt door medewerkers ervaren als een dreiging en zij zullen hun medewerking niet meer willen geven.
- De organisatie heeft nog onvoldoende zicht op de eigen doelen, het opzetten van een BSC is dan weinig zinvol.
- Het kost veel meer tijd dan voorzien om de data voor de prestatie-indicatoren te ontsluiten, vooral als die niet worden vastgelegd door het bedrijfsinformatiesysteem. Hierdoor kan het zijn dat niet alle PI's worden ingevuld en wordt teruggegrepen naar de vertrouwde financiële rapportages.

Aanvankelijk werd de BSC door sommigen afgedaan als de zoveelste hype, maar inmiddels zijn er wereldwijd al zoveel implementaties bij zowel overheid als bedrijfsleven en is de aandacht nog steeds zodanig groeiende, dat gerust gesteld mag worden dat de BSC niet meer weg te denken valt.

Samenvatting

- In dit hoofdstuk zijn we ingegaan op het begrip informatie en informatieverzorging. We hebben gezien dat informatie het resultaat is van een 'productieproces' en dat zowel informatie als informatieverzorging aan bepaalde kwaliteitscriteria moeten voldoen. We hebben daarna informatie op zowel strategisch, tactisch als operationeel niveau onderzocht.

- We hebben de Balanced Scorecard beschreven en hebben kennis gemaakt met de onderliggende methodiek van de verschillende perspectieven, de kritische succesfactoren en de prestatie-indicatoren. We hebben daarbij speciale aandacht besteed aan de rol van de BSC op zowel strategisch als tactisch niveau.

Eindvragen

3.1 Geef aan welke soort van informatie nodig is bij de volgende activiteiten:
a bepalen of er binnen het budget wordt gebleven
b het overnemen van een concurrent
c het inkopen van grondstof

3.2 Benoem de kwaliteitseisen voor de informatieverzorging.

3.3 Wat is het verschil tussen leading- en lagging-indicatoren?

3.4 Op welke manier worden de prestatie-indicatoren bij de Balanced Scorecard geïdentificeerd?

3.5 Teken de informatiepiramide en geef concrete voorbeelden van de drie soorten informatie voor Albert Heijn.

3.6 Hierna volgen de missie en doelstellingen van Cicero Foods, een Nederlands bedrijf in de voedingswarenindustrie.

De missie van Cicero Foods is:
Cicero Foods wil op rendabele en onafhankelijke wijze een erkend leider zijn in verse mediterrane gerechten in Europa en in fijne vleeswaren in de Benelux.

De doelstellingen van Cicero Foods zijn:
- Wij willen leiderschap door het verstrekken van kwaliteitsproducten, door vernieuwing en innovatie van producten en diensten, door een betrouwbare dienstverlening, door de efficiëntie van onze organisatie en infrastructuur en door onze knowhow, competentie en vakmanschap.
- Wij willen onze klanten enthousiast maken over onze vernieuwende producten en innovaties en door dienstverlening een toegevoegde waarde bieden. Op die manier willen we uitgroeien tot hun bevoorrechte partner.
- Wij beschouwen integrale kwaliteit en efficiëntie als voorwaarden voor de realisatie van onze strategie.
- Wij willen een rendabele, open onderneming zijn en beschouwen winst als een middel tot continuïteit, als een instrument om de aandeelhouders een adequate vergoeding te geven en als een middel om aan onze medewerkers een faire en concurrerende beloning te bieden.
- Wij beschouwen groei als een middel, een voorwaarde en een uitdaging en zeker als een na te streven doel.
- Wij willen onze verantwoordelijkheid nemen ten opzichte van:
  - onze aandeelhouders: door hen een marktcompetitief rendement te bieden en te bouwen aan een adequate aandeelhouderswaarde

- de consument: door hem waarde te geven voor zijn geld en hem gegarandeerd veilige producten aan te bieden die voldoen aan alle geldende wettelijke vereisten
- onze medewerkers: die we willen motiveren door erkenning en een faire beloning, door teamwerk, door een prettige werksfeer en door hen kansen te bieden tot permanent leren; we willen hun persoonlijke groei en ontwikkeling stimuleren en erkennen en eerbiedigen hun waardigheid en rechten
- de gemeenschap: door een correcte onderneming te zijn in relatie tot de overheid, onze leveranciers en onze omgeving; door een gezonde en veilige arbeidsomgeving te garanderen en door respectvol om te gaan met het leefmilieu

a Plaats de elementen uit de missie en de doelstellingen bij de vier perspectieven van de Balanced Scorecard.
b Hoe zouden de prestaties op deze onderdelen gemeten kunnen worden?

3.7 LeisureTime Nederland BV in Amsterdam is een groothandel in sportartikelen van Nike, Adidas en Reebok. De klantenkring van LeisureTime bestaat uitsluitend uit dealers in Nederland en België. Deze dealers zijn gespecialiseerde sportzaken die over voldoende vakkennis beschikken en die bereid zijn om artikelen van elk door LeisureTime gevoerd merk voor eigen rekening op voorraad te houden.
Voor de manager Verkoop van het bedrijf is het van groot belang om te weten wat de actuele verkoopcijfers van de verschillende producten zijn. Deze informatie wordt één keer per week in tabelvorm op papier verstrekt. Op deze wekelijkse lijst staan alleen de cijfers uit Nederland, de Belgische cijfers worden één keer paar maand verstrekt. Achteraf blijkt vaak dat de cijfers niet helemaal kloppen en dat er soms gegevens van sportzaken ontbreken. Om die reden houdt de manager Verkoop zelf ook een Excel-bestand bij, waarin hij zo goed als mogelijk alle verkopen registreert.

Beoordeel de kwaliteit van de verstrekte informatie aangaande de verkoop. Ga daarbij uit van de drie kwaliteitseisen zoals die in het boek zijn genoemd. Waar nodig moet je per kwaliteitseis ook onderscheid maken tussen de verschillende aspecten.

DEEL 2
Administratieve organisatie

4 Administratieve organisatie en interne controle 91
5 Typologie en attentiepunten 105
6 Randvoorwaarden van de administratieve organisatie 115
7 Automatisering 127
8 Processen en controles en analyses 153

Aan het eind van deel 1 hebben we geconcludeerd dat het de taak is van de administratieve organisatie om betrouwbare informatie te leveren. In deel 2 van het boek staat het begrip administratieve organisatie centraal. Hoofdstuk 4 start met de definitie van administratieve organisatie waarbij we een koppeling maken met het begrip 'interne controle'. Ook kijken we naar de overeenkomsten en verschillen tussen 'control' en 'interne controle'. Dit doen we mede om het begrip administratieve organisatie goed af te bakenen tot datgene wat gericht is op het verstrekken van betrouwbare informatie. Nadat we op deze manier 'administratieve organisatie en interne controle' van meerdere kanten bekeken hebben, geeft hoofdstuk 4 verder een overzicht van de bouwstenen waaruit een AO bestaat. Deze bouwstenen worden in deel 3 van het boek toegepast op diverse typen ondernemingen. Maar voordat je met de toepassing kunt beginnen, zal je eerst goed moeten begrijpen wat deze bouwstenen inhouden. Deze zijn het onderwerp van de hoofdstukken 5 tot en met 8. In hoofdstuk 5 beginnen we met de typologie en de betekenis van dat begrip. We zullen zien dat door een onderneming in te kunnen delen binnen een bepaalde typologie, er gevolgen voor de administratieve organisatie zijn. Dit betekent echter allerminst dat de administratieve organisatie van een bepaald type onderneming (bijvoorbeeld een handelsbedrijf) 'standaard' is. Elk (handels)bedrijf is uniek en kent zijn eigen bijzonderheden, de zogenaamde attentiepunten. Dit vormt het tweede onderwerp van hoofdstuk 5.

Een belangrijk onderdeel van administratieve organisatie zijn de processen. Deze moeten leiden tot betrouwbare informatie. Maar voordat we bezig gaan met procesontwerp (hoofdstuk 8) moeten we eerst stilstaan bij de randvoorwaarden waaraan voldaan moet worden om goede processen te kunnen ontwerpen. Met andere woorden, als de randvoorwaarden niet in orde zijn, is het niet mogelijk processen zodanig te ontwerpen dat die tot betrouwbare informatie leiden. Deze randvoorwaarden komen aan bod in hoofdstuk 6. Hierbij worden achtereenvolgens functiescheiding, begroting en normen, en richtlijnen behandeld. Ook staan we in dit hoofdstuk kort stil bij een erg belangrijke randvoorwaarde, namelijk automatisering (IT: informatietechnologie). Omdat dit tegenwoordig zo'n belangrijke randvoorwaarde is, besteden we hier een apart hoofdstuk aan (hoofdstuk 7). Daarin zullen we zien dat IT-ontwikkelingen razendsnel gaan en ook dat IT-systemen een hoofdrol spelen binnen de administratieve organisatie. Dit vereist maatregelen om de IT goed te laten functioneren. Hoofdstuk 8 ten slotte gaat in op de aspecten die nodig zijn voor een goed procesontwerp en besteedt daarnaast aandacht aan de controles en analyses waarmee achteraf kan worden vastgesteld dat de administratieve organisatie inderdaad dat geleverd heeft dat de bedoeling is: betrouwbare informatie. Na afloop van deel 2 moet je voldoende inzicht hebben om met het echte werk te gaan beginnen: de toepassingen die we in deel 3 behandelen.

90

4
Administratieve organisatie en interne controle

4.1 **Wat is administratieve organisatie?**
4.2 **Interne controle**
4.3 **Interne controle en internal control**
4.4 **Elementen van administratieve organisatie**

Dit hoofdstuk gaat over de vraag wat administratieve organisatie is. Op basis van wat we in de vorige hoofdstukken gezien hebben, onderzoeken we in paragraaf 4.1 wat het begrip administratieve organisatie inhoudt. Omdat het begrip interne controle vaak in één adem genoemd wordt met administratieve organisatie, gaan we dat begrip in paragraaf 4.2 bekijken. Vervolgens leggen we in paragraaf 4.3 de relatie tussen de begrippen control en interne controle. In paragraaf 4.4 tot slot gaan we na uit welke onderdelen administratieve organisatie bestaat. Deze onderdelen gaan we in de volgende hoofdstukken verder uitdiepen.

Openingscasus

Uitgeverij Het Betere Boek

'Wat een dag…', verzucht de directeur-eigenaar van Uitgeverij Het Betere Boek tegen zijn vrouw als hij thuiskomt na een lange dag vergaderen. 'Ik heb met mijn accountant besproken dat er heel veel dingen misgaan in onze organisatie. Elk normaal mens met gezond boerenverstand begrijpt dat de stomme fouten die bij ons gemaakt worden, eigenlijk echt niet kunnen! Maar weet je waar die accountant over begon? Administratieve organisatie!' Al mopperend loopt hij naar de keuken en pakt een pilsje uit de koelkast. 'Het is toch ongelofelijk', vervolgt hij zijn verhaal. 'Vorige week nog stuurt dat konijn van een magazijnmeester boeken naar een klant die ze niet eens besteld had! Hij had een verkeerde bon gekregen en heeft het blind opgestuurd.' Zijn vrouw, die dit humeur van haar man maar al te goed kent, probeert voorzichtig: 'Maar als het op de bon stond deed Kees (de magazijnmeester) toch wat hij doen moest?' 'Natuurlijk niet, een kind kan toch zien dat een Technische Hogeschool geen sprookjesboeken bestelt. Maar goed, daarvan zou je nog kunnen zeggen "kan gebeuren", maar dat mijn accountant me vandaag kwam vertellen dat de omzetcijfers die ik over de afgelopen maanden ontvangen heb van geen kant kloppen, is helemaal erg. Blijken we ineens ver achter te lopen op het budget. Als het zo doorgaat, sluiten we dit jaar af met verlies.' 'Ach', besloot zijn vrouw voordat ze de deur uitgaat naar haar koorrepetitie, 'als het moet, verkopen we ons tweede huis in Spanje wel. Tot vanavond laat, wacht maar niet op mij.'

4.1 Wat is administratieve organisatie?

Administratieve organisatie is een typisch Nederlands vak. De grondlegger van het vak is Remmer Willem Starreveld (1907–1995) die in 1959 aan de Universiteit van Amsterdam benoemd werd als de eerste hoogleraar 'administratieve organisatie, de administratieve techniek en de automatisering van de informatieverwerking'. Het typologiemodel dat vandaag de dag – ook in dit boek – nog gebruikt wordt, is dan ook het typologiemodel van Starreveld. Van hem komt de volgende definitie van administratieve organisatie.

> Administratieve organisatie is het systematisch verzamelen, vastleggen en verwerken van gegevens ten behoeve van het verstrekken van informatie ten behoeve van het besturen en doen functioneren van een organisatie en ten behoeve van de verantwoording die daarover moet worden afgelegd.

Administratieve organisatie

In deze definitie zie je een aantal elementen terug die we ook al in de vorige hoofdstukken zijn tegengekomen. Er is een duidelijke overeenkomst met het proces van informatieverzorging dat we in hoofdstuk 3 hebben gezien. Ook daar, met name in figuur 3.1, ging het om het verwerken van gegevens tot informatie. Deze informatie was bestemd voor de verschillende niveaus in de organisatie, inderdaad, voor het kunnen besturen van de organisatie, voor het (dagelijks) doen functioneren en voor de verantwoording die daarover moet worden afgelegd. Hierbij is de administratieve organisatie de 'leverancier' van de informatie.

Informatie

TUSSENVRAAG 4.1
Belangrijke informatie voor jou als student is het lesrooster. Welke gegevens moeten worden verzameld en vastgelegd om deze informatie te kunnen leveren? En welke bewerkingen moeten plaatsvinden?

Administratieve organisatie (AO) gaat dus om de maatregelen die nodig zijn om het gegevensverwerkend proces zodanig op te zetten, dat de medewerkers in de organisatie díé informatie krijgen om de taken te kunnen uitvoeren, om leiding te kunnen geven en om verantwoording te kunnen afleggen. Het draait dus allemaal om informatie. De kernvraag waar het in het vakgebied van de administratieve organisatie om draait is hoe de informatie aan de kwaliteitseisen voldoet, mat name de betrouwbaarheid. Hierbij is een belangrijke rol weggelegd voor interne controle (IC). Daarom wordt er ook vaak gesproken over AO/IC dan wel AO/IB: 'administratieve organisatie en de daarin opgenomen maatregelen van interne controle respectievelijk interne beheersing'. Beide termen worden door elkaar heen gebruikt. Belangrijk is dat de 'betrouwbaarheid' binnen de administratieve organisatie voorop staat.

Administratieve organisatie is niet beperkt tot de (financiële) administratie, maar is overal. Bij elke activiteit binnen de organisatie is sprake van AO. Dit betekent dat de AO is verweven in de processen zoals die bestaan binnen de organisatie. We onderscheiden primaire processen, zoals het inkoop-, productie- en verkoopproces, en secundaire processen, zoals het personeel en organisatieproces, administratief proces en facilitair proces (gebouwenbeheer, beveiliging, catering enzovoort). De kernactiviteiten

Primaire processen

Secundaire processen

van de organisatie spelen zich af in de primaire processen. De secundaire processen zijn de ondersteunende processen. Overigens kan deze indeling per organisatie verschillen.

Ondersteunende processen

TUSSENVRAAG 4.2
Noem een organisatie waarbij het personeelsproces onderdeel van het primaire proces zal zijn.

4.2 Interne controle

De doelstelling van AO is dus om betrouwbare informatie te leveren. Dat dit gebeurt, is niet vanzelfsprekend, want in een organisatie werken mensen. En waar mensen werken, worden fouten gemaakt. Deze fouten kunnen onbewuste fouten zijn, omdat fouten maken nu eenmaal menselijk is. Ook kan er sprake zijn van bewuste fouten. We spreken dan al snel over fraude. Fraude kan tot doel hebben verkeerde informatie te leveren, bijvoorbeeld als de werkelijkheid tegenvalt en de medewerker dit niet wil toegeven aan zijn baas. Ook kan fraude als doel hebben waarden aan de onderneming te onttrekken, simpeler gezegd: diefstal. Een goede AO zal zowel bewuste als onbewuste fouten zo veel mogelijk moeten voorkomen met maatregelen vooraf preventief, tijdens de werkzaamheden detectief of achteraf repressief.

Onbewuste fouten
Bewuste fouten
Fraude

Preventief
Detectief
Repressief

TUSSENVRAAG 4.3
Welke van deze drie soorten maatregelen vind je het sterkst en waarom?

De maatregelen binnen de administratieve organisatie moeten ervoor zorgen dat:
- de informatie aan de kwaliteitseisen voldoet en vooral betrouwbaar is
- de juiste bevoegdheden worden toegepast (verrichten medewerkers geen activiteiten die ze niet mogen uitvoeren?)
- er geen waarden (geld of goederen) verdwijnen

Interne controle

De manier waarop de administratieve organisatie dit doet, is door het opnemen van maatregelen van interne controle. In deel 3 van het boek zullen we veel maatregelen van interne controle tegenkomen. Bewust spreken we van maatregelen binnen de AO. Het is namelijk niet zo dat interne controle 'iets aparts is'. Er zijn (grote) organisaties die een aparte afdeling Interne controle hebben (soms zelfs een interne accountantsdienst), maar hier hebben we het over iets anders. Hier gaat het erom de AO zodanig slim in te richten dat er 'automatisch' controles in zitten.

Kennelijk is er in de administratieve organisatie van Uitgeverij Het Betere Boek iets niet goed gegaan. Er waren geen interne controles die de fout die de magazijnmeester maakte door verkeerde boeken op te sturen, ontdekten voordat de boeken naar de klant gingen. Daarnaast bleek de omzetinformatie niet te kloppen. De directeur had verkeerde cijfers gekregen; de situatie was heel anders dan hij op grond van die cijfers dacht!

4.3 Interne controle en internal control

In de vorige paragraaf omschreven we interne controle als maatregelen binnen de AO die betrekking hebben op de kwaliteit en betrouwbaarheid van informatie, de juiste bevoegdheden en het onterecht onttrekken van waarden. In hoofdstuk 2 hebben we uitgebreid gesproken over internal control, aan de hand van het COSO-model.

Bij de interne controle gaat het om het toetsen van de realiteit aan een norm. Dit wordt ook wel aangeduid als het vergelijken (of het confronteren) van het IST met het SOLL of moderner van 'as-is' met 'to-be'. Er wordt wel gezegd dat de interne controle een gevolg is van het delegeren van bevoegdheden en dat de controle zich richt op de manier waarop en de mate waarin van die gedelegeerde bevoegdheden gebruik wordt gemaakt. Met delegeren wordt het overdragen van bevoegdheden en bijbehorende verantwoordelijkheden bedoeld (zie voorbeeld 4.1).

Internal control

Interne controle

VOORBEELD 4.1

Delegeren en controleren

De directeur van een klein handelsbedrijf deed altijd zelf de inkopen, maar omdat het bedrijf sterk is gegroeid, heeft hij die taak gedelegeerd aan een inkoper. Die inkoper is nu dus bevoegd om de inkopen voor het bedrijf te doen, maar is daarmee ook verantwoordelijk voor de juiste uitoefening van die taak. Om er zeker van te zijn dat de inkoper zijn taak goed uitvoert, zal de directeur zijn werkzaamheden willen controleren en zal hij bijvoorbeeld van de inkoper verlangen dat hij bij elke inkoop altijd vooraf offertes opvraagt en die vastlegt in een register. De verplichting om dit in een register vast te leggen, is een preventieve maatregel van de interne controle. Hiermee wordt geprobeerd om te voorkomen dat de inkoper zijn eigen belang boven het belang van het bedrijf stelt. Een repressieve maatregel zou in dit geval kunnen zijn dat achteraf de inkoopprijzen worden gecontroleerd. De interne controle probeert er dus met preventieve en repressieve maatregelen voor te zorgen dat de inkoper altijd inkoopt tegen de voor het bedrijf meest gunstige prijs en voorwaarden.

Interne controle wordt ook wel controle door of namens de leiding genoemd. Daarnaast kennen we nog twee vormen van controle: zelfcontrole en externe controle.

Zelfcontrole kennen jullie allemaal: voordat je een verslag inlevert, lees je het zelf nog een keer door om te kijken of er geen taalfouten inzitten. Hierbij is de norm dat het in foutloos Nederlands moet.

Zelfcontrole

TUSSENVRAAG 4.4
Is zelfcontrole een sterke of een zwakke vorm van controle? Licht je antwoord toe.

Externe controle is een controle door een externe partij, bijvoorbeeld de accountant of de Voedsel- en Warenautoriteit (NVWA).

Externe controle

TUSSENVRAAG 4.5
Wat is een voordeel van externe controle?

(Internal) control en interne controle richten zich op verschillende doelen. Bij control gaat het om het beheersen van de processen binnen de organisatie. Interne controle is enerzijds gericht op voorkomen (preventief of detectief) of achteraf vaststellen van fouten en onjuistheden (repressief). Tabel 4.1 geeft voorbeelden van control.

TABEL 4.1 Voorbeeldaspecten van internal control

Doel	Realiteit	Conclusie
Voldoen aan wet- en regelgeving (compliance) Processen moeten effectief zijn	Er wordt/worden geen loonbelasting of sociale lasten betaald Monteurs vergeten vaak om onderdelen te factureren	Wet- en regelgeving wordt niet nageleefd Waarden verlaten ten onrechte de organisatie

Het blijkt dat control moet leiden tot het behalen van doelen.
Bij een interne controle gaat het om de vergelijking van een norm met de werkelijkheid (zie tabel 4.2).

TABEL 4.2 Voorbeeldaspecten van interne controle

Norm	Realiteit	Conclusie
Feitelijke voorraad moet gelijk zijn aan administratieve voorraad Boven de kredietlimiet mag niet meer worden verkocht	Feitelijke voorraad is lager dan de voorraadadministratie aangeeft Aan klanten met een maximaal kredietsaldo wordt toch verkocht	Er is een voorraadverschil Procedure wordt niet gevolgd

TUSSENVRAAG 4.6
Noem voor De Efteling een doelstelling voor de internal control en een voor de interne controle.

Control richt zich dus op een veel breder gebied dan interne controle. De interne controle is dan ook een onderdeel van control. De control kan alleen maar goed functioneren als de ontvangen informatie betrouwbaar is. Het waarborgen van betrouwbare informatie is de belangrijkste doelstelling van de interne controle. Vanuit de control zal aangegeven worden waarop de informatie betrekking moet hebben. De interne controle moet zorgen voor een informatieverzorgingsproces dat betrouwbare informatie oplevert.

Zoals al eerder opgemerkt, zijn de controleactiviteiten behorende bij de interne controle 'ingebouwd' in de AO. De AO is als het ware een hulpmiddel bij de interne controle. De AO zorgt ervoor dat de interne controlemaatregelen zo veel mogelijk in de dagelijkse activiteiten van de medewerkers worden opgenomen. Zo zal er altijd worden gecontroleerd of er een bestelling is geweest en er een goederenontvangst heeft plaatsgevonden, voordat er een inkoopfactuur wordt betaald. Deze controle is opgenomen in het alledaagse werkproces van de crediteurenafdeling. De medewerkers van de afdeling voeren deze controle zelf uit en zij weten ook precies wat ze met de inkoopfactuur moeten doen als bijvoorbeeld zou blijken dat de goederen nooit zijn ontvangen. Overigens zullen deze controles meestal niet meer handmatig uitgevoerd worden, maar zijn ze 'ingebakken' in het ERP-systeem. Het systeem zorgt er dan automatisch voor dat alleen de inkoopfacturen worden betaald die 'matchen' met een bestelling en een ontvangstregistratie.

TUSSENVRAAG 4.7
Zijn er maatregelen van interne controle die geen onderdeel vormen van de AO?

De Russische leider Jozef Stalin heeft ooit gezegd: 'Vertrouwen is goed, controle is beter.' Het leven onder Stalin was dan ook geen pretje, want overal loerden zijn spionnen. In een moderne organisatie zal het zover niet komen, maar toch bestaat ook daar het gevaar dat er overgecontroleerd wordt.

Bij een middelgroot aannemersbedrijf kunnen de timmerlieden zelf spijkers, schroeven en ander klein verbruiksmateriaal uit het magazijn halen. Zodoende bestaat er een risico dat er ook materiaal voor eigen gebruik thuis of elders wordt meegenomen. Om dat te kunnen voorkomen, zou het magazijn afgesloten moeten worden en moet er een magazijnmeester worden aangesteld die alleen op basis van een werkbon het benodigde materiaal uit het magazijn haalt en afgeeft. De werkbon moet worden uitgeschreven door bijvoorbeeld de uitvoerder. De magazijnmeester moet alle uitgegeven materialen registreren. In voorbeeld 4.2 kun je zien of deze maatregel efficiënt is.

VOORBEELD 4.2

Magazijnmeester

Laten we aannemen dat er 20 timmerlieden toegang hebben tot het magazijn en dat de helft van hen elke week een kilo spijkers en 200 schroeven voor eigen gebruik meeneemt (daar kunnen heel veel vogelhuisjes en tuinhekjes mee worden gemaakt). Een kilo spijkers kost ongeveer €6, 200 schroeven kosten €10. Per week wordt er dus voor 10 × 16 = €160 ontvreemd. Op jaarbasis is dat ongeveer €7.000.

Het aanstellen van een parttime magazijnmeester (10 uur per week) kost per jaar ongeveer €8.000 aan salaris. De inrichting van de voorraadadministratie kost jaarlijks €500. Het uitschrijven van de uitgiftebonnen kost per jaar €2.000 en de controle van de voorraadadministratie kost nog eens €500. Totale jaarlijkse kosten: €11.000. Deze maatregel is dus niet efficiënt.

Dat er door het eigen personeel wordt gestolen, is natuurlijk onacceptabel en de directie zal maatregelen moeten treffen om het risico van diefstal op zijn minst te verkleinen. Een optie zou kunnen zijn dat de directie probeert om de bedrijfscultuur zodanig te veranderen, dat medewerkers het ook onderling niet meer accepteren dat er wordt gestolen (soft control, zie hoofdstuk 2).

Als we het wat breder maken, zou je kunnen zeggen dat het aanstellen van een magazijnmeester wel effectief is, maar niet efficiënt. De controle is wel effectief omdat ze haar doel bereikt, want diefstal wordt daarmee voorkomen. De controle is niet efficiënt omdat ze meer kost dan ze oplevert. Bij het inrichten van de interne controle zal de vraag naar de effectiviteit en efficiency een belangrijke rol spelen.

Effectiviteit en efficiency

Voorbeelden van niet-effectieve of niet-efficiënte controlemaatregelen zijn:
- Het natrekken van de referenties van een nieuw personeelslid, nadat hij is aangenomen, is niet effectief.
- Het controleren van de goederenontvangst nadat een inkoopfactuur is betaald, is niet effectief.
- Alle in het systeem ingevoerde factuurgegevens laten controleren door een andere medewerker is wel effectief, maar niet efficiënt.

Bij elke maatregel zal de afweging gemaakt moeten worden wat de financiële consequenties zijn als het fout gaat en wat de kosten zijn om dat te voorkomen.

In sommige gevallen gaat de kosten-batenafweging niet op. Het gaat hierbij bijvoorbeeld om de veiligheid of gezondheid van medewerkers of klanten of om het milieu. Voor deze risico's moeten altijd controlemaatregelen worden uitgevoerd, ongeacht de kosten.

TUSSENVRAAG 4.8
Een juwelier is gevestigd in het centrum van een stad waar een jaarlijks risico van 25% bestaat dat er wordt ingebroken. Om het risico van inbraak te verkleinen, kan het bedrijf een van de volgende maatregelen treffen:

Interne controle	Kosten
Deurslot	€1.000
Dubbel deurslot	€5.000
Inbraakalarm	€15.000
Bewakingsdienst	€20.000/jaar

Welke informatie heeft de directie nodig om een van de maatregelen te selecteren?

4.4 Elementen van administratieve organisatie

We hebben gezien dat het doel van administratieve organisatie vooral het leveren van betrouwbare informatie is. Interne controle speelt hierbij een belangrijke rol. Ook hebben we vastgesteld dat administratieve organisatie 'overal' is. Hoog tijd om een structuur aan te brengen, waarmee we in het vervolg van dit boek verder kunnen. In figuur 4.1 zijn de elementen van administratieve organisatie weergegeven.

FIGUUR 4.1 Elementen van een administratieve organisatie

Attentiepunten	Typologie		
	Randvoorwaarden	**Processen**	**Controles en analyses**
	Functiescheiding		
	Automatisering		
	Begroting		
	Richtlijnen		

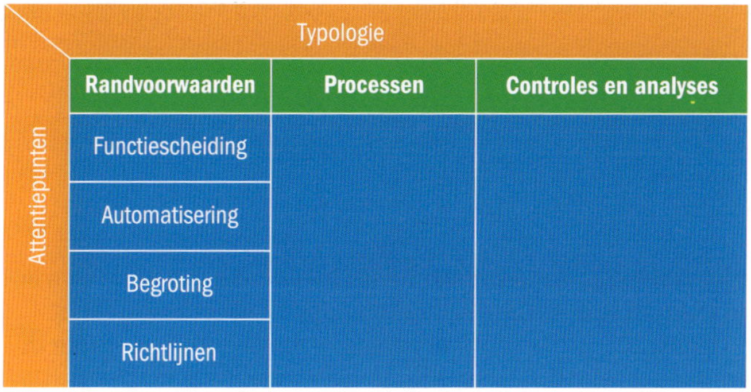

Het schema geeft inzicht in de onderdelen waaruit de AO moet bestaan om goed te kunnen functioneren. Elk element op zich moet natuurlijk ook weer goed werken, om samen met de andere elementen de doelstellingen van de AO te kunnen realiseren. In de volgende hoofdstukken gaan we de diverse onderdelen nader bekijken. In paragraaf 4.2 zijn we de termen preventief, detectief en repressief tegengekomen. In tabel 4.3 geven we de relatie tussen de onderdelen van de administratieve organisatie en deze begrippen weer. Tevens is aangegeven of de maatregelen vooraf genomen zijn, tijdens de werkzaamheden werken of achteraf genomen worden.

TABEL 4.3 De functie van de onderdelen van administratieve organisatie

Randvoorwaarden	Preventief	Vooraf
Processen	Detectief	Tijdens
Controle & analyses	Repressief	Achteraf

Samenvatting

- In dit hoofdstuk hebben we kennisgemaakt met het begrip administratieve organisatie. In eerdere hoofdstukken hebben we gezien dat het binnen de organisatie van essentieel belang is dat over betrouwbare informatie wordt beschikt; informatie op zowel strategisch, tactisch als operationeel niveau. Dit hoofdstuk heeft aangetoond dat dat nu precies de taak van de administratieve organisatie is: zorgen dat de diverse functionarissen binnen de onderneming over de juiste en betrouwbare informatie beschikken. Hiertoe zullen, in de processen, gegevens op een betrouwbare wijze moeten worden vastgelegd

- Vervolgens moeten de gegevens zo worden bewerkt, dat dit tot betrouwbare informatie leidt. Maatregelen van interne controle zijn hierbij van belang.

- De maatregelen kunnen preventief (vooraf), detectief (tijdens) of achteraf zijn (repressief).

- Er is een onderscheid tussen control en controle. Bij control gaat het om het beheersen van de organisatie. Controle is gericht op het vaststellen van fouten en onjuistheden. Controle is een onderdeel van control. Controle is ingebouwd in de AO en maakt onderdeel uit van de normale bedrijfsprocessen. Controle moet effectief en efficiënt zijn, dat wil zeggen dat de controle haar doel bereikt en dat de baten groter zijn dan de kosten.

Eindvragen

4.1 Stel, je werkt samen met klasgenoten in een groep aan een projectopdracht. Noem een aantal maatregelen van interne controle die jullie kunnen treffen om tot een goed eindresultaat te komen.

4.2 Jij bent penningmeester van de voetbalclub. Deze club is ook verantwoordelijk voor de bar in de kantine. De omzet in de bar is fors, zeker tijdens weekends met belangrijke wedstrijden. Leden van de club draaien wisselend bardiensten. Beschrijf welke maatregelen je als penningmeester zult nemen om fraude met de barinkomsten tegen te gaan.

4.3 Beschrijf de relatie tussen interne controle en administratieve organisatie.

4.4 Bij het treffen van maatregelen om risico's tegen te gaan, wordt in het algemeen een kosten-batenafweging gemaakt. Bij welke risico's wordt die afweging achterwege gelaten?

4.5 Beschrijf de relatie tussen interne controle en control.

4.6

Man verduistert geld op slinkse manier

Een medewerker van het bedrijf Mortier Kunststoffen in Zeewolde verduisterde bijna 17.000 euro van dit bedrijf. 'Op een slinkse manier', aldus de officier van justitie en de politierechter.
De veertigjarige M.B. uit Elspeet moet nu een werkstraf verrichten en het geld terugbetalen.
B. was belast met de debiteurenbewaking en had toegang tot het boekhoudsysteem. Hij rommelde daarin en stortte zo het genoemde geldbedrag op zijn eigen rekening. De boekhouder kwam erachter dat het geld ontbrak en achterhaalde dat B. de schuldige was.
B. handelde uit geldnood. 'Het was een wanhoopsdaad', zei hij. Nadat zijn zus was overleden, ging hij aan de drugs. Toen hij het geld verduisterde in het voorjaar van 2013, was hij alweer een paar jaar clean. Hij had echter nog een hoop schuldeisers achter zich aan zitten, die hij door zijn drugsverslaving nog steeds niet had betaald.
Hij schaamt zich kapot tegenover het bedrijf Mortier, dat hem na het voorval ontsloeg. De officier eiste 150 uur werkstraf tegen hem, waarvan 50 uur voorwaardelijk. De politierechter in Lelystad vond 150 uur werken, waarvan de helft voorwaardelijk, afdoende. Ze waren het erover eens dat hij de schadeclaim van Mortier moet betalen.

a Waarom werden volgens jou de handelingen van B. pas ontdekt toen hij al 17.000 euro naar zijn eigen rekening had overgeboekt?
b Door welke controlemaatregelen hadden de problemen voorkomen kunnen worden?
c Deel deze maatregelen in naar preventief, detectief en repressief.

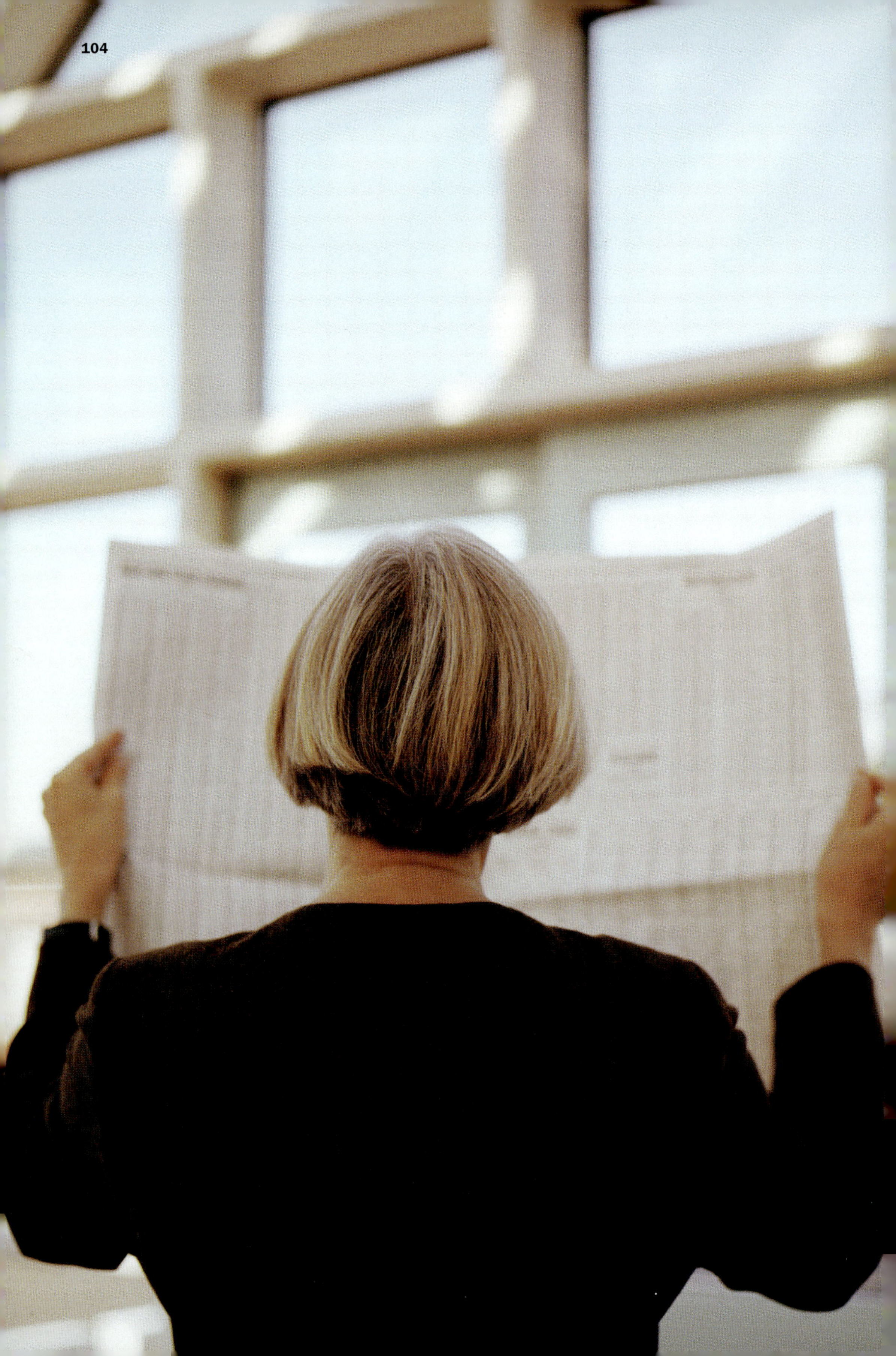

5
Typologie en attentiepunten

5.1 **Typologie**
5.2 **Attentiepunten en risico's**

In het vorige hoofdstuk hebben we gezien wat het doel is van administratieve organisatie (betrouwbare informatie leveren) en waaruit een administratieve organisatie bestaat. In dit en de volgende hoofdstukken gaan we deze onderdelen nader bekijken. We doen dit aan de hand van het schema waarmee we het vorige hoofdstuk geëindigd zijn (figuur 5.1).

FIGUUR 5.1 Elementen van administratieve organisatie

Attentiepunten	Typologie		
	Randvoorwaarden	Processen	Controles en analyses
	Functiescheiding		
	Automatisering		
	Begroting		
	Richtlijnen		

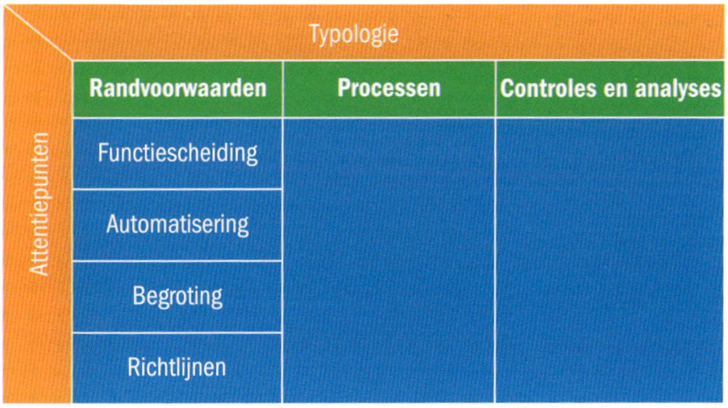

In dit hoofdstuk gaan we het hebben over de twee buitenste randen: de typologie en de attentiepunten. Omdat dit laatste een nauwe relatie heeft met risico's, besteden we ook daar aandacht aan.

Openingscasus

De Boer Wooncentrum
Roy werkt al ruim 15 jaar als hoofd Administratie van De Boer Wooncentrum in Amersfoort. De Boer is een traditionele meubelzaak met een grote showroom met meubelen voor het hele huis, zoals banken, stoelen, eetkamersets, salontafels en bedden. Hij heeft veel zien veranderen en heeft daar zelf ook een bijdrage aan geleverd. Zo heeft hij de hele administratie geautomatiseerd waardoor bijvoorbeeld precies zichtbaar is welk artikel op voorraad is, hoeveel er in bestelling staat bij de leveranciers en welke bestellingen van klanten uitstaan.
De directeur is erg blij met Roy, vooral omdat hij goede informatie levert waarop hij zijn beslissingen kan baseren. Eigenlijk is het nog nooit voorgekomen dat de informatie niet bleek te kloppen.

Maar Roy heeft het eigenlijk wel een beetje gezien. De uitdaging is eruit. Via een vriend van de voetbalclub heeft hij gehoord dat bouwbedrijf Jansen een medewerker administratieve organisatie zoekt. Die moet ervoor gaan zorgen dat de directie van Jansen goede betrouwbare informatie krijgt. Kortom, precies wat Roy bij zijn huidige werkgever gedaan heeft! Maar, denkt hij, een bouwbedrijf is toch wel wat anders dan een meubelhandel. En nu weet ik precies hoe het zit met allerlei bijzonderheden zoals kortingsafspraken met leveranciers, meubels in onze showroom die nog eigendom zijn van de leverancier, kortingsacties rond de Pasen en de inkoop van leveranciers uit landen buiten de Eurozone. Bij Jansen zijn er vast weer heel andere bijzonderheden.

5.1 Typologie

Roy uit de openingscasus heeft wel een punt, want een bouwbedrijf is inderdaad heel wat anders dan een meubelzaak. En een hotel, een uitzendbureau of een telecomprovider zijn weer heel anders. Al deze bedrijven zijn van een bepaalde 'soort', binnen de administratieve organisatie typologie genoemd. De inrichting van de AO is in belangrijke mate afhankelijk van het soort bedrijf waarover het gaat. Zoals we in het vorige hoofdstuk gezien hebben is dit idee ontwikkeld door de grondlegger van het vakgebied van de administratieve organisatie, wijlen prof. R.W. Starreveld. Het typologiemodel ziet eruit als in tabel 5.1.

Typologie

TABEL 5.1 Typologie van Starreveld

Typologiemodel van Starreveld				Hoofdstuk
Werkend voor de markt	Handelsbedrijven	Op rekening	Groothandels	9, 10 en 11
		Tegen contante betaling	Supermarkten	9, 10 en 12
	Productiebedrijven	Massaproductie	Autofabriek	13
		Stukproductie	Bouwbedrijf	14
	Agrarische en extractieve bedrijven		Veehouderij/mijnbouw	Website
	Bedrijven gericht op massale gegevensverwerking		Studielink	Website
	Dienstverlenende bedrijven	Met een zekere goederenbeweging	Eigen goederen Bijv. restaurant	15
			Goederen van derden Bijv. garage	16
			Levering via vaste verbindingen Bijv. elektriciteitsbedrijf	17
		Informatiediensten	App store	18
		Beschikbaar stellen capaciteit	Met specifieke reservering Bijv. hotel	19
			Zonder specifieke reservering Bijv. pretpark	20
		Overige dienstverlening	Uitzendbureau Accountantskantoor Glazenwassersbedrijf Makelaarskantoor Reisbureau Enz.	21 en 22
	Financiële instellingen		Banken, verzekeraar	
Niet werkend voor de markt	Overheid		Gemeente, Rijk Rode Kruis, Hartstichting	
	Privaatrechtelijke instellingen			

Zoals je in tabel 5.1 ziet, worden bijna alle typologieën in dit boek behandeld. Twee typologieën komen in het boek niet aan bod, maar kun je terugvinden op de ondersteunende website.

Een organisatie kan worden ingedeeld in een of meer typologieën. Vanuit deze typologie kan worden bepaald welke primaire processen er aanwezig zullen zijn. Een handelsbedrijf kent bijvoorbeeld inkoop, magazijn en verkoop. Bij een productiebedrijf komt daar natuurlijk productie bij. Daarnaast bepaalt de typologie uit welke belangrijke bouwstenen de AO bestaat. Hierbij horen ook bepaalde maatregelen van interne controle. We noemen dit ook wel de belangrijkste **steunpunten** en zij vormen de basis van de administratieve organisatie. Voor een handelsbedrijf is dat bijvoorbeeld 'verbanden in de geld- en goederenbeweging' en voor een productiebedrijf 'voor- en nacalculatie'. Deze begrippen zeggen je nu nog niets, maar ze zullen je in de loop van dit boek duidelijk worden gemaakt.

Het is overigens goed om te weten, dat er naast het typologiemodel van Starreveld ook nog andere typologiemodellen worden gebruikt. We willen hier als voorbeeld kort het typologiemodel van Vaassen introduceren. Prof. dr. E.H.J. Vaassen RA is hoogleraar Accountancy aan de Tilburg University. Zijn model gaat uit van een tweedeling in organisaties met en zonder dominante goederenbeweging.
Het typologiemodel van Vaassen ziet eruit als in tabel 5.2.

TABEL 5.2 Typologie van Vaassen

Typologiemodel van Starreveld			**Voorbeeld**
Organisaties met een dominante goederenbeweging	Handel	Tegen contante betaling Op rekening	Supermarkt Groothandel
	Productiebedrijven	Productie op voorraad Massamaatwerk Agrarische en extractieve bedrijven Productie op order	Bierbrouwerij Autofabriek Melkveehouderij Oliewinning Vliegtuigbouw
Organisaties zonder een dominante goederenbeweging	Dienstverlening met beperkte goederenbeweging	Beweging van eigen goederen Beweging van goederen van derden	Restaurant, uitgeverij Garagebedrijf
	Dienstverlening met beschikbaarstelling van ruimtelijke of elektronische capaciteit	Beschikbaarstelling van specifieke ruimtelijke capaciteit Beschikbaarstelling van specifieke elektronische capaciteit Beschikbaarstelling van niet-specifieke ruimtelijke capaciteit	Hotel, vliegtuigmaatschappij Telecombedrijf Zwembad Dancefestival
	Dienstverlening met beschikbaarstelling van kennis en kunde	Verkoop van manuren Exploitatie van intellectuele eigendom Verkoop van financiële producten	Accountantskantoren Softwarebedrijven Banken, verzekeraars
	Overheid en andere niet-commerciële organisaties	Vaak met juridische structuur van vereniging of stichting	Gemeenten, Rode Kruis

TUSSENVRAAG 5.1

Noem twee overeenkomsten en twee verschillen tussen de typologieën van Starreveld en Vaassen.

De goederebeweging is trouwens ook bij Starreveld een belangrijke invalshoek. We zullen het begrip goederenbeweging nog uitgebreid bespreken, maar je kunt je vast wel voorstellen dat er bij een handelsbedrijf fysieke goederen zijn en bij een uitzendbureau niet. Overigens, en dat maakt het vak administratieve organisatie zo interessant, ontstaan er steeds nieuwe bedrijven die misschien niet zo makkelijk in de modellen passen. Denk aan Uber, Airbnb, Thuizbezorgd.nl en allerlei andere bedrijven uit de interneteconomie.

TUSSENVRAAG 5.2
Waar plaats je Airbnb in het typologiemodel van Starreveld respectievelijk Vaassen?

Wat je doet voordat je met de administratie van een bedrijf aan de slag gaat, is bepalen welke typologie het is. Overigens blijkt dat lastiger te zijn dan je soms denkt. Neem een bioscoop: is dat nu 'beschikbaar stellen van capaciteit met of zonder reservering'? Allebei zou je zeggen, je kan van tevoren een stoel reserveren of je kunt gewoon naar de bioscoop gaan en kijken wat er draait. Toch zal je voor het vak administratieve organisatie een keuze moeten maken, die niet zozeer gebaseerd is op wat er werkelijk gebeurt, maar op de vraag wat handig is voor de inrichting van de administratieve organisatie. We zullen dit soort situaties in deel 3 zeker tegenkomen.
Uit het concept van de typologie zou je de conclusie kunnen trekken dat het ontwerpen van een administratieve organisatie standaardwerk is. Dat is absoluut niet het geval. Hoewel het zo is dat handelsbedrijven gemeenschappelijke kenmerken hebben, is elk handelsbedrijf toch uniek door de 'specifieke omstandigheden' waarmee het bedrijf te maken heeft. Dit is het onderwerp van de volgende paragraaf, waarbij we ook de relatie gaan leggen met risico's.

5.2 Attentiepunten en risico's

Bij het meubelbedrijf van Roy uit de openingscasus hebben we een aantal specifieke omstandigheden gezien.

TUSSENVRAAG 5.3
Noem deze omstandigheden binnen het meubelbedrijf van Roy.

De specifieke omstandigheden worden binnen administratieve organisatie attentiepunten genoemd. De attentiepunten waarmee een bedrijf te maken heeft, zoals kortingen die aan klanten gegeven worden, wisselende prijzen en bederfelijke artikelen, leiden tot specifieke risico's. Dit betekent dat een goede AO speciale beheersmaatregelen treft om deze risico's te beperken. Overigens wil het niet zeggen dat als er geen specifieke attentiepunten zouden zijn, er ook geen risico's zijn. Dat is niet zo. Maar attentiepunten leiden tot aanvullende, specifiek voor die situatie geldende risico's en beheersmaatregelen. Een goede administratieve organisatie houdt rekening met de specifieke risico's van de onderneming. Je kan ook zeggen dat er twee soorten attentiepunten zijn:

- Typologiespecifiek. Dit zijn attentiepunten die bij elk bedrijf binnen de typologie voorkomen. Bijvoorbeeld binnen de typologie 'handel met contante verkoop' is dit 'contant geld'. De AO zal iets moeten doen om dat te beheersen, zoals kasprocedures.

Attentiepunten

Risico's

Typologie-specifiek

Casusspecifiek

- Bedrijfsspecifiek (of in opleidingstaal: casusspecifiek). Dit zijn attentiepunten die wel bij het specifieke bedrijf voorkomen, maar niet per definitie bij alle bedrijven van de typologie. Bijvoorbeeld goederen met een uiterste houdbaarheidsdatum die vernietigd worden. Dat heb je wel bij een supermarkt, maar niet bij een fietsenwinkel.

TUSSENVRAAG 5.4
Noem een typologiespecifiek en een mogelijk casusspecifiek risico voor een handelsbedrijf dat op rekening verkoopt.

We hebben nu gezien dat attentiepunten leiden tot specifieke risico's. In hoofdstuk 2 hebben we aandacht besteed aan risico's en risicomanagement. Daar hebben we gezien dat de centrale gedachte achter het begrip risicomanagement is dat er risico's zijn die het halen van de doelstellingen in de weg kunnen staan. Het gaat er dan om dat deze risico's worden ontdekt en vervolgens worden beheerst.

Dit lijkt erg op wat we hiervoor hebben beschreven bij het onderwerp attentiepunten. Toch is er een verschil dat je goed moet begrijpen. Dit heeft te maken met het doel van COSO enerzijds en het doel van administratieve organisatie anderzijds. Gaat het bij COSO om het behalen van de bedrijfsdoelstellingen, bij administratieve organisatie gaat het om het leveren van betrouwbare informatie. Je zou kunnen zeggen dat COSO breder is dan AO. Het is wel zo dat voor het behalen van de bedrijfsdoelstellingen betrouwbare informatie nodig is, maar betrouwbare informatie wil nog niet zeggen dat dan dus de doelstellingen gehaald worden.

Bij administratieve organisatie gaat het om het risico dat de informatie niet betrouwbaar is, met andere woorden de werkelijkheid is anders dan de informatie weergeeft. Bij COSO gaat het erom of de bedrijfsdoelstellingen zijn gehaald. We willen dit verschil toelichten met twee voorbeelden, één op het gebied van de opbrengsten (tabel 5.3) en één op het gebied van de kosten (tabel 5.4).

TABEL 5.3 Risico opbrengsten

Attentiepunt: aan grote klanten wordt een korting verleend die oploopt bij een grotere afname.

Risico COSO	Risico AO
Er wordt te veel korting verleend, waardoor de margedoelstellingen niet gehaald worden.	Verkopen met een lage korting worden verantwoord als verkopen met een hoge korting, waardoor de opbrengstverantwoording niet volledig is (niet alle opbrengsten staan in de boekhouding).

TABEL 5.4 Risico kosten

Attentiepunt: overuren worden met een toeslag van 50% betaald.

Risico COSO	Risico AO
Door een verkeerde planning moet er veel worden overgewerkt, waardoor het personeelsbudget wordt overschreden en de winstdoelstelling niet gehaald wordt.	Gewone uren worden verwerkt en verantwoord als overuren, waardoor de administratie niet overeenkomt met de werkelijkheid.

Samenvatting

- In dit hoofdstuk hebben we kennisgemaakt met het typologiemodel. Dat model deelt bedrijven in categorieën in, op grond waarvan een basis voor de administratieve organisatie en de daarin van belang zijnde controles gelegd kan worden.

- Vervolgens zijn we ingegaan op de attentiepunten en de daaruit voortvloeiende risico's. We hebben gezien dat de risico's in het kader van administratieve organisatie beperkter zijn dan die volgens COSO. Bij de administratieve organisatie gaat het om de betrouwbaarheid van de informatie, bij COSO om het bereiken van de bedrijfsdoelstellingen.

Eindvragen

5.1 Waarom is het typologiemodel belangrijk?

5.2 Zijn attentiepunten bedrijfsspecifiek of typologiespecifiek? Motiveer het antwoord.

5.3 Beschrijf de relatie tussen risico's en attentiepunten.

5.4 Wat wordt verstaan onder de volledigheid van de opbrengstverantwoording?

5.5 Wat is het verschil tussen onjuiste kosten en onjuiste kostenverantwoording?

5.6 In welke typologie volgens Starreveld horen de volgende bedrijven thuis?
 a viskraam
 b computerassemblage
 c Ziggo
 d schoonmaakbedrijf
 e pensioenfonds
 f productie van sportkleding
 g werf voor privéjachten
 h webshop
 i transportbedrijf
 j zuivelfabriek
 Motiveer je antwoorden.

5.7 Ga met behulp van www.efteling.nl na welke activiteiten zich binnen deze onderneming afspelen.
Plaats deze activiteiten vervolgens in het typologiemodel. Zoek hierbij zo nodig informatie uit verdere hoofdstukken in dit boek.

AASHOEVE
Boerenkaas
Genomineerd
Genomineerde Boerenkaas
De top van de Boerenkaas
10.95
Westfriese Kruiden kaas
9.95
95A

6
Randvoorwaarden van de administratieve organisatie

6.1 Functiescheiding
6.2 Automatisering
6.3 Begroting en normen
6.4 Richtlijnen

In hoofdstuk 5 introduceerden we de elementen van de AO en bespraken we al twee van de basiselementen, namelijk de typologie en de attentiepunten. In dit hoofdstuk willen we ingaan op een ander element, namelijk de randvoorwaarden van de AO. Dit zijn beheersmaatregelen in een organisatie die noodzakelijk zijn om een goede AO te kunnen opzetten. Als deze randvoorwaarden goed geregeld zijn, wil dit niet zeggen dat de AO dus goed is, maar omgekeerd geldt wel: zonder een goede invulling hiervan, kan er geen sprake zijn van een goede AO. Gezamenlijk vormen ze een belangrijke invulling van de interne controle.

Randvoorwaarden kunnen in de volgende onderwerpen opgedeeld worden:
1 functiescheiding
2 automatisering
3 begroting
4 richtlijnen

De randvoorwaarden (figuur 6.1) zijn belangrijke preventieve maatregelen van interne controle, want ze gaan vooraf aan de feitelijke activiteiten.

FIGUUR 6.1 Randvoorwaarden

- Randvoorwaarden
  - Functiescheiding
  - Automatisering
  - Begroting
  - Richtlijnen

Openingscasus

De Timmerfabriek
Tijdens de lunchpauze schuift Hassan, de administrateur van De Timmerfabriek, aan bij zijn collega's uit de werkplaats. 'Vandaag weer vijf facturen gekregen die ik maar niet thuis kan brengen. Het wordt de laatste tijd steeds erger', verzucht Hassan. 'Vervelend', zegt Ivo uit de werkplaats, 'maar hoe kan dat dan?' 'Nou', antwoordt Hassan, 'het zijn meestal facturen voor hout dat geleverd zou zijn, maar het gaat soms ook om scharnieren en gereedschap. Ik kan nergens terugvinden dat die spullen ooit door ons zijn besteld.' 'Wat voor gereedschap?', vraagt Ivo, terwijl hij een hap uit zijn appel neemt. 'Vanmorgen ging het om een elektrische zaag. Een ding van bijna 300 euro en nergens een bestelbon te vinden.' 'O, dat is toevallig', mengt Sjoerd zich in het gesprek, 'ik heb vorige week nog zo'n zaag besteld en die is een paar dagen terug binnengekomen.' 'Eh?', zegt Hassan, hij verslikt zich in zijn koffie en begint te hoesten. Ivo klopt hem voorzichtig op zijn rug. 'Eh', zegt Hassan nogmaals als hij is uitgehoest. 'Hoezo heb jij zelf gereedschap besteld? Dat doet Inkoop toch altijd, als de chef werkplaats het heeft goedgekeurd.' Ivo en Sjoerd kijken elkaar aan. 'Ja', zegt Ivo dan, 'zo was het vroeger wel geregeld. Maar Pieter, onze nieuwe chef, vond dat allemaal veel te lang duren en heeft gezegd dat we voortaan maar zelf bij de leverancier moeten bestellen. Tenslotte hebben we allemaal diens telefoonnummer en weten we naar wie we moeten vragen. En ik moet zeggen dat dat prima werkt, want we hebben onze spullen nu veel eerder.' 'Maar, hoe zit het dan met het afleveren bij ons magazijn? Hoe kan dat dan...', stamelt Hassan. 'O ja', zegt Sjoerd, 'mijn neef is koerier en hij brengt onze spulletjes altijd gelijk naar de werkplaats. Daar hebben we ze tenslotte ook nodig. Dat is wel zo handig.' Ivo kijkt Hassan bedenkelijk aan en zegt dan: 'Voel je je wel goed, want je ziet plotseling zo bleek.'

6.1 Functiescheiding

De eerste randvoorwaarde van de administratieve organisatie is de functiescheiding. Deze moet zodanig zijn dat het mogelijk is een goede AO vorm te geven. Hierbij geldt: hoe kleiner de organisatie, hoe moeilijker dat is. In een kleine organisatie (in het meest extreme geval een letterlijke eenmanszaak) is geen functiescheiding mogelijk.

De opzet bij functiescheiding is dat er twee of meer medewerkers betrokken zijn bij dezelfde gebeurtenis. Hierdoor komen er twee (of meer) gescheiden registraties tot stand in de administratie. Laten we als voorbeeld een handelsbedrijf nemen en om het eenvoudig te maken een groothandel, dus een onderneming die producten inkoopt, opslaat in het magazijn en vervolgens met winst weer verkoopt. Bij een groothandel is er onder meer functiescheiding tussen de inkoop- en de bewaarfunctie. De inkoper legt de inkopen in het inkoopbestand in het systeem vast. Na aflevering zal de magazijnmeester (die verantwoordelijk is voor de voorraad) de ontvangen producten in het voorraadbestand van het systeem invoeren. We hebben dus twee registraties over dezelfde transactie, het inkopen van producten, die onafhankelijk van elkaar zijn gemaakt. De beide registraties kunnen met elkaar worden vergeleken (dit wordt 'aansluiten' genoemd). Dit zal door het systeem gebeuren, dat alleen een signaal geeft als er een verschil is (uitzonderingsrapportage). Zoals gezegd, hebben we hier te maken met twee verschillende bronnen waar de gegevens vandaan komen. Als die gegevens nu ook nog met elkaar overeenstemmen, mogen wij ervan uitgaan dat ze betrouwbaar zijn.

Aansluiten

Maar er is nog iets. Stel, dat de inkoper bijvoorbeeld veel gokt, maar weinig wint en daarom met zijn normale salaris niet uitkomt. Om het nog erger te maken, gaan we er maar even van uit dat de inkoper ook degene is die de inkoopfacturen betaalt en ook kan boeken in de administratie op de rekening voorraden. Het zou dan best wel zo kunnen zijn dat de inkoper, als hij weer eens flink verloren heeft, de verleiding niet langer kan weerstaan en geld van het bedrijf in zijn eigen zak steekt. Moeilijk is dat niet: de inkoper boekt bijvoorbeeld een nepinkoop van 100 producten voor totaal €15.000 en maakt die €15.000 vervolgens over naar de rekening van de zogenaamde crediteur, en dat is hij dan natuurlijk zelf. Niemand die erachter komt. Of toch, want er is natuurlijk ook nog de magazijnmeester. De magazijnmeester in kwestie is een integer persoon die ervoor zorgt dat zijn voorraad altijd klopt en die er een hekel aan heeft als bij inventarisatie zou blijken dat er een voorraadtekort is. De magazijnmeester zal de nep ingekochte 100 producten nooit ontvangen en dus ook niet inboeken in de voorraadadministratie. Bij aansluiting van de inkoopadministratie en de voorraadadministratie zal er dus een verschil van 100 producten aan het licht komen en zullen de magazijnmeester en de inkoper dit moeten verklaren. Wanneer dan ook nog de betalingen worden gecontroleerd, valt de inkoper zeker door de mand.

Dat is nu het aardige van de functiescheiding, die is gebaseerd op tegengestelde belangen. Uitgaande van een gezond wantrouwen in de mens zou je kunnen zeggen dat een inkoper zoals uit ons voorbeeld erop uit is om, in zijn eigen belang, de inkopen te hoog te verantwoorden (voor te stellen), want dan kan hij het verschil in zijn eigen zak steken. Terwijl de magazijnmeester, als hij ook de verkeerde dingen wil doen, erop uit is om de ontvangsten te laag te verantwoorden, want dan valt het niet op dat hij be-

Tegengestelde belangen

paalde ontvangsten niet heeft geregistreerd en die producten stiekem heeft verkocht.

TUSSENVRAAG 6.1
Waarom zal de magazijnmeester, nadat hij goederen heeft ontvreemd, nieuwe ontvangsten lager willen verantwoorden dan ze werkelijk zijn?

Je ziet dat de belangen van de inkoper en de magazijnmeester tegengesteld aan elkaar zijn, de een wil een zo hoog mogelijke verantwoording, de ander wil dat die juist zo laag mogelijk is. Op die manier houden de belangen elkaar als het ware in evenwicht en kan een betrouwbare registratie worden gegarandeerd, al blijft het natuurlijk altijd mogelijk dat mensen onbewuste fouten maken. Functiescheiding is uiteraard alleen maar effectief als de registraties om de zoveel tijd met elkaar worden vergeleken. Dergelijke controles moesten vroeger handmatig worden uitgevoerd, maar gebeuren tegenwoordig geautomatiseerd door het ERP-systeem (zie paragraaf 6.2). Het enige handwerk is nog het tellen van de producten die werkelijk op voorraad liggen (al gebeurt dat tegenwoordig soms met drones).

We hebben wel een probleem als de inkoper en de magazijnmeester besluiten om gezamenlijk te frauderen. De nepinkoop van de inkoper wordt dan gevolgd door een nepontvangst door de magazijnmeester. Wanneer medewerkers elkaar op die manier telkens dekken (dit wordt ook wel samenspannen genoemd), wordt het moeilijk om het bedrog te achterhalen.

Samenspannen

TUSSENVRAAG 6.2
Probeer nu te verklaren waardoor Hassan uit de openingscasus zo bleek werd!

Binnen functiescheiding onderscheiden we de functies, zoals ze weergegeven zijn in figuur 6.2.

FIGUUR 6.2 De vijf functies voor functiescheiding

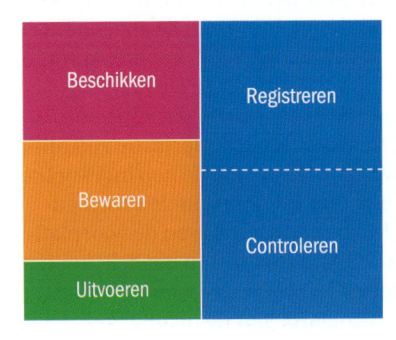

Beschikkende functie

De belangrijkste functiescheiding, zoals ook al uit ons voorbeeld bleek, is die tussen de *beschikkende* functie en de *bewarende* functie. De beschikkende functie beslist over activa van de organisatie. We noemden al de inkoper; die beslist dat er goederen ingekocht worden en dus dat er schulden aangegaan worden. Hiermee bindt de beschikkende functie de organisatie aan derden. Maar ook de verkoper, en in sommige gevallen de directie, heeft een beschikkende functie. Deze functie kan niet 'echt' bij de activa (of passiva); dat is het domein van de bewarende functie. Bijvoorbeeld dus de magazijnmeester, maar ook de kassajuffrouw in de supermarkt. De bewarende functie mag wel bij of aan de goederen of het geld in de kassa komen, maar mag er (zonder een beslissing van een andere functionaris) niets mee doen. Als nu de beide functies (beschikkend en bewarend) informatie over bijvoorbeeld de inkoop aan de administratie doorgeven (de registrerende functie), dan kan deze controleren of het klopt. Als er voor €100 is ingekocht, dan zullen, zonder op de btw te letten, de crediteuren toenemen met €100, maar zal ook de waarde van de voorraad met hetzelfde bedrag gestegen moeten zijn. In figuur 6.2 zie je dat de registrerende en controlerende functie slechts door een stippellijn gescheiden zijn, want eigenlijk is het één functie. Als een transactie door de administratie wordt geregistreerd, wordt zij tegelijkertijd ook gecontroleerd. We spreken dan ook van de registrerend/controlerende functie van de administratie.

Tot slot zien we in het schema de uitvoerende functie. Deze voert activiteiten uit die niet tot een van de andere categorieën behoren.

Overigens zitten in bijna elke bedrijfsactiviteit wel componenten van meerdere functies. Als een verkoper een deal sluit met een klant is dat in hoofdzaak een beschikkende activiteit, maar er zitten ook registrerende (vastlegging in het ERP-systeem), controlerende (check of wel aan de klant geleverd mag worden) en uitvoerende (het verrichten van handelingen) elementen in. Alleen van bijvoorbeeld productiemedewerkers aan een lopend band zou gezegd kunnen worden dat ze uitsluitend uitvoerend bezig zijn. Voor de administratieve organisatie is de 'hoofdfunctie' van belang.

Bewarende functie

Registrerende functie

Controlerende functie

Uitvoerende functie

6.2 Automatisering

In hoofdstuk 4 hebben we gezien dat het vak administratieve organisatie al heel lang bestaat. Dat was dan ook in de tijd dat er geen computers waren en alles met pen en papier gebeurde; iets wat we ons vandaag de dag niet meer voorstellen. In de loop der tijd zijn bedrijven steeds meer gebruik gaan maken van computersystemen en tegenwoordig zijn er hele bedrijfsmodellen en bedrijfstakken die alleen maar bestaan dankzij IT (informatietechnologie). Denk aan Uber, bol.com, Apple App Store en Spotify, maar ook 'traditionele' bedrijven als een supermarkt zijn volledig geautomatiseerd. In deel 3 van dit boek, waarin we de diverse typologieën bespreken, zullen we zien dat veel maatregelen van administratieve organisatie en interne controle 'in het ERP-systeem' plaatsvinden. ERP staat voor enterprise resource planning. Dit zijn systemen die de hele bedrijfsvoering ondersteunen. Dat betekent wel dat er eisen gesteld moeten worden aan de hele IT in het bedrijf om de betrouwbaarheid van de hardware en de software te waarborgen. Met andere woorden, ook hier is sprake van randvoorwaarden. Omdat dit zo'n belangrijk onderwerp is, gaat het hele volgende hoofdstuk hierover. Om je nieuwsgierig te maken, volgt hier alvast een tussenvraag.

ERP-systeem
Enterprise resource planning

TUSSENVRAAG 6.3
Wat moet er in de IT-systemen goed geregeld zijn om functiescheiding in de praktijk te laten werken?

6.3 Begroting en normen

De begroting zijn we al tegengekomen in het eerste hoofdstuk. We bespraken daar dat vanuit missie en visie, de strategie van een organisatie wordt geformuleerd en van daaruit de (meer)jarenplannen (zie figuur 6.3).

FIGUUR 6.3 Totstandkoming begroting

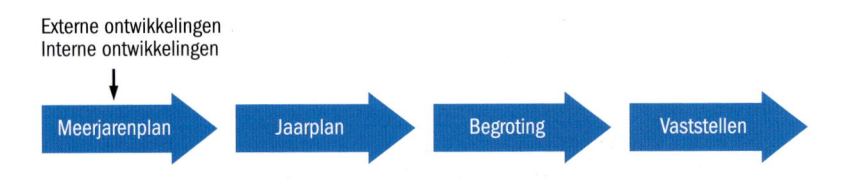

Externe ontwikkelingen
Interne ontwikkelingen
↓
Meerjarenplan → Jaarplan → Begroting → Vaststellen

Hieruit blijkt dat de begroting afgeleid wordt uit het jaarplan, waarbij het jaarplan weer een afgeleide is van het meerjarenplan. Zowel het meerjarenplan als het jaarplan zullen worden opgesteld door de directie.

Begroting

Een begroting is in wezen een raming, dat wil zeggen een schatting, van de toekomstige inkomsten en uitgaven van de organisatie. Maar het is meer dan dat, want een begroting is ook een belangrijk instrument voor het management bij de besturing en beheersing van de organisatie. Met een begroting kunnen keuzes worden gemaakt en prioriteiten worden gesteld. Door meer of minder geld aan bedrijfsonderdelen of activiteiten toe te kennen, kan het management het bedrijf in een bepaalde richting duwen. Als bijvoorbeeld een supermarktketen meer geld begroot voor de onlineverkopen en minder voor de instandhouding van de winkels, gaat dat zeker gevolgen hebben voor de afzet.

Bij de meeste bedrijven vormt de begroting van de verkopen het uitgangspunt voor de begrotingen van de overige bedrijfsactiviteiten. Op basis van de verkoopbegroting worden de inkoop, de productie en de personeelskosten begroot. Deze begrotingen worden gemaakt door de verantwoordelijke managers, ofwel de verkoopbegroting door hoofd Verkoop, de inkoopbegroting door hoofd Inkoop enzovoort. Al die begrotingen samen leiden tot bijvoorbeeld de investerings- en exploitatiebegroting voor de totale organisatie. Ook zal er een liquiditeitsbegroting gemaakt worden. Deze totaalbegrotingen zullen worden opgesteld door hoofd Administratie, waarbij hij ook de samenhang tussen de deelbegrotingen bewaakt. Welke deelbegrotingen er precies zijn, is afhankelijk van de typologie van het bedrijf. Ook afhankelijk van het type onderneming is welke andere normen uit de begroting voortvloeien. Bij een hotel is dat de kostprijs van een kamer, bij een productieonderneming zal dat de standaardkostprijs van het product zijn en bij een accountantskantoor het uurtarief van de medewerkers. In deel 3 van dit boek komen we deze normen per typologie tegen.

Uiteindelijk worden die plannen vertaald in concrete 'targets' die door de organisatie als geheel en de afdelingen daarbinnen moeten worden behaald. Voor die realisatie wordt een bepaalde hoeveelheid geld beschikbaar gesteld. Feitelijk spreken we hier evenwel niet over de begroting, maar over het budget. Hoewel deze termen nogal eens door elkaar gebruikt worden, is er toch een verschil. Er wordt wel gezegd dat een budget

Budget

een taakstellende begroting is. Taakstellend wil zeggen verplichtend. Met andere woorden: een budget moet je halen, zo niet, dan word je daarop afgerekend. Zoals al gezegd is er in een bedrijf een inkoopbegroting, waarin is vastgelegd welke producten tegen welke geschatte inkoopprijzen zullen worden gekocht. Daarnaast is er voor de afdeling Inkoop een inkoopbudget opgesteld, waarin staat welke taken Inkoop moet realiseren en hoeveel geld daarvoor beschikbaar is. Het inkoopbudget geeft dus enerzijds aan welke prestaties er van Inkoop worden verwacht, anderzijds bepaalt het ook de 'speelruimte' van de inkoopmanager. Zolang hij maar binnen zijn budget blijft, heeft hij redelijke vrijheid van handelen. Op het moment echter dat hij zijn budget overschrijdt, heeft hij een probleem en zal zijn bevoegdheid tot handelen worden ingeperkt.

Taakstellende begroting

De gegevens over de afgesproken budgetten worden vastgelegd in het ERP-systeem van het bedrijf. Op die manier kan er snel en eenvoudig worden gecontroleerd of de werkelijke situatie (IST) in overeenstemming is met het budget (SOLL). In geval van een afwijking zal het management proberen om bij te sturen, dat wil zeggen dat er actie wordt ondernomen om IST en SOLL weer zo veel mogelijk aan elkaar gelijk te laten worden.

Voor de AO is de begroting belangrijk als toetsingsinstrument. In de begroting heeft de leiding van de organisatie normen vastgelegd waaraan moet worden voldaan. Dit maakt het mogelijk om de werkelijke resultaten op hun waarde te beoordelen. De AO heeft daarbij bijzondere aandacht voor welke begrotingen er binnen de organisatie zijn en voor de wijze waarop zij tot stand komen. Een punt van aandacht daarbij is altijd of de begroting formeel wordt 'vastgesteld' (goedgekeurd) door de topleiding, de directie en eventueel de Raad van Commissarissen.

6.4 Richtlijnen

De laatste randvoorwaarde van de AO zijn de richtlijnen. Het is van belang deze niet te verwarren met de processen. In de processen staat beschreven hoe bijvoorbeeld het inkoopproces verloopt, terwijl de richtlijnen de spelregels zijn waaraan de medewerkers zich bij het uitvoeren van het proces moeten houden (zie voorbeeld 6.1).

VOORBEELD 6.1

Richtlijnen inkoopproces (gedeeltelijk)

Stap in proces	Richtlijn
... De inkoper selecteert een leverancier op basis van de inkoopdocumentatie. De magazijnmeester controleert de binnengekomen goederen op kwaliteit. ...	Er mag uitsluitend worden ingekocht bij leveranciers die een fair-trade-keurmerk hebben. Wat zijn de kwaliteitseisen waaraan een product moet voldoen?

Door het invoeren van richtlijnen probeert de leiding van de organisatie af te dwingen dat activiteiten door alle medewerkers op dezelfde manier worden uitgevoerd (uniformiteit). Op die manier zullen de beheersbaarheid en betrouwbaarheid van de processen toenemen. Binnen een bedrijf zijn er een heleboel richtlijnen, soms zelfs tot kledingvoorschriften aan toe. Voor ons vak zijn alleen de richtlijnen van belang die bijdragen aan betrouwbare informatie in de systemen. Richtlijnen zal je vaak nodig hebben omdat er sprake is van bepaalde attentiepunten. In de tabel in voorbeeld 6.2 is hier een aantal voorbeelden van gegeven.

VOORBEELD 6.2
Voorbeelden attentiepunten en de daarbij behorende richtlijnen

Attentiepunt	Richtlijnen	Voorbeeld inhoud
Grote klanten krijgen korting.	Kortingsrichtlijn	Grote klanten zijn klanten met een afname > €100.000 in het jaar ervoor.
Slecht lopende artikelen mogen worden afgeprijsd.	Richtlijn afprijzingen	Wanneer is artikel slechtlopend? Hoeveel mag maximaal worden afgeprijsd?

Nu zijn richtlijnen mooi, maar belangrijk is dat ze nageleefd worden. Dat vraagt vaak weer om stappen in het proces, waarbij IT een handje kan helpen. Zo kan het ERP-systeem de mogelijkheid voor korting blokkeren bij klanten die vorig jaar niet de afname van €100.000 behaald hebben.

Samenvatting

- De randvoorwaarden voor de administratieve organisatie zijn: functiescheiding, automatisering, begroting en richtlijnen.

- In dit hoofdstuk hebben we drie randvoorwaarden voor de AO besproken: functiescheiding, begroting en richtlijnen. Bij de functiescheiding gaat het om meerdere van elkaar losstaande registraties over dezelfde transactie. De begroting vormt enerzijds een stuurmiddel, anderzijds een hulpmiddel bij de confrontatie van IST en SOLL. Richtlijnen geven de spelregels aan bij de uitvoering van acties.

- Automatisering is een belangrijk onderdeel van de AO omdat alles in computersystemen verwerkt wordt. Gezien het grote belang van automatisering, behandelen we deze randvoorwaarde in een apart hoofdstuk (hoofdstuk 7).

Eindvragen

6.1 Wat is de kern van de functiescheiding? Welke functies (binnen de functiescheiding) mogen zeker niet door dezelfde medewerker worden uitgevoerd?

6.2 Wat is het belang van een begroting voor de AO?

6.3 Wat is het verschil tussen een procedure en een richtlijn?

6.4 Geef binnen een warenhuis aan wat voor type functie het betreft: beschikkend, bewarend, registrerend, controlerend of uitvoerend.
  a inkoper
  b medewerker marketing die de verkoopprijzen vaststelt
  c treasurer die risico's vanwege de inkoop in vreemde valuta afdekt
  d caissière
  e hoofd Administratie
  f crediteurenadministrateur

6.5 Voetbalvereniging 'Samen Sterk' geeft elk jaar een feest voor leden en introducees. Het feest wordt gegeven in een grote tent op een van de trainingsvelden. Om binnen te mogen moet er, om de kas te spekken, bij de ingang van de tent €5 worden betaald. De feestganger krijgt na betaling een stempel op zijn hand.
De tent is berekend op 700 bezoekers. Eind van de avond zijn er volgens de mensen bij de ingang 550 feestgangers in de tent, maar de tent zelf zit helemaal mudvol. Je kunt er werkelijk over de koppen lopen. Bij telling blijkt dat er meer dan 800 mensen aanwezig zijn.
  a Hoe zou het kunnen dat er meer feestgangers in de tent zijn dan de 550 die hebben betaald?
  b Welke (financiële) risico's loopt de vereniging doordat er meer mensen in de tent zijn dan die hebben betaald?
  c Welke maatregelen, zoals in dit hoofdstuk besproken, kunnen worden genomen om dit probleem in de toekomst te voorkomen?

6.6 In de openingscasus De Timmerfabriek werd een vanuit de AO zeer ongewenste situatie beschreven.
  a Welke praktische problemen zullen in de dagelijkse gang van zaken bij de Timmerfabriek voorkomen?
  b Welke (financiële) risico's zijn met de genoemde problemen verbonden?
  c Welke maatregelen, zoals in dit hoofdstuk besproken, kunnen worden genomen om de problemen tegen te gaan?

6.7 Garagebedrijf De Kort is niet merkgebonden. Het bedrijf heeft zo'n duizend vaste klanten en tien jonge monteurs in dienst.
Klanten bellen naar de garage en maken een afspraak met een van de monteurs voor een onderhoudsbeurt, een APK-keuring of een reparatie. Op het afgesproken tijdstip wordt de auto vervolgens bij de werkplaats afgeleverd. De monteur met wie de afspraak is gemaakt, neemt de auto in ontvangst, doet een prijsopgave en voert de werkzaamheden uit.
De directeur-eigenaar heeft in de loop van de tijd enkele veelvoorkomende problemen vastgesteld:
- Klanten willen niet meer betalen dan wat met de monteur is afgesproken.
- Van sommige monteurs is niet altijd bekend welke opdrachten ze hebben uitgevoerd.

a Wat zijn de oorzaken van de problemen die de directeur heeft vastgesteld?
b Welke (financiële) risico's zijn met de genoemde problemen verbonden?
c Welke maatregelen, zoals in dit hoofdstuk besproken, kunnen worden genomen om de problemen tegen te gaan?

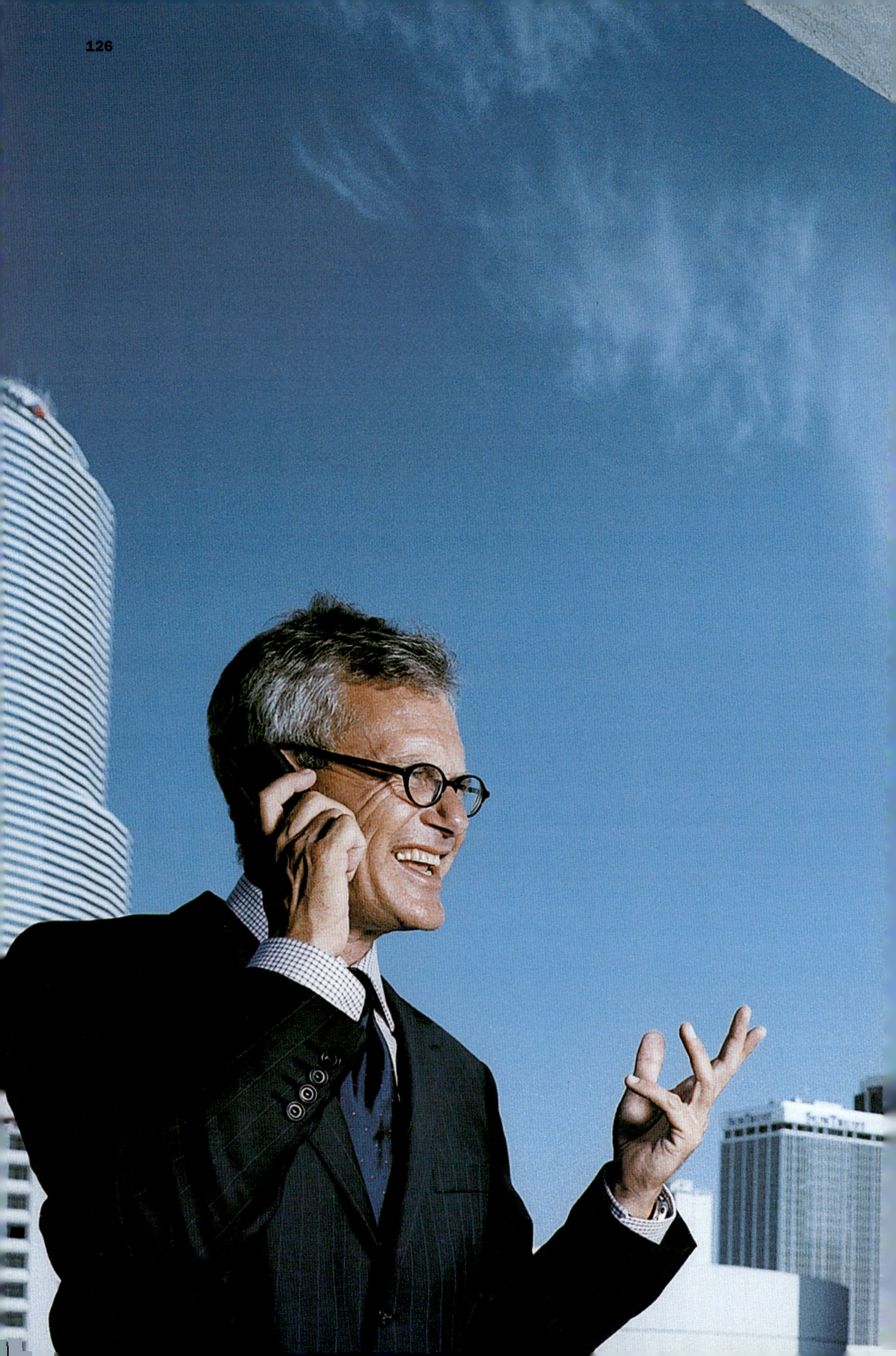

7
Automatisering

7.1 Relatie tussen automatisering en administratieve organisatie
7.2 Aard van de automatisering binnen de organisatie
7.3 Enterprise resource planning
7.4 Ontwikkelingen binnen automatisering
7.5 Beheersing van de automatisering
7.6 General computer controls

Automatisering is niet meer weg te denken uit de hedendaagse samenleving. Of je nu in een auto stapt waar onzichtbaar het elektronisch motormanagementsysteem zijn werk doet, bij de NS-automaat een kaartje koopt, je opdracht op de laptop maakt terwijl je ondertussen je mail checkt, mobiel belt met vrienden en muziek luistert via Spotify, zonder IT (informatietechnologie) was dit niet mogelijk geweest. Zo is het ook in organisaties, bedrijven en overheidsinstellingen. Als je bij een willekeurig bedrijf naar binnen loopt, zul je zien dat veel mensen achter hun beeldscherm aan het werk zijn. Facturen, bestellingen, betalingen, salarisstroken enzovoort komen allemaal uit de computer rollen. Vandaar dat we in dit hoofdstuk uitgebreid zullen ingaan op de automatisering, ook wel ICT (informatie- en communicatietechnologie) of EDP (electronic data processing) genoemd. We doen dit op het niveau dat nodig is voor de administratieve organisatie. Dit betekent dat we niet zullen ingaan op de technische kant van de computers, noch van de hardware (de machines), noch van de software (de programma's).

In paragraaf 7.1 gaan we eerst in op de relatie tussen automatisering en administratieve organisatie. Daarna bespreken we in paragraaf 7.2 de diverse soorten automatisering die in een organisatie voor kunnen komen. Uiteraard is dat afhankelijk van het type bedrijf. Veel bedrijven werken tegenwoordig met een ERP-systeem. Dat is het onderwerp van paragraaf 7.3. IT verandert razendsnel, daarom schetsen we in paragraaf 7.4 een aantal ontwikkelingen binnen de ICT. In alle gevallen geldt dat de automatisering goed beheerst moet worden. Dit geldt zowel voor het proces van aanschaf en ontwikkeling als wanneer het systeem eenmaal draait. Dat is het onderwerp van paragraaf 7.5 en 7.6.

Openingscasus

Paniek bij Book-online
Je treedt in dienst als medewerker administratie bij Book-online bv. Zoals de naam al aangeeft, is dit een boekhandel die uitsluitend via internet verkoopt. Book-online heeft de afgelopen jaren een stormachtige groei doorgemaakt. Op je eerste werkdag, op een zonnige maandagmorgen, is er gelijk paniek in het bedrijf. Het afgelopen weekend is de site uit de lucht geweest. Dit komt omdat de programmeurs van de onderneming bezig zijn geweest nieuwe software te ontwikkelen. Hierbij is duidelijk iets misgegaan. Gevolg is dat de site het hele weekend niet bereikbaar is geweest. Maar dat is nog niet alles. Door de crash zijn ook de orders van de afgelopen week verloren gegaan. Je zult begrijpen dat je baas, het hoofd Administratie, tevens hoofd Automatisering, niet blij is. Dit betekent voor jou geen warm welkom. Je moet gelijk aan de slag om een aantal gegevens opnieuw in het systeem in te voeren. Je loopt naar je werkplek, zet de computer aan en gaat, op basis van printjes die toevallig vorige week gemaakt zijn, gegevens van klanten, artikelen en voorraden intypen, zoals bankrekeningnummers voor de automatische incasso, artikelnummers en verkoopprijzen. Na een paar uurtjes besluit je even pauze te houden en ga je eens even kijken in wat voor computersysteem je werkt. Je klikt op een aantal menupaden en ziet ineens een kopje 'salarissen' staan. Nieuwsgierig als je bent, klik je verder en vult de naam van de directeur in. Tot je verbazing zie je dat deze man €25.000 per maand verdient. Je klikt het snel weer weg als je voetstappen achter je hoort naderen.

7.1 Relatie tussen automatisering en administratieve organisatie

Het zal je niet verbazen als we zeggen dat er bij Book-online uit de openingscasus op het gebied van de automatisering het een en ander fout zit. Dit zijn fouten met vervelende gevolgen.

TUSSENVRAAG 7.1
Welke gevolgen van de fouten op het gebied van automatisering kun je noemen bij Book-online?

Als we wat verder kijken, zien we dat de administratieve organisatie niet goed loopt, althans dat een of meer doelstellingen van de AO, zoals die uit de definitie van AO blijken, niet worden gehaald.

TUSSENVRAAG 7.2
Welke doelstelling(en) van de administratieve organisatie conform de definitie van AO kunnen in gevaar komen?

Kennelijk gaat er bij de gegevensverzameling en -verwerking iets mis binnen Book-online. De administratieve organisatie functioneert niet zoals dat zou moeten en daardoor komt niet de juiste informatie beschikbaar. Maar de vraag waar het in dit hoofdstuk om draait, is: wat heeft automatisering daarmee te maken? Het antwoord is: (bijna) alles. Zeker bij een internetwinkel als Book-online, die alleen maar kan bestaan dankzij de computer. Maar ook in organisaties waar het primaire proces niet uit automatisering bestaat, zoals een school, kan er veel misgaan als gevolg van problemen met de automatisering. Denk maar eens aan de cijferadministratie. Stel je voor dat die binnen een grote hbo-instelling niet betrouwbaar is, dat ingevoerde cijfers kwijtraken en dat iedereen cijfers zou kunnen veranderen (voor studenten misschien wel een aantrekkelijk idee); dat zou natuurlijk tot een chaos leiden. Als we nog eens naar de definitie van AO kijken, zien we dat het gaat om het 'iets doen' met gegevens om zo informatie te verstrekken. Dit 'iets doen' bestaat uit:
1 verzamelen
2 vastleggen
3 verwerken

We kunnen zeggen dat zeker de laatste twee stappen bij nagenoeg elke organisatie met een computersysteem plaatsvinden. Bij Book-online is dit in het verkoopproces ook voor de eerste stap het geval. De klant voert de order in en op basis van die gegevens vindt de goederenverzending plaats en wordt de factuur gemaakt. Al deze aspecten (order, factuur, verzending) komen in de volgende hoofdstukken uitgebreid aan bod. In dit hoofdstuk gaan we kijken welke eisen we aan de automatisering moeten stellen om ervoor te zorgen dat zij goed functioneert. Overigens is het niet zo dat er bij een goed werkende automatisering als vanzelfsprekend ook een goede administratieve organisatie bestaat. Omgekeerd kunnen we wel zeggen, dat als de automatisering niet deugt, de AO niet goed kan zijn.

Automatisering wil feitelijk zeggen dat menselijke arbeid is vervangen door een computer of door een computerprogramma. Figuur 7.1 laat het

Informatie-systeem

geautomatiseerde informatiesysteem zien. Met een informatiesysteem worden de activiteiten van het informatieverzorgingsproces uitgevoerd: gegevens verzamelen, vastleggen en verwerken en informatie verstrekken.

FIGUUR 7.1 Informatiesysteem

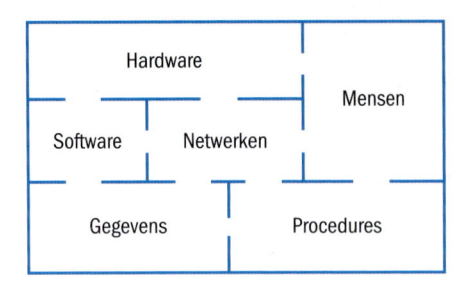

```
┌─────────────────────────────────┐
│        Hardware                 │
│                      Mensen     │
│   Software    Netwerken         │
│                                 │
│     Gegevens      Procedures    │
└─────────────────────────────────┘
```

Een aantal van de onderdelen van het informatiesysteem behoeft feitelijk geen nadere toelichting.
- *Hardware* is de (computer)apparatuur ('alles wat je kunt horen vallen') en *software* zijn de programma's.
- *Netwerken* zijn de communicatiemiddelen waarmee gegevens worden verzameld en informatie wordt verspreid.
- Met *gegevens* worden alle data bedoeld die nodig zijn om informatie op te bouwen.
- *Mensen* werken enerzijds mee bij de productie van informatie, door bijvoorbeeld gegevens aan te leveren. Tevens zijn zij de gebruikers van het eindproduct. Je kunt hierbij overigens ook denken aan de mensen die het informatiesysteem hebben bedacht en ontwikkeld of beheren.
- Onder *procedures* worden alle afspraken verstaan die binnen een organisatie zijn gemaakt over het gebruik van het informatiesysteem. Denk hierbij bijvoorbeeld aan afspraken over wie zorgt voor welke input of over wie welke informatie mag opvragen.

7.2 Aard van de automatisering binnen de organisatie

Automatisering is er in veel soorten en maten. Sommige organisaties zijn meer geautomatiseerd dan andere. Er zijn bedrijven waar automatisering het hart is van het bedrijf met als gevolg dat als de automatisering uitvalt, het hart niet meer klopt en het bedrijf stilvalt. Er zijn ook bedrijven waar automatisering minder dominant is, al kan het uitvallen van een computersysteem ook daar lastig zijn.

TUSSENVRAAG 7.3
Kijk eens naar de typen bedrijven die we in de hoofdstukken 9 tot en met 21 gaan behandelen en beantwoord de volgende vraag: bij welk bedrijf is automatisering dominant en bij welk type bedrijf is dat minder het geval?

Als we kijken naar de primaire processen van een organisatie kunnen we grofweg drie varianten onderscheiden:

1 In het primair proces speelt automatisering geen rol: bijvoorbeeld een glazenwasser. Het lappen van de ramen gebeurt handmatig (al zal de glazenwasser wel 's avonds zijn facturen aanmaken op de computer).
2 Het primaire proces wordt ondersteund door of misschien wel aangestuurd door automatisering. Zo wordt bij een autofabriek de productie van auto's ondersteund door of zelfs uitgevoerd door computers en robots.
3 Het primaire proces ís automatisering. Denk eens aan de App Store, Spotify of Airbnb: het bedrijfsmodel is helemaal gebaseerd op IT.

Voor wat betreft de ondersteunende processen kunnen we ons eigenlijk niet meer voorstellen dat deze nog handmatig met pen en papier worden uitgevoerd. Denk bijvoorbeeld aan:
- POS-systemen (point of sale) ofwel de kassa's bij de supermarkt of in het restaurant
- boekhoudsystemen om al dan niet online de boekhouding bij te houden
- crm-systemen (customer relationship management) ten behoeve van verkoop
- hrm-systemen (human resource management) ten behoeve van personeelszaken
- calculatiepakketten om kostprijsberekeningen mee te maken
- urenregistratiepakketten om de uren te registreren binnen bijvoorbeeld een accountantskantoor

In het verleden gebruikten organisaties voor elk bedrijfsproces vaak een apart informatiesysteem. Zo was er dan binnen een bedrijf een verkoopsysteem in gebruik, een inkoopsysteem, een productiesysteem, een factureringssysteem en een boekhoudsysteem. Men noemde dit wel 'eilandautomatisering'. Aangezien de informatiesystemen onderling gegevens moesten kunnen uitwisselen, waren er tussen de eilanden ook weer allerlei 'bruggen' aangelegd. Deze bruggen heten in vaktaal interfaces. Het was dus van groot belang dat deze interfaces goed werken. Door die losse systemen en de interfaces werd het plaatje van de informatievoorziening er beslist niet duidelijker op. Met de komst van de ERP-systemen (enterprise resource planning) werd het mogelijk om de informatieverzorging van de organisatie geïntegreerd aan te pakken. Omdat veel bedrijven met een ERP-systeem werken, gaan we daar in de volgende paragraaf verder op in.

Eilandautomatisering

Interfaces

7.3 Enterprise resource planning

Met de komst van enterprice resource planning (ERP) kwam er één informatiesysteem in de organisatie dat alle processen automatiseert en alle informatie voor alle medewerkers levert. Een ERP-systeem werkt met centrale gegevensopslag in één database. Op die manier kunnen bijvoorbeeld de klantgegevens die door verkoop zijn vastgelegd, ook worden gebruikt bij de facturering en het debiteurenbeheer. Iedereen werkt dus met dezelfde gegevens. Maar dat is toch ook heel logisch, zul je misschien zeggen. Inderdaad, maar nog niet zo heel erg lang geleden waren de gegevens over dezelfde klant wel op drie 'eilandjes' opgeslagen. Een keer bij verkoop, een keer bij facturering en nog een keer bij debiteuren.

ERP-systeem

TUSSENVRAAG 7.4
Wat is het risico als de klantgegevens op verschillende plaatsen in het bedrijf zijn opgeslagen?

Bekende voorbeelden van ERP-systemen, oorspronkelijk ontwikkeld voor grote bedrijven, zijn SAP, Oracle en Microsoft Dynamics. Maar ook systemen die ooit begonnen zijn als boekhoudpakketten zijn uitgegroeid tot ERP-systemen, zoals Exact, Unit4 en AFAS.

Het is overigens niet zo dat alle bedrijven een ERP-systeem gebruiken. ERP-systemen zijn complex, duur in aanschaf en kennen vaak een lang implementatietraject. Voor bedrijven uit met name het mkb loont de aanschaf zich daarom niet altijd. Een ander nadeel van ERP-systemen is dat ze geen maatwerkoplossing bieden. Voor de meeste bedrijven is dat geen probleem, maar sommige organisaties zijn niet met standaardsoftware te automatiseren. Denk bijvoorbeeld aan een ziekenhuis of aan de Belastingdienst. De processen die daar plaatsvinden, wijken zodanig af van wat er in andere organisaties gebeurt, dat ze niet goed door een ERP-systeem ondersteund kunnen worden. Deze organisaties zijn wel gedwongen om voor een andere aanpak te kiezen. Toch is er ook binnen een ERP-systeem wel een zeker 'maatwerk' mogelijk. Want hoewel de basis van zo'n systeem standaard is, zijn er eindeloos veel mogelijkheden om het zodanig in te richten dat het precies past bij de onderneming.

Modules

ERP-systemen zijn opgebouwd uit losse modules. Voor elke afdeling of functioneel gebied binnen een organisatie, zoals Inkoop (P2P, purchase to pay), Verkoop (O2C, order to cash), Personeel (H2R, holistic human resources) of Productie is een module beschikbaar. In principe kan met een ERP-systeem de totale organisatie worden bestuurd. Ondernemingen zullen overigens niet alle beschikbare modules aanschaffen. Afhankelijk van het type organisatie zullen modules wel of niet worden gebruikt. Alle modules werken met gegevens uit dezelfde database, ook modules die eventueel pas later worden toegevoegd. Op die manier worden alle functionele gebieden en de operationele gegevens die zij gebruiken, geïntegreerd binnen één informatiesysteem.

Afdelingen zijn in het verleden ontstaan om het werk binnen een organisatie efficiënt te kunnen verdelen. Met de opkomst van geïntegreerde systemen, zoals ERP, werd duidelijk dat die traditionele structuur in veel gevallen niet meer toereikend is. Om een ERP-systeem optimaal te kunnen gebruiken, bleek het nodig te zijn om de functionele taakverdeling tussen inkopen, verkopen, productie enzovoort los te laten en het bedrijfsproces opnieuw in te richten vanuit de positie van de klant of de leverancier. Denk als voorbeeld aan het inkopen van producten. Voordat een bestelling gedaan kan worden, moet de afdeling Inkoop controleren wat er nog op voorraad ligt, wat wordt verbruikt en wat nog moeten worden uitgeleverd. Verder moeten de inkoopafspraken met leveranciers bekend zijn, moet duidelijk zijn tot welk bedrag de inkoper mag bestellen, wat de kredietlimiet is bij de leverancier en wat de levertijden zijn. Je ziet dat gegevens van meerdere afdelingen bij het inkopen betrokken zijn. In een ERP-systeem kan alle voor de inkoop relevante informatie met 'één druk op de knop' worden opgevraagd uit de gemeenschappelijke database en hoeft de inkoper dus niet eerst rond te bellen om de informatie te verzamelen.

Operationele gegevens

ERP-systemen bevatten operationele gegevens, gegevens over bijvoorbeeld openstaande orders, de actuele voorraad of debiteurensaldi. Met deze gegevens kan het operationele proces optimaal ondersteund worden. De informatie uit het systeem is altijd actueel (want wordt realtime ver-

werkt). Als er bijvoorbeeld goederen worden geleverd aan een klant, dan zal dat direct in de voorraadadministratie worden verwerkt. Op basis van de operationele gegevens, kan het systeem automatisch operationele informatie verstrekken. Rapportages over bijvoorbeeld verkochte aantallen, verkoopprijzen en de omzet worden automatisch door het systeem gegenereerd. ERP-systemen zijn evenwel niet goed ingericht op het maken van wat diepgaander analyses. De gegevens in het systeem zijn ook alleen intern, dus afkomstig uit de eigen organisatie. Gegevens over de omgeving, zoals de markt waarop het bedrijf actief is, ontbreken. Voor dergelijke managementinformatie moet dan weer andere software worden ingezet.
Als een bedrijf een ERP-systeem invoert heeft het bedrijf in principe maar met één softwareleverancier te maken. Dat kun je als voordeel, maar ook als nadeel zien.

TUSSENVRAAG 7.5
Wat zou het nadeel kunnen zijn van het werken met één softwareleverancier?

Een ander nadeel van een ERP-systeem (zeker bij grote organisaties), is dat het invoeren ervan erg lastig kan zijn. Kijk maar naar het artikelfragment in voorbeeld 7.1.

VOORBEELD 7.1
ICT-slagveld bij Defensie
De bedrijfsvoering bij Defensie is al meer dan tien jaar niet op orde. Elk jaar gaf de Rekenkamer het ministerie een onvoldoende. De invoering van een defensiebreed ICT-systeem moest daarin verandering brengen.
Het zou een geweldig project worden, SPEER (Strategic Process and Enabled Reengineering), dat ook nog eens meer dan duizend werkplekken zou besparen.

Megaproject
De Nederlandse defensieorganisatie was de eerste ter wereld die defensiebreed een ERP-systeem (bedrijfssoftware) zou gaan gebruiken voor alle activiteiten: de medicijnen voor geneeskundige troepen, het onderhoud aan vliegtuigen, de missies in Afghanistan, het wereldwijd bevoorraden van marineschepen en de personele planning van de missies. Geen enkele andere krijgsmacht had dit nog vertoond.
Alle artikelen, al het materieel en alle manschappen moesten in dat ene enkele systeem passen. Het zou bovendien een van de grootste SAP-implementaties (bedrijfssoftware) ooit worden. Toch rinkelden de alarmbellen op de Haagse staven niet.
[…]
Het mocht allemaal niet baten. Het SPEER-project kwam niet vooruit, terwijl de kosten uit de bocht vlogen. De initiële begroting van iets meer dan 100 miljoen euro, werd al snel 185 miljoen euro, zelfs 400 miljoen euro en nu schat de rekenkamer het eindbedrag op 900 miljoen euro.

Bron: www.nu.nl

Als we bedenken dat het doel van administratieve organisatie met name het verstrekken van betrouwbare informatie is, zal het duidelijk zijn dat dit ook eisen stelt aan de betrouwbaarheid van de geautomatiseerde systemen. Daarom is een goede werking van de IT van groot belang. Dit vraagt om de nodige beheersmaatregelen, maar voordat die aan de orde komen, kijken we eerst nog naar een aantal ontwikkelingen binnen de automatisering.

7.4 Ontwikkelingen binnen automatisering

Technologische ontwikkelingen gaan razendsnel. Eén ding is zeker, wat we nu hierna schrijven zal tegen de tijd dat jij het leest, alweer aangevuld kunnen worden met nieuwe ontwikkelingen. De verwachting is dat dat de komende jaren ook nog wel zo door zal gaan. Toch willen we een aantal zaken benoemen die deels (begin 2018) al langer gaande, deels net nieuw of nog in ontwikkeling zijn en die van grote invloed zijn (geweest) op de administratieve organisatie of in de toekomst grote invloed kunnen krijgen. Dit betreft:
1 het internet
2 the cloud
3 artificial intelligence
4 continuous monitoring
5 blockchain

7.4.1 Internet

Hoewel zoiets als internet binnen de militaire en onderzoekswereld al langer bestond, is het commerciële gebruik van internet nog maar ruim twintig jaar oud. Met name op dit gebied zijn de ontwikkelingen heel snel gegaan. Internetbankieren, via internet een tafel reserveren, een vlucht boeken, inchecken, je rooster bekijken, je cijfers raadplegen, het zijn allemaal ontwikkelingen van pakweg de laatste tien à vijftien jaar. Ook in het bedrijfsleven is internet niet meer weg te denken. Internet is zo langzamerhand een belangrijk (soms zelf het enige) verkoopkanaal en de samenwerking in de supply chain (van grondstof tot eindproduct bij de klant) tussen bedrijven vindt ook grotendeels plaats via internettechnologie. Sinds enig tijd moeten bedrijven zowel hun jaarcijfers bij de Kamer van Koophandel als de belastingaangiftes op uniforme digitale wijze doen, via standard business reporting (SBR) en uiteraard is dat een internettoepassing.

Standard business reporting

Dit betekent dat bedrijven continue in verbinding staan met de buitenwereld. Dat daar risico's aan verbonden zijn, blijkt uit het volgende krantenbericht.

NRC HANDELSBLAD, 28 JUNI 2017

Cyberaanval treft ook Nederland

Grote multinationals die productieprocessen stilleggen, energiebedrijven die platliggen, schepen die niet kunnen lossen en pinautomaten die niet werken. Sinds dinsdagmiddag is het wereldwijd weer helemaal mis door gijzelsoftware.

In Nederland zijn pakketbezorger TNT, de Rotterdamse containerterminal APM en medicijnfabrikant MSD getroffen. Computerbestanden worden bij deze aanval gegijzeld door een virus, dat door onderzoekers afwisselend Petya en Not-Petya wordt genoemd. De nog onbekende daders vragen de gebruiker 270 euro per pc in de digitale munteenheid bitcoin voor het vrijgeven van de bestanden. Tot nu toe is er slechts enkele duizenden euro's betaald, bovendien worden de bestanden niet vrijgegeven na betaling van losgeld. Omdat de opbrengst zo klein is, en de ontwrichting zo groot, denken sommige onderzoekers dat het een politiek gemotiveerde aanval is – gemaskeerd als gijzelsoftware.

Oekraïne is bijzonder zwaar getroffen. De aanval trof banken, energiebedrijven, vliegvelden en overheidsinstellingen. Alle computers van het kabinet werden geïnfecteerd, schreef vicepremier Pavel Rozenko op Facebook. De Nationale Bank meldde problemen met betalingsverkeer en de bewakingssystemen van de ontmantelde kerncentrale in Tsjernobyl moesten overschakelen op handmatige bediening. Oekraïne meldt het virus onder controle te krijgen. De regering zegt dat er aanwijzingen zijn voor Russische betrokkenheid.

Ook in Rusland, Spanje, de VS en het Verenigd Koninkrijk bevestigen bedrijven getroffen te zijn. Blijkbaar zijn ondanks waarschuwingen lang niet alle cruciale systemen goed bijgewerkt. Opvallend is het grote aantal getroffen multinationals: grote organisaties hebben vaak strengere beveiliging maar ook meer potentiële zwakke plekken.

De aanval roept herinneringen op aan een aanval met gijzelsoftware WannaCry, in mei dit jaar. WannaCry ging grotendeels aan Nederland voorbij, maar dat geldt niet voor deze aanval. Het Nationaal Cyber Security Centrum (NCSC) houdt de situatie nauwlettend in de gaten. 'Bij een langdurige storing kan dit virus een grote economische impact hebben', zegt het NCSC, dat woensdagochtend volgens een woordvoerder geen nieuwe Nederlandse meldingen binnenkreeg.

Deskundigen melden dat het virus binnenkomt via e-mails. Het verspreidt zich via het interne netwerk, maar de exacte werking en herkomst is onduidelijk. Wel is duidelijk dat het virus gebruikmaakt van een beveiligingsgat in Windows dat eerder door de Amerikaanse geheime dienst NSA werd gebruikt voor spionage. Dat gat lekte in april uit door hackers. Het Nationaal Cyber Security Center waarschuwt om geen e-mail of links in mails van vreemden te openen, en ook geen e-mails van bekenden met links of bijlagen die u eigenlijk niet verwacht. Verder is het raadzaam om systemen te updaten en om van bestanden kopieën te bewaren. Veel experts raden betalen van losgeld af.

Uit voorgaand krantenartikel blijkt dat de maatschappelijke impact, maar ook de schade voor individuele bedrijven gigantisch kan zijn. Daarnaast blijkt uit het artikel dat, doordat alles aan elkaar gekoppeld is, een virus zich snel kan verspreiden. Een ontwikkeling die de mogelijke impact en kwetsbaarheid nog verder kan vergroten, is het Internet of Things (IoT). Hierbij vindt de invoer van gegevens op het internet niet meer door mensen plaats (zoals wanneer je iets bij bol.com bestelt), maar door apparaten. De printer die zelf toner bestelt, de pacemaker die gegevens over de hartfunctie van de patiënt zelf via de IWatch naar de arts verstuurt, de (bijna) zelfrijdende auto die data verzamelt en verstuurt over de verkeerssituatie. Allemaal opwindende ontwikkelingen, maar wat als hackers het autobrake-systeem (remsysteem) van je (toekomstige) Tesla onklaar maken of de processor van de Tesla inzetten bij een DDoS-aanval?

Internet of Things

7.4.2 The cloud

Google Drive, Microsoft OneDrive, iCloud, Dropbox, we kennen ze allemaal. Onze gegevens staan niet meer op onze eigen SSD-schijf (SSD: Solid State Drive) maar 'ergens' op het internet. Handig voor als je met een projectgroep een opdracht moet maken. Maar wat als de clouddienst eruit ligt als de deadline nadert? Of als blijkt dat jullie werk door een andere projectgroep is gehackt? Dan heb je een probleem. Dat geldt ook voor bedrijven, die steeds meer in de cloud doen, Daarbij kunnen zij gebruikmaken van een private cloud waar alleen eigen medewerkers (wereldwijd) toegang toe hebben, eventueel gecombineerd met een public cloud waar iedereen toegang toe heeft. Bij cloud-computing zal er sprake zijn van uitbesteding ofwel outsourcing. Een voorbeeld hiervan is de application service provider (ASP). Hierbij heeft het bedrijf zelf geen software, maar gebruikt het de programma's van de leverancier. Vaak wordt ook de hardware en systeemsoftware van de leverancier gebruikt. Tegenwoordig wordt dit ook wel SaaS genoemd, software as a service. Een van de vraagstukken die met het toenemend cloudgebruik samenhangt, is wederom de beveiliging van de gegevens. Een aspect dat hierbij bijzondere aandacht vraagt, is de privacy. Regelmatig verschijnen berichten in het nieuws over gevoelige informatie die op straat is komen te liggen; denk aan bankrekeningnummers, wachtwoorden, maar misschien ook wel medische gegevens.

Het maatschappelijk belang van privacy is groot, reden waarom we in Nederland de Autoriteit Persoonsgegevens hebben die toeziet op de naleving van wet- en regelgeving op dit gebied. Vanaf mei 2018 geldt de Algemene verordening gegevensbescherming (AVG) die eisen stelt aan bedrijven en organisaties, waar het gaat om de bescherming van privacygevoelige informatie.

Hierbij speelt ook nog het volgende. De hoeveelheid data die beschikbaar komt op het internet is gigantisch. Dit betreft niet alleen zogenaamde gestructureerde data, zoals de gegevens die bedrijven in de cloud opslaan, maar ook ongestructureerde gegevens, zoals berichten op Facebook, foto's op Instagram, Whatsapp-correspondentie en gebruiks- en locatiegegevens van je smartphone. We spreken dan ook over big data. Het 'spitten in' deze berg data (datamining) en met name het combineren van deze data, biedt bedrijven ongekende mogelijkheden. Het verzoek om een recensie, als Google Maps vaststelt dat je ergens in een restaurant zit, is maar een simpel voorbeeld. Ook hier ligt dus een privacyvraagstuk.

7.4.3 Artificial intelligence

We zien dat computers steeds meer taken van mensen overnemen, we noemen dit ook wel robotisering. Hierbij moet je niet alleen denken aan de fysieke robot, maar aan alle taken die machines in combinatie met software beter, sneller, betrouwbaarder (en vaak goedkoper) kunnen doen dan de mens. Altijd werd gezegd dat de computer iets mist, wat de mens wel heeft, namelijk creativiteit. Hoelang dat nog zo blijft, is maar de vraag, want er wordt hard gewerkt aan kunstmatige intelligentie. Het is lastig om aan te geven wat hieronder precies wordt verstaan, want het begrip intelligentie is lastig te definiëren. Een algemeen geaccepteerde test om vast te kunnen stellen of er sprake is van kunstmatige intelligentie, is de zogenaamde

Turing-test. De test komt erop neer dat een computer (kunstmatig) intelligent is als hij iemand kan laten geloven dat hij een mens is.
Een term die met kunstmatige intelligentie samenhangt, is deep learning. Hierbij kunnen computers dingen gaan herkennen. Deze technologie wordt onder meer ontwikkeld in het kader van de zelfrijdende auto. Maar, zou je zeggen, wat heeft dit te maken met administratieve organisatie? Dat blijkt uit voorbeeld 7.2.

Deep learning

VOORBEELD 7.2

Zelflerende algoritmes

Een slimmere en minder arbeidsintensieve strategie (van bepaling van de verkoopprijs) is die van de algoritmische prijsstelling op basis van de prijselasticiteit van artikelen. Software berekent continu wat de meest optimale prijs is voor een product. Een algoritme houdt automatisch rekening met prijstrends in de markt, maar ook met inkoopprijzen, de voorraad en prijselasticiteit. Dus: wat het effect is van een prijsverandering op de vraag naar het product. Zo zal een algoritme scherper prijzen wanneer de prijselasticiteit van een product hoog is. Voor andere artikelen stuurt het systeem weer aan op een grotere marge.

Bron: www.emerce.nl

Aangezien het de taak van de administratieve organisatie is de feitelijke verkoopprijs vast te leggen, vraagt dit qua controle het nodige van de software, nog afgezien van het feit dat je er wel op moet kunnen vertrouwen dat de software inderdaad de optimale prijs berekent. Overigens is het principe van deze dynamische prijsstelling niet nieuw. In de luchtvaart wordt dat al langer toegepast. Wat wel nieuw is, is dat de rol van de software hierin steeds 'intelligenter' wordt.

Dynamische prijsstelling

7.4.4 Continuous monitoring

In hoofdstuk 2 hebben we gezien dat een van de onderdelen van COSO de 'monitoring' is. Dit houdt in dat binnen de onderneming getoetst wordt of de beheersmaatregelen (controls) wel goed gewerkt hebben. Binnen het three lines of defence model is dit een taak voor het lijnmanagement en in tweede aanleg de stafafdelingen. Een ontwikkeling die hierbij van belang is, heet continuous monitoring. Hierbij vindt, volledig geautomatiseerd, de bewaking van de controls continu plaats. Vergelijk het met iemand die aan de hartbewaking ligt of met een elektriciteitscentrale waarin het technische proces constant gevolgd wordt en in de controlekamer met grafieken en schema's wordt weergegeven. Zo kun je ook een monitoringssysteem aansluiten op het eigenlijke computersysteem van de onderneming, dat constant in de gaten houdt of zaken lopen zoals ze zouden moeten lopen. Bijvoorbeeld of gegevens worden ingevoerd door medewerkers die daartoe bevoegd zijn of dat er pas een bestelling (jnkoop) plaatsvindt nadat iemand die heeft goedgekeurd. Een van de technieken die hierbij wordt toegepast is processmining. Hierbij wordt grafisch weergegeven hoe processen werkelijk lopen en kunnen afwijkingen ten opzichte van de standaardmanier worden geanalyseerd.

Continuous monitoring

Processmining

7.4.5 Blockchain

Blockchain

De laatste ontwikkeling die we willen benoemen is de blockchain. Dit is de technologie waar de bitcoin op is gebaseerd, maar die veel meer mogelijkheden biedt. Blockchain zou weleens grote gevolgen voor de administratieve organisatie kunnen hebben. In tegenstelling tot (zeker) de eerste twee besproken ontwikkelingen zeggen we (begin 2018) hier bewust 'kunnen hebben'. Het succes zal afhangen van de mate waarin de technologie door bedrijven zal worden toegepast. In hoofdlijnen komt de blockchain neer op de toepassing van een 'openbaar grootboek', waarin transacties, als die eenmaal vastliggen, niet meer gewijzigd kunnen worden; iets dat vanuit administratieve organisatie als muziek in de oren klinkt! Daarnaast kunnen transacties pas worden vastgelegd als alle partijen die bij de transactie betrokken zijn akkoord gaan. Dit gaat over de grenzen van de onderneming heen waarbij, net zoals bij functiescheiding binnen het bedrijf zelf, sprake zal zijn van tegengestelde belangen. Dus als een transactie in de blockchain wordt opgenomen, zijn de betrokkenen daarmee akkoord en de gegevens kunnen niet meer gewijzigd worden. Een interessante gedachte die weleens een 'game changer' zou kunnen worden, tenzij er weer nieuwe ontwikkelingen komen waar we nu nog geen weet van hebben.

Al met al zijn er veel ontwikkelingen op het gebied van IT die de administratieve organisatie raken. Hoog tijd om naar de beheersing van al die technologie te gaan kijken.

7.5 Beheersing van de automatisering

Informatietechnologie kan veel bijdragen aan het succes van een onderneming. Maar het kan het ook goed misgaan. Problemen op het gebied van IT in het bedrijfsleven halen meestal niet de krant, IT-kwesties bij de overheid of openbare instellingen wel (zie voorbeeld 7.3).

VOORBEELD 7.3

Uitblijven gebruiksvriendelijke website

Tienduizenden patiënten die worstelen met de administratieve rompslomp rond hun persoonsgebonden budget (pgb) hoeven voorlopig niet te rekenen op de gebruikersvriendelijke website die staatssecretaris Van Rijn (Volksgezondheid, PvdA) hun heeft beloofd.
De organisatie die deze website moet beheren, ziet zoveel problemen dat ze die verantwoordelijkheid 'op dit moment' niet op zich wil nemen, zo concludeert een intern rapport gemaakt in opdracht van de staatssecretaris. Het plan om de website op 1 januari 2018 klaar te hebben, is 'niet realistisch'. Uitstel van oplevering lost de problemen niet op, aldus de rapporteurs, omdat de 'aanpak onverantwoord is'.

Bron: NRC.nl, 23 augustus 2017

Controlmaatregelen

Om geautomatiseerde systemen goed te laten functioneren (en dat ook in de toekomst zo te houden), is een geheel van controlmaatregelen nodig. Deze zijn ingebed in alle controlmaatregelen binnen de organisatie, zoals in figuur 7.2 is weergegeven.

Control-maatregelen

FIGUUR 7.2 Controls in geautomatiseerde omgeving

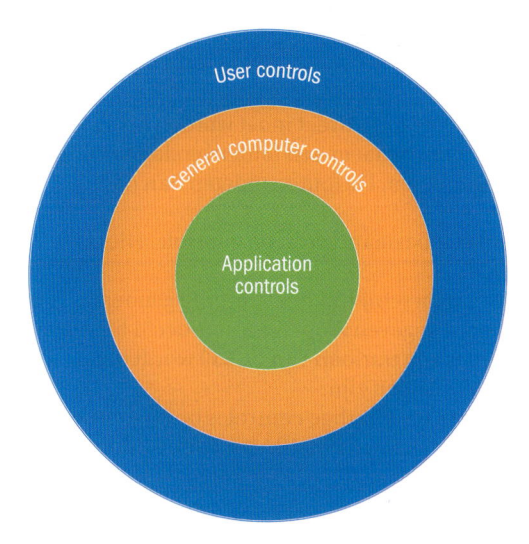

User controls
General computer controls
Application controls

In de buitenste ring in figuur 7.2 zie je de controlmaatregelen die buiten het geautomatiseerde systeem plaatsvinden. Een voorbeeld van een user control is een invoercontrole: iemand voert gegevens in het computersysteem in en iemand anders controleert of dit goed gedaan is. De user controls gaan we in deel 3 van het boek uitgebreid bespreken.

Veel controls kunnen worden geautomatiseerd en zijn daarmee feitelijk onderdeel van het informatiesysteem. We noemen dit application controls. In hoofdstuk 6 zijn we bijvoorbeeld de volgende richtlijnen tegengekomen:
- Bij een inkoop van meer dan €5.000 is goedkeuring van het hoofd Inkoop nodig.
- Een inkoop van meer dan €50.000 moet door de directie worden geautoriseerd.

Application controls

Beide richtlijnen kunnen door het systeem worden 'afgedwongen': een inkooporder kan niet verder in het proces, totdat het hoofd Inkoop of de directie de order hebben goedgekeurd. Application controls zijn maatregelen in de software die betrekking hebben op de volgende vier fasen van het gegevensverwerkend proces:
1. invoercontroles
2. opslag in gegevensverzamelingen
3. transmissiecontroles
4. uitvoercontroles

We gaan deze vier fasen nu nader bekijken.

Invoercontroles

Invoercontroles vormen een beveiliging tegen invoerfouten. Deze controles zijn gericht op validatie. Dit is het controleren van een waarde of variabele.

Van een Nederlandse debiteur wordt als postcode 14875 XC ingevoerd. Het systeem constateert dat dit niet voldoet aan de eis van vier cijfers en twee letters.

TUSSENVRAAG 7.6
Welke stap kan verder nog gezet worden door een systeem als eerst het adres is ingevoerd?

Validatie kan als gevolg hebben dat de fout direct moet worden hersteld voordat de gebruiker verder kan gaan of dat er een foutenverslag wordt gemaakt waarin de fouten zijn opgenomen. De fouten moeten dan nadien worden gecorrigeerd.

In dit voorbeeld was sprake van een bestaanbaarheidscontrole. Hier zijn verschillende varianten op zoals:

- Redelijkheidcontrole, ook wel waarschijnlijkheidcontrole genoemd. Het systeem vraagt of een ingevoerd gegeven klopt. Een voorbeeld hiervan is als bij een nieuwe werknemer een uurloon van €1.250 wordt ingevoerd. Dit zou best eens €12,50 kunnen zijn.
- Check digits. Dit zijn bepaalde rekenkundige controles op bijvoorbeeld bankrekeningnummers. Deze moeten aan de IBAN-check voldoen (voorbeeld 7.4).

VOORBEELD 7.4

Controlegetal IBAN

* Neem het rekeningnummer en maak dit 10 cijfers lang door indien nodig voorloopnullen toe te voegen.
* Zet de 4-letterige bankcode ervoor.
* Voeg de landcode erachter.
* Vervang de letters door hun positie in het Romeinse alfabet, vermeerderd met 9 (A=10, B=11...Z=35)
* Voeg aan het einde 00 toe.
* Deel bovenstaande getal door 97.
* Gebruik de restwaarde van die rekensom om van 98 af te trekken.

Bron: IBANNL.org, bewerkt

Een laatste vorm van een invoercontrole is de volledigheidscontrole: hierbij controleert het informatiesysteem of alle relevante gegevens (velden) van bijvoorbeeld een order zijn ingegeven. Als dit niet het geval is, kan de gebruiker niet verder. Iedereen die weleens iets op internet besteld heeft, zal dit direct herkennen.

Opslag in gegevensverzamelingen

Hiervoor hebben we de invoercontroles besproken. Hierbij was de vraag uitsluitend of de gegevens die ingevoerd worden, juist zijn. Het is vervolgens natuurlijk wel van belang dat ze ook juist blijven.

In dit kader is het belangrijk onderscheid te maken tussen enerzijds stamgegevens en anderzijds transactiegegevens. Stamgegevens zijn de vaste gegevens die bijvoorbeeld in een crediteurenbestand vastliggen: naam, adres, woonplaats, bankrekeningnummer. De transactiegegevens zijn de gegevens van de facturen en betalingen. Beide gegevens moeten goed zijn, maar stamgegevens zijn risicovoller dan transactiegegevens, want onjuiste stamgegevens kunnen langer door blijven 'zieken'. Denk aan bijvoorbeeld een onjuist adres van een debiteur dat pas na vele maanden en verkeerde verzendingen wordt ontdekt. Een ander voorbeeld is voorbeeld 7.5.

Stamgegevens

Transactie-gegevens

VOORBEELD 7.5

Verkeerd rekeningnummer

Als een transactiegegeven fout is, bijvoorbeeld een foutieve boeking van een factuur, zal die ene factuur ten onrechte betaald worden of ten onrechte niet betaald worden. In het laatste geval zal de crediteur wel aan de bel trekken, in het eerste geval is de schade beperkt tot het bedrag van de foute boeking. Als echter betalingen consequent naar een verkeerd bankrekeningnummer gaan (bijvoorbeeld dat van de inkoper) kan de schade tegen de tijd dat de fout ontdekt wordt, heel groot zijn en de inkoper geëmigreerd.

Ook stamgegevens moeten beschermd worden, waarbij de volgende controles nodig zijn.
Wijzigingen moeten vooraf geautoriseerd worden en achteraf gecontroleerd. Dat wil zeggen dat een rekeningnummer wijzigen alleen op aangeven van een daartoe aangewezen functionaris mag, met daarbij behorend bewijsmateriaal (bijvoorbeeld een brief van de leverancier). Achteraf kan deze functionaris de wijziging, die hij dus niet zelf doorvoert, controleren met bijvoorbeeld een print-out van de wijziging. Hierdoor zijn er twee functionarissen betrokken bij dit kritische proces: de een geeft opdracht en controleert, een ander voert uit. Dit is een toepassing van het vierogenprincipe.

Vierogen-principe

Maar, wat gebeurt er als de 'uitvoerder' toch een rekeningnummer wijzigt en de wijziging (uiteraard) niet ter controle voorlegt? Wat zijn collega niet ziet, kan hij ook niet controleren. Dit kunnen we oplossen door een hash total bij te houden. Dit is een totaaltelling van het kritische veld in het stambestand, in dit geval het totaal van de bankrekeningnummers. Dit is een totaal dat niets zegt (in tegenstelling tot het totaal van de verkopen: dat is de omzet), maar zodra dit totaal wijzigt is er sprake van een mutatie, die dus gecontroleerd moet worden.

Hash total

Binnen een bedrijf zijn diverse stambestanden aanwezig die in verschillende processen een (belangrijke) rol zullen spelen. Als voorbeelden noemen we het artikelbestand waarin de verkoopprijzen vastliggen, het kortingenbestand met de kortingsafspraken en het personeelsbestand met de salarissen. Een hash total is dus een belangrijke vorm van een application control. Overigens zie je hier ook dat het belangrijk is dat er zowel application controls zijn als user controls (namelijk degene die uiteindelijk goedkeurt).

Transmissiecontroles

Het komt steeds meer voor dat gegevens worden uitgewisseld tussen computersystemen, hetzij binnen één onderneming hetzij tussen ondernemingen. We noemen dit EDI, electronic data interchange. Belangrijk is dat de gegevens juist overkomen en dat er niet onderweg gegevens verloren gaan of gewijzigd worden. Dit 'onderweg' kan via het internet gaan waar veel gevaren op de loer liggen. Controlemaatregelen hierbij zijn:
- het doornummeren van berichten
- controlegetallen met betrekking tot volledigheid van het bericht (bijvoorbeeld de som van de ordernummers wordt meegestuurd)
- encryptie van berichten door middel van afgesproken codes waarmee berichten geopend kunnen worden (er wordt een sleutel meegestuurd)
- constateren dat berichten goed zijn overgekomen door bijvoorbeeld een answer-backprocedure waarbij de ontvanger een juiste ontvangst moet bevestigen

Uitvoercontroles

De laatste fase in het gegevensverwerkend proces is de uitvoer van de gegevens. Het belangrijkste controlemiddel hierbij is het vasthouden van de zogenoemde audit trail. Dit betekent dat het pad gevolgd moet kunnen worden tot aan het basisgegeven dat is ingevoerd. Met de uitvoer van de gegevens belanden we weer buiten het computersysteem en daarmee op het terrein van de user controls.

Application controls komen dus op diverse plaatsen in het gegevensverwerkend proces voor. In deel 3 van het boek zullen we veel van dit soort controls tegenkomen. Het is natuurlijk wel van belang dat de application controls en trouwens het gehele informatiesysteem, doen wat ze moeten doen en ook blijven doen wat ze moeten doen. Dat kan alleen als aan bepaalde randvoorwaarden voldaan is, de zogenaamde general computer controls (GCC) ofwel de general IT controls (GITC).

7.6 General computer controls

Binnen de general computer controls onderscheiden we de volgende vijf categorieën:
1. organisatie van de ICT
2. ontwikkeling van nieuwe ICT-toepassingen
3. functiescheidingen doorgevoerd in de ICT
4. continuïteit van de ICT
5. internettoepassingen

7.6.1 Organisatie van de ICT

Met de organisatie van de ICT bedoelen we enerzijds de plaats van ICT in de organisatie, anderzijds de organisatie binnen de afdeling ICT, als die bestaat. Uiteraard is dit afhankelijk van de aard en omvang van de organisatie. Bij kleinere bedrijven zien we vaak dat de automatisering onderdeel is van de administratie. Dit vormt in essentie een bedreiging voor de administratieve organisatie, omdat er functievermenging is tussen de gegevensvastlegging (automatisering) en de informatieverwerking en -verstrekking (administratie). Toch is dit in veel organisaties onvermijdelijk, zoals bij Book-online, waar het hoofd Administratie tevens verantwoordelijk is voor de automatisering.

TUSSENVRAAG 7.7
Kun je een reden noemen waarom er sprake is van een ongewenste functievermenging wanneer het hoofd Administratie tevens verantwoordelijk is voor de automatisering?

Het verdient de voorkeur dat er een aparte afdeling Automatisering is, los van de Financiële Administratie en rechtstreeks vallend onder de directie. Mocht dit om kostentechnische redenen niet haalbaar zijn, dan verdient het aanbeveling uitsluitend met standaardpakketten te werken of veel uit te besteden. Is er wel sprake van een automatiseringsafdeling dan zal er binnen die afdeling ook sprake moeten zijn van functiescheiding. Welke functiescheidingen dit zijn, hangt af van de specifieke situatie, maar een noodzakelijke scheiding is in ieder geval die tussen ontwikkeling en operations. Hiermee bedoelen we dat de ontwikkeling van nieuwe programmatuur, dan wel aanpassing van bestaande programmatuur, los moet staan van de mensen die verantwoordelijk zijn voor het laten draaien van de computersystemen en -programma's in de normale bedrijfsvoering (de operators).

TUSSENVRAAG 7.8
Waarom is een functiescheiding tussen programmeur en operator wenselijk?

In dit kader spreken we ook wel over de systeemorganisatie (SO) die los staat van de veranderorganisatie (VO). Deze functiescheiding hangt mede samen met de eisen die gesteld moeten worden aan de ontwikkeling van nieuwe software.

7.6.2 Ontwikkeling van nieuwe ICT-toepassingen
Zeker in grote organisaties staan ICT-ontwikkelingen niet stil. Er is sprake van continue innovatie die leidt tot nieuwe of aangepaste software. Dit vraagt om zorgvuldige besluiten, want de ICT moet in lijn liggen met de strategie van de onderneming, zie figuur 7.3.

FIGUUR 7.3 Plaats van automatisering binnen organisatiestrategie

```
Organisatiedoel
    Organisatiebeleid
        Informatiebeleid
            Automatiseringsbeleid
```

De implementatie van automatiseringssystemen (zeker ERP-pakketten) is een moeilijk en omvangrijk traject. Dit moet goed beheerst worden. Daarvoor zal een projectorganisatie worden opgezet, waarin alle beslissingen

**Project-
organisatie**

die in zo'n project genomen moeten worden, aan bod komen en (heel belangrijk) op elkaar afgestemd worden. Omdat het om eenmalige activiteiten gaat, zal hiervoor een zogenaamde projectorganisatie worden opgezet. Wat een projectorganisatie is, wordt in figuur 7.4 uiteengezet.

FIGUUR 7.4 De projectorganisatie

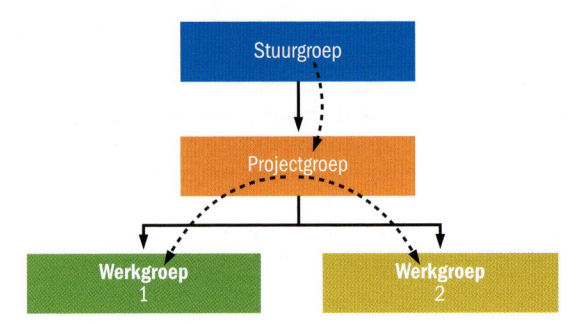

```
              Stuurgroep
                  |
              Projectgroep
              /          \
      Werkgroep        Werkgroep
          1                2
```

Zoals uit figuur 7.4 blijkt, bestaat de projectorganisatie uit verschillende niveaus. Kenmerk van de projectorganisatie is dat op alle niveaus medewerkers van verschillende afdelingen, eventueel aangevuld met externe deskundigen, samenwerken. Deze medewerkers vervullen derhalve een dubbelrol: naast hun normale werk hebben zij het projectwerk. In sommige gevallen vraagt dat werk zoveel dat medewerkers tijdelijk van hun andere activiteiten worden vrijgesteld. Centraal staat de projectgroep. Deze laat zich ondersteunen door werkgroepen die een bepaald deel van het project voor hun rekening nemen. De stuurgroep ten slotte heeft de rol van supervisor en houdt toezicht op het project. De stippellijnen geven de linking-pinfuncties aan. Hiermee bedoelen we dat een lid van de stuurgroep tevens voorzitter van de projectgroep is en leden van de projectgroep op hun beurt voorzitter van (de) werkgroep(en) zijn. Zo blijft de samenhang tussen de diverse groepen gewaarborgd.

Het voorgaande geldt niet alleen bij de ontwikkeling van een geheel nieuw systeem, maar zeker ook bij de aanpassing of uitbreiding van bestaande systemen, iets wat bij grote bedrijven vaak zal plaatsvinden.

**Productie-
omgeving**

Het is een groot risico dergelijke aanpassingen te doen in de systemen die draaien, ofwel de 'live-omgeving', ook wel productieomgeving genoemd. Vergelijk dit met het verwisselen van een band van een auto terwijl die met 100 km p/u over de snelweg rijdt. Dit is precies wat er bij Book-online gebeurd is; daar is het hele systeem 'down' gegaan omdat programmeurs in de systemen hebben zitten rommelen.

**Ontwikkel-
omgeving**

Vanuit het oogpunt van administratieve organisatie worden er dan ook eisen gesteld aan de ontwikkeling van nieuwe toepassingen. Regel één is dat de ontwikkelomgeving los moet staan van de productieomgeving. Ook hier geldt dus de functiescheiding tussen de programmeurs en degenen die verantwoordelijk zijn voor het laten draaien van de systemen (operators). Ook logisch is dat de systemen gescheiden moeten zijn. De nog niet uitontwikkelde nieuwe software mag niet gekoppeld zijn aan de systemen waarmee dagelijks wordt gewerkt (voorbeeld 7.6).

VOORBEELD 7.6

Het koppelen van niet uitontwikkelde software

In bedrijf A is nog niet uitontwikkelde nieuwe software gekoppeld aan het dagelijkse systeem om redenen van onder meer tijdsdruk. Hierdoor kregen echte klanten een nepfactuur van €100.000. Gevolg: niet alleen boze klanten, maar ook vervuilde bestanden, zoals debiteuren- en omzetstatistieken.

Wat bij nieuwe of aangepaste systemen van groot belang is, is dat ze pas echt ingevoerd worden (in vaktaal: overgezet naar de productieomgeving) als zeker is dat alles goed werkt. In voorbeeld 7.1 was dit een van de problemen: het bedrijf was nog niet klaar voor de life gang. Definitieve invoering kan pas nadat de eindgebruikers (GO; de gebruikersorganisatie) de software uitgebreid getest en daarna geaccepteerd hebben. In dit kader spreken we van gebruikerstests; immers, de eindgebruikers weten als geen ander wat de software moet doen en hoe het er in de echte wereld aan toe gaat. Daarom is het belangrijk een representatieve testset te ontwikkelen, die zo goed mogelijk de 'echte business' weergeeft. Bij ontwikkeling wordt ook wel gesproken over OTA: Ontwikkelen, Testen, Accepteren.

Gebruikerstests

OTA

Bij de acceptatie is het ook belangrijk aandacht te besteden aan de documentatie. Dit is in feite een beschrijving van de software, hoe deze is opgebouwd en wat de software doet. Speciale aandacht moet worden besteed aan de broncode. Dit zijn de echte programmeerregels. Het zal duidelijk zijn dat deze goed beveiligd moeten zijn. Als het eigenlijke programmeerwerk is uitbesteed, zit hier nog een punt van aandacht. Wat moet er namelijk worden gedaan als de broncode bij de leverancier (het softwarehuis dat geprogrammeerd heeft) bewaard wordt en dit softwarehuis failliet gaat? Dan kan de broncode weleens in handen van schuldeisers vallen en dat is natuurlijk niet de bedoeling. Daarom zien we in dit soort situaties een 'escrow-overeenkomst'. Dit houdt in dat de broncode bij een 'trusted third party', bijvoorbeeld een notaris, bewaard wordt. In geval van calamiteiten zal de broncode aan de opdrachtgever kunnen worden verstrekt, in plaats van te worden verkocht om de schuldeisers te betalen.

Documentatie

Broncode

Escrow-overeenkomst

7.6.3 Functiescheidingen doorgevoerd in de ICT

In hoofdstuk 6 hebben we stilgestaan bij het belang van functiescheidingen voor de administratieve organisatie. Hierbij hebben we gezien dat de beschikkende, bewarende en registrerende respectievelijk controlerende functie gescheiden moeten zijn. Als dit niet is doorgevoerd in de automatisering, is functiescheiding zinloos.

Zo heeft de inkoper in het inkoopproces de beschikkende functie; dat wil zeggen, hij mag orders aanmaken en elektronisch naar de leveranciers verzenden. De magazijnmeester ontvangt de goederen uitsluitend als er een openstaande order is. Op het moment dat de magazijnmeester ook inkopen kan plaatsen, omdat hij in de inkoopmodule kan komen en hij ook in het bestand openstaande inkooporders kan wijzigen of zelfs orders kan verwijderen, kan hij goederen aan de onderneming onttrekken, zonder dat iemand dat in de gaten heeft.

Competentie-matrix

Dit kan voorkomen worden door iedere functionaris in het computersysteem die bevoegdheden te geven die nodig zijn voor zijn functie. Hiertoe zal in een competentiematrix vastgelegd worden bij welke gegevens en bestanden een functionaris kan komen. Tevens wordt hierbij geregeld of hij de gegevens mag raadplegen of ook mag invoeren, wijzigen dan wel verwijderen. De combinatie van gebruikersnaam en wachtwoord geeft vervolgens de rechten die nodig zijn.
In tabel 7.1 is een voorbeeld van een competentiematrix bij een bungalowpark opgenomen.

TABEL 7.1 Voorbeeld van een competentiematrix

	Bungalow-bestand	Klantenbestand	Medewerkers-bestand	Salarisbestand	Leveranciers-bestand
Receptie	R	M	-	-	-
Administratie	M	M	R	-	M
Directie	R	R	R	R	R
Salarisadministratie	-	-	R	M	-
Human resource	-	-	M	R	R

M = muteren
R = raadplegen

Logische toegangs-beveiliging

Je zult begrijpen dat het opstellen en actueel houden van zo'n competentiematrix in een grote organisatie een omvangrijke klus is, maar wel noodzakelijk. Het soort general computer controls die we hier bespreken, worden samengevat als logische toegangsbeveiliging. Medewerkers hebben alleen toegang tot de systemen, en mogen daarin de dingen doen, die voor hen relevant zijn.

TUSSENVRAAG 7.9
Wat kun je op basis van de openingscasus zeggen over de wijze waarop bij Book-online de toegang tot de systemen geregeld is?

Logging
Logfiles

Nu is het goed regelen één, maar controle achteraf is ook van belang. Hiermee bedoelen we of, in het voorbeeld van tabel 7.1, inderdaad alleen medewerkers human resource het medewerkersbestand muteren en niet anderen in het bedrijf. Dit kan geconstateerd worden als acties in het computersysteem worden vastgelegd. We noemen dit logging. De gegevens van de actie in het systeem worden daarbij vastgelegd in logfiles. Daarin wordt precies geregistreerd, wie wat, wanneer gedaan heeft. Je zou het kunnen zien als een permanente camerabewaking van alles wat in de systemen gebeurt. De logfiles bevatten uiteindelijk zoveel informatie, dat zij voor de mens eigenlijk niet toegankelijk zijn. Daarom is er speciale software ontwikkeld waarmee de gegevens kunnen worden geanalyseerd. Zo kun je met

Datamining

dataminingtools analyseren hoe processen feitelijk gelopen zijn en of de functiescheiding die van tevoren was bedacht, ook gewerkt heeft.

7.6.4 Continuïteit van de ICT

Book-online bv is in belangrijke mate afhankelijk van ICT. Door de problemen met het systeem is de winkel een weekend uit de lucht geweest. Dit kost omzet. Het betekent dat in het kader van de administratieve organisa-

tie, die immers de informatievoorziening moet waarborgen (want zonder ICT geen informatie), aandacht besteed moet worden aan maatregelen die de continuïteit waarborgen. Dit zal alleen op hoofdlijnen kunnen omdat de invulling meer technisch van aard zal zijn. Maatregelen waar we het hier over hebben zijn:
- Fysieke beveiliging van de computers en waar nodig (geldt met name voor mainframes, dat zijn grote, centrale computers die vaak als server dienen) een technische omgeving (koeling) die aan de eisen voldoet. Niet iedereen zal bij de computers mogen komen. Dit is dus een wezenlijk andere beveiliging dan de eerder besproken logische toegangsbeveiliging.
- Kritieke computersystemen in een brandvrije ruimte plaatsen.
- Voor kritieke processen uitwijkmogelijkheden creëren: als de systemen echt voor langere tijd 'down' gaan moet er vervangende apparatuur zijn (vergelijk een noodaggregaat voor stroom in een ziekenhuis).
- Overigens: ook voor kritieke computertoepassingen moet de elektriciteit gewaarborgd zijn.
- Back-ups van programma's en bestanden maken zodat als bestanden verloren gaan er een reservekopie is (iedereen die Word gebruikt zal dit wel herkennen). Het spreekt vanzelf dat deze back-ups op een andere locatie bewaard moeten worden.

TUSSENVRAAG 7.10
Wat kun je zeggen over de situatie bij Book-online met betrekking tot het waarborgen van de continuïteit van de ICT?

Overigens dient, net als bij brandoefeningen, regelmatig getest te worden of de uitwijkapparatuur en back-ups ook echt werken. Kan de uitwijkapparatuur de verwerking direct overnemen en kunnen de back-ups gemakkelijk teruggezet worden? Kortom, werkt de recovery.

Recovery

Veel bedrijven hebben het beheer van hun ICT uitbesteed. Dit betekent dat de leverancier met wie in zee gegaan is, moet zorgen voor de continuïteit. Mocht er toch iets misgaan, dan moet de leverancier het probleem ook verhelpen. In dit kader is het van belang duidelijke afspraken met de leverancier te maken. Deze afspraken dienen zo concreet te zijn, dat gemeten kan worden of de leverancier zich aan de afspraken houdt. Dit leidt tot gedetailleerde contracten. We noemen dergelijke contracten service-level agreements (SLA).

Service-level agreements

7.6.5 Internettoepassingen

Book-online is een internetbedrijf. Dat betekent dat het systeem van Book-online (in ieder geval de website) voor iedereen toegankelijk is. Misschien is het wel zo dat klanten in de voorraadadministratie kunnen kijken of het boek dat ze willen hebben op voorraad is; of dat je kunt zien hoeveel Book-online nog van je tegoed heeft. Book-online moet, omdat het werkt met een website, twee problemen voorkomen die een groot risico voor de onderneming inhouden. De eerste is nepbestellingen. We noemen dit ook wel het probleem van authenticatie. De klant is niet degene die hij zich voordoet. Dit kan (deels) opgelost worden door de klant eerst een account aan te laten maken, waarbij hij via de e-mail een gebruikersnaam en wachtwoord krijgt. Ook verdergaande maatregelen zijn mogelijk, maar die beïnvloeden het businessmodel. Denk hierbij aan het vooraf laten betalen, met creditcard of via iDeal.

Authenticatie

Het tweede risico dat Book-online moet afdekken is dat onbevoegden in de systemen komen, althans op plekken waar ze niet mogen komen. Zo kun je als klant zien wat Book-online nog van je te vorderen heeft, maar voorkomen moet natuurlijk worden dat de klant deze vorderingen kan wegboeken, zonder dat betaling heeft plaatsgevonden. Hier zit een spanningsveld in. Enerzijds worden de systemen toegankelijk gemaakt (iedereen kan in de voorraad kijken en in de debiteurenadministratie, althans op zijn eigen rekening), anderzijds moeten grote delen van het systeem onbereikbaar zijn. Dit betekent dat er goede sloten op de deur moeten zitten. We spreken in dit geval van firewalls: technische maatregelen die ervoor zorgen dat de website hermetisch afgescheiden is van de rest van de bedrijfsautomatisering.

Firewall

In subparagraaf 7.4.1 hebben we gezien dat cybercriminaliteit een groot probleem kan zijn. De gevolgen kunnen variëren van diefstal van creditcardgegevens en toegangscodes voor e-banking tot het volledig lamleggen van de informatiesystemen (zogenoemde DoS of DDoS-aanvallen: distributed denial of service) al dan niet door middel van virussen. Voor dit laatste is een goede virusscanner absoluut noodzakelijk.

Virusscanner

Samenvatting

- In dit hoofdstuk hebben we verkend welke maatregelen rondom het geautomatiseerd systeem moeten worden genomen die een voorwaarde zijn voor een goede administratieve organisatie.

- Als eerste hebben we stilgestaan bij de vraag wat de relatie is tussen automatisering en administratieve organisatie. Gebleken is dat er sprake is van veel samenhang. AO draait om informatie en deze informatie is eigenlijk altijd afkomstig uit computersystemen. Goed werkende IT is dus een belangrijke randvoorwaarde voor een goede AO.

- Vervolgens hebben we onderzocht op welke gebieden automatisering binnen een organisatie aanwezig kan zijn en welke (hoofd)vormen daarbij te onderscheiden zijn. Hierbij hebben we speciaal aandacht besteed aan het ERP-systeem. Veel bedrijven werken met dergelijke geïntegreerde systemen.

- Daarna hebben we stilgestaan bij een aantal ontwikkelingen binnen de ICT. Recente ontwikkelingen hebben veel invloed (gehad), zoals cloudcomputing. Toekomstige ontwikkelingen kunnen een grote invloed hebben (kunstmatige intelligentie en blockchain).

- Tot slot zijn we ingegaan op de beheersmaatregelen rondom automatisering. Hierbij gaat het zowel om de application controls als de general computer controls. De laatste categorie vormt een belangrijke randvoorwaarde om de application controls, die in de processen zijn opgenomen, goed te laten functioneren.

Eindvragen

7.1 Wat is een ERP-systeem?

7.2 Wat zijn gebruikerstests en wanneer moeten die plaatsvinden?

7.3 Beschrijf de samenhang tussen user controls, general computer controls en application controls.

7.4 Beschrijf waarom een competentietabel zowel betrekking heeft op user controls, general computer controls als application controls.

7.5 Noem een aantal maatregelen die een bedrijf moet nemen als het voor zijn bedrijfsvoering veel gebruikmaakt van een website.

7.6 De heer X is al 20 jaar administrateur bij een winkelketen met circa 35 filialen. De financiële administratie wordt gevoerd op een inmiddels verouderd systeem, los van de inkoop, verkoop en personeelsadministratie. De heer X weet zijn directie er steeds van te overtuigen dat het implementeren van een ERP-pakket veel te risicovol is. Hij verwijst hierbij graag naar het in dit hoofdstuk genoemde voorbeeld 7.1. Daarbij komt dat hij zo'n beetje als enige in Nederland weet hoe het huidige systeem werkt, dat stamt uit 1987. Hij heeft dan ook al veel programma-aanpassingen in het financiële pakket gemaakt.

In de loop van 2017 komt de heer X in privéproblemen. Hij raakt verslaafd aan het pokeren via internet. Zonder dat zijn vrouw het weet, heeft hij schulden gemaakt bij allerlei louche types, die hem graag tegen een forse rente geld willen lenen. Echter, de pokerwinsten blijven uit en nu dreigt een aantal van zijn schuldeisers 'wel even langs te komen, al dan niet met een vervaarlijk grommende bouvier'. Kortom, de heer X zit in een lastige situatie, temeer daar zijn vrouw van niets weet.

Dan krijgt hij een lumineus idee: hij boekt een aantal inkoopfacturen van leveranciers, variërend van €500 tot €3.500 dubbel in. Als hij de betaalrun voor de directeur klaarmaakt, betaalt hij de dubbel geboekte facturen naar een eigen bankrekening, die hij speciaal voor dit doel geopend heeft. Deze rekening staat mede op naam van een van zijn louche pokervriendjes, die het spel tegen een forse vergoeding graag meespeelt. Het bankrekeningnummer haalt hij na de betaling direct uit de administratie. De fictieve inkopen boekt hij, zonder omschrijving, via een paar ondoorzichtige memoboekingen op de rekening Winkeldiefstallen. Dat valt toch niemand op.

Met welke in dit hoofdstuk genoemde maatregelen (minimaal vijf) had deze fraude voorkomen kunnen worden?

7.7 In dit hoofdstuk heeft Book-online een centrale plaats ingenomen. Beschrijf minimaal vijf geprogrammeerde controles die Book-online kan toepassen als een nieuwe of bestaande klant een bestelling wil doen.

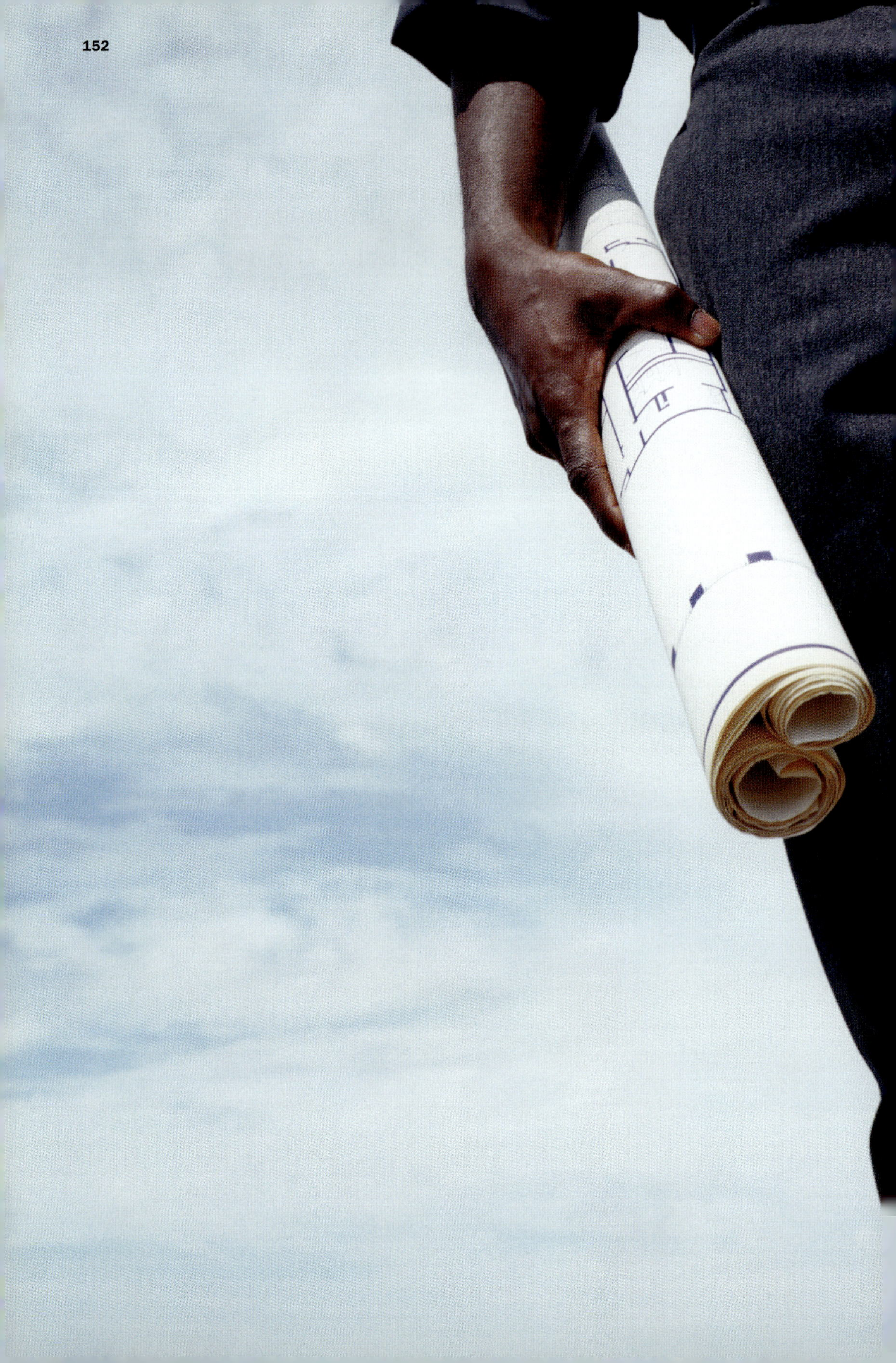

8
Processen en controles en analyses

8.1 **Processen**
8.2 **Controles en analyses**
8.3 **SOLL en IST**

Het moeilijkste van een administratieve organisatie is misschien wel het ontwerpen van de processen, zodanig dat er betrouwbare informatie ontstaat. Hoe je dat doen moet verschilt, zoals we hebben gezien, per typologie en vanwege de attentiepunten, per organisatie. In deel 3 van dit boek gaan we hier dan ook uitgebreid op in. In dit hoofdstuk beschrijven een aantal algemene kenmerken waaraan processen moeten voldoen. Ook gaan we kort in op de manier waarop de processen binnen een onderneming worden vastgelegd. Daarna besteden we aandacht aan de controles en analyses waarmee de administratie, in haar controlerende rol, kan vaststellen dat de informatie betrouwbaar is. Tot slot gaan we in op de begrippen SOLL en IST.

Openingscasus

Jansen Bouw
In hoofdstuk 5 hebben we kennisgemaakt met Roy. Na veel wikken en wegen is hij in dienst getreden bij Jansen Bouw. Nadat hij de kennismakingsronde binnen het bedrijf achter de rug heeft, gaat hij aan de slag. Om te beginnen vraagt hij aan de directeur naar het Handboek AO. 'Het wat?', is de reactie van de directeur, die net bezig is met een offerte voor een grote opdracht. 'Nou', zegt Roy 'dat is een beschrijving van hoe de processen hier lopen. Bijvoorbeeld bij het uitbrengen van een offerte, het doen van een inkoop of het aannemen van nieuwe medewerkers'. De directeur zucht eens diep en duikt in een archiefkast. 'Kijk, is dit wat je bedoelt? Dit heeft de accountant ooit opgesteld, maar we doen er eigenlijk niets mee.' En inderdaad, het lijkt op wat Roy bedoelt. Een beschrijving van hoe de processen lopen en wie er mag bestellen, wie goederen mag ontvangen enzovoort. Maar het is wel van vijf jaar geleden en nog gebaseerd op een oud computersysteem, dus wel wat verouderd en nooit meer aangepast. De directeur is nu wat nieuwsgierig geworden en kijkt even samen met Roy in het Handboek. 'Wat een onzin', roept hij uit, 'hier staat dat er een offertecalculatie moet zijn en dat we op basis daarvan een offerte uitbrengen. Dacht je dat we daar tijd voor hebben? Ik bepaal de prijs, ik ben tenslotte de directeur.' Roy besluit niet te reageren, neemt het boek mee en wenst de directeur verder een prettige dag.

8.1 Processen

Wat in de openingscasus beschreven is, komt vaak voor. Bij Jansen Bouw was ooit vastgelegd hoe de processen zouden moeten werken (SOLL, van het Duitse woord 'sollen'= moeten), maar de werkelijkheid (IST) is heel anders. Of de SOLL ligt zelfs helemaal niet vast. Kern van het vakgebied administratieve organisatie is dat goed wordt nagedacht over hoe processen zouden moeten lopen en dat vervolgens ook zo gewerkt wordt.

TUSSENVRAAG 8.1
Waarom zouden de processen echt moeten lopen zoals ze ontworpen zijn?

Als student zal je, als onderdeel van de administratieve organisatie, processen moeten kunnen ontwerpen en beschrijven, die zodanig zijn opgezet dat het leidt tot betrouwbare informatie. Aangezien het om betrouwbare informatie gaat, zal een belangrijke plaats ingeruimd moeten zijn voor maatregelen van interne controle. Hierbij maak je gebruik van de randvoorwaarden die we in hoofdstuk 6 hebben behandeld: functiescheiding, automatisering en richtlijnen. De begroting komt in de processen iets minder naar voren, maar weer wel bij het andere onderwerp van dit hoofdstuk, de verbanden en analyses.

In het derde deel van dit boek komen de processtappen per typologie uitgebreid aan de orde. Daar gaat het dan om de SOLL-situatie: hoe ziet het proces er 'in de ideale wereld' uit. Voor deze vastlegging zijn er meerdere methoden en technieken mogelijk.

Voordat we ingaan op deze methoden en technieken, is het van belang stil te staan bij de vraag op welk 'niveau' de vastleggingen moeten plaatsvinden.

8.1.1 Niveau van vastleggingen

Op welk niveau moeten de vastleggingen plaatsvinden? Kijken we bijvoorbeeld naar een inkoopproces, dan zijn er twee uitersten:
- *Hoofdlijnen*. Afdeling Inkoop koopt in; Magazijn ontvangt goederen en Administratie verwerkt de factuur.
- *Handelingsniveau* (alleen factuurontvangst als voorbeeld). Selecteer uit de binnenkomende post de inkoopfacturen, zet op elke factuur rechts onderin een stempel met de datum van binnenkomst, roep in het informatiesysteem het bestelnummer op, boek de aantallen en de prijs volgens de factuur in het scherm 'invoer factuurgegevens' enzovoort.

Op welk niveau de beschrijving van de administratieve organisatie plaatsvindt, hangt af van de doelstelling. De methode 'hoofdlijnen' geeft kort aan wat de verantwoordelijkheden van de afdelingen zijn. De methode 'handelingsniveau' heeft meer het karakter van werkinstructies en zal nuttig zijn voor het inwerken van een nieuwe medewerker op de administratie.

Voor ons doel zijn beide uitersten ongeschikt: de eerste is te globaal en de tweede te gedetailleerd. Om een goed inzicht te krijgen in de administratieve organisatie is het nodig dat duidelijk wordt:
- wie (functiescheiding)?
- doet wat (concrete handeling)?
- waarmee (informatie)?
- welke administratieve vastlegging volgt daaruit?

Proces-beschrijving

Deze vragen (het 'model van de 4 W's') zullen dus altijd door een procesbeschrijving moeten worden beantwoord.
Bij de inrichting van de processen moeten we daarnaast stilstaan bij de volgende drie vragen:
1 Waar begint een proces?
2 Waar eindigt een proces?
3 Welke tussenliggende stappen zijn te onderkennen?

De eerste twee vragen hangen samen met het risico dat een deel van het proces vergeten wordt (volledigheid). Zo bestaat de neiging bij een verkoopproces te beginnen met de orderverkrijging. Echter, hier gaat een aantal stappen aan vooraf, zoals vaststelling van assortiment en prijs. Of de procesbeschrijving eindigt te vroeg. Als bij het verkoopproces gestopt wordt bij de verzending van de goederen en de factuur, wordt een belangrijk deel vergeten, namelijk de ontvangst van het geld. Tot slot moet er goed worden nagedacht over welke stappen tussen het begin en het eind moeten plaatsvinden, waarbij ook een logische volgorde van belang is. Zo zal je bij verkoop eerst moeten beoordelen of je de order wil accepteren (hoeft niet, bijvoorbeeld als de klant betalingsachterstand heeft). Daarna gaat de order pas naar het magazijn voor levering.
Het maken van procesbeschrijvingen is moeilijk. We kunnen hier een zeer uitgebreide uitleg geven over hoe het moet, maar de beste methode om het te leren is door het te 'doen', uiteraard met behulp van wat we in deel 3 gaan behandelen.

8.1.2 Methoden en technieken

Dan richten we ons nu op de methoden en technieken. Hierbij zijn twee hoofdvarianten mogelijk: beschrijvingen en schema's. Veel bedrijven hebben een *Handboek AO* waarin beide varianten voorkomen. Dit ook omdat het een persoonlijke voorkeur van mensen is welke methode zij het liefst hanteren; de ene persoon heeft liever een beschrijving, de andere een 'plaatje' (dus een schema). Wel kun je in zijn algemeenheid zeggen dat schema's tot een logische opzet dwingen. Zeker bij ingewikkelde processen hebben beschrijvingen het risico in zich dat je 'door de bomen het bos niet meer ziet'. Hierdoor kun je nog weleens vastlopen.
In de opleidingen waarin administratieve organisatie van belang is (met name accountancy en finance & control) worden in tentamens veelal procesbeschrijvingen gevraagd of wordt de vraag gesteld 'beschrijf de administratieve organisatie'.

AO-beschrijvingen
Een voorbeeld van een stukje procesbeschrijving (inkoop) is voorbeeld 8.1.

VOORBEELD 8.1

Procesbeschrijving inkoop

De magazijnmeester ontvangt de goederen. Hij controleert de goederen met de pakbon en voert het aantal ontvangen goederen in in het ERP-systeem. De medewerker crediteurenadministratie ontvangt de inkoopfacturen en boekt deze in het ERP-systeem in. Hierbij controleert het systeem de overeenkomst met de bestelling en ontvangstmelding.

In voorbeeld 8.1 wordt verbaal het proces beschreven. Deze procesbeschrijving is een zogenoemde detailbeschrijving. Hierin staan, voor de beschrijving van de administratieve organisatie, op een voldoende detailniveau de stappen beschreven.

Detailbeschrijving

Deze stappen zullen vooraf worden gegaan door een overzicht waarin staat aangegeven welke processen in het bedrijf aan de orde zijn. Voor een handelsonderneming is dit weergegeven in tabel 8.1.

TABEL 8.1 Hoofd- en subprocessen in een handelsonderneming

Hoofdprocessen	Inkoop	Opslag	Verkoop
Subprocessen	Inkoopimpuls Leveranciersselectie Contract Bestelling Ontvangst Factuur Betaling	Ontvangst Bewaring Controle Afgifte	Orderverkrijging Orderacceptatie Verzending Facturering Incasso

Processchema's

Naast beschrijvingen is een tweede variant de schematechniek. Hierin geven we door middel van symbolen het proces weer.

Schematechniek

We staan eerst stil bij een systematische aanpak voor het beschrijven van de administratieve organisatie. Een systematische aanpak van het beschrijven van een proces begint met het onderverdelen van het betreffende proces in processtappen. Hierdoor ontstaat inzicht in de structuur van het totale proces. Voor het inkoopproces is het zogenoemde globaal processchema weergegeven in figuur 8.1.

Globaal processchema

In het schema in figuur 8.1 zie je duidelijk de verschillende stappen waaruit het inkoopproces bestaat. Wat je echter niet ziet, zijn de volgende punten die wel van groot belang zijn voor het inrichten van een administratieve organisatie:
- Wie doet een bepaalde stap?
- Welke activiteit houdt elke stap in?
- Welke informatie wordt daarbij gebruikt?
- Wat wordt vastgelegd?

Om dit duidelijk te maken, zijn verschillende methodieken in omloop. Eén hiervan is een zogenoemde flowchart of stroomschema. Hierin worden de diverse stappen die in figuur 8.1 zijn vermeld verder gespecificeerd naar de hiervoor genoemde elementen. Daarbij worden de diverse onderdelen door middel van verschillende symbolen weergegeven. Vroeger gebeurde dit met de hand, tegenwoordig zijn er softwaretools om dit te mee uit te voeren. Dit kan variëren van een betrekkelijk eenvoudig tekenpakket (Microsoft Visio is hier een voorbeeld van) tot specialistische pakketten waarin ook de nodige analysetools zijn opgenomen (Mavim, BWise bijvoorbeeld). Maar binnen een dergelijk schema blijft het moeilijk om alle aspecten weer te geven, zonder dat het onoverzichtelijk wordt. Met name het aspect functiescheiding is moeilijk zichtbaar te maken, terwijl dit nu juist binnen de administratieve organisatie erg belangrijk is. Dit probleem wordt opgelost door de techniek van de zogenoemde swimlanes.

Flowchart Stroomschema

FIGUUR 8.1 Globaal processchema inkoop

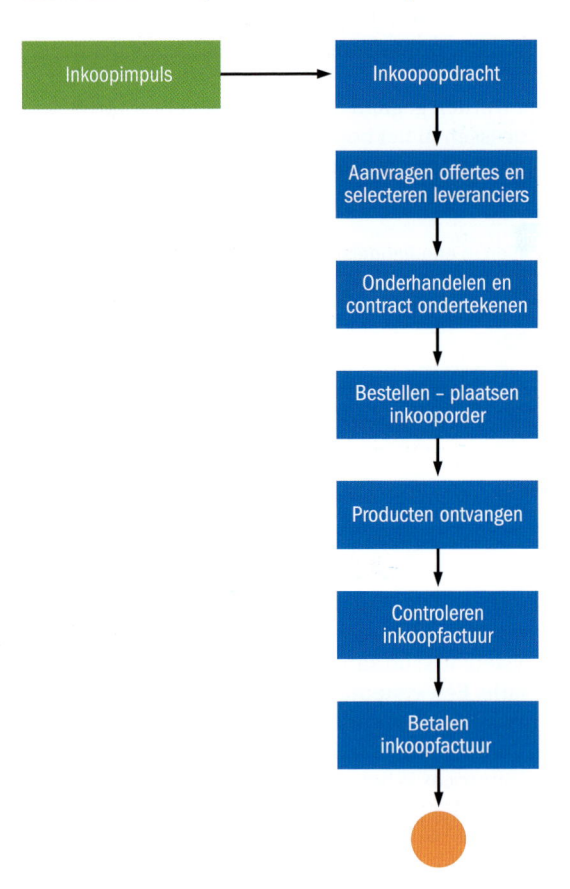

```
Inkoopimpuls  →  Inkoopopdracht
                      ↓
              Aanvragen offertes en
              selecteren leveranciers
                      ↓
              Onderhandelen en
              contract ondertekenen
                      ↓
              Bestellen – plaatsen
              inkooporder
                      ↓
              Producten ontvangen
                      ↓
              Controleren
              inkoopfactuur
                      ↓
              Betalen
              inkoopfactuur
                      ↓
                     ●
```

Swimlane

De swimlane is een weergave van een proces waarin de activiteiten van de verschillende afdelingen/functionarissen in verschillende kolommen (swimlanes) zichtbaar zijn. Hiermee kan direct geconstateerd worden of er sprake is van goede functiescheiding. Dit maakt het proces ook een stuk inzichtelijker, zoals blijkt in figuur 8.2.

Zoals we in hoofdstuk 7 hebben gezien is het bij de inrichting van de IT-omgeving van belang om de functiescheidingen daarin door te voeren met behulp van usernames en passwords. We zagen dat de competentiematrix voor de vertaling zorgt van de bevoegdheden en verantwoordelijkheden volgens de AO-beschrijving, naar die binnen het geautomatiseerd systeem.

Op de website van dit boek is een apart gedeelte gewijd aan het AO-handboek. Hier kun je verdere informatie vinden over hetgeen we in deze paragraaf beknopt behandeld hebben.

Wij zijn inmiddels gekomen tot de laatste stap binnen een administratieve organisatie, namelijk de controles en analyses.

FIGUUR 8.2 Inkoopproces met swimlanes

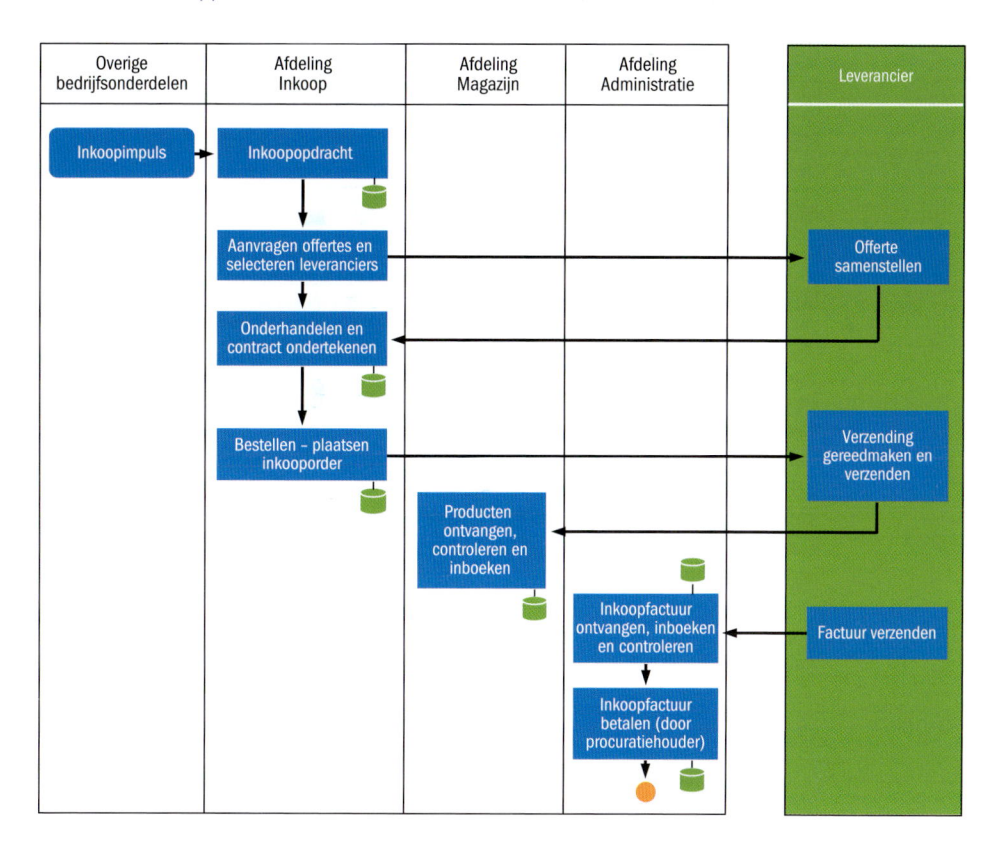

Overige bedrijfsonderdelen	Afdeling Inkoop	Afdeling Magazijn	Afdeling Administratie	Leverancier
Inkoopimpuls	Inkoopopdracht			
	Aanvragen offertes en selecteren leveranciers			Offerte samenstellen
	Onderhandelen en contract ondertekenen			
	Bestellen – plaatsen inkooporder			Verzending gereedmaken en verzenden
		Producten ontvangen, controleren en inboeken		
			Inkoopfactuur ontvangen, inboeken en controleren	Factuur verzenden
			Inkoopfactuur betalen (door procuratiehouder)	

8.2 Controles en analyses

De laatste stap binnen administratieve organisatie is, om in COSO-termen te spreken, de monitoring. Hierbij wordt vastgesteld dat de informatie betrouwbaar is en worden eventuele afwijkende zaken opgemerkt waarop dan actie kan worden ondernomen. Dit zijn de 'repressieve maatregelen' van interne controle.

Van oudsher zijn dit de controles die worden uitgevoerd door het hoofd Administratie. Echter, zoals alles, is veel van dit werk overgenomen door software, die de controles automatisch uitvoert en eventuele afwijkingen rapporteert.

Binnen de controles en analyses onderscheiden we drie vormen:
1 verbandscontroles
2 cijferbeoordelingen
3 detailcontroles

8.2.1 Verbandscontroles

Een erg krachtige controle is de verbandscontrole. Hierbij maak je een vergelijking tussen twee verschillende soorten registraties over hetzelfde onderwerp, waarbij de administratie dan vaststelt of de uitkomst van beide registraties gelijk is. Het mooie van verbandscontroles is, dat de registraties waar verband tussen is, door verschillende medewerkers zijn gedaan. Met andere woorden: deze zijn 'in functiescheiding' tot stand gekomen.

Verbandscontrole

Welke verbanden gelegd moeten worden, is afhankelijk van de soort typologie. In tabel 8.2 zijn als voorbeeld voor een aantal typologieën de essentiële verbanden genoemd.

TABEL 8.2 De essentiële verbandscontroles bij een aantal typologieën (niet limitatief)

Typologie	Essentieel verband
Handel	Geld- en goederenbeweging
Productie	Relatie tussen input en output
Dienstverlening beschikbaar stellen ruimte	Capaciteit minus leegstand

In deel 3 van dit boek zullen we per typologie uitgebreid ingaan op de relevante verbandscontroles.

Een bijzondere plaats hierin heeft de, bij het handelsbedrijf genoemde, geld- en goederenbeweging. De geld- en goederenbeweging wordt ook wel de waardekringloop (figuur 8.3) genoemd (zie ook hoofdstuk 9). Om een goed inzicht te krijgen in het karakter van de verbandscontrole staan we hier wat langer bij stil.

Waardekringloop

FIGUUR 8.3 Waardekringloop handelsonderneming

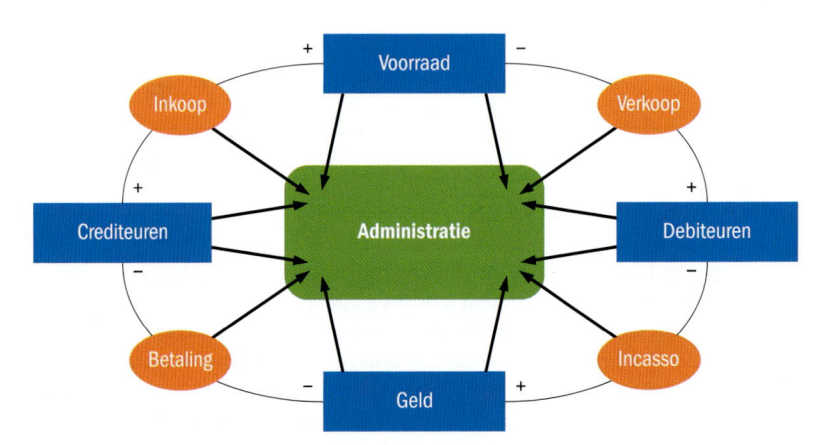

In figuur 8.3 zijn de beschikkende functies de oranje rondjes en de bewarende functies de rechthoeken. De registrerende respectievelijk controlerende functie is de administratie, die als een spin in het web zit.
Beredeneerd vanuit de beschikkende functie vinden er steeds twee (gelijke) mutaties plaats in activa en/of passiva die door een bewarende functie worden 'bewaakt'. Neem als voorbeeld de inkoop: deze leidt tot een opboeking voorraad en een gelijke opboeking crediteuren. Eigenlijk zien we hier de journaalpost 'Voorraad aan crediteuren' terug, waarbij we gemakshalve even voorbijgaan aan de btw.
We noemen dit een 'verband' dat voor een individuele inkooptransactie geldt, maar ook in totaal over een bepaalde periode.
In tabel 8.3 zijn alle vier verbanden weergegeven.

TABEL 8.3 De verbandscontroles in een handelsonderneming

Beschikkende functie	Verband	
Inkoop	Voorraad bij	= Crediteuren bij
Betaling	Crediteuren af	= Geld af
Verkoop	Voorraad af	= Debiteuren bij
Incasso	Debiteuren af	= Geld bij

In figuur 8.3 geven de pijlen vanuit de beschikkende en de twee bewarende functies aan dat op de administratie, hetzij in detail, hetzij in totalen, deze verbandscontroles plaatsvinden.
Overigens is er nog wel een klein probleem: rekenkundig zal het verband bij de goederenbeweging niet kunnen kloppen. De inkoop is tegen inkoopwaarde en de verkoop tegen verkoopwaarde. Daar zit de waardesprong tussen. Dit rekenkundig probleem is gemakkelijk op te lossen als deze waardesprong vast is, bijvoorbeeld als de marge altijd 40% is.

Waardesprong

Binnen een handelsonderneming spreken we ook wel van de geld- en goederenbeweging om deze verbanden weer te geven. Dit is in feite een andere invalshoek van de verbanden. In tabel 8.3 hebben we verbanden aangegeven tussen posten (bijvoorbeeld voorraden en crediteuren); ook binnen de posten bestaan echter verbanden. Het duidelijkste is dit bij de goederenbeweging (zie voorbeeld 8.2).

Geld- en goederenbeweging

VOORBEELD 8.2

Goederenbeweging binnen posten

De beginvoorraad van een bepaald product is op 1 januari 30 stuks. Vanuit de inkopen blijkt dat er in januari 50 zijn ingekocht. Op 31 januari is de voorraad 20. Er moeten dan 60 stuks zijn verkocht. Stel, dat de verkoopprijs €250 is, dan moet de omzet van dit product dus €15.000 zijn.

In voorbeeld 8.2 hebben we op grond van de goederenbeweging de zogenoemde theoretische omzet berekend, oftewel de SOLL-positie van de omzet. De administratie zet deze af tegen de werkelijk verantwoorde omzet, ook wel de IST-positie genoemd. Op deze wijze is de volledigheid van de verantwoorde omzet gecontroleerd.

Theoretische omzet

SOLL-positie
IST-positie

TUSSENVRAAG 8.2
Wat zou de SOLL-positie van de omzet zijn geweest als iemand in januari vijf producten zou hebben ontvreemd?

De formule van de goederenbeweging luidt dan ook:

$$\text{Beginvoorraad} + \text{inkoop} -/- \text{eindvoorraad} = \text{verkoop} \qquad [2.1]$$

Uiteraard hadden we ook de eindvoorraad achter het isgelijkteken kunnen zetten, maar de reden dat we voor deze weergave hebben gekozen, is dat achter het isgelijkteken de te berekenen SOLL-positie staat. We noemen deze formule ook wel een BETA-formule (BeginEindeToeAf).

BETA-formule

Zo zijn van alle vier de activa en passiva binnen de handelsonderneming de betreffende formules te geven. Deze zijn opgenomen in tabel 8.4.

TABEL 8.4 De BETA-formules binnen een handelsonderneming

Goederen	Beginvoorraad + inkoop -/- eindvoorraad = verkoop
Debiteuren	Beginsaldo + verkoop -/- eindsaldo = ontvangsten
Geld	Beginsaldo + ontvangsten -/- eindsaldo = uitgaven
Crediteuren	Beginsaldo -/- uitgaven -/- eindsaldo = inkopen (absoluut)

Je ziet de gelijkenis tussen de formules. Alleen bij de crediteuren staan de tekens andersom; dat komt omdat crediteuren 'aan de andere kant' van de balans staan.

Het mooie van de BETA-formules is dat niet alleen de verbanden binnen de activa en passiva worden weergegeven, maar ook die ertussen. Met andere woorden: de post Verkoop in de goederenbeweging is gelijk aan de post Verkoop in de debiteurenbeweging.

In figuur 8.4 is dat weergegeven.

FIGUUR 8.4 De verbanden tussen de BETA-formules

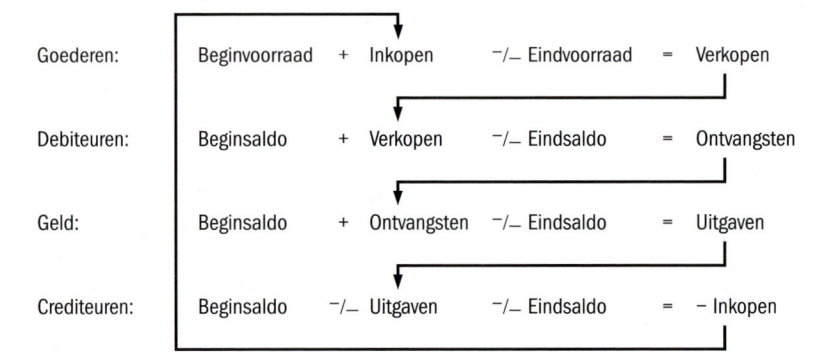

Goederen:	Beginvoorraad	+ Inkopen	-/- Eindvoorraad	=	Verkopen
Debiteuren:	Beginsaldo	+ Verkopen	-/- Eindsaldo	=	Ontvangsten
Geld:	Beginsaldo	+ Ontvangsten	-/- Eindsaldo	=	Uitgaven
Crediteuren:	Beginsaldo	-/- Uitgaven	-/- Eindsaldo	=	- Inkopen

Je ziet dat de (vierkante) cirkel weer rond is!

Toch is één waarschuwing op zijn plaats: als de verbanden kloppen, wil het nog niet zeggen dat de volledigheid gewaarborgd is. De verbanden hoeven namelijk niet op 'het juiste niveau' te zitten. Kijk maar eens naar tabel 8.5.

TABEL 8.5 Sluitende verbanden

	Variant 1	Variant 2
Goederen: BV + I - EV = V	300 + 500 - 200 = 600	300 + 800 - 200 = 800
Debiteuren: BS + V - ES = Ontv	400 + 600 - 300 = 800	400 + 800 - 300 = 900
Geld: BS + Ontv - ES = Uitg	200 + 800 - 300 = 600	200 + 900 - 300 = 800
Crediteuren: BS - Uitg - ES = Ink	500 - 600 - 400 = -500	500 - 800 - 400 = -800

In beide gevallen sluiten de verbanden. Toch liggen in variant 2 de bedrijfsactiviteiten 200 hoger.

Bedenk in dit kader wat de doelstelling van de verbandscontroles is: het controleren van de werkelijk in de administratie verantwoorde verkopen, ontvangsten, uitgaven en inkopen op hun volledigheid. Doordat de diverse gegevens uit verschillende bronnen afkomstig zijn (functiescheiding), zal het niet zo zijn dat alle getallen (zoals in tabel 8.5) 200 te hoog zijn.
Door aan een bepaalde typologie een essentieel verband te koppelen, kun je een goede basis leggen voor de administratieve organisatie. Daarom zullen we in de hoofdstukken die ingaan op de diverse typen ondernemingen uitgebreid stilstaan bij de verbanden.

8.2.2 Cijferbeoordeling

Van de controles en analyses is de verbandscontrole het sterkste instrument.

TUSSENVRAAG 8.3
Waarom is dat zo?

Maar helaas, kun je achteraf niet alles controleren met een verbandscontrole. Vaak is cijferbeoordeling een goed alternatief. Hierbij worden gegevens met elkaar vergeleken, waar weliswaar geen harde rekenkundige verbanden tussen hoeven te bestaan, maar die wel enige samenhang vertonen. Zo zal het aantal bezoekers van een restaurant per avond, over langere termijn, een bepaald patroon hebben. In het weekend bijvoorbeeld zal het drukker zijn dan doordeweeks. Dus door een analyse te maken, kunnen eventuele vreemde zaken (gasten die niet geregistreerd zijn) opvallen. Men name een grafische weergave kan hierin behulpzaam zijn. Het is echter minder waterdicht dan een verbandscontrole.

Cijferbeoordeling

Grafische weergave

Bij een cijferbeoordeling is wel altijd van belang dat er sprake is van een bepaalde verwachting. In het voorbeeld van het restaurant vloeit de verwachting voort uit het verleden. Een document waarin de verwachtingen van een organisatie bij uitstek zijn vastgelegd, is natuurlijk de begroting. Hiermee komen we terug op iets wat we in hoofdstuk 3 ook hebben gezien namelijk dat een gegeven pas informatie wordt als het 'iets zegt'. De werkelijkheid afzetten tegen de begroting is hierbij een belangrijke!
Dus als de administrateur van het restaurant ziet dat het aantal gasten op zaterdagavond structureel achterblijft bij de begroting, zal dit reden te zijn om op nader onderzoek uit te gaan.

TUSSENVRAAG 8.4
Welke extra analyse kun je maken als ons restaurant onderdeel is van een keten van 15 restaurants?

In deel 3 gaan we per typologie nader in op de mogelijke cijferbeoordelingen. Hierbij zal naar voren komen dat de verstoringen in de verbandscontroles die samenhangen met de attentiepunten, door middel van cijferbeoordeling bewaakt kunnen worden.

TUSSENVRAAG 8.5
Noem een dergelijk attentiepunt als bij een restaurant de goederenbeweging van 'verse producten' wordt opgezet?

8.2.3 Detailcontrole

Detailcontrole
Totaalcontrole

De laatste vorm van controle die we noemen is de detailcontrole. Zowel de verbandscontrole als de cijferbeoordeling is een vorm van totaalcontrole. Hierbij wordt gekeken naar het totaal van de verkopen of het aantal gasten. Niet naar de individuele verkooptransactie of individuele gast. Dat zou ook zinloos zijn geweest, want in beide voorbeelden gaat het om een volledigheidsvraagstuk: zijn alle verkopen die er geweest zijn of alle bestedingen van de gasten wel in de administratie verantwoord? Het heeft dan geen nut om in detail in de administratie te kijken. Immers, het volledigheidsvraagstuk gaat erom of iets niet in de administratie staat, dat er wel in had gemoeten. Dit vind je dus niet in de administratie! Detailcontroles hebben als nadeel dat ze minder efficiënt zijn dan de verbandscontroles en totaalcontroles. De detailcontroles kosten eenvoudigweg meer tijd. Dit blijkt uit voorbeeld 8.3.

VOORBEELD 8.3

Detailcontrole minder efficiënt

Een onderneming heeft een lening afgesloten van €120.000. De rente is 4% per jaar, hiervoor stuurt de schuldeiser elke maand een rentenota van €400. In de administratie over 2018 staat €5.200 rente verantwoord.
Cijferbeoordeling:
Verwachting rente is 120.000 × 4% = €4.800. Werkelijk betaald €5.200, dus 1 maand te veel.
Detailcontrole:
13 × de nota opzoeken; die kloppen, maar één nota is van 2019.

Toch zijn er situaties waarin een detailcontrole nodig is. Dit speelt met name bij het controleren of de bezittingen van de onderneming volgens de balans in overeenstemming zijn met de werkelijkheid. Zoals we in deel 3 zullen zien, is dan ook bij elk bedrijf waar sprake is van een goederenbeweging een inventarisatie nodig. Dit is een vorm van detailcontrole, waarbij gecontroleerd wordt of wat in de administratie staat aan voorraad, ook werkelijk aanwezig is. Dit is het sluitstuk, want als de voorraden volgens de administratie niet overeenkomen met de werkelijkheid, kloppen ook de verbandscontroles niet.

8.3 SOLL en IST

In dit hoofdstuk zijn we twee keer de begrippen SOLL en IST tegen gekomen. Zoals eerder vermeld komen beide termen voort uit het Duits:
SOLL = wat moet het zijn (van het werkwoord sollen = moeten)
IST = wat het is

Deze begrippen kun je voor elke situatie gebruiken waarin je de werkelijkheid vergelijkt met de norm. Maar de twee belangrijkste toepassingen binnen de administratieve organisatie hebben we in dit hoofdstuk gezien.

Procesbeschrijvingen
De eerste toepassing van SOLL en IST is die bij de procesbeschrijvingen. Hier spelen de begrippen een belangrijke rol, zeker in de praktijk waarbij het de vraag is geven de procesbeschrijvingen weer zoals het werkelijk gaat (IST) of zoals het zou moeten (SOLL). Op de website lees je hier meer over.

BETA-formules
De tweede toepassing die we gezien hebben is die binnen de BETA-formules. Een voorbeeld: de goederenbeweging berekent wat de omzet zou moeten zijn (SOLL). Vervolgens wordt dit vergeleken met de werkelijk verantwoorde omzet (IST). Iets breder zou je de termen ook kunnen toepassen bij de cijferbeoordeling wanneer je de werkelijkheid (IST) met de begroting (SOLL) vergelijkt.

Samenvatting

- In dit hoofdstuk hebben we twee van de drie onderdelen van de administratieve organisatie behandeld: processen, en controles en analyses.

- Bij processen gaat het erom een proces zodanig te in te richten dat er betrouwbare informatie uit komt. Een proces kan op verschillende manieren worden vastgelegd, waarbij het hoofdonderscheid in de vorm van een procesbeschrijving of in de vorm van een schema is.

- Sluitstuk van de administratieve organisatie zijn controles en analyses waarbij we drie vormen hebben onderscheiden: verbandscontroles, cijferbeoordelingen en detailcontroles.

- Bij zowel de processen als bij de controles en analyses komen de begrippen SOLL en IST voor.

Eindvragen

8.1 Wat wordt bedoeld met de '4 W's'?

8.2 Wat is het voordeel van een swimlane ten opzichte van de twee andere methoden om een proces te beschrijven?

8.3 Wat is het verschil tussen een verbandscontrole en een cijferbeoordeling?

8.4 Wat is de relatie tussen attentiepunten en cijferbeoordeling?

8.5 Waaraan geef je de voorkeur: totaalcontrole of detailcontrole? Motiveer het antwoord.

8.6 Een handelsonderneming verkoopt één artikel met een verkoopprijs van €250 en een inkoopprijs van €100. Uitsluitend in de maand mei wordt er een korting op het product gegeven, waardoor de verkoopprijs €200 wordt. Het risico voor de administratieve organisatie is dat de omzet van verkopen van eind april en/of begin juni worden verantwoord als verkopen in mei, waarbij het prijsverschil door de verkopers in eigen zak gestoken wordt.

Hoe kan de administrateur met behulp van verbandscontroles, cijferbeoordelingen en detailcontroles erachter komen of het risico ook werkelijk voorgekomen is?

8.7 Een onderneming heeft vijf vestigingen die in een huurpand gevestigd zijn. De huur wordt per maand betaald. Aan het eind van het jaar wil de controller weten of de huurkosten juist zijn en juist zijn verantwoord.
   a Beschrijf gedetailleerd met behulp van welke documenten de controller dit kan controleren met een detailcontrole.
   b En met welke documenten kan hij dit controleren met een totaalcontrole?

DEEL 3
Toepassingen

Deel 3A   Handel 172
Deel 3B   Productie 270
Deel 3C   Dienstverlening 324

Elk hoofdstuk in dit deel behandelt een onderneming uit de typologie van Starreveld. Dit deel is onderverdeeld in drie subcategorieën. In tabel 1 is een overzicht van deel 3 opgenomen.

TABEL 1 Deel 3 bestaat uit drie subcategorieën

Subcategorie	Hoofdstuk	Onderwerp	Casus
3A Handel	9	Inkoop	de Bijenkorf
	10	Voorraad	de Bijenkorf
	11	Verkoop op rekening	FrysTec
	12	Verkoop contant	MediaMarkt
3B Productie	13	Massaproductie	ChocBar bv
	14	Stukproductie	C-Bouw
3C Dienstverlening	15	Doorstroming eigen goederen	Smiley's eetcafé
	16	Doorstroming goederen derden	Vakgarage Kleinman
	17	Levering via vaste aansluitingen	TeleFour
	18	Informatiediensten	Apple App Store
	19	Specifieke reservering	SaturnusHotels
	20	Niet-specifieke reservering	Pretpark
	21	Overige dienstverlening (kennis en kunde)	Accountantskantoor Check(t)Zeker
	22	Casussen overige dienstverlening	

Hoewel in elk hoofdstuk een casus centraal staat, worden er ook uitstapjes gemaakt, al dan niet met behulp van voorbeelden, naar andere situaties. Alle hoofdstukken in deel 3 (uitgezonderd hoofdstuk 22) kennen een vaste structuur die overeenkomt met de inhoud van deel 2:
1 Typologie en steunpunten
2 Attentiepunten en risico's
3 Randvoorwaarden
4 Processen
5 Controles en analyses

De beschrijving van de processen wordt telkens voorafgegaan door een globaal processchema waarin de processtappen zijn weergegeven. Als laatste inhoudelijke paragraaf wordt in elk hoofdstuk ingegaan op de informatiebehoefte waarin onderscheid wordt gemaakt tussen strategische, tactische en operationele informatie.

De samenvatting van de hoofdstukken in deel 3 is in de vorm van twee schema's. Het eerste schema betreft een swimlane-overzicht waarin het globaal schema waarmee bij het onderdeel processen gestart is terugkomt, maar nu rekening houdend met functiescheidingen en de onderlinge samenhang tussen de processtappen. Het tweede schema betreft een overzicht in de vorm van de structuur van de administratieve organisatie zoals samengevat in tabel 2.

TABEL 2 Overzicht structuur samenvattend schema

Typologie				
Steunpunten				
Mogelijke attentiepunten				
Functiescheiding				
Automatisering				
Begroting				
Richtlijnen				
	Mogelijke attentiepunten	**Risico's**	**Interne beheersmaatregelen**	**Verbandscontroles**
Processtap 1				
Processtap 2				
enzovoort				

DEEL 3A
Handel

9 Inkoop: de Bijenkorf 175
10 Voorraad: de Bijenkorf 205
11 Verkoop op rekening: FrysTec 221
12 Contante verkopen: MediaMarkt 251

Handel betekent kopen, opslaan en verkopen. De verdienste is het verschil tussen de inkoop- en de verkoopprijs. Het is eigenlijk een heel eenvoudig proces: inkopen, op voorraad houden, verkopen. Er zijn zelfs soorten van handel die in opzet nog eenvoudiger zijn. Denk maar eens aan de handel in aandelen, daar gaat het alleen maar om kopen en verkopen en speelt de opslag geen enkele rol. Over dat soort handel gaat het in dit deel niet. In deel 3A willen we het hebben over handel in fysieke, dus tastbare producten.
Nederland is van oudsher een handelsnatie. Een belangrijk deel van de handelsstromen is te danken aan de centrale ligging en de kwalitatief hoogwaardige infrastructuur, die van ons land een logistiek centrum voor Noordwest-Europa hebben gemaakt. Een belangrijk deel van deze handelsstroom bestaat overigens uit doorvoer, dat is handel waarbij Nederland alleen maar een tussenstop vormt en die verder weinig toegevoegde waarde oplevert. Ook deze handel blijft in deel 3A buiten beschouwing.
In deel 3A gaan we het hebben over de handel tussen bedrijven (groothandel, hoofdstuk 11) en de handel tussen bedrijven en consumenten (detailhandel, hoofdstuk 12). Volgens het Centraal Bureau voor de Statistiek waren er in Nederland in het eerste kwartaal van 2018 ongeveer 78.000 groothandels met in totaal zo'n 500.000 werknemers. Het aantal detailhandelsbedrijven bedroeg ongeveer 118.000, met in totaal 796.000 werknemers. Als je bedenkt dat de beroepsbevolking in Nederland uit ruim 8,6 miljoen personen bestaat, dan is de handel goed voor zo'n 15% van de totale werkgelegenheid.
Aangezien inkopen en voorraadbeheer essentiële processen vormen binnen een handelsonderneming, behandelen we deze apart (hoofdstuk 9 en 10).

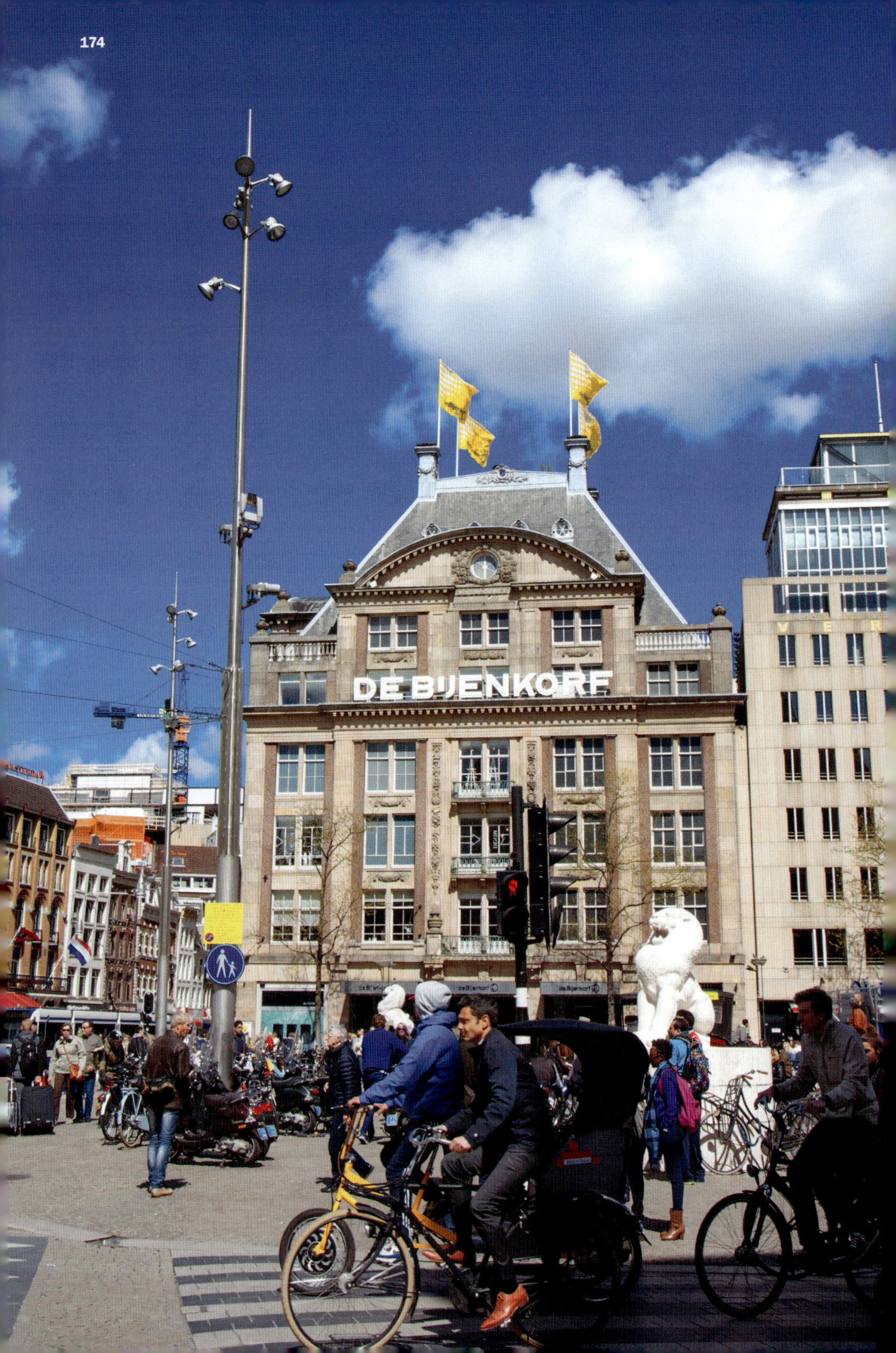
DE BIJENKORF

9
Inkoop: de Bijenkorf

9.1 **Typologie en steunpunten**
9.2 **Attentiepunten en risico's**
9.3 **Randvoorwaarden**
9.4 **Processen**
9.5 **Controles en analyses**
9.6 **Informatiebehoefte inkoop**
9.7 **Samenvattende schema's inkoop**

In dit hoofdstuk maken we kennis met het handelsbedrijf. We beperken ons hier in principe tot de inkoopkant. De voorraad komt in het volgende hoofdstuk aan de orde, maar omdat er een nauwe relatie bestaat tussen inkoop en voorraad zullen we ook in dit hoofdstuk op een aantal plaatsen al ingaan op zaken die betrekking hebben op voorraad. De verkoopkant wordt in de hoofdstukken 11 en 12 behandeld. In dit hoofdstuk hanteren we een vaste indeling, die overeenkomt met de opbouw van de administratieve organisatie zoals we die in hoofdstuk 4 hebben besproken. We eindigen met een paragraaf over informatiebehoefte, gevolgd door samenvattende schema's.

Openingscasus

De Bijenkorf
De Bijenkorf is hét toonaangevende warenhuis dat met passie voor de klant elk bezoek tot een belevenis maakt. De Bijenkorf is uniek met honderden evenementen, haar magazine en spraakmakende etalages. Een premium warenhuis met een breed continu vernieuwend product- en merkportfolio. Tot het assortiment van de Bijenkorf behoren internationale topmerken en eigen merken op het gebied van mode, cosmetica, accessoires, wonen, media, sport en reizen. Horeca en food vormen ook een belangrijke activiteit.

De Bijenkorf kent twee 'formats': flagshipstores en mediumstores. De flagshipstores zitten in Amsterdam, Rotterdam en Den Haag, de mediumstores in vier kleinere plaatsen. Daarnaast kent de Bijenkorf een webwinkel. De Bijenkorf heeft ongeveer 3.000 medewerkers en is sinds 2011 onderdeel van het Britse Selfridges. Bij Selfridges staat de klant centraal, of zoals de topman zegt 'what our customers care about, we care about'. Over hoe hoog de vraag naar artikelen in de toekomst zal zijn, bestaat weinig zekerheid. Wel is er een hoge mate van leveringsbetrouwbaarheid door de leveranciers. De Bijenkorf zal enerzijds absoluut willen voorkomen dat zij 'nee' moet verkopen aan de klant, maar anderzijds zijn overvolle magazijnen met onverkoopbare producten ook niet gewenst.

Bij de inkoop gaat de Bijenkorf uit van een bepaalde bestelstrategie. Bij deze strategie worden inkoopbeslissingen genomen vanuit 'forecasts' ofwel vraagvoorspellingen en voorraadniveaus. Op basis hiervan worden er inkooporders aan leveranciers verstrekt. Dit gebeurt centraal. Inkopers van de verschillende afdelingen op de locaties geven aan de centrale inkoopafdeling door welke artikelen, in welke aantallen en wanneer besteld moeten worden. Voor het exacter bepalen van de maximum- en minimumbestelgrootte wordt gebruikgemaakt van een computerapplicatie. Deze toepassing bepaalt wekelijks op filiaalniveau de verwachte vraag en vervolgens de minimum- en maximumaantallen op voorraad in de filialen en de voorraadniveaus in het centrale distributiecentrum.

Het assortiment wordt centraal op het hoofdkantoor in Amsterdam vastgesteld door de centrale inkopers in overleg met de marketingafdeling. De inkopers zijn verantwoordelijk voor de productselectie, de onderhandelingen met leveranciers, de leveranciersselectie en de prijsbepaling. De gegevens van de te bestellen producten worden in het systeem ingevoerd, daarna worden de producten bij de leverancier besteld. De leverancier levert de bestelde producten op het afgesproken tijdstip af bij het distributiecentrum in Woerden. Op de goederenontvangstafdeling worden de pallets, dozen of losse stuks van de goederen gelost en worden de pakbonnen gematcht. De producten worden vervolgens op stellingen geplaatst en naar de 'uitprijsafdeling' vervoerd. Daar worden de artikelen geteld, gecontroleerd en geprijsd. De gegevens van de ontvangst worden in het systeem ingevoerd, waardoor ze beschikbaar komen voor de filialen. Ten slotte worden de artikelen opgeslagen in het magazijn.

9.1 Typologie en steunpunten

Dit hoofdstuk gaat over inkopen binnen een handelsonderneming. Binnen het typologiemodel zijn er twee soorten handelsondernemingen namelijk handel op rekening en handel met contante betaling. Voor de inkoop is dit niet zo van belang, wel voor de verkoop. Vandaar dat deze beide typologieën in aparte hoofdstukken worden behandeld. Ook in productiebedrijven en (meestal in iets mindere mate) dienstverlenende bedrijven, wordt er ingekocht. De uitgangspunten zoals in dit hoofdstuk besproken, gelden voor wat betreft inkoop ook voor andere typologieën.

Handel op rekening
Handel met contante betaling

Handelsbedrijven hebben in wezen een eenvoudige opzet: zij kopen producten in, slaan ze meestal een tijdje op en verkopen ze dan weer. Aan de producten zelf wordt niets veranderd of toegevoegd. Wel kunnen de producten opnieuw worden verpakt (ook wel ompakken genoemd). De Bijenkorf ontvangt bijvoorbeeld pallets vol met dezelfde tasjes en pakt die om naar individuele tasjes in een cellofaantje.

Voor wat betreft de administratieve organisatie is het belangrijkste kenmerk van alle handelsbedrijven het duidelijke verband tussen de goederenbeweging en geldbeweging. Producten worden ingekocht, worden opgenomen in de voorraad en worden weer verkocht, dat is de goederenbeweging. De geldbeweging hangt nauw met de goederenbeweging samen en gaat van de betalingen voor de inkoop naar de ontvangsten bij verkoop. Deze verbanden zijn in figuur 9.1 weergegeven in de vorm van een waardekringloop.

Goederenbeweging en geldbeweging

FIGUUR 9.1 Waardekringloop

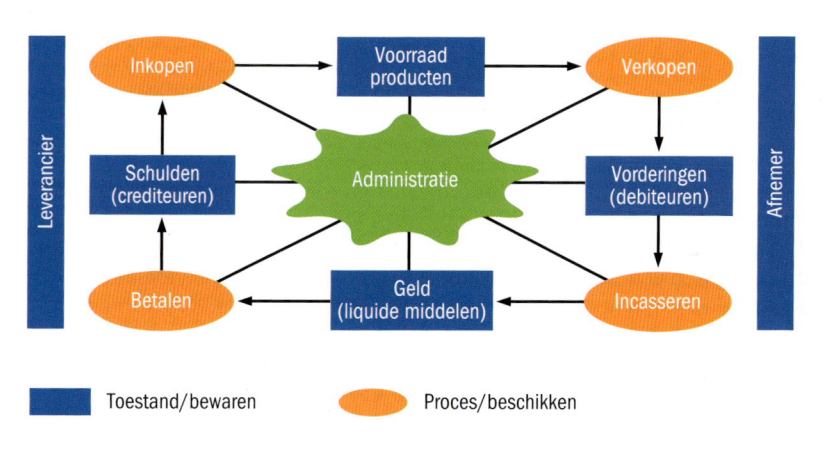

■ Toestand/bewaren   ● Proces/beschikken

Deze verbanden vormen de belangrijkste steunpunten, samen met de inventarisatie van de voorraden. Op beide punten komen we nog uitgebreid terug.

Inventarisatie

9.2 Attentiepunten en risico's

Zoals we het handelsbedrijf hiervoor hebben beschreven, lijkt het vrij simpel. Maar in hoofdstuk 5 hebben we gezien dat de praktijk ingewikkelder kan zijn, Dat geldt aan de verkoopkant, maar ook aan de inkoopkant. De specifieke attentiepunten op deze gebieden kunnen samenhangen met het type product, de mate van automatisering, waar wordt ingekocht en welke afspraken met de leveranciers gemaakt worden. Zonder volledig te kunnen zijn, noemen we in tabel 9.1 een aantal mogelijke attentiepunten en de risico's die daaruit voortkomen.

TABEL 9.1 Attentiepunten en risico's inkoop

Attentiepunt	Risico
Inkoopcontracten	Verplichtingen uit hoofde van contracten niet volledig vastgelegd
Boeteclausules in contracten (boete als te weinig wordt afgenomen)	Ten onrechte verantwoorden van boetes of het ten onrechte niet opnemen van verplichtingen uit hoofde van boetes
Kortingsregelingen in contracten	Inkopen met een hoge korting (dus lage inkoopprijs) worden verantwoord als inkopen met een lage korting (dus hoge inkoopprijs)
Wisselende inkoopprijzen bijvoorbeeld omdat de inkoopprijs samenhangt met de wereldmarktprijs (olie)	Inkopen met een lage prijs worden verantwoord als inkopen met een hoge prijs
Inkopen in vreemde valuta	Inkopen met een lage koers worden verantwoord als inkopen met een hoge koers
	De verplichting in vreemde valuta en daarmee het valutarisico is niet juist geregistreerd
Inkoopproces verregaand geautomatiseerd (e-Procurement)	Afhankelijkheid van automatisering. Het risico dat gegevens door onbevoegden worden gewijzigd
Kwaliteit van goederen is niet vooraf vast te stellen	Goederen met een lage kwaliteit worden verantwoord als goederen met een hogere kwaliteit (en dus hogere inkoopprijs)

De lijst is niet volledig, want binnen bedrijven worden steeds andere zaken bedacht om zo slim en efficiënt mogelijk in te kopen. Dat kan leiden tot nieuwe attentiepunten, waarvoor binnen de administratieve organisatie maatregelen genomen moeten worden om de daaruit voortvloeiende risico's te beheersen. Dat zal zowel gebeuren binnen de randvoorwaarden, de processen als de controles en analyses.

9.3 Randvoorwaarden

Zoals we in hoofdstuk 6 al gezien hebben, zijn de randvoorwaarden de zaken die preventief geregeld moeten worden, dat wil zeggen voordat de processen gaan plaatsvinden. Deze bestaan uit:
- functiescheiding
- automatisering
- begroting
- richtlijnen en normen

9.3.1 Functiescheiding

Bij handelsbedrijven bestaan de primaire bedrijfsprocessen uit inkopen, bewaren van voorraden en verkopen. Vanwege de controletechnische functiescheiding is het niet wenselijk dat deze drie processen door dezelfde medewerkers worden uitgevoerd. Daarom is er functiescheiding nodig tussen inkoopafdeling, magazijn, verkoopafdeling en administratie. Maar ook binnen het proces van inkoop en voorraad zullen er verdere functiescheidingen moeten zijn. De opzet bij functiescheiding is immers dat er twee of meer medewerkers betrokken zijn bij dezelfde stap in het proces. In tabel 9.2, die je vanwege de lege vakjes misschien een beetje vreemd zult vinden, wordt aangegeven welke verbanden er in het inkoopproces moeten zijn tussen de diverse afdelingen. Per regel zijn steeds (indien van toepassing) de afdelingen te vinden, die onafhankelijk van elkaar in het ERP-systeem de vermelde gegevens vastleggen. Het gaat hier om zowel de inkoop- als het voorraadbeheer.

TABEL 9.2 Verbanden tussen afdelingen

Inkoopafdeling	Magazijn	Crediteuren-administratie	Directie	Financiële administratie
Ontvangen offerte Ingekochte producten Retour te zenden producten	Ontvangen producten Retour gezonden producten	Producten op inkoopfactuur Producten op ontvangen creditnota	Producten betaald	Afstemming (verbanden) Afstemming (verbanden)

Door de functiescheiding zijn er dus steeds twee 'partijen' betrokken bij een gebeurtenis. Als de gegevens die zij vastleggen aan elkaar gelijk zijn, zullen die gegevens betrouwbaar zijn. Dit wordt vastgesteld door de administratie.

9.3.2 Automatisering

Zoals in hoofdstuk 6 en 7 beschreven, gaat het bij de randvoorwaarden met name om de general computer controls. Inkoop en voorraad stellen in principe niet meer eisen aan de automatisering dan daar beschreven. Bij de attentiepunten hebben we 'inkoopproces verregaand geautomatiseerd' genoemd. Hierbij moet je denken aan de situatie waarbij de leverancier toegang heeft tot de voorraadadministratie en er automatisch een order wordt aangemaakt en uitgevoerd als de voorraad op een bepaald minimumniveau komt. We komen hier later nog op terug. Dan zullen maatregelen genomen moeten worden, zodat de leverancier geen dingen in de administratie van zijn klant kan doen die hij niet mag doen.

TUSSENVRAAG 9.1
Welke wijzigingen zou een kwaadwillende leverancier in de administratie van zijn klant willen aanbrengen?

Dit vraagt extra general computer controls rondom de bevoegdheden die de leverancier heeft en een stevige firewall tussen die delen van het systeem waarin hij wel mag komen en die delen waarin hij niet mag komen.

Voor het gehele inkoopproces geldt dat er de nodige application controls kunnen worden opgenomen. Die worden in paragraaf 9.4. besproken.

9.3.3 Begroting

De directie van een handelsbedrijf heeft een paar belangrijke middelen tot haar beschikking om de organisatie te besturen en te beheersen. Het belangrijkste stuurmiddel is de **verkoopbegroting**. In die begroting heeft de verkoopfunctie een onderbouwde schatting gemaakt van het aantal verkopen en de verkoopprijzen in de komende periode. Verkoop heeft dat gedaan op basis van een aantal gegevens, zoals de omzet in de afgelopen perioden, eventueel lopende verkoopcontracten en de vooruitzichten van de markt. De verkoopbegroting is het uitgangspunt voor het opstellen van de **inkoopbegroting** en de **voorraadbegroting**. In de inkoopbegroting staat welke producten tegen welke geschatte prijzen ingekocht zullen worden. Bij de berekening van de inkoopprijzen heeft de directie rekening gehouden met de te behalen brutowinstmarge (het verschil tussen in- en verkoopprijzen). In de voorraadbegroting staat welke voorraden aangehouden moeten worden. Het inkoopbudget wordt uit de inkoopbegroting afgeleid. Het inkoopbudget wordt wel taakstellend genoemd, omdat in het budget precies wordt beschreven welke doelen (taken) Inkoop moet realiseren en hoeveel geld daarvoor ter beschikking is. Zie figuur 9.2.

FIGUUR 9.2 Begroting

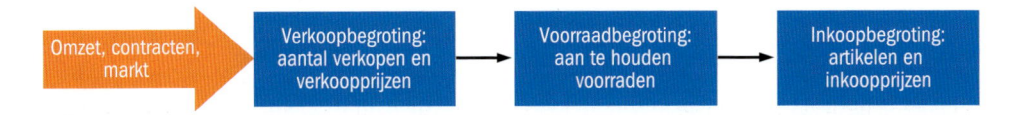

Omzet, contracten, markt → Verkoopbegroting: aantal verkopen en verkoopprijzen → Voorraadbegroting: aan te houden voorraden → Inkoopbegroting: artikelen en inkoopprijzen

De gegevens over de afgesproken budgetten worden door de administratie vastgelegd in het ERP-systeem van het bedrijf. Op die manier kan er snel en eenvoudig worden gecontroleerd of de werkelijke situatie (IST) in overeenstemming is met het budget (SOLL). In geval van een afwijking zal het management proberen om bij te sturen, dat wil zeggen dat er actie wordt ondernomen om IST en SOLL zo veel mogelijk aan elkaar gelijk te laten worden. Zie voorbeeld 9.1.

VOORBEELD 9.1

Inkoopbudget van de Bijenkorf

In het inkoopbudget van de Bijenkorf is vastgelegd dat in de productgroep Damesmode, subgroep ('wereld' genoemd bij de Bijenkorf) Rokken op jaarbasis 5.000 stuks Schotse Ruit van diverse afmetingen moeten worden ingekocht tegen een gemiddelde inkoopprijs van €10,87 per stuk. De rokken worden ingekocht bij twee leveranciers in Tunesië. Het totale budget is dus €54.350. Bij controle eind mei bleek uit het ERP-systeem dat op dat moment 950 rokken waren ingekocht, tegen een totale inkoopprijs van €23.370,50. Van het budget was dus nog 57% over, terwijl nog 81% van de totale inkoop plaats moest vinden. De gestegen prijs van het katoen was de boosdoener. Het hoofd van de afdeling Inkoop besloot om een andere leverancier te zoeken die bereid was om tegen gunstiger voorwaarden te leveren. Het gestelde doel in het inkoopbudget zal echter niet meer gehaald kunnen worden. Aangezien Verkoop de verkoopprijs niet wil verhogen, zal de Bijenkorf de gestelde winstmarge op deze producten niet waar kunnen maken. Het jaar daarop zal het inkoopbudget dan ook moeten worden bijgesteld.

9.3.4 Richtlijnen en normen

De directie van het handelsbedrijf zal, deels afgeleid van de budgetten, de volgende richtlijnen verplicht stellen:
- *Verkoop*: regels over verkoopprijzen, kortingen en aanbiedingen.
- *Inkoop*: maximale inkoopprijzen in verband met de winstmarges.
- *Magazijn*: aan te houden voorraden per artikelsoort.

Daarnaast zullen er richtlijnen moeten zijn voor de bijzonderheden die onder attentiepunten genoemd zijn. Als er bijvoorbeeld sprake is van inkopen in vreemde valuta, moeten er richtlijnen zijn over het omgaan met valutarisico's.

Bij inkoopbeslissingen wordt meestal op de prijs, kwaliteit en levertijd van een product gelet en op eerdere ervaringen met de leverancier. Een toenemend aantal bedrijven let tegenwoordig ook nog op een ander aspect, namelijk of het gedrag van de leverancier wel maatschappelijk verantwoord is. Hiermee wordt bedoeld hoe de leverancier zich gedraagt als het gaat om bijvoorbeeld arbeidsomstandigheden en rechten van zijn werknemers en het milieu. Als de leverancier het hiermee niet zo nauw neemt, zal er geen zaken met hem gedaan worden. Maatschappelijk verantwoord inkopen (mvi) wordt ook wel ketenverantwoordelijkheid genoemd. Productie- en handelsketens starten vaak in het buitenland; eindproducten of grondstoffen worden in een ander land geproduceerd. Bij mvi begint de verantwoordelijkheid van de inkoper niet pas bij de Nederlandse grens. Maatschappelijk verantwoord inkopen houdt in dat ook bekend is waar grondstoffen en producten vandaan komen, dus welke schakels er nog meer in de keten zijn. Sociale en milieu-aspecten eerder in de keten, hebben uiteindelijk ook invloed op de duurzaamheid van een in Nederland gevestigd bedrijf. Mvi vormt een onderdeel van maatschappelijk verantwoord ondernemen (mvo). Bedrijven die maatschappelijk verantwoord ondernemen, houden rekening met de maatschappelijke effecten van hun activiteiten. Dat geldt voor alle bedrijfsonderdelen: dus voor inkoop, productie en verkoop, maar ook voor hrm en marketing.

Maatschappelijk verantwoord inkopen (mvi)

Maatschappelijk verantwoord ondernemen (mvo)

Met de richtlijnen hebben we alle randvoorwaarden behandeld. Nu komen we aan het moeilijkste deel van de administratieve organisatie, namelijk de processen.

9.4 Processen

In figuur 9.3 is een globaal schema opgenomen waarin de stappen van het inkoopproces vermeld zijn die in dit hoofdstuk behandeld worden.

FIGUUR 9.3 Globaal schema inkoop

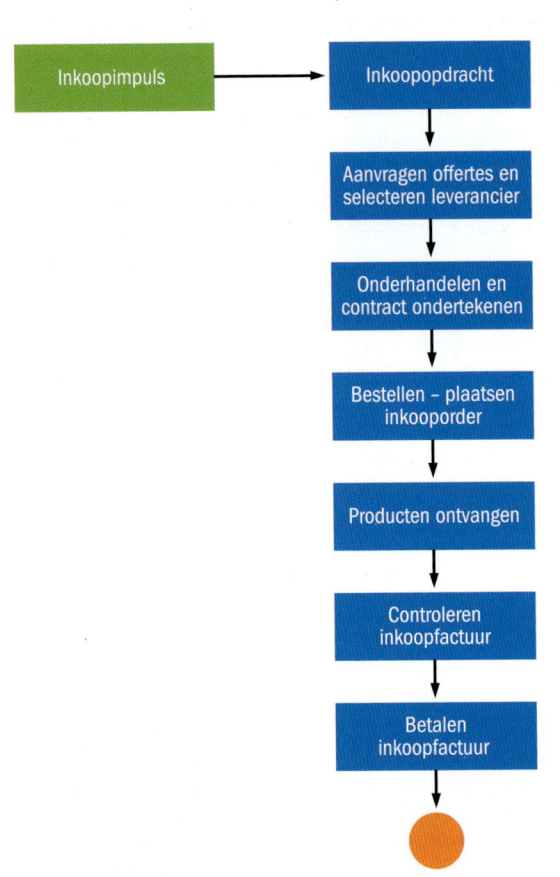

```
Inkoopimpuls ──▶ Inkoopopdracht
                      │
                      ▼
              Aanvragen offertes en
              selecteren leverancier
                      │
                      ▼
               Onderhandelen en
              contract ondertekenen
                      │
                      ▼
               Bestellen – plaatsen
                   inkooporder
                      │
                      ▼
               Producten ontvangen
                      │
                      ▼
                  Controleren
                 inkoopfactuur
                      │
                      ▼
                    Betalen
                 inkoopfactuur
                      │
                      ▼
                      ●
```

We gaan nu de processtappen volgen van de inkopen. We kijken naar welke stappen er zijn en hoe die worden uitgevoerd. Hierbij besteden we aandacht aan de 4 W's uit hoofdstuk 8:
- wie (functiescheiding)?
- doet wat (concrete handeling)?
- waarmee (informatie)?
- welke administratieve vastlegging volgt daaruit?

Het is de taak van de inkoopafdeling om, binnen het vastgestelde budget, zo goed mogelijk in te kopen. Het inkoopproces bestaat uit de volgende zes subprocessen:
1. geven van de inkoopopdracht
2. aanvragen offerte en selecteren leverancier
3. plaatsen inkooporder
4. producten ontvangen
5. controleren inkoopfactuur
6. betalen inkoopfactuur

9.4.1 Geven van de inkoopopdracht

Om het inkoopproces in gang te zetten is er een inkoopimpuls nodig, iets of iemand moet aangeven dat bepaalde producten moeten worden ingekocht. In het handelsbedrijf kan die impuls ontstaan omdat er artikelen aan de klant zijn verkocht of omdat men er in de verkoopprognose van uitgaat dat die producten verkocht zullen gaan worden. In het laatste geval zullen de in te kopen producten aan de voorraad worden toegevoegd. Een derde mogelijkheid is dat de voorraad van een bepaald product onder het minimum is gekomen, zoals dat in het ERP-systeem is vastgelegd. In dat geval zal er door het ERP-systeem automatisch een inkoopimpuls worden afgegeven.

Inkoopimpuls

Voor de AO is het interessant te weten van welke medewerker de inkoopimpuls afkomstig is, want het is niet zo dat iedereen in het bedrijf naar eigen goeddunken producten kan laten inkopen. Op de inkoopafdeling of in het ERP-systeem zal een overzicht beschikbaar zijn van de functionarissen die tot inkopen zijn geautoriseerd (dat wil zeggen die dat van de directie mogen). Alleen inkoopopdrachten die van hen afkomstig zijn, zullen door Inkoop in behandeling worden genomen.

TUSSENVRAAG 9.2
Hoe is de inkoopautorisatie bij de Bijenkorf geregeld?

9.4.2 Aanvragen offerte en selecteren leverancier

We komen nu bij het meest fraudegevoelige onderdeel van het inkoopproces. Je zult je misschien kunnen voorstellen dat er leveranciers zijn die er best iets voor over hebben als een inkoper zijn bestelling bij hen plaatst. Je zult ook begrijpen dat er inkopers zijn die, om wat voor reden dan ook, gevoelig zijn voor een mooie bonus, provisie, een prachtig verjaardagscadeau of zelfs steekpenningen. Dit zou ertoe kunnen leiden dat een inkoper niet meer zoekt naar de voor het bedrijf beste prijs-kwaliteitverhouding, maar naar het aanbod dat hem persoonlijk het grootste gewin oplevert. Om de organisatie hiertegen te beschermen, zal de inkoper gedwongen worden om bij de offerteaanvraag een strikte offerteprocedure te volgen of zal er een zodanige functiescheiding worden doorgevoerd dat het aanvragen, het ontvangen en het beoordelen van offertes niet door een en dezelfde inkoper worden gedaan.

Offerte-procedure

Hierbij komen de volgende onderwerpen aan de orde:
- inkoopdocumentatie
- offerteregister
- inkoopcontracten
- leverancierskortingen
- contractenregister

Inkoopdocumentatie
Voordat er een offerte kan worden aangevraagd, zal de inkoper eerst moeten nagaan welke leveranciers de producten kunnen leveren en tegen welke voorwaarden, en met welke van die leveranciers positieve ervaringen zijn opgedaan. Om van de ervaringen uit het verleden te kunnen leren, is het vanzelfsprekend van belang dat er een bruikbare inkoopdocumentatie wordt opgebouwd. In die documentatie, een onderdeel van het ERP-systeem, kunnen per leverancier gegevens worden opgenomen over namen en adressen, lopende overeenkomsten, speciale condities (zoals

Inkoop-documentatie

kortingen of inkoopbonussen) en levertijden. Daarnaast bestaat de mogelijkheid om aantekeningen vast te leggen over de opgedane ervaringen. In dergelijke documentatie zou ook per artikel gezocht kunnen worden. Het is dan natuurlijk wel van belang dat wordt vastgelegd welke artikelen per leverancier geleverd kunnen worden. Als de daartoe vereiste gegevens zijn vastgelegd, is het zelfs mogelijk dat het documentatiesysteem automatisch de leveranciers selecteert die het meest voldoen aan de gewenste prijs-/kwaliteits-/levertijdcriteria. Uiteindelijk zal bij een klein aantal leveranciers een offerte worden opgevraagd.

Offerteregister

Offerteregister
Nadat de leveranciers zijn geselecteerd, legt de inkoper de offertegegevens vast in het offerteregister van het ERP-systeem. Later kunnen deze gegevens, met één druk op de knop, eventueel worden omgezet naar een inkooporder. Bij de offerteaanvraag wordt meestal een einddatum gesteld, waarvoor de offerte binnen moet zijn. Het registreren van de offerteaanvraag heeft tot doel om de voortgang te kunnen controleren (is de einddatum al verstreken?), maar is daarnaast ook een middel waarmee de inkopers verantwoording kunnen afleggen over hun activiteiten. Zoals al is opgemerkt, is de inkoop een beschikkende functie die voor de onderneming van groot belang is. Inkopers doen dagelijks zaken met externe partijen, de leveranciers, die een tegengesteld belang hebben. De inkoper wil een kwalitatief zo goed mogelijk product, tegen een zo laag mogelijke prijs en de beste voorwaarden. De leverancier wil een zo hoog mogelijke prijs en streeft de voor hem gunstigste voorwaarden na. Dit levert een bepaalde spanning op, die de inkoper wegneemt als hij met de offerteregistratie kan aantonen dat hij de voor het bedrijf best mogelijke deal heeft gesloten. Als extra maatregel van interne controle zullen de ontvangen offertes pas na de einddatum worden geopend in het bijzijn van twee personen (vierogenprincipe). Op basis van de uitgebrachte offertes zal er een keuze voor een leverancier gemaakt worden. Wanneer er vooraf calculaties over de hoogte

Inkoopbeslissing
van de inkoopprijs zijn gemaakt, zullen die ook een rol spelen bij de inkoopbeslissing. De geoffreerde producten zullen dan aan de berekende prijzen worden getoetst. De inkoopbeslissing wordt vastgelegd in het offerteregister. In voorbeeld 9.2 zie je een offerte voor verpakkingsmateriaal.

TUSSENVRAAG 9.3
Wie zal uiteindelijk de keuze voor de leverancier maken?

VOORBEELD 9.2

Voorbeeldofferte

Offerte voor verpakkingsmateriaal

ACKER

Van Acker Kartonnages
Postadres: Postbus 112, 5362 AB Grave
Bezoekadres: Papierweg 20, 5362 CD Grave
Communicatie: Tel: 0486-474432, Fax: 0486-475431
info@vanackerkarton.nl, www.vanackerkarton.nl

Offerte

Offertenummer	Offertedatum	Geldigheidsduur	Leverdatum	Uw referentie
20091245	11-sep-18	3 weken	13-dec-18	9675A

Artikel-nummer	Omschrijving van artikel	Aantal	Prijs per eenheid	Btw	Bedrag
1002-450C	Doos 450 × 355	2.000	€0,75	21%	€1.500
1002-425D	Doos 425 × 325	3.000	€0,61	21%	€1.830
1004-925A	Omdoos 925 × 875	3.200	€0,95	21%	€3.040

Subtotaal	€6.370,00
Korting	
Btw bedrag 21%	€1.337,70
Btw bedrag 6%	€
Totaal	€7.707,70

Voor akkoord,

Van Acker Kartonnages   FrysTec

Naam: F. Vermeulen
Datum:
Plaats: Grave

Inkoopcontracten

In veel gevallen zijn er met leveranciers al inkoopcontracten afgesloten. Dan vindt het selectieproces plaats voor het afsluiten van het contract. Een inkoopcontract is een overeenkomst met een leverancier voor de levering van artikelen of diensten onder afgesproken voorwaarden en binnen een bepaalde periode. Inkoopcontracten, meestal aangeduid als raamcontracten, kunnen worden onderverdeeld in hoeveelheidscontracten en waardecontracten. In een hoeveelheidscontract is overeengekomen dat de klant een bepaalde hoeveelheid van een product bestelt binnen een gespecifi-

Inkoop-contracten

Raamcontracten

ceerde periode. In een waardecontract is de totaalwaarde van de in te kopen producten of diensten vastgelegd. In het algemeen zijn de volgende vier contracten te onderscheiden:

- afroepcontracten
- afnamecontracten
- oogstcontracten
- paraplucontracten

Afroepcontracten

Afroep-contracten

Bij afroepcontracten moet de afnemer een vaste hoeveelheid met een vaste kwaliteit afnemen tegen een vaste prijs. De hoeveelheid kan in één keer worden afgenomen, maar ook in gedeeltes worden afgeroepen, dat wil zeggen dat de inkoper aangeeft dat er (een deel) geleverd moet worden. Bij een afroepcontract is het van belang om erop toe te zien, dat de afroep plaatsvindt binnen de afgesproken termijn. Wanneer niet de volledige hoeveelheid in één keer wordt afgeroepen, moet bovendien worden bijgehouden wat de zogenoemde contractpositie is, dat wil zeggen hoeveel producten of diensten er nog beschikbaar zijn. Het ERP-systeem zal een dergelijke registratie mogelijk moeten maken. Voorbeeld: de Bijenkorf sluit een afroepcontract voor 50.000 zijden shawls bij een leverancier in India en bedingt dat de shawls binnen tien werkdagen na afroep geleverd worden.

Afnamecontracten

Afname-contracten

Bij afnamecontracten is de inkoper verplicht om een bepaalde hoeveelheid producten tegen een al dan niet vaste prijs af te nemen. Voorbeeld: de Bijenkorf sluit een afnamecontract voor de levering van gas en elektriciteit. In het contract is bepaald hoeveel m^3 gas en kW elektriciteit de Bijenkorf af moet nemen en tegen welke prijs. Wanneer de Bijenkorf meer of minder afneemt, zal de prijs hoger worden (er is wel altijd een marge ingebouwd). De energieleverancier is op zijn beurt gedwongen om te leveren.

Oogstcontracten

Oogstcontracten

Bij oogstcontracten legt de inkoper zich vast om de toekomstige oogst tegen een vastgestelde prijs af te nemen. Bij dergelijke contracten bestaat veel onzekerheid over zowel de kwaliteit als de kwantiteit van de producten en de toekomstige prijsontwikkeling. Je zou kunnen zeggen dat er in feite zowel door de koper als de verkoper wordt gespeculeerd. Voorbeeld: een fritesfabrikant koopt in januari, tegen een prijs van €9 per 100 kilo, de bintjes van boer Janssen die later dat jaar worden geoogst.

Paraplucontracten

Paraplu-contracten

Bij paraplucontracten worden er contractuele afspraken gemaakt over de voorwaarden waaronder producten of diensten eventueel ingekocht kunnen worden. Het gaat dan om zaken als prijs, kortingen, inkoopbonussen en leveringsvoorwaarden. Dat er ook daadwerkelijk inkopen zullen plaatsvinden, wordt niet vastgelegd. Voorbeeld: de Bijenkorf sluit een contract met een uitzendbureau over het mogelijk inhuren van uitzendkrachten.

Leverancierskortingen

Leveranciers-kortingen

In de contracten kunnen ook afspraken worden vastgelegd over bonussen en kortingen. Deze leverancierskortingen kennen vele varianten: het kan gaan om vooruitbetaalde bonussen of achteraf betaalde volumekortingen, dan wel seizoensgebonden programma's of bijvoorbeeld het betalen van kosten voor marketingactiviteiten. Vooral bij kortingen die afhankelijk zijn van het inkoopvolume, is het zeer van belang dat goed wordt geregistreerd hoeveel er bij de betreffende leverancier is ingekocht en ook of de afgesproken bonus daadwerkelijk wordt betaald.

Zoals bij veel attentiepunten binnen de administratieve organisatie is hier sprake van een verschuivingsgevaar. Dit houdt in dat inkopen met lage(re) prijzen worden verantwoord als inkoop met hoge(re) prijzen. Dit kan onbewust gebeuren, maar natuurlijk ook bewust. In het laatste geval wordt het verschil aan de onderneming onttrokken (ofwel: iemand steekt het in eigen zak). Dit kan het gevolg zijn van korting (inkopen met korting worden verantwoord als inkopen zonder korting), van bonussen (ontvangen inkoopbonussen worden niet verantwoord) of van boetes wegens niet afgenomen hoeveelheden (er worden boetes verantwoord die niet bestaan). De belangrijkste beheersmaatregelen van administratieve organisatie om dit tegen te gaan zijn:

Verschuivingsgevaar

- functiescheiding tussen inkoop (beschikkend) en administratie (registrerend/controlerend)
- begroten van kortingen, bonussen en boetes
- application controls in het ERP-systeem: signaleren van inkoop zonder korting bij een leverancier met kortingsafspraken, bewaken ontvangen bonussen per contract, signaleren van verantwoorde boetes
- analyse van kortingen, bonussen en boetes door administratie, mede op basis van de door de application controls gesignaleerde zaken

Contractenregister
De inhoud van de inkoopcontracten is wezenlijk voor een succesvol inkooptraject, vandaar dat de contracten dan ook zorgvuldig moeten worden aangetekend in een contractenregister. De contracten zullen doorlopend genummerd moeten worden en dienen te worden ondertekend door een geautoriseerd functionaris, zoals de directeur of het hoofd Inkoop. De contractgegevens moeten worden ingevoerd in het geautomatiseerde systeem. Het gaat dan om kenmerken als contractnummer, datum en looptijd en inhoudelijk om de omschrijving, de contracthoeveelheid, de prijs, afroeptermijn, de contractpositie enzovoort. In ERP-systemen zijn daartoe de nodige voorzieningen opgenomen. Vanuit functiescheiding verdient het de voorkeur het contractenregister op de administratie te laten bijhouden. Aangezien de inhoud van inkoopcontracten voor de concurrentie interessant is, moet worden voorkomen dat niet-geautoriseerde medewerkers de contracten kunnen inzien. Ook de fysieke contracten, dus de papieren, moeten op een veilige plaats, bijvoorbeeld in een brandkast, worden opgeborgen.

Contractenregister

9.4.3 Plaatsen inkooporder

Zoals gezegd kan in het ERP-systeem eenvoudig een inkooporder worden aangemaakt op basis van de vastgelegde offertegegevens. Wanneer er geen offertetraject aan de bestelling is voorafgegaan, moeten de ordergegevens uiteraard nog worden ingevoerd. De order wordt vastgelegd in het orderbestand. Als de order schriftelijk naar de leverancier wordt verzonden, zal hij getekend moeten worden door een daartoe bevoegde functionaris, in veel gevallen zal dat de inkoper zijn. Na ontvangst van de order zal de leverancier in sommige gevallen nog een orderbevestiging sturen.
Routinematige bestellingen kunnen automatisch door het ERP-systeem worden afgehandeld. Denk bijvoorbeeld aan een supermarktketen die dagelijks melk inkoopt bij een zuivelfabriek. De inkooporder zal automatisch

EDI

worden gegenereerd op basis van gegevens over de voorraad, de te verwachten afzet en de levertijd. Een dergelijke bestelling kan, zonder menselijke tussenkomst, direct door het informatiesysteem van de supermarkt worden doorgegeven aan het systeem van de zuivelfabriek. Dit elektronische berichtenverkeer wordt aangeduid als EDI (electronic data interchange). EDI is niet te vergelijken met e-mail, want bij e-mail kan de verzender het bericht net zo opstellen als hij dat zelf wil, bij EDI moeten berichten voldoen aan een vooraf afgesproken structuur. Logisch, want anders zou het computersysteem van de ontvanger niet in staat zijn om te begrijpen waar het bericht over gaat. De vooraf afgesproken standaard voor het berichtenverkeer is niet alleen van toepassing op de toevallige gegevensuitwisseling tussen de supermarkt en de zuivelfabriek, maar geldt wereldwijd en is vastgelegd in EDIFACT, de internationale standaard voor elektronische gegevensuitwisseling.

Belangrijke onderwerpen bij het plaatsen van de inkooporder zijn: wisselende inkoopprijzen, valutarisico's en e-Procurement. Deze behandelen we hierna.

Wisselende inkoopprijzen

Speciale aandacht is nodig voor producten waarvan de inkoopprijs als gevolg van marktprijzen vaak wijzigen. Een voorbeeld hiervan is kerosine voor een luchtvaartmaatschappij waarvan de prijs afhankelijk zal zijn van de olieprijs op de wereldmarkt. In dit geval kan gunstig of ongunstig inkopen grote financiële gevolgen hebben. Bij fluctuerende inkoopprijzen is het van belang de prijsverschillen ten opzichte van een vooraf bepaalde prijs (de zogenaamde vaste verrekenprijs) goed te bewaken. Een risico dat hiermee samenhangt is dat medewerkers gaan speculeren, bijvoorbeeld veel of juist weinig inkopen omdat ze verwachten dat de prijzen zullen gaan stijgen respectievelijk dalen. Je zult begrijpen dat als dit in grote aantallen gaat en de verwachtingen niet uitkomen (niemand kan in de toekomst kijken) de gevolgen groot kunnen zijn. Goede richtlijnen en controle op de naleving daarvan zijn dan ook belangrijk.

Verschuivingsgevaar

Als gevolg van de wisselende inkoopprijzen is er ook sprake van een verschuivingsgevaar: inkopen met een lage(re) prijs worden verantwoord als inkopen met een hoge(re) prijs. Gebeurt dit bewust, dan zal het verschil aan de onderneming worden onttrokken. Dit is uiteraard een vorm van fraude die door goede maatregelen van administratieve organisatie voorkomen moet worden. Deze maatregelen zijn:
- functiescheiding tussen inkoop (beschikkend) en administratie (registrerend/controlerend)
- application control waarin het ERP-systeem signaleert dat de werkelijke inkoopprijs bijvoorbeeld meer dan x% afwijkt van de vaste verrekenprijs
- analyse van deze prijsverschillen tussen de werkelijke inkoopprijs en de vaste verrekenprijs door de administratie
- controle op de administratie tussen de inkoopprijs die geboekt wordt en de inkoopprijs op de dag van bestelling

Valutarisico's

Valutarisico

Wanneer de leverancier niet in euro's factureert, maar bijvoorbeeld in dollars of een andere vreemde valuta, moeten er maatregelen worden genomen om het valutarisico af te dekken. Met het valutarisico wordt bedoeld dat de koers van de vreemde valuta wijzigt tussen het moment van het plaatsen van de order en het moment van factureren. Bij inkopen gaat het dan om een stijging (zie voorbeeld 9.3).

VOORBEELD 9.3

Valutarisico

Stel: de Bijenkorf plaatst op 1 februari een inkooporder voor $10.000. Op dat moment is een dollar bijvoorbeeld €0,68 waard, dus de hele order is €6.800. Op 1 juli zijn de producten geleverd en wordt er gefactureerd. Op dat moment is de dollar €0,72 waard. Er moet dus €7.200 worden betaald, €400 meer dan op het moment van bestellen.

Een bedrijf dat inkoopt en verkoopt in dollars heeft zowel vorderingen als verplichtingen in dollars. Daardoor kan zo'n bedrijf een groot deel van de risico's op openstaande betalingen wegstrepen tegen risico's op openstaande vorderingen. Het gaat dus om twee stromen geld die voor een deel tegen elkaar wegvallen. Dit wordt wel aangeduid met de term 'netting'. Bij de Bijenkorf zal dit niet werken, omdat de verkoop alleen in euro's plaatsvindt. De Bijenkorf zal dus naar andere middelen moeten grijpen om de 'valuta exposure' (het valutarisico) te minimaliseren. Veelgebruikte middelen zijn:

Netting

- *Het afsluiten van een valutatermijncontract.* Hierbij wordt een valuta op een vooraf afgesproken datum gekocht of verkocht tegen een vooraf vastgestelde koers.
- *Een geldmarkttransactie.* Hierbij wordt een lening afgesloten of een deposito geplaatst in een vreemde valuta, gelijk aan het bedrag dat het bedrijf tegoed heeft of moet betalen.
- *Het kopen van een valutaoptie.* Hierbij krijgt de koper het recht om een bepaald bedrag aan vreemde valuta te kopen of te verkopen tegen een vooraf vastgestelde koers. De koper hoeft geen gebruik te maken van zijn optie en kan de optie ook tussentijds verkopen.
- *De valutaswap.* Dit is een ruil van valuta die op een vast tijdstip weer teruggeruild wordt. Meestal is de tegenpartij een bank, die een daarvoor vastgestelde vergoeding ontvangt. De bank heeft contacten elders en kan daarmee een tegenovergestelde swap uitvoeren om zich ook weer tegen het risico in te dekken.
- *Een koersrisicoverzekering.* Dit is een verzekering tegen koersrisico's, waarvoor uiteraard een premie betaald moet worden.

Bij wat grotere bedrijven ligt de verantwoordelijkheid voor dergelijke financiële transacties bij de treasuryfunctie. Voor de administratieve organisatie is het van belang dat de positie in vreemde valuta goed wordt bijgehouden. Hieronder verstaan we de vorderingen, schulden of liquide middelen die de onderneming in vreemde valuta heeft. Ook is een goede registratie van de maatregelen, zoals deze hiervoor zijn besproken, noodzakelijk. Dit zal gebeuren op de afdeling Administratie.

Treasuryfunctie

Vergelijkbaar met de wisselende inkoopprijzen bestaat ook hier een mogelijk verschuivingsgevaar: inkopen met lage(re) koers worden verantwoord als inkopen met hoge(re) koers. Hiervoor zijn weer maatregelen nodig:

Verschuivingsgevaar

- functiescheiding inkoop (beschikkend), treasurer (beschikkend) en administratie (registrerend/controlerend)
- werken met administratief vaste koersen met analyse koersverschillen door administratie
- werken met application controls die signaleren dat de werkelijke koers meer dan x% afwijkt van de administratief vaste koers

E-Procurement

E-Procurement

Een betrekkelijk nieuwe vorm van inkopen is e-Procurement. Hieronder wordt het elektronisch inkopen van producten en diensten verstaan. Het inkooptraject verloopt dan zonder dat nog menselijk handelen of papier nodig is. Door leveranciersselectie vooraf en het afsluiten van inkoopcontracten met deze leveranciers, vervallen de direct inkopende taken van de inkoopmedewerkers en kan voortaan elke medewerker zelf direct producten inkopen.

E-Procurement bestaat uit drie delen die op elkaar aansluiten:

1 *Sourcing Catalog Services*
   Dit is de leverancierscatalogus en deze bevat een overzicht van alle aanbieders van een bepaald product of een bepaalde dienst. De afdeling Inkoop maakt een eerste leveranciersselectie op basis van deze catalogus.
2 *Elektronisch aanbesteden*
   Nadat Inkoop de leveranciers in de catalogus heeft geselecteerd, wordt er meestal informatie ingewonnen en een offerte aangevraagd. Op basis hiervan vindt de definitieve leveranciersselectie plaats. Het hoofd van de afdeling Inkoop zorgt daarna voor inkoopcontracten met deze leveranciers. Vervolgens worden alle contractafspraken vastgelegd in de derde component, de Ordering Catalog, zodat ze voor de andere werknemers in de organisatie ook zichtbaar zijn.
3 *Ordering Catalog Systems*
   Dit is de interne catalogus. Medewerkers gebruiken deze catalogus om zelf producten te bestellen. Het systeem verwerkt deze bestellingen en stuurt ze door naar de leverancier, die de orders conform de afspraken verder afhandelt. Alle informatie over de bestellingen wordt door het systeem bijgehouden.

Uiteraard kan de e-Procurement software samenwerken met het ERP-systeem van het bedrijf en kan op die manier tijd en geld bespaard worden. Toch kleven er nog enkele nadelen aan het systeem. Zo is veel tijd nodig voor het onderhouden van de catalogi, stijgen de transportkosten doordat er meer kleinere bestellingen plaatsvinden en moeten sommige producten toch nog altijd op de traditionele manier worden besteld. Daarnaast vereist e-Procurement een vrij grote investering in soft- en hardware.

Voor de AO is het natuurlijk van belang dat wordt voorkomen dat elke medewerker zomaar lukraak wat inkooporders kan plaatsen. Via autorisatietabellen kan een en ander worden gereguleerd, zo moet worden vastgelegd welke medewerkers, welke producten en tot welk bedrag vrij mogen bestellen.

TUSSENVRAAG 9.4
Kan e-Procurement bij de filialen van de Bijenkorf worden gebruikt om de voorraad lokaal aan te vullen? Dus bijvoorbeeld een verkoopster in Den Bosch bestelt via het systeem twintig paar damesschoenen, omdat de winkelvoorraad vrijwel op is.

9.4.4 Producten ontvangen

Aangezien de inkooporders zijn vastgelegd in het ERP-systeem, kan de afdeling Magazijn opvragen welke producten er in een bepaalde periode zullen worden geleverd. De ontvangst van de producten is een belangrijke schakel in de waardekringloop en moet daarom zorgvuldig gebeuren. Bij de ontvangst moet de magazijnmeester zich de volgende vragen stellen:
- Zijn de geleverde producten ook de bestelde producten? Om die vraag te kunnen beantwoorden, moet het magazijnpersoneel eerst vaststellen wat er echt is ontvangen (door de producten zelf te bekijken en te tellen, niet door alleen maar de pakbon te bestuderen). Vervolgens moet worden gecontroleerd of de ontvangst overeenstemt met de gegevens op de inkooporder.
- Zijn alle bestelde producten geleverd?
- Is de levering op tijd en tegen de overeengekomen voorwaarden (bijvoorbeeld wat betreft de kwaliteit en de grootte van de verpakking)? Gegevens hierover zijn ook vastgelegd in het inkooporderbestand.

Met betrekking tot het eerste punt zou je ook van mening kunnen zijn dat de magazijnmeester helemaal niet hoeft te weten hoeveel artikelen er besteld zijn. Dan kan hij ook niet in de verleiding komen artikelen mee naar huis te nemen als er meer geleverd zijn dan besteld. Ook zal hij de ontvangen goederen dan echt moeten tellen en niet het aantal invullen van de inkooporder.

TUSSENVRAAG 9.5
Wat vind je zelf: mag de magazijnmeester wel of niet weten hoeveel goederen er besteld zijn? Motiveer je antwoord.

Als de goederenontvangst akkoord is, kunnen de producten eventueel worden uitgepakt en op de juiste locatie in het magazijn worden weggezet. De ontvangst zal ook worden ingeboekt in het ERP-systeem en zal later een belangrijke rol spelen bij de factuurcontrole.
Als de producten niet op tijd of te vroeg geleverd zijn, zal door een daartoe bevoegde functionaris, en dat kan de inkoper zijn, moeten worden besloten wat er gedaan moet worden. In sommige gevallen ligt die beslissing voor de hand, zoals wanneer het gaat om te laat geleverde producten die nodig waren voor een tijdelijke actie die inmiddels is afgelopen. Wanneer de producten evenwel kunnen worden gebruikt, kan het interessant zijn om de levering toch te accepteren, zeker wanneer de leverancier contractueel verplicht is om een boete te betalen of om korting te verlenen.

TUSSENVRAAG 9.6
Wat is erop tegen dat producten te vroeg worden geleverd?

Wanneer blijkt dat er producten zijn geleverd die kwalitatief onder de maat zijn of wanneer er meer is geleverd dan er is besteld, zullen de producten worden geretourneerd. Een medewerker van Inkoop zal een retouropdracht aan het Magazijn moeten afgeven. Het Magazijn draagt vervolgens de betreffende producten met een verzendopdracht over aan de Expeditie, die voor het verdere transport zorgt. Als het gaat om een product dat vervangen kan worden, zoals een gebroken vaas, zal hiervan automatisch een aantekening op de factuur worden gemaakt. Er moet wel worden gecontroleerd of de vervanging (ook wel remplacering genoemd) daarna ook werke-

Retouren

Vervanging

Creditnota

lijk plaatsvindt. In alle andere gevallen zal er een verrekening met de leverancier moeten plaatsvinden. In de meeste gevallen zal er aan de leverancier worden verzocht om een creditnota te sturen. Een creditnota is een negatieve factuur waarmee de leverancier verklaart dat er goederen zijn ingenomen en dat daardoor het oorspronkelijke factuurbedrag moet worden verlaagd. Ook van de te ontvangen creditnota wordt door het ERP-systeem een aantekening op de factuur gemaakt. Bij de betaling van de factuur, zal het bedrag van de creditnota in mindering worden gebracht.

TUSSENVRAAG 9.7
Waarom wordt bij een retouropdracht de ontvangst niet door de afdeling Inkoop afgehandeld? Tenslotte heeft deze afdeling de producten ook besteld en weet dus het best wat er moet worden ontvangen.

Voor de controle kunnen ten aanzien van de ontvangsten de volgende verbandscontroles worden uitgevoerd:
- Inkopen = toename voorraad.
- Ontvangen goederen = goedgekeurde goederen + afgekeurde goederen.
- Afgekeurde goederen = retour gestuurde goederen + vernietigde goederen.
- Retour gestuurde goederen = toename te ontvangen creditnota's.

9.4.5 Controleren inkoopfactuur

Op enig moment zal er van de leverancier een inkoopfactuur worden ontvangen voor de geleverde producten of diensten. Dat moment kan voor, na of tegelijk met de levering zijn. Grotere bedrijven ontvangen duizenden, soms wel honderdduizenden inkoopfacturen per jaar. Je kunt je voorstellen dat het onbegonnen werk is om al deze facturen handmatig te controleren en toch is die controle nodig. Voordat een factuur betaald kan worden, moet eerst worden gecontroleerd of de factuur terecht is verstuurd en inhoudelijk wel klopt. Daarnaast moet worden onderzocht of de producten of diensten die in rekening zijn gebracht ook daadwerkelijk zijn besteld en ontvangen. Vanwege de functiescheiding mag de factuurcontrole niet door Inkoop worden gedaan. De inkoper zou namelijk met de leverancier kunnen afspreken dat er een hoger bedrag wordt gefactureerd dan op de inkooporder stond. Het verschil tussen beide bedragen zou dan onderling verdeeld kunnen worden.

Factuurcontrole

Na ontvangst zal de factuur door de crediteurenadministratie worden ingevoerd in het ERP-systeem. Bij de invoer krijgt de factuur een doorlopend intern volgnummer en wordt ook de datum van ontvangst geregistreerd. Aan de hand van de gegevens van het stambestand crediteuren (gecombineerd met de bestelgegevens), zal een controle worden uitgevoerd naar de rechtmatigheid van de factuur. Indien de leveranciersgegevens op de factuur (zoals naam, adres en bankrekeningnummer) gelijk zijn aan die in het stambestand, mag worden aangenomen dat de betreffende leverancier inderdaad gerechtigd is om een factuur toe te sturen. Facturen van afzenders die niet in het stambestand voorkomen, worden er op deze manier uitgefilterd en zullen in principe ook niet worden betaald.

Het ERP-systeem zal de factuur ook narekenen. De gegevens betreffende prijzen, kortingen en bijkomende kosten staan in het inkooporderbestand. Naast deze inhoudelijke beoordeling van de factuur (dus onderzoeken of de bedragen kloppen), zal het systeem ook controleren of de gegevens op de factuur in overeenstemming zijn met de gegevens van de inkooporder en van de goederenontvangst in het magazijn. Deze controle wordt wel aangeduid als 'three way match'. Als blijkt dat er een verschil bestaat tussen de factuurgegevens en de gegevens van de order of de goederenontvangst, zal Inkoop, samen met de leverancier, moeten uitzoeken wat daarvan de oorzaak is. Je kunt je voorstellen dat het uitzoeken een zeer tijdrovende bezigheid is (zoals gezegd ontvangen grote bedrijven jaarlijks soms honderdduizenden facturen), vandaar dat veel bedrijven de factuur toch goedkeuren, ook al zit er een klein verschilletje in. Als de inkoopfactuur is goedgekeurd, wordt de vordering van de leverancier toegevoegd aan de schuldenadministratie. De factuur komt daarmee onder beheer van de crediteurenadministratie (eigenlijk moeten we zeggen: 'komt in bewaring door de crediteurenadministratie').

Three way match

Crediteurenadministratie

TUSSENVRAAG 9.8
Hoe is de functie van de crediteurenadministratie te typeren en waarom (uitvoerend of beschikkend of een andere beschrijving)?

Hiervoor werd nog uitgegaan van papieren facturen. Volgens onderzoek van het CBS verzond in 2016 nog steeds 54% van de bedrijven hun facturen per post. 38% deed dit elektronisch (met name pdf als bijlage bij een e-mail) en slechts 8% via een e-factuur. Dit zijn elektronische facturen, meestal in UBL-formaat (UBL staat voor Universal Business Language). Hiermee kunnen binnengekomen facturen automatisch worden ingelezen in het ERP-pakket. Om dit technisch mogelijk te maken, is er een nieuw soort dienstverlener ontstaan, zogenaamde factuurdienstverleners.

UBL-formaat

Een bijzondere variant is 'selfbilling'. Hierbij worden de rollen als het ware omgedraaid: de afnemer stuurt een inkoopfactuur aan de leverancier. Zodra de bestelde producten zijn ontvangen, wordt er door de afnemer direct op basis van de inkooporder betaald. Van die betaling wordt melding gemaakt bij de leverancier met het verzoek om te reageren als het betaalde bedrag niet akkoord is. Op die manier wordt de factuurcontrole overgelaten aan de leverancier en dat kan de afnemer veel tijd en kosten uitsparen.

Selfbilling

We hebben het tot nu toe steeds gehad over facturen voor geleverde goederen binnen een handelsonderneming. Daarnaast zijn er nog andere facturen, zoals facturen voor reclamecampagnes, eventuele huur van gebouwen, kosten voor gebruik van telefoon en internet, en abonnementen. Hier zal geen controle kunnen plaatsvinden met goederenontvangsten. Het is van belang goede procedures te hebben wie dergelijke facturen goedkeurt. In dit kader worden bedrijven nogal eens geconfronteerd met fake-facturen. Dit zijn nepfacturen voor bijvoorbeeld (kleine) advertenties die criminelen sturen naar bedrijven, in de hoop dat die betaald worden. Deze zullen dus moeten worden onderschept!

Fake-facturen

9.4.6 Betalen inkoopfactuur
Voordat we naar de laatste fase van het inkoopproces overgaan, de betaling, staan we stil bij het zogenaamde crediteurenstambestand. Dit is het bestand waarin de vaste gegevens van de crediteur vastliggen. Deze vaste gegevens bestaan uit de NAW-gegevens (naam, adres, woonplaats) maar ook het bankrekeningnummer. Dit is een belangrijk gegeven omdat met dit gegeven de betaling gaat plaatsvinden. Dat het hiermee goed mis kan gaan, bewijst voorbeeld 9.4.

Crediteurenstambestand

VOORBEELD 9.4

Hoofd Administratie is ook systeembeheerder

In onderneming A, een keten van winkels met twintig vestigingen, valt de automatisering onder de administratie. De administratie bestaat uit een hoofd Administratie en twee parttime assistenten. Het hoofd Administratie, die een computerhobbyist is, is ook verantwoordelijk voor de automatisering. Hij is dus ook systeembeheerder. Als enige binnen de onderneming weet hij hoe de computerprogramma's werken en enkele van deze programma's heeft hij zelf aangepast of ontworpen. Ooit heeft hij namelijk een cursus programmeren gevolgd.

Een halfjaar geleden is een nieuwe directeur gekomen, met wie het hoofd Administratie niet goed overweg kan. Hij vindt deze man te veeleisend en hij krijgt meer en meer tegenzin in zijn werk. Daarnaast wordt het er thuis ook niet gezelliger op, zijn vrouw klaagt steeds dat ze te weinig geld heeft en de puberkinderen kosten steeds meer geld. Nu wil de oudste ook al autorijles!

Hij heeft een geweldig idee: hij kan €2.000 netto per week extra verdienen door een paar crediteurenfacturen dubbel in te boeken. Vervolgens saboteert hij het betaalbestand. Hij doet dit door de factuur één keer aan de crediteur te betalen (zodat die niet zeurt) en één keer aan een bankrekening op naam van zijn vrouw (haar meisjesnaam, je weet maar nooit). Omdat hij als geen ander de weg weet in de financiële administratie, boekt hij de verschillen keurig weg op de rekening winkeldiefstallen. Geen haan die ernaar kraait.

TUSSENVRAAG 9.9
Welke general computer controls hebben hier niet goed gewerkt?

Natuurlijk is er binnen dit (waargebeurde) voorbeeld 9.4 van alles mis met de functiescheiding. Maar ook als de functiescheiding goed is, is het van belang dat de vaste crediteurengegevens en met name het bankrekeningnummer, goed beveiligd zijn. Dit kan door een combinatie van de volgende maatregelen:
- Slechts een of enkele medewerkers mogen gegevens wijzigen. Dit zullen niet de medewerkers mogen zijn die inkoopfacturen inboeken.
- Er moet invoercontrole worden uitgeoefend op de wijzigingen.
- Het bestand moet worden bewaakt met een 'hash total'.

Hash total

Het laatste punt zijn we ook in hoofdstuk 7 tegengekomen, maar is dermate belangrijk dat we het nog een keer toelichten. Door de bankrekeningnummers van alle crediteuren op te tellen, ontstaat een groot getal dat op zich niets zegt, behalve dat dus een mutatie in een bankrekeningnummer heeft plaatsgevonden als het wijzigt. Dat moet dan een terechte wijziging zijn! Als iemand een onterechte wijziging aanbrengt, verandert het controletotaal en kan er actie genomen worden, Een aanvullende maatregel is dat het systeem automatisch een e-mail verzendt als er een wijziging in een bankrekeningnummer plaatsvindt.

Alleen de goedgekeurde facturen worden opgenomen in de crediteurenadministratie en kunnen worden betaald, want van die betreffende leveran-

ciers is gebleken dat ze aan hun verplichtingen hebben voldaan. Door het ERP-systeem wordt een selectie gemaakt van de bijna vervallen inkoopfacturen (de facturen waarvan de betaaldatum bijna is verstreken). Uit het crediteurenbestand worden de te betalen facturen en de bijbehorende crediteurengegevens geselecteerd (betaaladvieslijst) en ingelezen in de betaalmodule voor e-banking. Hieruit wordt de betaalopdracht gemaakt. Dit gehele proces vindt geautomatiseerd plaats. Dat betekent dat de invoer van een goedgekeurde factuur, inclusief de vervaldatum, automatisch leidt tot betaling. Op dit moment zijn een paar controles van belang:
- De betaaladvieslijst wordt samengesteld uit het juiste crediteurenstambestand. Dat betekent dat de som van de bankrekeningnummers van *alle* crediteuren gelijk moet zijn aan het dan geldende hash total van het crediteurenstambestand.
- De som van de bedragen die betaald gaan worden volgens de betaaladvieslijst moet gelijk zijn aan de som van de bedragen op de betaalopdracht.

De feitelijke betaling mag alleen worden uitgevoerd door een daartoe bevoegd medewerker. Deze functie wordt wel aangeduid als procuratiehouder. Voordat de procuratiehouder toestemming geeft voor de betaling, zal hij er eerst wel zeker van moeten zijn dat de onderneming voldoende liquiditeit bezit (dus of er genoeg saldo op de bank staat). Hoe de betaling zelf plaatsvindt, hangt af van de bank waarmee wordt gewerkt. Meestal wordt een e-calculator gebruikt waarop een pincode zit en waarop controletotalen worden weergegeven die in het e-bankingsysteem moeten worden ingevoerd. Een aanvullende maatregel van interne controle kan zijn dat autorisatie binnen het internetbankieren door twee mensen moet plaatsvinden.

Procuratiehouder

Na de overboeking zal een fysiek of elektronisch rekeningafschrift van de bank worden ontvangen en kunnen de betaalde inkoopfacturen automatisch door het systeem worden 'afgeletterd'. Onder afletteren wordt verstaan dat men posten tegen elkaar weg laat vallen, in dit geval vallen openstaande schulden weg tegen de bankbetalingen aan crediteuren. Hierbij moet speciaal aandacht worden besteed aan de niet-afgeletterde posten; dat zijn de bijzondere gevallen die tijdig zullen moeten worden uitgezocht. Hiermee is de laatste stap in het inkoopproces afgerond.

Afletteren

Bij het betalen geldt de volgende verbandscontrole:

> Afname crediteuren = afname geldmiddelen [9.1]

Bij inkopen in een andere valuta dan de euro, worden de inkopen en de crediteuren op het moment van aankopen meestal in euro's geboekt, tegen de dan geldende koers. Wanneer op het moment van betalen een andere koers geldt, brengt dat een gunstig of ongunstig koersverschil met zich mee. De verbandscontrole die hier kan worden gelegd, is als volgt:

> Afname crediteuren +/− koersverschillen = afname geldmiddelen [9.2]

9.5 Controles en analyses

Binnen de controles en analyses onderscheiden we drie vormen:
1 verbandscontroles
2 cijferbeoordelingen
3 detailcontroles

9.5.1 Verbandscontroles

Zoals we in hoofdstuk 8 hebben gezien zijn verbandscontroles de meest sterke controles. Deze controles worden uitgevoerd door de administratie, maar zullen meestal automatisch binnen het ERP-systeem worden bewaakt. Alleen bij afwijkingen volgt een signaal.

In dit hoofdstuk zijn we bij de processen al verschillende verbandscontroles tegen gekomen. Toch is het goed de totaal verbanden ook te bewaken in de zogenaamde omspannende verbandscontroles, waarbij ook de verbanden tussen de stappen van belang zijn. Als we het hele proces in dit hoofdstuk besproken hebben, kunnen we de verbanden samenvatten als in tabel 9.3.

Omspannende verbandscontroles

TABEL 9.3 Verbanden in het inkoop- en magazijnproces

Processtap	Verbanden
Offerte	1 Beginstand offertes + aangevraagde offertes – geaccepteerde offertes – afgewezen offertes = eindstand offertes
Contract	2 Geaccepteerde offertes = afgesloten contracten
	3 Beginstand contract + afgesloten contracten – afroep = eindstand contracten
Afroep	4 Afroep = inkoop
Ontvangst goederen	5 Inkoop = opboeking magazijn
Ontvangst factuur	6 Inkoop = opboeking crediteuren
Betaling factuur	7 Afboeking crediteuren = afboeking liquide middelen
	8 BETA-formule crediteuren: Beginsaldo –/– uitgaven –/– eindsaldo = inkopen (absoluut)
	9 BETA-formule geld: Beginsaldo + ontvangsten –/– eindsaldo = uitgaven

Bij de verbandscontroles is het volgende van belang:
- De gegevens moeten uit verschillende bronnen komen (functiescheiding) of in ieder geval uit verschillende bestanden in het ERP-systeem. Bij verbanden 2 en 3 worden gegevens uit het offertebestand aangesloten met gegevens uit het contractenbestand.
- Iets wat rekenkundig klopt, hoeft nog geen verbandscontrole te zijn. Zo klopt de stelling 'aantal × prijs = inkoopbedrag', maar het is geen verbandscontrole.
- Omdat verbandscontroles in het ERP-systeem plaatsvinden, zullen ze uiteindelijk in euro's luiden. Dus waar bijvoorbeeld gesproken wordt over 'beginvoorraad' zijn het geen aantallen producten, maar is het de totale waarde van de voorraad.

9.5.2 Cijferbeoordeling

Een belangrijke cijferbeoordeling is het afzetten van de werkelijkheid tegenover het budget. Zo zal bij inkoop een bewaking plaatsvinden hoe de werkelijke inkoop zich verhoudt tot het budget. Dit geldt ook voor de voorraad. Daarnaast hebben we bij de attentiepunten gezien dat er verstorin-

gen in de geld- goederenbeweging kunnen plaatsvinden. Hier is geen verbandscontrole mogelijk, maar zal een cijferbeoordeling ten opzichte van het budget kunnen plaatsvinden. Dit geldt ook voor een aantal andere zaken die genoemd zijn bij attentiepunten:
- kortingen
- boetes
- valutaverschillen
- bonussen
- inkoopresultaat

9.5.3 Detailcontroles
Het nadeel van detailcontroles is dat ze arbeidsintensief en dus duur zijn. Daarom moet je er voorzichtig mee zijn. Waar ze nuttig kunnen zijn is bij de controles gericht op de risico's die voortvloeien uit de attentiepunten. Hierbij is het dan zaak ze 'gericht uit te voeren', bijvoorbeeld:
- controle van inkopen met een hoge inkoopprijs
- controle van inkopen tegen een hoge valutakoers
- controle van in rekening gebrachte boetes

Deze controle zullen steekproefsgewijs plaatsvinden, bij voorkeur gericht op zaken die bij de application controls in het ERP-systeem als opvallend zijn aangemerkt.

9.6 Informatiebehoefte inkoop

Als laatste gaan we in op de informatie die nodig is om het inkoopproces te besturen en te beheersen. Hierbij kijken we naar de informatie op drie informatieniveaus:
1 strategische informatiebehoefte
2 tactische informatiebehoefte
3 operationele informatiebehoefte

Ad 1 Strategische informatiebehoefte
Bij strategische inkoop gaat het om de keuze bij welke leverancier de goederen of diensten worden ingekocht en tegen welke prijs en inkoopvoorwaarden. Het inkoopmanagement moet dus goed zijn geïnformeerd over wat de markt te bieden heeft. Naast het aanbod speelt het inkoopbeleid van de eigen organisatie een belangrijke rol. Behalve door de prijs wordt de keuze dan ook bepaald door politieke overwegingen en de relatie met de verwachte leverancier op de langere termijn. Bij politieke overwegingen kun je denken aan in hoeverre de houding van de leverancier ten opzichte van bijvoorbeeld het milieu, kinderarbeid of mensenrechten aansluit bij de ideeën die hierover binnen het eigen bedrijf bestaan.

Ad 2 Tactische informatiebehoefte
De leidinggevende heeft vooral behoefte aan informatie waarmee hij kan vaststellen of de doelstellingen van de inkoopfunctie bereikt zullen worden. Hij zal dus willen controleren of de inkoop wordt uitgevoerd zoals vastgelegd is in het inkoopbudget en zo niet, wat daarvan dan de oorzaak is. Ook de behandelde attentiepunten zullen aanleiding zijn voor tactische informatie. Als er bijvoorbeeld sprake is van contracten met boetes of juist kortingen, dan zal er informatie moeten zijn hoe de feitelijke inkoop is ten

opzichte van de afspraken in het contract. Ook de korting per leverancier is een voorbeeld van tactische informatie. Het zal je opvallen dat er hier een relatie met de hiervoor genoemde cijferbeoordeling is.

Ad 3 Operationele informatiebehoefte
De operationele informatie is nodig om de alledaagse inkoopactiviteiten te kunnen uitvoeren. De inkoper moet weten wat er moet worden ingekocht, het aantal stuks, de kwaliteit en welke leveranciers het product kunnen leveren. De magazijnmedewerkers kunnen niet functioneren als ze niet zouden weten welke producten waar zijn opgeslagen. Zij moeten ook weten welke producten, wanneer, aan wie moeten worden geleverd en welke producten, wanneer, door welke leverancier worden afgeleverd.
Voor de operationele informatiebehoefte zijn de medewerkers volledig aangewezen op het bedrijfsinformatiesysteem.

9.7 Samenvattende schema's inkoop

In figuur 9.4 is het globaal processchema waarmee we dit hoofdstuk gestart zijn, uitgewerkt in een swimlane waarin de stappen en functiescheidingen zichtbaar zijn.

FIGUUR 9.4 Inkoopproces met swimlanes

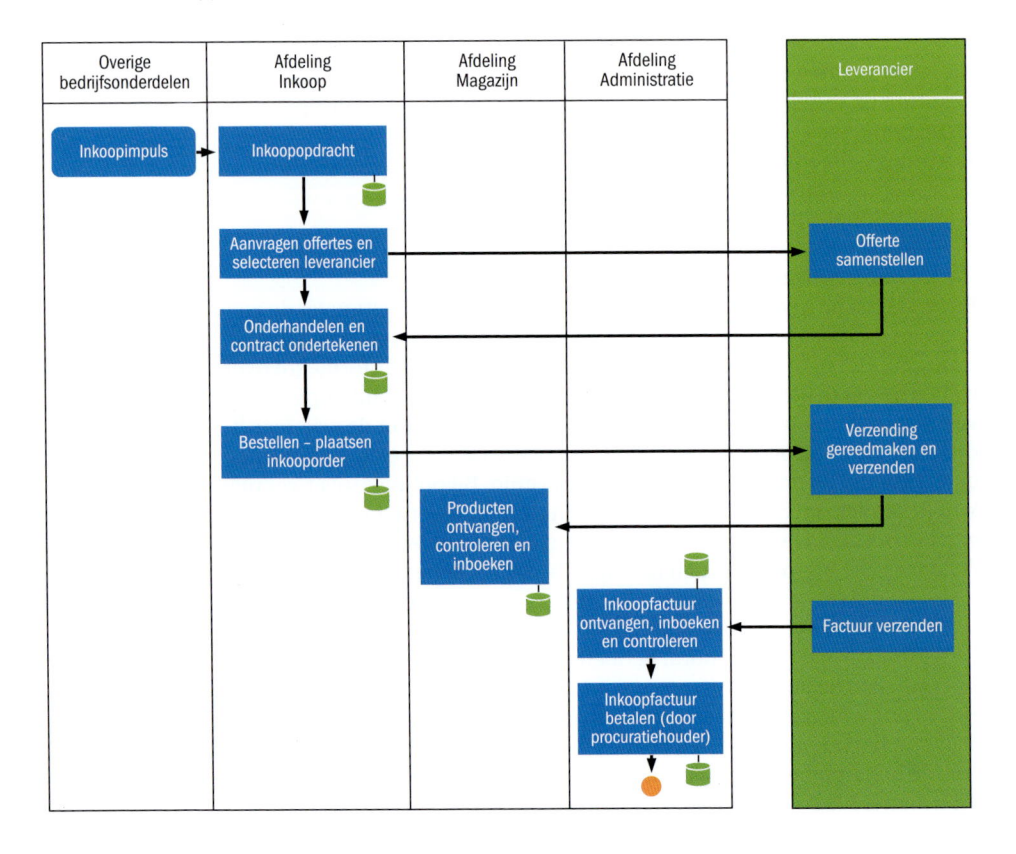

Overige bedrijfsonderdelen	Afdeling Inkoop	Afdeling Magazijn	Afdeling Administratie	Leverancier
Inkoopimpuls	Inkoopopdracht			
	Aanvragen offertes en selecteren leverancier			Offerte samenstellen
	Onderhandelen en contract ondertekenen			
	Bestellen – plaatsen inkooporder			Verzending gereedmaken en verzenden
		Producten ontvangen, controleren en inboeken		
			Inkoopfactuur ontvangen, inboeken en controleren	Factuur verzenden
			Inkoopfactuur betalen (door procuratiehouder)	

In tabel 9.4 is een samenvattend schema opgenomen van dit hoofdstuk, waarin de diverse elementen van de administratieve organisatie naar voren komen.

TABEL 9.4 Samenvattend schema hoofdstuk 9

Proces	Inkoopproces
Steunpunten	Verbanden in geld- en goederenbeweging
Mogelijke attentiepunten	Inkoopcontracten
(niet limitatief)	Boeteclausules in contracten (boete als te weinig wordt afgenomen)
	Kortingsregelingen in contracten
	Wisselende inkoopprijzen, bijvoorbeeld omdat inkoopprijs samenhangt met wereldmarktprijs (olie)
	Inkopen in vreemde valuta
	Inkoopproces verregaand geautomatiseerd (e-Procurement)
	Kwaliteit van goederen is niet vooraf vast te stellen
Functiescheiding	Essentiële functiescheiding: tussen inkoop (beschikkend), magazijn (bewarend) en verkoop (beschikkend) en binnen het inkoopproces tussen inkoopafdeling (beschikkend), magazijn (bewarend), crediteurenadministratie (bewarend), administratie (registrerend/controlerend) en betaling (beschikkend)
Automatisering	Specifiek aandacht voor algemene beheersmaatregelen bij e-Procurement
Begroting	Verkoopbegroting → voorraadbegroting → inkoopbegroting
	Normatieve brutowinstmarge
Richtlijnen	Inkoop:
	• maximale inkoopprijzen, eisen waaraan leveranciers moeten voldoen
	Daarnaast zullen er richtlijnen zijn m.b.t. de bij attentiepunten genoemde punten bijvoorbeeld:
	• kwaliteitseisen natuurproducten
	• maximale valutaposities

Activiteit	Mogelijke attentiepunten	Risico's	Interne beheersingsmaatregelen	Verbandscontroles
Impuls initiatief inkopen		Impuls door niet-bevoegde medewerker waardoor onterechte inkoop	1 Autorisatietabel 2 Impuls automatiseren o.b.v. minimumbestelniveau	
Offertes aanvragen		Voorkeursleveranciers worden niet geregistreerd, waardoor er bij onjuiste leveranciers ingekocht wordt	Inkoopdocumentatie met daarbij vastleggen van ervaringen op afdeling Inkoop	
Offertes ontvangen en registreren		Leveranciers worden bevoordeeld doordat zij informatie van concurrerende offertes krijgen waardoor mogelijk te dure goederen worden ingekocht	1 Ontvangst offertes niet door de inkopers 2 Registratie ontvangen offertes op administratie 3 Offertes worden gesloten bewaard op administratie tot einddatum	Aangevraagde offertes = ontvangen offertes = geregistreerde offertes Beginstand offertes + aangevraagde offertes − geaccepteerde offertes − afgewezen offertes = eindstand offertes
Keuze leverancier		Er wordt te duur ingekocht of de kwaliteit van de ingekochte producten is onder de maat, mogelijk door samenspanning tussen inkoper en leverancier	1 Bevoegdheden wie mag beslissen vastleggen 2 Beslissing door twee personen (vierogenprincipe)	
Contracten	Verplichtingen uit hoofde van contracten niet volledig vastgelegd	1 Contract wordt door een niet-bevoegde medewerker afgesloten 2 Contractgegevens zijn niet bekend	1 Autorisatietabel 2 Autorisatie contract door directie Contractenregister op administratie	
	Kortingen of boetes	1 Gemiste kortingen of verschuldigde boetes 2 Verschuivingsgevaar: inkopen met lage(re) prijs verantwoorden als inkopen met hoge(re) prijs	1 Positie per contract bijhouden op administratie 2 Functiescheiding inkoop en administratie 3 Begroten van kortingen, bonussen en boetes 4 Analyse op administratie van kortingen, bonussen en boetes	Beginstand contractenpositie + nieuwe contracten −/− bestellingen (1) = eindstand
Bestellen		Bestelling door een niet-bevoegde medewerker	1 Autorisatietabel 2 Bevoegdheden in ERP-systeem vastleggen (logische toegangsbeveiliging)	Afroep = inkoop
		Bestellingen worden niet volledig geregistreerd	Verplichtingen administratie	Beginstand verplichtingen + bestellingen u.h.v. afroepcontracten (1) + overige bestellingen −/− geleverde bestellingen (2) = eindstand verplichtingen

Activiteit	Mogelijke attentiepunten	Risico's	Interne beheersingsmaatregelen	Verbandscontroles
	Wisselende inkoopprijzen	1 Ongunstige inkoopresultaten 2 Speculatie 3 Verschuivingsgevaar: inkopen met lage(re) prijzen verantwoorden als inkopen met hoge(re) prijzen	1 Richtlijnen over inkoophoeveelheid en -tijdstip 2 Functiescheiding inkoop en administratie 3 Analyse prijsverschillen t.o.v. vaste verrekenprijs 4 Controle inkoopprijs met marktprijs door administratie	
	Inkopen in vreemde valuta	1 Koersverliezen 2 Verschuivingsgevaar: inkopen met lage(re) koers worden verantwoord als inkoop met hoge(re) koers	1 Richtlijnen valutaposities 2 Registratie op de administratie van de posities per valuta en de genomen maatregelen 3 Functiescheiding inkoop, treasurer en administratie 4 Werken met administratief vaste koersen en -analyse koersverschillen	
	e-Procurement	Onbevoegde personen bestellen	1 Autorisatietabellen 2 Bevoegdheden in ERP-systeem vastleggen (logische toegangsbeveiliging) 3 Loggingpogingen ongeautoriseerde inkoop	
Goederen ontvangen		Goederen worden niet (tijdig) afgeleverd, niet bestelde goederen worden afgeleverd of geleverde goederen zijn niet conform de afspraak	1 Controle op ontvangen goederen door magazijnmeester (niet de aantallen) 2 Bewaking tijdige ontvangst goederen door magazijnmeester	
		Ontvangen goederen worden niet juist of niet volledig geregistreerd	1 Magazijnmeester voert ontvangen (getelde) aantallen in 2 Binnen ERP wordt goederenontvangst afgestemd met bestelling 3 Verschillen worden gemeld aan afdeling Inkoop	Geleverde bestellingen (2) = ontvangen goederen
		Bij keuring van de goederen worden goede producten verantwoord als afgekeurd en aan de onderneming onttrokken	1 Keuringsrichtlijnen 2 Vierogenprincipe	Ontvangen goederen = goedgekeurde goederen + afgekeurde goederen Afgekeurde goederen = retour gestuurde goederen + vernietigde goederen Retour gestuurde goederen = te ontvangen creditnota's Goedgekeurde goederen = toename voorraad

Activiteit	Mogelijke attentiepunten	Risico's	Interne beheersingsmaatregelen	Verbandscontroles
	Producten waarbij vooraf de kwaliteit niet vaststaat	1 Kwaliteit slechter dan verwacht 2 Verschuivingsgevaar: partijen met lage prijs vanwege slechtere kwaliteit worden verantwoord als hoge prijs	1 Inkoper bepaalt inkoopverwachting 2 Keuring goederen bij ontvangst (of bij verwerking in productieproces bij productiebedrijf) 3 Administratie bepaalt inkoopresultaat: afwijking tussen inkoopverwachting en keuring	
Factuur ontvangen en controleren		Er wordt gefactureerd voor niet-geleverde goederen of er wordt een te hoge prijs gefactureerd	1 Functiescheiding tussen inkoop, magazijn en administratie 2 ERP-systeem voert three way match uit: bestelling (afd. Inkoop), ontvangst (magazijn) en factuur (administratie) moeten overeenstemmen	Inkoop = opboeking crediteuren Toename voorraad = toename crediteuren
Crediteuren-stambestand		Foutieve bankrekeningnummers en daardoor kunnen onrechtmatige betalingen plaatsvinden	1 Autorisatie wijzigingen bankrekeningnummers 2 Invoercontrole wijzigingen 3 Hash total bankrekeningnummers	Oud hash total + of -/- geautoriseerde wijzigingen = nieuw hash total
Factuur betalen		Wijziging bankrekeningnummers en daardoor kunnen onrechtmatige betalingen plaatsvinden	1 Functiescheiding tussen degene die stambestand crediteuren wijzigt en betalingen voorbereidt 2 Feitelijk betalen door een of meer personen hoog in de organisatie (procuratiehouder) 3 Controletotalen bij aanmaak betaaladvieslijst	Bij aanmaken betaaladvieslijst: totaal alle rekeningnummers = geldend hash total Totaal bankrekeningnummers betaaladvieslijst = totaal bankrekeningnummers betaalopdracht Totaal bedrag betaaladvieslijst = totaal bedrag betaalopdracht Totaal betaalopdracht = afname geldmiddelen Afname crediteuren = afname geldmiddelen Bij vreemde valuta: Afname crediteuren +/- koersverschillen = afname geldmiddelen BETA-formule crediteuren: Beginsaldo -/- uitgaven -/- eindsaldo = inkopen (absoluut) BETA-formule geld: Beginsaldo + ontvangsten -/- eindsaldo = uitgaven

Eindvragen

9.1 Welke bedrijfsprocessen kent een handelsbedrijf en wat is de samenhang met de geld- en goederenbeweging?

9.2 In de praktijk zijn soms dezelfde personen met inkopen belast als met verkopen. Wat kan daarvan de reden zijn?

9.3 Welke afdeling zal bevoegd zijn voor het geven van de opdracht tot inkoop?

9.4 Wat is het belang van de offerteprocedure bij het inkoopproces?

9.5 Beschrijf op welke wijze het crediteurenstambestand beveiligd kan zijn door middel van een hash total.

9.6 Nautic Oil handelt in olieproducten voor de pleziervaart. Zij exploiteert een achttal benzinestations in jachthavens en verkoopt een groot assortiment motorolies voor diverse types scheepsmotoren. De onderneming koopt haar producten bij één leverancier. De prijs is contractueel overeengekomen en fluctueert dagelijks in samenhang met de wereldolieprijs.

Welke risico vloeit voort uit de fluctuerende inkoopprijs? Noem de maatregelen van administratieve organisatie/interne controle die dit risico kunnen beperken.

9.7 Skateman bv in Utrecht is een groothandel in skateboards van diverse merken. Per merk zijn er meestal vijf tot tien verschillende types skateboards. De inkopen vinden plaats bij bekende binnen- en buitenlandse fabrikanten.
Van alle gevoerde merken heeft Skateman bv een omvangrijke voorraad skateboards en reserveonderdelen. Deze voorraad ligt voor het grootste gedeelte opgeslagen in het magazijn in Amersfoort van waaruit ook de afleveringen aan klanten (winkeliers) plaatsvinden.

   a Hoe zal bij Skateman bv de inkoopimpuls geregeld zijn?
   b Skateman wil met haar leveranciers contracten afsluiten.
      Welk type contract adviseer je en waarom?
   c De magazijnmeester van Skateman heeft bij een skateongeluk zijn been gebroken. De inkoopmedewerker stelt voor hem te vervangen.
      Wat vind je van dit voorstel? Motiveer het antwoord.
   d Stel dat de directeur het advies van de inkoopmedewerker opvolgt.
      Welke maatregelen in het inkoopproces stel je voor om het risico dat hieruit voortvloeit te beperken?

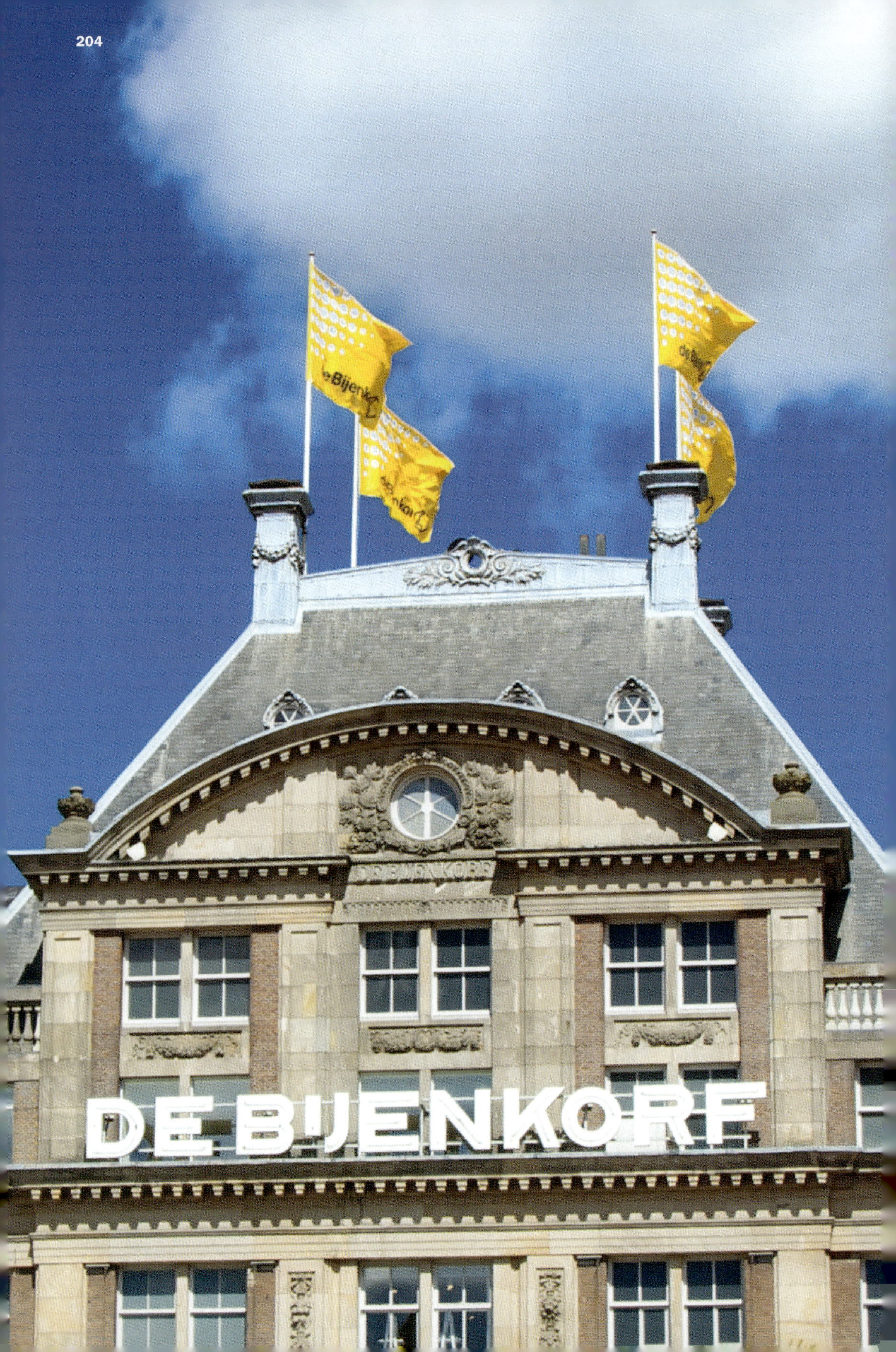
DE BIJENKORF
DE BIJENKORF
de Bijenkorf

10
Voorraad: de Bijenkorf

10.1 Attentiepunten en risico's
10.2 Randvoorwaarden
10.3 Processen
10.4 Controle van de voorraad
10.5 Controles en analyses
10.6 Samenvattende schema's voorraad

In dit hoofdstuk gaan we specifiek in op bepaalde aspecten rondom de registratie en controle van de voorraden. We doen dit aan de hand van dezelfde casus als het vorige hoofdstuk: de Bijenkorf.

Openingscasus

De Bijenkorf (vervolg)
Voor de bevoorrading van de filialen beschikt de Bijenkorf over een eigen distributiecentrum in Woerden. Het doel van het voorraadbeheer van de Bijenkorf is om het aanbod van artikelen, tegen zo laag mogelijke kosten, in overeenstemming te brengen met de vraag. Artikelen hebben een minimum- en een maximumrichtgetal, deze richtgetallen geven aan wanneer en hoeveel artikelen vanuit het centrale magazijn in Woerden naar de filialen vervoerd moeten worden. In het distributiecentrum zijn gemiddeld zo'n 220.000 stuks hanggoederen en 1.600.000 stuks liggoederen opgeslagen. Er komen ongeveer 90 leveringen per dag binnen en er zijn elke dag twaalf ritten van het distributiecentrum naar de filialen. Het distributiecentrum is 40.000 m² en heeft rond de 210 fulltimemedewerkers.

10.1 Attentiepunten en risico's

In het vorig hoofdstuk hebben we gezien dat ook binnen een relatief eenvoudige typologie als het handelsbedrijf er genoeg attentiepunten kunnen zijn die om aanvullende maatregelen van administratieve organisatie vragen. De attentiepunten die we in het vorige hoofdstuk besproken hebben, hebben weliswaar hun oorzaak in het inkoopproces maar hebben ook gevolgen voor de voorraad. Attentiepunten welke specifiek samenhangen met de voorraad zijn weergegeven in tabel 10.1.

TABEL 10.1 Attentiepunten en risico's voorraad

Attentiepunt	Risico
Erg kostbare en gewilde artikelen	Goederen worden ontvreemd waardoor werkelijke voorraad niet overeenkomt met administratieve voorraad
Goederen beperkt houdbaar	Onvoldoende rekening gehouden met afwaardering wegens incourantheid
	Goederen worden ten onrechte als niet meer houdbaar verantwoord en buiten de boeken om verkocht
Goederen in consignatie (goederen zijn nog eigendom van de leverancier)	Goederen van de leverancier worden verantwoord als eigen goederen

Overigens geldt voor voorraad hetzelfde als voor inkoop: ook in andere bedrijven dan handelsbedrijven kan voorraad van belang zijn. Dit geldt vooral voor productiebedrijven waar voorraden aanwezig moeten zijn om het productieproces goed te kunnen laten verlopen, maar ook in bepaalde dienstverlenende organisaties moet de voorraad 'op orde zijn'.

10.2 Randvoorwaarden

De belangrijkste randvoorwaarde met betrekking tot de voorraden hebben we in het vorige hoofdstuk al gezien, namelijk de functiescheiding. Voor de voorraden is van belang dat de magazijnmeester uitsluitend de bewarende functie heeft. Hij mag niets 'doen met' de voorraden, zonder dat hij hiervoor een opdracht van een beschikkende functie heeft. In paragraaf 10.4 zullen we zien dat het bij voorraden van belang is dat voorraden regelmatig gecontroleerd worden. Ook hierbij moet sprake zijn van functiescheiding. Deze controlerende rol mag niet door de magazijnmeester worden uitgevoerd.
Voor wat betreft richtlijnen zal het vooral gaan om zaken die vanwege de attentiepunten aandacht behoeven. Als er sprake is van bijvoorbeeld beperkt houdbare goederen, zullen er richtlijnen moeten zijn wanneer een artikel uit de voorraad gehaald moet worden.

10.3 Processen

Het magazijn is de plek in het bedrijf waar de producten liggen opgeslagen. Door de medewerkers Magazijn worden producten ontvangen, bewaard en afgegeven. De magazijnmeester is verantwoordelijk voor de juiste gang

Magazijnmeester

van zaken in het magazijn. De magazijnmeester heeft een bewarende functie. Hij moet ervoor zorgen dat producten in het magazijn op de juiste manier worden bewaard en behandeld. De magazijnmeester mag op eigen houtje geen producten ontvangen of afgeven. Hij moet daar altijd eerst opdracht voor hebben gekregen van een beschikkende functie, zoals Inkoop of Verkoop.

Diefstal

Het grootste risico met betrekking tot het voorraadproces is diefstal, zowel door klanten in een winkel, als door eigen personeel in de winkel en in het magazijn. Dit heeft niet alleen tot gevolg dat er goederen verdwijnen, maar ook dat de gegevens in de administratie niet meer juist zijn. Hier zijn drie beheersingsmaatregelen mogelijk:

Technisch gesloten magazijn

1 Technisch gesloten magazijn. Alleen bevoegd personeel heeft met een sleutel, pasje, irisscan of anderszins toegang tot het magazijn. Alle andere medewerkers kunnen alleen via deze geautoriseerde medewerkers producten uit het magazijn verkrijgen.

Administratief gesloten magazijn

2 Administratief gesloten magazijn. Elke afgifte en ontvangst van producten kunnen uitsluitend tegen kwijting plaatsvinden. Onder kwijting wordt verstaan dat degene die de producten ontvangt dit in het ERP-systeem vastlegt en op die manier bevestigt dat hij de producten heeft ontvangen. Degene die de producten heeft afgegeven, wordt op die manier 'gedekt'. Hiermee worden de ontvangst en afgifte geregistreerd in de voorraadadministratie. Je zult begrijpen dat het administratief gesloten magazijn alleen effectief kan functioneren als er ook een technisch gesloten magazijn bestaat.

Magazijn-inventarisatie

3 Periodieke magazijninventarisatie. Het regelmatig inventariseren van de voorraad in het magazijn zou een preventieve werking op het aantal diefstallen kunnen hebben. Doordat medewerkers weten dat er regelmatig gecontroleerd wordt, zullen ze minder snel in de verleiding komen; de pakkans bij diefstal is dan groter.

De oplossingen hiervoor zullen in een winkel, waar de voorraad op het schap ligt en de klant vrije toegang heeft, niet gaan werken. In een winkel zal gedacht moeten worden aan preventieve en repressieve beheersmaatregelen als beveiligde toe- en uitgangspoortjes, beveiliging van de producten zelf, goed opgeleid en gemotiveerd personeel, het niet toestaan van tassen in de winkel, alleen lege doosjes in de winkel leggen of dozen met slechts een deel van de inhoud (één schoen) enzovoort.

Waarde-vermindering

Bij de attentiepunten hebben we gezien dat voorraden beperkt houdbaar kunnen zijn, Dat zal leiden tot waardevermindering van de producten tijdens de opslag (denk bijvoorbeeld aan kleding die uit de mode raakt of voedsel dat bederft). Vanuit de administratieve organisatie is het daarom van belang aandacht te hebben voor de procedure rondom het afkeuren en vernietigen van verouderde of beschadigde producten. Dit afkeuren en vernietigen is een verstoring in de goederenbeweging. De waardekringloop klopt niet meer vanwege het vernietigen! In deze procedure moet duidelijk zijn dat de magazijnmeester zich hier niet mee mag bezighouden, maar deze taak moet overlaten aan medewerkers van bijvoorbeeld de Financiële administratie. De magazijnmeester zou er namelijk persoonlijk belang bij kunnen hebben dat bepaalde producten (zogenaamd) worden afgekeurd en vernietigd. De magazijnmeester mag wel een voorstel doen voor goederen die in zijn ogen moeten worden vernietigd, maar mag die

Verstoring in de goederen-beweging

Afkeuren en vernietigen

vernietiging niet op eigen houtje uitvoeren. Daarom dient dit besluit door twee personen gedaan te worden, het zogenaamde vierogenprincipe.

Vierogenprincipe

TUSSENVRAAG 10.1
Wat zou het persoonlijke belang van de magazijnmeester kunnen zijn wanneer hij verantwoordelijk is voor de vernietiging van goederen?

Hier zie je dus het bij attentiepunten genoemde risico terug dat goederen als afgekeurd worden verantwoord terwijl ze nog goed waren. Hierdoor zouden deze goederen 'buiten de boeken om' verkocht kunnen worden waardoor er niet meer sprake is van een volledige opbrengstverantwoording.

10.3.1 Registreren van producten

De magazijnmeester heeft een bewarende functie. Een van zijn taken is het vastleggen van gegevens over ingekomen en uitgaande producten. Verder heeft de magazijnmeester geen bemoeienis met de voorraadgegevens, de werkelijke registrerende functie is van oudsher ondergebracht bij de Financiële administratie. Hier wordt de kantoorvoorraadadministratie (KVA) bijgehouden. In een ERP-systeem is er geen onderscheid meer tussen de gegevens van de voorraadadministratie in het magazijn en de KVA. Alle voorraadgegevens zijn immers geïntegreerd in één database. Toch zal ook in deze situatie de KVA van belang zijn om de controle op en het beheer van voorraden mogelijk te maken.

Kantoorvoorraadadministratie

Met de KVA worden de volgende taken uitgevoerd:
- *Registeren van de aanwezige voorraden producten*
  De registratie vindt zowel in aantallen als in waarde plaats. Uiteraard gebeurt deze registratie op basis van de gegevens die door de magazijnmeester zijn ingevoerd.
- *Signaleren van het bereiken van het bestelniveau*
  In het algemeen zal er een geprogrammeerde controle (application control) zijn die vaststelt dat van een bepaald product de minimumvoorraad is bereikt en zal er door het systeem automatisch een inkoopimpuls naar de afdeling Inkoop worden gestuurd.
- *Signaleren van incourante producten*
  Incourante producten zijn producten die al geruime tijd op voorraad liggen zonder dat er afgifte is geweest. Denk bijvoorbeeld aan kleding die uit de mode is of een smartphone waar inmiddels een nieuw model voor is uitgekomen. Deze 'winkeldochters' nemen wel opslagruimte in, maar leveren niets op. In het algemeen zullen dergelijke producten worden vernietigd of worden verkocht aan gespecialiseerde opkopers.
- *Signaleren van te grote voorraden*
  Te grote voorraden kosten onnodig veel geld, vandaar dat het management erop toe zal zien dat de aantallen producten op voorraad niet boven het maximum uitstijgen.

Incourante producten

Vanuit interne controle is het van belang stil te staan bij het volgende. Het lijkt vreemd dat de voorraadadministratie wordt bijgewerkt op basis van de gegevens die de magazijnmeester heeft ingevoerd. Immers, een van de doelstellingen van een voorraadadministratie is controle op de magazijnmeester. Van belang hierbij is dat de magazijnmeester uitsluitend mag muteren op basis van inkoop- en verkooptransacties. Bij de inkoop kan hij niet sjoemelen omdat ook de inkoper en de crediteurenadministratie in het proces een rol hebben, zoals we in dit hoofdstuk hebben gezien. Dit wordt gecontroleerd in de three way match. In het volgende hoofdstuk zullen we zien dat dit ook bij verkoop zo is.

Andere voorraadmutaties, zoals afboeken van voorraadverschillen mag de magazijnmeester uiteraard niet doen.

TUSSENVRAAG 10.2
Geef aan waarom in een ERP-systeem de gegevens van de KVA gelijk zijn aan de voorraadgegevens die in het magazijn worden gebruikt?

Consignatie-goederen

Speciale aandacht is nodig voor de consignatiegoederen. Dit zijn goederen die nog eigendom zijn van de leverancier. Hierbij kan het zijn dat de goederen pas echt worden ingekocht als ze verkocht zijn. Dus hoewel deze voorraden in het magazijn aanwezig zijn, zijn ze geen eigendom. Dit zal in de administratie moeten vastliggen.

Voorraad-registratie

De voorraadregistratie kan als volgt plaatsvinden:
1 registratie per afzonderlijk product
2 registratie per productsoort
3 registratie per productgroep
4 registratie per partij

Voor welke methode gekozen wordt, hangt af van de aard van de producten.

Ad 1 Registratie per afzonderlijk product
Registratie per afzonderlijk product gaat om producten die van elkaar onderscheiden kunnen en moeten worden. Het zijn unieke, en meestal ook dure, producten. Denk bijvoorbeeld aan auto's.

Ad 2 Registratie per productsoort
Bij de registratie per productsoort gaat het om producten die binnen de soort niet van elkaar te onderscheiden zijn en niet afzonderlijk gevolgd hoeven worden. Denk bijvoorbeeld aan tubes tandpasta, pakken rijst, spijkerbroeken of nietmachines. Deze vorm van registratie is het meest gangbaar.

Ad 3 Registratie per productgroep
Wanneer registratie per productsoort niet doelmatig is, wordt de voorraad geregistreerd in geldtotalen (ook wel permanence genoemd). Het gaat hierbij om grote aantallen producten van geringe waarde, zoals spijkertjes, schroefjes en kleine onderdeeltjes van apparaten. Dergelijke producten worden bij deze methode 'en masse' geregistreerd, meestal tegen verkoopprijzen. Waardering tegen verkoopprijzen heeft tot gevolg dat in de waardering een deel ongerealiseerde winst zit: het verschil tussen de inkoop- en de verkoopwaarde. In deze situatie moet er periodiek, bijvoorbeeld elke maand, berekend worden wat de werkelijk gerealiseerde winst is. Deze berekening verloopt dan als volgt:

Werkelijk gerealiseerde omzet × de standaardbrutowinst
= werkelijk gerealiseerde winst [10.4]

De werkelijke winst kan dan naar de rekening Gerealiseerde winst worden geboekt.

Tegenwoordig wordt deze registratiemethode overigens nog maar nauwelijks gebruikt, omdat moderne 'point of sales'-apparatuur (zie hoofdstuk 12) in staat is om ook de afgifte van de grote hoeveelheden kleine producten exact te registreren.

Ad 4 Registratie per partij

Bij de registratie per partij worden de producten per partij ingekocht. Onder een partij wordt hier verstaan een hoeveelheid van een bepaald product dat op basis van bijvoorbeeld kleur of kwaliteit bij elkaar hoort. Tussen verschillende partijen van eenzelfde product kunnen kwaliteitsverschillen zitten (zie attentiepunten). Zo zal de ene partij koffiebonen net iets beter of slechter zijn dan de andere partij. Registratie per partij komt in de praktijk vooral voor bij natuurproducten, zoals koffie, wol, zijde, tabak, marmer en appels of bij ingekochte kavels op veilingen. — **Partij**

Bij registratie per partij wordt nog onderscheid gemaakt naar homogene en heterogene goederen. Voorbeeld: een kavel afvalmetaal is homogeen wanneer alle metaal van dezelfde soort is, bijvoorbeeld alleen ijzer. Als er verschillende soorten metaal in de partij voorkomen (naast ijzer ook aluminium, koper en lood), heet de partij heterogeen. — **Homogeen** / **Heterogeen**

Bij registratie van heterogene partijen, zal een verdere uitsplitsing naar homogene subpartijen noodzakelijk zijn (dus een subpartij ijzer, een subpartij aluminium enzovoort).

Bij partijen kan het zogenoemde partijresultaat of inkoopresultaat worden bepaald. Met dit resultaat wordt het verschil aangegeven tussen de verwachte samenstelling van de partij (kwantiteit × kwaliteit) en de werkelijke samenstelling. Zie voorbeeld 10.1. — **Partijresultaat** / **Inkoopresultaat**

VOORBEELD 10.1

Inkoopresultaat

We kijken naar een partij marmer: de verwachte waarde van de partij vóór aankoop was €25.000, bij controle na aankoop blijkt dat de waarde €27.000 is. Aan de leverancier is €20.000 betaald. Het behaalde inkoopresultaat is €7.000 en dat is €2.000 hoger dan het verwachte inkoopresultaat (want dat was €25.000 − €20.000 = €5.000).

TUSSENVRAAG 10.3

Welke registratiemethode(n) wordt (worden) bij de Bijenkorf gebruikt?

10.3.2 Prijssystemen

Aangezien voorraden producten een bepaalde waarde vertegenwoordigen en als zodanig op de balans zijn terug te vinden, moet er een keuze worden gemaakt voor een prijssysteem. Veelgebruikte prijssystemen zijn: — **Prijssysteem**

- *Tegen inkoopprijs.* De inkoopprijs is de prijs op de inkoopfactuur en daarbij opgeteld alle inkoopkosten, zoals kosten voor het vervoer, verzekeringen en belastingen. In het algemeen worden de bijkomende kosten uitgedrukt in een percentage, zodat de factuurbedragen met dit percentage kunnen worden opgehoogd. Op het moment dat de inkoopprijs van

Fifo

een product verandert, moet er een keuze gemaakt worden over welke prijs nu voor de voorraad gehanteerd wordt: de oude of de nieuwe? Wanneer wordt gekozen voor het fifo-systeem (first in, first out), wordt bij de registratie van de afgifte de volgorde aangehouden waarin de producten in het magazijn zijn ontvangen. Dus de eerst ontvangen producten worden administratief ook als eerste afgegeven (voorbeeld 10.2). Let wel: het gaat om een zuiver administratieve aangelegenheid, want in werkelijkheid kan het best zo zijn dat de producten die gisteren binnenkwamen, vandaag al worden afgegeven en niet die van vorig jaar.

VOORBEELD 10.2

Lifo/fifo

De inkoopprijs per 2 januari was €10 en tegen die prijs zijn 1.000 producten ingekocht. Wanneer de inkoopprijs nu per 1 maart €11 wordt, zullen administratief gezien eerst de 1.000 oude producten van €10 worden verkocht.

Lifo

De tegenhanger van het fifo-systeem is het lifo-systeem (last in, first out). In voorbeeld 10.2 zullen onder lifo eerst de producten van €11 administratief gezien worden verkocht en pas daarna de oude voorraad.
- *Tegen kostprijs.* Onder kostprijs wordt de inkoopprijs verstaan, verhoogd met een toeslag voor magazijnkosten en de indirecte inkoopkosten.
- *Tegen een gemiddelde inkoopprijs.* Om de prijsschommelingen van het fifo- en lifo-systeem te omzeilen, wordt er een gemiddelde inkoopprijs berekend.
- *Tegen vervangingsprijs.* De vervangingsprijs is de actuele prijs van de producten, dus de prijs die op dat moment bij inkoop betaald moeten worden.
- *Tegen een verrekenprijs.* Gewoonlijk is dat een vaste verrekenprijs. Met de verrekenprijs wordt de verwachte gemiddelde inkoopprijs bedoeld. Als de werkelijke inkoopprijs van de verrekenprijs afwijkt, zullen de afwijkingen geboekt worden op de rekening Prijsverschillen.
- *Tegen verkoopprijs.* Bij registratie van de voorraad tegen verkoopprijzen, kan de registratie direct worden aangesloten op de verkoopopbrengst (minus kosten en btw). De waarde van de voorraad moet dan namelijk in dezelfde mate afnemen als de verkoopopbrengst toeneemt. Bij dit prijssysteem wordt de werkelijke waarde pas duidelijk, wanneer het deel nog te realiseren winst er is uitgehaald (zie subparagraaf 10.3.2 onder ad 3: registratie per productgroep).

De keuze van het prijssysteem dat gehanteerd wordt in de jaarrekening is uiteraard afhankelijk van de regelgeving.

10.3.3 Opslaan van producten

De magazijnmeester is verantwoordelijk voor de aanwezigheid en het goed bewaren van de producten. Wil de magazijnmeester die verantwoordelijkheid kunnen dragen, dan is het van belang dat de producten zodanig worden opgeslagen dat ze tijdens de opslag in goede staat blijven en dat ze niet ongeautoriseerd uit het magazijn kunnen worden gehaald. Om aan deze voorwaarden te kunnen voldoen, moeten de producten worden opgeslagen in een geschikte, afsluitbare ruimte (technisch gesloten magazijn). De ruimte moet zijn afgestemd op de aard van de producten. Denk aan licht-, vocht- en temperatuurregeling. Het magazijn zal ook administratief gesloten moeten zijn, zodat de magazijnmeester kan aantonen dat afgifte altijd heeft plaatsgevonden in opdracht van daartoe bevoegde functionarissen. Voor producten van geringe waarde is het niet efficiënt om een gesloten magazijn te creëren. Eenzelfde opmerking kan worden gemaakt voor producten waarvan veel wordt verkocht, denk bijvoorbeeld aan de broodjes bij McDonald's. Het is niet efficiënt om per verkocht broodje een magazijnopdracht uit te moeten schrijven. Want bij elke maatregel van administratieve organisatie moet je je wel afvragen of de kosten niet hoger zijn dan de opbrengsten.

10.4 Controle van de voorraad

Om te controleren of de voorraad die er volgens de KVA zou moeten zijn, ook werkelijk aanwezig is, zal de voorraad in het magazijn geïnventariseerd moeten worden.

Het inventariseren wordt uitgevoerd volgens een vooraf vastgestelde procedure. Vaak is er een planning wanneer wordt geïnventariseerd. Vanuit het oogpunt van interne controle kan de inventarisatie echter het best onaangekondigd worden uitgevoerd, zodat de magazijnmeester geen mogelijkheid heeft gekregen om er zich 'op voor te bereiden'. Een medewerker van de Financiële administratie telt de producten. De magazijnmeester is bij deze telling aanwezig.

Voordat de telling wordt uitgevoerd, moeten de controleurs er zeker van zijn dat alle ontvangsten tot het moment van inventariseren, ook administratief al zijn verantwoord (zijn ingeboekt). Omgekeerd moeten alle producten die administratief zijn uitgegeven, ook werkelijk uit de voorraad verdwenen zijn. Producten die gedurende de inventarisatie worden ontvangen of uitgegeven, moeten buiten de telling worden gehouden.

De inventarisatie kan 'floor to list' of 'list to floor' plaatsvinden. Bij list to floor wordt aan de hand van een inventarisatielijst uit het computersysteem onderzocht of de producten ook daadwerkelijk aanwezig zijn. Bij floor to list geldt een omgekeerde aanpak: van alle in het magazijn aanwezige producten wordt nagegaan of ze in de administratie zijn opgenomen. Omdat het primaire doel is te kijken of wat er in de voorraadadministratie staat ook werkelijk aanwezig is, is list to floor de meest aangewezen methode. Maar het is altijd handig ook eens 'andersom' te kijken.

List to floor

Floor to list

De documenten die bij de inventarisatie zijn gebruikt, worden na afloop door de betrokkenen ondertekend. Wanneer er sprake is van voorraadverschillen wordt onderzocht wat daarvan de oorzaak is. Mogelijke oorzaken liggen voor de hand: diefstal, registratiefouten, bederf of beschadiging enzovoort. Ook kan het voorkomen dat de registratie in de KVA achterloopt op de feitelijk aanwezige voorraad. De voorraadverschillen waarvan de oorzaak niet is te achterhalen, worden uiteindelijk door een daartoe bevoegde functionaris afgeboekt in de voorraadadministratie.

Voorraadverschillen

Inventarisatie-methoden

Er zijn vier inventarisatiemethoden:
1 partieel roulerende inventarisatie
2 integrale inventarisatie
3 simultane inventarisatie
4 inventarisatie op kritische momenten

Ad 1 Partieel roulerende inventarisatie

Partieel roulerende inventarisatie

De partieel roulerende inventarisatiemethode is het meest gangbaar, vooral bij grotere ondernemingen. Het kenmerk van deze methode is dat telkens een wisselend gedeelte van de voorraad wordt geïnventariseerd. Dus bij de Bijenkorf bijvoorbeeld in januari alle damesmode, in februari de herenmode, in maart de cosmetica enzovoort. Uitgangspunt is dat alle producten ten minste één keer per jaar zijn geteld. Voorwaarde voor deze methode is dat er een goed bijgewerkte KVA beschikbaar is, want zonder die KVA is het onmogelijk om het IST met het SOLL te vergelijken. Om dubbeltellingen te voorkomen, mogen geen onderling verwisselbare (fungibele) producten in de voorraad voorkomen (dus bij de Bijenkorf geen identieke T-shirts voor mannen en vrouwen, want die zouden zowel in januari als in februari geteld kunnen worden).

Ad 2 Integrale inventarisatie

Integrale inventarisatie

Bij de integrale inventarisatie worden alle producten in één keer geteld. Bij een open magazijn is integrale inventarisatie noodzakelijk, aangezien de goederenafgifte niet wordt bijgehouden. Om nu toch het verbruik van producten uit een magazijn te kunnen vaststellen, wordt de volgende formule toegepast: BV + I −/− EV = Verbruik (beginvoorraad + inkopen −/− eindvoorraad = verbruik). Integrale voorraadopname is dus een voorwaarde om deze berekening te kunnen uitvoeren. Ook wanneer het gaat om de permanence tegen verkoopprijzen of fungibele producten is integrale inventarisatie de enig toepasbare methode.

TUSSENVRAAG 10.4
Waarom is de integrale methode de enig toepasbare inventarisatiemethode bij de permanence tegen verkoopprijzen?

Ad 3 Simultane inventarisatie

Simultane inventarisatie

Simultane inventarisatie is alleen van toepassing wanneer een bedrijf dezelfde producten heeft opgeslagen in verschillende magazijnen. Wanneer de inventarisatie in de verschillende magazijnen ook op verschillende momenten plaatsvindt, is niet uit te sluiten dat producten van het ene naar het magazijn worden vervoerd om daarmee voorraadtekorten te maskeren. De enige manier om dit risico te voorkomen, is door de inventarisatie simultaan (gelijktijdig) op alle vestigingen te laten plaatsvinden.

Ad 4 Inventarisatie op kritische momenten

Inventarisatie op kritische momenten

Zand, grind, olie en andere bulkgoederen laten zich maar moeilijk inventariseren. Je kunt tenslotte niet exact vaststellen hoeveel zand er op een grote hoop ligt. Vandaar dat bij dergelijke inventarisaties een zogenoemd kritisch moment wordt afgewacht. Zo'n kritisch moment is bijvoorbeeld bereikt als administratief gezien al het zand op is. Dan wordt gekeken of de werkelijke hoeveelheid zand ook nihil is. Wanneer er verschillende hopen zand zijn, bestaat de kans dat deze aanpak niet goed werkt. In dat geval wordt uitgeweken naar een variant, de zogenoemde 2-stapelmethode. Bij deze methode is het zo dat wanneer stapel 1 hoog genoeg is, alle nieuwe aanvoer van zand naar stapel 2 gaat. Al het verkochte zand wordt van stapel 1 afgeschept. Administratief kan dan precies worden bepaald wanneer stapel 1 op is en op dat moment kan door eigen waarneming worden vastgesteld of dat ook in werkelijkheid zo is.

Bij de controle van de voorraad moet weer speciaal aandacht worden besteed aan de consignatiegoederen. Deze goederen zijn wel aanwezig, maar horen niet bij voorraad!

10.5 Controles en analyses

De allerbelangrijkste controle die in dit hoofdstuk uitgebreid besproken is, is de inventarisatie. Ook al sluiten alle verbanden in het inkoop- en voorraadproces zoals we die in het vorige hoofdstuk gezien hebben, als niet geconstateerd wordt dat de administratieve voorraad overeenkomt met de werkelijkheid, is het mogelijk dat er toch 'geen hout van klopt', Dus dit is een controle die je niet mag vergeten!
Daarnaast zal er met betrekking tot de voorraden een analyse plaatsvinden van de ontwikkeling van de voorraad ten opzichte van het budget. Hierbij kan de ouderdom van de voorraad een belangrijk punt van aandacht zijn. Ook de bij de inventarisatie vastgestelde voorraadverschillen zullen geanalyseerd moeten worden evenals de afboekingen omdat de goederen over de houdbaarheidsdatum heen zijn.

10.6 Samenvattende schema's voorraad

In tabel 10.2 is een samenvattend schema opgenomen van dit hoofdstuk, waarin de diverse elementen van de administratieve organisatie naar voren komen.

TABEL 10.2 Samenvattend schema hoofdstuk 10

Proces	Voorraadproces
Steunpunten	Verbanden in geld- en goederenbeweging
	Sluitstuk: inventarisatie
Mogelijke attentiepunten (niet limitatief)	Erg kostbare en gewilde artikelen
	Goederen beperkt houdbaar
	Consignatiegoederen
Functiescheiding	Essentiële functiescheiding: tussen inkoop (beschikkend), magazijn (bewarend) en verkoop (beschikkend)
Begroting	Verkoopbegroting → voorraadbegroting → inkoopbegroting
	Normatieve brutowinstmarge
Richtlijnen	Magazijn:
	• aan te houden voorraden
	Daarnaast zullen er richtlijnen zijn m.b.t. de bij attentiepunten genoemde punten, bijvoorbeeld:
	• maximale ouderdom aanwezige voorraden

Activiteit	Mogelijke attentiepunten	Risico's	Interne beheersingsmaatregelen	Verbandscontroles
Goederen bewaren	Erg kostbare en gewilde artikelen	Diefstal, waardoor de voorraadadministratie niet meer klopt en waarde onttrokken wordt	1 Gesloten magazijn 2 Kantoorvoorraad-administratie 3 Regelmatige inventarisatie door de administratie 4 Analyse voorraadverschillen	
		Magazijnmeester onttrekt goederen aan de onderneming en registreert die als voorraadverschillen	1 Magazijnmeester mag alleen op- of afboeken o.b.v. bestellingen en verkooporders (zie hoofdstuk 8). Magazijnmeester mag geen andere wijzigingen in voorraadadministratie doorvoeren 2 Regelmatige inventarisatie door de administratie 3 Analyse voorraadverschillen	Beginvoorraad + inkopen −/− verkopen = eindvoorraad
	Goederen beperkt houdbaar	Goede producten worden verantwoord als afgekeurd en aan de onderneming onttrokken	1 Procedure afkeuren en vernietigen 2 Proces verbaal van vernietiging (vierogenprincipe)	
	Consignatie-goederen	Goederen van derden worden verantwoord als eigen goederen	1 Registratie in voorraadadministratie dat goederen geen eigendom zijn 2 Speciaal aandacht bij inventarisatie voor de consignatiegoederen	

Eindvragen

10.1 Wat is het sluitstuk van de interne controle met betrekking tot de voorraden?

10.2 Wat zullen redenen zijn om de voorraadadministratie per stuk te voeren?

10.3 Wat is het verschil tussen een administratief en een fysiek gesloten magazijn?

10.4 Beschrijf het verschil in functie tussen de voorraadadministratie die door de medewerkers van het magazijn wordt gebruikt en de KVA.

10.5 Wanneer zal worden besloten om de voorraad per partij te registreren?

10.6 AsianDelight bv in Oisterwijk is een groothandel in exotische producten, zoals kokosnoten, papaya en gedroogde vis. De magazijnmeester stelde onlangs vast dat een partij zuidvruchten over de uiterste houdbaarheidsdatum heen was. De magazijnmeester besloot daarop om zelf de hele partij als varkensvoer te verkopen. De opbrengst in contanten stuurde hij vervolgens op naar de Financiële administratie. Volgens de accountant was deze handelswijze niet correct.
Hoe had de magazijnchef moeten handelen?

10.7 In vraagstuk **9.7** heb je kennisgemaakt met Skateman bv.
De klantenkring van Skateman bv bestaat uitsluitend uit dealers. Deze dealers zijn gespecialiseerde sportzaken die over voldoende vakkennis beschikken en die bereid zijn om van elk door Skateman bv gevoerd merk minimaal één type voor eigen rekening op voorraad te houden.
Van alle gevoerde merken heeft Skateman bv een omvangrijke voorraad skateboards en reserveonderdelen. Deze voorraad ligt voor het grootste gedeelte opgeslagen in het magazijn in Amersfoort van waaruit ook de afleveringen aan de dealers plaatsvinden. De voorraad ligt opgeslagen in een afgesloten ruimte die uitsluitend voor de magazijnmedewerkers toegankelijk is.
In Utrecht heeft men, naast het kantoor, een showroom. Hier wordt van alle types skateboards één exemplaar tentoongesteld.
Van de voorraad skateboards wordt een voorraadadministratie bijgehouden. Van de reserveonderdelen, die uitsluitend in het magazijn in Amersfoort liggen opgeslagen, wordt geen voorraadadministratie bijgehouden. Meer dan de helft van de afgeleverde reserveonderdelen wordt niet gefactureerd omdat het garantieclaims betreft.
De gespecialiseerde sportzaken kunnen potentiële kopers van een skateboard doorverwijzen naar de showroom van Skateman bv, waar het com-

plete assortiment te zien is. In deze showroom kunnen de geïnteresseerden advies krijgen en een keuze maken. De eventuele bestelling van het gewenste skateboard vindt echter altijd plaats via de dealers, omdat Skateman bv niet aan particulieren verkoopt.

a Is er bij Skateman bv sprake van een open magazijn, een gesloten magazijn of beide? Maak ook onderscheid in technisch/administratief. Motiveer het antwoord.

In het controledossier van de accountant van Skateman bv staat onder meer het volgende:
'De inventarisatie van de voorraad skateboards kan partieel roulerend geschieden. De inventarisatie van de reserveonderdelen moet op 31 december van het boekjaar echter integraal plaatsvinden.'

b Beschrijf hoe partieel roulerende inventarisatie werkt.
c Waarom is het noodzakelijk om de voorraad reserveonderdelen integraal te inventariseren?
d Op welke wijze wordt bij Skateman bv het verbruik van de reserveonderdelen bepaald? Motiveer het antwoord.

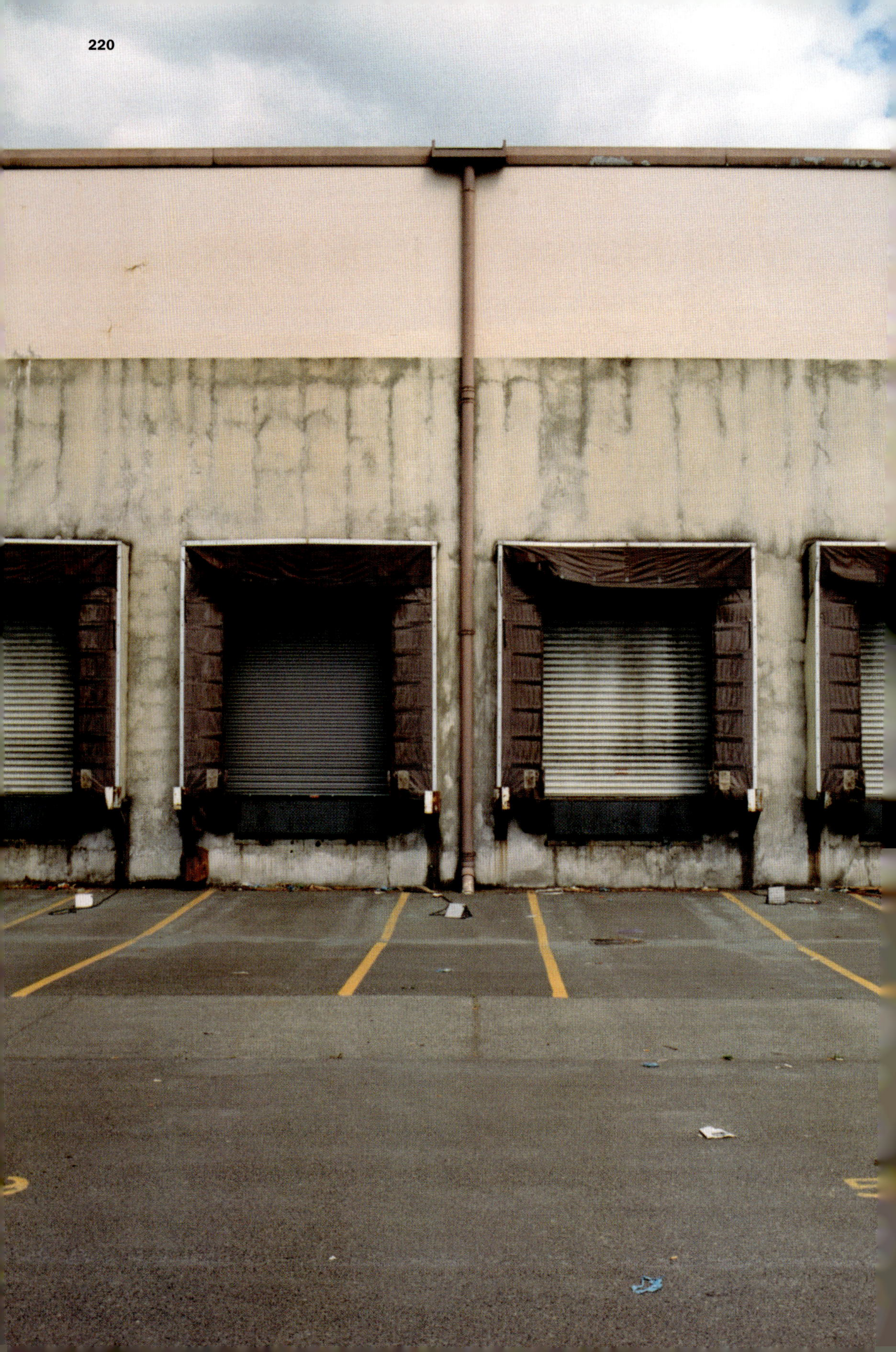

11
Verkoop op rekening: FrysTec

11.1 **Typologie en steunpunten**
11.2 **Attentiepunten en risico's**
11.3 **Randvoorwaarden**
11.4 **Processen**
11.5 **Controles en analyses**
11.6 **Informatiebehoefte verkoop op rekening**
11.7 **Samenvattende schema's verkoop op rekening**

Zoals al in hoofdstuk 9 werd opgemerkt, is er bij handelsbedrijven een duidelijke samenhang tussen de geld- en goederenbeweging. Het verkoopproces is de motor van de uitgaande goederenstroom en de inkomende geldstroom. Bij het verkoopproces valt een duidelijke scheiding te maken tussen verkoop op rekening en contante verkoop. In dit hoofdstuk zal het verkoopproces in zijn totaliteit worden behandeld en zal worden ingezoomd op de verkoop op rekening. In het volgende hoofdstuk zullen de bijzonderheden van de contante verkoop aan de orde komen.

Openingscasus

FrysTec
FrysTec bv is sinds de oprichting in 1947 een succesvolle groothandel in materialen, onderdelen en gereedschappen voor de industrie. Het bedrijf heeft een omvangrijk assortiment van gereedschappen, automaterialen, bevestigingsmaterialen, machineonderdelen enzovoort. Het hoofdkantoor bevindt zich in Friesland, het centraal magazijn staat langs de A1 in de buurt van Hoevelaken. De afnemers van FrysTec zijn bedrijven in de metaalverwerkende en de elektrotechnische industrie, in de bouwnijverheid, scheepswerven, maar ook overheidsdiensten en onderwijsinstellingen. De organisatie FrysTec kan kort worden gekarakteriseerd als snel, compleet en betrouwbaar.

FrysTec wordt geleid door twee directeuren. Een directeur houdt zich bezig met de inkoop, hij onderhoudt contacten met leveranciers en onderhandelt over inkoopcontracten. De andere directeur houdt zich deels bezig met algemene zaken, zoals het personeelsbeleid, daarnaast is hij verantwoordelijk voor de verkoop.

Het bedrijf kent de volgende afdelingen:
- inkoop
- logistiek (waaronder magazijn en expeditie)
- verkoop
- administratie (waaronder automatisering)

Inkoop
De directeur inkoop stelt elk kwartaal het productenassortiment samen op basis van de verwachte verkopen en de ontwikkeling in de markt. Hij onderhandelt met de belangrijkste leveranciers over de leveringsvoorwaarden en de prijzen. De inkoopprijzen zijn afhankelijk van het aantal afgenomen producten. Er is een minimumaantal, wanneer FrysTec minder afneemt, moet er een hogere prijs worden betaald. Hoe meer producten uit dezelfde artikelgroep worden afgenomen, des te hoger is de bonus die een keer per jaar wordt uitgekeerd.

Bij het uitkomen van nieuwe producten, wordt in het algemeen een behoorlijke korting gegeven door de leverancier. FrysTec verwerkt de korting in de verkoopprijs van deze producten en kan ze op die manier tijdens een zogenoemde Actieperiode goedkoop aanbieden.

Logistiek
Logistiek is verantwoordelijk voor de opslag van de voorraad en de tijdige levering van bestellingen bij de afnemers. De producten zijn door de leverancier al voorzien van een unieke barcode, die kan worden ingescand door de barcodelezers van FrysTec. De barcodes worden herkend door het ERP-systeem van het bedrijf. Met dit systeem kan ook de opslaglocatie, de plek in het magazijn waar de producten opgeslagen liggen, worden bijgehouden.

De bestelde producten worden in eigen beheer bij de afnemers afgeleverd. FrysTec heeft zelf een aantal vrachtwagens die vanuit het centraal magazijn de afnemers bevoorraden.

Verkoop
Verkoop is verantwoordelijk voor het afsluiten van contracten met nieuwe afnemers en het verwerken van bestellingen. In de verkoopcontracten zijn de levertijd, de korting en de betalingstermijn geregeld. In veel gevallen betreft het zogenaamde afroepcontracten. In zo'n contract is vastgelegd dat FrysTec vastgestelde aantallen producten tegen vooraf vastgestelde prijzen en voorwaarden moet leveren op het moment dat de afnemer deze producten afroept. Bijvoorbeeld: firma X legt contractueel vast dat zij per jaar 1.000 stuks van product Y afneemt tegen een prijs van 100 euro per stuk

en een levertijd van 48 uur. FrysTec is dan verplicht om binnen 48 uur te leveren, zodra firma X de producten afroept. FrysTec maakt sinds enkele jaren ook gebruik van een webshop. Via deze internetsite kunnen geregistreerde afnemers zelf zoeken in de productencatalogus en direct producten bestellen. Voordat zo'n bestelling tot een levering leidt, moet zij altijd eerst door een verkoopmedewerker worden goedgekeurd.

Administratie
FrysTec maakt gebruik van een ERP-systeem. Met dit systeem worden alle processen binnen de onderneming afgedekt. Dat geldt voor inkoop, verkoop, logistiek, de financiële administratie, maar ook voor bijvoorbeeld de verzuimregistratie van het personeel. Tussen het hoofdkantoor en het centraal magazijn bestaat een vaste netwerkverbinding.

11.1 Typologie en steunpunten

Zoals ook al in het vorige hoofdstuk werd aangeduid, zijn er binnen het typologiemodel twee soorten handelsondernemingen te onderscheiden: het handelsbedrijf dat op rekening verkoopt (zoals FrysTec) en het handelsbedrijf dat verkoopt tegen contante betaling. Handelsbedrijven die op rekening verkopen, zijn meestal groothandels die alleen maar aan andere bedrijven leveren. Dit soort van handel wordt wel aangeduid als b2b: business-to-business. Er zijn overigens ook handelsbedrijven die op rekening aan particulieren verkopen, denk maar eens aan postorderbedrijven (zoals Wehkamp) of internetwinkels (zoals bol.com). Handelsbedrijven die verkopen tegen contante betaling zijn meestal detailhandelsbedrijven, zoals een elektronicawinkel, de slijter, de supermarkt en de kleding- of boekenwinkel. Deze handel wordt wel b2c genoemd: business-to-consumer. Dit hoofdstuk gaat over verkoop op rekening. In hoofdstuk 12 wordt de verkoop tegen contante betaling behandeld.

B2b

B2c

Zoals in hoofdstuk 9 over inkoop al is opgemerkt, is het verband tussen de goederen- en de geldbeweging kenmerkend voor handelsbedrijven. De goederenbeweging kun je in een formule zetten:

> Goederenbeweging: Beginvoorraad producten + ingekochte producten –/– eindvoorraad producten = verkochte producten [11.1]

Deze formule wordt toegepast in voorbeeld 11.1.

VOORBEELD 11.1

De goederenbeweging bij FrysTec

De voorraad schappendragers 45 × 40 was op 01-01-2018	150 stuks
Ingekocht werden volgens het ERP-systeem	225 stuks +
	375 stuks
Bij inventarisatie bleek de eindvoorraad op 31-12-2018	100 stuks –/–
Verkocht in 2018	275 stuks

De geldbeweging kan aan de goederenbeweging worden gekoppeld doordat het verkochte aantal producten vermenigvuldigd met de verkoopprijs gelijk moet zijn aan de opbrengst in geld:

Geldbeweging: Aantal verkocht × verkoopprijs = opbrengst verkopen [11.2]

Deze verbanden vormen de belangrijkste steunpunten, samen met de voorraadinventarisatie. Op beide punten komen we nog uitgebreid terug.

11.2 Attentiepunten en risico's

Zoals we al zagen komt het proces in het handelsbedrijf neer op: inkopen, opslaan, misschien opnieuw verpakken en verkopen. Dat klinkt niet al te ingewikkeld, toch blijkt het in de praktijk vaak een stuk complexer. Afhankelijk van het soort product dat wordt verkocht (nietmachines aan bedrijven verkopen stelt toch andere eisen aan een onderneming dan de verkoop van tractoren) zullen specifieke attentiepunten benoemd kunnen worden. Met het soort product en de omvang van de onderneming hangen ook zaken samen als de mate van automatisering, de manier van inkoop enzovoort. Zonder volledig te kunnen zijn, noemen we in tabel 11.1 een aantal mogelijke attentiepunten en de risico's die daaruit voortkomen.

TABEL 11.1 Attentiepunten en risico's verkoop op rekening

Attentiepunt	Risico
Vaak wisselende verkoopprijzen	Verkeerde prijs in systeem Verkopen met hoge prijs worden verantwoord als verkoop met lage prijs
Kortingsafspraken per klant	Korting is niet vastgelegd in het systeem, waardoor medewerkers zelf de hoogte van kortingen kunnen bepalen (winstderving) Orders met geen of lage korting worden verantwoord als orders met (hoge) korting Ten onrechte kortingen verstrekt aan klanten
Positie verkoopcontracten niet duidelijk i.v.m. kortingen of boetes	Er zijn boetes verschuldigd aan klanten of ten onrechte zijn boetes niet bij klanten geclaimd
Verkoopproces verregaand geautomatiseerd (verkoop via internet)	Onbevoegde toegang tot bestanden
Verkopen in vreemde valuta	Koersverliezen Verkopen met hoge(re) koers worden verantwoord als verkoop met lage(re) koers
Levering onder rembours (contant betalen bij aflevering)	Geïncasseerde bedragen worden niet verantwoord waardoor geld wordt onttrokken aan het bedrijf

11.3 Randvoorwaarden

Zoals we eerder gezien hebben zijn de randvoorwaarden de zaken die preventief geregeld moeten worden, dat wil zeggen voordat de processen gaan plaatsvinden. Deze bestaan uit:

- functiescheiding
- automatisering
- begroting
- richtlijnen en normen

11.3.1 Functiescheiding

Bij handelsbedrijven bestaan de primaire bedrijfsprocessen uit inkopen, bewaren van voorraden en verkopen. Vanwege de controletechnische functiescheiding is het niet wenselijk dat deze drie processen door dezelfde medewerkers worden uitgevoerd. Daarom is er functiescheiding nodig tussen inkoopafdeling, magazijn, verkoopafdeling en administratie. De opzet bij functiescheiding is immers dat er twee of meer medewerkers betrokken zijn bij dezelfde gebeurtenis. In tabel 11.2 wordt aangegeven welke verbanden er in het verkoopproces moeten zijn tussen de diverse afdelingen. Per regel zijn steeds (indien van toepassing) de afdelingen te vinden, die onafhankelijk van elkaar in het ERP-systeem de vermelde gegevens vastleggen.

TABEL 11.2 Verbanden tussen afdelingen

Verkoop-afdeling	Magazijn	Debiteuren-administratie	Directie	Facturering (ERP-systeem)	Financiële adminis-tratie
Uitgebrachte offerte			Offerte akkoord		
Producten verkocht	Producten afgegeven	Producten waarvoor betaling moet worden ontvangen		Producten op verkoopfactuur	Afstemming (verbanden)
Retour te ontvangen producten	Retour ontvangen producten	Producten waarvoor betaling is ontvangen		Producten op verzonden creditnota	Afstemming (verbanden)

Door de functiescheiding zijn er dus steeds twee onafhankelijke partijen betrokken bij een gebeurtenis. Als de gegevens die zij vastleggen aan elkaar gelijk zijn, zullen die gegevens betrouwbaar zijn. Dit wordt vastgesteld door de administratie.

11.3.2 Automatisering

Zoals in hoofdstuk 6 en 7 beschreven, gaat het bij de randvoorwaarden met name om de general computer controls. Verkoop stelt in principe niet meer eisen aan de automatisering dan daar beschreven. Bij de attentiepunten hebben we 'verkoopproces verregaand geautomatiseerd' genoemd. Hierbij moet je denken aan de situatie waarbij de klant toegang heeft tot de productadministratie om zelf te controleren wat de verkoopprijs, de korting en de levertijd is. Het opvragen van dergelijke gegevens is geen probleem, dat wordt het natuurlijk wel wanneer de klant de productgegevens ook kan wijzigen. Om dat te voorkomen, zullen er maatregelen getroffen moeten worden.

TUSSENVRAAG 11.1
Welke wijzigingen zou een 'hackende' klant wel willen doorvoeren in de administratie van zijn leverancier?

Dit vraagt om extra general computer controls, zoals die ook al in het vorige hoofdstuk zijn besproken: inperken van de autorisatie van de klant en een firewall voor delen van het informatiesysteem waarin de klant niet welkom is. Voor het gehele verkoopproces geldt dat er de nodige application controls kunnen worden opgenomen. Die worden in paragraaf 11.4 besproken.

11.3.3 Begroting

De verkoopfunctie moet ervoor zorgen dat er afnemers zijn voor de producten van het bedrijf. Verkoop is daarom van wezenlijk belang voor het succes van het bedrijf. Als Verkoop er niet in zou slagen om voldoende afnemers voor de producten te interesseren, zal het bedrijf niet lang kunnen voortbestaan. De activiteit bij Verkoop bepaalt ook wat er in de andere processen gebeurt. We zagen al dat Inkoop haar activiteiten afstemt op de verkoopbegroting en dat ook de omvang van de aan te houden voorraden hierop is gebaseerd. Ook in de openingscasus over FrysTec bleek al dat de inkoop mede wordt gebaseerd op de verkoopverwachtingen.

Verkoopbegroting

De verkoopbegroting bevat zowel een hoeveelheids- als een prijscomponent, dus hoeveel producten tegen welke prijs verwacht men in de volgende periode te gaan verkopen. Omdat de verkoopbegroting het uitgangspunt vormt voor andere begrotingen, is het van belang dat deze begroting zeer zorgvuldig wordt samengesteld. In veel gevallen wordt er (door een extern bureau) marktonderzoek uitgevoerd en wordt rekening gehouden met diverse scenario's. Bij het opstellen van de verkoopbegroting wordt vaak een onderscheid gemaakt tussen de verkoopverwachtingen bij bestaande klanten, binnen het eigen netwerk van mogelijke klanten ('warme acquisitie') en nieuwe klanten ('koude acquisitie').

Bij de prijsbepaling spelen de begrote brutomarges een belangrijke rol. In een markt waarin de onderneming marktleider is (dat wil zeggen meer verkoopt dan de concurrenten) is het betrekkelijk eenvoudig om zelf de brutomarge en daarmee de verkoopprijs vast te stellen. In andere markten, waar de verkoopprijs (mede) door anderen wordt bepaald, zal de onderneming proberen om de eigen kosten zodanig te verlagen dat toch de gewenste brutomarge wordt behaald. Door de werkelijke brutomarges te vergelijken (te confronteren) met begrote, kan de leiding van de onderneming nagaan of Verkoop zich aan de gestelde normen heeft gehouden of in het andere geval dat de afdeling misschien wel een hoge omzet heeft gerealiseerd, maar een veel te lage winst.

Bij het opstellen van de verkoopbegroting en de begrote brutomarges zijn naast de verkoopmanager ook het hoofd Administratie en de directie betrokken. De verkoopbegroting is taakstellend. Wanneer het opstellen ervan zou worden overgelaten aan alleen de verkoopmanager, is het niet ondenkbaar dat de doelstellingen met betrekking tot de te bereiken verkoopresultaten en marges te laag worden ingezet.

11.3.4 Richtlijnen en normen

De directie van het handelsbedrijf zal ten minste richtlijnen verplicht stellen met betrekking tot verkoopprijzen, kortingen en aanbiedingen.
Doel van de richtlijnen is om ervoor te zorgen dat bij iedere verkooptransactie voor hetzelfde artikel en onder dezelfde voorwaarden dezelfde verkoopprijs wordt vastgesteld. Het mag dus niet voorkomen dat verkoper A hetzelfde artikel tegen een andere prijs verkoopt dan verkoper B. Daarnaast zullen de richtlijnen ook bepalen welke medewerkers geautoriseerd zijn om de artikelstamgegevens in het ERP-systeem bij te werken. Hiermee wordt voorkomen dat medewerkers deze gegevens naar eigen goeddunken aanpassen.

Veel van wat er op de verkoopafdeling gebeurt, wordt bepaald door het commerciële beleid van het bedrijf. In dat beleid gaat het om zaken als:
- *Artikelassortiment*. Welke artikelen worden aangeboden?
- *Afzetkanaal*. Worden de producten direct geleverd aan de consument of aan de groothandel?
- *Prijzen en kortingen*. Welke prijzen en kortingen worden aan de verschillende categorieën afnemers gegeven?
- *Verkoopacties*. Welke verkoopacties worden eventueel opgezet?
- *Leverings- en betalingsvoorwaarden*. Welke leverings- en betalingsvoorwaarden worden gehanteerd?
- *Orderverwerving*. Hoe zorgt Verkoop ervoor dat afnemers orders plaatsen?
- *Service*. Worden orders direct uitgevoerd, hoe wordt met klachten omgegaan, worden producten teruggenomen?

Het commerciële beleid stelt de kaders of bepaalt de spelregels waar Verkoop zich aan dient te houden. Nu we de spelregels kennen, kunnen we ons met het 'verkoopspel' zelf gaan bezig houden

11.4 Processen

Voor het globaal schema van de verkopen: zie figuur 11.1.

FIGUUR 11.1 Globaal schema Verkoop op rekening

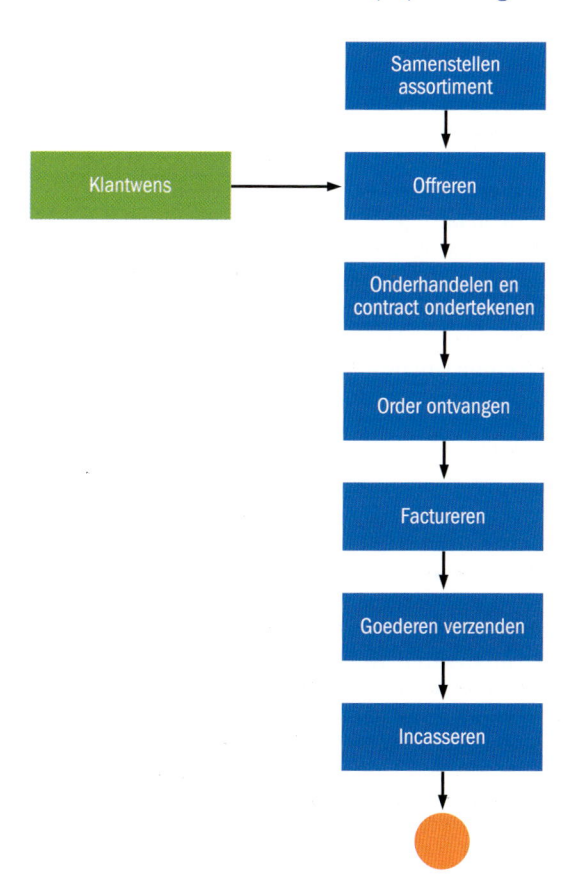

We gaan nu de activiteiten in het verkoopproces onderzoeken. Dat doen we aan de hand van het schema van figuur 11.1. We kijken naar welke stappen er zijn en hoe die worden uitgevoerd. Hierbij besteden we aandacht aan de 4 W's uit hoofdstuk 8:
- wie (functiescheiding)?
- doet wat (concrete handeling)?
- waarmee (informatie)?
- welke administratieve vastlegging volgt daaruit?

11.4.1 Assortiments- en prijsbepaling

Artikelstambestand

Voordat kan worden begonnen met verkopen, zal bekend moeten zijn welke producten verkocht gaan worden en tegen welke prijs. Dit zijn commerciële beslissingen, onder verantwoordelijkheid van de afdeling Marketing, maar met een belangrijk gevolg voor de administratieve organisatie. De gegevens moeten worden vastgelegd in het artikelstambestand. Zoals al is besproken in hoofdstuk 7, is het belangrijk dat de gegevens in stambestanden juist zijn en blijven.

De belangrijkste maatregel van interne controle is ook hier weer functiescheiding. Zo is het niet wenselijk dat verkopers zelf prijzen mogen aanpassen, als ze met de klant in gesprek zijn. Ook is het aan te raden dat degene die de prijzen wijzigt in het systeem niet dezelfde is als degene die over de prijzen beslist.
Een beperkt aantal medewerkers zal de bevoegdheid moeten hebben om de wijzigingen aan te brengen. Dit wordt beveiligd met user ID's en passwords. Ook zal controle op de invoer van gegevens moeten plaatsvinden. Dit kan met behulp van de ons inmiddels bekende application controls.

Deze maatregelen zijn van nog groter belang als er prijswijzigingen zijn, bijvoorbeeld acties. Er is dan een verschuivingsgevaar dat artikelen die (net) buiten de actieperiode zijn verkocht, worden verantwoord als verkocht in de actieperiode en dus met een lagere prijs. Het verschil steekt iemand in eigen zak. Naast de maatregelen zoals deze hiervoor zijn genoemd, kunnen aanvullende maatregelen getroffen worden. Zo kan de administratie steekproefsgewijs 'actieverkopen' controleren met behulp van de order- en afllevergegevens. Ook is het mogelijk een goederenbeweging op te zetten voor de actieperiode. Het is dan wel noodzakelijk dat de voorraden aan het begin en einde van de actieperiode geïnventariseerd worden.

11.4.2 Leggen van contact met de klant

Klantcontact

Een klantcontact ontstaat doordat een mogelijke klant zelf contact zoekt of omdat het bedrijf actief is in klantwerving.
Bij FrysTec zijn vijf vertegenwoordigers in dienst, die tot taak hebben om bestaande klanten te bezoeken en nieuwe klanten te werven. Deze vertegenwoordigers ontvangen een vast basissalaris en een bonus die afhankelijk is van de grootte van de verworven orders.

Crm-systeem

Om de resultaten te kunnen analyseren, worden alle wervingsactiviteiten en hun respons bijgehouden in een crm-systeem. Met customer relations management (crm), ook wel een verkoopbeheersysteem genoemd, is een bedrijf in staat om de relaties en contacten met klanten te beheren. In het voorbeeld van FrysTec is het crm-systeem een module van het ERP-pakket.

11.4.3 Uitbrengen van offertes

Op verzoek van een klant brengt Verkoop een offerte uit voor de levering van producten (bij verkoop tegen contante betaling, zoals in de supermarkt, gebeurt dat meestal niet). Verkopers ontvangen vaak naast een basissalaris ook nog een bonus die afhangt van hun omzet, dus wat ze hebben verkocht. Het zal je daarom niet verwonderen dat verkopers in het algemeen het liefst zo veel mogelijk verkopen. Het zal je waarschijnlijk ook niet verwonderen dat verkopers soms best een wat lagere prijs of een wat hogere korting willen geven als dat helpt om een klant over de drempel te trekken en een order binnen te halen. Om nu te voorkomen dat verkopers al te kwistig met die lokkertjes omgaan, zal de directie van het handelsbedrijf strikte richtlijnen hebben uitgevaardigd over welke prijzen, kortingen, krediettermijnen en dergelijke moeten worden toegepast. Deze richtlijnen zijn vastgelegd in wat wel heet de offerteprocedure. Bij het opstellen van de offertes moeten de verkopers zich aan die richtlijnen houden.

Bonus

Offerteprocedure

Bij het maken van een offerte moet de verkoopafdeling drie vragen kunnen beantwoorden:
1. Kunnen we de gevraagde producten op tijd leveren?
2. Tegen welke prijs en overige leveringsvoorwaarden kunnen we offreren?
3. Is de afnemer kredietwaardig?

Om vraag 1 en 2 te beantwoorden, moet Verkoop de voorraadadministratie en het contractenbestand kunnen raadplegen. In de voorraadadministratie staan de huidige en de verwachte voorraad van de producten. In het contractenbestand zijn de afspraken met de klant over kortingen en andere leveringsvoorwaarden opgenomen. Onder leveringsvoorwaarden vallen bijvoorbeeld afspraken over het retour zenden van producten, over garantie en service, over het transport enzovoort. Wanneer uit de voorraadadministratie blijkt dat het product niet op de gewenste datum leverbaar is, zal hierover contact met de klant worden opgenomen. Wanneer de klant de bestelling toch wil plaatsen, wordt een backorder aangemaakt. Dat wil zeggen dat producten pas zullen worden geleverd op het moment dat ze weer voorradig zijn.

Contractenbestand

Leveringsvoorwaarden

Backorder

De vraag tegen welke prijs geleverd kan worden, is vaak afhankelijk van de klant waar het om gaat. In het algemeen geldt: hoe belangrijker de klant voor het bedrijf, hoe lager de prijs. Dit vertaalt zich in kortingsafspraken per klant. Deze afspraken moeten worden vastgelegd in een kortingstabel in het ERP-systeem en deze tabel moet even goed beveiligd zijn als het artikelstambestand dat hiervoor is besproken.

Kortingstabel

Zoals je inmiddels wel zult verwachten, is vanwege korting weer sprake van een verschuivingsgevaar: omzet met een lage (of geen) korting wordt verantwoord als omzet met hoge korting en het verschil wordt (weer) in eigen zak gestoken. Beheersmaatregelen zijn:
- richtlijnen voor korting
- kortingen budgetteren
- functiescheiding toepassen bij kortingafspraken, invoer in ERP-systeem en invoercontrole
- eventueel steekproefsgewijs controle door administratie op verkopen met kortingen: zijn deze terecht verleend?

Verschuivingsgevaar

**Debiteuren-
administratie**

Kredietlimiet

Het antwoord op de vraag of een klant kredietwaardig is, is uiterst belangrijk en wordt, althans bij bestaande klanten, gevonden in de informatie uit de debiteurenadministratie. Bedrijven proberen zich al bij voorbaat enigszins te beschermen tegen de mogelijkheid dat afnemers niet in staat blijken om te betalen. Dit doen ze door per debiteur een maximumbedrag aan krediet (= uitstaande vordering) vast te stellen, de zogenaamde kredietlimiet. Wanneer een debiteur eenmaal aan zijn 'max' zit, zal in het algemeen niet meer op rekening aan hem worden verkocht. Verkoop tegen contante betaling of onder rembours (de klant betaalt direct bij aflevering van het product) is dan nog wel mogelijk. Als deze check naar de kredietwaardigheid niet of niet goed wordt uitgevoerd (of geregistreerd) en een bedrijf zonder meer levert, kan dat ernstige financiële gevolgen hebben.

TUSSENVRAAG 11.2
Welke aanpak zal een groothandel kiezen wanneer zij levert aan een nieuwe, volledig onbekende klant?

Bij nieuwe klanten is er in het bedrijf zelf natuurlijk geen informatie over het betalingsgedrag voorhanden. Vandaar dat bedrijven moeite doen om die informatie extern te verkrijgen. Ze kunnen daarvoor terecht bij gespecialiseerde bureaus die deze informatie tegen betaling beschikbaar stellen. In Nederland bestaan er nogal wat van dit soort informatieverstrekkers. Het bekendst is misschien wel het Bureau Krediet Registratie (BKR). Deze organisatie is in het leven geroepen door het financiële bedrijfsleven (banken, verzekeraars enzovoort) en heeft tot taak om het zogenoemde Centraal Krediet Informatiesysteem (CKI) te beheren en te verzorgen. In het CKI zijn de gegevens opgenomen van bijna 12.000.000 personen die een lening of een gsm-abonnement hebben afgesloten. Het BKR verstrekt deze gegevens uitsluitend aan de eigen leden, dat zijn naast de eerdergenoemde banken en verzekeraars, ook bijvoorbeeld thuiswinkelorganisaties (zoals Wehkamp) en telefoonmaatschappijen. Het 'normale' handelsbedrijf zal geen gebruik maken van de diensten van het BKR, maar zal een van de andere gespecialiseerde bureaus raadplegen.

**Krediet-
waardigheid**

Bij beoordeling van de kredietwaardigheid van klanten die op afbetaling willen kopen, kan een systeem van 'credit scoring' worden gebruikt. Credit scoring is een geautomatiseerde methode waarmee de kredietwaardigheid van een persoon indirect kan worden beoordeeld aan de hand van bepaalde persoonsgegevens, gecombineerd met statistische en demografische gegevens, zoals woonplaats en leeftijd. Deze gegevens worden gecombineerd met informatie over mogelijk eerder bestel- en betaalgedrag en met economische ervaringsgegevens. Daarnaast speelt de informatie van het Bureau Krediet Registratie een rol. Het systeem is een voorspelmodel, dat, op basis van de bedrijfsdatabase, met gegevens over het bestel- en betaalgedrag over de afgelopen vijf jaar van de klanten uitspraken doet met betrekking tot het risico dat klanten niet betalen. Pikant is overigens dat ook gegevens betreffende de postcode een rol spelen bij de beoordeling van de kredietaanvraag. Een klant die de pech heeft om in een postcodegebied te wonen dat 'slecht van betalen' is, kan fluiten naar zijn lening.

**Credit risk
management**

Het omgaan met het risico dat verlies wordt geleden omdat klanten niet aan hun verplichtingen voldoen (het zogenoemde credit risk management), is sinds de jaren negentig van de vorige eeuw een activiteit die bij sommige bedrijven niet meer onder het debiteurenbeheer valt, maar is ondergebracht bij een 'credit risk manager'. Toch zal ook de credit risk manager ervoor waken om al te kritisch te zijn bij de kredietverstrekking, want er is, naast het feit dat een bedrijf natuurlijk graag verkoopt, ook nog een ander commercieel belang. De rente die de klant die op afbetaling koopt moet betalen is fors. De totale rente-inkomsten zullen van een zodanige omvang zijn, dat het risico van een incidentele wanbetaler ruimschoots wordt gecompenseerd.

Bij het vastleggen van de offerte in het offertebestand zal de informatie uit de verschillende andere bestanden, zoals het afnemers- en het productenbestand, automatisch door het ERP-systeem worden verzameld. Wanneer de producten op tijd geleverd kunnen worden en de afnemer kredietwaardig is, zal de verkoper de offerte aan het offertebestand toevoegen, ondertekenen en naar de klant sturen.

TUSSENVRAAG 11.3
Mag de verkoper een offerte zelf ondertekenen of moet dat door zijn chef, het hoofd Verkoop, worden gedaan?

11.4.4 Contracten
Met sommige afnemers zal het bedrijf afspraken maken voor levering gedurende een wat langere periode (bijvoorbeeld een jaar). Zoals in het vorige hoofdstuk al werd gemeld, worden afspraken tussen bedrijven en klanten meestal vastgelegd in een raamcontract. In het geval van FrysTec was er sprake van een afroepcontract, dat is een voorbeeld van zo'n raamcontract. Een raamcontract heeft voordelen voor zowel de koper als de verkoper. De verkoper heeft de zekerheid dat er binnen de afgesproken periode een bepaalde omzet behaald zal worden. De koper zal er gunstiger verkoopvoorwaarden of een lagere prijs door kunnen bedingen en heeft bovendien de zekerheid dat de producten zullen worden geleverd. Vooral bij productiebedrijven is het van groot belang om er zeker van te zijn dat de grondstoffen op tijd aanwezig zijn. Nadat het raamcontract eenmaal is afgesloten, is het telkens opnieuw uitbrengen van een offerte niet meer nodig. De afspraken van het contract worden vastgelegd in het ERP-systeem dat er dan bij het berekenen van prijzen, kortingen en bonussen automatisch rekening mee houdt.

Raamcontract

De beheersmaatregelen rondom de contracten zijn vergelijkbaar met de inkoopcontracten zoals deze in het vorige hoofdstuk zijn besproken.

11.4.5 Orderontvangst en -acceptatie
Orders worden door de verkoopafdeling vastgelegd in het orderbestand. Orders kunnen rechtstreeks bij de afdeling Verkoop binnenkomen of via een vertegenwoordiger. Verkoop zal in alle gevallen weer een antwoord moeten geven op de al eerdergenoemde vragen: kunnen we leveren, tegen welke prijs en willen we leveren? Wanneer de order betrekking heeft op een uitgebrachte offerte, zijn de antwoorden al gegeven bij het opstellen van die offerte. Wel moet dan worden bekeken of de antwoorden nog steeds kloppen en of bijvoorbeeld de afnemer tussentijds niet aan zijn maximale kredietlimiet is gekomen. Bij een bestelorder zonder offerte moeten de vragen worden beantwoord zoals dit beschreven is in subparagraaf 11.4.3.

Verschuivings-risico

Zoals eerder is besproken, kan er sprake zijn van verschuivingsgevaar of verschuivingsrisico. Dit hebben we al gezien bij de offertes. Dit kan verschillende oorzaken hebben. Wanneer er in een handelsbedrijf verschillende categorieën van afnemers worden onderscheiden met elk hun eigen prijzen of kortingen, bestaat het risico dat opbrengsten administratief worden verschoven van de ene naar een andere categorie. Dit risico wordt aangeduid als verschuivingsrisico (zie voorbeeld 11.2).

VOORBEELD 11.2

Verschuivingsrisico

Bij FrysTec is een categorie afnemers A die voor product Y €100 betaalt en er is een categorie afnemers B die €120 voor product Y moet betalen. Het risico bestaat dat een verkoop aan categorie B wordt geboekt als een verkoop aan categorie A. In plaats van €120 wordt dus maar €100 verantwoord, het verschil verdwijnt in de zak van de verkoper of de boekhouder. Om dit risico zo veel mogelijk te voorkomen, moet bij controle op de verkopen telkens worden onderzocht of de afnemer in de juiste categorie zit.

Bij moderne verkoopsystemen is een dergelijke controle overigens al ingebouwd. Eenzelfde verschuivingsrisico bestaat ook bij het verlenen van korting per afnemerscategorie. Bij bepaalde afnemers zou een hoge korting kunnen worden verantwoord, terwijl in werkelijkheid slechts een lage korting is gegeven. Bij controle moet dan dus vooral worden gelet op de verantwoorde hoge kortingen. Onderzocht moet worden of dat in werkelijkheid geen lagere kortingen zijn geweest.

Een ander mogelijk risico treedt op als er gefactureerd wordt in vreemde valuta. Dan ontstaat er een valutapositie vergelijkbaar met wat in het vorige hoofdstuk besproken is. Uiteraard zijn dan de risico's precies andersom omdat we nu geen schulden en inkopen, maar vorderingen en verkopen hebben in vreemde valuta. De beheersingsmaatregelen zullen echter vergelijkbaar zijn.

Bij FrysTec kunnen orders ook worden geplaatst via de webshop. Het ERP-systeem van het bedrijf is in staat om met de webshop te communiceren, zodat de gegevens van de weborder direct aan de database van het ERP-systeem kunnen worden toegevoegd. Het beoordelen van dergelijke orders gaat uiteraard op dezelfde manier als de beoordeling van de andere orders. Bij de verkoop aan particulieren via webshops zien we overigens nog een derde manier van betalen: niet contant of op rekening, maar vooraf. Het grootste probleem voor webshops is dat ze hun klanten niet kennen. Een webshop is meestal zo gemaakt dat iedereen er een bestelling kan plaatsen (figuur 11.2).

FIGUUR 11.2 Webshop

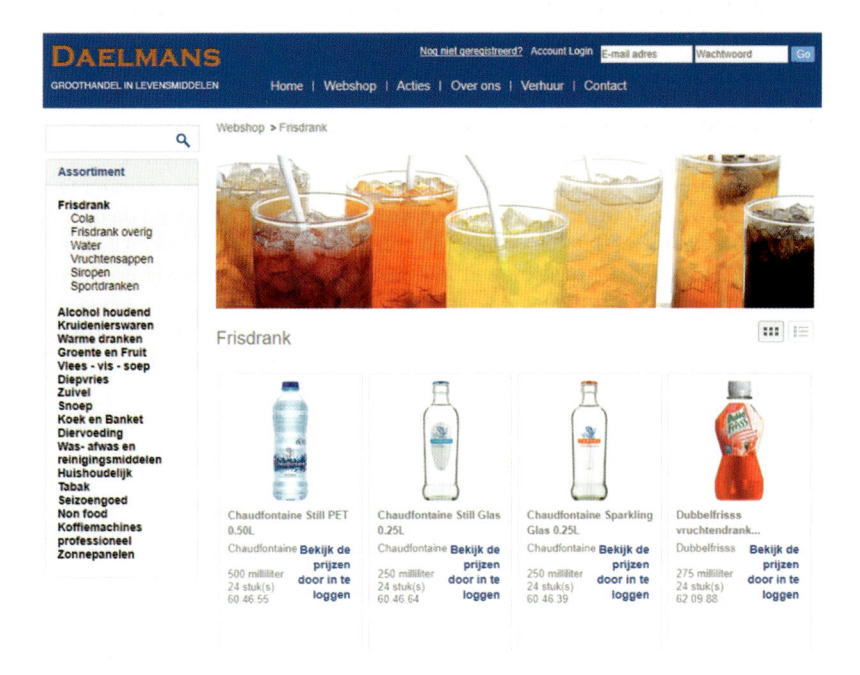

Het feit dat iedereen een bestelling kan plaatsen heeft natuurlijk grote commerciële voordelen, maar als enorm nadeel dat de shopeigenaar onmogelijk de kredietwaardigheid van zijn afnemers kan controleren. Nu zou hij natuurlijk kunnen besluiten om de bestelde producten toch maar in goed vertrouwen te leveren en er zijn grote webshops die dat ook doen en die dus op rekening verkopen. Het merendeel van de wat kleinere webwinkels durft dat risico echter niet aan en vraagt de klant, voordat de producten worden geleverd, eerst via de bank (iDeal) of creditcard te betalen. Het risico wordt op die manier bij de klant gelegd, want die moet maar afwachten of de webshop zijn leveringsverplichting ook nakomt.

TUSSENVRAAG 11.4
Wat is het voordeel van een webshop voor het bedrijf en voor de klant? En welke nadelen zijn er?

11.4.6 Factureren

De volgorde van uitvoering bij het factureren en de volgende processtap, het leveren, kan ook worden omgekeerd. In dat geval zullen de producten eerst worden geleverd en wordt pas daarna de factuur opgesteld. Bij een volledig geïntegreerd informatiesysteem worden de facturen automatisch aangemaakt op basis van de vastgelegde ordergegevens. In bedrijven waar de automatisering van de administratie nog niet zo ver is doorgevoerd, zullen de facturen door een factureringsafdeling (een onderdeel van de Financiële administratie) worden gegenereerd. Bij sommige bedrijven wordt er maar eens in de week gefactureerd, bij andere gebeurt dat dagelijks. Soms wordt de factuur apart van de producten opgestuurd, in andere gevallen wordt de factuur tegelijk met de producten verzonden.
Bij de facturering kunnen we twee vormen onderscheiden:

Facturering

1 voorfacturering
2 nafacturering

Ad 1 Voorfacturering

Voorfacturering

Bij voorfacturering wordt de factuur gemaakt op basis van de verkooporder. Van de factuur wordt vervolgens een kopie naar het magazijn gestuurd. In het magazijn wordt die kopie gebruikt om de goederen te 'picken' (gereed te zetten om te worden verzonden) en naar de afnemer te vervoeren. Voorfacturering kan alleen worden toegepast als al bij de orderacceptatie vaststaat dat alle producten geleverd kunnen worden en ook de prijs bekend is. Dat de prijs niet altijd bekend is, laat voorbeeld 11.3 zien. Het belangrijkste voordeel van voorfacturering is de zekerheid, dat er geen producten naar klanten worden gestuurd waar geen factuur voor is aangemaakt.

VOORBEELD 11.3

Nafacturering noodzakelijk

Een groothandel in kaas verkoopt alleen hele kazen. De prijs wordt bepaald op basis van het gewicht. Hele kazen wegen nooit precies evenveel. De groothandel kan dus het systeem van voorfacturering niet toepassen, omdat de prijs van de te leveren kazen niet vooraf bekend is.

Ad 2 Nafacturering

Nafacturering

Bij nafacturering wordt de factuur pas opgesteld als de producten gereed staan om te worden verzonden. Facturering zal dan bijvoorbeeld plaatsvinden aan de hand van de magazijnafgiftebon. Bij de kaasgroothandel uit voorbeeld 11.3 kan dus wel op basis van nafacturering worden gewerkt.

Het is goed dat je beseft dat het onderscheid tussen voor- en nafacturering helemaal niets te maken heeft met de volgorde waarin producten en facturen worden verstuurd. Bij voorfacturering kan het dus prima zo zijn dat eerst de producten naar de klant worden gestuurd en een tijdje later pas de factuur. Het is natuurlijk wel zo dat hoe eerder de klant de factuur ontvangt, des te eerder de betalingstermijn kan ingaan. Bij voorfacturering kan de factuur in principe al gelijk met de producten worden verzonden en dat is een prettige bijkomstigheid.

TUSSENVRAAG 11.5
Is het bij voorfacturering nodig om op de kopie van de factuur voor het magazijn ook de verkoopprijzen te vermelden?

We laten in voorbeeld 11.4 nog een andere manier van factureren zien.

VOORBEELD 11.4

Factureren

FrysTec heeft een behoorlijk aantal grote afnemers waar vrijwel dagelijks producten worden afgeleverd. In principe zou er dan ook dagelijks een factuur naar die afnemers gestuurd moeten worden. Om te voorkomen dat het dagelijks aanmaken en verwerken van de facturen te veel tijd gaat kosten, is er afgesproken dat er maar een keer per maand wordt gefactureerd.

De manier van factureren in voorbeeld 11.4 wordt cyclisch factureren genoemd. Cyclisch factureren helpt mee om de werkdruk te verdelen, omdat de (verzamel)facturen verspreid over de maand verstuurd worden. Debiteuren zijn over de dagen van de maand verdeeld; op bijvoorbeeld de eerste van de maand worden de debiteuren gefactureerd van wie de naam met een A of B begint. Debiteuren met een C of D, worden op de derde gefactureerd en zo verder. Debiteuren ontvangen steeds één factuur per maand. Als de factuur gereed is, worden de factuurgegevens met het ERP-systeem verwerkt in de debiteurenadministratie en de financiële administratie. De facturen kunnen dan verstuurd worden. Van de te verzenden facturen wordt een register bijgehouden. De factuurgegevens in het register moeten overeenstemmen met de gegevens van de werkelijk verzonden facturen. Ter controle kan de administratie de volgende verbandscontrole uitvoeren:

Cyclisch factureren

Verbandscontrole uitvoeren

$$\text{Geleverde producten} \times \text{verkoopprijs} = \text{gefactureerde orders} = \text{omzet} = \text{toename debiteuren} \qquad [11.3]$$

11.4.7 Producten leveren

Bij de levering van producten zal de magazijnmeester (bewarende functie) de producten pas uit het magazijn halen als hij eerst bijvoorbeeld een verkooporder, een kopie verkoopfactuur of een aparte magazijnafgifteopdracht heeft gekregen. Wanneer met een ERP-systeem gewerkt wordt, zullen losbladige orders, facturen of afgifteopdrachten niet meer voorkomen. In dat geval kan de magazijnmeester in het systeem opvragen welke verkooporders moeten worden uitgeleverd. Het systeem zal dan automatisch die orders selecteren die zijn goedgekeurd en waarvan de leverdatum is bereikt.

De uit te leveren producten worden gepickt en er zullen (door het ERP-systeem) een vrachtbrief en een paklijst worden opgesteld. Een vrachtbrief is een wettelijk voorgeschreven document voor de vervoerder waarin de belangrijkste gegevens van een lading moeten worden aangegeven. Op een paklijst staat een gedetailleerd overzicht van de verzonden producten.

Vrachtbrief

Paklijst

Bij het registreren van de verzending door de magazijnmeester, wordt door het ERP-systeem tegelijk de waarde van de voorraad verlaagd. Het systeem zorgt voor de financiële boekingen en werkt ook de gegevens over het aantal op voorraad bij. Belangrijk is dat de magazijnmeester alleen voorraden mag afboeken op basis van een verkooporder (nafacturering) of factuur (voorfacturering). Zoals we in het vorige hoofdstuk hebben gezien mag hij geen andere voorraadmutaties boeken. Zo zijn de boekingen die de magazijnmeester zowel aan de inkoopkant (three-way-match) als aan de verkoopkant (order) invoert beperkt.

Het daadwerkelijk verzenden van de producten valt onder de verantwoordelijkheid van de magazijnmeester of van een afzonderlijke afdeling Expeditie. In geval er veel transport plaatsvindt, kan het voor het bedrijf rendabel zijn om de producten af te leveren met eigen transportmiddelen. In veel gevallen zal het vervoer worden overgelaten aan externe beroepsvervoerders of worden auto's op huurbasis ingezet. Een belangrijk aandachtspunt bij de distributie is het opstellen van een optimale routeplanning en een zo gunstig mogelijke belading.

Expeditie

Routeplanning

Je kunt je voorstellen dat het niet efficiënt is om met vrachtwagen A vanuit Amsterdam eerst pakjes te bezorgen in Leeuwarden, daarna in Maastricht en vervolgens nog in Middelburg, terwijl vrachtwagen B de route Heerenveen – Valkenburg – Vlissingen rijdt. Het berekenen van een optimale route vereist zodanig veel rekencapaciteit, dat het in de praktijk alleen met de inzet van gespecialiseerde computerprogramma's wordt uitgevoerd.

De volgende verbandscontroles zijn van belang met betrekking tot het uitleveren van producten:

$$\text{Afgifte magazijn (verrekenprijs)} = \text{afname voorraden} = \text{kostprijs omzet} \quad [11.4]$$

$$\text{Afgifte magazijn (verkoopprijs)} = \text{orders} = \text{omzet} = \text{toename debiteuren} \quad [11.5]$$

11.4.8 Incasseren

Kredietermijn

Een van de verkoopvoorwaarden is de kredietermijn. Een kredietermijn of betalingstermijn is de tijd die een afnemer krijgt om te betalen. Een veelgebruikte termijn is 30 dagen. Op het moment dat de factuur naar de klant is verstuurd, verandert zijn status: van klant wordt hij debiteur. Het is de taak van de debiteurenadministratie om de vorderingen op de debiteuren in de gaten te houden. Daarmee heeft de debiteurenadministratie een bewarende functie.

Debiteurenadministratie

Je zult er niet van opkijken als je hoort, dat de meest wezenlijke taak van de debiteurenadministratie de controle is of debiteuren voor het einde van hun kredietermijn hebben betaald. In het ERP-systeem kunnen overzichten worden opgevraagd van debiteuren met betalingsachterstand. Deze debiteuren moeten dus worden aangespoord om alsnog aan hun betalingsverplichting te voldoen. In het systeem bestaat meestal ook de mogelijkheid om een standaardherinnerings- of aanmaningsbrief op te stellen. Voordat dergelijke brieven overigens worden verstuurd, zal de debiteurenadministrateur eerst even overleggen met de afdeling Verkoop. Uit commercieel oogpunt zou het namelijk weleens wenselijk kunnen zijn om de slechte betaler eerst op een andere, misschien wat vriendelijker manier te benaderen. Bij Verkoop bestaat vaak de gedachte dat slecht betalende klanten op termijn weer goed betalende klanten kunnen worden. Als na verloop van tijd blijkt dat de debiteur echt een wanbetaler is, zal in veel gevallen een incassobureau worden ingeschakeld.

Bedrijven proberen afnemers te motiveren om sneller te betalen door gebruik te maken van kredietbeperking en korting voor contante betaling.

Kredietbeperking

Kredietbeperking is een negatieve prikkel, het is een opslag op de factuurprijs ter bekostiging van de kredietermijn. Bij tijdige betaling hoeft de debiteur deze opslag niet te betalen.

Korting voor contante betaling

Korting voor contante betaling is een positieve prikkel, het gaat hier om een korting op het factuurbedrag die wordt gegeven als de debiteur heel snel betaalt, soms geldt de korting zelfs alleen bij directe contante betaling.

Dat wanbetaling veel geld kost, blijkt uit het volgende bericht.

● www.betalingsachterstanden.nl

Uit onderzoek blijkt dat ruim de helft van alle mkb-ondernemingen last heeft van wanbetaling. Van deze rekeningen wordt 82% uiteindelijk (deels) niet betaald. 60% van de mkb'ers lijdt hierdoor schade. Die kan oplopen tot 10.000 euro en bij 22% is de jaarlijkse schade nog hoger.

Het onderzoek werd gedaan door Multiscope in opdracht van het platform Betalingsachterstanden.nl, een initiatief van de Stichting Betalingsachterstandenregistratie.

Risico onderschat
De Stichting zou graag zien dat ondernemers beter onderzoek doen om zo te voorkomen dat facturen onbetaald blijven. De belangrijkste reden voor ondernemers om geen controles uit te (laten) voeren op potentiële wanbetalers is volgens de Stichting echter het beperkte risico dat zij denken te lopen. 'Dit blijkt met name voor de kleine ondernemers een harde leerschool met alle gevolgen van dien. Middelen tot incassatie kunnen kostbaar en langdurig uitpakken, zoals gerechtelijke- en incassokosten. Ondernemers kunnen de tijd en het geld niet missen om achter de openstaande facturen aan te gaan. Zij moeten gewoon doorwerken en staan hierdoor machteloos.'

Naming and shaming
Met het openstellen van een centraal meldpunt voor bedrijven die goederen en diensten afnemen en vervolgens te laat of niet betalen, wil de stichting ervoor zorgen dat economische schades aanzienlijk worden teruggebracht. Uit de eerste prognoses blijkt dat door 'naming and shaming' van wanbetalers, 89,6% van de in 2016 aangemelde vorderingen bij het register alsnog is betaald.

22 maart 2017, bewerkt

Elk bedrijf loopt een zeker risico dat er wanbetalers tussen de afnemers zitten. Ook vaste klanten die altijd keurig op tijd hebben betaald, kunnen door allerlei omstandigheden veranderen in slechte of niet-betalers. Om dit risico uit te sluiten, kan een bedrijf gebruikmaken van de diensten van een zogenoemde factormaatschappij (of factoringsbedrijf). De factormaatschappij neemt de afhandeling van de debiteuren over en ontvangt daarvoor meestal een percentage van de omzet. Het bedrijf dat de debiteuren uitbesteedt, ontvangt direct na verkoop bijna het gehele verkoopbedrag (minus het percentage) van de factor. Het werken met een factor kost een bedrijf wel een paar procent van zijn omzet, maar aan de andere kant kan er bespaard worden doordat er geen eigen debiteurenadministratie meer gevoerd hoeft te worden. Daarnaast wordt er ook geen verlies meer geleden op niet-betalende debiteuren. Er zijn ook nadelen: derden krijgen inzicht in de financiële gang van zaken van het bedrijf. Ook de relatie met de klanten zou eronder kunnen lijden, wanneer de factor de tijdige betaling van de facturen afdwingt.

Factormaatschappij

TUSSENVRAAG 11.6
Waarom wordt factoring ook wel een vorm van debiteurenfinanciering genoemd?

Krediet-verzekering

Een wat minder vergaande oplossing is het afsluiten van een kredietverzekering. Zo'n verzekering kan bij gespecialiseerde kredietverzekeringsmaatschappijen worden afgesloten per verkooptransactie of per debiteur, alleen voor bepaalde landen, maar ook voor alle verkopen. De hoogte van de premie voor de verzekering wordt door allerlei factoren bepaald, denk bijvoorbeeld aan: de landen waar zaken mee wordt gedaan, het aantal debiteuren, de verliezen op debiteuren in de afgelopen jaren enzovoort. Meestal wordt overigens niet het hele factuurbedrag verzekerd, de dekking zit tussen de 75% en 95%. De rest blijft voor risico van het bedrijf zelf.

Rembours

Een bijzondere vorm van incasseren is die bij de levering onder rembours. Bij dergelijke leveringen moet de afnemer contant afrekenen bij de bezorger. De bezorger mag de producten alleen afgeven, indien het daarvoor verschuldigde bedrag aan hem is betaald. Op de routelijst van de bezorger is aangetekend om welke klanten het gaat en welke bedragen geïncasseerd moeten worden. Als de klant heeft betaald, ontvangt hij de goederen en de voor ontvangst getekende, originele factuur. De bezorger tekent op zijn routelijst aan dat de klant heeft betaald. Die vastlegging gebeurt tegenwoordig overigens via een elektronisch systeem dat in staat is om de transacties direct online te registreren. Bij terugkomst moet de bezorger de niet-afgeleverde producten afgeven aan de chef expeditie, die daarvan een aantekening maakt op de routelijst. De ontvangen bedragen en de niet-betaalde facturen worden vervolgens verrekend met de kassier, die in het bezit is van een kopie van de routelijst. De verbandscontrole die hier kan worden toegepast is:

Totaal facturen –/– niet-betaalde facturen =
betaalde facturen = geïncasseerd bedrag   [11.6]

of:

Verkoopwaarde producten begin route –/– verkoopwaarde
niet afgegeven producten = verkoopwaarde afgegeven
producten = geïncasseerd bedrag   [11.7]

Sleeprisico

We hebben het al eerder over verschuivingsrisico's gehad. Bij de verantwoording van de ontvangen betalingen bestaat een dergelijk risico eveneens. Het gaat dan om een volgtijdelijk verschuivingsrisico, het zogenoemde sleeprisico. Met slepen wordt bedoeld dat het ene financiële gat wordt gedicht met het andere (zie voorbeeld 11.5).

VOORBEELD 11.5

'Slepen'

Bij handelsbedrijf XYZ wordt zowel op rekening als contant verkocht. De debiteurenadministrateur van XYZ heeft met speculeren op de beurs flink verloren en zit zonder geld. Om toch weer wat vulling van zijn portemonnee te krijgen, besluit hij om een deel van de contante ontvangsten te verantwoorden als verkopen op rekening, die pas later worden betaald. Het contant ontvangen geld stopt hij in eigen zak. In de boekhouding heeft hij een niet-bestaande debiteur opgevoerd. Om te voorkomen dat deze nep-debiteur te veel betalingsachterstand krijgt en het dus gaat opvallen, gebruikt de administrateur daarna andere ontvangsten van andere afnemers om het gat van de nep-debiteur te dichten. Op die manier worden uiteraard weer nieuwe gaten gemaakt, die op hun beurt ook weer moeten worden gedicht met weer nieuwe gaten enzovoort.

Bij controle moet erop worden toegezien dat ontvangsten correct worden verantwoord. Moderne administratieve systemen maken het slepen overigens een stuk moeilijker. Ook is dit risico het grootst als er contant betaald wordt.
Bij het incasseren is de volgende verbandscontrole van belang:

Afname debiteuren = toename bank [11.8]

Als echt alle mogelijkheden zijn uitgeput om het geld van de klant binnen te krijgen, rest soms nog maar één conclusie, namelijk het bedrag afboeken. In dat geval wordt de debiteur definitief als oninbaar beschouwd. Uit oogpunt van functiescheiding mag de afboeking niet door de debiteurenadministratie plaatsvinden.

11.4.9 Retourzendingen
Afnemers kunnen om verschillende redenen besluiten om gekochte producten retour verkoper te sturen. Het product is verkeerd geleverd, is beschadigd of werkt niet naar behoren, is niet op tijd ontvangen, is over de houdbaarheidsdatum of de consument heeft gewoon spijt van zijn aankoop. Dat laatste argument zal overigens alleen worden gebruikt in de b2c-handel.

---

14 dagen zichttermijn, retourneren is gratis

Bij Wehkamp.nl mag je 14 dagen nadenken over je aankoop. Zo kun je alles uitgebreid passen, bekijken en beoordelen. Ook als het om een bank of tv gaat. Mocht je aankoop toch niet geheel naar wens zijn, dan kun je het gratis retourneren. Voor kleine artikelen hoef je geen afspraak te maken: je levert jouw retourartikelen af bij een van onze DHL Parcelshops. Wil je liever dat we het bij je thuis komen halen of betreft het een groot artikel, dan kun je een retourafspraak maken.

Bron: www.wehkamp.nl

De retour gezonden producten worden ontvangen in het magazijn. Daar wordt eerst gecontroleerd of de inhoud van de zending overeenstemt met de paklijst en of de producten nog bruikbaar zijn. De magazijnmeester geeft aan Verkoop door dat de retourzending is ontvangen. Verkoop beslist

Retourzending

vervolgens wat er met de producten moet worden gedaan. Als de producten nog bruikbaar zijn, kunnen ze aan de voorraad worden toegevoegd. Beschadigde of kapotte producten kunnen, als dat rendabel is, worden gerepareerd en zullen anders, evenals de onbruikbare producten, worden vernietigd. Verkoop zal ook contact zoeken met de klant om te overleggen over eventuele vervanging. Wanneer de klant geen vervanging wenst, zal hem een creditnota worden toegestuurd. Wanneer de producten vernietigd moeten worden, zal worden gehandeld volgens het daartoe opgestelde protocol (zie subparagraaf 9.4.4).

Vervanging
Creditnota

11.4.10 Consignatie

Consignatie betekent dat producten die nog eigendom zijn van de verkoper bij de afnemer worden opgeslagen. Voorbeeld: de kleding van een nog wat minder bekende modeontwerper hangt wel in de rekken van een populaire boetiek, maar de boetiek heeft de kleding niet ingekocht. Om niet het risico te lopen met onverkoopbare kleding te blijven zitten, heeft de boetiek een consignatiecontract met de modeontwerper afgesloten. In dat contract is bepaald dat klanten de kleding in de boetiek kunnen bekijken en passen en dat de modeontwerper de boetiek pas factureert op het moment dat een kledingstuk aan een klant is verkocht. Kleding die niet wordt verkocht, gaat aan het einde van het seizoen weer terug naar de modeontwerper. In het consignatiecontract zal ook worden bepaald dat de boetiek elke verkoop direct aan de modeontwerper moet melden en dat de ontwerper altijd het recht heeft om zijn voorraad in de boetiek te inventariseren.

11.4.11 Emballage

Verpakkings-
materiaal

Emballage is verpakkingsmateriaal en dat kan van alles zijn: pakpapier, folie, kratten, zakken, pallets, cilinders of containers. Aangezien pakpapier, folie en dergelijke maar één keer kunnen worden gebruikt, worden de kosten bij de verkoopprijs ingecalculeerd. Meer duurzame verpakkingen worden meestal hergebruikt. Het is dan dus van belang dat de emballage bij de verkoper terugkomt. Om dat te bereiken, wordt de emballage in eerste instantie aan de klant in rekening gebracht, maar kan de klant de emballage retourneren tegen een vooraf vastgestelde prijs. Bij een ander systeem krijgt de klant de emballage in bruikleen en moet daar statiegeld voor betalen.

Bij het eerste systeem, met de mogelijkheid van retour, moet de verkoper er uiteraard wel zeker van zijn dat alleen de eigen emballage retour wordt ontvangen. De emballage moet daarom geïdentificeerd kunnen worden door er bijvoorbeeld de naam of het logo van het bedrijf op te zetten, aangevuld door een unieke code. De retour ontvangen emballage moet ook worden gecontroleerd op bruikbaarheid, want kapotte cilinders of containers kunnen niet opnieuw gevuld worden. Van deze emballage zal ook in een bestand worden bijgehouden aan welke afnemer het is toegestuurd en van welke het retour is ontvangen.

Bij het statiegeldsysteem gaat het meestal om verpakkingseenheden die tegelijk ook maatgevend zijn bij bijvoorbeeld het bestellen. Je kunt dan denken aan een klein of een groot krat bier, een kruik gas, een fust pils enzovoort. Bij inlevering van het lege krat of de lege kruik wordt het statiegeld teruggegeven.

11.5 Controles en analyses

Binnen de controles en analyses onderscheiden we drie vormen:
1 verbandscontroles
2 cijferbeoordelingen
3 detailcontroles

11.5.1 Verbandscontroles

Zoals we in hoofdstuk 8 hebben gezien zijn verbandscontroles de meest sterke controles. Deze controles worden uitgevoerd door de administratie, maar zullen meestal automatisch binnen het ERP-systeem worden bewaakt. Alleen bij afwijkingen volgt een signaal.
In dit hoofdstuk zijn we bij de processen al verschillende verbandscontroles tegen gekomen. Toch is het goed de totaal verbanden ook te bewaken in de zogenaamde omspannende verbandscontroles, waarbij ook de verbanden tussen de stappen van belang zijn. Uitgangspunt is de geld- en goederenbeweging. Er moet 'aansluiting' (= verband) bestaan tussen de uitgaande goederenbeweging en de inkomende geldbeweging. Anders gezegd: tegenover ieder uitgaand goed moet een vordering op afnemers staan. Als we het hele proces dat we in dit hoofdstuk besproken hebben, kunnen we de verbanden samenvatten als in tabel 11.3.

Omspannende verbandscontroles

TABEL 11.3 Verbanden in het verkoopproces op rekening

Processtap		Verbanden
Offreren	1	Beginstand uitgebrachte offertes + uitgebrachte offertes – door klant geaccepteerde offertes – afgewezen offertes = eindstand offertes
Contract	2	Door klant geaccepteerde offertes = afgesloten contracten
	3	Beginstand contract + afgesloten contracten – afgeroepen = eindstand contracten
Order/Afroep	4	Order/Afroep = verkoop
Verzenden goederen	5	Verkoop = afboeking magazijn
Factureren	6	Verkoop = opboeking debiteuren
Incasseren	7	Afboeking debiteuren = opboeking liquide middelen
	8	BETA-formule debiteuren: Beginsaldo + verkoop –/– eindsaldo = ontvangsten
	9	BETA-formule geld: Uitgaven + eindsaldo –/– beginsaldo = ontvangsten
Hele verkoopproces op rekening	10	Afboeking voorraad + Brutomarge = opboeking verkoop (= omzet) = opboeking debiteuren
	11	Beginvoorraad + inkopen –/– eindvoorraad = kostprijs verkopen

Bij de verbandscontroles is het volgende van belang:
- De gegevens moeten uit verschillende bronnen komen (functiescheiding) of in ieder geval uit verschillende tabellen in het ERP-systeem. Bij verband 10 bijvoorbeeld worden verschillende tabellen geraadpleegd.
- Iets wat rekenkundig klopt, hoeft nog geen verbandscontrole te zijn. Zo klopt de stelling 'aantal × prijs = verkoopbedrag', maar het is geen verbandscontrole.

- Omdat verbandscontroles in het ERP-systeem plaatsvinden zullen ze uiteindelijk in euro's worden weergegeven. Dus waar bijvoorbeeld gesproken wordt over 'beginvoorraad' zijn het geen aantallen producten, maar is het de totale waarde van de voorraad.

11.5.2 Cijferbeoordeling

Een belangrijke cijferbeoordeling is het afzetten van de werkelijkheid tegenover het budget. Zo zal bij verkoop worden gecontroleerd hoe de werkelijke verkoop en de brutomarge zich verhouden tot het budget.
Concreet valt bijvoorbeeld te denken aan cijfers over:
- werkelijke ten opzichte van begrote omzet, idem voor brutomarge
- werkelijk gegeven korting ten opzichte van vastgesteld kortingspercentage
- werkelijke omzet ten opzichte van omzet voorgaande periode, idem voor brutomarge en korting
- werkelijke omzet per verkoper, per artikelgroep enzovoort
- werkelijke omzet ten opzichte van de verkoopkosten

Dit overzicht kan nog verder worden uitgebreid.
Ook de eerdergenoemde attentiepunten, zullen in de cijferbeoordeling worden betrokken. Denk aan bijvoorbeeld de valutaverschillen, boete-afspraken of de leveringen onder rembours.

11.5.3 Detailcontroles

De belangrijkste detailcontrole bij Verkoop is de controle van de verkoopprijzen: houden de verkopers zich aan de door de directie vastgestelde verkoopprijzen? Daarnaast zal er bij het automatisch aanmaken van de verkoopfactuur ook worden gecontroleerd of de gebruikte gegevens wel juist zijn (bijvoorbeeld geen negatieve aantallen). Zoals al eerder vermeld, zijn handmatig uitgevoerde detailcontroles erg tijdrovend en dus kostbaar. Een aanzienlijk deel van de detailcontroles binnen het verkoopproces zal dan ook automatisch door het ERP-systeem worden uitgevoerd.

11.6 Informatiebehoefte verkoop op rekening

In deze paragraaf gaan we in op de informatie die nodig is heeft om verkoop op rekening te besturen en te beheersen. Hierbij kijken we, zoals we dat ook bij inkoop hebben gedaan, naar de informatie op de drie informatieniveaus:
1 strategische informatiebehoefte
2 tactische informatiebehoefte
3 operationele informatiebehoefte

Ad 1 Strategische informatiebehoefte
De strategische informatiebehoefte betreft vooral informatie over de omgeving en de markt waarin het bedrijf opereert. Het gaat dan om informatie over politieke en economische ontwikkelingen. Denk bijvoorbeeld aan nieuwe belasting- of milieuwetgeving, de ontwikkeling van de rente of de positie van de lagelonenlanden. Bij informatie over de markt gaat het eerst en vooral om de eigen concurrentiepositie, maar ook om zaken als de te verwachten samenstelling van de doelgroep, de ontwikkeling van de

vraag, klantenbinding en de te gebruiken verkoopkanalen. Je kunt je voorstellen dat niet al deze informatie uit het eigen bedrijfsinformatiesysteem kan komen. Om in deze informatiebehoeften te voorzien, zal het management actief op zoek moeten naar andere informatiebronnen. Mogelijke bronnen zijn het Centraal Bureau voor de Statistiek, de Kamers van Koophandel of eigen brancheorganisaties. In specifieke gevallen zal ook een onderzoeksbureau moeten worden ingeschakeld.

Ad 2 Tactische informatiebehoefte
De leidinggevende heeft vooral behoefte aan informatie waarmee hij kan vaststellen of het verkoopproces nog wel op koers ligt. Anders gezegd of het IST in overeenstemming is met het SOLL. Het SOLL is, zoals we al zagen, vastgelegd in het verkoopbudget. De belangrijkste aandachtspunten op tactisch niveau zijn afzet, omzet en marge. Op basis van informatie uit het ERP-systeem kan worden vastgesteld of de gerealiseerde afzet, omzet en marge afwijken van de eerder geformuleerde taakstellingen. De oorzaken van mogelijke afwijkingen kunnen intern of extern zijn. Interne oorzaken zijn bijvoorbeeld onvoldoende inspanning van de vertegenwoordigers bij het werven van nieuwe klanten, het te snel accepteren van nieuwe klanten of het verlies van klanten door het leveren van onvoldoende kwaliteit of service. Bij externe factoren kun je denken aan een tegenvallende economische ontwikkeling of onvoorziene politieke situaties.
De informatie op tactisch niveau heeft vooral betrekking op:
- de bereikte resultaten (afzet, omzet en marge)
- de orderverkrijging (aantal orders, nieuwe afnemers, reclame)
- de orderbehandeling (aantal klachten, retouren, naleveringen)
- het betaalgedrag van afnemers

Ad 3 Operationele informatiebehoefte
Op operationeel niveau is informatie nodig om de alledaagse activiteiten in het handelsbedrijf te kunnen uitvoeren. De verkoper zal informatie moeten hebben over de producten, de verkoopprijs, het aantal op voorraad en de datum waarop eventueel geleverd kan worden. Hij moet kunnen beschikken over klantgegevens, contracten en over betaalgegevens. De magazijnmeester moet weten welke artikelen moeten worden geleverd en aan wie. De debiteurenadministratie moet inzicht hebben in de afgesproken krediettermijnen en -limieten en wat de actuele situatie per debiteur is.

11.7 Samenvattende schema's verkoop op rekening

In figuur 11.3 is het globaal processchema waarmee we dit hoofdstuk gestart zijn, uitgewerkt in een swimlane waarin de stappen en functiescheidingen zichtbaar zijn.

FIGUUR 11.3 Verkoop op rekening proces met swimlanes

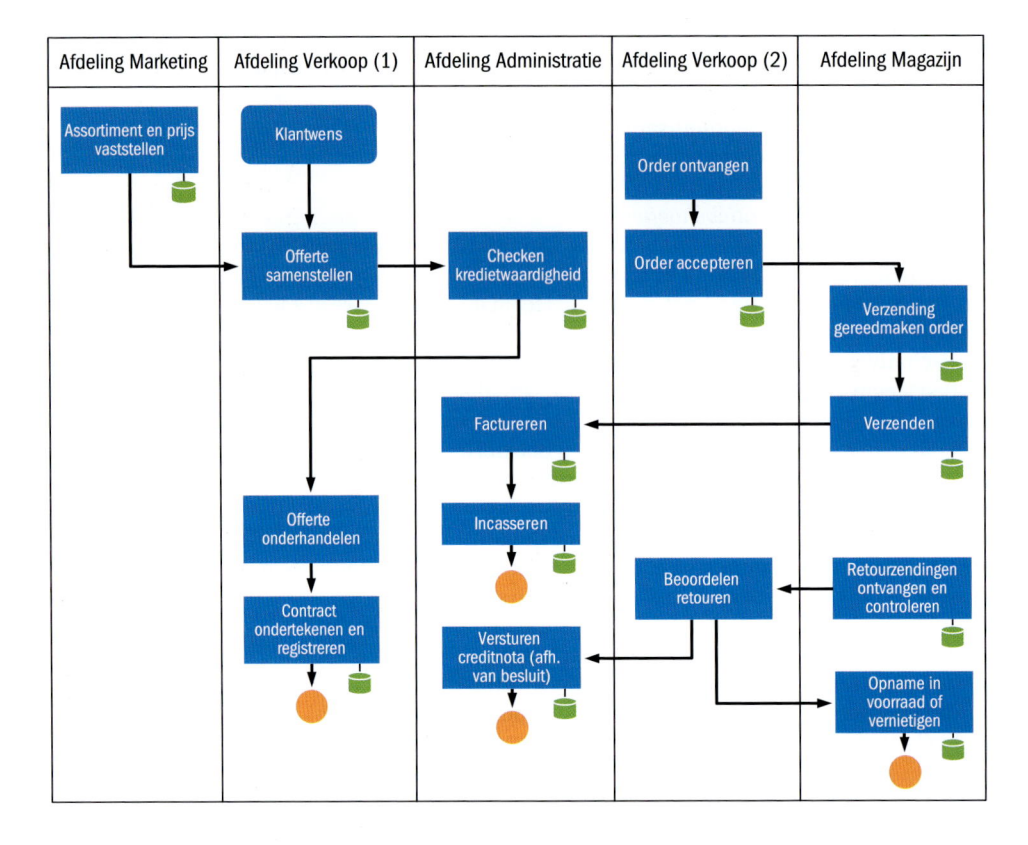

Afdeling Marketing	Afdeling Verkoop (1)	Afdeling Administratie	Afdeling Verkoop (2)	Afdeling Magazijn
Assortiment en prijs vaststellen	Klantwens		Order ontvangen	
	Offerte samenstellen	Checken kredietwaardigheid	Order accepteren	Verzending gereedmaken order
		Factureren		Verzenden
	Offerte onderhandelen	Incasseren		
	Contract ondertekenen en registreren	Versturen creditnota (afh. van besluit)	Beoordelen retouren	Retourzendingen ontvangen en controleren
				Opname in voorraad of vernietigen

Tabel 11.4 geeft het samenvattend schema van hoofdstuk 11 weer met de verkoop op rekening waarin de diverse elementen van de administratieve organisatie naar voren komen.

TABEL 11.4 Samenvattend schema hoofdstuk 11

Proces	Verkoopproces op rekening
Steunpunten	Verbanden in geld- en goederenbeweging
	Sluitstuk: inventarisatie
Mogelijke attentiepunten (niet limitatief)	Kortingen per klant
	Wisselende verkoopprijzen (onder meer vanwege acties)
	Contracten met kortings- en boeteafspraken
	Verkoopproces verregaand geautomatiseerd (verkoop via internet)
	Verkopen in vreemde valuta
	Levering onder rembours (contant betalen bij aflevering)
Functiescheiding	Essentiële functiescheiding: tussen inkoop (beschikkend), magazijn (bewarend) en verkoop (beschikkend)
Automatisering	Artikelstambestand
	Kortingstabel
	Bij verkoop via website: firewall, virusbeveiliging
Begroting	Verkoopbegroting
	Normatieve brutowinstmarge
Richtlijnen	Specifieke risico's naar aanleiding van attentiepunten zoals:
	• kortingsrichtlijnen
	• richtlijnen acties

Activiteit	Mogelijke attentiepunten	Risico's	Interne beheersingsmaatregelen	Verbandscontroles
Assortiment en prijs vastleggen in artikelstambestand	Wisselende verkoopprijzen (o.m. vanwege acties)	1 Verkeerde prijs in systeem 2 Verschuivingsgevaar: verkopen met hoge prijs verantwoorden als verkoop met lage prijs	1 Functiescheiding prijs vaststellen, prijs invoeren, invoercontrole en verkoop 2 Beperkt aantal medewerkers mag gegevens wijzigen; logische toegangsbeveiliging 3 Geprogrammeerde controles bij wijziging 4 Controle door administratie op verkopen met lage prijs	Eventueel goederenbeweging (BV + inkopen –/– eindvoorraad = verkopen) voor de actieperiode
Offertes uitbrengen		Offertes tegen te lage prijs	1 Richtlijnen over prijzen en winstmarges 2 Winstmarges budgetteren	Beginstand uitgebrachte offertes + uitgebrachte offertes - door klant geaccepteerde offertes – afgewezen offertes = eindstand offertes
	Kortingen per klant	1 De mogelijke korting is niet vastgelegd in het systeem, waardoor medewerkers zelf de hoogte van kortingen kunnen bepalen (winstderving) 2 Verschuivingsgevaar: orders met geen of lage korting worden verantwoord als orders met (hoge) korting	1 Richtlijnen kortingen 2 Kortingen budgetteren 3 Kortingstabel in ERP-systeem 4 Functiescheiding maken kortingsafspraken, invoer in ERP (logische toegangsbeveiliging) en invoercontrole 5 Controle door administratie verkopen met hoge korting	
Contract afsluiten		Contracten met daarin onjuiste afgesproken prijzen	Autorisatie contracten voor ondertekenen	Door klant geaccepteerde offertes = afgesloten contracten
		Contractgegevens worden niet juist/volledig vastgelegd	Contractenregister op administratie	
	Positie verkoopcontracten niet duidelijk i.v.m. kortingen of boetes	1 Ten onrechte kortingen verstrekt 2 Verschuldigde boetes of ten onrechte niet geclaimde boetes	1 Functiescheiding verkoop en administratie 2 Positie per contract bijhouden op administratie 3 Regelmatige rapportage positie per contract 4 Begroten van kortingen en boetes 5 Analyse op administratie van kortingen en boetes	Beginstand contractenpositie + nieuwe contracten –/– afname = eindstand
Orderontvangst en acceptatie		Orders worden geaccepteerd tegen een te lage prijs, tegen condities waar niet aan voldaan kan worden of van niet-kredietwaardige klanten	1 Richtlijnen kortingen 2 Kortingstabel in ERP-systeem 3 ERP-systeem checkt of prijs order aan de norm voldoet 4 Kredietwaardigheidcontrole door administratie 5 Autorisatie order	Order/Afroep = verkoop

Activiteit	Mogelijke attentiepunten	Risico's	Interne beheersingsmaatregelen	Verbandscontroles
	Verkopen in vreemde valuta	1 Koersverliezen 2 Verschuivingsgevaar: verkopen met hoge(re) koers worden verantwoord als verkoop met lage(re) koers	1 Richtlijnen verkoop vreemde valuta 2 Registratie op de administratie van de posities per valuta en de genomen maatregelen 3 Functiescheiding verkoop, treasurer en administratie 4 Werken met administratief vaste koersen en analyse koersverschillen	
	Verkoopproces verregaand geautomatiseerd (verkoop via internet)	Onbevoegde toegang tot bestanden	General computer controls	
Facturering		Geleverde goederen worden niet gefactureerd	1 Voorfacturering 2 Bij nafacturering: bewaking openstaande, nog niet gefactureerde orders	1 Beginvoorraad + inkopen −/− eindvoorraad = kostprijs verkopen 2 Verkopen × normatieve marge = kostprijs verkopen 3 Verkopen = opboeking debiteuren
		Goederen tegen verkeerde prijs gefactureerd	Na acceptatie order kunnen factuurgegevens niet meer gewijzigd worden in ERP-systeem	
Leveren goederen		Er worden goederen geleverd die niet verkocht zijn en daardoor ontstaan voorraadverschillen	1 Functiescheiding verkoop, magazijn 2 Magazijn mag alleen leveren op basis van factuur (voorfacturering) of orders (facturering) 3 Magazijn kan alleen voorraad afboeken op basis van orders 4 Inventarisatie voorraden door administratie	Verkoop = afboeking magazijn Beginvoorraad + inkopen −/− eindvoorraad = kostprijs verkopen
Incasseren		Klanten betalen niet en daardoor verlies wegens oninbare debiteuren	Actief incassobeleid door debiteurenadministratie o.b.v. ouderdomslijsten per debiteur	

Activiteit	Mogelijke attentiepunten	Risico's	Interne beheersingsmaatregelen	Verbandscontroles
		Geïncasseerde bedragen worden niet verantwoord (sleepgevaar) waardoor (tijdelijk) geld wordt onttrokken aan het bedrijf	1 Functiescheiding incasso en verwerking betalingen 2 Actief aanmaningsbeleid	1 Beginsaldo debiteuren + verkopen −/− eindsaldo = ontvangsten 2 Afboeking debiteuren = opboeking bank 3 Beginsaldo liquide middelen + ontvangsten −/− uitgaven = eindsaldo
	Levering onder rembours (contant betalen bij aflevering)	Geïncasseerde bedragen worden niet verantwoord (sleepgevaar) waardoor (tijdelijk) geld wordt onttrokken aan het bedrijf	1 Telling van meegegeven goederen (onafhankelijk van de chauffeur) 2 Afstemming meegegeven goederen met meegegeven facturen 3 Telling van retour gekomen − niet afgeleverde − goederen (onafhankelijk van de chauffeur) 4 Afstemming retour gekomen − niet afgeleverde − goederen met meegegeven facturen 5 Telling van geldafdracht	1 Totaal facturen −/−retour gekomen facturen = betaalde facturen 2 Betaalde facturen = aanwezig geld 3 Verkoopwaarde goederen begin −/− verkoopwaarde goederen eind = aanwezig geld

Eindvragen

11.1 Bij bol.com kan een klant ervoor kiezen om gelijktijdig met de artikelen ook de factuur te ontvangen. Bol.com loopt hierdoor een risico. Waarom houdt het bedrijf toch aan deze betalingswijze vast? Welke controles zullen bij bol.com worden uitgevoerd voordat er aan een klant wordt geleverd?

11.2 De webshop van FrysTec is alleen toegankelijk voor geregistreerde afnemers. Moeten de bestellingen die via deze webshop komen ook nog worden beoordeeld?

11.3 Stel, dat bij de eindcontrole in het systeem van nafacturering blijkt dat niet alle producten zijn gefactureerd. Wat moet er dan gedaan worden om een en ander alsnog kloppend te krijgen?

11.4 Wat zijn de belangrijkste informatiebehoeften van de verkoopfunctie op strategisch en tactisch niveau?

11.5 Wanneer vindt levering onder rembours plaats en op welke manier verloopt de afhandeling van zo'n order?

11.6 PlusQuam bv in Naarden is een groothandel in food- en non-foodartikelen die levert aan winkelbedrijven, inkoopcombinaties en kleine grossiers. Voor elke afnemersgroep wordt een afzonderlijke prijslijst gehanteerd. Prijswijzigingen evenals verkoopbevorderende acties komen veelvuldig voor.
De afnemers bestellen via de website. De ontvangen orders worden ingevoerd in het computersysteem. De facturering vindt wekelijks plaats. De facturen moeten binnen tien dagen door de afnemer worden betaald. Het komt regelmatig voor dat de genoemde termijn wordt overschreden.

    a Wie bepaalt welke afnemers in welke afnemersgroep zitten en welke prijzen er voor zo'n groep gelden?
    b Om ervoor te zorgen dat de afnemers eerder betalen, stelt het hoofd Verkoop dat PlusQuam het systeem van voorfacturering moet invoeren. Geef gemotiveerd aan of voorfacturering er inderdaad toe zal bijdragen dat de facturen eerder worden betaald.
    c Welke maatregelen kan het bedrijf nemen om ervoor te zorgen dat de afnemers op tijd betalen?

11.7 GetGadgs is een handelsbedrijf dat massaal goedkope gadgets inkoopt in China om die vervolgens door te verkopen aan afnemers in heel West-Europa. Het bedrijf heeft een kleine vierhonderd afnemers, veelal grootwarenhuizen of supermarkten. De producten zijn bijvoorbeeld ledjes die gaan knipperen als er een sms'je binnenkomt of een gekleurde 'skin' voor een iPod of een roos met een eigen ingesproken bericht voor Valentijnsdag. De directie van GetGadgs gaat jaarlijks twee keer bij de leveranciers in China langs om zich te laten informeren over het nieuwe productaanbod.

a Op welke manier wordt het productassortiment bij het bedrijf samengesteld?
b Wat zal de doelstelling van de directie zijn ten aanzien van de omloopsnelheid van de producten (vrij vertaald: de tijd dat de producten in het magazijn liggen opgeslagen)? Verklaar je antwoord.
c Wat zal er worden gedaan met gadgets die niet meer aan de vaste afnemers kunnen worden verkocht?
d Wat is de informatiebehoefte van de directie van GetGadgs?
e Zou er in deze branche met consignatiegoederen worden gewerkt?

250

12
Contante verkopen: MediaMarkt

12.1 Typologie en steunpunten
12.2 Attentiepunten en risico's
12.3 Randvoorwaarden
12.4 Processen
12.5 Controles en analyses
12.6 Informatiebehoefte contante verkopen
12.7 Samenvattende schema's contante verkopen

In hoofdstuk 11 is ingegaan op handelsbedrijven die hoofdzakelijk op rekening verkopen. In dit hoofdstuk willen we ons bezighouden met de bedrijven die verkopen tegen contante betaling. Het totale verkoopproces is al aan de orde geweest in het vorige hoofdstuk, we zullen ons hier beperken tot de bijzonderheden van de contante verkoop.

Openingscasus

MediaMarkt
MediaMarkt is een Duitse winkelketen in consumentenelektronica. MediaMarkt is een dochter van het Duitse concern Ceconomy en werd opgericht in 1979. MediaMarkt heeft nu meer dan 500 vestigingen in 15 landen, waaronder 50 in Nederland. De winkels zijn stuk voor stuk groot wat betreft het vloeroppervlak en breed wat betreft het assortiment. De leiding van MediaMarkt is grotendeels gedecentraliseerd. Per land bestaat er een MediaMarkt-holding en elke vestiging is een zelfstandig opererende onderneming met een eigen rechtspersoon. De vestigingsdirecteur is een zelfstandig ondernemer die verantwoordelijk is voor de resultaten van zijn vestiging. Elke vestiging geeft een eigen reclamefolder uit; de vestigingen geven gezamenlijk ook een folder uit. Deze opzet zie je terug op de website van het bedrijf, want ook daar heeft elke vestiging zijn eigen pagina met aanbiedingen.
MediaMarkt adverteert meestal met een beperkt aantal aanbiedingen, één uit elk van de meest gangbare productcategorieën. Het reguliere assortiment is geprijsd op de gemiddelde marktprijs. De aanbiedingen zijn bedoeld als 'lokkertjes' om klanten in de winkel te krijgen.
Het bedrijf probeert continu de kosten te drukken door voordelig, veelal in grote partijen, in te kopen en de inrichting van de kantoren en winkels sober te houden. Dit neemt niet weg dat de marges per verkocht product laag blijven en de winstgevendheid alleen te danken is aan de hoogte van de omzet.

Verkoop
Alle producten staan in de winkel opgesteld en kunnen in sommige gevallen ook worden uitgeprobeerd. Als de klant, al dan niet met hulp van een verkoper, een keuze heeft gemaakt, haalt de verkoper het product in het magazijn op en legt het gereed bij de kassa. De klant meldt zich bij de kassa en rekent het product contant af (met 'plastic geld') en neemt vervolgens het product mee.
Producten die de klant niet zelf mee naar huis kan nemen, kunnen door MediaMarkt, tegen vergoeding, worden bezorgd.

Service
Ruilen of terugbrengen van een product is mogelijk binnen veertien dagen, mits het product onbeschadigd en compleet is. Er kan alleen worden geruild op vertoon van de kassabon. De bon is niet alleen een aankoopbewijs, maar ook het garantiebewijs. Als een product dat bij de MediaMarkt is gekocht defect raakt, kan dit via de serviceafdeling van het bedrijf gerepareerd worden.

12.1 Typologie en steunpunten

Contante verkoop vind je in de detailhandel, denk aan winkels en warenhuizen, markten of automaten (bijvoorbeeld voor nasiballen en kroketten). De detailhandel kent zeer grote en bijzonder kleine bedrijven en alles wat daartussenin zit. Als je de Bijenkorf, IKEA of MediaMarkt vergelijkt met de bakker of slager op de hoek, zie je uiteraard een enorm verschil in winkelruimte, personeel en omzet, maar in wezen is de problematiek in al deze bedrijven dezelfde. Vaak wordt in plaats van detailhandel de term 'retail' gebruikt. Dit is niet helemaal terecht, omdat onder retail ook diensten vallen die aan de consument worden geleverd. Denk bijvoorbeeld aan de diensten van een makelaar, een bank of een reisbureau. De detailhandel beperkt zich tot het leveren van fysieke goederen.

Detailhandel

Retail

De verschillen tussen detailhandelsbedrijven onderling zitten vooral in:
- *Aangeboden assortiment*. Het assortiment varieert van zeer groot en gevarieerd (Albert Heijn XL) tot klein en gespecialiseerd (speciaalzaak in Märklin modeltreinen). Het kan gaan om producten die worden aangeboden tot de voorraad op is (restpartijen), seizoensgebonden producten (bijvoorbeeld kerstbomen) of om een vast assortiment. Ook de waarde van de aangeboden producten loopt sterk uiteen, van de Breitling Chronomat Evolution met diamant (€12.590) tot een doosje punaises (€0,25).
- *Manier van verkopen*. De verkoop zal vaak plaatsvinden in een winkel of een warenhuis, maar kan evengoed plaatsvinden op de markt (ambulante handel), vanuit een rijdende winkel of vanuit een automaat.
- *Wijze van afrekenen*. Traditioneel werd betaald met contant geld (dat zie je ook terug in de naam van de typologie). De laatste jaren heeft het betalen met PIN een grote vlucht genomen, ook door het gebruik van mobiele pinapparaten. Hierdoor kun je ook op de markt het pond kaas met PIN betalen. In exclusievere zaken kun je ook met creditcard betalen. Er zijn al 'no cash'-winkels waar je alleen maar met plastic geld (PIN, creditcard) kunt betalen.
- *Moment van afrekenen*. Bij de aanschaf van duurdere gebruiksartikelen, zoals meubels, is het gebruikelijk dat de klant in de winkel direct een aanbetaling doet en het restant afrekent met de bezorger.

Zoals al eerder is opgemerkt, is het verband tussen de goederen- en de geldbeweging kenmerkend voor handelsbedrijven. Formule 11.1 is dan uiteraard ook van toepassing op de contante verkopen. Ook de formule voor de opbrengst verkopen is hier van toepassing, zie formule 11.2.

12.2 Attentiepunten en risico's

Een van de kenmerken van de detailhandel is de enorme verscheidenheid in assortiment, verkoopwijze enzovoort. Dit brengt een aantal specifieke attentiepunten met zich mee, die worden genoemd in tabel 12.1.

TABEL 12.1 Attentiepunten en risico's contante verkopen

Attentiepunt	Risico
Vaak wisselende verkoopprijzen (vanwege speciale aanbiedingen, prijsverlagingen en acties)	Verkeerde prijs in systeem Verkopen met hoge prijs worden verantwoord als verkoop met lage prijs
Goederen beperkt houdbaar	Producten worden ten onrechte verantwoord als afgekeurd en aan de onderneming onttrokken
Retouren (ruilen)	Artikelen worden ten onrechte teruggenomen Terug ontvangen goederen worden niet of niet volledig geregistreerd
Diefstal van artikelen die in de winkel staan	Geen up-to-date voorraadregistratie

12.3 Randvoorwaarden

De randvoorwaarden bestaan uit:
- functiescheiding
- automatisering
- begroting
- richtlijnen en normen

12.3.1 Functiescheiding

Functie-scheiding

In de detailhandel is het, mede door het meestal geringe aantal personeelsleden, lastig om tot volledige functiescheiding te komen. Een verkoper bij MediaMarkt voert zowel beschikkende activiteiten uit (afsluiten verkooptransacties) als bewarende (goederen in de winkel). Het registreren van de verkoopgegevens en het bewaren van het geld wordt in de winkel door medewerkers bij de kassa uitgevoerd, hoewel ook dat in de praktijk lang niet altijd het geval is en het vaak genoeg voorkomt dat de verkoper naast het magazijn ook de kassa beheert.

Een belangrijke functiescheiding treedt op bij het opmaken van de kassa aan het eind van de dag. We komen daar in paragraaf 12.4 op terug.

12.3.2 Automatisering

Kassaterminal
Point of sale

De moderne winkel is in hoge mate geautomatiseerd. Centraal hierbij is de kassaterminal, ook wel point of sale (POS) genoemd. Het is de moderne variant van het kassaregister, waarop we later nog terugkomen. De terminal heeft een beeldscherm met een toetsenbord en/of een scanner en soms een printer. De terminal is verbonden met een centrale computer die wordt gebruikt als kasregister. De software op de centrale computer zorgt er ook voor dat de voorraadadministratie direct wordt bijgewerkt. De POS is naadloos aan te sluiten op het ERP-systeem en zodoende is de verkoophandeling als het ware geïntegreerd met de administratieve verwerking. Zo kun je voor alle producten dus ook onmiddellijk zien wat er nog op voorraad ligt.

General computer controls

De integratie van een betaal-, voorraad- en financieel systeem stelt eisen aan de general computer controls, met name waar het de continuïteit van de ICT betreft. Als de ICT hapert, is de winkel gedwongen om haar deuren te sluiten, met alle consequenties van dien.

Naast het POS zullen met name filiaalbedrijven (zoals MediaMarkt of Albert Heijn) dataverbindingen hebben met het hoofdkantoor van het concern. Via deze verbindingen vindt continu uitwisseling plaats van gegevens betreffende bijvoorbeeld verkoopprijzen (denk aan prijsacties of aanbiedingen), bestellingen van het filiaal bij het moederbedrijf, verkoopcijfers enzovoort. Het is van het grootste belang dat deze dataverbindingen goed beveiligd zijn. Ook hier gaat het om maatregelen binnen de general computer controls.

12.3.3 Begroting

We zagen al eerder dat de activiteit bij Verkoop bepaalt wat er in de andere processen gebeurt. Bij een filiaalbedrijf wordt de verkoopbegroting vastgesteld op winkelniveau, hierbij gelden de normen die op concernniveau zijn vastgesteld. Denk bijvoorbeeld aan de te behalen omzet in relatie tot het aantal vierkante meters vloeroppervlak van de winkel. De begroting wordt vastgesteld per artikelcategorie; daarbij zal een normatieve brutomarge worden gebruikt. Bij het vaststellen van de verkoopprijs wordt ook rekening gehouden met het grote risico op diefstal in winkels (van zowel geld als goederen). Dat wil zeggen dat, afhankelijk van de hoeveelheid kasgeld en de waarde van de goederen, de verkoopprijs met een bepaald percentage wordt verhoogd om het verlies door diefstal te compenseren.

12.3.4 Richtlijnen en normen

Zoals al in het vorige hoofdstuk aangegeven, zal de directie van het handelsbedrijf richtlijnen verplicht stellen met betrekking tot verkoopprijzen, kortingen en aanbiedingen. Bij contante verkoop zien we dat de artikelen in de winkel al voorzien zijn van een prijs en hebben verkopers (voor zover die trouwens nog in een winkel of warenhuis rondlopen) er geen enkele invloed meer op. Zodoende worden de directierichtlijnen als het ware automatisch afgedwongen. Het is wel van belang dat het beheer van het stambestand artikelen goed is belegd, zeker omdat er zoveel prijswijzigingen voorkomen. Ook de andere attentiepunten, beperkt houdbare goederen en het kunnen ruilen van artikelen, zullen om richtlijnen vragen.
Een belangrijke richtlijn bij contante verkoop betreft het gebruik van de kassa. We komen daar in paragraaf 12.4 uitgebreid op terug.

In figuur 12.1 zijn de processtappen die in dit hoofdstuk behandeld worden weergegeven.

12.4 Processen

Voor het globaal schema van de verkopen: zie figuur 12.1.

We gaan nu de processtappen volgen van de contante verkopen. We kijken naar welke stappen er zijn en hoe die worden uitgevoerd. Hierbij besteden we aandacht aan de 4 W's:
- wie (functiescheiding)?
- doet wat (concrete handeling)?
- waarmee (informatie)?
- welke administratieve vastlegging volgt daaruit?

FIGUUR 12.1 Globaal schema contante verkopen

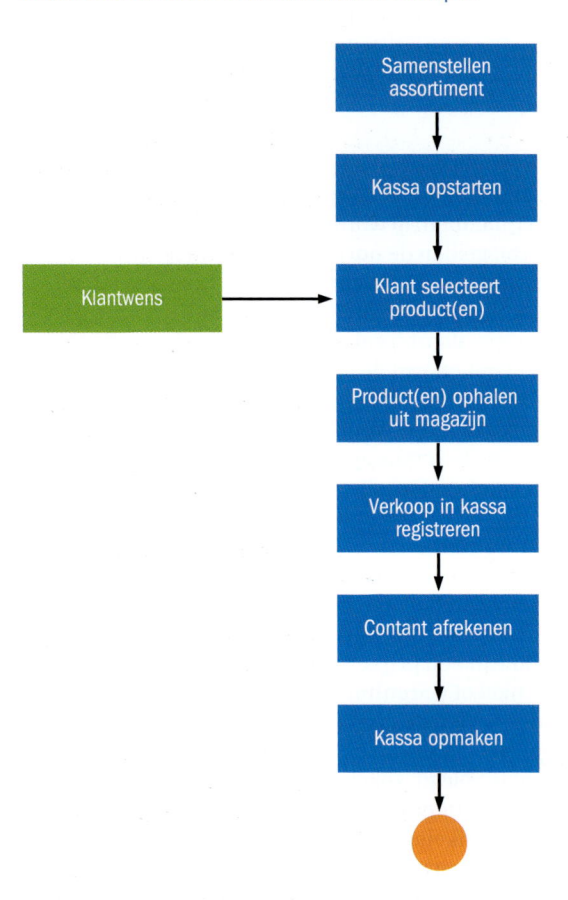

```
                    ┌──────────────────┐
                    │   Samenstellen   │
                    │    assortiment   │
                    └────────┬─────────┘
                             ↓
                    ┌──────────────────┐
                    │  Kassa opstarten │
                    └────────┬─────────┘
                             ↓
    ┌───────────┐    ┌──────────────────┐
    │ Klantwens │───▶│ Klant selecteert │
    └───────────┘    │    product(en)   │
                     └────────┬─────────┘
                              ↓
                    ┌──────────────────┐
                    │ Product(en) ophalen │
                    │    uit magazijn  │
                    └────────┬─────────┘
                             ↓
                    ┌──────────────────┐
                    │ Verkoop in kassa │
                    │    registreren   │
                    └────────┬─────────┘
                             ↓
                    ┌──────────────────┐
                    │ Contant afrekenen│
                    └────────┬─────────┘
                             ↓
                    ┌──────────────────┐
                    │  Kassa opmaken   │
                    └────────┬─────────┘
                             ↓
                             ●
```

12.4.1 Voorraadbeheer

Het eerste proces bij contante verkoop is het bepalen van het assortiment en de prijs. Aangezien we dit al in het vorige hoofdstuk hebben behandeld, willen daar nu verder niet op ingaan.

Voordat we de andere processen bij de contante verkoop behandelen, willen we, vanwege het bijzondere karakter, eerst even bij stilstaan bij het voorraadbeheer.

Voorraadbeheer

De voorraad in de detailhandel bevindt zich deels in het magazijn, deels in de winkel, want de klanten moeten het assortiment tenslotte kunnen zien (en uitproberen). Aangezien in principe iedereen op deze manier toegang heeft tot de voorraad, is het lastiger om bijvoorbeeld de verkoopfunctie verantwoordelijk te stellen voor voorraadtekorten. Het zal je nauwelijks verrassen dat het risico van diefstal bij deze manier van voorraadbewaring behoorlijk groot is (zie het artikel op de volgende pagina).

TUSSENVRAAG 12.1
Het direct op voorraad hebben van producten in de winkels van Media-Markt heeft zowel voor- als nadelen. Probeer er eens een paar te noemen.

www.nu.nl

Aantal winkeldiefstallen neemt toe

Het aantal winkeldiefstallen neemt iets toe. Van het totaal aantal diefstallen dat bij de politie wordt gemeld, de zogenoemde vermogenscriminaliteit, gaat het in 7,9 procent van de gevallen om winkeldiefstal.

Dat was zeven jaar geleden 6,1 procent, zo becijferde Detailhandel Nederland.
De totale vermogenscriminaliteit daalt wel, maar er worden meer winkeldiefstallen bij de politie gemeld, zegt een woordvoerder van Detailhandel Nederland.
'Als je daarbij bedenkt dat de politie onlangs zelf constateerde dat de aangiftebereidheid van deze vormen van criminaliteit met ongeveer 23 procent fors is gedaald de afgelopen jaren, dan geeft dat ons reden tot grote zorgen.' De organisatie pleit voor een gezamenlijke en nieuwe aanpak.
[...]
'In Nederland zijn bendes actief die steeds nieuwe hulpmiddelen gebruiken. [...] Zo hield een winkelier onlangs iemand staande met een geprepareerde zak chips. Werkelijk te gek voor woorden.'
Ook jassen en tassen worden op die manier van binnen bekleed met veel aluminiumfolie, zodat de detectiepoortjes bij de uitgang niets signaleren.

Bendes
Ongeveer 30 procent van alle schade door winkeldiefstallen wordt veroorzaakt door georganiseerde bendes. Ook gelegenheidsdieven zorgen voor problemen: de schade is vaak relatief klein, maar het gaat wel om enorme aantallen.
Detailhandel Nederland pleit voor een betere gezamenlijke bestrijding van georganiseerde bendes, met onder meer moderne camerasystemen en zoekmethoden. Ook moet de administratieve rompslomp uit het aangifteproces.

8 maart 2017

Winkeldiefstal wordt niet alleen gepleegd door winkelende bezoekers, maar voor een groot deel ook door het eigen personeel. Uiteraard wordt met allerlei preventieve en repressieve maatregelen geprobeerd om hier iets tegen te doen: het bewaren van kostbare producten in afgesloten vitrines, het beveiligen van de winkeluitgang met de bekende witte poortjes, het inzetten van bewakingspersoneel, tascontrole bij de eigen medewerkers enzovoort. Toch kan niet worden voorkomen dat een bepaald gedeelte van de voorraad wordt ontvreemd. Dit is in de eerste plaats natuurlijk een behoorlijke schadepost voor de ondernemer, maar het bemoeilijkt ook een up-to-date voorraadregistratie. Deze registratie is toch al behoorlijk bewerkelijk, omdat in veel detailhandelszaken nogal wat prijswijzigingen voorkomen. Voor die prijswijzigingen (in de praktijk zijn het meestal prijsverlagingen) kunnen allerlei redenen zijn, zoals:

Winkeldiefstal

Voorraad-registratie

Prijswijzigingen

- De concurrentie biedt het artikel goedkoper aan.
- De THT-datum (ten minste houdbaar tot) van bederfelijke goederen is haast bereikt.

- De oude voorraad wordt opgeruimd (uitverkoop).
- De verkoop van slechtlopende producten of van de verkoop op stillere momenten wordt gestimuleerd.
- De leverancier komt met reclamecampagnes met speciale aanbiedingen.

Alle wijzigingen van de prijs moeten in de voorraadadministratie worden opgenomen. Hierbij is weer functiescheiding van belang, tussen diegene die de prijs vaststelt, degene die invoert in het systeem en degene die de invoercontrole uitvoert. Want, een verkeerd ingevoerde prijs kan vervelende gevolgen hebben! Bij de afboeking vanwege de houdbaarheidsdatum zal er een procedure moeten zijn dat minstens twee mensen bepalen dat dit het geval is. Hiermee wordt voorkomen dat goederen ten onrechte aan de voorraad worden onttrokken.

Bij winkels of warenhuizen wordt om praktische redenen meestal geen onderscheid gemaakt tussen de voorraad in het magazijn en in de winkel. Bij een inventarisatie moet de voorraad dan ook simultaan in zowel magazijn als winkel worden opgenomen. Vanwege de prijswijzigingen en vanwege winkeldiefstal zal inventarisatie regelmatig plaatsvinden. Natuurlijk is het niet handig de winkel hier steeds voor te sluiten, dus zal dit veelal partieel roulerend gebeuren.

TUSSENVRAAG 12.2
Wat zou een praktische reden kunnen zijn om administratief geen verschil te maken tussen de winkelvoorraad en de voorraad in het magazijn?

Barcode

Producten in een winkel of warenhuis zijn tegenwoordig vrijwel altijd voorzien van een barcode of van een andere elektronisch leesbare codering. Een barcode kan worden aangebracht door de leverancier, door de detaillist (de winkelier) en in sommige gevallen (bijvoorbeeld na het wegen op de groenteafdeling) ook door de klant zelf. Aangezien een barcode voor mensen niet leesbaar is, worden ook altijd wel leesbare prijsgegevens op het artikel zelf of het schap geplakt. Deze leesbare prijzen moeten bij prijswijzigingen telkens worden aangepast.

De maatregelen van administratieve organisatie rond de prijswijzigingen zijn niet anders dan beschreven is in het vorige hoofdstuk. Extra is wel dat de prijswijzigingen ook op de etiketten moeten worden aangepast. Deze prijzen moeten overeenkomen met wat in het artikelbestand staat.

Bij een filiaalbedrijf is nog wel het volgende van belang. In het ERP-systeem zullen de voorraden centraal worden geregistreerd. Als er dan een prijswijziging plaatsvindt geldt dit in principe voor elke vestiging. Deze prijswijziging zal dan ook zichtbaar zijn op het POS-systeem (point of sale), waarover we in paragraaf 12.3 al spraken. Daarnaast kan het mogelijk zijn prijswijzigingen per filiaal toe te passen, bijvoorbeeld omdat goederen tegen de houdbaarheidsdatum aanlopen. De bevoegdheid dit te doen, zal bijvoorbeeld bij de filiaalhouder liggen.

12.4.2 Verkopen

In deze subparagraaf over verkopen gaan we in op het leggen van contact met de klant en het incasseren van het te betalen bedrag bij verkoop en klantenservice.

Leggen van contact met de klant

Een bedrijf als MediaMarkt doet, evenals alle detailhandelszaken, moeite om klanten naar de winkel te krijgen. MediaMarkt richt zich daarbij niet op een specifieke klant, zoals bij b2b, maar probeert met folders en aanbiedingen alle mogelijke klanten aan te spreken. Ook kleinere detaillisten proberen klanten naar hun winkels te lokken met huis-aan-huisfolders en aanbiedingen. Is de klant eenmaal binnen, dan zal alles in het werk worden gesteld om van die klant ook een loyale klant te maken, dat wil zeggen een klant die telkens terugkomt. Vroeger waren zegeltjes daarvoor het aangewezen middel (ze worden trouwens nog steeds uitgegeven). Tegenwoordig proberen winkels klanten aan zich te binden door het uitgeven van klantenkaarten met allerlei persoonlijke voordelen, zoals het op individueel niveau doen van aanbiedingen enzovoort. Kleinere bedrijven zullen het eerder zoeken in wat dan heet actieve klantbenadering. Het winkelpersoneel wordt erop getraind om de klant op het juiste 'inspringmoment' aan te spreken en zich te verdiepen in zijn wensen.

Loyale klant

TUSSENVRAAG 12.3
Welk voorbeeld kun je noemen van een loyaliteitsprogramma? Beschrijf hiervan de werking.

De ICT en dan vooral databasemarketing vormt een belangrijk hulpmiddel voor de grotere detailhandelszaken. Databasemarketing houdt in dat, met behulp van een elektronische klantenkaart (zoals de AH Bonuskaart), gegevens op individueel niveau verzameld worden, die daarna gebruikt kunnen worden om gerichte marketingactiviteiten te kunnen uitvoeren. Dus stel: omdat een klant wekelijks een kratje koopt (en daarbij zijn bonuskaart gebruikt), stelt het winkelinformatiesysteem vast dat een klant graag Hertog Jan-bier drinkt. Op het moment dat het Hertog Jan-bier in de aanbieding komt, zal het systeem de klant hierover via mail of app informeren.

Databasemarketing

Incasseren

In paragraaf 12.3 bespraken we al het point of sale (POS), de moderne variant van het kassaregister. Het POS zorgt voor integratie van de verkoophandelingen met de administratieve verwerking en het voorraadbeheer. De meeste supermarkten en grotere winkels, zoals MediaMarkt, zijn al jaren terug overgestapt op het POS. Alleen in de kleinere detailhandelszaken vindt de contante betaling nog plaats bij de kassa of beter: kasregister. Op een kasregister wordt een beperkt aantal omzetcategorieën onderscheiden, in de wandelgang meestal aangeduid met groepen. Bij de kaasboer zijn dat bijvoorbeeld Nederlandse kaas, Franse kaas en eieren. De kassabediende moet bij het afrekenen eerst de groep 'aanslaan', gevolgd door het te betalen bedrag. Het kasregister is in staat om de ontvangsten per groep op te tellen.

Kassa
Kasregister

TUSSENVRAAG 12.4
Is de voorraad die het POS aangeeft ook de voorraad die werkelijk in de winkel aanwezig is?

Een nieuwe ontwikkeling is het zelfscannen. Dit zie je vooral bij supermarkten, maar ook bij Ikea. Als de klant binnenkomt, pakt hij een handscanner die wordt gekoppeld aan zijn klantenkaart. De klant scant het artikel op het moment dat hij het in zijn winkelwagentje doet. Als hij bij de

Zelfscannen

(onbemande) kassa komt, plaatst hij zijn handscanner in de terminal en op het beeldscherm verschijnt het te betalen bedrag. Hierbij is al rekening gehouden met kortingen, acties enzovoort. Het voordeel van zelfscannen voor de klant is dat het meestal sneller gaat (geen rijen bij de kassa's) en dat hij de artikelen niet uit de winkelwagen hoeft te halen, zoals bij de kassa.

TUSSENVRAAG 12.5
Welk nieuw risico ontstaat er voor de onderneming en hoe is dit in de praktijk opgelost?

Klanten in de detailhandelszaken maken steeds vaker gebruik van elektronische betaalmiddelen, zoals de betaalpas (ofwel pinpas), smartcards en creditcards.

Pinpas
Bij gebruik van de pinpas moet de klant de betaling fiatteren (dat wil zeggen goedkeuren) door op de toets OK of Akkoord van de paslezer te drukken. Bij kleinere bedragen volstaat het om de pinpas tegen de paslezer aan te houden (het zogenaamde contactloos betalen). De transactie wordt na fiattering geregistreerd in het computersysteem van de winkel en wordt afgedrukt op een kassabon. Het betaalde bedrag wordt direct van de bankrekening van de klant overgeschreven naar de bankrekening van de winkelier.

Creditcard
Bij het betalen met een creditcard wordt de kaart door een kaartlezer gehaald om het nummer te achterhalen. Ter verificatie moet de klant bovendien zijn pincode intoetsen. De kaartlezer is gekoppeld aan de kassa van de verkoper, die het te betalen bedrag heeft uitgerekend. Via een elektronisch netwerk zoekt de kaartlezer contact met het computersysteem van de creditcardmaatschappij (bijvoorbeeld Visa). Het creditcardnummer en het te betalen bedrag worden doorgegeven en daarbij wordt in feite de vraag gesteld of de creditcardmaatschappij met de betaling akkoord gaat. Bij een akkoord wordt de transactie afgerond en wordt er een transactiebonnetje afgedrukt, dat de klant meestal moet ondertekenen en waarvan hij ook een exemplaar ontvangt. De winkelier ontvangt het geld van de creditcardmaatschappij pas enkele dagen na afloop van de maand, waarin de verkoop plaatsvond. Vaak gebeurt dat onder inhouding van een niet gering bedrag aan provisie.

Digitale pinpas
De nieuwste ontwikkeling is betalen met een digitale pinpas op de mobiele telefoon. Dit kan al een aantal jaren en uit het volgende artikel blijk dat het door steeds meer mensen wordt gedaan.

● www.gsminfo.nl

Contactloos betalen kan sinds 2015 in Nederland. Steeds meer mensen maken er gebruik van, maar in praktijk zien we ook een grote groep die sceptisch is over deze relatief nieuwe betaalmethode. Een goede gelegenheid om dit onderwerp eens kritisch tegen het licht te houden en alle ins en outs te bespreken.

Wat is contactloos betalen?
Contactloos betalen of mobiel betalen: het is één en dezelfde uitdrukking waarmee we bedoelen dat je zonder contant geld of pincode betaalt. Je

hoeft niet langer je beurs tevoorschijn te toveren om papiergeld of muntgeld te pakken en af te rekenen. Het wordt niet voor niets ook wel je 'nieuwe portemonnee' genoemd. Contactloos betalen kan op twee manieren: met een betaalpas die dit ondersteunt of met een Android-smartphone. Uit de laatste cijfers blijkt dat steeds meer consumenten contactloos betalen. Volgens Betaalvereniging Nederland, een belangenorganisatie die het betalingsverkeer in Nederland zo efficiënt mogelijk wil laten verlopen, vervijfvoudigde in 2016 het aantal contactloze betalingen tot 630 miljoen transacties. In december werd bijna een kwart van alle betalingen (23,5%) contactloos afgehandeld. Twee op drie betaalautomaten in ons land zijn geschikt voor contactloze betalingen. Dat zijn ongeveer een kwart miljoen betaalpunten.
[…]

13 mei 2017

Toch zal het nog een tijdje duren voordat het contante geld helemaal verdwenen is. Daarom hebben detailhandelsondernemingen procedures nodig om met het contant geld om te gaan. Dit is een belangrijk onderdeel van de administratieve organisatie van deze typologie. Een van de aspecten hiervan is een kasgeldprocedure (zie voorbeeld 12.1).

VOORBEELD 12.1

Gedeelte uit de kasgeldprocedure

In de kassalade mag nooit meer geld aanwezig zijn dan normaal nodig is om klanten wisselgeld te geven, het zogenaamde afromen van kasgeld. Dit ter preventie van kassagrepen en overvallen gericht op de kassa. Daarom mag in de kassa nooit meer aanwezig zijn dan:

01 × € 50	€ 50
05 × € 20	€100
07 × € 10	€ 70
06 × € 5	€ 30
Totaal	€ 250

- De biljetten van 20, 50 en 100 euro dienen te worden gecheckt op echtheid.
- De biljetten van 50 en 100 euro dienen direct te worden afgeroomd.
- De biljetten van 250 en 500 euro zullen worden geweigerd.

Al het overige aan geld en waardepapieren dient direct afgeroomd te worden met behulp van de cashbox. Alle kassalades dienen na sluitingstijd open te staan. Indien de kassalade is verwijderd gaan de daders op zoek! Dit om vernieling door inbrekers te voorkomen.

Aangezien het op de juiste manier omgaan met kasgeld bij contante verkoop van wezenlijk belang is – tenslotte gaat het om de inkomsten van het bedrijf – zullen er door het management bijzondere richtlijnen over worden afgegeven. In zo'n kasinstructie gaat het om bijvoorbeeld:

Kasinstructie

- de maximale hoeveelheid geld die in de kassa aanwezig mag zijn
- welk geld door de kassamedewerkers mag worden geaccepteerd (welke bankbiljetten of creditcards)
- het opmaken van de kassa

Op het laatste punt willen we wat verder ingaan. Als de kassa van de supermarkt aan het eind van de dag sluit, moet worden gecontroleerd wat erin zit. Het kassaregister heeft, zoals gezegd, zelf bijgehouden voor welk bedrag er aan verkopen is aangeslagen of aan betalingen is gedaan voor bijvoorbeeld de ingeleverde emballage. Dit totaal moet gelijk zijn aan het bedrag dat contant of aan waardebonnen in de kassa zit en/of is ontvangen via pin- of cardbetalingen. Uiteraard moet hierbij rekening worden gehouden met het bedrag aan wisselgeld dat aan het begin van de dag in de kassa is gedaan. Dus:

Wisselgeld begin van de dag + ontvangsten –/– betalingen = bedrag in de kassa + ontvangen via PIN of creditcard   [12.1]

en:

Ontvangsten –/– betalingen = omzet   [12.2]

en:

Beginvoorraad + inkopen + retouren –/– eindvoorraad = verkopen   [12.3]

en:

Verkopen × prijs = omzet   [12.4]

Protocol

De kascontroleur, bijvoorbeeld de filiaalchef, laat de kassabediende het geld voortellen of laat de telling twee keer door andere medewerkers uitvoeren. De controleur maakt een protocol op van de telling, dat wil zeggen dat hij in een document vastlegt wie, wanneer de telling uitvoerde en wat het getelde bedrag was. Dit protocol wordt door de controleur en de kassabediende ondertekend. Als er een verschil tussen de controletelling van het kasregister (SOLL) en het werkelijk aanwezige bedrag (IST) wordt vastgesteld, dan zal dit kasverschil na autorisatie door een bevoegde functionaris worden verwerkt in de financiële administratie. Het kasgeld zal vervolgens door de kassier tegen kwijting worden 'afgestort' bij de bank. Aan de hand van de bankafschriften zal er daarna gecontroleerd moeten worden of het afgestorte geld inderdaad ook op de rekening is bijgeschreven. Dit wordt wel een afloopcontrole genoemd.

Kasverschil
Afstorten

Afloopcontrole

De volgende verbandscontroles zijn hier van toepassing:
- Bedrag aan ontvangsten per PIN volgens kassa = opboeking bank
- Bedrag aan ontvangsten per creditcard volgens kassa = opboeking bank
- Bedrag aan contant kasontvangsten = bedrag aan kasgeldafdracht bij de bank
- Bedrag aan kasgeldafdracht = bedrag opboeking bank

TUSSENVRAAG 12.6
Wat wordt bedoeld met afstorten tegen kwijting?

Je kunt je voorstellen dat de kassamedewerker van wie de kassa niet klopt, daarop zal worden aangesproken. De kassamedewerker is op zijn minst slordig geweest en het valt zelfs niet uit te sluiten dat hij het tekort met opzet heeft veroorzaakt door bijvoorbeeld geld uit de kassa in eigen zak te steken. Wanneer het gaat om een kastekort is het bij sommige winkels zelfs regel dat de kassabediende het verschil zelf moet bijbetalen. Naast het risico dat de kassamedewerker met opzet geld uit de kassa haalt, is er nog een aantal risico's verbonden aan de betaling bij de kassa. Bij niet-automatische prijsregistratie (dus als de artikelcodes niet automatisch worden gekoppeld aan de prijzen in het artikelenbestand) zou de verkoper een ander bedrag kunnen aanslaan, in zijn eigen voordeel of in dat van de klant. De verkoper kan ook in het geheel geen bedrag aanslaan als hij met de klant onder een hoedje speelt of hij de betaling in eigen zak wil steken (dat laatste is overigens lastig omdat er zonder aanslag ook geen kassabon wordt gegenereerd). En naast deze bewust gemaakte fouten, kan het ook nog eens voorkomen dat een medewerker per ongeluk het verkeerde bedrag aanslaat of iets vergeet aan te slaan. Controle op kassamedewerkers is niet eenvoudig te realiseren. De winkelchef zal proberen om via oogtoezicht (eventueel met camera's) het handelen in de gaten te houden. Eventueel kunnen op onverwachte momenten ook zogenoemde testbuyers worden ingezet die zich voordoen als klant.

Kastekort

Testbuyers

In handelsbedrijven waar met kassa's wordt gewerkt, is altijd wel een bepaalde hoeveelheid geld aanwezig. Dit maakt die bedrijven kwetsbaar voor diefstal en overvallen, en dus speelt het risico van onttrekken van waarden. Het is dan ook niet verwonderlijk dat vooral de detailhandel het betalen met de pinpas zo veel mogelijk bevordert.

Klantenservice
In de openingscasus MediaMarkt wordt al duidelijk dat het bedrijf een procedure heeft opgesteld voor het ruilen of terugbrengen van producten. Ruilen is alleen mogelijk binnen veertien dagen na aanschaf, mits het product onbeschadigd en compleet is en er een kassabon kan worden getoond. Meestal wordt de afhandeling van klachten, retouren en reparaties overgelaten aan een afdeling Klantenservice. De kassabon speelt een belangrijke rol in de procedures rondom de klantenservice. Bij MediaMarkt wordt de kassabon beschouwd als bewijs van betaling en als garantiebewijs. Op die manier wordt voorkomen dat gestolen producten worden ingeruild tegen contant geld en kan ook worden gecontroleerd of bij verkoop de juiste bedragen in rekening zijn gebracht.

Ruilen

Klantenservice

Kassabon

Als een klant een product terugbrengt en zijn geld terug wil, moet worden gecontroleerd of het geretourneerde artikel in waarde overeenstemt met het af te geven geldbedrag. Bij sommige detailhandelszaken wordt geen geld teruggegeven, maar ontvangt de klant een tegoedbon. Met zo'n bon kan de klant binnen een bepaalde periode een ander product met dezelfde waarde als het geretourneerde product aanschaffen. De uitgifte van de tegoedbonnen dient wel geregistreerd te worden.

Tegoedbon

TUSSENVRAAG 12.7
Hoe moet de verkoop van de tegoedbon in de boekhouding verwerkt worden?

Reparatie
Garantie

Wanneer een klant een product ter reparatie aanbiedt, wordt door de Klantenservice eerst nagegaan of er nog recht bestaat op garantie. Als er nog garantie is, hoeft de klant de reparatie niet of slechts voor een gedeelte te betalen. Er wordt vervolgens een reparatieopdracht opgesteld voor de in- of externe reparatiewerkplaats, waarvan de klant ook een exemplaar ontvangt. Het product en de opdracht worden daarna verstuurd. Wanneer de reparatie is uitgevoerd, wordt dat door de Klantenservice aan de klant gemeld. Wanneer het product weer wordt opgehaald, zal worden gecontroleerd of de bon van de klant overeenkomt met die bij het gerepareerde product.

12.5 Controles en analyses

Binnen de controles en analyses onderscheiden we drie vormen:
1 verbandscontroles
2 cijferbeoordelingen
3 detailcontroles

12.5.1 Verbandscontroles

Bij contante verkoop moet er aansluiting bestaan tussen de uitgaande goederenbeweging en de inkomende geldbeweging. Anders gezegd: tegenover ieder uitgaand goed moet een directe toename van de geldmiddelen staan. Hierbij speelt de kasregistratie een grote rol. De verbanden in het contante verkoopproces zijn samengevat in tabel 12.2.

TABEL 12.2 Verbanden in het contante verkoopproces

Processtap	Verbanden
Verkopen	1 Wisselgeld begin van de dag + verkopen = bedrag in de kassa + ontvangen via PIN of card
	2 Beginvoorraad + inkopen (levering centraal magazijn) -/- retouren -/- eindvoorraad = verkopen + voorraadverschillen
Afstorten bank	1 Bedrag aan contant kasontvangsten = bedrag aan kasgeldafdracht bij de bank
	2 Bedrag aan kasgeldafdracht = bedrag opboeking bank
PIN/Card	1 Bedrag aan ontvangsten per PIN volgens kassa = opboeking bank
	2 Bedrag aan ontvangsten per card volgens kassa = opboeking bank

12.5.2 Cijferbeoordeling

Een belangrijke cijferbeoordeling is het afzetten van de werkelijkheid tegenover het budget, zoals ook al besproken in het vorige hoofdstuk. Bij het filiaalbedrijf zal ook de filiaalvergelijking als instrument bij de cijferbeoordeling gebruikt worden. Bij een filiaalvergelijking worden de cijfers van de vestiging in bijvoorbeeld Enschede afgezet tegenover de cijfers van alle andere of van alleen vergelijkbare filialen. Zo kan de omzet geanalyseerd worden, maar zouden ook kas- en voorraadverschillen onderzocht kunnen worden door de cijfers onderling te vergelijken en ze te analyseren aan de hand van de normen die door het moederbedrijf zijn opgesteld. Dit geldt ook voor de afboekingen omdat de houdbaarheidsdatum verstreken is.

Filiaal-
vergelijking

12.5.3 Detailcontroles

De belangrijkste detailcontrole is de controle op de juistheid van de verkoopprijzen in het artikelbestand. Hierbij zal de controle met name gericht zijn op momenten rond prijswijzigingen, waarin de check moet zijn of de prijs in het systeem niet ten onrechte te laag vermeld staat. Een andere belangrijke detailcontrole is, zoals bij elk bedrijf met een goederenbeweging, de inventarisatie. Tot slot zou je de controle op naleving van de kassaprocedure ook als een detailcontrole kunnen beschouwen.

12.6 Informatiebehoefte contante verkopen

In deze paragraaf gaan we in op de informatie nodig is om het proces van de contante verkopen te besturen en te beheersen. Hierbij kijken we naar de informatie op de drie informatieniveaus:
1 strategische informatiebehoefte
2 tactische informatiebehoefte
3 operationele informatiebehoefte

Ad 1 Strategische informatiebehoefte
De strategische informatie betreft voornamelijk economische en marktontwikkelingen. Vooral de ontwikkeling van de koopkracht van consumenten is voor dit soort bedrijven van groot belang. Een belangrijke marktontwikkeling betreft vooral, naast branche specifieke zaken, de opkomst van het internetwinkelen. Ook andere technologische ontwikkelingen zijn van belang, zoals nieuwe betaalmethoden.

Ad 2 Tactische informatiebehoefte
Bij tactische informatie gaat het vooral om stuurinformatie. Het zal duidelijk zijn dat het bij een verkoopproces om omzet en marge gaat. Bij filiaalbedrijven kunnen mooi prestaties van filialen onderling vergeleken worden, de filiaalvergelijking. Wel moet je oppassen geen appels met peren te vergelijken. Het is logisch dat de omzet bij een groot filiaal hoger ligt dan bij een klein filiaal. Daarom wordt veel met ratio's of kengetallen gewerkt: omzet per m^2, omzet per medewerker, marges. Informatie als kasverschillen en voorraadverschillen lenen zich ook goed voor filiaalvergelijking.

Ratio's
Kengetallen

Ad 3 Operationele informatiebehoefte
Bij operationele informatie is informatie over de beschikbare voorraad van belang, zodat tijdig kan worden besteld. Daarnaast moet de leiding weten wanneer goederen binnenkomen, zodat er voldoende menskracht is om de goederen in de winkel te plaatsen. Zeker als veel met oproepkrachten wordt gewerkt, is de personeelsplanning een belangrijk onderdeel van de operationele informatie.

12.7 Samenvattende schema's contante verkopen

In figuur 12.2 is het globaal processchema waarmee we dit hoofdstuk gestart zijn, uitgewerkt in een swimlane waarin de stappen en functiescheidingen zichtbaar zijn.

FIGUUR 12.2 Contante verkopen proces met swimlanes

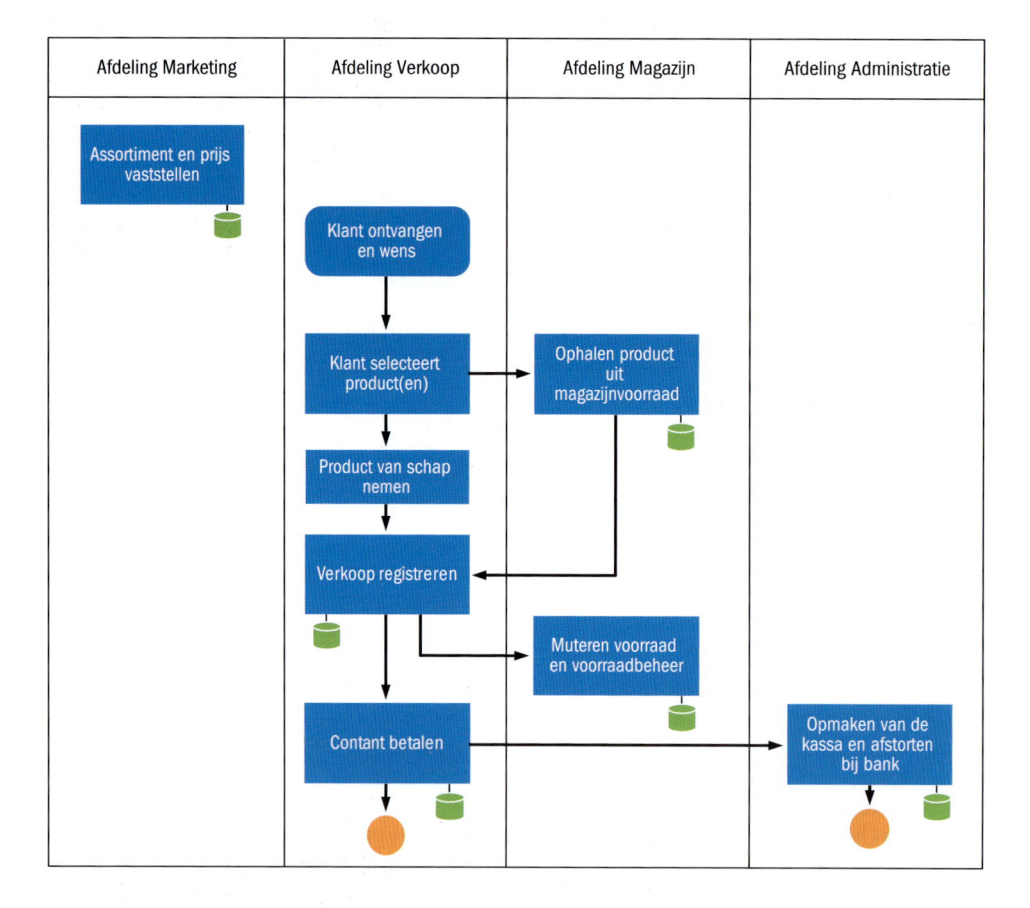

Afdeling Marketing	Afdeling Verkoop	Afdeling Magazijn	Afdeling Administratie
Assortiment en prijs vaststellen	Klant ontvangen en wens → Klant selecteert product(en) → Product van schap nemen → Verkoop registreren → Contant betalen	Ophalen product uit magazijnvoorraad → Muteren voorraad en voorraadbeheer	Opmaken van de kassa en afstorten bij bank

In tabel 12.3 is het samenvattend schema van dit hoofdstuk over contante verkopen weergegeven waarin de diverse elementen van de administratieve organisatie naar voren komen.

TABEL 12.3 Samenvattend schema hoofdstuk 12

Proces	Verkoopproces contante verkopen
Steunpunten	Verbanden in geld- en goederenbeweging
	Kassaprocedures
	Sluitstuk: inventarisatie
Mogelijke attentiepunten (niet limitatief)	Wisselende verkoopprijzen in de tijd
	Retouren (ruilen)
	Goederen beperkt houdbaar
	Diefstal van artikelen die in de winkel staan
Functiescheiding	Essentiële functiescheiding: tussen inkoop (beschikkend), magazijn (bewarend) en verkoop (beschikkend)
Automatisering	Beveiliging POS-systeem; datacommunicatie
	Artikelstambestand
Begroting	Verkoopbegroting
	Normatieve brutowinstmarge
Richtlijnen	Kasprocedures
	Richtlijnen verkoopprijzen

Activiteit	Mogelijke attentiepunten	Risico's	Interne beheersingsmaatregelen	Verbandscontroles
Assortiment en prijs vastleggen in artikelstambestand	Wisselende verkoopprijzen (o.m. vanwege acties)	1 Verkeerde prijs in systeem 2 Verschuivingsgevaar: verkopen met hoge prijs verantwoorden als verkoop met lage prijs	1 Functiescheiding prijs vaststellen, prijs invoeren, invoercontrole en verkoop 2 Beperkt aantal medewerkers mogen gegevens wijzigen; logische toegangsbeveiliging 3 Geprogrammeerde controles bij wijziging 4 Kassamedewerkers mogen prijzen niet wijzigen 5 Controle op administratie voor verkopen rond datum prijswijziging	Eventueel goederenbeweging (BV + inkopen −/− eindvoorraad = verkopen) voor de actieperiode
Goederen bewaren	Zie hoofdstuk 9 Diefstal van artikelen	1 Geen up-to-date voorraadregistratie 2 Verlies van opbrengsten	Zie hoofdstuk 9 Fysieke beveiliging	Zie hoofdstuk 9 Vanwege retouren luidt de goederenbeweging: Beginvoorraad + inkopen + retouren −/− eindvoorraad = verkopen
Verkopen		Niet alles wordt geregistreerd in kassa	1 Kasinstructies 2 Oogtoezicht	
	Retouren (ruilen)	1 Artikelen worden ten onrechte teruggenomen 2 Geretourneerde goederen worden niet/niet volledig geregistreerd	1 Richtlijnen voor retouren en ruilen, ook voor de klant zichtbaar 2 Terugnames apart registreren in kassa 3 Dagelijks verband leggen tussen retour ontvangen goederen en retourregistratie in kassa	
Kas opmaken		1 Tussentijdse aanvulling met rollen met muntgeld zijn niet juist/volledig geregistreerd 2 Geld is niet verantwoord en daardoor ontstaan kasverschillen	1 Vaste hoeveelheid wisselgeld aan begin van de dag 2 Kas opmaken volgens protocollen aan eind van de dag	1 Wisselgeld begin van de dag + verkopen = bedrag in de kassa + ontvangen via PIN of card 2 Beginvoorraad + inkopen + retouren −/− eindvoorraad = verkopen
Kas afstorten		1 Niet al het geld wordt afgestort 2 Wordt niet geregistreerd hoeveel er is afgestort	1 Geld afstorten na telling 2 Dagelijks verbanden leggen door administratie	1 Bedrag aan contant kasontvangsten = bedrag aan kasgeldafdracht bij de bank 2 Bedrag aan kasgeldafdracht = bedrag opboeking bank
Controle betalingen PIN en card		Onvolledige omzetverantwoording	Dagelijks verbanden leggen door administratie	1 Bedrag aan ontvangsten per PIN volgens kassa = opboeking bank 2 Bedrag aan ontvangsten per card volgens kassa = opboeking bank

Eindvragen

12.1 Bij MediaMarkt haalt de verkoper een verkocht product op uit het magazijn en zet het bij de kassa weg. Als je dit door de AO-bril bekijkt, hoe zou dit dan in het magazijn bij MediaMarkt geregeld moeten zijn?

12.2 Noem enkele van de risico's bij de verkoop tegen contante betaling. Ga in op zowel de goederen- als de geldbeweging.

12.3 Wat houdt een kasinstructie in?

12.4 Welke van de volgende ondernemingen valt niet binnen de typologie verkoop tegen contante betaling?
a viskraam op de markt
b taxibedrijf
c restaurant
d bol.com
e juwelier
f fotograaf (bruiloften)

12.5 Wat is de achtergrond van de veelvuldige prijswijzigingen bij detailhandelszaken?

12.6 Bakkerij D'n Bekker verkoopt in een vijftal winkels brood en banket uit de eigen bakkerij. De winkels en de filialen worden dagelijks bevoorraad. In de organisatie werken zo'n 45 medewerkers verdeeld over verschillende afdelingen. We willen ons hier beperken tot de afdeling Verkoop. D'n Bekker heeft een modern computersysteem. In elke winkel is een elektronische kassaterminal aanwezig, die direct verbonden is met de centrale computer op het hoofdkantoor.
De verkoop in de winkels vindt tegen contante betaling plaats. De prijzen per artikel zijn in het elektronisch kasregister vastgelegd en worden door de directie per week vastgesteld. Levering aan de winkels vindt plaats op basis van de aantallen die door de hoofdcomputer worden uitgerekend. Deze aantallen zijn gebaseerd op historische afzetgegevens.

a Denk je dat de dagelijkse leveringen altijd aansluiten op de behoefte in de winkels?
b Wat is het belangrijkste voordeel van het beschreven informatiesysteem voor het management?
c Hoe kan de volledigheid van de opbrengst in de winkels worden verantwoord?

12.7 Azra Turan drijft samen met haar dochter Azýme een marktkraam in groenten, fruit, olijven, broden, dadels, feta enzovoort. Moeder en dochter staan zes dagen per week op markten in en rond Amsterdam. De handelswaar wordt dagelijks geleverd door enkele Turkse groothandels. De bestelling is elke dag hetzelfde en hoeft daardoor niet telkens opnieuw te worden herhaald. In een loods achter de woning van de familie Turan is een koelruimte ingericht, waar de producten tussen de markten in worden opgeslagen.
's Morgens vroeg, bij het inladen van de bestelbus, worden de producten een voor een beoordeeld op bruikbaarheid. Producten die nog maar maximaal een of twee dagen verkocht kunnen worden, worden afgeprijsd aangeboden. Producten die helemaal niet meer bruikbaar zijn, verdwijnen in de afvalcontainer. Mevrouw Turan heeft al een tijdje het gevoel dat er op bepaalde producten nog nauwelijks iets wordt verdiend, maar kan niet precies aangeven welke producten het betreft.

a Beschrijf de precieze informatiebehoefte van mevrouw Turan.
b Beschrijf een eenvoudig informatiesysteem waarmee in de informatiebehoefte van mevrouw Turan kan worden voorzien.

DEEL 3B
Productie

13 Massaproductie: ChocBar bv 273
14 Stukproductie: C-bouw 297

In deel 3A hebben we de handelsonderneming besproken. Een kenmerk van een handelsonderneming is dat de goederen die het bedrijf ingaan dezelfde zijn als die het bedrijf verlaten.
In dit deel gaan we het hebben over productiebedrijven. Daar verschillen de goederen die het bedrijf verlaten van de goederen die het bedrijf binnenkomen. We richten ons in dit deel op het productieproces: het proces dat tussen de binnenkomende en uitgaande goederen zit. Wat we in de vorige hoofdstukken hebben besproken over inkoop en verkoop speelt ook bij productiebedrijven. Die moeten natuurlijk ook inkopen en verkopen. Er wordt wel eens gezegd dat de productiesector in Nederland ondervertegenwoordigd is. Nederland is van oudsher een handelsnatie. De laatste decennia is de dienstverlenende sector (waar deel 3C over gaat) sterk gegroeid. Toch is ook de productiesector belangrijk. Hierbij gaat het niet alleen om grote en bekende bedrijven, maar ook om kleinere (familie) bedrijven die gespecialiseerde producten maken. Voorbeelden van productiebedrijven zijn: koekjesfabrieken, metaalbedrijven, hoogovens en bouwbedrijven.
In dit deel komen twee typen productiebedrijven aan de orde: het massaproductiebedrijf (hoofdstuk 13) en het stukproductiebedrijf (hoofdstuk 14). We staan uitvoerig stil bij de verschillen tussen deze twee typen productiebedrijven. De massaproductie heeft relatief veel overeenkomsten met handelsbedrijven, terwijl de stukproductie ook qua andere processen (bijvoorbeeld het verkoopproces) daar verder van afstaat. In de literatuur tref je meer onderverdelingen aan van de productiebedrijven, zoals homogene en heterogene massaproductie en ook seriestukproductie. Omdat het principe van de administratieve organisatie van die bedrijven niet wezenlijk afwijkt van de 'hoofdvormen' massa- en stukproductie, gaan we daar in dit boek niet op in.

In het typologiemodel uit de inleiding van dit boek zie je twee soorten productiebedrijven die in dit deel niet terugkomen. Dit betreft agrarische en extractieve bedrijven en de massale gegevensverwerking. Deze worden niet in het boek behandeld, maar vind je op de ondersteunende website.

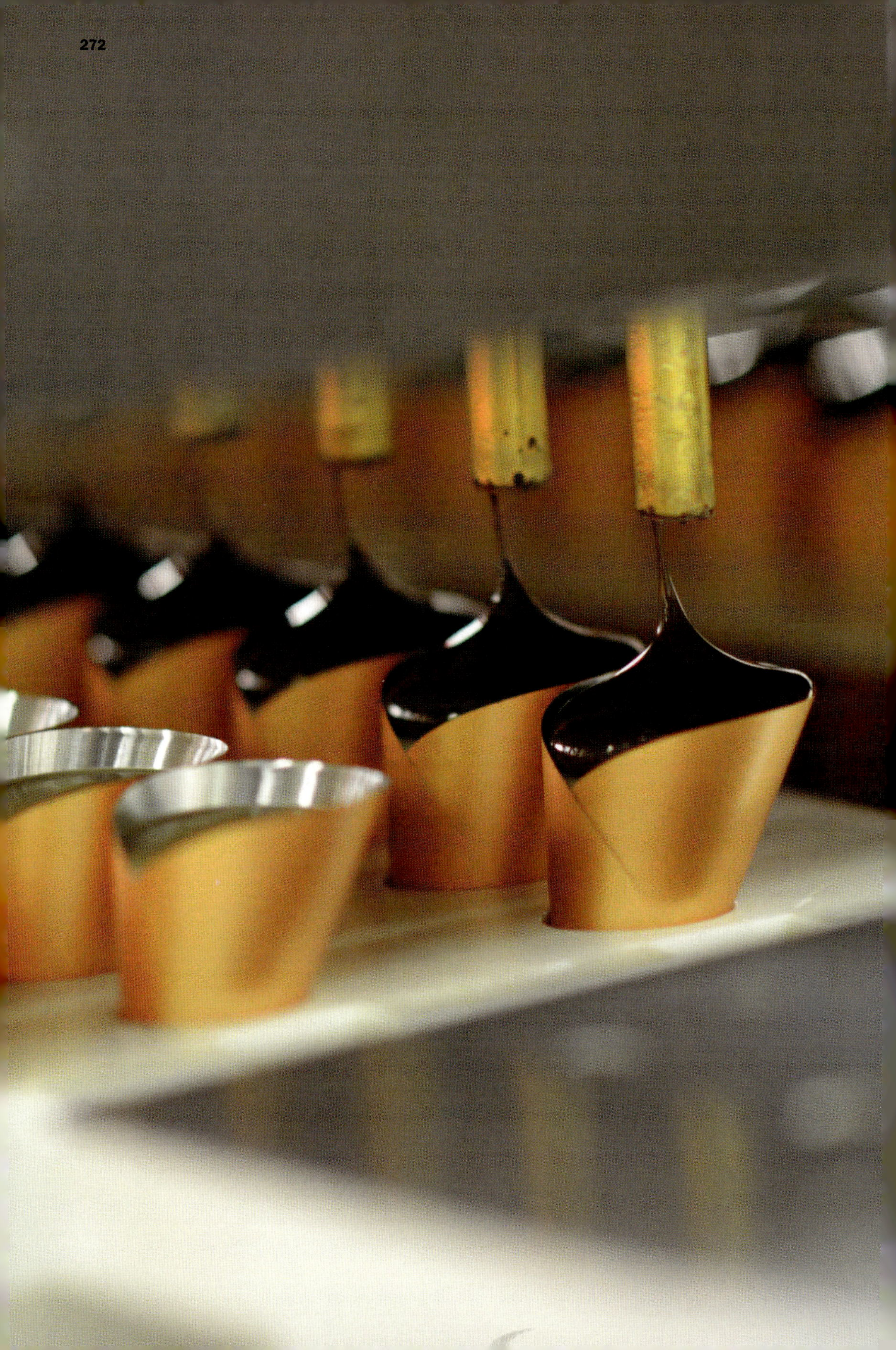

13
Massaproductie: ChocBar bv

13.1 **Typologie en steunpunten**
13.2 **Attentiepunten en risico's**
13.3 **Randvoorwaarden**
13.4 **Processen**
13.5 **Controles en analyses**
13.6 **Informatiebehoefte massaproductie**
13.7 **Samenvattende schema's massaproductie**

In dit hoofdstuk gaan we het hebben over productiebedrijven. Deze verschillen wezenlijk van de handelsbedrijven die we in de vorige hoofdstukken besproken hebben. Eenvoudig gezegd komt het erop neer dat bij een handelsbedrijf de goederen die het bedrijf ingaan, dezelfde zijn als de goederen die het bedrijf uitgaan. Meestal zal er wel verschil zitten in de hoeveelheden van binnenkomende en uitgaande producten, maar aan het product zelf verandert niets. Zo koopt de supermarkt de melk per pallet tegelijk in en gaat het per pak in de winkelwagentjes de onderneming weer uit, maar het product zelf (melk) blijft hetzelfde. Bij een productiebedrijf zijn de producten die het bedrijf verlaten wezenlijk anders dan de producten die erin gekomen zijn. Dit komt omdat bij een productiebedrijf sprake is van een omzettingsproces.
In paragraaf 13.1 gaan we in op de essentie van de productie. Hierbij zullen we ook zien dat er verschillen zijn tussen massaproductie en stukproductie. Omdat deze verschillen vrij fundamenteel zijn, besteden we in dit hoofdstuk verder alleen aandacht aan massaproductie. Stukproductie komt in het volgende hoofdstuk aan de orde. De structuur van het hoofdstuk is gelijk aan die van de vorige hoofdstukken.

Openingscasus

ChocBar bv

ChocBar bv is een grote producent van chocoladeproducten. Het assortiment bestaat uit circa 25 verschillende producten, zoals repen in diverse smaken (melk, puur, hazelnoot, wit) en groottes, alsmede luxe gevulde chocoladeproducten, in mooie cadeauverpakking, onder de naam ThankYou. Het productieproces is volledig geautomatiseerd en vindt plaats op de volgende afdelingen:

- *Afdeling Halffabricaat.* Hier wordt uit cacaoboter (die volgens een bepaalde standaardkwaliteit wordt ingekocht) de basischocolade gemaakt (puur, melk, hazelnoot, wit). Dit gebeurt door aan de cacaoboter volgens vaste receptuur ingrediënten als suiker, vanille, hazelnoot en kleurstoffen toe te voegen.
- *Afdeling Ongevuld.* Hier worden uit de halffabricaten geheel geautomatiseerd de diverse maten eindproducten gemaakt, alsmede de 'lege' producten die gevuld moeten worden.
- *Afdeling Gevuld.* Hier worden de diverse kostbare vullingen toegevoegd. Ook dit gebeurt machinaal.
- *Afdeling Verpakking.* Hier worden de producten verpakt.

De eindproducten worden opgeslagen in het Magazijn gereed product. Van hieruit worden de bestellingen van winkelbedrijven geleverd.

Zoals is vermeld, is het productieproces verregaand geautomatiseerd. De machines zijn zeer modern en de investeringen in de machines zijn fors geweest. Doordat een aantal machines nog relatief nieuw is, kampt ChocBar met een aantal problemen. Zo is de mengmachine waarin het halffabricaat wordt gemaakt nog niet goed ingeregeld. Dit betekent dat nogal wat cacaoboter verloren gaat (afval). Daarnaast is er een probleem met de verpakkingsmachine waardoor nogal wat repen breken (uitval). Deze zijn uiteraard onverkoopbaar. Wel wordt zowel het afval als de uitval verkocht aan een veevoederfabriek.

De machines zijn rechtstreeks gekoppeld aan het ERP-systeem, zodat informatie over bijvoorbeeld het aantal geproduceerde eenheden direct beschikbaar is. Onder de directie van ChocBar functioneren onder meer de volgende afdelingen:

- Inkoop
- Magazijn grondstoffen
- Bedrijfsbureau
- Productie
- Magazijn gereed product
- Verkoop
- Administratie
- ICT

Onder de afdeling Productie vallen de eerdergenoemde productieafdelingen.

13.1 Typologie en steunpunten

Bij een productiebedrijf zijn de producten die het bedrijf verlaten anders dan de producten die er in gekomen zijn. Dit komt door het eerdergenoemde omzettingsproces. In figuur 13.1 is dit omzettingsproces schematisch weergegeven.

FIGUUR 13.1 Het omzettingsproces

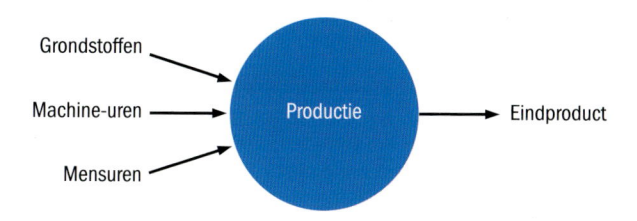

ChocBar is een bedrijf met massaproductie. We zouden kunnen zeggen dat ChocBar standaardproducten maakt. Dit heeft tot gevolg dat bij ChocBar van tevoren precies bekend is hoeveel ingrediënten en uren nodig zijn om de producten te maken. Het is net als het bakken van een appeltaart: er is een vast recept. Omdat niet alleen bekend is hoeveel grondstoffen en uren het kost om een bepaalde hoeveelheid eindproducten te maken, maar ook wat deze grondstoffen en uren kosten, kunnen we vooraf een standaardkostprijs berekenen. We komen hier in het vervolg nog op terug.
Bij ChocBar is nog een duidelijke overeenkomst met het handelsbedrijf. Dit blijkt als we de waardekringloop van ChocBar bekijken (zie figuur 13.2).

Massaproductie

FIGUUR 13.2 Waardekringloop bij ChocBar

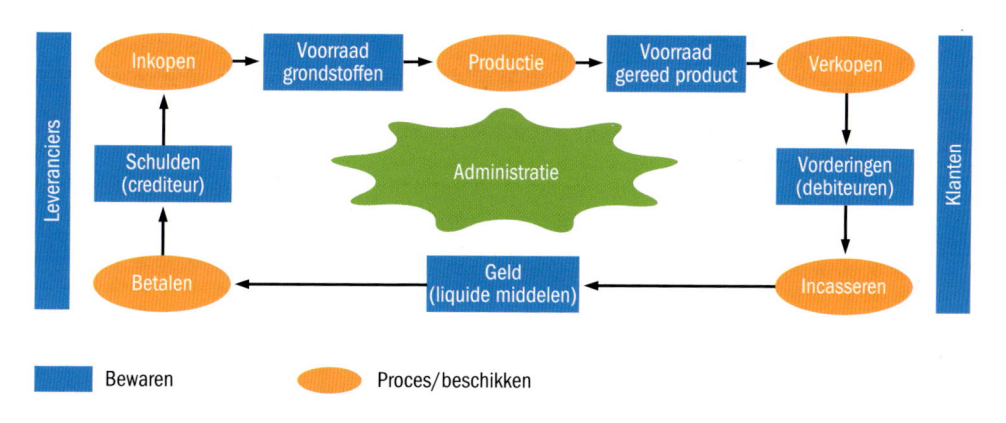

TUSSENVRAAG 13.1
Welke verschillen en overeenkomsten zijn er tussen de waardekringloop bij ChocBar en de waardekringloop van het handelsbedrijf?

Stukproductie

Naast massaproductie kennen we stukproductie. In dat geval wordt per keer een uniek product gemaakt. Voorbeelden hiervan zijn een bouwbedrijf en een bedrijf dat luxejachten bouwt, steeds naar wens van de individuele klant. Dit type bedrijf komt in het volgende hoofdstuk aan de orde. Wel is het goed dat je reeds nu je goed bewust wordt van de verschillen tussen beide bedrijven. Daarom staan we iets langer stil bij het onderscheid. Het essentiële verschil tussen massa- en stukproductie is dat bij massaproductie sprake is van harde productienormen en bij stukproductie niet.

Harde productienormen

ChocBar kent een standaardkostprijs. Deze is voor elk exemplaar van een bepaald type reep hetzelfde. Bij bouwbedrijven is elk gebouw anders en zal dus een andere kostprijs hebben. Daar kunnen we niet spreken over een standaardkostprijs.

In de literatuur vinden we nog een ander onderscheid, namelijk dat stukproductie wordt gemaakt naar de specifieke wensen van de klant en massaproductie niet. Dit lijkt te kloppen als we naar ons voorbeeld kijken. Het is niet mogelijk bij ChocBar een chocoladereep met rozijnen te bestellen als ze die niet in het assortiment hebben. Toch geldt deze definitie in tijden van automatisering niet meer. Denk aan een autofabriek; bij een gemiddelde middenklasser is zo'n oneindige variatie van modellen, motoren, kleuren en opties mogelijk dat de auto speciaal op wens gemaakt wordt. Alhoewel, echt oneindig is het aantal combinaties niet. Daarom geven we nog een ander voorbeeld: een bankpasje met je eigen favoriete foto erop in plaats van het logo van de bank. Het pasje zelf is een eenvoudig massaproduct (een stukje plastic met een magneetstrip aan de achterkant en een chip aan de voorkant). Toch is elk pasje uniek door de eigen afbeelding. We noemen dit ook wel mass customization. Specifiek op wensen van de klant, maar voor ons vakgebied toch massaproductie: er zijn harde normen. De truc om zo goed te kunnen inspelen op de wensen van de klant, ligt in het werken met modules. Een module is een soort Legoblokje dat gebruikt kan worden in verschillende eindproducten. Het verschil tussen bijvoorbeeld automodel A en B is dus dat model A is afgewerkt met andere modules dan B, de basisopbouw van beide modellen is wel hetzelfde. De modules worden in grote aantallen geproduceerd en daarna op voorraad gelegd. Bij de productie van een bepaald model worden de modules die nodig zijn eenvoudigweg weer uit voorraad gehaald en in elkaar gezet, net als bij Lego. Deze manier van werken verschaft veel flexibiliteit in de productie en maakt dus mass customization mogelijk.

Mass customization

Modules

De steunpunten voor de administratie binnen het massaproductiebedrijf zijn:
- verbanden in de geld- en goederenbeweging
- standaardkostprijs
- nacalculatie
- inventarisatie

De begrippen standaardkostprijs en nacalculatie komen in dit hoofdstuk uitgebreid aan de orde. Maar voordat we dat doen merken we op dat een aantal processen binnen het massaproductiebedrijf gelijk is aan het handelsbedrijf. Dit geldt vooral voor het inkoopproces en het verkoopproces. Bij inkoop gaat het weliswaar om grondstoffen en niet om handelsproducten, maar de processtappen en de belangrijke punten zijn gelijk aan wat in hoofdstuk 9 besproken is. Dit geldt ook voor de verkoop. Deze is gelijk aan de verkoop zoals deze behandeld is in hoofdstuk 11, alleen betreft het dan geen handelsgoederen maar zelf geproduceerde goederen. Daarom gaan we in het vervolg van dit hoofdstuk alleen in op de onderwerpen die specifiek zijn voor het massaproductiebedrijf.

13.2 Attentiepunten en risico's

In de eerdere hoofdstukken hebben we gezien dat, hoewel een handelsbedrijf in principe vrij simpel is, er attentiepunten kunnen zijn die de zaak wat ingewikkelder maken. De attentiepunten die genoemd zijn in de hoofdstukken 9, 10 en 11 kunnen ook gelden voor het massaproductiebedrijf. Daarnaast zijn er nog attentiepunten die specifiek samenhangen met het productieproces zelf. Deze zijn weergegeven in tabel 13.1.

TABEL 13.1 Attentiepunten en risico's massaproductie

Attentiepunt	Risico
Dure machines eventueel in combinatie met risico op stilstand van machines als gevolg van verstoring in het productieproces	Er worden ten onrechte uren stilstand gerapporteerd waardoor de gerapporteerde productie onvolledig is
Afval tijdens productieproces	Grondstoffen worden onterecht als afval verantwoord waardoor waarden de onderneming verlaten dan wel de productie onvolledig verantwoord wordt
	Opbrengsten afval worden niet verantwoord
Uitval na productieproces	Er wordt onterecht uitval verantwoord waardoor waarden de onderneming verlaten dan wel de productie onvolledig verantwoord wordt
	Opbrengsten uitval worden niet verantwoord

Je ziet dat de attentiepunten gericht zijn op het risico dat de productie (en daarmee de verkoop) onvolledig verantwoord wordt. Ter toelichting op de tabel 13.1 lichten we het verschil tussen afval en uitval toe. Afval zijn grondstoffen die in het productieproces verloren gaan. Bijvoorbeeld in een meubelfabriek zal niet elk stuk ingekocht hout helemaal gebruikt kunnen worden. Uitval daarentegen is een gemaakt eindproduct dat achteraf wordt afgekeurd.

Afval

Uitval

13.3 Randvoorwaarden

De randvoorwaarden bestaan uit:
- functiescheiding
- automatisering
- begroting
- richtlijnen en normen

13.3.1 Functiescheiding

Het massaproductiebedrijf stelt specifieke eisen aan de functiescheiding. In de ideale situatie kent het massaproductiebedrijf de volgende afdelingen:
- Inkoop
- Magazijn grondstoffen

- Bedrijfsbureau
- Productie
- Magazijn gereed product
- Administratie

De afdelingen Inkoop, Magazijn, Verkoop en Administratie ken je nog van het handelsbedrijf. Binnen het productiebedrijf kennen we deze afdelingen ook, al heeft het de voorkeur twee magazijnen te hebben: één voor de grondstoffen en één voor het gereed product. Daarnaast is het logisch dat er een productieafdeling is, daar worden immers de producten gemaakt. Wat meer toelichting heeft het Bedrijfsbureau nodig. Deze afdeling 'regelt' de productie en heeft als belangrijkste taken het opstellen van de standaardkostprijs, het verzorgen van de productieplanning en de voortgangscontrole op de productie. In het vervolg van dit hoofdstuk komen we hierop terug.

Bedrijfsbureau

Tot slot heeft de administratie een belangrijke taak in het massaproductiebedrijf: de nacalculatie. Ook dit begrip wordt verderop in dit hoofdstuk behandeld.

Nacalculatie

13.3.2 Automatisering

Productie stelt, ten opzichte van wat we eerder gezien hebben, aanvullende eisen aan de automatisering als de machines in het productieproces direct gekoppeld zijn aan het ERP-systeem. Zeker bij sterk geautomatiseerde productieprocessen (denk aan robots in een autofabriek) zullen deze machines zelf gegevens bijhouden, die direct worden doorgezet naar het ERP-systeem. De verbindingen, interfaces, tussen de productieprocessen en het ERP-systeem vragen aandacht. Deze zullen goed getest moeten zijn en beveiligd zijn door middel van wachtwoorden, zodat er geen ongeoorloofde wijzigingen aangebracht kunnen worden.

Interfaces

13.3.3 Begroting

De opzet van het begrotingsproces lijkt op dat van het handelsbedrijf (zie figuur 13.3).

FIGUUR 13.3 Het begrotingsproces bij massaproductie

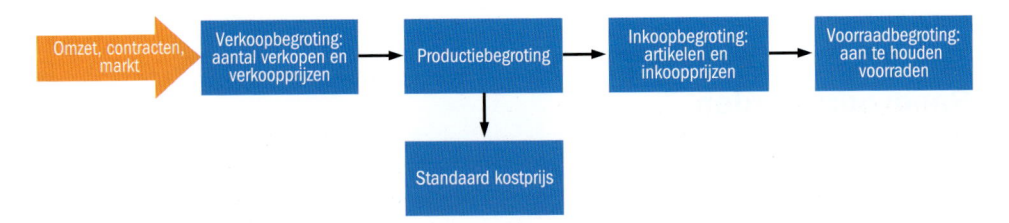

Omzet, contracten, markt → Verkoopbegroting: aantal verkopen en verkoopprijzen → Productiebegroting → Inkoopbegroting: artikelen en inkoopprijzen → Voorraadbegroting: aan te houden voorraden

Productiebegroting → Standaard kostprijs

Eigenlijk zie je dat tussen de verkoop- en inkoopbegroting de productiebegroting geplaatst is. Dit is logisch omdat, anders dan bij het handelsbedrijf, de te verkopen producten eerst gemaakt moeten worden. Toch vraagt een specifiek punt de aandacht bij de begroting in het massaproductiebedrijf en dat is het volgende.

Waar het bij het productieproces om draait is het produceren van de juiste producten en de efficiency van het productieproces. Met dit laatste bedoelen we dat er een verband is tussen de grondstoffen, mensuren en machine-uren die het productieproces ingaan en het product of de producten die eruit komen. Voordat de productie begint, is het daarom noodzakelijk dat er een standaardkostprijs is.

TUSSENVRAAG 13.2
Wanneer zal de standaardkostprijs worden vastgesteld en zal deze vaak wijzigen of juist niet?

Als bekend is welke producten we gaan maken (deze beslissing is vergelijkbaar met het vaststellen van het productassortiment in een handelsbedrijf) en de producten door de ontwerpafdeling zijn ontworpen, kan de standaardkostprijs berekend worden. Deze bestaat uit een hoeveelheid- en een prijscomponent: *Standaardkostprijs*

$$\text{Standaardkostprijs} = q \times p \qquad [13.1]$$

De hoeveelheidcomponent geeft aan hoeveel van de diverse productiemiddelen in aantallen of gewicht benodigd is. Dit betreft grond- en hulpstoffen, mensuren en machine-uren. Bij ChocBar zal dit gebeuren op basis van een recept, bij een meer technisch productiebedrijf (auto) met behulp van een stuklijst en bewerkingslijst, die door de ontwerpafdeling zijn opgesteld. Op die lijsten staat precies vermeld hoeveel van welke grondstof nodig is en hoeveel tijd het kost (mens- en machine-uren) om het product te maken. Misschien moeten we dit nog wat nauwkeuriger formuleren: de standaardkostprijs zegt wat het mag kosten om het product te maken. Of dit werkelijk gaat lukken, moeten we natuurlijk nog maar zien. We zeggen ook wel dat de standaardkostprijs normatief is. *Recept* *Stuklijst* *Normatief*

De prijs van de grond- en hulpstoffen is afgeleid van de inkoopprijzen. We gaan in het kader van de administratieve organisatie voorbij aan vraagstukken van meer bedrijfseconomische aard, bijvoorbeeld welke prijs het meest geschikt is: een historische inkoopprijs, een actuele prijs of een vaste verrekenprijs? Wel zal het zo zijn dat de prijs een relatie heeft met de inkoopbegroting die, net als bij het handelsbedrijf, wordt opgesteld. Voor mens- en machine-uren zal vanuit de productiebegroting een uurtarief berekend moeten worden. Dit zal gebeuren op basis van de begrote kosten voor de medewerkers en de machines en de hoeveelheid uren die gemaakt zullen worden. Overigens vormt net als bij het handelsbedrijf de verkoopbegroting de basis voor het begrotingsproces.

Je ziet dan ook dat de standaardkostprijs voortvloeit uit de begroting. Hierbij wordt ook rekening gehouden met verstorende factoren in het productieproces, zoals afval en uitval. Deze zullen worden ingecalculeerd, uiteraard alleen voor zover ze toegestaan (normatief) zijn. Een kritisch punt binnen een bedrijf als ChocBar is de (normatieve) bezetting van de machines. We hebben gezien dat ChocBar werkt met kostbare machines. Deze moeten productie draaien. Stilstand kost geld en moet dus zoveel als mogelijk vermeden worden. Het opstellen van de standaardkostprijs, zal gebeuren door de afdeling Bedrijfsbureau.

De administratie voert de tarieven van de medewerkers en de machines, alsmede de standaardkostprijzen in het ERP-systeem (stambestand) in. Dit stambestand is beveiligd door middel van passwords en controletota- *Stambestand* len. Het hoofd Administratie controleert periodiek de blijvende juistheid van de gegevens in het stambestand. De begroting en tarieven worden geautoriseerd door de directie.

13.3.4 Richtlijnen en normen

De belangrijkste norm hebben we hiervoor besproken: de standaardkostprijs. Daarnaast zullen er richtlijnen zijn met betrekking tot de registratie van de gegevens van de productie en hoe om te gaan met afval en uitval.

13.4 Processen

Voor het globaal schema van de massaproductie: zie figuur 13.4.

FIGUUR 13.4 Globaal schema massaproductie

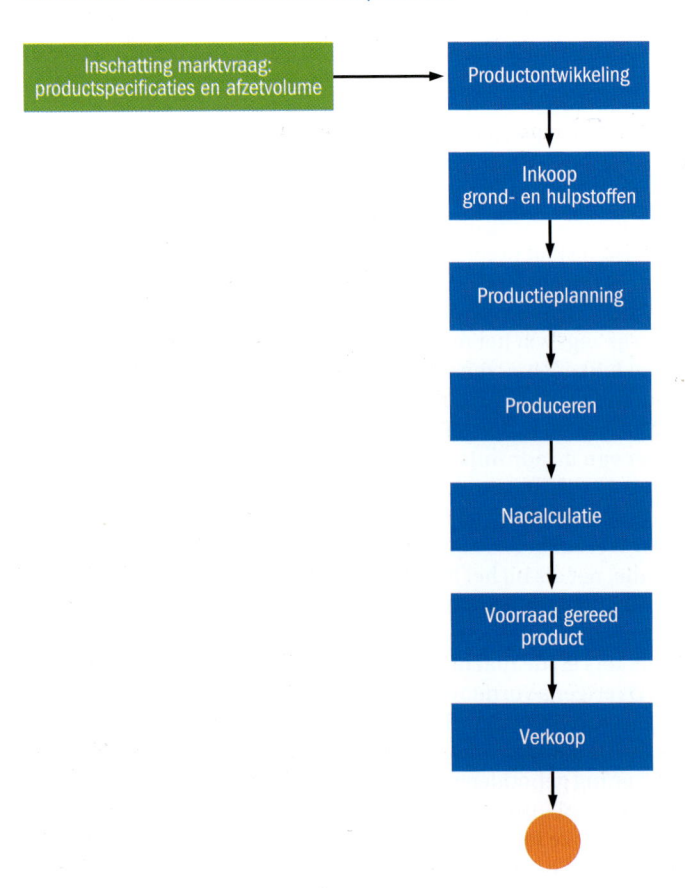

```
Inschatting marktvraag:
productspecificaties en afzetvolume
          │
          ▼
   Productontwikkeling
          │
          ▼
        Inkoop
  grond- en hulpstoffen
          │
          ▼
    Productieplanning
          │
          ▼
       Produceren
          │
          ▼
      Nacalculatie
          │
          ▼
    Voorraad gereed
        product
          │
          ▼
       Verkoop
          │
          ▼
          ●
```

In het vervolg gaan we alleen in op de processen die specifiek zijn voor het massaproductiebedrijf, in vergelijking tot het handelsbedrijf. Hierbij gaan we voorbij aan de productontwikkeling, omdat die bij de bespreking van de begroting al naar voren gekomen is.

13.4.1 Productieplanning

Voordat de productie echt gestart kan worden, zal iemand moeten vaststellen welke producten er gemaakt gaan worden en hoeveel: de productieplanning.

De productieplanning hangt van veel factoren af. Primair betreft dit de voorraad gereed product en de verwachte verkoop. Lastiger wordt het als de beschikbaarheid van machines en mensen een rol speelt. Duur gekochte machines moeten productie draaien, maar als er geen mensen zijn om de productie aan te sturen, houdt het ook op. Het zo efficiënt mogelijk plannen van productie (zeker als de onderneming over verschillende fabrieken in diverse landen beschikt) is een interessant bedrijfskundig vraagstuk. In het kader van de administratieve organisatie zullen we ons hier inhoudelijk niet mee bezighouden.

Een belangrijk vraagstuk binnen de administratieve organisatie is welke afdeling bepaalde activiteiten uitvoert en – misschien uit oogpunt van AO nog wel belangrijker – wie hierbij welke bevoegdheden heeft. In de vorige hoofdstukken hebben we gezien dat functiescheidingen hierbij van belang zijn. Hiermee worden tegengestelde belangen gecreëerd, zodat afdelingen en functionarissen elkaar 'automatisch' controleren. Zoals we hiervoor gezien hebben worden de werkzaamheden voor de productieplanning in een productiebedrijf uitgevoerd door het Bedrijfsbureau. Deze afdeling is vooral actief aan de voorkant van het productieproces. Zij zorgt voor de productieplanning en de concrete werkuitgifte aan de productieafdelingen. Deze afdeling regelt als het ware de productie. Zij heeft dan ook een beschikkende functie. Toch is deze wezenlijk anders dan de beschikkende functies die we in de vorige hoofdstukken hebben gezien (inkoop en verkoop). Deze afdelingen binden de organisatie aan derden. Dit geldt niet voor het Bedrijfsbureau. In dat kader zeggen we dat het Bedrijfsbureau intern beschikkend is. Naast de taken die in deze paragraaf behandeld zijn, heeft het Bedrijfsbureau ook de taak te controleren of het productieproces volgens planning verloopt. We noemen dit de voortgangscontrole.

13.4.2 Productieproces

Het eigenlijke productieproces is primair een technische aangelegenheid. Het is altijd indrukwekkend in een productiebedrijf rond te kijken. Je ziet bij een bedrijf als ChocBar de stroom cacaoboter, de ingrediënten die machinaal worden toegevoegd, grote mixers en uiteindelijk de snij- en verpakkingsmachines.

Voor het vak administratieve organisatie is echter het registratieproces dat daarachter zit belangrijker. We moeten vaststellen hoeveel grondstoffen worden verbruikt en hoeveel uren (mens en machine). Ook willen we weten hoeveel eindproducten gefabriceerd zijn. In geautomatiseerde productieomgevingen vinden de registraties door de machines zelf plaats, waarbij, zoals bij ChocBar, een automatische koppeling met de administratie mogelijk is. In minder geautomatiseerde omgevingen zal de productiechef de informatie in de vorm van een productierapport doorgeven aan de administratie. En het zal je inmiddels niet meer verbazen dat we hierbij ook aandacht moeten besteden aan de betrouwbaarheid van deze gegevens. Laten we kijken welke stappen in het productieproces te onderscheiden zijn.

Hiervoor hebben we gezien dat de productieplanning door het Bedrijfsbureau is opgesteld. Het Bedrijfsbureau geeft de planning via het ERP-systeem op aan de productieafdeling(en). Tevens geeft het Bedrijfsbureau op basis van de stuklijsten aan het magazijn grondstoffen door welke grondstoffen opgevraagd zullen gaan worden.

De magazijnmeester geeft de benodigde grondstoffen af aan de productiemedewerker tegen kwijting. Dat wil zeggen dat beiden, onafhankelijk van elkaar, in het systeem de afgifte c.q. de ontvangst melden. Vervolgens moeten per afdeling gegevens over het productieproces worden vastgelegd. Bij ChocBar gebeurt dit voor een gedeelte geautomatiseerd op basis van metingen door de machines. Wat moet worden vastgelegd, is per afdeling weergegeven in tabel 13.2.

TABEL 13.2 Vast te leggen gegevens inzake het productieproces

Magazijn grondstoffen	Afdeling Halffabricaat	Afdeling Ongevuld	Afdeling Gevuld	Afdeling Verpakking	Magazijn gereed product
Afgegeven ingrediënten	Ontvangen ingrediënten Gebruikte ingrediënten* Afval Aantal gedraaide machine-uren* Aantal geproduceerde halffabricaten*	Aantal ontvangen halffabricaten Aantal gedraaide machine-uren* Uitval Aantal geproduceerde ongevulde tussenproducten*	Aantal ontvangen ongevulde tussenproducten Aantal ontvangen vullingen		
Afgegeven vullingen		Aantal geproduceerde eindproducten*	Aantal gedraaide machine-uren* Aantal geproduceerde eindproducten* Uitval	Aantal ontvangen ongevulde eindproducten Aantal ontvangen gevulde eindproducten Aantal gedraaide machine-uren* Uitval Aantal verpakte producten	Ontvangen aantal verpakte producten

* = De machines 'leveren de gegevens zelf op'.

Op het eerste gezicht zul je tabel 13.2 misschien maar een wat vreemde tabel vinden, vanwege de vele lege vakjes. Deze vorm geeft echter aan welke verbanden er moeten zijn tussen de diverse afdelingen. Op de regel zijn steeds (indien van toepassing) twee afdelingen te vinden, die onafhankelijk van elkaar in het ERP-systeem de vermelde gegevens invoeren. Er zijn steeds tegengestelde belangen tussen de afdelingen.

TUSSENVRAAG 13.3
Welk tegengesteld belang is er bijvoorbeeld tussen de afdeling Halffabricaat en de afdeling Gevuld?

Omdat er dus tegengestelde belangen zijn, werkt de functiescheiding. Als de ingevoerde gegevens met elkaar overeenstemmen – het systeem controleert dit – kun je ervan uitgaan dat de gegevens kloppen en daarmee een goede basis vormen voor de afdelingsgewijze nacalculatie, waarover in de volgende subparagraaf meer. We zeggen in dit kader ook wel dat de verbanden binnen de onderneming kloppen. Voordat we deze verbanden nader gaan bekijken, eerst nog het volgende over de tabel.
Als je naar tabel 13.2 kijkt, zie je twee soorten productiefactoren, namelijk grondstoffen en machine-uren. We missen dus de mensuren. Deze hebben we bewust overgeslagen om het een beetje overzichtelijk te houden. In het volgende hoofdstuk, dat ingaat op stukproductie, zullen we uitgebreid ingaan op de mensuren. Je zou ook kunnen zeggen dat de mensuren bij ChocBar niet zo belangrijk zijn (en daardoor maar een klein deel van de kostprijs uitmaken) omdat het een kapitaalintensief bedrijf is. De machines zorgen voor de productie. Er komen nauwelijks meer mensen aan te pas. Daarnaast zijn er productiebedrijven die meer arbeidsintensief zijn.

Productiefactoren

Kapitaalintensief

Arbeidsintensief

TUSSENVRAAG 13.4
Welk voorbeeld kun je noemen van een kapitaalintensief en een arbeidsintensief productiebedrijf?

Door internationale concurrentieverhoudingen zijn de meeste productiebedrijven in Nederland kapitaalintensief. Bedrijven waarbij de productie veel arbeid vraagt, hebben de productie veelal verplaatst naar lagelonenlanden.

Het productieproces eindigt zoals het begonnen is namelijk overdracht van goederen aan het magazijn, tegen kwijting. In dit geval betreft het de geproduceerde goederen die worden overgedragen aan het Magazijn gereed product.

13.4.3 Nacalculatie
We behandelen hier de nacalculatie als laatste onderdeel van het productieproces. Je zou er eventueel ook voor kunnen kiezen de nacalculatie als onderdeel van de 'controles en analyses' te zien. Maar, onder welk kopje het plaatsvindt is niet zo belangrijk, als het maar gebeurt!

Periodiek moet worden gecontroleerd of het productieproces wel efficiënt gebeurt. Dit doen we door de zogenaamde afdelingsgewijze nacalculatie. Het gaat hierbij om de relatie tussen input en output, ook wel de opgeofferde en verkregen waarden genoemd. Figuur 13.5 geeft dit vereenvoudigd weer.

Afdelingsgewijze nacalculatie

Input

Output

FIGUUR 13.5 Input en output

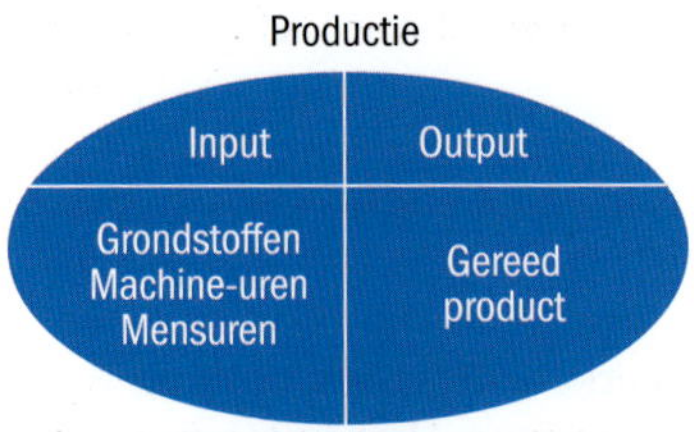

Productie
Input — Output
Grondstoffen / Machine-uren / Mensuren — Gereed product

De nacalculatie begint met de berekening van 'wat had aan grondstoffen en machine-uren gebruikt mogen worden?' Dit valt te berekenen door de formule:

Werkelijke productie × de standaardkostprijs   [13.2]

Concreet: als er 1.000 hazelnootrepen zijn gemaakt kun je precies uitrekenen, op basis van de standaardkostprijs, hoeveel grondstoffen en machine-uren dit gekost mag hebben. Belangrijk is wel dat we zeker weten dat er 1.000 repen zijn gemaakt, vandaar dat het eerdergenoemde verband met het Magazijn gereed product zo belangrijk is. We spreken bij massaproductie van een afdelingsgewijze periodieke nacalculatie. Periodiek kan zijn wekelijks, maandelijks of een ander tijdsinterval. Hoe groot het interval is, hangt onder meer af van de waarde van de grondstoffen en machine-uren en de kans op verschillen c.q. verschillen in het verleden. Met afdelingsgewijs bedoelen we dat de nacalculatie per (sub)afdeling binnen het productieproces plaatsvindt. Voor elke afdeling kan op basis van de output berekend worden wat er aan input had mogen worden verbruikt. Onderdeel van deze berekeningen is ook hoeveel afval en uitval toegestaan zijn, gegeven de geproduceerde eenheden. Bij ChocBar is dit een probleem. Daarom zal hier tijdelijk extra aandacht aan moeten worden besteed, totdat het afval en de uitval (blijvend) binnen de normen blijven. Vervolgens wordt dit zogenoemde normatief verbruik afgezet tegen de werkelijk verbruikte grondstoffen en uren. Verschillen tussen het toegestane en het werkelijke verbruik zijn efficiency-, bezettings- dan wel prijsverschillen. Deze zullen geanalyseerd moeten worden. Hoewel alle verschillen van belang zijn is bij een kapitaalintensief bedrijf als ChocBar speciale aandacht voor de bezettingsverschillen nodig. Als dure machines stilstaan, kosten ze geld, daarom zullen ze zo veel mogelijk uren moeten draaien.

Ook hier is het van belang rekening te houden met functiescheiding. Daarom is de nacalculatie een taak van de administratie, deze is namelijk niet verantwoordelijk voor de standaardkostprijs (dit is de afdeling Bedrijfsbureau) en ook niet voor de gegevens uit de werkelijke productie (dit zijn de productiechefs).

13.5 Controles en analyses

Binnen de controles en analyses onderscheiden we drie vormen:
1 verbandscontroles
2 cijferbeoordelingen
3 detailcontroles

13.5.1 Verbandscontroles

De eerste categorie verbanden die gelegd moeten worden, betreft de 'ingang van het productieproces'. Hierbij gaat het erom of wat als input in het productieproces geregistreerd staat ook klopt. Bij ChocBar, waar het productieproces verregaand gemechaniseerd is, gaat het om de grondstoffen en de machine-uren. Laten we eens kijken naar de afdeling Halffabricaat. Voor wat betreft de grondstoffen komen we een verband tegen dat we nog kennen van de handelsonderneming, namelijk de goederenbeweging. Hadden we bij de handelsonderneming te maken met één goederenbeweging, bij ChocBar zijn er meerdere, waarvan de eerste de grondstoffen zijn. Hiervoor geldt (zie figuur 13.6):

$$\text{Beginvoorraad} + \text{inkopen} -/- \text{eindvoorraad} = \text{ingang productie} \quad [13.3]$$

FIGUUR 13.6 Afgifte grondstoffen

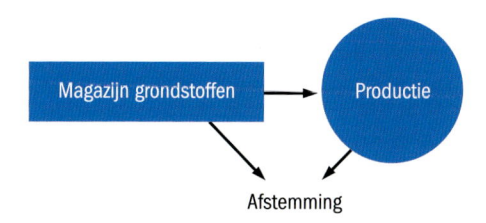

Als de twee verschillende bronnen (in dit geval afdeling Magazijn grondstoffen en afdeling Halffabricaat) melding maken van de grondstoffen die het productieproces ingaan, is hier sprake van een hard verband.

TUSSENVRAAG 13.5
Bij ChocBar is sprake van twee afzonderlijke verbanden voor de grondstoffen. Waarom is dit?

Bij machine-uren ligt het wat anders. Daar zal tijdens het productieproces geregistreerd moeten worden hoeveel uren de machines gedraaid hebben. Hierbij zal een verband gelegd worden met de beschikbare capaciteit. Tenzij machines stilstaan voor bijvoorbeeld onderhoud, draaien zij in principe productie gedurende de bedrijfstijd. Het verband luidt dan ook:

$$\text{Beschikbare capaciteit} -/- \text{werkelijke stilstand} = \text{ingang productie} \quad [13.4]$$

Dit verband is in figuur 13.7 weergegeven.

FIGUUR 13.7 Verbanden machine-uren

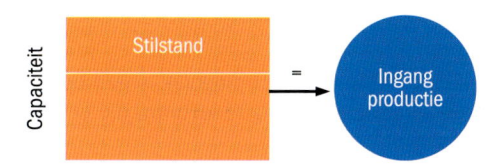

De gerapporteerde stilstand vormt een attentiepunt. Als er meer stilstand wordt geregistreerd dan werkelijk heeft plaatsgevonden, kan dit gevolgen hebben voor de productieregistratie. Daarom is het belangrijk de stilstand goed te registreren. Dit kan door de stilstand door twee medewerkers te laten vastleggen, maar efficiënter is het als de machines de stilstand zelf registreren.

Op deze wijze hebben we voor de afdeling Halffabricaat vastgesteld wat 'erin gegaan is', zowel aan grondstoffen als aan machine-uren. Doordat er bij de grondstoffen twee afdelingen zijn betrokken en we weten dat de machine-uren aansluiten op de capaciteit minus de stilstand, weten we dat deze informatie betrouwbaar is. Een soortgelijke redenering kunnen we opzetten voor de 'uitgang van de productie'. De afdeling Halffabricaat geeft in het systeem aan hoeveel producten er gemaakt zijn en zowel de afdeling Gevuld als de afdeling Ongevuld registreert hoeveel halffabricaten ontvangen zijn. Zo zijn er verschillende verbanden binnen ChocBar die in figuur 13.8 zijn weergegeven. Steeds geldt: wat er bij de ene afdeling uitgaat, moet er bij de volgende ingaan.

FIGUUR 13.8 De verbanden bij ChocBar

Magazijn grondstoffen − + Afdeling Halffabricaat − + Afdeling Ongevuld − + Afdeling Gevuld − + Magazijn gereed product

Zo kunnen we op basis van tabel 13.2 alle verbanden volgen, totdat we bij de afdeling Magazijn gereed product zijn aangekomen. Bedenk hierbij wel dat door afval en uitval de verbanden niet helemaal sluitend zullen zijn. Echter, deze afval en uitval zullen binnen de vooraf vastgestelde normen moeten blijven. Zoals we eerder gezegd hebben is het magazijn gereed product vergelijkbaar met het magazijn in het handelsbedrijf, alleen zijn het hier geen goederen die ingekocht zijn maar goederen die zelf geproduceerd zijn. Hier komen we daarom de tweede goederenbeweging tegen, namelijk die van het gereed product.

TUSSENVRAAG 13.6
Welke formule kun je geven voor de goederenbeweging gereed product?

Nu kunnen we het nog iets ingewikkelder maken. Bij ChocBar gingen de tussenproducten rechtstreeks van de ene productieafdeling naar de andere. Je zult begrijpen dat dit vooral qua planning lastig kan zijn. De planningen van de productieafdelingen zullen nauw op elkaar moeten aansluiten. Om verschillende redenen kan het zo zijn dat het niet mogelijk is geproduceerde halffabricaten direct aan de volgende afdeling te leveren die er vervolgens gelijk mee aan de slag gaat.

TUSSENVRAAG 13.7
Welke drie redenen kun je bedenken waarom het niet mogelijk is geproduceerde halffabricaten direct aan de volgende afdeling te leveren, die er dan vervolgens gelijk mee aan de slag gaat?

In die gevallen wordt er gewerkt met tussenvoorraden. Dat betekent dat er magazijnen met halfproducten zijn, die als buffer tussen de productieafdelingen fungeren. Hiermee worden de verbanden ook anders. Dit is in figuur 13.9 weergegeven.

FIGUUR 13.9 De verbanden met tussenmagazijnen

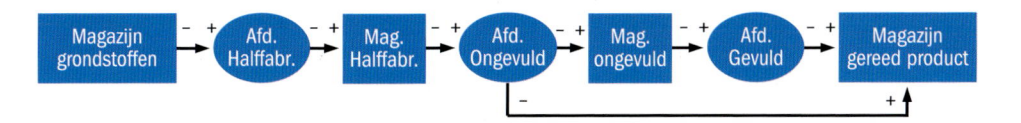

Magazijn grondstoffen − + Afd. Halffabr. − + Mag. Halffabr. − + Afd. Ongevuld − + Mag. ongevuld − + Afd. Gevuld − + Magazijn gereed product

Met alle verbanden die we in deze subparagraaf besproken hebben, weten we dat alle gegevens juist zijn doordat ze uit verschillende bronnen afkomstig zijn. Hierdoor kunnen ze dienen als een betrouwbare bron voor de nacalculatie. Deze hebben we hiervoor apart behandeld maar je kunt de nacalculatie ook zien als een – erg belangrijke – vorm van verbandscontrole.

13.5.2 Cijferbeoordeling

Zoals we eerder gezien hebben zijn de verbandscontroles de sterkste vorm van de 'controles en analyses'. Maar, net zoals bij het handelsbedrijf, kunnen er oorzaken zijn die de verbanden verstoren. In het productieproces van ChocBar geldt dit voor afval en uitval. Die worden op de productieafdelingen geregistreerd, maar zijn niet aangesloten op gegevens uit een andere bron. Bij de meeste bedrijven is dit niet zo'n probleem, als de afval en uitval binnen aanvaardbare grenzen blijven.

TUSSENVRAAG 13.8
Waar zijn deze aanvaardbare grenzen vastgelegd en hoe wordt vastgesteld of het afval en de uitval daarbinnen blijven?

Bij ChocBar ligt dit echter anders. Door verschillende oorzaken kampt het bedrijf met (te) hoge afval en uitval. Dit zijn verstoringen in de verbanden en zij vormen daardoor een risico. Het risico hierbij is dat iets als afval of uitval wordt opgegeven, maar het in feite niet is. Dit risico is groter als je 'iets hebt' aan het afval of de uitval. In dit geval zou het bijvoorbeeld bij uitval zo kunnen zijn dat het helemaal geen uitval is, maar dat het gaat om goede producten die een medewerker ontvreemdt en voor eigen rekening verkoopt. Daarom is het, zeker bij waardevolle producten, van belang goede maatregelen rondom de registratie van afval en uitval te nemen. Dit kan door toepassing van het vierogenprincipe. Hierbij dienen twee medewerkers te tekenen voor het afval of de uitval. Bij ChocBar zal de registratie van afval en uitval waarschijnlijk automatisch gebeuren. Bij veel andere bedrijven, denk bijvoorbeeld aan de autofabriek, zullen de eindproducten stuk voor stuk worden onderworpen aan een eindcontrole door de afdeling Kwaliteit.

Vierogenprincipe

Omdat er geen sprake is van een harde verbandscontrole zal er met betrekking tot afval en uitval gezocht moeten worden naar andere aanknopingspunten.

TUSSENVRAAG 13.9
Welk aanknopingspunt zou bij afval en uitval bij ChocBar gebruikt kunnen worden?

13.5.3 Detailcontrole

De laatste controle en analyse betreft de detailcontrole. Deze zullen zich enerzijds richten op de bijzonderheden die voortvloeien uit de nacalculatie, de verbandscontroles en de cijferbeoordeling. Afsluitend zal, net als bij het handelsbedrijf, een inventarisatie moeten plaatsvinden om te controleren of de hoeveelheid goederen (grondstoffen, halffabricaten en gereed product) volgens de administratie, overeenkomt met de werkelijkheid.

13.6 Informatiebehoefte massaproductie

Als laatste gaan we in op de informatie die nodig is om de productieprocessen te besturen en te beheersen. Hierbij kijken we, zoals we dat ook bij de handelsonderneming hebben gedaan, naar de informatie op de drie informatieniveaus:
1 strategische informatiebehoefte
2 tactische informatiebehoefte
3 operationele informatiebehoefte

Hierbij beperken we ons tot de informatie met betrekking tot de productie.

Ad 1 Strategische informatiebehoefte
De onderneming zal steeds naar wegen zoeken om het productieproces (verder) te optimaliseren. Denk hierbij aan nieuwe productietechnieken, nieuwe machines en nieuwe werkwijzen. Hierbij zal de focus liggen op het verhogen van de efficiency van het productieproces, met als doel de kostprijs te verlagen en/of de kwaliteit van het product te verhogen. Het gaat vooral om technologische informatie, zeker in bedrijven waar het productieproces verregaand geautomatiseerd is. Daarnaast zal het topmanagement continu op zoek zijn naar nieuwe, innovatieve producten, denk bij een autofabriek aan de jaarlijkse nieuwe modellen. Informatie over wat de concurrent te bieden heeft en de markt vraagt, is daarbij onmisbaar.

Ad 2 Tactische informatiebehoefte
De leidinggevenden hebben vooral behoefte aan stuurinformatie, tactische informatie, om te bezien of de onderneming op koers ligt. De koers zal zijn uitgezet in de begroting en de daarvan afgeleide budgetten en andere normen. Zoals we in dit hoofdstuk hebben gezien, hebben de productienormen vooral betrekking op de standaardkostprijs.
Het management zal om te beginnen behoefte hebben aan overzichten van de geproduceerde hoeveelheden ten opzichte van de planning. Afwijkingen zullen moeten worden geanalyseerd, rekening houdend met de ontwikkeling van de voorraden gereed product en grondstoffen. Je moet hierbij denken aan informatie over:
- stilstand van machines ten opzichte van de norm
- afval ten opzichte van de norm
- uitval ten opzichte van de norm
- voorraadverschillen tussen productie en magazijn gereed product

Deze informatie wordt meegenomen bij de periodieke nacalculatie en de daaruit voortvloeiende efficiency-, prijs- en bezettingsverschillen per afdeling. Hierbij is het van belang eventuele verschillen dusdanig te analyseren dat de achterliggende oorzaken bekend worden. Iets wat op het eerste gezicht een inefficiëntie in de productie lijkt, kan zijn veroorzaakt doordat de inkoopafdeling een slechte kwaliteit grondstoffen heeft ingekocht. Er wordt weleens gezegd dat pas na vijf keer doorvragen de echte oorzaak achterhaald wordt.

Eigenlijk zou je kunnen zeggen dat de tactische informatiebehoefte het volgen van de verbanden en analyses betreft die in dit hoofdstuk zijn besproken. Hierbij zal het management alleen geïnteresseerd zijn indien de werkelijkheid een afwijking ten opzichte van de norm vertoont. Bezetting, productie en efficiëntie van de productie zijn de zaken waar het om gaat.

Ad 3 Operationele informatiebehoefte
De operationele informatie is de informatie die de diverse medewerkers in en rondom het productieproces nodig hebben om de organisatie te laten draaien.

Zo zal de afdeling Bedrijfsbureau voor het berekenen van de standaardkostprijs moeten beschikken over een stuklijst en een bewerkingslijst. Dit betekent dat bekend moet zijn hoe het product eruit gaat zien. Hiervoor is een productontwerp, dan wel een proefproduct nodig. Vervolgens zal de afdeling Bedrijfsbureau moeten beschikken over de inkoopprijzen van de materialen en de tarieven voor de mensen en machines.

Voor de productieplanning heeft het Bedrijfsbureau informatie nodig over de voorraad gereed product, de verwachte vraag alsmede de beschikbaarheid van productiefactoren (grondstoffen, machines en mensen). De productieafdelingen en het magazijn moeten weten wat geproduceerd gaat worden en wat daarvoor nodig is.

Als de productie eenmaal is gestart, moet de voortgang worden gecontroleerd. Daarbij is informatie nodig over de actuele stand van zaken: het aantal producten dat gereed is, en eventuele storingen en vertragingen. Deze informatie zal veelal geautomatiseerd zijn vastgelegd door de machines zelf. De chef Productie zal de informatie in het ERP-systeem van het bedrijf kunnen raadplegen.

13.7 Samenvattende schema's massaproductie

In figuur 13.10 is het globaal processchema waarmee we dit hoofdstuk zijn gestart uitgewerkt in een swimlane waarin de stappen en functiescheidingen zichtbaar zijn.

FIGUUR 13.10 Massaproductie proces met swimlanes

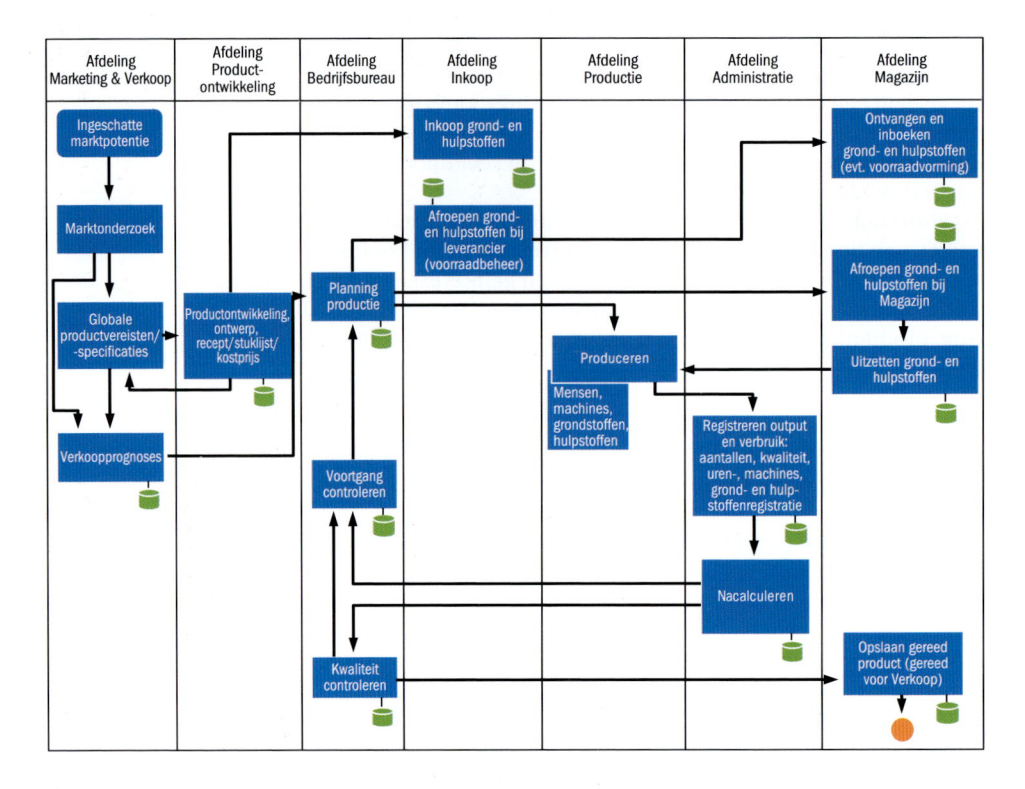

Afdeling Marketing & Verkoop	Afdeling Productontwikkeling	Afdeling Bedrijfsbureau	Afdeling Inkoop	Afdeling Productie	Afdeling Administratie	Afdeling Magazijn
Ingeschatte marktpotentie			Inkoop grond- en hulpstoffen			Ontvangen en inboeken grond- en hulpstoffen (evt. voorraadvorming)
Marktonderzoek			Afroepen grond- en hulpstoffen bij leverancier (voorraadbeheer)			Afroepen grond- en hulpstoffen bij Magazijn
Globale productvereisten/ -specificaties	Productontwikkeling, ontwerp, recept/stuklijst/ kostprijs	Planning productie		Produceren Mensen, machines, grondstoffen, hulpstoffen	Registreren output en verbruik: aantallen, kwaliteit, uren-, machines, grond- en hulp- stoffenregistratie	Uitzetten grond- en hulpstoffen
Verkoopprognoses		Voortgang controleren			Nacalculeren	
		Kwaliteit controleren				Opslaan gereed product (gereed voor Verkoop)

Tabel 13.3 geeft een overzicht van de processen bij massaproductie waarin de diverse elementen van de administratieve organisatie naar voren komen.

TABEL 13.3 Samenvattend schema hoofdstuk 13

Typologie	Massaproductie
Steunpunten	Verbanden in geld- en goederenbeweging
	Standaardkostprijs
	Periodieke afdelingsgewijze nacalculatie en verschillenanalyse
	Inventarisatie
Mogelijke attentiepunten (niet limitatief)	Dure machines
	Stilstand machines
	Afval
	Uitval
Functiescheiding	Essentiële functiescheiding: Bedrijfsbureau (standaardkostprijs), productieafdelingen, magazijn en administratie (nacalculatie)
	Bedrijfsbureau: intern beschikkende functie (stuklijst, productieplanning, werkuitgifte)
Automatisering	Interfaces productiemachines en ERP-systeem
Begroting	Verkoopbegroting is basis voor productiebegroting
	Inkoopbegroting is gebaseerd op productiebegroting
	Tarieven mens- en machine-uren gebaseerd op normale bezetting, eventueel rekening houdend met normatief afval en uitval
	Standaardkostprijs is gebaseerd op stuks- en bewerkingslijsten en tarieven
Richtlijnen	Richtlijnen voor bepalen afval en uitval

Inkoop (zie hoofdstuk 9)

Productievoorbereiding

Activiteit	Mogelijke attentiepunten	Risico's	Interne beheersingsmaatregel	Verbandscontroles
Ontwerpen nieuw product (Ontwerpafdeling)		Stuk- en bewerkingslijsten niet juist/volledig	Autorisatie	
Opstellen standaardkostprijs (Bedrijfsbureau) NB: standaardkostprijs kan ook als onderdeel van het begrotingsproces gezien worden		Standaardkostprijs niet juist/volledig	Controle door hoofd Bedrijfsbureau	
Productieplanning (Bedrijfsbureau)	Dure machines	Productieorders, planning en reservering productiemiddelen niet juist/volledig	Controle door hoofd Bedrijfsbureau	

Productie

Activiteit	Mogelijke attentiepunten	Risico's	Interne beheersingsmaatregel	Verbandscontroles
Afgifte grond- en hulpstoffen o.b.v. stuklijst Bedrijfsbureau (grondstoffenmagazijn)		Niet geautoriseerde of onjuiste afgifte	1 Autorisatie via stuklijst 2 Kwijting	Beginvoorraad + inkopen –/– eindvoorraad = magazijnafgifte (1)
Inzet mens- en machine-uren o.b.v. werkuitgifte door Bedrijfsbureau		Niet geautoriseerde of onjuiste inzet	Autorisatie via werkuitgifte	
Produceren		Producten komen niet overeen met stuk- en bewerkingslijsten	Controle door Productiechef	
		Registratie van de voortgang van de productie is onjuist/onvolledig	Voortgangscontrole door Bedrijfsbureau	
	Afval	Productie wordt onterecht verantwoord als afval	1 Norm en richtlijnen voor afval 2 Vierogenprincipe	Afval in % productie t.o.v. norm volgens standaardkostprijs
	Stilstand machines	Productietijd wordt onterecht verantwoord als stilstand	Vierogenprincipe	Stilstand in % beschikbare tijd t.o.v. norm volgens standaardkostprijs

Inkoop (zie hoofdstuk 9) (vervolg)

Activiteit	Mogelijke attentiepunten	Risico's	Interne beheersingsmaatregel	Verbandscontroles
Registratie mens- en machine-uren en grondstofverbruik (geautomatiseerde registratie of door productiechef)		Onjuiste/onvolledige registratie uren en verbruik	1 Autorisatie door productiechef 2 Geautomatiseerde registratie	1 Grondstofverbruik volgens productierapportage = magazijnafgifte (1) 2 Paid time −/− geoorloofd afwezig = shoptime 3 Shoptime −/− geautoriseerde improductieve uren = jobtime 4 Jobtime = uren volgens productierapportage 5 Machinecapaciteit −/− stilstand = gedraaide uren zo mogelijk volgens tellers op machines 6 Gedraaide uren = machine-uren volgens productierapportage
Kwaliteitscontrole	Uitval	Productie wordt onterecht verantwoord als uitval	1 Norm en richtlijnen voor uitval 2 Vierogenprincipe	Uitval in % productie t.o.v. norm volgens standaardkostprijs
Afgifte gereed product (magazijn gereed product)		Onjuiste of onvolledige registratie afgegeven productie	1 Afgifte tegen kwijting 2 Periodieke inventarisatie magazijn gereed product door administratie	1 Gefabriceerde producten volgens productierapportage = afgegeven aan magazijn gereed product 2 Beginvoorraad + afgegeven aan magazijn gereed product −/− eindvoorraad = verkopen

Nacalculatie

Activiteit	Mogelijke attentiepunten	Risico's	Interne beheersingsmaatregel	Verbandscontroles
Afdelingsgewijze/periodieke nacalculatie	Dure machines	Onjuiste/onvolledige nacalculatie	1 Functiescheiding tussen opstellen standaardkostprijs, productie en nacalculatie 2 Analyse verschillen in overleg tussen Bedrijfsbureau, manager productie en administratie	1 Productie × standaardkostprijs = toegestaan verbruik materialen, mens- en machine-uren 2 Toegestaan verbruik afzetten tegen werkelijk verbruik 3 Analyse naar efficiency-/prijs- en bezettingsverschillen

Verkoop (zie hoofdstuk 11)

Eindvragen

13.1 Wat is het essentiële verschil tussen massaproductie en stukproductie?

13.2 Geef aan hoe de standaardkostprijs is opgebouwd.

13.3 Wat is de taak van het Bedrijfsbureau binnen een bedrijf met massaproductie?

13.4 Waarom spreken we bij massaproductie van periodieke afdelingsgewijze nacalculatie? Geef kort aan wat hiermee bedoeld wordt.

13.5 Bespreek de belangrijkste tactische informatiebehoefte binnen het massaproductiebedrijf.

13.6 MediCool is een bedrijf dat koelinstallaties voor medische laboratoria produceert. Vanwege de hoge kwaliteit van de producten is dit bedrijf wereldmarktleider. Alle producten gebruiken een koelvloeistof waarop MediCool het patent heeft. Het produceren van deze koelvloeistof gebeurt volgens een geheim recept in de eigen fabriek in Naarden. De grondstoffen voor de koelvloeistof bestaan onder meer uit zware metalen die zeer kostbaar zijn. Bij de productie van de koelvloeistof ontstaat afval. Daarnaast ontstaat er uitval omdat een deel van de koelvloeistof, die na productie in het laboratorium wordt gecontroleerd, niet aan de eisen voldoet. Zowel het afval als de uitval zijn zeer schadelijk voor het milieu en moeten door een gespecialiseerd bedrijf worden verwerkt. Dit brengt hoge kosten voor MediCool met zich mee.

Geef een beschrijving van de maatregelen van administratieve organisatie ter zake van het beheersen van de grondstoffen en de geproduceerde hoeveelheid koelvloeistof.

13.7 Een vriend van je heeft enige jaren geleden een fietsenfabriekje opgezet dat gespecialiseerd is in bakfietsen en andere kindvriendelijke tweewielers. Het assortiment bestaat inmiddels uit zeven standaardmodellen die alle leverbaar zijn in een dames- en herenvariant.
Het bedrijf is de laatste jaren behoorlijk gegroeid en heeft vijftien mensen in dienst. Door de groei moet je vriend, die een technische achtergrond heeft en zich altijd zelf intensief met het productieproces bemoeide, zich steeds meer met de commercie bezighouden. Hij is derhalve de laatste tijd steeds vaker 'buiten'.

De laatste maanden heeft hij het gevoel dat er materialen uit zijn magazijn zijn verdwenen. Tevens heeft hij het idee dat er minder fietsen geproduceerd worden dan op grond van de personeelsbezetting te verwachten is. Hij vraagt jouw advies hoe hij hier beter zicht op kan krijgen.

Hoe ziet het gevraagde advies eruit?

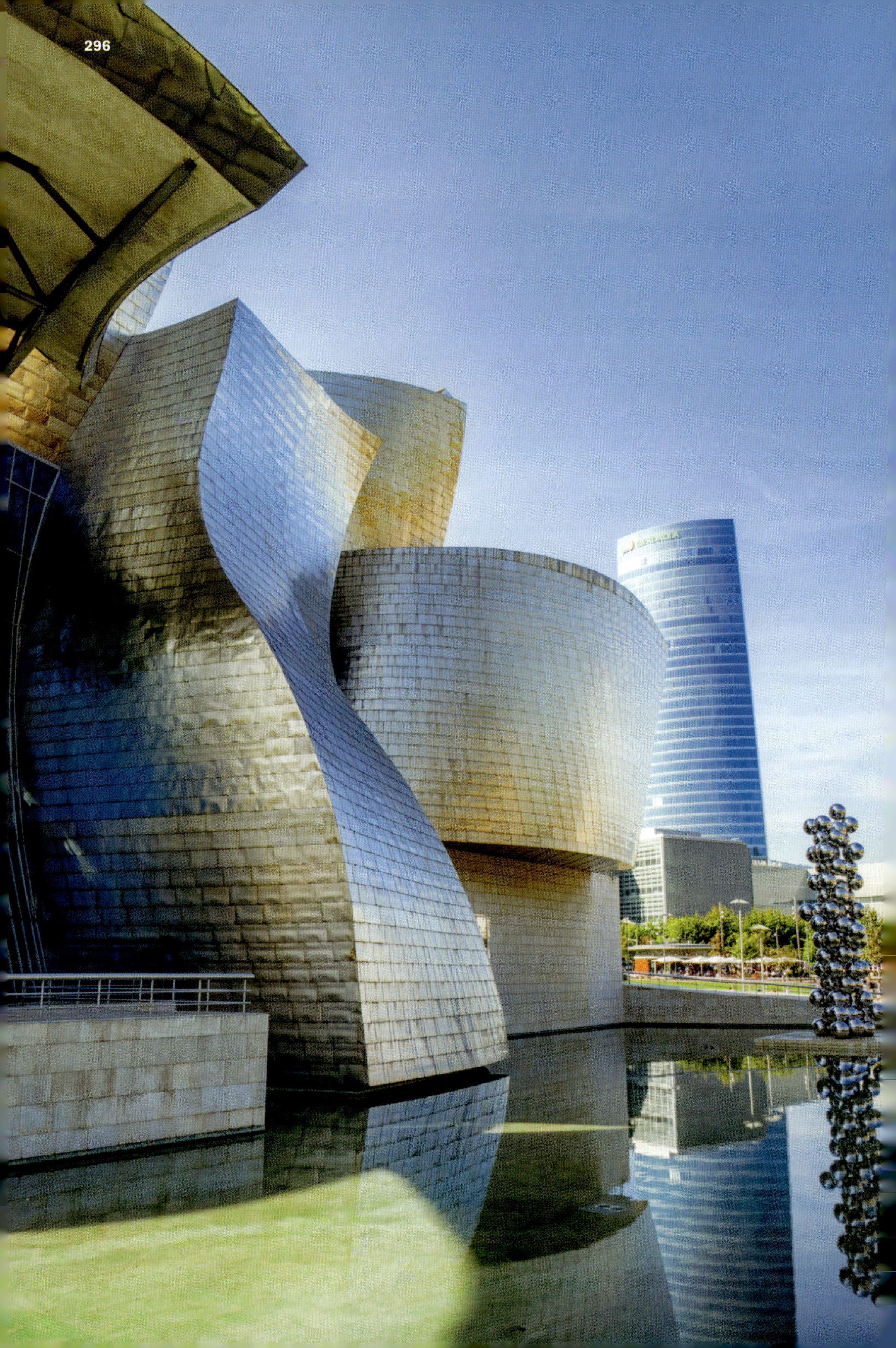

14 Stukproductie: C-bouw

14.1 Typologie en steunpunten
14.2 Attentiepunten en risico's
14.3 Randvoorwaarden
14.4 Processen
14.5 Controles en analyses
14.6 Informatiebehoefte stukproductie
14.7 Samenvattende schema's stukproductie

In het vorige hoofdstuk hebben we uitgebreid kennisgemaakt met het massaproductiebedrijf. We hebben gezien dat er ook overeenkomsten zijn met het handelsbedrijf. Dit geldt met name voor het inkoop- en verkoopproces. Hierbij is het zo dat een massaproductiebedrijf (meestal) op voorraad produceert. Er wordt iets geproduceerd, opgeslagen in het magazijn gereed product en vervolgens (hopelijk) verkocht. Het stukproductiebedrijf is fundamenteel anders. Dit begint al bij de verkoop, maar ook de voor- en nacalculatie verschillen van het massaproductiebedrijf. We zullen deze verschillen in dit hoofdstuk gaan onderzoeken, waarbij we regelmatig een vergelijking zullen maken met het massaproductiebedrijf.
In paragraaf 14.1 maken we kennis met de specifieke punten van het stukproductiebedrijf en de steunpunten voor de administratieve organisatie. Paragraaf 14.2 behandelt een aantal mogelijke attentiepunten en de daarmee samenhangende risico's. In paragraaf 14.3 komen de randvoorwaarden aan de orde, waarbij we zullen zien dat er voor wat betreft de begroting een essentieel verschil is met het massaproductiebedrijf. In paragraaf 14.4 bespreken we de processen en paragraaf 14.5 gaat over de verbandscontroles, cijferbeoordeling en detailcontroles. Paragraaf 14.6 gaat in op de informatie die nodig is om de stukproductie te kunnen besturen. Het hoofdstuk wordt afgesloten met samenvattende schema's (paragraaf 14.7).

Openingscasus

C-Bouw

C-Bouw is een bouwbedrijf gespecialiseerd in bijzondere bedrijfspanden en openbare gebouwen. Het bedrijf heeft een aantal bekende gebouwen in binnen- en buitenland gebouwd, waaronder een aantal musea in Europese hoofdsteden. C-Bouw staat bekend om de combinatie van creativiteit en degelijkheid. Dit maakt dat zij elke opdracht, die altijd weer anders is, als een uitdaging ziet. Geheel naar de wens van de opdrachtgever en de architect, wordt vormgegeven aan de complexe ideeën die op de tekening staan. De bouwtijd ligt tussen een halfjaar en twee jaar en de aanneemsom per gebouw ligt in de tientallen miljoenen. Gemiddeld heeft C-Bouw circa tien projecten in uitvoering.

C-Bouw werkt zowel met regiewerk als met aangenomen werk. Het komt vaak voor dat tijdens de bouw aanpassingen in de opdracht plaatsvinden, omdat klanten aanvullende wensen hebben. Voor de productie beschikt C-Bouw over een groot machinepark, zoals bouwkranen en bouwliften. C-Bouw heeft ongeveer 1.500 medewerkers in dienst. De uitvoerende mensen worden, afhankelijk van hun specialisatie en woonplaats, op verschillende projecten ingezet. Daarnaast maakt C-Bouw veelvuldig gebruik van onderaannemers. Hierbij heeft C-Bouw in het verleden vervelende ervaringen gehad, doordat de onderaannemers de belastingen en sociale premies niet hadden afgedragen en vervolgens failliet gingen. Vervolgens moest C-Bouw dit betalen. Omdat elk product uniek is, is het moeilijk voor C-Bouw om een goede inschatting te maken van de kosten van een project. Dit heeft er nogal eens toe geleid dat projecten (achteraf) verliesgevend bleken te zijn.

14.1 Typologie en steunpunten

In de inleiding van hoofdstuk 13 hebben we gezien dat het grote verschil tussen het massaproductie- en het stukproductiebedrijf is dat bij het eerste sprake is van harde productienormen en bij het tweede niet. Bij het massaproductiebedrijf geeft de standaardkostprijs de productienorm weer. Deze wordt in het kader van het begrotingsproces berekend. Het stukproductiebedrijf weet niet van tevoren (bijvoorbeeld voorafgaand aan een jaar) welke producten gemaakt gaan worden. Daar komt bij, dat elk product anders is. Er is dus helemaal geen productiestandaard en dus geen standaardkostprijs. Per opdracht zal een berekening gemaakt moeten worden van wat het product gaat kosten (overigens spreken we bij een bedrijf met stukproductie niet zozeer van een product maar van een project). Omdat elk project uniek is, is dit moeilijk. Het valt van tevoren minder hard te zeggen wat de kosten zullen zijn. Mede om deze reden spreken we dan ook niet van een standaardkostprijs, maar van een voorcalculatie. Deze is sterk afhankelijk van de wensen van de klant. Overigens, in het nieuws zien we vooral in de sfeer van overheidsopdrachten (die komen in de krant, particuliere opdrachten niet) nogal eens projecten die veel meer gaan kosten dan van tevoren gedacht werd.

Voorcalculatie

TUSSENVRAAG 14.1
Noem een voorbeeld van een project dat meer kostte dan werd voorgecalculeerd.

Juist omdat niet van tevoren precies bekend is wat het product gaat kosten, is het belangrijk dat de werkelijke kosten per product (project) worden bijgehouden. Centraal in de administratieve organisatie van het stukproductiebedrijf staat dan ook de projectadministratie. Op basis van deze administratie vindt achteraf de nacalculatie plaats. Deze is niet, zoals bij massaproductie per afdeling en per periode, maar per project (of bij grote projecten per fase). Dit brengt ons dan ook op de volgende steunpunten:
- Projectadministratie
- Voor- en nacalculatie per project
- Verbanden in de geld- goederenbeweging
- Functiescheiding tussen Bedrijfsbureau en productie.

Projectadministratie

In het vervolg van dit hoofdstuk gaan we verder op deze onderwerpen in.

14.2 Attentiepunten en risico's

Van de typlogieën die we tot nu toe gezien hebben, is stukproductie verreweg het meest ingewikkeld (ter geruststelling: de typlogieën in de volgende hoofdstukken zijn weer wat overzichtelijker...). Dit betekent dat er hoge eisen aan de administratieve organisatie gesteld worden. Dit komt met name omdat er geen harde productienormen zijn. Daarnaast worden de kosten in de projectadministratie per project geregistreerd. Dit brengt een verschuivingsgevaar met zich mee, namelijk dat de kosten op een verkeerd project geboekt worden. Dit zijn de risico's die samenhangen met de typologie, ofwel typologiespecifieke risico's. Dit zijn dus nog niet de attentiepunten. Die zijn casusspecifiek en hoeven dus niet bij elk stukproductiebedrijf voor te komen. De mogelijke attentiepunten en de daaruit voortvloeiende risico's zijn weergegeven in tabel 14.1.

Verschuivingsgevaar

Typologiespecifiek

Casusspecifiek

TABEL 14.1 Attentiepunten en risico's stukproductie

Attentiepunt	Risico
Er zijn zowel orders op basis van aangenomen werk als op regiebasis	Kosten van orders op regiebasis worden verantwoord op orders aangenomen werk; daardoor onvolledige opbrengstverantwoording
De orders hebben een lange doorlooptijd en bij de prijsbepaling is sprake van loon- en prijsclausules	Ingewikkelde prijsberekening met kans op fouten
Boetes bij overschrijding tijdsduur	Er worden onterecht boetes verantwoord of de te betalen boetes zijn niet volledig opgenomen
Er is sprake van meer- en minderwerk	Meerwerk wordt niet goed apart geregistreerd en daardoor niet als opbrengst verantwoord
	Er wordt ten onrechte minderwerk verantwoord
Leveranciers leveren hun producten en diensten rechtstreeks op de bouwplaats	Onterecht verantwoorden van producten of diensten, waardoor de kostenverantwoording onjuist is
Dure machines eventueel in combinatie met risico op stilstand van machines als gevolg van verstoring in het productieproces	Er worden ten onrechte uren stilstand gerapporteerd waardoor de gerapporteerde productie onvolledig is
Afval tijdens productieproces	Grondstoffen worden onterecht als afval verantwoord waardoor waarden de onderneming verlaten dan wel de productie onvolledig verantwoord wordt
Ketenaansprakelijkheid	Hoofdaannemer is aansprakelijk voor afdracht belastingen en premies onderaannemers

De attentiepunten in tabel 14.1 komen verderop in dit hoofdstuk terug. Wel is het goed nu een aantal begrippen toe te lichten.

Het onderscheid tussen aangenomen werk en regiewerk betreft de vraag bij wie het risico ligt als de werkelijke kosten hoger uitvallen dan van tevoren geraamd. Bedenk hierbij dat bij stukproductie de productienorm niet hard is, zodat niet precies van tevoren bekend is wat de kosten zullen zijn.

Aangenomen werk

Regiewerk

Bij aangenomen werk is er een vaste prijs afgesproken (de aanneemsom). Als dus achteraf blijkt dat C-Bouw de kosten te laag heeft ingeschat, is dat het probleem van C-Bouw. Bij regiewerk is afgesproken dat de werkelijke kosten (met een winstopslag) worden doorberekend. Dus als er daar meer kosten blijken te zijn, is dat het risico voor de klant. Daarom zie je vaak dat er bij dit soort projecten een opzichter namens de klant aanwezig is.

TUSSENVRAAG 14.2
Verklaar het risico zoals dat in tabel 14.1 bij dit attentiepunt genoemd is.

Loon- en prijsclausules

Een ander begrip dat we willen toelichten zijn de loon- en prijsclausules. Projecten kunnen een lange doorlooptijd hebben, soms wel van tien jaar. In die tijd stijgen de lonen en de materiaalprijzen. In de contracten worden dan formules afgesproken, bijvoorbeeld gebaseerd op CBS-indexcijfers, waarmee deze loon- en prijsstijgingen worden doorberekend. Het gevolg hiervan is dat de prijsberekening ingewikkeld is en er dus een kans op fouten is.

Meerwerk

Tot slot het begrip meerwerk. Bij bedrijven als C-Bouw bepaalt de klant vooraf wat hij wil. Nu kan het zijn dat tijdens de bouw zijn wensen veranderen. Dit kan zijn dat hij meer wil, bijvoorbeeld een extra dakkapel op het huis, of dat hij minder wil (een carport in plaats van een garage). Dit moet natuurlijk goed geregistreerd worden en uiteindelijk worden doorberekend (of juist niet). Omdat meer- en minderwerk best vaak voorkomt, gaan we daar in paragraaf 14.4 apart op in.

14.3 Randvoorwaarden

De randvoorwaarden bestaan uit:
- functiescheiding
- automatisering
- begroting
- richtlijnen en normen

14.3.1 Functiescheiding

Als we de functiescheiding bij stukproductie vergelijken met die bij massaproductie zijn er overeenkomsten en verschillen. Ook bij stukproductie zal er een Bedrijfsbureau zijn. Deze heeft misschien nog wel een belangrijker rol dan bij massaproductie, omdat deze afdeling de voorcalculatie (per order) opstelt. Daarom wordt deze afdeling bij stukproductie ook wel de calculatieafdeling genoemd. Maar in principe zijn de werkzaamheden hetzelfde als bij massaproductie. Een verschil is dat bij massaproductie de productie zelf plaatsvindt op de productieafdeling. Dit kan bij stukproductie ook het geval zijn (scheepswerf), maar bij C-Bouw zal de productie op de diverse bouwlocaties plaatsvinden en dus niet in het bedrijf zelf. Dat stelt eisen aan de beheersing. Een ander verschil is dat bij massaproductie er een Magazijn gereed product is, van waaruit de producten (net als bij het handelsbedrijf) geleverd worden. Dit is bij stukproductie niet het geval. Daar wordt het product als het gereed is opgeleverd aan de klant. Tot slot zal er binnen de administratie sprake zijn van een aparte projectadministratie. Deze kan zelfs op de bouwlocatie gevestigd zijn, waarbij bij heel grote projecten er aparte projectcontrollers zijn die de ontwikkeling van de werkelijke kosten ten opzichte van de voorcalculatie op de voet volgen.

Projectcontrollers

14.3.2 Automatisering

Stukproductie stelt geen heel specifieke eisen aan de general computer controls. Wel zullen op de bouwlocatie (zeker als de projectadministratie daar gevestigd is) ook computersystemen aanwezig zijn. Hiervoor gelden de bekende general IT controls, met name de logische toegangsbeveiligingen, natuurlijk ook. Daarnaast is de interface met het hoofdsysteem van belang.

14.3.3 Begroting

Ook bij stukproductie zal de basis voor de begroting de verkoopbegroting zijn. Deze zal enerzijds gebaseerd zijn op de al lopende projecten, anderzijds op de verwachtingen. Uit de verkoopbegroting volgen, net als bij massaproductie, de productie- en de inkoopbegroting.

Ten opzichte van de begroting in het massaproductiebedrijf is er wel een heel belangrijk verschil, namelijk dat er geen standaardkostprijs is. Dat is logisch want de producten verschillen per order dus er zal ook per order een voorcalculatie gemaakt moeten worden. De laatste stap in het begrotingsproces is bij stukproductie de berekening van de mens- en machine-uren. De volgende stap bij massaproductie, namelijk op basis van de stuklijsten en de tarieven, de standaardkostprijs berekenen, kan dus niet bij stukproductie.

De administratie voert de tarieven van de medewerkers en de machines in het ERP-systeem (stambestand) in. Dit stambestand is beveiligd door middel van passwords en controletotalen. Het hoofd Administratie controleert periodiek de blijvende juistheid van de gegevens in het stambestand. De begroting en tarieven worden geautoriseerd door de directie.

14.3.4 Richtlijnen en normen

Bij het stukproductiebedrijf zullen de belangrijkste richtlijnen gericht zijn op de voorcalculatie, de projectbeheersing en de nacalculatie. Hierbij zal speciale aandacht besteed worden aan de zaken die bij de attentiepunten genoemd zijn.

14.4 Processen

Het globaal processchema van stukproductie ziet eruit als in figuur 14.1.

FIGUUR 14.1 Globaal schema stukproductie

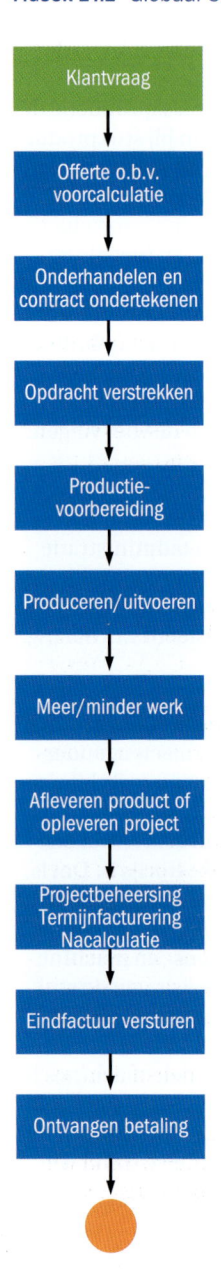

```
Klantvraag
   ↓
Offerte o.b.v. voorcalculatie
   ↓
Onderhandelen en contract ondertekenen
   ↓
Opdracht verstrekken
   ↓
Productievoorbereiding
   ↓
Produceren/uitvoeren
   ↓
Meer/minder werk
   ↓
Afleveren product of opleveren project
   ↓
Projectbeheersing
Termijnfacturering
Nacalculatie
   ↓
Eindfactuur versturen
   ↓
Ontvangen betaling
   ↓
   ●
```

Als we nauwkeuriger kijken naar het stukproductiebedrijf zien we dat er verschillen zijn met het massaproductiebedrijf. Dit betreft onder meer de volgorde van de processen, zoals blijkt uit figuur 14.2.

FIGUUR 14.2 De volgorde van processen bij massa- en stukproductie

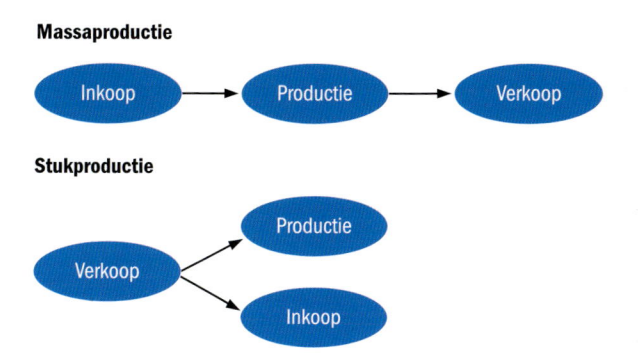

Massaproductie

Inkoop → Productie → Verkoop

Stukproductie

Verkoop → Productie
Verkoop → Inkoop

Bij het massaproductiebedrijf is er nog een duidelijke parallel met het handelsbedrijf. Er is eerst het inkoopproces, dan het productieproces en dan (vanuit het Magazijn gereed product) het verkoopproces. Bij stukproductie begint het met het verkoopproces. Op basis van de wensen van de klant wordt er een voorcalculatie gemaakt en start de productie als de order gegund wordt. Sommige materialen (we spreken bij stukproductie ook niet zozeer van grondstoffen) komen zo vaak voor dat er een voorraad van wordt aangehouden, andere materialen worden speciaal ingekocht voor het project. Dit laatste geldt ook voor de diensten van onderaannemers.

14.4.1 Verkoopproces

Bij ChocBar vindt verkoop plaats vanuit het magazijn. Daarmee is de verkoop gelijk aan die bij het handelsbedrijf FrysTec, zoals besproken is in hoofdstuk 11. Bij C-Bouw is dit anders. Daar wordt eerst een verkoopcontract afgesloten en vervolgens wordt het pand gebouwd. En de (definitieve) voorcalculatie van dat specifieke gebouw kan pas gemaakt worden als alle wensen van de klant bekend zijn. Toch zal er eerder gecalculeerd moeten worden, namelijk ten behoeve van de onderhandelingen met de klant. Deze zal immers vooraf willen weten wat het gaat kosten, sterker, die zal offertes bij verschillende bedrijven opvragen. Om een offerte te kunnen uitbrengen, zal er een zogenaamde globale voorcalculatie gemaakt moeten worden. Op basis hiervan wordt een prijs afgegeven.

Globale voorcalculatie

Maar voordat er gecalculeerd kan gaan worden, moet gekeken worden naar de planning. Deze is wezenlijk anders dan bij het massaproductiebedrijf. Daar ging het om de planning op basis van verwachte verkopen, aanwezige voorraden eindproducten en grondstoffen alsmede beschikbare capaciteit. Bij het stukproductiebedrijf moet bekeken worden of de potentiële opdracht wel uitgevoerd kan worden, met andere woorden of er voldoende mens- en machinecapaciteit is om de opdracht te kunnen doen. De omgekeerde situatie is misschien nog wel lastiger, namelijk dat er (tijdelijk) minder opdrachten zijn. Bij massaproductie kan dan (eveneens

Leegloop

tijdelijk) op voorraad worden geproduceerd, zodat als de vraag weer aantrekt direct geleverd kan worden. Bij stukproductie ligt dit anders. Daar is geen voorraad gereed product en bestaat er direct leegloop als er geen opdrachten zijn. Met leegloop bedoelen we de situatie dat de medewerkers (en machines) niets te doen hebben.

TUSSENVRAAG 14.3
Op welke wijze kan C-Bouw het risico op leegloop verminderen?

Als de opdracht ingepland kan worden, kan op het verzoek van de klant tot offerte worden ingegaan en kan de globale voorcalculatie gemaakt worden.

Een belangrijke vraag is natuurlijk wie de voorcalculatie gaat opstellen. Daar is vaak een aparte afdeling voor, de calculatieafdeling. Hier zitten technische mensen, waaronder vaak ook tekenaars, die vanuit de wensen van de klant een bestek opstellen. In het bestek is een gedetailleerde opsomming opgenomen van wat er geproduceerd moet worden. Daarachter zitten dan weer berekeningen van de benodigde uren (machines en mensen), materialen en inhuur van diensten (onderaannemers). Wat dit element betreft is de calculatieafdeling vergelijkbaar met het Bedrijfsbureau. Het proces van voorcalculatie wordt ondersteund door het ERP-systeem. Hoewel elk project uniek is, zullen er wel elementen zijn die in elk project terugkomen. Daarom zal bij een globale voorcalculatie gebruikgemaakt kunnen worden van ervaringen uit het verleden. Als onderdeel van de administratieve organisatie zullen deze ervaringen in het ERP-systeem goed toegankelijk moeten zijn voor de calculatieafdeling, zodat niet steeds opnieuw het wiel uitgevonden hoeft te worden. Op grond van die ervaringen kunnen dan standaarden worden opgesteld. Bijvoorbeeld: een metselaar kan in een uur zoveel m^2 van een bepaald soort muur metselen. Deze productiestandaarden zullen echter minder nauwkeurig kunnen zijn dan bij massaproductie, want elk project is uniek en de calculator staat steeds weer voor nieuwe uitdagingen. Om deze reden zal er goede interne controle moeten plaatsvinden voordat de klant geïnformeerd wordt. Dit kan bijvoorbeeld doordat elke calculatie door het hoofd van de calculatieafdeling nauwkeurig wordt gecontroleerd en daarna nog door de directie, meer op globaal niveau, wordt beoordeeld.

We moeten even stilstaan bij het volgende. De calculatieafdeling maakt op basis van de tarieven een calculatie, zowel wat betreft de kosten als, op basis van de (standaard)opslagen die gelden, de aan de klant te berekenen prijs. De uiteindelijke prijs die wordt aangeboden, is echter een commerciële beslissing en daar gaat de calculatieafdeling niet over. Hier komt de afdeling Verkoop om de hoek kijken, of eigenlijk, omdat het om (zeer) grote bedragen gaat, de commerciële leiding van de onderneming. Zij bepaalt uiteindelijk wat aangeboden zal worden. Voor de nacalculatie is het natuurlijk wel van belang deze twee elementen goed uit elkaar te houden: wat zijn de kosten (en op basis daarvan de opbrengsten) en welke extra marge of korting wordt aangehouden bij het aanbod aan de klant? Hierbij is het eerder besproken onderscheid tussen aangenomen werk en regiewerk van belang.

Als de klant akkoord gaat met het voorstel (vaak na verschillende momenten van onderhandelingen) wordt het contract opgesteld. Dit contract

Bestek

wordt uiteraard goed gecontroleerd. Ondertekening zal plaatsvinden door de directie. Vervolgens is het zaak de contracten goed te registreren. Dit gebeurt in het contractenregister, dat de administratie bijhoudt. Omdat het om grote bedragen gaat, is het belangrijk dat de klant zal kunnen betalen. Dit is een probleem temeer, omdat de doorlooptijd van projecten lang kan zijn. De klant moet niet alleen nu kredietwaardig zijn, maar ook over twee jaar. Daarom worden vaak aanvullende maatregelen genomen, zoals een bankgarantie. Zoals de naam al zegt, stelt de bank zich dan garant (uiteraard tegen een vergoeding) voor de klant. De bank zal dit uiteraard alleen doen als er voldoende verhaalsmogelijkheden aanwezig zijn, voor het geval het toch mis mocht gaan.

Contractenregister

Bankgarantie

Het feit dat het project een lange doorlooptijd heeft, heeft nog een ander gevolg. De calculatie zal namelijk gebeuren op basis van informatie die op dat moment bekend is. Dit geldt met name voor de prijzen van materialen en de lonen. Deze zullen echter in de loop van de tijd waarschijnlijk gaan stijgen, op basis van inflatie of specifieke marktomstandigheden (denk aan materialen waarvan de prijs afhankelijk is van de olieprijs). We hebben eerder gezien dat om deze reden in het contract zogenoemde loon- en prijsclausules worden opgenomen.

Loon- en prijsclausules

Tot slot is een onderdeel van de calculatie de zogenoemde bouwrente. C-Bouw moet (forse) bedragen investeren. Deze investeringen moeten gefinancierd worden en dat kost rente. De bouwer probeert dit te beperken door de klant in termijnen te laten betalen (waarover hierna meer). Feit blijft dat er sprake is van voorfinanciering en de rente hierover wordt meegenomen in de calculatie. Dit betekent ook dat de doorlooptijd van het project belangrijk is. Hoe langer het project duurt, hoe meer rentekosten er zijn. Daarom zijn bij de uitvoering vertragingen ook zo kostbaar.

TUSSENVRAAG 14.4
Noem een aantal redenen waarom er sprake is van een voorinvestering bij een project.

Het verkoopproces bij C-Bouw is dus wezenlijk anders dan bij ChocBar. Dit geldt ook voor het moment van calculeren (standaardkostprijs versus voorcalculatie). Tevens zal bij stukproductie het moment van factureren anders zijn dan bij massaproductie. Bij massaproductie vindt facturering plaats rondom de levering, net als bij het handelsbedrijf. Bij stukproductie betreft het vaak langlopende projecten. Hierbij vindt termijnfacturering plaats, afhankelijk van de voortgang van het project. Bijvoorbeeld de eerste 10% bij tekenen van het contract, dan 10% als de fundering ligt, 10% na de tweede verdieping enzovoort. Dit maakt het proces van factureren lastiger, temeer daar het van groot belang is tijdig, dat wil zeggen niet te laat, te factureren. Dit stelt eisen aan de voortgangscontrole van het project. Hier komen we in subparagraaf 14.4.4 op terug. Wel zien we bij dit soort bedrijven vaak dat de afdeling Financiële administratie op basis van de contracten in het ERP-systeem een vervalkalender van de te factureren termijnen bijhoudt.

Termijnfacturering

Voortgangscontrole

Vervalkalender

Met duidelijke afspraken over het op te leveren project, de prijs, de wijze van factureren (regie of aangenomen werk) en de momenten van factureren kan met de productievoorbereiding begonnen worden.

14.4.2 Productievoorbereiding

Voordat het project echt van start kan gaan, moeten twee zaken geregeld worden:
1. opstellen van een gedetailleerde voorcalculatie
2. openen van een project in de projectadministratie

Hierna bespreken we deze twee zaken. Ook gaan we in op de rol van de projectadministratie.

Opstellen van een gedetailleerde voorcalculatie

Technische voorcalculatie

Als eerste wordt een gedetailleerde voorcalculatie opgesteld. Deze wordt ook wel technische voorcalculatie genoemd. Het is van belang je te realiseren dat deze een ander doel heeft dan de globale voorcalculatie die we eerder hebben gezien. De globale voorcalculatie heeft als doel een prijs te bepalen en daarmee de klant binnen te halen. De technische voorcalculatie vormt de basis voor de productiebeheersing. Uiteraard moet er een relatie zijn tussen deze twee. Het zou niet best zijn als er verschillen tussen de beide calculaties bestaan, zeker niet als de technische voorcalculatie (veel) hoger uitpakt dan de globale voorcalculatie. Dan zou er al sprake zijn van verlies voordat het project begonnen is. Vanwege de functiescheiding is het natuurlijk slim de technische voorcalculatie door een andere functionaris te laten opstellen als degene die de globale voorcalculatie heeft gemaakt.

Openen van een project in de projectadministratie

Projectadministratie

Het tweede dat geregeld moet worden is het openen van een project in de projectadministratie. Dit is een centraal begrip in de beheersing van het stukproductiebedrijf. De projectadministratie is een subadministratie van de grootboekrekening Onderhanden projecten en vormt een centraal onderdeel van het ERP-systeem. Hierin worden per project de werkelijke kosten geregistreerd. Deze worden afgezet tegen de voorcalculatie, die dan ook als eerste in de projectadministratie wordt opgenomen. Bij grote projecten is de projectadministratie per project ook nog ingedeeld naar fase, bijvoorbeeld de fasen die zijn afgesproken bij de termijnen van facturering. In figuur 14.3 is de projectadministratie weergegeven, waarbij elk project een eigen registratie kent. Daarin worden per project de werkelijke kosten naast de voorcalculatie gezet.

FIGUUR 14.3 De projectadministratie binnen stukproductie

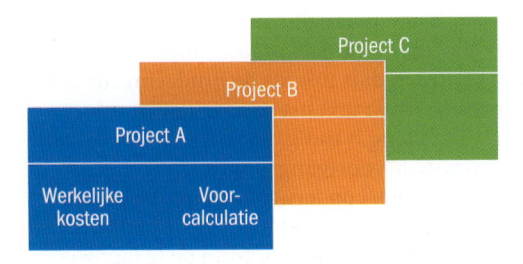

Rol van de projectadministratie

Zoals gezegd, speelt de projectadministratie een centrale rol in de beheersing van de projecten. Vandaar dat deze administratie gevoerd wordt door iemand die noch betrokken is bij de voorcalculatie, noch bij de uitvoering. Dit gebeurt daarom op de Financiële administratie. Bij grote bedrijven zien we in dit kader projectadministrateurs die als taak hebben de projectadministratie van een of meer projecten bij te houden. Hierbij wordt gebruikgemaakt van het ERP-systeem waarin zowel de planningsgegevens als de gegevens over de realisatie worden vastgelegd.

In dit kader wijzen we nu al op een aspect dat zeer belangrijk is voor de projectbeheersing, namelijk dat de kosten van het project op het juiste project komen en niet op het verkeerde. Dit risico, dat wezenlijk is in een dergelijk bedrijf, noemen we het verschuivingsgevaar.

Verschuivings-gevaar

TUSSENVRAAG 14.5
Wat is het gevolg als kosten op een verkeerd project geboekt worden?

Het verschuivingsgevaar is des te groter als het bedrijf, zoals bij C-Bouw het geval is, zowel opdrachten op basis van regiewerk heeft als aangenomen werk. Kort gezegd worden bij het eerste type opdracht de werkelijke kosten doorgefactureerd, terwijl bij het tweede type de prijs van tevoren vaststaat. Zie tabel 14.2.

TABEL 14.2 Gevolgen van verschuiving van kosten bij zowel regie als aangenomen werk

Aard van de verschuiving	Gevolg
Kosten worden geboekt op regiewerk i.p.v. op aangenomen werk	Ten onrechte doorbelasting van kosten aan de regieklant Opzichter van de klant zal dit ontdekken, gevolg: boze klant
Kosten worden geboekt op aangenomen werk i.p.v. op regiewerk	Ten onrechte geen doorbelasting van kosten aan de regieklant Klant van aangenomen werk merkt niets (prijs staat vast), gevolg: minder resultaat op aangenomen werk en te weinig omzet en daarmee te weinig winst voor de onderneming in totaliteit

Je ziet in tabel 14.2 dat er een directe relatie is tussen de omzet en de winst van het bedrijf. Een registratie op een verkeerd project kan direct (forse) financiële gevolgen hebben.

Nadat de technische voorcalculatie gemaakt is, het project in de projectadministratie is geopend, een projectadministrateur is aangesteld en de voorcalculatie als norm in de projectadministratie is ingevoerd, kan het eigenlijke productieproces beginnen.

14.4.3 Productieproces

Bij C-Bouw zal een projectleider eindverantwoordelijk zijn voor de uitvoering van het project. Het inplannen van de juiste deskundigheid op het juiste moment, gebeurt onder verantwoordelijkheid van het Bedrijfsbureau. Het op het juiste moment inzetten van de juiste mensen is een belangrijke taak. Als dat niet goed gebeurt, zal het de voortgang van het project belemmeren. Het is voor de voortgang tenslotte niet bevorderlijk als er dakdekkers zijn ingepland op het moment dat de fundering nog niet gereed is. Het feitelijk toewijzen van de gevraagde mensen en materialen zal door het Bedrijfsbureau gebeuren, omdat er verschillende projecten tegelijk lopen. Dit vraagt om het stellen van prioriteiten.

Voor de beheersing van de activiteiten is het van belang dat de input (materialen, machine-uren, mensuren) op het juiste project terechtkomen.

We bekijken diverse soorten input nu nader, namelijk materialen, machines, mensuren en werk door derden.

Materialen
Bij de beheersing van materialen verschilt de gang van zaken niet wezenlijk van het massaproductiebedrijf. Er zal afgifte uit het magazijn plaatsvinden en een ontvangst op het project. Als beide functionarissen de goederenafgifte respectievelijk -ontvangst invoeren in het voorraadbestand, is er weer sprake van betrouwbare informatie. Toch zijn er wel een paar bijzonderheden. Ten eerste is de planning van de productie minder eenduidig. Bij ChocBar werd op basis van de productieplanning van het Bedrijfsbureau bepaald welke grondstoffen moesten worden afgegeven. Bij C-Bouw ligt dit anders, gezien de omvang en doorlooptijd van het project. Daar komt bij dat bouwmaterialen nogal gewild zijn, zeker bij de mensen op de bouwplaats. Die kunnen er mooi op zaterdag mee bijklussen. Daarom is het van belang maatregelen te nemen, zodat alleen materialen worden afgegeven die echt nodig zijn. Het is je misschien al weleens opgevallen dat bouwplaatsen altijd zijn afgezet door een groot hek en dat er permanent cameratoezicht is.

TUSSENVRAAG 14.6
Welke rol kan de projectadministratie spelen bij de controle op het gebruik van de bouwmaterialen?

Preventieve maatregelen

Repressieve maatregelen

Maar voorkomen is beter dan genezen, dus is het handig vooraf maatregelen te nemen. Anders gezegd, preventieve maatregelen zijn beter dan repressieve maatregelen.
De projectleider zal aangeven wanneer hij bepaalde materialen nodig heeft. Hij geeft dit door aan het Bedrijfsbureau, dat verantwoordelijk is voor de planning en de voortgangscontrole. Daar zal worden bekeken of de materialen in het bestek voorkomen en of ze niet al eerder zijn afgeleverd. Voor dit laatste is het van belang dat de projectadministratie up-to-date is. Daarna gaat de aanvraag pas door naar de magazijnmeester.
Een tweede bijzonderheid is dat materialen door de leverancier nogal eens rechtstreeks worden afgeleverd op de bouwplaats. In dit geval worden ze dus speciaal voor het project besteld en niet uit het magazijn geleverd. Dan is er dus geen uitgifte uit het magazijn. In dit geval is er in feite een samenvoeging van het inkoopproces zoals in hoofdstuk 9 is besproken en het afgifteproces indien de goederen wel via het magazijn gaan. Dit betekent dat de aanvraag moet worden goedgekeurd, voordat de afdeling Inkoop ermee aan de slag gaat. De ontvangstregistratie van de goederen vindt niet in het magazijn plaats, maar op het werk (bij de 'productie'). Die registratie op de bouwplaats zelf vormt de basis voor de controle van de inkoopfactuur.

Machines
Materiaalverbruik was de eerste kostensoort bij stukproductie, een tweede zijn de machines (ook wel materieel genoemd, niet te verwarren met materialen). C-Bouw beschikt over een groot machinepark, dat op de diverse projecten wordt ingezet. Net als bij ChocBar, waar de bezetting van de machines een punt van aandacht was, zal dat ook bij C-Bouw het geval zijn. De machines moeten draaien. Hier zal het Bedrijfsbureau zich ook mee bezighouden. Op basis van de bestekken en de planning van de individuele projecten, wijst het Bedrijfsbureau de machines aan de projecten toe. Dit gebeurt natuurlijk alleen op verzoek van, dan wel met instemming

van, de projectleider. Want de projectleider is uiteindelijk verantwoordelijk voor de kosten van het project. En zeker bij de inzet van duur materieel kan dat behoorlijk aantikken, want dat heeft forse dagtarieven. De projectleider moet dus het aantal dagen dat bijvoorbeeld een hijskraan op 'zijn' project staat, goedkeuren.

Mensuren

Bij mensuren, de derde kostensoort bij stukproductie, zullen we wat langer stilstaan, omdat we hier bij de massaproductie geen aandacht aan hebben besteed. De planning van de uren zal plaatsvinden in overleg tussen de projectleider en het Bedrijfsbureau.
De werknemers zullen in een urenverantwoording (urenbriefjes) moeten bijhouden hoeveel uur ze op welk project gewerkt hebben: de jobtime. Deze urenverantwoordingen worden door de projectleider voor akkoord getekend. Ook hier gaat het erom dat alle (productieve) uren die gemaakt zijn, op de projecten geregistreerd worden. Hier kan ook een verband gezocht worden met de uren die, volgens de salarisadministratie, aan de werknemers zijn uitbetaald. We noemen dit de zogenoemde 'paid time'. Echter, niet alle werknemers zijn altijd aanwezig, denk aan ziekte en vakantie. Deze uren, die goedgekeurd moeten zijn, worden wel uitbetaald maar worden niet gewerkt. De uren die resteren na aftrek van de afwezige uren, zijn de uren aanwezig: de shoptime.
Maar ook al zijn mensen aanwezig, dan wil dat nog niet zeggen dat ze ook productief zijn. Er is sprake van indirecte uren, zoals werkoverleg, planningsuren of misschien zelfs geen werk. Met andere woorden: mensen zijn aanwezig (en krijgen dus betaald), maar de uren kunnen niet aan een project worden toegerekend. Ook hier geldt dat de als improductief verantwoorde uren moeten worden goedgekeurd. De jobtime zijn de uren die in totaliteit op de projecten geboekt moeten zijn.

Urenverantwoording

Jobtime

Paid time

Shoptime

Werk door derden

Tot slot hebben we de kosten van werk door derden, zoals onderaannemers. Hiervoor geldt hetzelfde als voor de materialen die rechtstreeks (dus niet via het magazijn) geleverd worden. Het zijn immers inkopen, ook al betreft dan geen materialen, maar diensten. Dit betekent dat weer vooraf gekeken moet worden of de dienst terecht wordt ingekocht (bestek en wat al afgenomen is). De onderaannemers zullen urenbriefjes moeten laten aftekenen door de projectleider. Deze urenbriefjes vormen voor de crediteurenadministratie een bron voor het controleren van de facturen die de onderaannemers zullen sturen.
In dit kader is het van belang stil te staan bij het volgende. Zoals in de openingscasus over C-Bouw beschreven is, zijn er in het verleden vervelende ervaringen geweest met onderaannemers. Deze droegen hun belastingen niet af, waarna C-Bouw deze moest betalen. C-Bouw heeft dus in feite dubbel betaald: eerst de factuur aan de onderaannemer en later nog een keer de belastingen (en sociale premies) aan de Belastingdienst. Dit gebeurde als gevolg van de zogenoemde ketenaansprakelijkheid.
De ketenaansprakelijkheidsregeling heeft tot doel te voorkomen dat aannemers en onderaannemers frauderen bij de afdracht van loonbelasting/ premie volksverzekeringen en premies werknemersverzekeringen. De ketenaansprakelijkheidsregeling maakt de aannemer van een werk aansprakelijk voor de loonbelasting/premie volksverzekeringen en premies werknemersverzekeringen die zijn onderaannemer in verband met (een deel

Ketenaansprakelijkheid

van) het werk moet afdragen. Op zijn beurt kan de onderaannemer (een deel van) het werk dat aan hem is uitbesteed aan een ander uitbesteden. Zo kan een keten ontstaan van (onder)aannemers die allen bij de uitvoering van één werk betrokken zijn.

De hoofdaannemer is dus aansprakelijk voor de afdrachten belastingen en sociale premies van alle onderaannemers (de hele keten). Om dit risico af te dekken, kan de hoofdaannemer een deel van de factuur van de onderaannemer storten op een zogenoemde G(eblokkeerde)-rekening. Dit is een speciale bankrekening waarvan alleen de belastingdienst kan worden betaald. Zo wordt voorkomen dat de onderaannemer er met het geld vandoor gaat. Een en ander is gebaseerd op de Wet ketenaansprakelijkheid. Voor de btw geldt iets soortgelijks: de verleggingsregeling.

Met de registratie van de materialen, machines, uren eigen medewerkers en uren van derden hebben we alle ingrediënten, samen met de technische voorcalculatie, voor een goede projectbeheersing. Maar voordat we daarop ingaan, staan we stil bij meer- en minderwerk dat bij dit soort bedrijven vaak voorkomt, ook bij C-Bouw.

14.4.4 Meer- en minderwerk

Een veelvoorkomend verschijnsel in bedrijven met stukproductie is meer- en minderwerk. Dit komt erop neer dat gedurende de looptijd van het project, er nieuw werk bijkomt (meerwerk), dan wel werk vervalt (minderwerk). We zullen vooral ingaan op meerwerk en vervolgens kort stilstaan bij minderwerk.

Meerwerk

Als het niet goed geregeld is, vormt meerwerk een bron van discussie achteraf tussen opdrachtgever en de uitvoerder (C-Bouw). Deze discussie, die nogal eens tot rechtszaken leidt, heeft een aantal oorzaken.

De eerste oorzaak is de vraag 'wat is meerwerk?' Dit lijkt een eenvoudige vraag maar het is in de praktijk toch wat ingewikkelder. Kijk maar eens naar voorbeeld 14.1.

VOORBEELD 14.1

Het nieuwe stadhuis van Monreal

C-Bouw heeft, vanwege haar specifieke ervaring, de opdracht gekregen het stadhuis van het mooie plaatsje Monreal in de Duitse Eifel te renoveren en deels nieuw te bouwen. Het project geschiedt op basis van aangenomen werk. De aanneemsom is €17,5 miljoen.
Bij de sloop van een van de vleugels van het oude gebouw blijkt dat de muren zijn verstevigd met asbest. Zowel de Duitse als de Nederlandse wetgever schrijft dan voor dat de bouwactiviteiten direct gestaakt moeten worden en dat een gespecialiseerd bedrijf de asbest moet komen verwijderen. Meerkosten inclusief rentederving bedragen: €1,5 miljoen.
Er ontstaat een discussie tussen het gemeentebestuur en C-Bouw. Deze laatste dient de factuur van het gespecialiseerde bedrijf in bij de gemeente als meerwerk. De gemeente stelt zich echter op het standpunt dat C-Bouw dit van tevoren had moeten en kunnen weten. Uiteindelijk komen partijen er na moeizame onderhandelingen uit: ieder betaalt de helft.

Voorbeeld 14.1 illustreert het probleem van wat meerwerk precies is. De kwestie spitst zich toe op de vraag of C-Bouw van tevoren had moeten weten dat deze kostenpost erin zat. Zo ja, dan had de aanneemsom hoger moeten zijn en was de opdracht misschien naar een andere bouwer gegaan. Helaas hebben in het verleden (en misschien gebeurt dit nog wel) ondernemingen het weleens zo gedaan dat ze de aanneemsom bewust laag geoffreerd hebben. Hierdoor werd de opdracht binnengehaald. Later werd deze lage aanneemsom verhoogd met allerlei meerwerk. Tegenwoordig zijn klanten hier kritischer op.

TUSSENVRAAG 14.7
Op welke manier kan de klant meerwerk voorkomen?

De tweede vraag bij meerwerk is of de opdracht tot meerwerk wel is verkregen van iemand bij de opdrachtgever die daartoe bevoegd is. Dat verduidelijken we met voorbeeld 14.2, een vervolg op het voorbeeld van het stadhuis (voorbeeld 14.1).

VOORBEELD 14.2

Het nieuwe stadhuis van Monreal (vervolg)

De burgemeester zelf is de opdrachtgever en tekent het contract met C-Bouw. Dan blijkt tijdens de bouw dat de ambtenaar van de gemeente die het project begeleidt het wel mooi vindt in plaats van gewone tegels, marmeren tegels in de hal te hebben. Hij deelt dit mee aan de projectleider van C-Bouw, die vervolgens zorgt dat dit voor elkaar komt. Bij de afrekening is er een meerwerkpost van €10.000. De reactie van de burgemeester is: 'Dat heb ik niet besteld en de ambtenaar is niet bevoegd. Ik betaal dit niet.'

Ook voorbeeld 14.2 geeft aan dat het goed is tijdig afspraken te maken over meerwerk. Dat begint met een meerwerkclausule in het contract. Hierin staat, in algemene bewoordingen omschreven, wanneer er sprake is van meerwerk en welke procedure dan gevolgd moet worden. Deze procedure zal inhouden dat er een aanvullend contract wordt gesloten met de opdrachtgever. Vervolgens is dit een extra project, dat in de projectadministratie als bijlage bij het hoofdproject zal worden opgenomen, waarvoor dezelfde spelregels gelden als voor het grote project. Dus vooraf een calculatie, die wordt opgenomen in de projectadministratie en een contract met de opdrachtgever.

Meerwerkclausule

Hierdoor ontstaat een nieuw verschuivingsgevaar. Immers, het is zaak de kosten van het hoofdcontract en het meerwerk goed te splitsen. Dit geldt nog meer indien het hoofdcontract op basis van aangenomen werk is en het meerwerk (wat vaak het geval is), op basis van regiewerk.

TUSSENVRAAG 14.8
Wat kunnen de gevolgen zijn van verschuivingen in de administratie met betrekking tot meerwerk?

Minderwerk

We staan ook nog even kort stil bij minderwerk. Dit is de situatie dat tijdens het project de opdrachtgever besluit een deel niet te laten uitvoeren of bijvoorbeeld minder luxe te laten uitvoeren. Ook hier zullen vooraf algemene contractuele afspraken moeten worden gemaakt in hoeverre dit is toegestaan. De calculatieafdeling zal moeten berekenen wat de gevolgen zijn van de (minder) wensen van de klant. Op basis hiervan zal de verkoopafdeling afspraken maken over een verlaging van de aanneemsom of (bij regie) raming. Vervolgens zal het minderwerk gespecificeerd moeten worden in een aanvulling op het contract. Tot slot zal de projectadministrateur de voorcalculatie die in de projectadministratie is opgenomen, moeten aanpassen.

14.4.5 Projectbeheersing en nacalculatie

Omdat het om unieke projecten gaat, is het belangrijk de werkelijke kosten goed te beheersen. Hiertoe worden de kosten zoals ze in subparagraaf 14.4.3 zijn besproken door de projectadministrateur in de projectadministratie verwerkt. Deze worden afgezet tegen de voorcalculatie. Bij kleinere ondernemingen doet de projectadministrateur dit zelf; bij grote projecten en ondernemingen zie je projectcontrollers die zich hiermee bezighouden. Je zult begrijpen dat de eerste voorwaarde is dat de gegevens in de projectadministratie betrouwbaar zijn. Vandaar dat de eerder besproken controles zo belangrijk zijn. Daarnaast zullen de projectleiders periodiek moeten worden geïnformeerd over de kosten van hun projecten ten opzichte van de ramingen. Als er kosten zijn die ten onrechte vermeld staan, zal de projectleider wel aan de bel trekken. Het piepsysteem werkt dan.

Piepsysteem

Wat hierbij natuurlijk belangrijk is, is de voortgang van het project. Hoe ver staat het ermee? Als de kosten van een project zijn geraamd op €100.000 en de werkelijk bestede kosten zijn €60.000, dan zegt dit nog niets. Het maakt immers nogal uit of het project voor 60%, 90% of maar 30% gereed is. In het laatste geval dreigt een overschrijding. Daarom is het van belang dat er een voortgangscontrole is waarin wordt vastgesteld hoe ver het project gevorderd is. Pas dan heeft deze vergelijking zin. Omdat de projectleider niet objectief is, is het vanwege de functiescheiding van belang deze voortgangscontrole door een andere afdeling te laten doen. Veelal is dit het Bedrijfsbureau, omdat technische kennis nodig is om een dergelijke schatting te kunnen maken.

Bouwvergadering

De voortgang en de analyse van de kosten worden periodiek besproken in een bouwvergadering, waarin zowel de calculatieafdeling als de projectleider en projectcontroller aanwezig zijn. Hierin worden de bevindingen van de analyse besproken en ten behoeve van de directie vastgelegd. Bij regiewerk waar de klant de werkelijke kosten zal betalen, zal een vertegenwoordiger van de klant ook bij dergelijke vergaderingen (niet alle!) aanwezig zijn. Je ziet overigens dat er bij grote projecten ook namens de klant een opzichter op het werk aanwezig is, die de boel in de gaten houdt en vooral ook let op de voortgang van het project. Op deze wijze wordt tijdens het project al de nacalculatie opgebouwd. Deze nacalculatie is fundamenteel anders dan bij massaproductie. Daar was er een periodieke afdelingsgewijze nacalculatie. Bij het stukproductiebedrijf vindt de nacalculatie per project plaats. Als je het woord nacalculatie letterlijk neemt, zou je verwachten dat dit na afloop van het project gebeurt. Het is logisch dat er dan niet meer kan worden bijgestuurd, vandaar dat de nacalculatie ook tussentijds plaatsvindt. Hierbij is het raadzaam het project in fasen in te delen, die ook afgerond kunnen worden. Hierdoor kunnen er per fase op een gegeven moment een definitieve nacalculatie en analyse gemaakt worden. De bewaking van de voortgang is nog belangrijker als er boetes dreigen bij te late oplevering.

Overigens roepen we nog even de facturering in herinnering. Deze gebeurt ook vaak fasegewijs. Hiertoe had de Financiële administratie een vervalkalender opgesteld waarin, op basis van het contract, was aangegeven wanneer naar verwachting een fase gereed zou moeten zijn en dus gefactureerd kan worden. Op deze wijze vindt indirect ook nog een voortgangscontrole plaats. Overigens zal de klant ook als voorwaarde stellen dat de fase (en straks het gehele werk) gereed is. Hiertoe wordt een protocol van oplevering opgesteld, ondertekend door de klant. Hierin staan ook nog de gebreken vermeld die gerepareerd moeten worden, voordat de termijn betaald gaat worden. De termijnfactuur zal worden opgesteld door de projectadministrateur. Omdat hier op grond van de loon- en prijsclausules ingewikkelde berekeningen aan te pas kunnen komen, zal controle door het hoofd Administratie plaatsvinden voordat de facturen verstuurd worden. De nacalculatie is bij stukproductiebedrijven dus geheel anders dan bij bedrijven met massaproductie. Een gevolg hiervan is dat ook de verschillen anders zijn. Bij massaproductie zagen we efficiency-, prijs- en bezettingsverschillen. Hoe zit dit nu bij de nacalculatie per project bij stukproductie? Ook hier kunnen de twee eerstgenoemde verschillen optreden. Maar, het probleem was nu juist dat de normen niet hard waren. Dit betekent dat als de fundering bijvoorbeeld 15% duurder was dan begroot, er naast de twee genoemde oorzaken (efficiency en prijs) nog een derde oorzaak kan zijn, namelijk de voorcalculatie was niet goed. We noemen dit calculatieverschillen. Je ziet hier direct een tegengesteld belang: de projectleider zal snel zeggen dat de voorcalculatie niet goed was, terwijl de calculatieafdeling het verschil aan de uitvoering zal wijten. Daar moeten ze samen, onder leiding van de projectcontroller zien uit te komen.

Protocol van oplevering

Calculatie-verschillen

In tabel 14.3 zijn de verschillen tussen massa- en stukproductie op het gebied van de voor- en nacalculatie samengevat.

TABEL 14.3 De verschillen tussen voor- en nacalculatie bij massa- en stukproductie

	Massaproductie	**Stukproductie**
Voorcalculatie	Eenmalig respectievelijk jaarlijks bij de begroting: standaardkostprijs	Per project
Nacalculatie	Periodiek per afdeling	Per project (fase)
Verschillen voortvloeiend uit nacalculatie	Efficiency Prijs	Efficiency Prijs Calculatie
Verschillen voortvloeiend uit verbanden	Bezetting	Bezetting

TUSSENVRAAG 14.9
Waarom kan de calculatieafdeling de nacalculatie niet opstellen?

Dan nog een opmerking over bezettingsverschillen. Hierbij gaat het om de vraag of de mensen en machines het vooraf begrote aantal productieve uren maken. Hierbij is het niet van belang voor welk project deze uren gemaakt worden. Het gaat om de bezetting gedurende een periode, bijvoorbeeld een maand. Bezettingsverschillen blijken dus niet uit de nacalculatie op projectniveau, maar (net als bij massaproductie) uit de verbandscontroles met betrekking tot mens- en machine-uren. Deze komen in de volgende paragraaf aan de orde.

14.5 Controles en analyses

Binnen de controles en analyses onderscheiden we drie vormen:
1 verbandscontroles
2 cijferbeoordelingen
3 detailcontroles

14.5.1 Verbandscontroles

Net als bij massaproductie zijn verbanden te leggen met betrekking tot de input in de productie. We zullen de verbanden van de verschillende kostensoorten die we in subparagraaf 14.4.3 hebben besproken, behandelen (materialen, machines, mensuren en werk door derden). Bij de behandeling van deze kostensoorten maken we vooraf de volgende opmerking. Bij ChocBar hebben we gezien dat er sprake was van 'ingang productie'. Dat is ook logisch want daar was sprake van één (of eigenlijk twee) productieafdeling(en). Bij C-Bouw is er sprake van meerdere projecten, waarbij het aantal projecten ook nog kan variëren in de tijd. Vandaar dat daar niet gesproken wordt over 'ingang productie', maar over 'opboeking projectadministratie'. Hiermee wordt het totaal van de lopende projecten aangegeven. Dit is in figuur 14.4 weergegeven.

FIGUUR 14.4 Verbanden inputzijde stukproductie

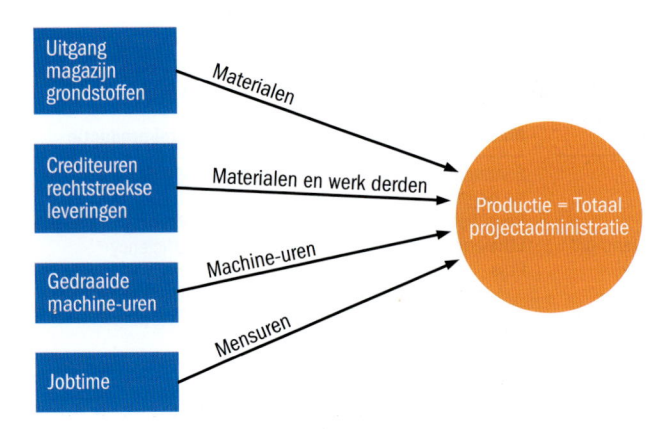

Voor de materialen is de opboeking projectadministratie gelijk aan de afboeking van het magazijn plus de opboeking crediteuren, voor zover de materialen rechtstreeks gaan. In feite worden de verbandscontroles van hoofdstuk 9 Inkoop (Opboeking magazijn = opboeking crediteuren) en hoofdstuk 13 Massaproductie (Afboeking magazijn = opboeking productie) gecombineerd. Dit is in figuur 14.5 weergegeven.

FIGUUR 14.5 Verbanden in materialen bij stukproductie

Bij machine-uren geldt dezelfde verbandscontrole als we bij massaproductie gezien hebben: de uren opgeboekt op de projectadministratie moeten gelijk zijn aan de beschikbare capaciteit van de machines minus de stilstand-uren.

Bij mensuren hebben we in subparagraaf 14.4.3 verschillende stappen gezien die leiden tot de volgende verbanden:

Paid time − afwezige uren = shoptime	[14.1]
Shoptime − improductieve uren = jobtime	[14.2]
Jobtime = opboeking projectadministratie	[14.3]

Schematisch is dit in figuur 14.6 weergegeven, waarin de totale rechthoek de paid time is, de onderste twee 'schijven' de shoptime zijn en alleen het onderste gedeelte de jobtime weergeeft.

FIGUUR 14.6 Verbanden in de uren

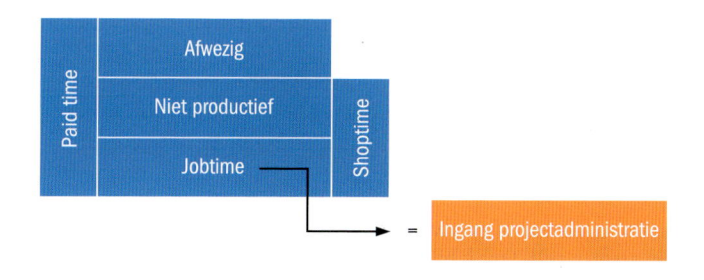

Bij stukproductie is de relatie met de omzet, anders dan bij massaproductie, ook te leggen vanuit de projectadministratie:

Afboeking projectadministratie = opboeking debiteuren	[14.4]
Afboeking debiteuren = opboeking liquide middelen	[14.5]

TUSSENVRAAG 14.10
Wat is de verbandscontrole voor de verkopen in massaproductiebedrijf?

14.5.2 Cijferbeoordeling
De belangrijkste cijferbeoordeling is de – constante – bewaking van de ontwikkeling van de werkelijke kosten ten opzichte van de voorcalculatie. Hierbij vindt een beoordeling plaats van de efficiency-, prijs- en calculatieverschillen. Daarnaast zijn de bezettingsverschillen op materieel en mensen van belang.

14.5.3 Detailcontrole
Net als bij massaproductie zal de detailcontrole zich in eerste instantie richten op de bijzonderheden die uit de verbanden en de cijferbeoordeling gekomen zijn. Omdat er op een andere manier voorraad wordt aangehouden dan bij het handels- en massaproductiebedrijf, zal de inventarisatie zich richten op materialen aanwezig in het magazijn en (ongebruikt) op de bouwplaats. De machines (materieel) die administratief niet op de projecten aanwezig zijn, zullen op het centrale depot moeten staan. Ook dit wordt gecontroleerd door middel van inventarisatie.

14.6 Informatiebehoefte stukproductie

In deze paragraaf gaan we in op de informatie die nodig is om de stukproductie te besturen en te beheersen. Hierbij kijken we, zoals we dat ook bij de productiebedrijven met massaproductie hebben gedaan, naar de informatie op de drie informatieniveaus:
1 strategische informatiebehoefte
2 tactische informatiebehoefte
3 operationele informatiebehoefte

Ad 1 Strategische informatiebehoefte
Als we het stukproductiebedrijf afzetten tegen het massaproductiebedrijf, komt de managementinformatie binnen het bedrijf met stukproductie op een aantal gebieden overeen en is op andere gebieden verschillend.
De strategische managementinformatie heeft vooral betrekking op nieuwe ontwikkelingen, niet alleen voor de wijze van produceren, maar ook voor wat betreft het product zelf. Als een bouwondernemer kennis heeft van ontwikkelingen als duurzaam bouwen en energiebesparende gebouwen, kan hem dat concurrentievoordeel bieden. Daarnaast is voor de verkoop informatie nodig over nieuwe stadsontwikkelingen en het vergunningenbeleid van de overheid.

Het strategisch management is evenwel ook geïnteresseerd in stuurinformatie uit de organisatie zelf. Denk bijvoorbeeld aan informatie over de hoogte van bankgaranties in relatie tot de totale aanneemsom, informatie over de voorgecalculeerde winst of de orderportefeuille.

Ad 2 Tactische informatiebehoefte
Voor de beheersing op tactisch niveau gaat het vooral om informatie per project. Hierbij staat de constante monitoring van de werkelijke kosten ten opzichte van de voorcalculatie per project centraal. Hieruit volgt uiteindelijk het verschil tussen de voorgecalculeerde en nagecalculeerde winst per

project. Daarnaast is informatie omtrent de bezetting van de medewerkers en de machines van belang.
Ook commerciële informatie is natuurlijk van belang zoals de 'hitrate' van offertes of het verschil tussen de globale en de gedetailleerde voorcalculaties.

Ad 3 Operationele informatiebehoefte
Bij de operationele informatie gaat het om de informatie die nodig is om de uitvoering goed te laten verlopen. Hierbij zijn vooral planningsgegevens van belang, mede in relatie tot informatie over de werkelijke voortgang van het project. Vooral de projectleider en het Bedrijfsbureau moeten steeds over de juiste informatie beschikken om het project vlot te laten verlopen. Het ERP-systeem, met daarin de projectadministratie, zal hierbij goede ondersteuning bieden.

14.7 Samenvattende schema's stukproductie

In figuur 14.7 is het globaal processchema stukproductie waarmee we dit hoofdstuk gestart zijn, uitgewerkt in een swimlane waarin de stappen en functiescheidingen zichtbaar zijn.

FIGUUR 14.7 Stukproductie proces met swimlanes

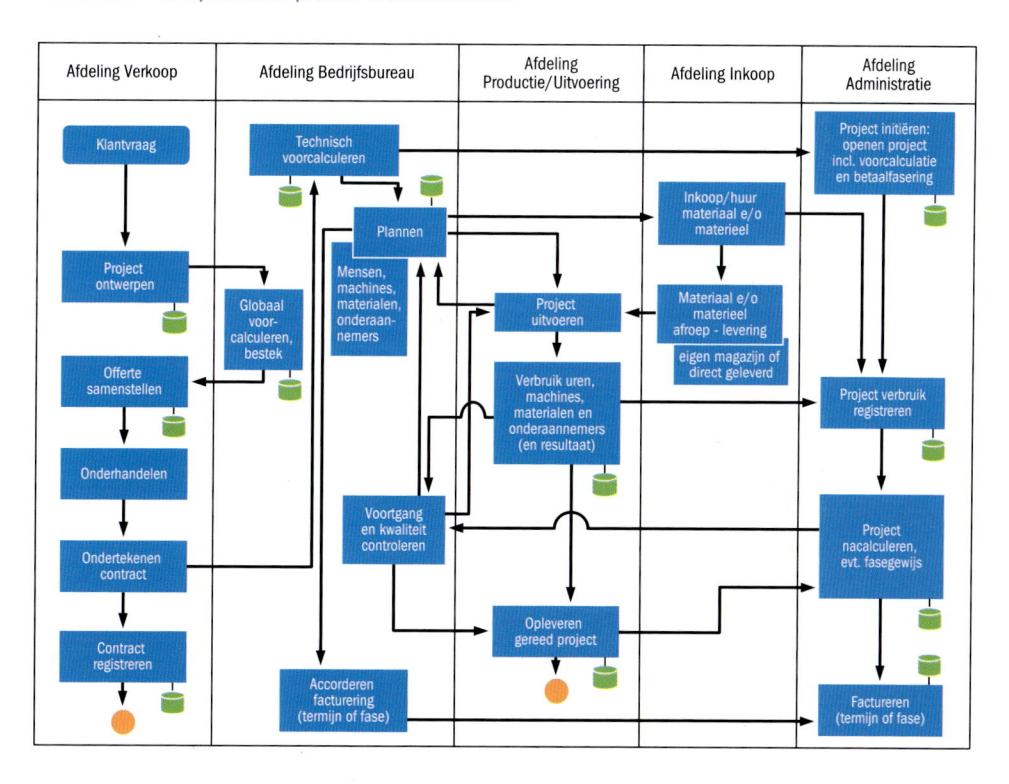

Tabel 14.4 geeft een samenvattend schema van hoofdstuk 14 over stukproductie waarin de diverse elementen van de administratieve organisatie naar voren komen.

TABEL 14.4 Samenvattend schema hoofdstuk 14

Typologie	Stukproductie
Steunpunten	Projectadministratie
	Verbanden in geld- en goederenbeweging
	Ordergewijze voor- en nacalculatie
	Functiescheiding tussen Bedrijfsbureau en productie
Mogelijke attentiepunten (niet limitatief)	Projecten o.b.v. aangenomen werk en op regiebasis
	Leveringen materialen rechtstreeks op bouwplaats
	Onderaannemers; ketenaansprakelijkheid
	Loon- en prijsclausules
	Meer-/minderwerk
	Boete bij overschrijding projecttijd
Functiescheiding	Essentiële functiescheiding: voorcalculatie (Bedrijfsbureau), uitvoering (projectleider) en nacalculatie (Financiële administratie)
	Bedrijfsbureau: intern beschikkende functie
Automatisering	Geen bijzonderheden
Begroting	Tarieven mens- en machine-uren sluitstuk begroting
	NB: *geen* standaardkostprijs
Richtlijnen	Opstellen voorcalculatie
	Meerwerk
	Richtlijnen nacalculatie

Verkoop

Activiteit	Mogelijke attentiepunten	Risico's	Interne beheersingsmaatregel	Verbandscontroles
Globale voorcalculatie (Calculatieafdeling/Bedrijfsbureau)		Onjuiste registratie voorcalculatie	Calculatie wordt gecontroleerd door hoofd afdeling en/of directie	
Uitbrengen offerte		1 Te hoge of te lage winstopslag 2 Offerte aan niet-kredietwaardige klanten	1 Offerteprocedure 2 Kredietwaardigheidcontrole door administratie 3 Autorisatie directie	1 Uitgebrachte offertes = toegewezen + afgewezen 2 Toegewezen offertes = afgesloten contracten
Afsluiten contract (verkoop en directie)		Contracten tegen onjuiste condities of met niet-kredietwaardige klanten	1 Controle contract met goedgekeurde offerte door Administratie 2 Autorisatie directie 3 Bankgaranties vragen (vanwege lange doorlooptijd)	
Vastleggen contract (administratie)		Contractgegevens worden niet juist/tijdig/volledig vastgelegd	Contractenregister op administratie	Afgesloten contracten = opboeking contractenregister
Bijhouden vervalkalender (administratie)		Tijdigheid (termijn)facturering	Bewaking tijdigheid facturering	

Productievoorbereiding

Activiteit	Mogelijke attentiepunten	Risico's	Interne beheersingsmaatregel	Verbandscontroles
Opstellen gedetailleerde voorcalculatie (Calculatieafdeling/Bedrijfsbureau)		Gedetailleerde voorcalculatie is niet juist/tijdig/volledig	Functiescheiding: globale en gedetailleerde voorcalculatie worden opgesteld door verschillende medewerkers	
Openen project in projectadministratie en invoeren voorcalculatie (administratie)		Voorcalculatie niet juist/tijdig/volledig in projectadministratie ingevoerd	1 Uitvoering door Financiële administratie of speciale projectadministrateur 2 Controle op invoer voorcalculatie	Afgesloten contracten = geopende projecten in projectadministratie
Bijhouden gedetailleerde planning (Bedrijfsbureau)		Onjuiste planning waardoor stagnatie in de uitvoering	Controle planning door hoofd Bedrijfsbureau	

Uitvoering

Activiteit	Mogelijke attentiepunten	Risico's	Interne beheersingsmaatregel	Verbandscontroles
Algemeen: kosten verantwoorden op project	Projecten o.b.v. aangenomen werk en op regiebasis	Verschuivings-gevaar bij verschuiving kosten van: • aangenomen naar regiewerk: onterechte doorbelasting aan klanten • regie naar aangenomen werk: minder resultaat op aangenomen werk • verliesgevende projecten naar projecten waarop winst wordt gemaakt	Zie bij de diverse kostencategorieën	
Afgifte materialen o.b.v. opdracht Bedrijfsbureau	Rechtstreekse levering op bouwplaats Afval tijdens productieproces	Verschuivingsgevaar tussen projecten Grondstoffen worden onterecht als afval verantwoord waardoor de onderneming verlaten dan wel de productie onvolledig verantwoord wordt	1 Autorisatie afgifte o.v.v. projectnummer door projectleider 2 Registratie goederenontvangst op locatie 3 Nacalculatie	1 Bij afgifte uit magazijn: Afboeking mag. = opboeking projectadministratie 2 Bij rechtstreekse levering op locatie: opboeking projectadministratie = opboeking crediteuren
1 Inzet materieel o.b.v. opdracht Bedrijfsbureau: • Afgifte machines aan locatie • Registratie uren materieel op project	Dure machines in combinatie met mogelijke stilstand		1 Autorisatie inzet door projectleider 2 Inventarisatie (niet ingezet) materieel	1 Aanwezig materieel −/− op projecten ingezet = niet ingezet materieel 2 Op projecten ingezet materieel = opboeking projectadministratie
Inzet uren o.b.v. opdracht Bedrijfsbureau: 1 Registratie gewerkte uren (medewerkers) 2 Autorisatie uren (projectleiders) 3 Boeking uren projectadministratie (ERP)		Er worden ten onrechte uren stilstand gerapporteerd waardoor de gerapporteerde productie onvolledig is Verschuivingsgevaar tussen projecten	Autorisatie uren door projectleider	1 Paid time −/− afwezig = shoptime 2 Shoptime −/− indirect = jobtime 3 Jobtime = opboeking projectadministratie
Inzet onderaannemers o.b.v. opdracht Bedrijfsbureau: • Inkoop • Registratie gewerkte uren (medewerkers) • Autorisatie uren (projectleiders) • Boeking uren projectadministratie (ERP)	Ketenaansprakelijkheid	Verschuivingsgevaar tussen projecten	1 Autorisatie inzet door projectleider 2 Gebruik G-rekening	Opboeking uren onderaannemers in projectadministratie = opboeking crediteuren

Meer- en minderwerk aannemen

Activiteit	Mogelijke attentiepunten	Risico's	Interne beheersings-maatregel	Verbandscontroles
Meer-/minderwerk	Meer-/minderwerk	Verschuivingsgevaar tussen hoofdproject en meer-/minderwerk	1 Apart contract voor meerwerk 2 Apart project voor meerwerk	

Projectbeheersing en nacalculatie

Activiteit	Mogelijke attentiepunten	Risico's	Interne beheersings-maatregel	Verbandscontroles
Beheersen voortgang	Boete bij overschrijding projecttijd	Ten onrechte boetes verantwoord of te betalen boetes niet volledig opgenomen	Voortgangscontrole door Bedrijfsbureau	
Project afsluiten		Klant accepteert opgeleverde werk niet	Protocol van oplevering	Opgeleverd project = uitgang projectadministratie = afboeking contractenbestand = kostprijs project
Nacalculatie en verschillenanalyse per project door administratie eventueel per fase		Onvoldoende zicht op resultaten tijdens uitvoering	1 Nacalculatie per fase door administratie 2 Per project (fase) calculatie-efficiency en prijsverschillen bepalen	

Termijnfacturering

Activiteit	Mogelijke attentiepunten	Risico's	Interne beheersings-maatregel	Verbandscontroles
Administratie bewaakt tijdigheid o.b.v. vervalkalender	Termijnfacturering	Niet tijdige factuur	Controle tijdigheid o.b.v. vervalkalender en voortgangsrapportage Bedrijfsbureau	
Projectadministratie maakt facturen	Loon- en prijsclausules	Niet juiste/tijdige/volledige factuur	Autorisatie door hoofd Administratie	Termijn facturering = opboeking debiteuren

Eindvragen

14.1 Wat is het verschil tussen aangenomen werk en regiewerk?

14.2 Beschrijf de begrippen globale voorcalculatie en technische voorcalculatie.

14.3 Wat is meerwerk?

14.4 Bespreek twee redenen waarom voortgangsbewaking bij stukproductie van belang is.

14.5 Bespreek alle verschillen die uit de nacalculatie kunnen voortvloeien.

14.6 Een van je vrienden heeft een schildersbedrijf. Hij heeft inmiddels tien man in dienst en neemt op basis van aangenomen werk klussen aan bij zowel particulieren als bedrijven. Ze hebben het erg druk en je vriend verwacht derhalve een goed jaar te hebben gedraaid. Je vriend heeft zichzelf alvast beloond met een Mercedes. Nadat zijn administratiekantoor de jaarcijfers heeft opgemaakt, blijkt er echter nauwelijks sprake te zijn van winst.
Omdat jij op het hbo studeert, komt hij een avondje met je praten. Bij het maken van de afspraak heeft hij gezegd dat hij advies wil hebben hoe hij zijn administratieve organisatie moet inrichten om voortaan dit soort verrassingen te voorkomen.

Welke werkwijze stel je voor?

14.7 FabSchool is een gespecialiseerd bedrijf dat op basis van vooraf gefabriceerde elementen (PreFab) grote schoolgebouwen plaatst in binnen- en buitenland. De laatste jaren is het bedrijf sterk gegroeid, mede omdat diverse grote ontwikkelingsorganisaties het concept hebben ontdekt voor projecten in de derde wereld. Hierdoor wordt inmiddels 45% van de omzet in de derde wereld gerealiseerd. De overige 55% haalt FabSchool uit haar thuismarkten, de Benelux en Duitsland.
Hoewel FabSchool met vooraf geproduceerde standaardelementen werkt, is elk project anders. Dit vertaalt zich met name in de hoeveelheid benodigde mensuren om de schoolgebouwen te plaatsen, in te delen, af te werken en aan te sluiten op de infrastructuur (gas, water, elektriciteit). Voor het uitvoeren van de werkzaamheden is gemiddeld een ploeg van vijftien mensen gedurende zes weken nodig. Gewerkt wordt met:
- *Eigen mensen*. In ieder geval is op elk project een eigen opzichter aanwezig. Daarnaast heeft FabSchool 70 medewerkers in dienst die op projecten worden ingezet.

- *Uitzendbureaus*. Met name in de Benelux en Duitsland.
- *Freelancers*. Deze worden ingehuurd op basis van een tijdelijk (arbeids)contract; dit gebeurt met name in ontwikkelingslanden om zo enerzijds de lokale bevolking aan werk te helpen en anderzijds te profiteren van de lage lonen aldaar.

FabSchool kent zowel aangenomen werk als regiewerk.

Welke maatregelen moeten getroffen worden om de inzet van mensuren te beheersen?

DEEL 3C
Dienstverlening

15 Bedrijven met doorstroming van goederen die eigendom zijn van het bedrijf: Smiley's eetcafé 327

16 Bedrijven met doorstroming van goederen van derden: Vakgarage Kleinman 343

17 Bedrijven die via vaste verbindingen bepaalde diensten, energie of stoffen leveren: TeleFour 359

18 Bedrijven die informatie of informatiediensten leveren: Apple App Store 375

19 Bedrijven die capaciteit met specifieke reservering beschikbaar stellen: SaturnusHotels 389

20 Bedrijven die capaciteit zonder specifieke reservering beschikbaar stellen: pretpark 413

21 Bedrijven in de categorie 'overige dienstverlening': Accountantskantoor Check(t)Zeker 427

22 Bedrijven in de categorie 'overige dienstverlening': casussen 451

Volgens Van Dale betekent dienstverlening *'hulp die een persoon, instantie of onderneming biedt aan het publiek'*. In deel 3C beperken we ons tot ondernemingen die diensten aanbieden aan andere ondernemingen of aan het grote publiek. Particuliere dienstverlening of dienstverlening door de overheid laten we hier verder buiten beschouwing. De verleende diensten kunnen van velerlei aard zijn. Het kan gaan om bijvoorbeeld facilitaire dienstverlening (zoals beveiliging, schoonmaak of catering); financiële dienstverlening (diensten van banken of verzekeringsmaatschappijen); ICT (dienstverlening op het gebied van informatie- en communicatietechnologie) of om een van de vele andere vormen van dienstverlening. Het lijkt wel of er bijna dagelijks nieuwe vormen van dienstverlening bij komen. De mogelijkheden van het internet spelen hierbij een belangrijke rol. Voor de AO is de aard van de dienstverlening minder belangrijk. Belangrijker is het kunnen garanderen van betrouwbare informatie over met name de volledigheid van opbrengstverantwoording. Hoe minder goederen er door een bedrijf 'stromen', hoe lastiger het is om betrouwbare informatie over de opbrengstverantwoording te verkrijgen. Het vaststellen van de opbrengsten in een handelsbedrijf met een duidelijke goederen- en geldstroom, is bijvoorbeeld veel eenvoudiger dan voor een advocatenkantoor, waar helemaal geen goederen doorstromen. Om toch algemeen geldende uitspraken over de betrouwbaarheid van de informatievoorziening bij dienstverlenende bedrijven te kunnen doen, biedt de typologie van Starreveld de volgende indeling:

1 dienstverlenende bedrijven met een zekere goederenbeweging
2 dienstverlenende bedrijven die informatiediensten leveren
3 dienstverlenende bedrijven die capaciteit ter beschikking stellen
4 overige dienstverlenende bedrijven of beroepen

De categorieën zijn nog verder onder te verdelen. In de volgende hoofdstukken willen we ons met de volgende subcategorieën gaan bezighouden.

Categorie 1 Dienstverlenende bedrijven met nog een zekere goederenbeweging
- Hoofdstuk 15: bedrijven met doorstroming van goederen die eigendom zijn van het bedrijf (bijvoorbeeld: cafés, restaurants, uitgeverijen).
- Hoofdstuk 16: bedrijven met doorstroming van goederen van derden (bijvoorbeeld: veilingen, wasserijen, reparatiebedrijven).
- Hoofdstuk 17: bedrijven die via vaste verbindingen bepaalde diensten, energie of stoffen leveren (bijvoorbeeld gas-, elektriciteits- en waterleveringsbedrijven, telefoniebedrijven, bedrijven die radio en televisie aanbieden).

Categorie 2 Dienstverlenende bedrijven die informatiediensten leveren
- Hoofdstuk 18: bedrijven die informatie of informatiediensten leveren (bijvoorbeeld: verkoop van muziek, digitale informatie, video op aanvraag, digitale applicaties).

Categorie 3 Dienstverlenende bedrijven die capaciteit ter beschikking stellen
- Hoofdstuk 19: bedrijven waarin een specifieke reservering van capaciteit plaatsvindt (bijvoorbeeld: hotels, ziekenhuizen, kamerverhuur).
- Hoofdstuk 20: bedrijven zonder specifieke reservering van capaciteit (musea, zwembaden, parkeergarages, events).

Categorie 4 Overige dienstverlenende bedrijven of beroepen
- Hoofdstuk 21: het accountantskantoor.
- Hoofdstuk 22: casussen overige dienstverlening.

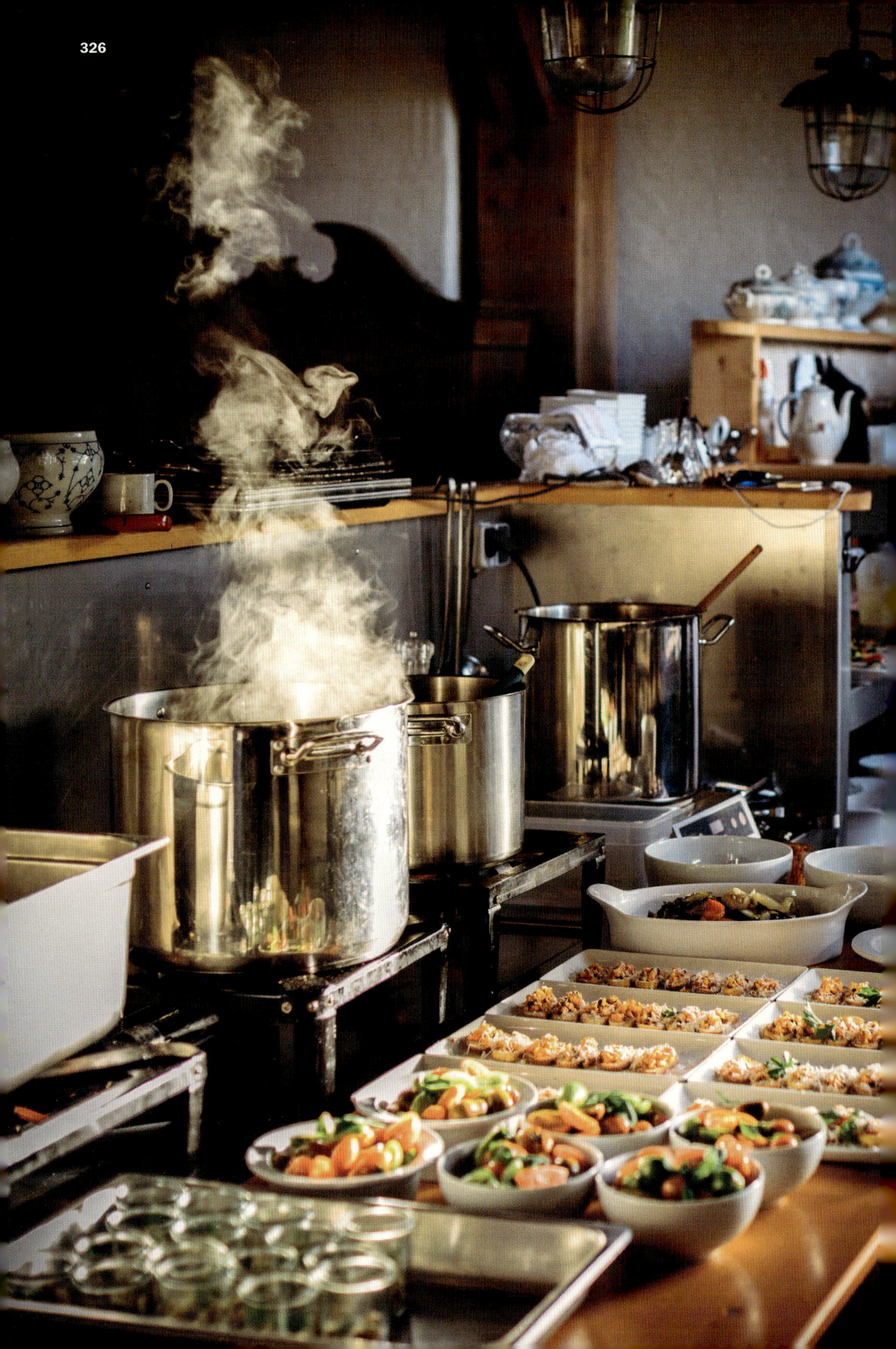

15
Bedrijven met doorstroming van goederen die eigendom zijn van het bedrijf: Smiley's eetcafé

15.1 **Typologie en steunpunten**
15.2 **Attentiepunten en risico's**
15.3 **Randvoorwaarden**
15.4 **Processen**
15.5 **Controles en analyses**
15.6 **Informatiebehoefte dienstverlening doorstroming eigen goederen**
15.7 **Samenvattende schema's dienstverlening doorstroming eigen goederen**

De bedrijven met doorstroming van eigen goederen, zoals horecagelegenheden en uitgeverijen, zijn niet ver verwijderd van de handels- en industriele bedrijven. Hun inkoopproces is hetzelfde en ook de goederenontvangst en afhandeling van de inkoopfacturen zullen niet verschillend zijn. Bij bedrijven uit deze categorie is er een relatief zwak verband tussen de geld- en goederenbeweging zodat er aanvullende beheersingsmaatregelen noodzakelijk zijn. We willen ons hier beperken tot de horeca. Dat de horeca dienstverlenend is, zal bij iedereen die weleens een café of restaurant bezoekt onmiddellijk duidelijk zijn.

Openingscasus

Smiley's eetcafé

Smiley's eetcafé in het centrum van Maastricht bestaat uit een ruim café en een verwarmd overdekt terras. Bij Smiley's kunnen gasten naast drankjes ook een maaltijd bestellen. De keuken is geopend tussen vijf en tien uur 's avonds. Gasten kunnen kiezen uit een vijftal dagschotels, waarvan één met vis en één vegetarisch. In het café is een klein podium waar regelmatig bands optreden. In Smiley's werken, naast de eigenaar, vier fulltimemedewerkers, een kok, een medewerker achter de bar en twee obers die de bezoekers van het café bedienen. In het weekend en tijdens optredens worden ook enkele studenten bij de bediening ingezet.

De obers geven de bestellingen aan de bar door via een handheld-computer. Het systeem werkt met vaste tafelnummers, die ook zichtbaar op de tafels zijn bevestigd. De bestellingen worden direct in de kassaterminal verwerkt, zodat de ober ze niet meer hoeft aan te slaan. De bestelde dagschotels zijn in de keuken zichtbaar op een beeldscherm. Bij elke bestelling wordt ook de code van de ober vermeld, zodat de barbediende de drankjes per ober op een dienblad gereed kan zetten. Als de bestelde maaltijden gereed zijn, wordt de betreffende ober door de barbediende gewaarschuwd. De ober haalt de maaltijden bij de keuken af en dient ze bij de gasten aan tafel op. De ober rekent ook met de gasten af. Bij elke bestelling zit een kassabon, die door de ober op de tafel van de gasten wordt achtergelaten. Op het moment dat de gasten aangeven dat ze willen betalen, laat de ober een totaaltelling maken door de kassaterminal en rekent dat bedrag vervolgens af. Bestellingen op het terras moeten altijd direct worden afgerekend. De obers houden de ontvangen contante bedragen bij zich tot hun dienst erop zit of het café sluit. Op dat moment rekent de eigenaar met hen af. Voordat het eetcafé opengaat, moet de barbediende de voorraad drank achter de bar aanvullen. Uitgangspunt daarbij is een lijst waarop per soort drank is aangegeven wat de voorraad achter de bar moet zijn. De voorraad drank ligt opgeslagen in een aparte ruimte in de kelder van het café. De deur van deze ruimte is afgesloten en alleen de eigenaar van Smiley's heeft een sleutel. De eigenaar is dan ook elke dag voor opening aanwezig om de barbediende toegang te geven. Hij noteert wat de barbediende uit de voorraad haalt. Als de barvoorraad is aangevuld, controleert de eigenaar ook de keldervoorraad en bestelt drank bij als dat nodig is. De bevoorrading van de keuken verloopt op een vergelijkbare wijze. De kok geeft 's morgens de bestellingen door aan de eigenaar, die daarna de inkopen doet bij enkele plaatselijke leveranciers. Vroeg in de middag worden de bestellingen afgeleverd. In principe wordt van versproducten, zoals groenten en vlees, geen voorraad aangehouden. Het kan soms wel voorkomen dat er nog wat restanten over zijn van de dag ervoor. In dat geval beoordeelt de kok of de ingrediënten nog bruikbaar zijn. Wanneer dat niet het geval is, zal de kok de ingrediënten afgeven aan de eigenaar die ze vervolgens verwijdert. Smiley's tapt verschillende soorten bier. Het meest verkochte bier is pils, dat wordt getapt vanuit biertanks met een inhoud van 500 liter. Als er een tank leeg is, wordt hij automatisch afgesloten en kan de barbediende een andere tank aansluiten. De volgende dag moet de barbediende aan de eigenaar doorgeven dat de tank leeg is, zodat hij weer gevuld kan worden. De pils wordt getapt met behulp van tapautomatisering. Dit systeem zorgt er automatisch voor dat precies de juiste hoeveelheid bier in een glas wordt gedaan. Het systeem is bovendien geïntegreerd met de kassaterminal, zodat elk getapt biertje automatisch wordt geregistreerd. De andere soorten bier worden nog getapt uit fusten van 25 liter. In de kelder ligt van elke soort bier altijd één fust op voorraad.

15.1 Typologie en steunpunten

Het grote verschil tussen een café en een slijterij zit in de toegevoegde waarde, want een pilsje kun je natuurlijk ook bij de supermarkt kopen en thuis opdrinken, maar dan krijg je het niet aangeboden in het juiste glas, op de juiste temperatuur en in een omgeving waar je gezellig met anderen kunt kletsen, kunt dansen of naar muziek kunt luisteren. Dat is wat we bedoelen met toegevoegde waarde en dat is de dienst die door een café wordt geleverd.

Toegevoegde waarde

Het eetcafé heeft voor de administratieve organisatie wel overeenkomsten met de typologie van contante verkopen, zoals deze besproken is in hoofdstuk 12. Zo zal eerst het assortiment moeten worden vastgesteld met de daarbij behorende verkoopprijzen. Dit moet worden ingevoerd in het kassasysteem. Ook zijn er zaken die op het productiebedrijf lijken. Per dagschotel zal een recept aanwezig moeten zijn. Op basis hiervan is bekend welke ingrediënten nodig zijn.

TUSSENVRAAG 15.1
Met welk document uit het massaproductiebedrijf is het recept vergelijkbaar?

In een café is niet altijd duidelijk hoe het goederenverbruik en de geldontvangst zich tot elkaar verhouden. Anders gezegd is het soms lastig om precies vast te stellen hoeveel kopjes koffie er met een kilopak koffiebonen gezet kunnen worden of hoeveel dagschotels er kunnen worden bereid met een kilo forel. Bij Smiley's betekent het gebruik van de tapautomatisering wat dat betreft een behoorlijke vooruitgang, want op die manier kan vrij nauwkeurig worden bepaald hoeveel glazen bier er uit een fust getapt kunnen worden.

TUSSENVRAAG 15.2
Wat is het belang om te weten hoeveel glazen bier er uit een fust getapt kunnen worden?

Belangrijkste punt van aandacht bij een betrouwbare informatieverzorging over de volledigheid van opbrengstverantwoording is de registratie van de verkopen. Voorkomen moet worden dat de obers of de barbedienden drankjes kunnen verkopen of weggeven die niet op de kassa zijn aangeslagen. De steunpunten zijn:
- verbanden in de geld goederenbeweging
- functiescheiding tussen magazijn, bar/keuken, bediening en administratie
- standaardreceptuur
- POS-systeem met kasprocedures

15.2 Attentiepunten en risico's

De typologie die we in dit hoofdstuk bespreken, kent een grote verscheidenheid aan ondernemingen. Kleine bedrijven, zoals Smiley's eetcafé tot megabedrijven langs de snelweg (ook wel 'vreetschuren' genoemd) die onderdeel zijn van een keten. Binnen die verscheidenheid kunnen de attentiepunten optreden, die zijn beschreven in tabel 15.1.

TABEL 15.1 Attentiepunten en risico's eetcafé

Mogelijke attentiepunten	Risico's
Geringe functiescheiding m.b.t. voorraad (in combinatie met feit dat producten privé kunnen worden gebruikt)	1 Onttrekking van producten aan het bedrijf 2 De hoeveelheid en locatie van producten worden niet juist/tijdig/volledig geregistreerd 3 Producten worden niet op de juiste manier bewaard
Bederfelijke producten	Goede producten worden verantwoord als afgekeurd en aan de onderneming onttrokken Niet juiste/tijdige/volledige registratie van vernietigde producten
Wisselende verkoopprijzen (o.m. vanwege acties)	1 Verkeerde prijs in systeem 2 Verschuivingsgevaar: verkopen met hoge prijs verantwoorden als verkoop met lage prijs

15.3 Randvoorwaarden

Zoals we eerder gezien hebben zijn de randvoorwaarden de zaken die preventief geregeld moeten worden, dat wil zeggen voordat de processen gaan plaatsvinden. Deze bestaan uit:
- functiescheiding
- automatisering
- begroting
- richtlijnen en normen

15.3.1 Functiescheiding
Bij het café is er nog slechts een zwak verband tussen de geld- en goederenbeweging, dus zijn aanvullende controlemaatregelen zeker op hun plaats. Een belangrijke maatregel is de functiescheiding: het magazijn, de bar/keuken en de bediening moeten zo veel mogelijk door verschillende medewerkers worden uitgevoerd. Bij Smiley's is dat al goed geregeld, want de obers doen alleen de verkopen en de levering, de barbediende levert de producten vanuit de barvoorraad en de eigenaar vult de barvoorraad aan vanuit de keldervoorraad en regelt de inkopen. In de kassaterminal is exact bekend welke obers welke verkopen hebben gedaan, zodat achteraf ook overzichten per ober uitgedraaid kunnen worden. Overigens zal menig kroegbaas, uit kostenoogpunt, er evenals de winkelier naar streven, om de personele bezetting zo laag mogelijk te houden.

15.3.2 Automatisering
Bij Smiley's wordt gebruikgemaakt van een geautomatiseerd systeem waarbij de obers de bestellingen doorgeven. Dit vraagt om gedegen general computer controls om de continuïteit van het systeem te waarborgen, want als het systeem 'down' is, is Smiley's noodgedwongen ook down. Daarnaast moet voorkomen worden dat onbevoegden toegang krijgen tot het systeem. Er dient dus een goed werkende firewall te worden opgeworpen.

Smiley's maakt ook gebruik van tapautomatisering. Dit is een vorm van procesautomatisering die eveneens onder de general computer controls valt. Hierover zullen tevens duidelijke afspraken met de leverancier gemaakt moet worden. Hierbij is ook aandacht nodig voor de interface tussen de tapautomatisering en het financieel systeem.

15.3.3 Begroting
Bij het opstellen van de omzetbegroting voor het nieuwe jaar zal het management van Smiley's uitgaan van de omzet van voorgaande jaren, de capaciteit van het eetcafé (hoeveel drank, hoeveel maaltijden kunnen maximaal worden verkocht) en de meerjarenbegroting. In de meerjarenbegroting is, uitgaande van de doelstellingen van Smiley's, voor een langere termijn aangegeven wat de begrote kosten en opbrengsten zijn. Zoals we al eerder zagen vormt de omzetbegroting de basis voor de inkoopbegroting en de kostenbegrotingen (personeel, huisvesting, energie enzovoort). Op basis van deze begrotingen en de winstmarge worden de verkoopprijzen voor de drank en de gerechten vastgesteld en door het management geautoriseerd. Daarna kunnen de prijzen in het artikelenstambestand worden vastgelegd. Dit zal de administratie doen waarbij een invoercontrole noodzakelijk is. De begrotingen en tarieven worden door de directie geautoriseerd.

15.3.4 Richtlijnen en normen
De richtlijnen die door het management worden afgegeven hebben vooral betrekking op de te gebruiken verkoopprijzen van drank en maaltijden. Daarnaast zijn er richtlijnen betreffende de aan te houden voorraad drank (vooral sterke drank) en ingrediënten voor de maaltijden. Aangezien bij de maaltijdbereiding bederfelijke producten worden gebruikt, is er tevens een richtlijn voor het bewaren van die producten en zal er, zoals we ook al in het hoofdstuk over voorraad (hoofdstuk 10) zagen, een richtlijn zijn voor de vernietiging van ingrediënten die over de houdbaarheidsdatum zijn. Zoals we ook al eerder zagen in het hoofdstuk over contante verkoop (hoofdstuk 12), zullen bij Smiley's richtlijnen bestaan voor het kassabeheer en het opmaken van de kassa.

Van wezenlijk belang voor de kwaliteit van met name de gerechten, is de keuze van de leveranciers voor de groente, het vlees en de andere ingrediënten. In feite is de kwaliteit van de maaltijden (en wat de gasten daarvan vinden) een van de kritische succesfactoren van een restaurant. Het management zal dan ook zeker richtlijnen hebben opgesteld voor de leveranciersselectie. De belangrijkste norm hierbij is versheid van de producten en constante kwaliteit.

Normen komen bij Smiley's vooral terug in het maaltijdgedeelte, in de keuken immers worden de gerechten bereid op basis van receptuur. In die recepten staan de normen voor het samenstellen van de maaltijden op basis van de ingrediënten.

15.4 Processen

In figuur 15.1 zijn de stappen weergegeven van bedrijven met doorstroming van eigen goederen. In deze paragraaf bespreken we een aantal stappen die met name voor Smiley's eetcafé van belang zijn.

FIGUUR 15.1 Globaal schema dienstverlening doorstroming eigen goederen

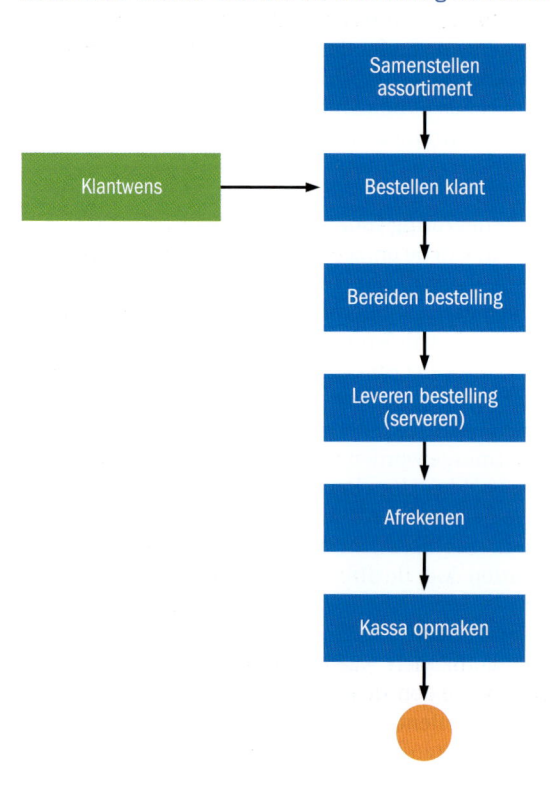

```
                    Samenstellen
                    assortiment
                         ↓
Klantwens  →        Bestellen klant
                         ↓
                    Bereiden bestelling
                         ↓
                    Leveren bestelling
                       (serveren)
                         ↓
                     Afrekenen
                         ↓
                    Kassa opmaken
                         ↓
                         ●
```

15.4.1 Opnemen en gereedmaken van de bestelling

Ook in een eetcafé zal het eerste proces het vaststellen van assortiment en prijzen zijn. Voor de behandeling hiervan verwijzen we naar hoofdstuk 11. Zoals hiervoor al aangegeven moet te allen tijde worden voorkomen dat de obers of de barbedienden niet alle bestellingen op de kassa aanslaan. Bij Smiley's is dat goed geregeld, alle bestellingen worden direct ingevoerd via de handheld-computers en daarmee in het kassasysteem verwerkt. De barbediende zal de drankjes pas daarna gereed zetten. Wanneer niet met een dergelijk systeem gewerkt wordt, is het mogelijk dat geplaatste bestellingen niet in de kassa worden ingevoerd, maar wel aan de gast worden verkocht en dat de opbrengst verdwijnt in de zakken van de obers of barbedienden. Bij latere verbandscontroles zullen de ontstane tekorten dan als efficiencyverliezen worden aangeduid, terwijl het in wezen fraude is.

15.4.2 Afrekenen

De kassaterminal bij Smiley's zorgt bij elke bestelling ook voor het bijwerken van de voorraadadministratie en de financiële administratie (zoals ook bij contante verkoop in een supermarkt). De eigenaar van Smiley's kan op basis van de totaaloverzichten uit de kassaterminal met de obers afrekenen. De informatie uit de kassaterminal geeft ook inzicht in de omzet per ober, dus wat er door een ober is verkocht. Dat bedrag moet gelijk zijn aan het contante bedrag dat de ober bij zich draagt, eventueel verminderd met ontvangsten per creditcard of PIN en de ontvangen fooi.

In sommige drukke cafés of restaurants wordt er niet door de obers met de gasten afgerekend, maar moeten de gasten bij de kassa aan de uitgang betalen. Dat gebeurt ook in zelfbedieningsrestaurants, waar sowieso geen bediening plaatsvindt. Hier zijn in wezen dezelfde beheersmaatregelen van toepassing als bij het opmaken van de kassa in een supermarkt (zie hoofdstuk 12).

15.4.3 Voorraad

Om de barvoorraad te beheersen, wordt er soms met een vaste voorraad gewerkt, zoals bij Smiley's. De dagelijkse aanvulling van deze voorraad is dan gelijk aan het verbruik van de dag ervoor (vaste voorraad –/– actuele voorraad = aanvulling = verbruik). Vanuit de artikelentotalen van de verkoopregistratie kan eenvoudig worden gecontroleerd of de aanvulling inderdaad overeenstemt met de eerdere verkoop. Ook wanneer er niet met een vaste voorraad wordt gewerkt, is controle op de buffetvoorraad betrekkelijk eenvoudig. Vanuit de formule: beginvoorraad + ontvangsten – eindvoorraad = afgifte, kan per artikelsoort worden berekend wat de opbrengst tegen de vastgestelde verkoopprijzen zou moeten zijn (SOLL). Dit moet uiteraard overeenstemmen met de gegevens van de verantwoorde ontvangsten via de kassaterminal (IST).

Ook is het mogelijk deze controle omgekeerd te doen. Je berekent dan vanuit de verkopen wat de voorraad moet zijn en vergelijkt dit met de getelde voorraad ofwel: theoretische voorraad = beginvoorraad + inkopen –/– verkoop.

Deze theoretische voorraad wordt dan bij de inventarisatie vergeleken met de werkelijke voorraad. Dit noemen we de retrograde-methode.

Retrograde-methode

TUSSENVRAAG 15.3
Stel, dat bij controle blijkt dat er meer geld in kas zit dan er volgens de BETA-formule in zou moeten zitten. Wat kan daarvan de oorzaak zijn?

Bij Smiley's wordt de uitgifte van goederen aan de bar (het buffet) verzorgd door de eigenaar. Hij registreert de hoeveelheid drank die uit het keldermagazijn wordt gehaald. De controle op de medewerkers is hier goed geregeld, maar de eigenaar kan zichzelf evenwel op geen enkele manier verantwoorden. Het blijft daarom ongewis of de drank uit de kelder inderdaad aan de voorraad van het buffet is toegevoegd of misschien is meegenomen voor gebruik thuis of gratis aan vrienden is verstrekt. Wat aan de procedure ontbreekt, is het verlenen van kwijting aan de eigenaar. Telkens als de barmedewerker de drank uit de kelder heeft gehaald, zou hij bijvoorbeeld de registratie van de eigenaar voor akkoord moeten paraferen. Op die wijze kan de eigenaar zich later voor de afgifte verantwoorden.

15.4.4 Bereiden maaltijden

Bij het maaltijdgedeelte van Smiley's kan bij het vaststellen van de volledigheid van de opbrengst een verband worden gelegd tussen de ingekochte ingrediënten enerzijds en de opbrengsten in geld anderzijds. Bij de meeste restaurants ontstaat er in de loop van de jaren een duidelijk beeld van het aantal en de omvang van de gerechten die op basis van de ingekochte ingrediënten bereid kunnen worden. Dit beeld wordt vastgelegd en bijgewerkt in de receptuur die in de keuken bij de bereiding van de gerechten wordt gebruikt. Deze receptuur vormt het SOLL, het werkelijke verbruik is het IST. Bij een efficiënt werkende keuken is er in principe geen verschil tussen beide. Mogelijke verschillen kunnen alleen optreden wanneer bijvoorbeeld de kok de biefstuk op de vloer heeft laten vallen of er door ontevreden klanten gerechten naar de keuken zijn teruggestuurd. In dergelijke gevallen zullen ingrediënten of gerechten vernietigd moeten worden. Bij vernietiging zal er altijd gehandeld moeten worden volgens de daarvoor opgestelde procedure: er moeten twee personen bij aanwezig zijn, iemand uit de keuken en een andere medewerker en er moet na afloop een protocol worden opgemaakt. Vernietiging van producten die over de datum zijn, komt in restaurants betrekkelijk weinig voor omdat er meestal met dagverse producten wordt gewerkt, die dagelijks worden bezorgd.

Receptuur

Vernietiging

De volgende formules kunnen worden gehanteerd:

Beginvoorraad ingrediënten + ingekochte ingrediënten –/– eindvoorraad ingrediënten –/– vernietigde ingrediënten = verbruikte ingrediënten
Normatief verbruik = verkochte maaltijden × receptuur [15.1]

TUSSENVRAAG 15.4
Welk oordeel kun je geven over de procedure bij Smiley's in het geval er ingrediënten van de dag ervoor moeten worden vernietigd?

In kleine cafés of restaurants zal het vanzelfsprekend moeilijk zijn om de hiervoor beschreven beheersmaatregelen door te voeren. Er zijn eenvoudigweg vaak onvoldoende medewerkers om bijvoorbeeld de functiescheiding te realiseren. Toch kan ook hier de informatievoorziening een stuk betrouwbaarder worden, vaak alleen al door de inzet van een eenvoudige computer met een daaraan gekoppeld kasregister.

TUSSENVRAAG 15.5
Op welke manieren kan de informatievoorziening in bijvoorbeeld een friettent betrouwbaarder worden wanneer er een geautomatiseerd kasregister wordt gebruikt?

15.5 Controles en analyses

Binnen de controles en analyses onderscheiden we drie vormen:
1 verbandscontroles
2 cijferbeoordelingen
3 detailcontroles

15.5.1 Verbandscontroles
Bij het vaststellen van de volledigheid van opbrengsten kan een verband worden gelegd tussen de goederenbeweging en de geldbeweging, evenals bij bijvoorbeeld de contante verkoop. Evenwel is dat verband bij een eetcafé veel minder sterk dan bij een winkel, omdat er in het proces op allerlei momenten 'verstoringen' plaats kunnen vinden, die in alle hectiek niet

worden opgemerkt of geregistreerd. Bijvoorbeeld: de barman verspilt bier bij het tappen, een onhandige ober laat een blad met drankjes vallen, de kok heeft zijn dag niet en laat het vlees verbranden en zo kunnen we nog wel even doorgaan.
Voor de verkoop van de drank geldt de formule:

> Beginvoorraad dranken + ingekochte dranken –/– eindvoorraad
> dranken = verkochte dranken [15.2]

Voor de maaltijden geldt:

> Beginvoorraad ingrediënten + ingekochte ingrediënten –/– eindvoorraad ingrediënten –/– vernietigde ingrediënten = door de keuken verbruikte ingrediënten × receptuur = door de keuken aan te leveren maaltijden +/– efficiencyverschillen = door keuken samengestelde maaltijden = verkochte maaltijden + vernietigde maaltijden [15.3]

Voor wat betreft de kassaopmaak verwijzen we naar hoofdstuk 12.

15.5.2 Cijferbeoordeling

Bij Smiley's zullen bij de cijferbeoordeling ook branchegegevens worden betrokken. Onderzocht zal dan worden in hoeverre de eigen cijfers over de verkochte drank en maaltijden aansluiten bij die van soortgelijke horecabedrijven. Daarnaast zal ook beoordeling plaatsvinden van de cijfers met betrekking tot de vernietiging van ingrediënten en maaltijden.

15.5.3 Detailcontroles

Als er verschillen worden vastgesteld tussen bijvoorbeeld de vermindering van de voorraad als gevolg van vernietiging volgens de voorraadadministratie en de hoeveelheid volgens de protocollen van de vernietiging, zal hier een detailcontrole naar worden ingesteld. In dit geval zal dan onderzocht worden of de protocollen wel correct zijn ingevuld en of de voorraadadministratie wel goed is bijgewerkt. Daarnaast zal een inventarisatie van de voorraden moeten vaststellen dat de werkelijke voorraad overeenkomt met de administratieve voorraad.

15.6 Informatiebehoefte dienstverlening doorstroming eigen goederen

In deze paragraaf gaan we in op de informatie die nodig is om bedrijven met doorstroming van goederen die eigendom zijn van het bedrijf te besturen en te beheersen. Hierbij kijken we naar de informatie op de drie informatieniveaus:
1 strategische informatiebehoefte
2 tactische informatiebehoefte
3 operationele informatiebehoefte

Ad 1 Strategische informatiebehoefte
Net als bij andere bedrijven die zich op de consumentenmarkt richten, is de strategische informatie vooral gericht op economische en marktont-

wikkelingen. Ook hier is de ontwikkeling van de koopkracht van consumenten van groot belang. Daarnaast zijn trends belangrijk zoals gezond eten, slow cooking of de populariteit van speciale biertjes.

Ad 2 Tactische informatiebehoefte
Bij tactische informatie gaat het vooral om het aantal gasten (bezetting) en omzet. Als er verschillende filialen zijn is filiaalvergelijking mogelijk, zo nodig met behulp van ratio's. Hierbij kun je denken aan zaken als omzet per tafel en omzet per personeelslid.

Ad 3 Operationele informatiebehoefte
Bij de operationele informatiebehoefte zal het vooral gaan om beschikbare plaatsen, reserveringen en informatie over de aanwezige voorraad.

15.7 Samenvattende schema's dienstverlening doorstroming eigen goederen

In figuur 15.2 is het globaal processchema waarmee we dit hoofdstuk gestart zijn, uitgewerkt in een swimlane waarin de stappen en functiescheidingen zichtbaar zijn.

FIGUUR 15.2 Doorstroming van eigengoederenproces met swimlanes

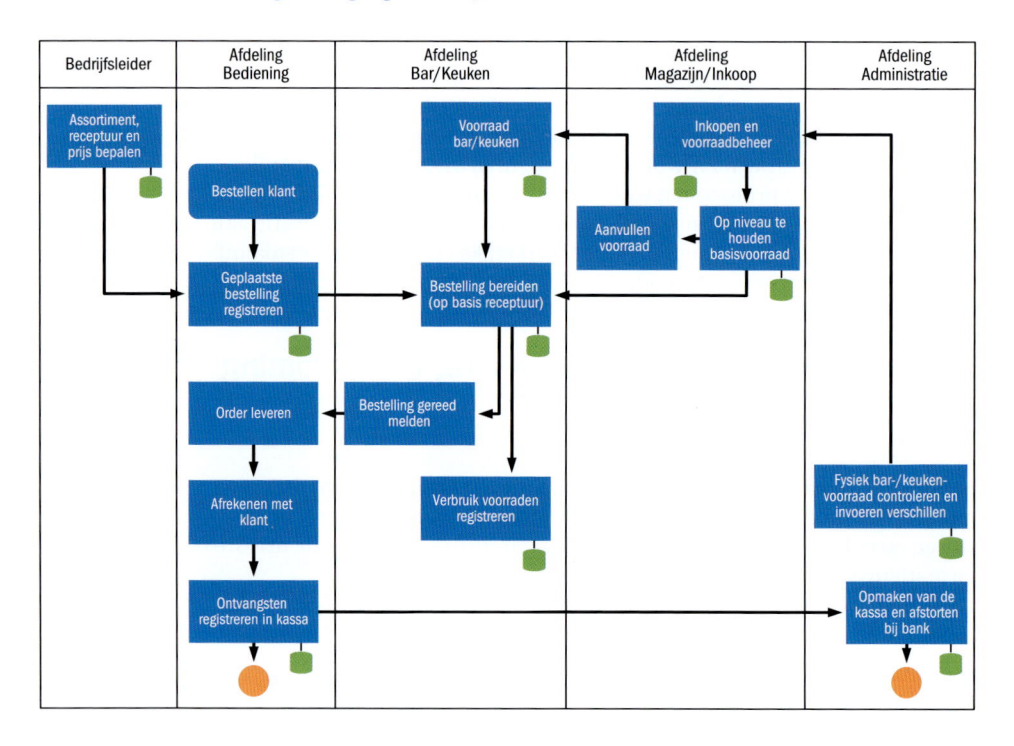

Tabel 15.2 geeft schematisch de processen weer van dienstverlening met doorstroming van eigen goederen waarin de diverse elementen van de administratieve organisatie naar voren komen.

TABEL 15.2 Samenvattend schema hoofdstuk 15

Typologie	Dienstverlening met doorstroming van goederen die eigendom zijn (restaurantbedrijf)
Steunpunten	Verbanden in geld- en goederenbeweging
	Functiescheiding bediening en bar/keuken
	Kasprocedures
	Standaardreceptuur (keuken)
Mogelijke attentiepunten (niet limitatief)	Geringe functiescheiding m.b.t. voorraad (in combinatie met feit dat goederen privé kunnen worden gebruikt)
	Wisselende verkoopprijzen (vanwege acties)
	Bederfelijke producten
Functiescheiding	Essentiële functiescheiding: tussen bediening en bar/keuken
Automatisering	POS-systeem met eventueel daaraan gekoppelde handcomputers
	Communicatie tussen handcomputers en POS-systeem
Begroting	Verkoopbegroting
	Normatieve brutowinstmarge
	Kostprijzen o.b.v. receptuur
	Verkoopprijs vaststellen
Richtlijnen	Kasprocedures
	Procedure vernietiging bederfelijke goederen

Inkoop en magazijn: zie hoofdstuk 9 en 10. Aanvullend:

Processen

Activiteit	Mogelijke attentiepunten	Risico's	Interne beheersingsmaatregel	Verbandscontroles
Bewaren producten	Geringe functiescheiding m.b.t. voorraad (in combinatie met feit dat producten privé kunnen worden gebruikt)	1 Onttrekking van producten aan het bedrijf 2 De hoeveelheid en locatie van producten worden niet juist/tijdig/volledig geregistreerd 3 Producten worden niet op de juiste manier bewaard	1 Functiescheiding bewaren en beschikken 2 Voorraadadministratie bijhouden 3 Bewaarinstructies opstellen 4 Regelmatige inventarisatie uitvoeren	Theoretische voorraad o.b.v. beginvoorraad + inkoop −/− verkoop = geïnventariseerde voorraad (retrogrademethode)
Vernietiging voorraden	Bederfelijke producten	Goede producten worden verantwoord als afgekeurd en aan de onderneming onttrokken Niet juiste/tijdige/volledige registratie van vernietigde producten	1 Procedure afkeuren en vernietigen 2 Procesverbaal van vernietiging (vierogenprincipe)	

Verkoop

Activiteit	Mogelijke attentiepunten	Risico's	Interne beheersingsmaatregel	Verbandscontroles
Assortiment en prijs vastleggen in artikelstambestand	Wisselende verkoopprijzen (o.m. vanwege acties)	1 Verkeerde prijs in systeem 2 Verschuivingsgevaar: verkopen met hoge prijs verantwoorden als verkoop met lage prijs	1 Functiescheiding prijs vaststellen, prijs invoeren, invoercontrole en verkoop 2 Beperkt aantal medewerkers mogen gegevens wijzigen (kassamedewerkers niet) 3 Logische toegangsbeveiliging 4 Geprogrammeerde controles bij wijziging prijzen 5 Controle op administratie voor verkopen rond datum prijswijziging	
Bestellen		Niet alles wordt geregistreerd en daardoor onvolledige omzetregistratie	1 Functiescheiding bediening en bar/keuken 2 Bestelling direct vastleggen in systeem (eventueel m.b.v. een handcomputer) 3 Bar/keuken geven alleen producten af die op scherm staan 4 Oogtoezicht	

Verkoop		
Afrekenen	1 Niet alles wordt in kas gestort en daardoor kasverschillen 2 Geen juiste/tijdige/volledige registratie van gekochte producten	1 Kasinstructies 2 Oogtoezicht
Kas opmaken	Zie hoofdstuk 12	Zie hoofdstuk 12
Kas afstorten	Zie hoofdstuk 12	Zie hoofdstuk 12
Controle betalingen PIN en chip	Zie hoofdstuk 12	Zie hoofdstuk 12
Periodieke nacalculatie	1 Onjuiste nacalculatie 2 Geen juiste/tijdige/volledige nacalculatie geregistreerd in systeem	1 Goederenbeweging drank en ingrediënten 2 Ingrediënten: normatief verbruik o.b.v. omzet volgens kassa 3 Werkelijk verbruik afzetten tegen normatief verbruik	1 Drank: BV + inkopen −/− eindvoorraad = omzet volgens kassasysteem 2 Ingrediënten: BV + inkopen −/− vernietigd −/− eindvoorraad = verbruik 3 Afzetten tegen normatief verbruik o.b.v. receptuur

Eindvragen

15.1 Wat is controletechnisch gezien de functie van de receptuur?

15.2 Een onhandige ober bij Smiley's laat een vol dienblad met drankjes vallen. Hoe kan voorkomen worden dat deze consumpties aan de gasten in rekening worden gebracht?

15.3 Is het in een café zonder personeel, dus waar de eigenaar zelf altijd achter de tap staat, wel rendabel om een kassaterminal aan te schaffen?

15.4 Met carnaval zijn de cafés in het zuiden vaak tot de nok toe afgeladen met soms moeilijk aanspreekbare, hossende individuen in apenpakken. Om te voorkomen dat er bij het bestellen contant moet worden afgerekend, wordt er meestal gebruikgemaakt van zogenoemd carnavalsgeld. Hoe wordt dat vanuit de AO gezien?

15.5 Wat is het belang van een vernietigingsprotocol'?

15.6 Dat ook uitgeverijen en drukkerijen zich in de categorie Dienstverlenende bedrijven die nog min of meer een goederenbeweging hebben bevinden, hebben ze te danken aan het feit dat ze diensten leveren door het aanbieden van informatie in de vorm van dagbladen of tijdschriften. Uitgeverij De Boerderij bv geeft een aantal week- en maandbladen uit voor agrarische ondernemers. Titels zijn onder meer: *Stal & Akker*, *Melkvee Magazine*, *Ui en Peen* en *Pig Business*. De Boerderij beoogt een compleet bladenpakket aan te bieden, zowel regionaal als landelijk. De artikelen in de bladen worden geschreven door een tiental gespecialiseerde journalisten die in dienst zijn bij De Boerderij. Deze groep wordt nog aangevuld door freelancers. Elk van de bladen heeft een eigen eindredacteur die verantwoordelijk is voor de journalistieke inhoud.
De verkoop van de bladen geschiedt in hoofdzaak via abonnementen en zeer beperkt via losse verkoop. De abonnementen worden afgesloten voor een jaar en daarna telkens stilzwijgend verlengd. Naast de verkoop van het blad, is voor De Boerderij ook de verkoop van advertenties van belang, want daarmee wordt een substantieel deel van de omzet behaald. De advertentieruimte wordt verkocht door de medewerkers van de afdeling Verkoop.
De Boerderij heeft een eigen drukkerij voor het drukken van zowel de eigen bladen alsook bladen in opdracht van derden. Om de bladen te drukken, gebruikt De Boerderij jaarlijks vele tonnen papier. Dit papier wordt besteld bij enkele grote leveranciers op basis van langlopende contracten.

a Er bestaat geen verband tussen het papierverbruik en de opbrengst. Waarom is dat zo?
b Bestaat er wel een verband tussen de opbrengst en het aantal gedrukte exemplaren van een blad?

15.7 Grandcafé Mauritz in Breda is een ruim opgezette horecagelegenheid waar zowel gedronken als gegeten kan worden. Mauritz heeft ook een groot terras, dat 's winters voor een deel overkapt en verwarmd is. In het grandcafé is er een centrale kassa, waar de gasten voor vertrek zelf hun consumpties moeten afrekenen. Mauritz is nog niet geautomatiseerd. De obers werken met een notitieboekje waarin de bestelling per tafel wordt genoteerd. Het boekje heeft zogenaamd doorschrijfpapier, waarmee van elke bestelling ook een kopie wordt gemaakt. De geschreven bestelbon gaat naar de barbediende, de kopie geeft de ober bij de centrale kassa af. Als de gasten afrekenen, moeten ze hun tafelnummer noemen, waarna de kassier de bestelbonnetjes verzamelt en op de kassa aanslaat. Op het eind van de dag worden de bonnetjes van de bar vergeleken met die van de kassa om op die manier de omzet vast te stellen. Het blijkt dat het aantal bonnetjes van de bar en de kassa vrijwel nooit met elkaar overeenkomt.

a Wat kan de reden zijn dat er een verschil is tussen de aantallen bonnetjes van de bar en de kassa?
b Welk aantal moet voor de omzetbepaling worden gebruikt?
c Noem zo veel mogelijk risico's en beperkingen van de AO bij Mauritz.
d Beschrijf een alternatieve opzet van de AO.

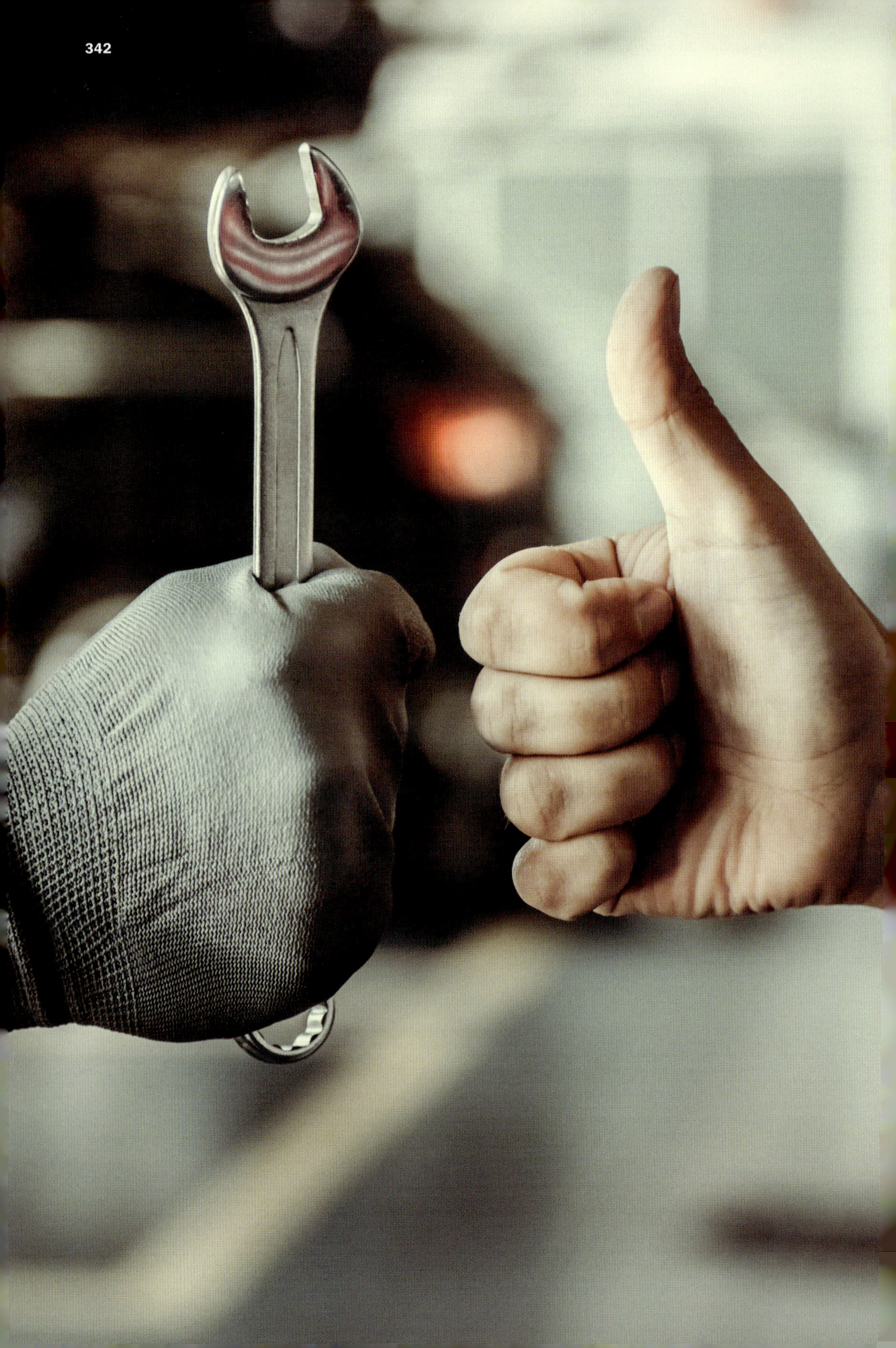

16
Bedrijven met doorstroming van goederen van derden: Vakgarage Kleinman

16.1 Typologie en steunpunten
16.2 Attentiepunten en risico's
16.3 Randvoorwaarden
16.4 Processen
16.5 Controles en analyses
16.6 Informatiebehoefte dienstverlening doorstroming goederen van derden
16.7 Samenvattende schema's dienstverlening doorstroming goederen van derden

Bij de bedrijven met dienstverlening doorstroming goederen van derden draait het in de aansturing van de processen vooral om de vraag of er wel sprake is van een optimale ofwel de best mogelijke bezetting. Het gaat dan om de bezetting van bijvoorbeeld de beschikbare ruimte, de machines en de arbeidskracht. Het management van dergelijke bedrijven is uiterst geïnteresseerd in de vraag of er bijvoorbeeld wel voldoende werk is voor alle medewerkers en of alle machines wel continu worden gebruikt. Als voorbeeld van deze categorie willen we een autoreparatiebedrijf behandelen, maar ook een wasserij of een schoenmaker valt binnen deze typologie.

Openingscasus

Vakgarage Kleinman

Vakgarage Kleinman in Dordrecht is een merkonafhankelijke garage. Opgericht in 2003, is de garage sindsdien gegroeid tot een bedrijf met vijf medewerkers, waaronder de eigenaar Jan Kleinman. In 2005 sloot Kleinman zich aan bij Vakgarage, een landelijke groep van bijna 150 samenwerkende garagebedrijven. Vakgarage Kleinman heeft rond de 1.000 vaste klanten die hun auto met een zekere regelmaat naar de garage brengen voor onderhoudsbeurten, de jaarlijkse APK of reparaties. Daarnaast wordt de garage vrijwel dagelijks bezocht door incidentele klanten, die meestal snel een mankement aan hun voertuig willen laten verhelpen.

Voordat ze hun auto naar de garage brengen, moeten klanten altijd een afspraak maken. Kleinman maakt gebruik van een online-afsprakensysteem, waarbij vaste klanten zelf via internet een afspraak kunnen vastleggen. Het systeem is geïntegreerd met Plan-IT Werkplaats, het planningssysteem van de werkplaats. De afspraak moet altijd worden goedgekeurd door de medewerkster van de receptie. Deze stap blijft noodzakelijk, omdat klanten moeilijk kunnen inschatten hoeveel tijd de werkzaamheden aan hun auto zullen vergen. Als de afspraak is goedgekeurd, ontvangt de klant een bevestiging per e-mail. Twee dagen voor de geplande datum krijgt de klant een automatische herinnering via WhatsApp.

Als de werkzaamheden aan de auto gereed zijn, verstuurt het systeem automatisch een WhatsApp aan de klant dat zijn auto klaarstaat. Incidentele klanten hebben geen toegang tot het systeem en moeten hun afspraak telefonisch maken.

Met behulp van een onlinebestelsysteem kan Kleinman de voor de werkzaamheden benodigde onderdelen direct bij een groothandel in de regio bestellen. Twee keer per dag worden de materialen per koerier bij het bedrijf afgeleverd. Jan Kleinman doet de inkopen zo veel mogelijk zelf. De ontvangst van de materialen en het opbergen in het magazijn worden door de receptioniste gedaan. Als de monteurs de onderdelen nodig hebben, kunnen ze die zelf uit het magazijn halen. Ook klein materiaal, zoals bougies, olie of koelvloeistof kan door de monteurs zelf worden gepakt. Ze moeten de gebruikte onderdelen of materialen wel in het systeem vastleggen.

De monteurs ontvangen 's morgens de werkorders voor die dag uit het planningssysteem. Op het moment dat een reparatie gereed is, registreert de monteur zijn gewerkte uren en sluit de werkorder af. Vanuit de gegevens in het reparatieorderbestand kan dan direct de factuur worden aangemaakt. Voordat de klant zijn auto weer kan meenemen, ontvangt hij een afdruk van de factuur en moet hij eerst bij de receptie betalen.

16.1 Typologie en steunpunten

De inkomsten van autoreparatiebedrijven bestaan uit de opbrengsten van de gewerkte uren en de vergoeding voor de gebruikte onderdelen. Het grootste risico waar reparatiebedrijven mee te maken hebben, is dat de orders niet of onvolledig worden geregistreerd. Zie voorbeeld 16.1.

VOORBEELD 16.1

Autoreparatiebedrijf

Een bekende klant belt en vraagt aan de receptie of hij vanmiddag even langs kan komen voor een paar nieuwe voorbanden. De receptionist schrijft dit op een Post-it en vergeet het vervolgens. 's Middags is de receptionist even van zijn plek en een collega ontvangt de klant. Deze kijkt in het systeem en ziet niets. Dat komt niet alleen slordig over naar de klant, maar dit zal ook de planning in de war schoppen.

Als orders niet geregistreerd worden, neemt ook de kans op fraude toe: zie voorbeeld 16.2.

VOORBEELD 16.2

Autoreparatiebedrijf (vervolg)

Stel, de dame achter de receptie die het ook erg goed met een van de monteurs kan vinden, heeft een vriend van wie de auto kapot is. Gelukkig voor de vriend doet de dame in kwestie ook de planning van de werkplaats. De vriend komt met de auto langs op een rustige vrijdagmiddag als de chef vrij is en zet de auto in de werkplaats waar hij direct door de bevriende monteur wordt gerepareerd. De reparatie wordt niet ingevoerd in het orderbestand. De vriend betaalt de monteur 's avonds in de kroeg en iedereen is tevreden, behalve dan natuurlijk de eigenaar van de garage. De eigenaar betaalt de monteur wel het uurloon voor uren die hij niet voor het bedrijf heeft gewerkt. Ook kon de monteur in deze tijd geen andere klant helpen. Daarnaast loopt de garage de winst op de onderdelen mis, want die steekt de monteur natuurlijk ook in zijn eigen zak.

Bij latere verbandscontroles of cijferbeoordelingen zullen de ontstane tekorten worden aangemerkt als efficiencyverschillen, maar wij weten wel beter.

Efficiencyverschillen

Aangezien er in voorbeeld 16.2 sprake is van samenspanning, zal het lastig zijn om dergelijke fraude te voorkomen. Wel kunnen interne beheersingsmaatregelen worden getroffen om dit soort risico's zo veel mogelijk te vermijden. Een eerste vereiste is (vanzelfsprekend) het doorvoeren van functiescheiding. We komen daar straks nog op terug.

Samenspanning

Functiescheiding

Om deze en andere problemen te voorkomen, zijn de belangrijkste steunpunten:
- functiescheiding tussen receptie, werkplaats, magazijn en administratie
- ontvangstvastlegging
- registratie kosten per werkorder
- nacalculatie per werkorder en per afdeling (bezetting)

De eerste twee zijn specifiek voor deze typologie. Hierbij is de ontvangst van de auto ter reparatie wezenlijk verschillend van de ontvangst van goederen in een handelsbedrijf. Bij het handelsbedrijf leidt de ontvangst van goederen tot uitstroom van geld, zodat daar (gebaseerd op functiescheiding) een mooie controle mogelijk is. Als een garage een auto ter reparatie ontvangt, is dit verband niet te leggen. Vandaar dat een goede ontvangstregistratie, gebaseerd op de hiervoor genoemde functiescheiding tussen receptie en werkplaats, een essentieel punt binnen deze typologie.

TUSSENVRAAG 16.1
De twee laatstgenoemde steunpunten lijken sterk op die van een eerder behandelde typologie. Welke?

16.2 Attentiepunten en risico's

Een belangrijk risico dat samenhangt met de typologie is dat kosten op verkeerde werkorders worden verantwoord. Daarnaast kan er nog sprake zijn van de volgende casusspecifieke attentiepunten en daaruit voortvloeiende risico's (zie tabel 16.1).

TABEL 16.1 Attentiepunten en risico's vakgarage (niet limitatief)

Attentiepunt	Risico
Werkorders met vaste prijzen en orders op basis van uren × tarief	Als er vooraf een prijs met een klant wordt afgesproken en deze wordt niet goed geregistreerd, dan zal de factuur ook niet correct zijn. Daarnaast is verschuivingsgevaar tussen orders met vaste prijzen en orders gebaseerd op uren × tarief
Garantie	Werkorders worden ten onrechte als garantie aangemerkt, waardoor een onvolledige opbrengstverantwoording en onjuiste garantiekosten

16.3 Randvoorwaarden

De specifieke randvoorwaarden voor dit type bedrijf worden hieronder behandeld. De randvoorwaarden bestaan uit:
- functiescheiding
- automatisering
- begroting
- richtlijnen en normen

16.3.1 Functiescheiding
Zoals al eerder opgemerkt is functiescheiding een belangrijke interne beheersmaatregel in de garage. De orderacceptatie (het vastleggen van de reparatieopdracht), het uitvoeren daarvan, het bestellen, bewaren en afge-

ven van onderdelen, het aanmaken van de factuur en het incasseren van de betaling moet zo veel mogelijk door afzonderlijke functionarissen worden uitgevoerd. In het proces is een drietal fasen te onderscheiden: orderontvangst, uitvoering en facturering. Overigens zal iets simpels als voldoende oogtoezicht door een leidinggevende vaak ook bijzonder preventief werken.

TUSSENVRAAG 16.2
Wat vind jij van de functiescheiding bij Vakgarage Kleinman?

In tabel 16.2 worden de relaties tussen de diverse afdelingen aangegeven. Per regel zijn (indien van toepassing) de afdelingen te vinden, die onafhankelijk van elkaar in het ERP-systeem de vermelde gegevens registreren.

TABEL 16.2 Relaties tussen afdelingen bij Vakgarage Kleinman

Inkoop	Magazijnontvangsten	Magazijnafgiften	Werkplaats	Facturering
Ingekochte onderdelen	Ontvangen onderdelen			
		Afgegeven onderdelen	Ontvangen onderdelen	
			Gebruikte onderdelen	Gefactureerde onderdelen
			Gebruikte arbeidstijd	Gefactureerde arbeidstijd

16.3.2 Automatisering

Zoals in hoofdstuk 6 en 7 beschreven, gaat het bij de randvoorwaarden met name om de general computer controls. Het garagebedrijf stelt in principe niet meer eisen aan de automatisering dan daar beschreven. Het afspraaksysteem op internet vraagt wel om extra general computer controls, zoals die ook al in eerder zijn besproken: inperken van de autorisatie van de klant en een firewall voor delen van het informatiesysteem waarin de klant niet welkom is.
Voor het gehele proces in de garage geldt dat er de nodige application controls kunnen worden opgenomen.

16.3.3 Begroting

De directie van het garagebedrijf zal vooral op basis van historische gegevens elk jaar een productie- en personeelsbegroting opstellen. De onderneming kan ervan uitgaan dat het aantal klanten, beurten, APK's en reparaties ruwweg hetzelfde zal blijven, tenzij er in directe omgeving belangrijke veranderingen zijn, zoals de vestiging van een nieuwe concurrent. Vanuit de begroting berekent de administratie de uurtarieven voor de monteurs en de winstopslagen voor de onderdelen. Deze worden, samen met de begroting, door de directie geautoriseerd waarna de administratie de tarieven en marges invoert in het systeem. Hierop moet invoercontrole plaatsvinden. Uiteraard moeten de bestanden met tarieven en marges goed beveiligd zijn door middel van usernames, passwords en wellicht hash totals.

16.3.4 Richtlijnen en normen

De directie van de garage zal ten minste richtlijnen verplicht stellen met betrekking tot de registratie van de gewerkte uren en de gebruikte materialen. Zoals in subparagraaf 14.4.3 al gezegd vormt die registratie tenslotte de basis voor de facturatie. Daarnaast zullen er richtlijnen zijn voor het contact met de klanten: welke medewerkers mogen wel en welke mogen geen rechtstreeks contact met de klant hebben? Er zijn richtlijnen voor het vooraf doorgeven van prijzen en ten slotte zal de directie ook richtlijnen hebben opgesteld voor de afgifte en incasso van de factuur. We komen daar straks nog even op terug.

16.4 Processen

De processtappen van bedrijven met dienstverlening doorstroming goederen van derden staan in figuur 16.1. We bespreken de stappen die voor Vakgarage Kleinman van belang zijn.

FIGUUR 16.1 Globaal schema bedrijven met doorstroming van goederen die geen eigendom zijn

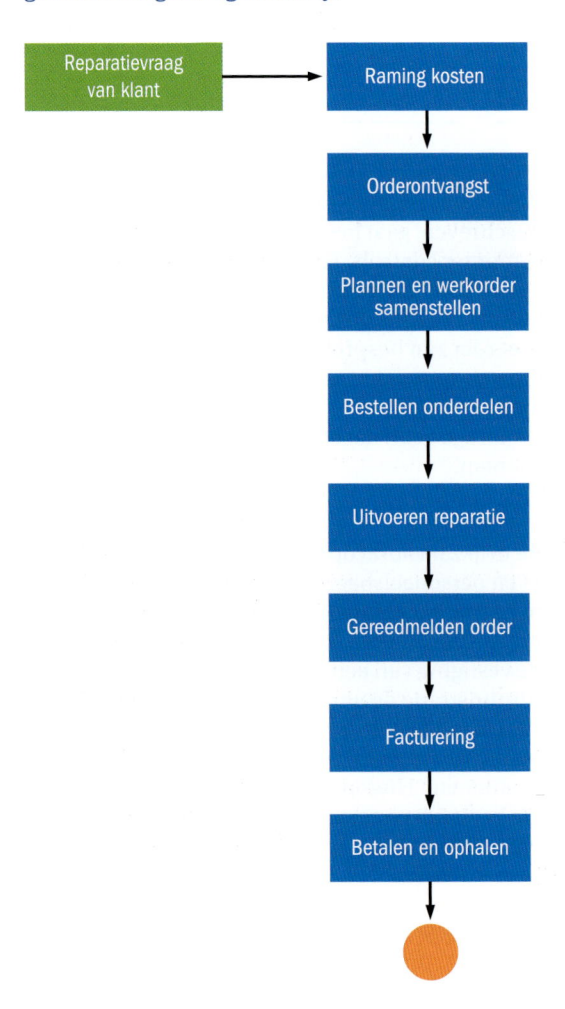

```
Reparatievraag van klant  →  Raming kosten
                                  ↓
                             Orderontvangst
                                  ↓
                             Plannen en werkorder samenstellen
                                  ↓
                             Bestellen onderdelen
                                  ↓
                             Uitvoeren reparatie
                                  ↓
                             Gereedmelden order
                                  ↓
                             Facturering
                                  ↓
                             Betalen en ophalen
                                  ↓
                                  ●
```

16.4.1 Orderontvangst en planning

Tussen monteurs en klanten mag er geen rechtstreeks contact zijn. Klanten dienen zich altijd eerst te melden bij de receptie. Dit kan in persoon, maar net als bij Vakgarage Kleinman kan dat ook elektronisch. Op basis van de informatie van de klant maakt de receptie (een beschikkende functie) een reparatieopdracht aan voor de werkplaats en zal bij standaardreparaties of onderhoudsbeurten al een voorlopige prijs afgegeven worden. De afdeling Planning plant de opdracht vervolgens in. Bij ingewikkelde reparaties zal de afdeling Planning de manager Werkplaats eventueel om advies vragen. Bij dit soort situaties zal de Planning, zeker als de klant dat wenst, vooraf een kostenraming opstellen. Alle gegevens met betrekking tot de reparatie worden vastgelegd in het bestand reparatieorders.

TUSSENVRAAG 16.3
Wie is bij Vakgarage Kleinman geautoriseerd om de gegevens in het stambestand werkplaatstarieven aan te passen?

16.4.2 Uitvoering

De werkplaats krijgt via het informatiesysteem een melding dat een reparatie moet worden uitgevoerd. Bij Kleinman krijgen de monteurs 's morgens een werkorder waarin de reparatie voorkomt. De tijdens de werkzaamheden gebruikte onderdelen en arbeidsuren worden in het reparatieorderbestand geregistreerd. Voordat de uitvoering van de reparatie ter hand genomen kan worden, zullen er eventueel bepaalde onderdelen besteld moeten worden. Dit wordt door de afdeling Planning gedaan. Onderdelen van auto's zijn in het algemeen merk- en typespecifiek en zullen dus niet snel op voorraad worden gehouden. Gelet op de snelle levertijd is er trouwens ook weinig reden om zelf voorraad te houden. De geleverde onderdelen worden ontvangen door de receptie en aan de kantoorvoorraadadministratie toegevoegd. Fysiek worden de onderdelen in het magazijn geplaatst. Er is wel een grijpvoorraad van bevestigingsmaterialen, olie, koelvloeistof enzovoort. Een grijpvoorraad betekent een opslag in een open magazijn waar de monteurs de benodigde spullen uit kunnen pakken. Dit zal alleen de niet-waardevolle goederen betreffen die vaak nodig zijn.

Grijpvoorraad

16.4.3 Facturering

Wanneer de reparatie gereed is, wordt de auto door de monteur afgemeld in het bestand met reparatieorders. Bij sommige garages vindt dan eerst nog een kwaliteitscontrole plaats door de Manager Werkplaats. Als de kwaliteit akkoord wordt bevonden, ontvangt de receptie een signaal vanuit het informatiesysteem dat de auto klaarstaat. In financieel opzicht zorgt dit signaal ervoor dat er een factuur wordt aangemaakt. Bij Kleinman is de automatisering zodanig voortgeschreden, dat het signaal ook de impuls vormt om de klant te informeren.
De hoogte van de factuur bij Kleinman hangt af van de prijs van de benodigde onderdelen en de gebruikte tijd (aantal uren × het werkplaatstarief). Het vervangen van een startmotor zal daarom duurder uitvallen dan het vervangen van een ruitenwisser. Bij merkgarages zijn er vaste tarieven voor bepaalde typen werkzaamheden, zoals een kleine beurt. Speciale aandacht is dan nodig voor de extra werkzaamheden die niet onder de standaard kleine beurt vallen.

TUSSENVRAAG 16.4
Waar kunnen deze extra werkzaamheden mee vergeleken worden als je dat vergelijkt met stukproductie?

Ook bij het garagebedrijf kunnen attentiepunten de zaak wat ingewikkelder maken. Hiervoor hebben we al gesproken over het onderscheid tussen orders waarbij de werkelijke uren en materialen worden doorberekend en de orders met een vaste prijs. Daarnaast kan er nog een derde categorie zijn, namelijk orders die helemaal niet worden doorberekend: garantie. Hierbij moeten in de administratieve organisatie maatregelen worden opgenomen dat er werkelijk sprake is van garantiewerk. Het mag niet zo zijn dat werkorders die eigenlijk hadden moeten worden doorberekend als garantie worden verwerkt. Daarom zal er een controle vanuit de administratie plaatsvinden of orders die als garantie staan geregistreerd ook werkelijk onder de garantievoorwaarden vallen.

Garantie

Net als bij de stukproductie is het dus van belang dat de registratie van uren en materialen op de juiste werkorder plaatsvindt. Hierbij zal oogtoezicht en autorisatie door de chef Werkplaats een belangrijke rol spelen. Op basis van deze registratie zal de Administratie per werkorder de nacalculatie uitvoeren.

De klant kan zijn auto weer meenemen, nadat hij contant of per PIN bij de receptie heeft afgerekend. De betaling wordt vastgelegd in het bestand reparatieorders en in de financiële administratie. De inhoud van de kassa zal, net als bij een supermarkt, elke avond worden gecontroleerd en dan tegen kwijting worden afgestort bij de bank.

16.5 Controles en analyses

Binnen de controles en analyses onderscheiden we drie vormen:
1 verbandscontroles
2 cijferbeoordelingen
3 detailcontroles

16.5.1 Verbandscontroles
Bij het vaststellen van de volledigheid van opbrengsten in het reparatiebedrijf kan voor wat betreft de gebruikte onderdelen de (minimale) goederenbeweging worden gecontroleerd. Voor de onderdelen geldt de volgende verbandscontrole:

Beginvoorraad onderdelen + ingekochte onderdelen –/–
eindvoorraad onderdelen = bij reparatie gebruikte onderdelen
= verkochte onderdelen × verkoopprijs = opbrengst onderdelen   [16.1]

Goederenbeweging

Geldbeweging

De goederenbeweging kan worden gekoppeld aan de geldbeweging door de hoeveelheid verkochte onderdelen te vermenigvuldigen met de gehanteerde verkoopprijzen (= inkoopprijs + winstmarge). Deze SOLL moet overeenstemmen met de IST van de opbrengst in het grootboek. Sluitstuk hierbij is de inventarisatie van de voorraad. Omdat Kleinman werkt met open magazijnen wordt op basis van de verbruikte onderdelen de theoretische voorraad berekend. Deze wordt vergeleken met de werkelijke voorraad (retrograde-methode).

Voor wat betreft de uren zijn de 'paid time-shoptime-jobtime'-verbanden gelijk aan wat we in hoofdstuk 14 hebben besproken.
Vanuit de jobtime kan aansluiting worden gezocht met de gefactureerde werkuren. Van daaruit kan dan ook de opbrengst in geld worden berekend:

Jobtime = gefactureerde werkuren × werkplaatstarief = opbrengst arbeidstijd [16.2]

TUSSENVRAAG 16.5
De bevriende monteur die de reparatie voor de vriend uitvoerde, moet natuurlijk wel zijn gewerkte uren van die vrijdagmiddag verantwoorden. Hoe zal hij dat doen, zonder dat zijn chef argwaan krijgt?

Bij dit bedrijf kan er nog een ander verband gelegd worden namelijk, het verband tussen het aantal werkorders en het aantal facturen. Elke werkorder moet in principe tot een factuur leiden.
Tot slot moet de facturering gelijk zijn aan de opboeking geld.

16.5.2 Cijferbeoordeling
Voor de reparaties die werden verricht tegen een vooraf afgegeven prijs is het van belang om te controleren in hoeverre de werkelijke kosten overeen kwamen met de voorcalculatie. Mocht blijken dat het IST (de werkelijke kosten) in de meeste gevallen hoger ligt dan het SOLL (de voorcalculatie), moeten de normen voor de te besteden manuren worden aangepast. Daarnaast is het bij opdrachten met een vaste prijs belangrijk om de verhouding tussen deze prijs en de bestede kosten goed te bewaken. Dit is in feite een uitvloeisel van de nacalculatie van dergelijke orders, die op de administratie plaatsvindt.

16.5.3 Detailcontroles
Bij de detailcontroles zal het vooral gaan om het hanteren van de juiste prijzen voor de gebruikte onderdelen. De administratie kan steekproefsgewijs controleren of de juiste prijs is gehanteerd. Daarnaast valt de eerdergenoemde inventarisatie onder de detailcontrole en ook de controle of werkorders terecht als garantie zijn aangemerkt.

16.6 Informatiebehoefte dienstverlening doorstroming goederen van derden

In deze paragraaf gaan we in op de informatie die nodig is om het type bedrijf van dit hoofdstuk te besturen en te beheersen. Hierbij kijken we naar de informatie op de drie informatieniveaus:
1 strategische informatiebehoefte
2 tactische informatiebehoefte
3 operationele informatiebehoefte

Ad 1 Strategische informatiebehoefte
Voor een garagebedrijf zal informatie over de autoverkopen van belang zijn. Ook overheidsmaatregelen als het stimuleren van zuinige auto's zijn van belang. Daarnaast kan andere regelgeving, zoals eisen aan APK-keuringen of milieueisen voor het bedrijf, zelf een rol spelen.

Ad 2 *Tactische informatiebehoefte*
Bij tactische informatie gaat het vooral om het aantal orders, marge op de orders en bezetting van de medewerkers.

Ad 3 *Operationele informatiebehoefte*
Bij operationele informatiebehoefte zal het vooral gaan over de planning voor de komende periode, de beschikbare voorraden en de beschikbare mensen.

16.7 Samenvattende schema's dienstverlening doorstroming goederen van derden

In figuur 16.2 is het globaal processchema waarmee we dit hoofdstuk gestart zijn, uitgewerkt in een swimlane waarin de stappen en functiescheidingen zichtbaar zijn.

FIGUUR 16.2 Proces van doorstroming van goederen die geen eigendom zijn met swimlanes

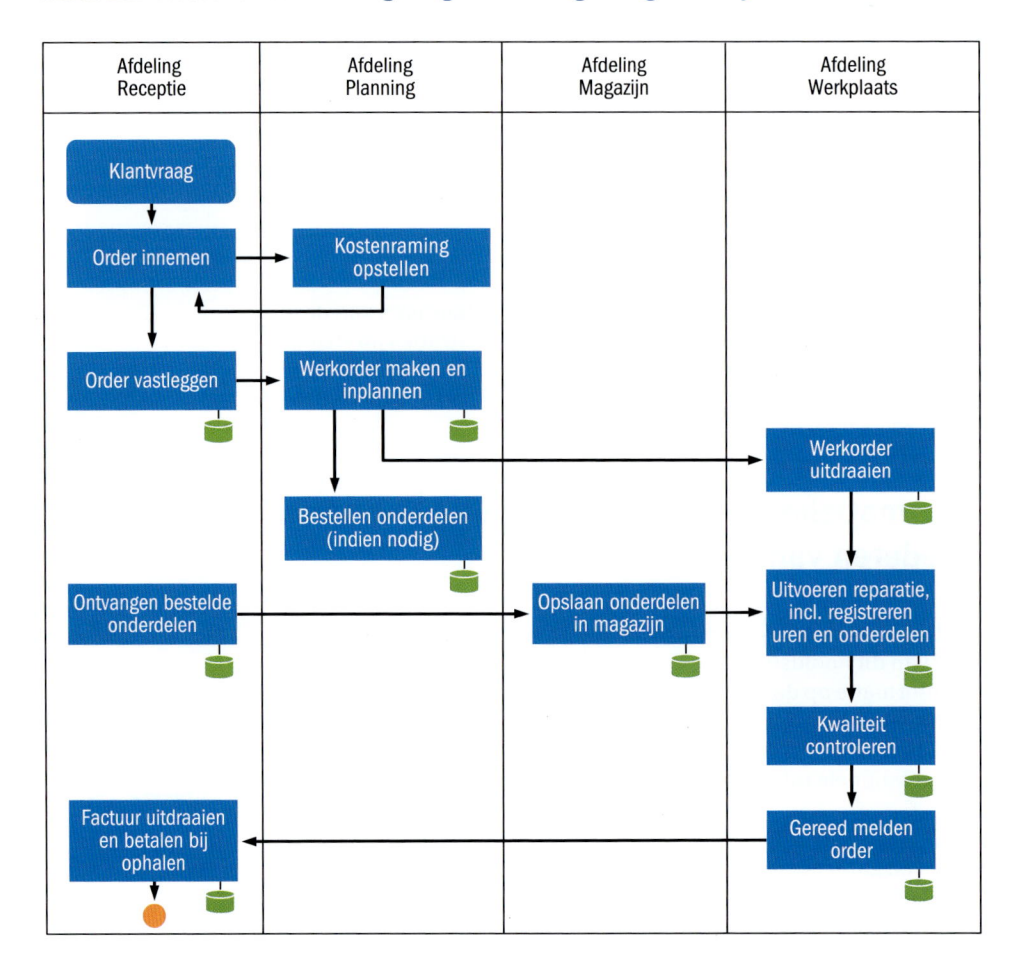

Afdeling Receptie	Afdeling Planning	Afdeling Magazijn	Afdeling Werkplaats
Klantvraag → Order innemen	Kostenraming opstellen		
Order vastleggen	Werkorder maken en inplannen		Werkorder uitdraaien
	Bestellen onderdelen (indien nodig)		
Ontvangen bestelde onderdelen		Opslaan onderdelen in magazijn	Uitvoeren reparatie, incl. registreren uren en onderdelen
			Kwaliteit controleren
Factuur uitdraaien en betalen bij ophalen			Gereed melden order

In tabel 16.3 is een schema van de dienstverlening doorstroming goederen van derden weergegeven opgenomen waarin de diverse elementen van de administratieve organisatie naar voren komen.

TABEL 16.3 Samenvattend schema hoofdstuk 16

Typologie	Dienstverlening met doorstroming van goederen van derden
Steunpunten	Functiescheiding tussen receptie, werkplaats, magazijn en administratie.
	Ontvangstvastlegging
	Registratie kosten per werkorder
	Nacalculatie per werkorder en per afdeling (bezetting)
Mogelijke attentiepunten (niet limitatief)	Werkorders met vaste prijzen ('aangenomen werk')
	Garantiewerk
Functiescheiding	Essentiële functiescheiding: aannemen orders (receptie), uitvoering en facturering (administratie)
	Ordergewijze nacalculatie (administratie)
Automatisering	Geen bijzonderheden
Begroting	Tarieven mensuren en machine-uren
Richtlijnen	Uren verantwoorden
	Materiaal verantwoorden

Inkoop en magazijn: zie hoofdstuk 7

Orderontvangst

Activiteit	Mogelijke attentiepunten	Risico's	Interne beheersingsmaatregel	Verbandscontroles
Ontvangst order door receptie		Niet alle orders worden geregistreerd en daardoor onvolledige opbrengstverantwoording	1 Functiescheiding orderontvangst en -uitvoering 2 Bon aan klant verstrekken die basis vormt om artikel weer in ontvangst te nemen 3 Oogtoezicht	
Planning en voorcalculatie		Onjuiste voorcalculatie en daardoor onjuiste normstelling voor nacalculatie	Bestand standaardwerkzaamheden en -prijzen	

Uitvoering

Activiteit	Mogelijke attentiepunten	Risico's	Interne beheersingsmaatregel	Verbandscontroles
Registratie uren en materialen		Verschuivingsgevaar tussen orders en bij onvolledige registratie een onvolledige opbrengstverantwoording	1 Autorisatie uren en materialen door manager Werkplaats 2 Materialen tegen kwijting uit magazijn	Materialen: Beginvoorraad + inkoop −/− eindvoorraad = gebruikt
	Werkorders met vaste prijzen	Uren en materialen van orders op basis van werkelijke kosten worden geboekt op orders met een vaste prijs		Uren: paid time −/− geoorloofd afwezig = shoptime Shoptime −/−geautoriseerde indirecte uren = jobtime

Inkoop en magazijn: zie hoofdstuk 7 (vervlog)

Facturering

Activiteit	Mogelijke attentiepunten	Risico's	Interne beheersingsmaatregelen	Verbandscontroles
Facturering werkorders		Niet alle werkorders worden gefactureerd en daardoor onvolledige opbrengstverantwoording	Administratie bewaakt afloop werkorders; elke werkorder moet tot een factuur leiden	Aantal werkorders = aantal facturen Materialen: gebruikt = gefactureerd Uren: jobtime = gefactureerd
	Werkorders met vaste prijzen	Onjuiste facturering	1 Standaardwerkorders: tarieven in ERP-systeem opnemen 2 Controle factuur door administratie op toepassing juiste tarieven	
	Garantie	Werkorders worden ten onrechte als garantie aangemerkt en daardoor niet gefactureerd	1 Duidelijke garantiebepalingen 2 Administratie controleert garantie o.b.v. ouderdom/afspraken	Aantal garantieorders in % van totale orders

Nacalculatie

Activiteit	Mogelijke attentiepunten	Risico's	Interne beheersingsmaatregelen	Verbandscontroles
Nacalculatie per werkorder door administratie		Onjuiste nacalculatie	Nacalculatie door administratie	1 Verband tussen gebruik materialen en uren t.o.v. facturering, rekening houdend met vaste prijzen en garantie 2 Marge per werkorder

Eindvragen

16.1 Wat is het risico als klanten zelf direct met de monteurs de reparatie afspreken?

16.2 Wat is het verschil tussen de prijsbepaling in een garage zoals die van Kleinman en een garage waar autoschade (van bijvoorbeeld een aanrijding) wordt gerepareerd?

16.3 Hoe kunnen efficiencyverschillen bij de reparaties ontstaan?

16.4 Wat is het verschil tussen de samenstelling van de voorraad onderdelen in een merkgarage en in een niet-merkgebonden universele garage? Geeft dit een aanmerkelijk verschil in waarde?

16.5 Moeten uiteindelijk de werkplaatstarieven naar boven of beneden worden aangepast als er sprake is van veel leegloop of moeten er andere maatregelen worden overwogen?

16.6 Autogarage Leeuwerik in Rijsbergen exploiteert naast een bemande benzinepomp ook een autowasruimte. Klanten krijgen een gratis muntje voor de wasruimte wanneer ze voor meer dan €50 hebben getankt. Ze kunnen het muntje ook voor €2,50 bij de kassa van de benzinepomp kopen. De kassamedewerkers hebben instructie gekregen om de gratis muntjes wel op de kassa aan te slaan, maar dan tegen de prijs van €0,00. In de praktijk blijkt dat nogal eens te worden vergeten. Vanuit commerciële overwegingen wil het management van Leeuwerik de muntjes voor De Wasbeer in de toekomst ook gratis gaan aanbieden aan klanten van de autogarage.

Wat is de consequentie van het feit dat de kassa-instructie met betrekking tot de muntjes niet consequent wordt nageleefd?

16.7 Koeriersbedrijf Go Fast verzorgt het internationale sneltransport van kleine reserveonderdelen in opdracht van een grote Nederlandse aardoliemaatschappij. Aangezien de bestemming zich overal kan bevinden, kunnen bij het vervoer ook alle mogelijke transportmiddelen worden ingezet. De te vervoeren onderdelen zijn van een zodanig formaat dat ze in een koffer of kleine container passen. Nadat de opdracht bij Go Fast binnen is, wordt het reserveonderdeel bij de opdrachtgever afgehaald en worden tegelijkertijd door de afdeling Planning alle logistieke voorbereidingen getroffen. Planning berekent de optimale route, regelt de inzet van auto, vliegtuig, schip of helikopter en handelt de douanezaken af. De medewerker die het transport uitvoert, kan meestal binnen enkele uren vertrekken.

a Tot welke typologie moeten koeriersbedrijven worden gerekend? Licht je antwoord toe.
b Op welke wijze zal de prijs bij Go Fast tot stand komen? Is er sprake van voor- en nacalculatie en zo ja, wat is daarvan dan het nut?
c Is er sprake van controleverbanden bij Go Fast? Zo ja, welke?
d Wat vormt controletechnisch gezien het grootste risico bij Go Fast? Hoe kan dit risico worden verkleind?

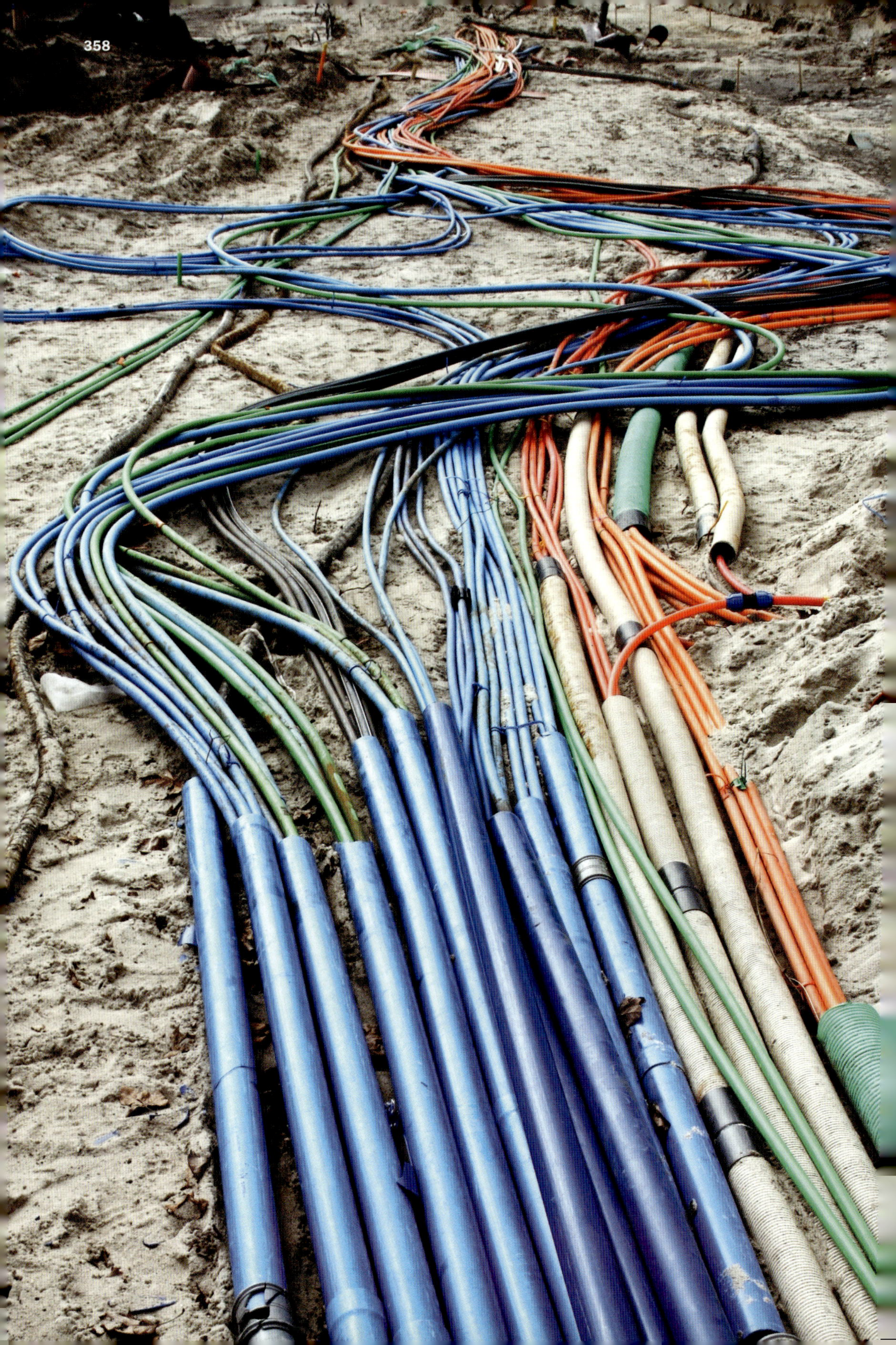

17

Bedrijven die via vaste verbindingen bepaalde diensten, energie of stoffen leveren: TeleFour

17.1 Typologie en steunpunten
17.2 Attentiepunten en risico's
17.3 Randvoorwaarden
17.4 Processen
17.5 Controles en analyses
17.6 Informatiebehoefte dienstverlening via vaste verbindingen
17.7 Samenvattende schema's dienstverlening via vaste verbindingen

In de categorie dienstverlening via vaste verbindingen bevindt zich een aantal bedrijven: de zogenoemde nutsbedrijven voor de levering van gas, water en elektriciteit en bedrijven uit de communicatiesector: de internet-, telefoon- en kabelexploitanten. Een gemeenschappelijk kenmerk bij de dienstverlening van deze bedrijven is dat de levering plaatsvindt via vaste leidingen, kabels of kanalen. Met kanalen worden niet de waterwegen bedoeld, maar de frequenties die worden gebruikt bij het verzenden van signalen bij mobiele telefonie, radio en televisie. Als voorbeeld van een bedrijf uit de typologie dienstverlening via vaste verbindingen, gaan we in dit hoofdstuk in op een telefonieaanbieder.

Openingscasus

TeleFour
TeleFour is een van oorsprong Noorse telecomaanbieder en levert zowel vaste als mobiele telefonie, televisie en internetdiensten. TeleFour heeft geen volledig dekkend eigen kabel- of mobiel netwerk, en maakt ook gebruik van de netwerken van andere 'netwerkoperators'. Met die andere aanbieders worden daar langlopende huurcontracten over afgesloten.

Klanten die een abonnement bij TeleFour afsluiten voor vaste telefonie, internet en televisie, ontvangen een modem dat moet worden aangesloten op de kabel. De klant kan dit modem zelf installeren of dat tegen een kleine vergoeding laten doen door een monteur.

De modem is zodanig geconstrueerd dat het binnenkomende signaal wordt uitgesplitst in data voor de telefoon, de televisie en de computer. Het is technisch onmogelijk dat een modem bruikbare signalen ontvangt als de betreffende aansluiting niet bij TeleFour is geregistreerd. Misbruik wordt op die manier uitgesloten.

Bij de keuze van het internetabonnement moet de klant aangeven met welke snelheid hij het web op wil. De snelheid, uitgedrukt in megabits per seconde, varieert van 40 tot 400 Mbit/s. Hoe hoger de snelheid, des te duurder is het abonnement.

Bij telefonie betaalt de klant een vast bedrag per maand en een variabel bedrag afhankelijk van de tijdsduur dat er is getelefoneerd. De prijs per tijdseenheid (bij TeleFour is dat een seconde) is afhankelijk van het tijdstip, de plaats en degene met wie er wordt gebeld. Telefoontjes na 19.00 uur en in het weekend zijn goedkoper. Als er wordt gebeld met andere abonnees van TeleFour betaalt de klant alleen het zogenoemde starttarief en hoeft er niet meer per seconde te worden bijbetaald. Telefoontjes naar een mobiel nummer zijn duurder dan die naar vaste nummers, alhoewel het bellen naar mobiele abonnees van TeleFour weer wat goedkoper is. Telefoontjes naar het buitenland zijn altijd duurder dan binnenlandse gesprekken.

De klanten van de mobiele telefonie van TeleFour kunnen kiezen voor prepaid of een abonnement. Bij prepaid ontvangt de klant eenmalig een simkaart en moet hij telkens vooraf een beltegoed kopen. Bij een abonnement is er de keuze voor het aantal per maand te gebruiken belminuten en sms'jes. Bij telefoons met internettoegang is er de keuze uit het aantal Gb's per maand. Hoe omvangrijker de zogenaamde belbundel (hiermee worden de gekochte beltijd, het aantal sms'jes en het aantal Gb aangeduid) is, des te hoger is de abonnementsprijs. Gesprekken, sms'jes of Gb's buiten de bundel (bijvoorbeeld vanuit het buitenland) worden apart, tegen een vooraf vastgesteld tarief, in rekening gebracht.

Bij televisie kan de klant kiezen uit een aantal pakketten. Het basispakket van TeleFour bevat al meer dan zeventig televisiezenders, maar de klant kan zich ook nog abonneren op een van de aanvullende pakketten met extra zenders en extra mogelijkheden, zoals terugkijken van gemiste uitzendingen, opnemen en live tv pauzeren. Uiteraard verhogen dergelijke uitbreidingen de prijs van het abonnement.

De betalingen voor alle abonnementsdiensten van TeleFour vinden plaats door middel van automatische incasso. Bij het afsluiten van het abonnement moet de klant aan TeleFour toestemming geven om maandelijks het verschuldigde abonnementsgeld van zijn bankrekening af te schrijven. Bij een contract voor mobiele telefonie moet de klant zich bovendien legitimeren en een kopie van een salarisstrookje overhandigen. De klant ontvangt geen schriftelijke factuur, maar kan de factuur wel zelf opvragen op een beveiligde webpagina van het bedrijf. Op die webpagina kunnen ook aanvullende diensten worden aangevraagd of opgezegd.

17.1 Typologie en steunpunten

Zoals we in de openingscasus hebben gezien, bestaat de opbrengst uit twee componenten: het vaste maandbedrag (abonnement) en het verbruik. Daarnaast is kenmerkend voor dit soort bedrijven dat ze heel veel klanten hebben die allemaal een relatief gering maandbedrag betalen. Dit stelt hoge eisen aan de administratieve organisatie.

Voor de abonnementen zijn er twee steunpunten:
- Voor de nieuwe abonnementen is er zo mogelijk een verband met een goederenbeweging. In het geval van TeleFour is dat met de uitgegeven modems.
- Voor de facturering is er een zogenaamd standenregister waarin de totaalstand van het te factureren maandbedrag wordt bijgehouden.

Standenregister

Voor het verbruik is het essentieel bij het aanbieden en afrekenen van diensten via vaste verbindingen, dat de door de klant afgenomen producten (gas, water) of diensten (telefonie) goed worden vastgelegd. Als namelijk het gas eenmaal is verstookt of het water uit de kraan is, is het zonder registratie onmogelijk te bepalen welke hoeveelheid de klant heeft afgenomen. Bij de nutsbedrijven vindt de registratie plaats met een meter bij de klant. Bij telefonie gebeurt de registratie al bij de aanbieder. Bij televisie en breedbandinternet is het in het algemeen niet noodzakelijk om de afgenomen signalen te registreren, de klant betaalt daar alleen een vast maandelijks bedrag.

TUSSENVRAAG 17.1
Welke diensten moeten bij televisie wel apart worden gefactureerd?

17.2 Attentiepunten en risico's

Zoals in de openingscasus TeleFour al duidelijk werd, wordt de telefoniedienst in een vrijwel onbeperkt aantal varianten aangeboden. Telefonieaanbieders leveren steeds meer maatwerk. Dit brengt een behoorlijk gedifferentieerde tariefstructuur met zich mee, die vanuit commerciële overwegingen ook nog veel tariefsaanpassingen kent. Het gevaar is dat tarieven onjuist worden toegepast. De juiste toepassing van het tarief vormt dan ook een belangrijk aandachtspunt bij de administratieve organisatie gericht op de verantwoording van de opbrengst. Zie tabel 17.1 voor het overzicht.

Tariefstructuur

TABEL 17.1 Attentiepunten en risico's diensten via vaste verbindingen

Attentiepunt	Risico
Complexe tariefstructuren	Onjuiste opbrengstverantwoording
Verschillende abonnementsvormen	Verschuivingsgevaar en dus onjuiste dan wel onvolledige opbrengstverantwoording
Hoog geautomatiseerd	Onjuiste registratie (door storingen of uitval systeem)
Bepaling verbruik door klant zelf (water, gas, elektra)	Te lage opgave verbruik

17.3 Randvoorwaarden

De randvoorwaarden bestaan uit:
- functiescheiding
- automatisering
- begroting
- richtlijnen en normen

17.3.1 Functiescheiding

Bij TeleFour is een aantal beschikkende functies te onderscheiden, namelijk: het inkopen van capaciteit (het netwerk), de acceptatie van nieuwe klanten en het voor ontvangst gereedmaken van de debiteurensaldi. Daarnaast zijn er enkele bewarende functies, zoals het beheer van het netwerk, de kassier en de debiteurenadministratie. Zoals in elke onderneming, moeten ook bij TeleFour deze functies worden gescheiden. Daarnaast zullen functiescheidingen moeten zijn aangebracht in de automatiseringsorganisatie. De processen en registraties zijn immers hoog geautomatiseerd. Daarom is het van belang dat er een aparte afdeling Automatisering is en dat daarbinnen met name de functies operations en ontwikkeling goed gescheiden zijn.

17.3.2 Automatisering

Zoals je hiervoor hebt kunnen lezen, is het voor een telefonieaanbieder van levensbelang dat de afname van capaciteit zorgvuldig wordt vastgelegd. Een dienst in deze typologie is zodanig vluchtig dat zonder goede registratie achteraf nooit meer kan worden vastgesteld wie, wanneer, wat heeft afgenomen. Het informatiesysteem van de operator zal technisch zodanig geïntegreerd moeten zijn met het telefonienetwerk, dat elk telefoontje, sms'je of afgenomen Gb's direct in het *verbruiksbestand* wordt geregistreerd. Aangezien alleen deze registraties de input kunnen vormen voor het 'billing'- of factureringssysteem, zal het *registratiesysteem* continu beschikbaar moeten zijn. Om dat te bereiken, zal de telefonieaanbieder allerlei maatregelen moeten treffen ten aanzien van het maken van back-ups, computeruitwijkmogelijkheden, fysieke toegangsbeveiliging enzovoort. Dit stelt zeer hoge eisen aan de general computer controls die we in hoofdstuk 7 hebben besproken.

17.3.3 Begroting

Het aantal verwachte abonnees vormt de basis voor de omzetbegroting. Het verwachte aantal komt voort uit historische gegevens, het aantal abonnees op dat moment, de toekomstprognose en de eigen verkoopdoelstellingen. De personeelsbegroting en de capaciteitsbegroting worden uit de omzetbegroting afgeleid.

Je kunt je voorstellen dat de telefonieaanbieders fors in de infrastructuur (hebben) moeten investeren. Investeren is vooruitzien, dus een goede capaciteitsplanning is voor het samenstellen van de investeringsbegroting zeker vereist.

Capaciteitsplanning

17.3.4 Richtlijnen en normen

Het management van TeleFour heeft richtlijnen opgesteld voor onder meer het afsluiten van abonnementen (prijzen en kortingen), de capaciteit van het netwerk (wanneer moet capaciteit worden ingekocht of worden afgestoten), het vaststellen van de kredietwaardigheid bij mobiele klanten en de klachtenafhandeling.

17.4 Processen

Figuur 17.1 geeft de processtappen van bedrijven die leveren via vaste verbindingen weer. Deze stappen bespreken we in de volgende subparagrafen.

FIGUUR 17.1 Globaal schema bedrijven die leveren via vaste verbindingen

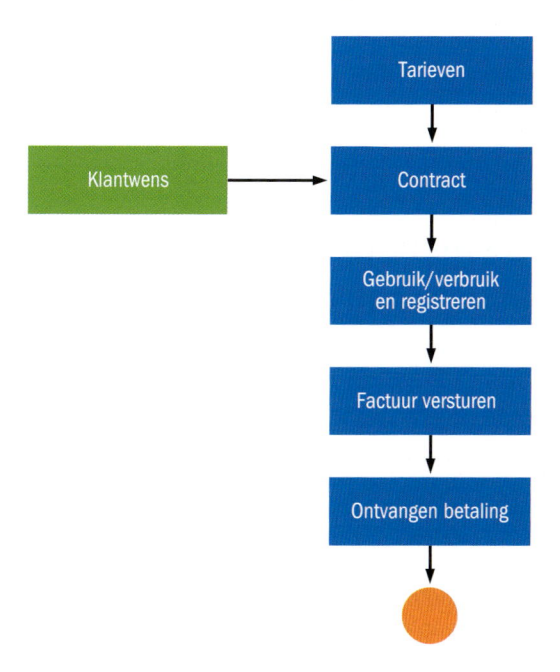

```
Klantwens → Tarieven
            ↓
            Contract
            ↓
            Gebruik/verbruik en registreren
            ↓
            Factuur versturen
            ↓
            Ontvangen betaling
```

17.4.1 Tarieven

Klanten van telefonieaanbieders kunnen kiezen voor een vast contract of betalen per keer dat ze de dienst afnemen. In dat laatste geval hebben we het over prepaid.

Vast contract

Prepaid

Bij een contract betaalt de klant een vast bedrag per maand. De samenstelling van dat bedrag is verschillend bij vaste en mobiele telefonie. Bij vaste telefonie is het maandbedrag óf opgebouwd uit een vast deel (het abonnement) en een variabel deel, óf is het de totale vergoeding voor alle telefoonverkeer in die maand. In dat laatste geval betaalt de klant dus één ('flatrate') bedrag en kan hij onbeperkt bellen zonder extra kosten. Wanneer het abonnementsbedrag alleen de vergoeding voor de aansluiting dekt, moet de klant elke keer als hij belt extra betalen. Die betaling bestaat veelal uit een klein vast bedrag voor het zogenaamde starttarief en een bedrag per tijdseenheid (minuut). Voor de hoogte van het tarief per minuut maakt het nog verschil of er naar een vast, een mobiel, een binnen- of een buitenlands nummer wordt gebeld. Ook het tijdstip waarop gebeld wordt, kan van invloed zijn op de hoogte van het tarief.

TUSSENVRAAG 17.2
Bij welk van de hiervoor beschreven varianten (vast contract, prepaid of flatrate) is het niet noodzakelijk om de afgenomen capaciteit vast te leggen?

Bij mobiele telefonie betaalt de klant bij een maandcontract voor een zogenaamde belbundel. Zoals we ook bij TeleFour gezien hebben, zit in die bundel een vast bedrag voor de aansluiting en daarnaast een vergoeding voor een vast aantal belminuten, sms'jes en eventueel Gb's internet. De klant betaalt geen extra kosten zolang hij maar binnen zijn bundel blijft. Belminuten, sms'jes of Gb's die niet worden opgebruikt, kunnen worden toegevoegd aan het tegoed voor de volgende periode. Belminuten, sms'jes of Gb's buiten de bundel moeten apart worden afgerekend. Overigens zijn er tegenwoordig ook abonnementen met onbeperkt gebruik van het internet. Dat het om grote aantallen gaat, blijkt uit het volgende bericht.

● www.marketingfuel.nl

In 2021 wereldwijd meer mobiele telefoons dan bankrekeningen

In 2021 beschikt de wereldbevolking – 7,8 miljard mensen aldus een VN-raming – over meer mobiele telefoons (5,5 miljard) dan bankrekeningen (5,4 miljard), stromend water (5,3 miljard) of vaste telefoonlijnen (2,9 miljard). Dit blijkt uit de elfde editie van de Cisco Visual Networking Index (VNI) Global Mobile Data Traffic Forecast (2016 tot 2021). Door de sterke groei van het aantal mobiele gebruikers en telefoons, de vele Internet of Things (IoT) connecties, hogere netwerksnelheden en mobiele video zal het totale mobiele dataverkeer in de komende vijf jaar met een factor 7 toenemen.
Cisco verwacht in 2021 de volgende mijlpalen voor mobiel dataverkeer:
- Mobiel dataverkeer vormt 20% van al het IP-verkeer. In 2016 was dit nog 8%.
- Anderhalf mobiel apparaat per persoon: bijna 12 miljard apparaten die via het mobiele netwerk verbonden zijn, inclusief M2M-modules (machine-to-machine). In 2016 waren deze cijfers nog respectievelijk 1,1 en 8 miljard. […]
- Het totaal aantal smartphones inclusief phablets maakt meer dan de helft uit van alle apparaten en verbindingen (6,2 miljard). In 2016 was dit 3,6 miljard. […]

8 februari 2017

Bij prepaid is er geen sprake van een vast abonnement. De prepaidklant koopt eenmalig een simkaart Om nu daadwerkelijk te kunnen bellen of sms'en koopt de klant ook een beltegoed bij de operator. Dit beltegoed wordt door de telefonieaanbieder geregistreerd en afgewaardeerd telkens als de klant gebruikmaakt van het netwerk.

TUSSENVRAAG 17.3
Bij mobiele telefonie bestaat er een verschil in het door de telefonieaanbieder gevoerde acceptatiebeleid voor nieuwe klanten. Aan contractklanten worden andere eisen gesteld dan aan prepaidklanten. Welk onderscheid wordt er gemaakt en waarom?

Het is uiteraard van groot belang dat de abonnementsvormen en de daarbij behorende tarieven op een juiste manier worden vastgelegd. Het tarievenstambestand staat hierbij centraal. Hierop moeten invoercontroles plaatsvinden, het bestand moet goed beveiligd zijn, zodat alleen bevoegden (binnen het bedrijf!) wijzigingen kunnen aanbrengen en er moet dan ook bewaakt worden dat er geen ongeautoriseerde aanpassingen plaatsvinden.

Tarievenstambestand

TUSSENVRAAG 17.4
Welke maatregelen binnen de automatisering moet je nemen om de hiervoor genoemde doelstellingen te bereiken? Zoek het antwoord eventueel op in hoofdstuk 7. Denk ook aan bedreigingen van buitenaf!

17.4.2 Contract
Op het moment dat er een contract wordt afgesloten, wordt er eerst een kredietwaardigheidscontrole gedaan. Vervolgens moeten de gegevens van de klant worden ingevoerd in het contracten- of abonneebestand. Dit is een kritisch bestand dat bij KPN toch algauw enkele miljoenen klanten zal omvatten. Daarom is het ook hier van belang dat de gegevens in dit bestand goed zijn en blijven. Gegevens die hierin staan zijn de NAW-gegevens van de klant, het bankrekeningnummer, de abonnementsvorm en het maandelijkse vaste bedrag dat gefactureerd moet worden. Naast de juistheid van de gegevens in dit bestand, waarvoor dezelfde maatregelen genomen kunnen worden als bij het tarievenbestand, is de volledigheid van belang. Staan alle klanten wel geregistreerd? Hiervoor wordt een (geautomatiseerd) standenregister van de te factureren abonnementsgelden gebruikt. Met een standenregister kan een totaalcontrole worden uitgevoerd. Het gaat dan dus niet om controle per individueel bedrag, maar om een controle op het eindtotaal. In het klassieke standenregister, dus voor de introductie van grootschalige automatisering, werd handmatig een overzicht bijgehouden van alle relevante mutaties. In het geval van de telefoonabonnementen zou zo'n overzicht er als volgt uit hebben kunnen zien (tabel 17.2).

Kredietwaardigheidscontrole

Standenregister

TABEL 17.2 Voorbeeld standenregister

Datum	Af	Bij	Klant	Bedrag per maand
1 januari		153.123	Saldo 31/12	€3.445.267,50
1 januari		1	20.108.976	€ 25,00
1 januari	1		20.071.245	€ 32,50
1 januari	1		20.085.681	€ 17,75
2 januari		1	20.108.977	€ 22,50
...				
31 januari		154.008	Saldo 31/1	€3.465.180,50

Het totaalbedrag per 31/1 (SOLL) moet gelijk zijn aan het werkelijke totaalbedrag van de facturen over januari (IST). Als er een verschil tussen beide bedragen wordt geconstateerd, moet op detailniveau worden nagegaan wat daarvan de oorzaak is. De moderne variant van het standenregister is volledig geïntegreerd in het geautomatiseerde systeem. De noodzaak om elke mutatie apart in een lijst te vermelden, bestaat niet meer. Het moderne standenregister werkt met een systeem van samenhangende controletotalen, ook wel netwerk van controletotalen genoemd, dat bij mutaties automatisch worden aangepast. De werking van het moderne standenregister is evenwel gelijk aan die van de klassieke variant.

Netwerk van controletotalen

17.4.3 Gebruik/verbruik registreren

In het verbruiksbestand moeten bij elke registratie van capaciteitsgebruik ten minste de volgende kenmerken worden vastgelegd: identificatie van de klant (door bijvoorbeeld het telefoonnummer), tijdstip, duur (begintijd en eindtijd), bestemming (lokaal, binnenland, buitenland), ontvanger (vast of mobiel), type (gesprek, sms, internet enzovoort). Je begrijpt dat dit hoge eisen stelt aan de betrouwbaarheid van de geautomatiseerde processen. Binnen het eerdergenoemde netwerk van controletotalen zal een totaal worden opgebouwd van wat er gefactureerd moet gaan worden.

Bij andere bedrijven binnen deze typologie zal het verbruik op basis waarvan gefactureerd wordt op een andere manier worden vastgelegd. Om het werkelijke verbruik te kunnen vaststellen, moet bijvoorbeeld de gas-, water- of elektriciteitsmeter worden opgenomen. In het verleden werd de meter opgenomen door een meteropnemer, tegenwoordig wordt aan de klant gevraagd om de stand van de meter zelf op te nemen en aan het nutsbedrijf door te geven.

TUSSENVRAAG 17.5
Welke maatregelen moet het nutsbedrijf nemen vanwege het risico dat klanten hun meterstand te laag opgeven?

Slimme meter

Voor elektriciteit en gas heeft de klant tegenwoordig steeds vaker een zogenaamde slimme meter, die op afstand door de energieleverancier kan worden uitgelezen. Het is de bedoeling dat alle meters op den duur door een slimme meter worden vervangen. Dit is een voorbeeld van het Internet of Things dat ook weer eisen stelt aan de beveiliging. Het mag niet gebeuren dat de elektriciteitsmeter gehackt wordt!

17.4.4 Facturering en incasso

De verbruiksdata worden bij de facturering gecombineerd met de gegevens uit het stambestand klanten en tarieven. Het klanten- of aansluitingenbestand bevat gegevens over de klanten, hun telefoonaansluitingen en de afgesloten abonnementen; in het tarievenbestand zitten de te hanteren tarieven en de daarbij geldende voorwaarden. Alle drie de bestanden zijn nodig om de vergoeding voor het abonnement, de gesprekskosten en de kosten voor het verzenden van sms'jes en andere vormen van datacommunicatie correct te kunnen uitrekenen.

Stambestand

De facturering geschiedt verder geheel automatisch, waarbij er binnen het systeem aansluitingen gemaakt worden met het standenregister (vaste bedragen) en totalen van verbruiksbestand (variabele bedragen).

Facturering

Incasso zal meestal per automatische incasso gebeuren. Zo niet, dan is goede debiteurenbewaking van belang.

Incasso

Voor prepaidklanten worden geen maandelijkse facturen aangemaakt. Nieuwe klanten ontvangen na aanmelding eenmalig een factuur voor de simkaart en het beltegoed. Het opwaarderen van het beltegoed verloopt verder geheel automatisch. Klanten kunnen ervoor kiezen om voor een bepaald bedrag een tegoed te kopen. De unieke code die hierbij hoort, moet vervolgens via het telefoontoestel worden ingevoerd. Als de ingevoerde code correspondeert met de codes in het bestand van de telefonieaanbieder, wordt het beltegoed van de klant opgewaardeerd. Het opwaarderen kan ook door rechtstreeks een bedrag van de eigen bankrekening naar die van de operator te laten overboeken. Van de opwaardering ontvangt de klant geen factuur of ander schriftelijk document.

Prepaidklanten

Interessant is de vraag wanneer er bij prepaidklanten sprake is van omzet: op het moment dat het beltegoed wordt gekocht of wanneer het beltegoed wordt gebruikt? Bij verkoop van het beltegoed ontstaat er feitelijk een vordering van de klant op de leverancier. De vergoeding die wordt betaald, wordt beschouwd als de vooruitbetaling voor de met het tegoed af te nemen telecommunicatiediensten. De feitelijke omzet wordt pas behaald op het moment dat de klant zijn beltegoed aanspreekt om te kunnen telefoneren.

17.5 Controles en analyses

Binnen de controles en analyses onderscheiden we drie vormen:
1 verbandscontroles
2 cijferbeoordelingen
3 detailcontroles

17.5.1 Verbandscontroles

Bij telefonieaanbieders kan met betrekking tot de volledigheid van opbrengsten van de abonnementen, de volgende verbandscontrole per soort abonnement voor vast of mobiel verkeer worden toegepast:

Beginstand abonnees + nieuwe aanmeldingen –/– opzeggingen = eindstand abonnees × abonnementstarief = verwachte abonnementsopbrengsten   [17.1]

Dit is een verband binnen het standenregister.

Waar mogelijk kan bij nieuwe abonnees ook het verband gelegd worden met een goederenbeweging. Bijvoorbeeld mobiele telefoons of, bij internet thuis, modems. Voor de voorraad modems geldt dan de bekende formule:

> Beginvoorraad + inkopen –/– eindvoorraad = nieuwe abonnementen [17.2]

Opgemerkt moet worden dat er in de praktijk geen sprake is van één abonnementstarief, maar dat een dergelijke controle per soort abonnement moet worden uitgevoerd. Standen en mutaties kunnen worden afgeleid uit het klantenbestand. De verwachte opbrengsten kunnen vervolgens worden vergeleken met de werkelijke opbrengsten.

Wat betreft de opbrengsten van de gesprekken bij vaste telefonie geldt de volgende verbandscontrole:

> Gesprekstijden = gebruikte tijdseenheden × gesprekstarief per tijdseenheid = verwachte gespreksopbrengsten [17.3]

De gebruikte tijdseenheden zijn onttrokken aan het verbruiksbestand, de tarieven komen uit het tarievenbestand. Ook hier geldt weer dat de verbandscontrole niet in deze eenvoudige vorm kan worden toegepast, aangezien er een groot aantal tarieven per tijdseenheid mogelijk is. Er zal per tarief gedifferentieerd moeten worden.

Tot slot gelden de verbanden:

> Verwachte abonnementsopbrengsten + verwachte gespreksopbrengsten = facturering = opboeking debiteuren [17.4]

> Afboeking debiteuren = opboeking liquide middelen [17.5]

17.5.2 Cijferbeoordeling

Onderwerp van de cijferbeoordelingen is vooral de huidige bezettingsgraad van het netwerk in relatie tot de historische en de bezetting binnen de telecombranche in het algemeen. Daarnaast zullen het marktaandeel, de omzet en de winst per type abonnement onderzocht worden. Ook zal het aantal opzeggingen en nieuwe abonnees (per abonnementstype) worden vergeleken met de dezelfde cijfers over voorgaande periodes.

17.5.3 Detailcontroles

De detailcontroles zullen met name gericht zijn op de correcte toepassing van de tarieven voor de verschillende abonnementstypen en soorten gesprekken (binnen- of buitenland, moment van de dag enzovoort).

17.6 Informatiebehoefte dienstverlening via vaste verbindingen

In deze paragraaf gaan we in op de informatie die nodig is binnen dit type bedrijf. Hierbij kijken we naar de informatie op de drie informatieniveaus:

1 strategische informatiebehoefte
2 tactische informatiebehoefte
3 operationele informatiebehoefte

Ad 1 Strategische informatiebehoefte
De strategische informatie gaat vooral over ontwikkelingen op de markt. De markt van mobiele telefonie is nog betrekkelijk jong, maar is in korte tijd enorm gegroeid, zowel wat betreft het aantal afnemers als wat betreft de aangeboden diensten. Informatie is nodig om beslissingen over kostbare investeringen in infrastructuur, zoals (glasvezel)netwerken en complexe automatiseringssystemen te kunnen nemen. Informatie over wat de klant in de toekomst wil, is daarbij van doorslaggevende betekenis. Deze informatie kan worden ingewonnen door continu marktonderzoek te doen en de trends in bijvoorbeeld soorten abonnementen goed te analyseren. Onderwerpen die daarbij de komende jaren zeker in de belangstelling zullen staan, is de enorme vlucht van de mobiele communicatie en dataverkeer enerzijds en de noodzaak van steeds meer beveiliging tegen digitale criminaliteit anderzijds. Deze twee trends lijken op gespannen voet met elkaar te staan, het is strategisch dan ook van belang om hierin het juiste midden te vinden.

Ad 2 Tactische informatiebehoefte
Op tactisch niveau is het zaak om verliesgevende typen abonnementen boven tafel te krijgen en in detail te analyseren wat de achterliggende oorzaken zijn. Op basis van gegevens over het gebruik van de netwerkcapaciteit en piekbelastingen, kunnen beslissingen worden genomen over de technische inrichting van het netwerk.

Ad 3 Operationele informatiebehoefte
Operationeel zijn er veel technische aangelegenheden die adequate informatie vereisen. Denk bijvoorbeeld aan de klantenservice die exact moet weten welke aansluitingen, via welke technische voorzieningen (zoals modems) elke klant tot zijn beschikking heeft. Deze informatie ligt opgeslagen in het aansluitingenbestand. De administratieve afhandeling van veel operationele activiteiten, denk aan de facturering, verloopt geheel geautomatiseerd. Bij de acceptatieprocedure van nieuwe klanten voor mobiel bellen is er, in verband met de beoordeling van de kredietwaardigheid, nog wel sprake van menselijk handelen. Bij deze activiteit wordt informatie gebruikt die door de klant zelf is aangeleverd. Aangezien de klant er belang bij heeft dat zijn aanvraag wordt geaccepteerd, moet de betrouwbaarheid van de verstrekte informatie terdege worden onderzocht.

Acceptatie-procedure

Krediet-waardigheid

17.7 Samenvattende schema's dienstverlening via vaste verbindingen

In figuur 17.2 is het globaal processchema waarmee we dit hoofdstuk gestart zijn, uitgewerkt in een swimlane waarin de stappen en functiescheidingen zichtbaar zijn.

FIGUUR 17.2 Proces van levering via vaste verbindingen met swimlanes

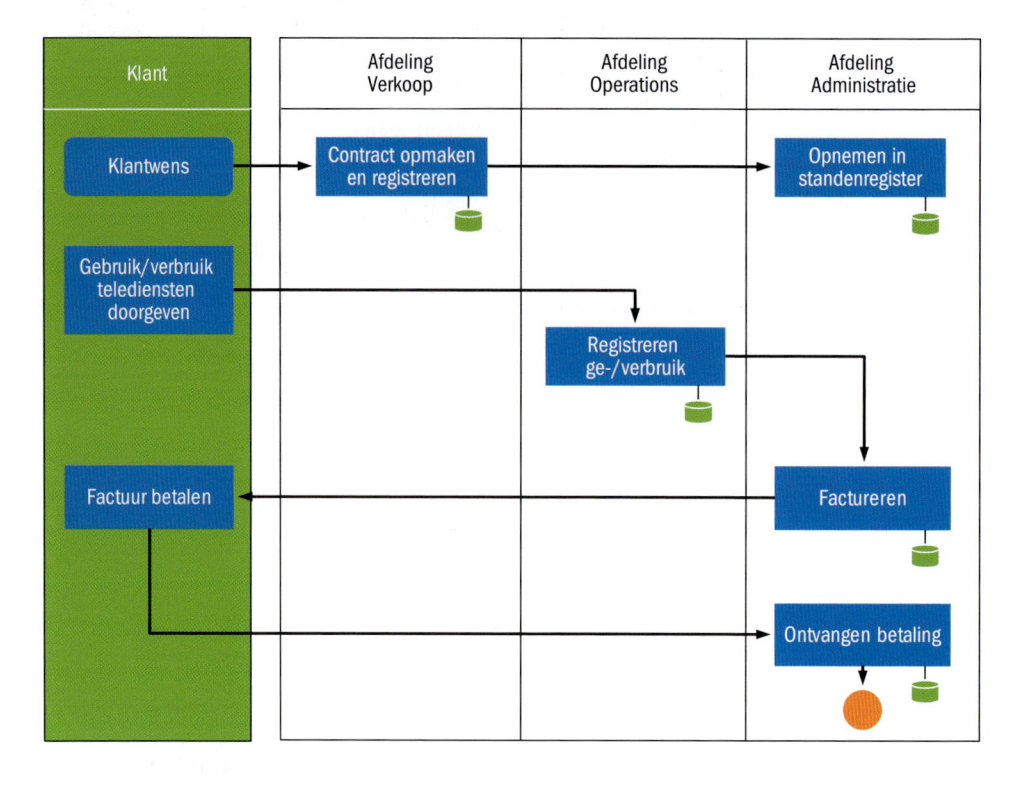

Klant	Afdeling Verkoop	Afdeling Operations	Afdeling Administratie
Klantwens →	Contract opmaken en registreren		Opnemen in standenregister
Gebruik/verbruik telediensten doorgeven →		Registreren ge-/verbruik	
Factuur betalen ←			Factureren
			Ontvangen betaling

In tabel 17.3 is een samenvattend schema opgenomen van dit hoofdstuk, waarin de diverse elementen van de administratieve organisatie naar voren komen.

TABEL 17.3 Samenvattend schema hoofdstuk 17

Typologie	Dienstverlening met levering via vaste verbindingen
Steunpunten	Verbanden in de automatisering
	Waar mogelijk verbanden met goederenbeweging
Mogelijke attentiepunten	Complexe tariefstructuren
(niet limitatief)	Verschillende abonnementsvormen
	Hoog geautomatiseerd
	Bepaling verbruik door klant zelf (water, gas, elektra)
Functiescheiding	Functiescheiding in de automatisering
	Klantencontact en afname dienst verloopt veelal via automatisering
Automatisering	Vereist veel aandacht
	General computer controls erg belangrijk
	Verschillende registraties
	Waar mogelijk netwerk van controletotalen in systeem
Begroting	Verkoopbegroting
	Tariefbepaling
	Investeringsbegroting
Richtlijnen	Eventueel: controle verbruik

Tariefbepaling

Activiteit	Mogelijke attentiepunten	Risico's	Interne beheersingsmaatregelen	Verbandscontroles
Vaststellen tariefstructuur en invoer in systemen	Complexe tarieven	Onjuiste opbrengstverantwoording	1 Autorisatie tarieven 2 Invoercontroles 3 Beveiliging stambestanden	

Abonnement afsluiten

Activiteit	Mogelijke attentiepunten	Risico's	Interne beheersingsmaatregelen	Verbandscontroles
Afsluiten abonnement en invoer in systemen	Verschillende abonnementsvormen	Verschuivingsgevaar en dus onvolledige of onjuiste opbrengstverantwoording	1 Geprogrammeerde controles invoer abonnementsvorm 2 Klant controleert abonnementsvorm 3 Standenregister per type abonnement	Beginstand abonnees + nieuwe aanmeldingen –/– opzeggingen = eindstand abonnees Indien mogelijk verband met goederenbeweging, bijv. modems: Beginvoorraad + inkopen –/– eindvoorraad = nieuwe abonnementen

Registratie verbruik

Activiteit	Mogelijke attentiepunten	Risico's	Interne beheersingsmaatregelen	Verbandscontroles
Afname dienst en -registratie verbruik	Sterk geautomatiseerd Registratie verbruik door klant (water, gas, elektra)	Onjuiste registratie Te lage opgave	1 Vastlegging in verbruiksbestand per klant 2 Registratie in totalen van de geleverde diensten (registratiesysteem) 1 Steekproefsgewijs controle 2 Cijferanalyse t.o.v. verleden en vergelijkbare locaties 3 Intelligente meters	Opboeking verbruiksbestand = verbruik volgens registratiesysteem

Facturering

Activiteit	Mogelijke attentiepunten	Risico's	Interne beheersingsmaatregelen	Verbandscontroles
Facturering		Onjuiste of onvolledige facturering	1 Standenregister 2 Aansluitingen binnen geautomatiseerd systeem	1 Abonnementen: totaal facturering = standenregister 2 Verbruik: facturering = verbruiksregistratie 3 Totaal facturering = opboeking debiteuren 4 Afboeking debiteuren = opboeking liquide middelen (automatische incasso)

Eindvragen

17.1 Hoe kan de volledigheid van de opbrengst voor abonnementen worden gecontroleerd?

17.2 Beschrijf de werking van een standenregister en geef een voorbeeld van de toepassing van een standenregister.

17.3 Is het voor een telefonieaanbieder van belang om het aantal prepaidklanten te weten? Licht je antwoord toe.

17.4 Wat zal een belangrijke strategische informatiebehoefte zijn bij een elektriciteitsbedrijf?

17.5 Beschrijf de manier waarop de jaarlijkse afrekening van een elektriciteitsbedrijf tot stand komt.

17.6 Het bedrijf Holland Cable is een middelgrote speler op het terrein van de datacommunicatie door middel van kabels. Holland Cable overweegt om grote investeringen te doen in het huidige kabelnetwerk. Holland Cable wil zich meer richten op de groeiende vraag van consumenten naar triple play-diensten. Daarnaast heeft het bedrijf UCMovies het verzoek aan de directie gedaan om samen een pilot te ontwikkelen voor interactieve televisie via de kabel. De directie van Holland Cable wil graag op dit verzoek ingaan, maar betwijfelt of het met de huidige organisatiestructuur gaat lukken om de exploitatie van telefonie, internetdiensten en reguliere en betaaltelevisie tegen een concurrerend tarief mogelijk te maken.
Het huidige netwerk zal volledig gemoderniseerd moeten worden. De twijfels binnen Holland Cable hebben vooral betrekking op het onderhoud van het kabelnetwerk en het beheer van de ICT-voorzieningen. Het onderhoud aan het huidige netwerk vertoont de laatste tijd een sterke kostenstijging, terwijl de kwaliteit lijkt af te nemen.

    a Welke informatiebehoefte heeft de directie van Holland Cable met betrekking tot de investeringsbeslissing?
    b Welke informatiebehoefte bestaat er binnen Holland Cable ten aanzien van het beheer van het kabelnetwerk?
    c Heeft de toestand van het kabelnetwerk invloed op de hoogte van de door Holland Cable gehanteerde tarieven?

17.7 Waterleidingbedrijf AquaDelta levert drinkwater aan een groot deel van Zeeland en Zuid-Holland. Het bedrijf neemt water in uit oppervlaktewater en opgepompt grondwater. Het ingenomen water wordt eerst gezuiverd en indien nodig ontkalkt. Vervolgens wordt het schone water via het leidingenstelsel onder de afnemers gedistribueerd. AquaDelta werkt met vaste voorschotbedragen, die maandelijks automatisch worden geïncasseerd. Een keer per jaar wordt de stand van de watermeter door de gebruiker zelf opgenomen en op basis daarvan vindt de eindafrekening plaats.

a Het doorgeven van de meterstand is de eerste stap in wat wel wordt aangeduid als het 'billingsproces'. Beschrijf de volgende stappen in dit proces.
b De uitkomst van de billing is uiteraard een factuur voor de eindafrekening. Welke verdere administratieve acties vloeien nog voort uit de billing?
c In veel gevallen wordt de meterstand door de klant zelf opgenomen en aan de maatschappij doorgegeven. Welke waarborgen zal AquaDelta hebben ingebouwd om te voorkomen dat de afnemer (on)bewust een verkeerde meterstand doorgeeft?

374

18
Bedrijven die informatie of informatiediensten leveren: Apple App Store

18.1 Typologie en steunpunten
18.2 Attentiepunten en risico's
18.3 Randvoorwaarden
18.4 Processen
18.5 Controles en analyses
18.6 Informatiebehoefte bedrijven die informatie(diensten) leveren
18.7 Samenvattende schema's bedrijven die informatie(diensten) leveren

De laatste categorie van dienstverlenende bedrijven met een beperkte doorstroming van goederen, is tegelijk ook de meest moderne. Je moet hier denken aan bedrijven die informatie (zoals boeken, muziek, films of video, software, gegevensbestanden, apps) aanbieden in digitale vorm.
De afnemer kan die informatie downloaden of aanschaffen op een gegevensdrager, zoals een cd of dvd. Als je bedenkt dat de eerste commerciële cd pas in 1982 op de markt kwam en dat het internet pas in het begin van de jaren negentig van de vorige eeuw toegankelijk werd voor het grote publiek, dan besef je wat voor een enorme ontwikkeling er in nog geen dertig jaar heeft plaatsgevonden. Het valt te voorzien dat deze informatiediensten voorlopig zeker nog niet uitontwikkeld zijn. Bij de eerste druk van dit boek hadden we nog nauwelijks van apps gehoord, nu is dat een begrip dat iedereen kent.

Openingscasus

Apple App Store
Het belangrijkste distributiekanaal voor mobiele app(licatie)s is een app store. Een app store (of app-marktplaats) is een soort digitaal distributieplatform voor smartphone, tablet en computersoftware. De introductie van dit distributiekanaal bood softwareontwikkelaars een compleet nieuw verkoopkanaal. Het app-store-model heeft voor ontwikkelaars voor- en nadelen. Als voordeel kunnen we noemen dat de store een beduidend grotere toegang tot de markt van app-gebruikers biedt dan de ontwikkelaar zelf ooit zou kunnen verkrijgen. De store leunt hierbij op het vertrouwen in het bedrijf dat de store runt. Een pluspunt is ook dat alle transacties inclusief betalingen door de software van de store worden afgehandeld. Nadeel is de vaak lastige vindbaarheid van een applicatie (als er meer dan 50.000 apps voor fitness in de store staan, is de kans dat net die ene app wordt geselecteerd, niet zo heel erg groot). Een ander nadeel voor de aanbieders is het feit dat zij geen toegang hebben tot informatie over de mensen die hun software kopen en downloaden. De twee grootste app stores op dit moment (voorjaar 2018) zijn de Apple App Store en de Google Play-store. Om apps via de Apple App Store te mogen aanbieden, moeten de apps aan bepaalde kwaliteitseisen voldoen. Apple controleert de kwaliteit van de apps en de mate waarin ze voldoen aan bepaalde door Apple gedefinieerde standaarden. Op die manier wordt ervoor gezorgd dat de store vrij blijft van malware, bugs en inhoud die niet geschikt is voor minderjarigen. Apple heeft voor dit 'curatiemodel' gekozen, omdat het voor het bedrijf van groot belang is om de kwaliteit van mobiele apps op hetzelfde niveau te houden als dat van de overige hard- en softwareproducten en zodoende te streven naar een maximale klanttevredenheid.
In de Apple App Store zijn momenteel meer dan 2 miljoen apps verkrijgbaar voor Apple-apparatuur onder het besturingssysteem IOS: iPhone, iPad of iPod Touch. De Apple App Store ging in juli 2008 van start met 500 apps, gelijktijdig met de verkoop van de iPhone 3G. De apps zijn gratis of voor een vast bedrag te downloaden. 30% van de opbrengst is voor Apple, de rest gaat naar de ontwikkelaar van de app. In 2017 werd $26,5 miljard aan de ontwikkelaars uitgekeerd. Het aantal downloads ligt sinds de opening van de store tot nu aan toe rond de 180 miljard. Alleen al in 2016 werden meer dan 25 miljard apps gedownload.
In de store worden apps aangeboden in verschillende categorieën, zoals games, zakelijk, onderwijs en lifestyle. De best verkopende categorie is, niet verrassend, games; meer dan 25% van de downloads zijn spelletjes. Om apps te downloaden en te kopen in de Apple App Store heeft de klant een Apple ID nodig. Het Apple ID is het account dat wordt gebruikt om toegang te krijgen tot Apple-services. De apps kunnen worden gezocht en gekocht op elke Apple-apparaat. De store houdt bij welke apps al eerder zijn aangeschaft. Deze software kan kosteloos opnieuw worden gedownload. Gratis apps kunnen direct worden geïnstalleerd, bij betaalde toepassingen moet er eerst worden afgerekend. De betaling kan plaatsvinden via creditcard (ook met een prepaid creditcard), pinpas, Paypal of de mobiele telefoon. Ook kan worden betaald met Apple-cadeaubonnen. Vooral bij veel gratis spelletjes kunnen na het installeren 'in-app aankopen' worden gedaan. In-app aanko-

pen betreft zaken als in-game valuta's, hints in de game, extra gezondheid of extra ervaringspunten. De in-app aankopen kunnen eenmalig worden gedaan, maar ook in abonnementsvorm, zoals bijvoorbeeld bij kranten of tijdschriften, die elke dag of week opnieuw worden gedownload.

18.1 Typologie en steunpunten

Bij de controle op de volledigheid van opbrengsten doet zich bij bedrijven die informatie of informatiediensten leveren, het probleem voor dat de producten die verhandeld worden niet stoffelijk aanwezig zijn. De producten zijn niet meer dan verzamelingen van bits (nulletjes en eentjes), die alleen op een computer of een ander door een processor aangestuurd apparaat enige betekenis hebben. In sommige gevallen is er wel een fysieke gegevensdrager (zoals een dvd), maar de werkelijke waarde van het product is datgene dat zich op die gegevensdrager bevindt. Dit is natuurlijk heel anders dan bij kranten, die leveren ook informatie maar dat gebeurt in een tastbare vorm. Aanbieders van elektronische diensten zijn ook niet te vergelijken met handelsbedrijven. Zo ontbreekt er een goederenbeweging (afgezien dan van de gegevensdragers), kan het product eindeloos worden verkocht (een muziekbestand kan 'eeuwig' telkens opnieuw worden gedownload) en wordt de koper vaak ook geen eigenaar, maar slechts betalend gebruiker van het product. Het copyright © (het exclusief recht tot het reproduceren, publiceren en verkopen van een product) blijft bij de aanbieder. Er zijn nog meer verschillen tussen tastbare en virtuele producten: tastbare producten kunnen slijten, virtuele producten kunnen hooguit minder actueel worden; tastbare producten liggen opgeslagen op een bepaalde locatie, virtuele producten kunnen zich overal bevinden. Bij onlineverkoop, zoals bij de app store, zal er voor de controle van de volledigheid van de opbrengst moeten worden geregistreerd hoe vaak een bepaald product is verkocht. We komen daar verderop nog op terug.

Elektronische diensten

Copyright

Virtuele producten

Een bijzondere soort van digitale dienst wordt geleverd door de zogenoemde application service providers (ASP). Deze bedrijven maken het mogelijk om, tegen betaling, online computerapplicaties te gebruiken. Het gaat daarbij vooral om administratieve toepassingen. Een klant van een ASP kan zo bijvoorbeeld een ERP-pakket gebruiken voor zijn administratie, zonder de licentie voor dat pakket ook zelf te hoeven aanschaffen. Voordeel voor de klant is dat hij geen eigenaar is van de toepassing en dus ook niet het beheer heeft over een vaak complexe IT-infrastructuur. Een ander praktisch voordeel is dat de accountant van de klant rechtstreeks online toegang kan krijgen tot de vastgelegde administratie, wat een behoorlijke kostenbesparing oplevert. Er zijn overigens accountantskantoren die de ASP-dienst ook zelf aanbieden.

ASP

De ASP-aanbieder verhuurt dus in wezen het gebruik van applicaties. De gebruiker schaft een ASP-licentie of -abonnement aan om van de dienst gebruik te kunnen maken. De aanbieder kan de kosten per klant relatief laag houden doordat hij de beheerskosten over alle abonnees kan spreiden. De aanbieder heeft dan ook veel belang bij schaalgrootte en zal proberen om één bepaalde applicatie gelijktijdig door verschillende klanten te laten gebruiken.

SaaS

Een moderne variant van ASP is SaaS: software as a service. SaaS is niet gelijk aan ASP, want bij SaaS wordt nog alleen gebruikgemaakt van geheel op het web gebaseerde technieken. De applicatie wordt dan ook benaderd via de webbrowser. De verzamelnaam voor dergelijke technieken is dan ook cloud computing: de gegevens bevinden zich 'ergens' op het internet (in de cloud).

Cloud computing

Informatiebeveiliging is een aspect dat bij ASP goed geregeld moet zijn en dan vooral de privacybescherming van de klant. Ook moet de klant gegarandeerd zijn van de continuïteit van de dienst, het mag tenslotte niet zo zijn dat de provider op zeker moment besluit om er letterlijk de stekker uit te trekken. Een ander punt betreft de mogelijkheden die de klant heeft om na verloop van tijd van ASP-aanbieder te veranderen en al zijn data mee te laten verhuizen.

TUSSENVRAAG 18.1
Welke bedrijven houden zich in Nederland bezig met ASP of SaaS?

Voor al deze bedrijven zijn de verbanden in de automatisering het belangrijkste steunpunt. Hadden we in het vorige hoofdstuk nog een mogelijk verband met de geleverde modems, bij bedrijven in dit hoofdstuk moet volledig gesteund worden op de IT.

18.2 Attentiepunten en risico's

Er is een belangrijk attentiepunt, namelijk de bepaling van de betaalde afname, dus het aantal maal dat een betaalde app uit de App Store is gedownload (tabel 18.1).

TABEL 18.1 Attentiepunt en risico leveren informatie

Attentiepunt	Risico
Bepaling betaalde afname	Onvolledige opbrengstverantwoording

Overigens zou je kunnen zeggen dat dit een typologiespecifiek risico is en niet zozeer een casusspecifiek.

18.3 Randvoorwaarden

De rondvoorwaarden bestaan uit:
- functiescheiding
- automatisering
- begroting
- richtlijnen en normen

18.3.1 Functiescheiding
Bij softwarebedrijven moet een strikt onderscheid worden gemaakt tussen de ontwikkelen van applicaties en het verkopen ervan. Het is dan ook gewenst om functiescheiding door te voeren tussen softwareontwikkeling en alles wat daarmee samenhangt en de verkoop van de licenties. Alleen de laatste functie is beschikkend, de overige zijn uitvoerend dan wel registrerend.

18.3.2 Automatisering
Zoals je hiervoor hebt kunnen lezen, is het voor een bedrijf als de Apple App Store, maar ook voor de andere softwareaanbieders, van levensbelang dat de afname van de apps en licenties zorgvuldig wordt vastgelegd. Maar de automatisering stopt niet bij de administratie, want in de totale dienstverlening staan computers en automatisering centraal. De continuïteit van de bedrijfsactiviteiten is volledig afhankelijk van de continuïteit van het computersysteem en de netwerkinfrastructuur. Als de computers eruit liggen of er is een storing op internet, ligt het bedrijf geheel of gedeeltelijk ook plat. Om de continuïteit van het productie- en administratieve systeem zo veel mogelijk te waarborgen, zullen allerlei maatregelen getroffen moeten worden met betrekking tot het maken van back-ups, computeruitwijkmogelijkheden, fysieke toegangsbeveiliging enzovoort. Dit stelt zeer hoge eisen aan de general computer controls.

18.3.3 Begroting
Bij ondernemingen die software ontwikkelen, zal het aan de kostenkant van de begroting eigenlijk alleen gaan om de ontwikkelkosten van nieuwe software en dat zijn vrijwel volledig personeelskosten. Aan de opbrengstenkant zal een schatting gemaakt worden van het aantal klanten of licentiehouders. Bij het vaststellen van de verkoopprijzen zal een berekening gemaakt worden uitgaande van de ontwikkelkosten (de reeds gemaakte kosten en de verwachte kosten voor het onderhoud van de applicatie) verdeeld over het begrote aantal verkochte licenties. Bij het casusbedrijf Apple App Store gaat het niet om het ontwikkelen van software, maar uitsluitend om de verkoop van het gebruiksrecht. Voor de verkoopbegroting verwijzen we naar hoofdstuk 11. Belangrijk voor de Apple App Store is wel dat bij de raming van de opbrengsten altijd de afdracht van 70% aan de ontwikkelaars moet worden meegenomen.

18.3.4 Richtlijnen en normen
Het management zal richtlijnen opstellen voor onder meer het goedkeuren en beheersen van de ontwikkelactiviteiten (medewerkers mogen niet op eigen houtje nieuwe projecten starten of functionaliteit aan de software toevoegen) en het tegengaan van illegaal gebruik van de software.

18.4 Processen

De stappen die een bedrijf maakt dat informatiediensten levert, zijn in figuur 18.1 opgenomen. We bespreken ze in deze paragraaf.

FIGUUR 18.1 Globaal schema bedrijf dat informatie of informatiediensten levert

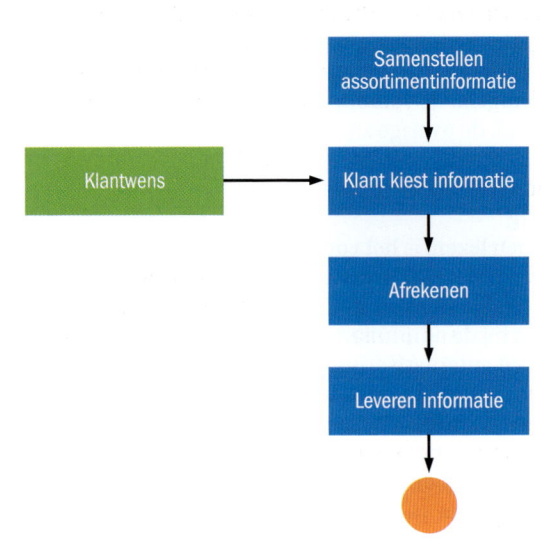

```
                    ┌──────────────────────┐
                    │   Samenstellen       │
                    │ assortimentinformatie│
                    └──────────┬───────────┘
                               │
    ┌───────────┐              ▼
    │ Klantwens │──────▶┌──────────────────┐
    └───────────┘       │ Klant kiest      │
                        │   informatie     │
                        └─────────┬────────┘
                                  │
                                  ▼
                        ┌──────────────────┐
                        │    Afrekenen     │
                        └─────────┬────────┘
                                  │
                                  ▼
                        ┌──────────────────┐
                        │ Leveren informatie│
                        └─────────┬────────┘
                                  │
                                  ●
```

18.4.1 Samenstellen assortiment

Bij de Apple App Store geldt, zoals in de casus al vermeld, het curatiemodel. Apple stelt hoge eisen aan de kwaliteit van de software die door de ontwikkelaars wordt aangeboden. Apple stelt voor ontwikkelaars het 'Developer Account' verplicht. Om voor het account in aanmerking te komen, moet de ontwikkelaar aan een aantal eisen voldoen. Zo is een KvK-inschrijving vereist. Als de app gereed is, kan hij worden ingediend en kan het testen via de App Store beginnen. Als het testen is voltooid, volgt de acceptatieprocedure door Apple. Nadat ook die positief is afgesloten, wordt de app in de App Store opgenomen. De verkoopprijs in de App Store wordt door de ontwikkelaar bepaald. De ontwikkelaar blijft ook eigenaar van de app. De App Store is niet meer dan de naam al aangeeft: een winkel die de apps verkoopt.

Als een app in de App Store wordt opgenomen, zal de software van de store dit registreren en deze data koppelen aan de gegevens in het Developer Account. Op die manier kan later de afname van de app en de eventuele uitbetaling van een deel van de opbrengst worden geregistreerd.

18.4.2 Kiezen informatie en afrekenen

De klant maakt een keuze voor een informatieproduct via de Apple App Store, die ook weer als een app op het apparaat van de klant staat. Voordat een betaalde app kan worden geïnstalleerd, moet er eerst worden afgerekend. Afhankelijk van de betalingswijzen die in het Apple-account van de klant zijn geselecteerd, kan de klant de betaling verrichten. De software van de App Store zorgt hierbij voor een aantal zaken:

- De afname van het informatieproduct wordt geregistreerd. Deze registratie is enerzijds gekoppeld aan de klantgegevens, zodat de klant op een later moment de betreffende app (kosteloos) opnieuw kan downloaden. Daarnaast is het voor Apple commercieel ook interessant om te weten welke klanten welke apps downloaden. Anderzijds zal ook registratie per app plaatsvinden, vanwege de afname en eventuele opbrengst per app.

- Indien er sprake is van een betaling, zal deze eerst worden gecontroleerd. Deze controle gebeurt geheel realtime. De intermediair (bank, creditcardmaatschappij) geeft elektronisch al dan niet groen licht. Als de betaling akkoord is, zal de App Store het geselecteerde informatieproduct vrijgeven en dit ook registreren gekoppeld aan de klantgegevens.

Na de eventuele betaling kan de download en de installatie van het informatieproduct plaatsvinden.

18.4.3 Leveren informatie

Bij de Apple App Store zal de app op het apparaat van de klant een signaal krijgen van de App Store op internet dat de afname akkoord is. Vanaf dat moment kan de download en installatie van het aangeschafte informatieproduct plaatsvinden.

Het is voor de aanbieders van de informatiediensten van wezenlijk belang dat hun product alleen wordt verstrekt aan betalende gebruikers. Er zal daarom de nodige aandacht moeten zijn voor een afdoende toegangsbeveiliging van de internetsite of applicatie (de store) waarmee de diensten worden aangeboden. Gebruikers zouden alleen toegang mogen krijgen tot het beschermde gedeelte van de website, wanneer zij in het bezit zijn van een unieke toegangscode en een wachtwoord (zoals het Apple ID).

Toegangsbeveiliging

Het is voor de aanbieders van de software van groot belang om ervoor te zorgen dat de afnemers de gedownloade producten niet kunnen kopiëren om daarmee dan hun eigen winkeltjes te kunnen opzetten.

TUSSENVRAAG 18.2
Wat is de betekenis van het Digital Rights Management (DRM) dat door grote bedrijven als Microsoft wordt gebruikt om hun rechten veilig te stellen?

In de praktijk blijkt het lastig te zijn om het kopiëren van muziek, film of software te voorkomen. Hackers zijn er tot op heden steeds in geslaagd om elke vorm van beveiliging van digitale producten te kraken. De producten kunnen zodoende door iedereen die daar moreel geen problemen mee heeft, worden gebruikt zonder te betalen. In Nederland zet Stichting Brein zich sinds 1998 in om inbreuken op intellectuele eigendomsrechten van auteurs, uitgevers, producenten enzovoort zoveel als mogelijk te voorkomen. De stichting probeert vooral organisaties of personen te laten vervolgen die zich bezighouden met het faciliteren van illegale downloads.

Hackers

18.5 Controles en analyses

Binnen de controles en analyses onderscheiden we drie vormen:
1 verbandscontroles
2 cijferbeoordelingen
3 detailcontroles

18.5.1 Verbandscontroles

Bij onlineverkoop, zoals bij de app store, zal er voor de controle van de volledigheid van de opbrengst moeten worden geregistreerd hoe vaak een bepaald product is verkocht. Aangezien de verkoop alleen plaatsvindt via de app store, zal het aantal betaalde downloads vastgelegd moeten worden. Het aantal maal dat een betaald product is gedownload, moet dan over-

Download

eenkomen met het aantal maal dat het is verkocht. Hieruit kan ook de SOLL voor de opbrengst worden berekend:

Aantal keren gedownload = aantal keren
verkocht × prijs van het product = opbrengst verkopen in geld [18.1]

Dit kan worden aangesloten met de registratie per klant:

Opbrengst verkopen o.b.v. apps = opbrengst verkopen o.b.v.
registratie per klant [18.2]

Tot slot moet de relatie met de binnenkomende geldbeweging worden vastgesteld:

Opbrengst verkopen = opboeking liquide middelen [18.3]

De volledigheid van opbrengst bij ASP kan worden gecontroleerd door het aantal verkochte ASP-licenties of abonnementen te vermenigvuldigen met de prijs per licentie:

Aantal verkochte licenties × licentieprijs = opbrengst [18.4]

18.5.2 Cijferbeoordeling

De cijferbeoordelingen zullen zich vooral richten op de totale omzet in relatie tot voorgaande jaren, de omzet per applicatie of categorie applicaties, brutomarges, verleende kortingen etc. Bij de app store zal ook naar de afdracht aan de ontwikkelaars worden gekeken.

18.5.3 Detailcontroles

De detailcontroles zullen met name gericht zijn op de correcte toepassing van de prijzen voor de te downloaden apps of de licenties. Bij de app store, die de producten wereldwijd aanbiedt, zullen ook de gehanteerde wisselkoersen worden gecontroleerd. Daarnaast zal soms detailcontrole plaatsvinden van de afdracht aan de ontwikkelaars.

18.6 Informatiebehoefte bedrijven die informatie(diensten) leveren

In deze paragraaf gaan we in op de informatie nodig is om een bedrijf dat informatiediensten levert te besturen en te beheersen. Hierbij kijken we naar de informatie op de drie informatieniveaus:
1 strategische informatiebehoefte
2 tactische informatiebehoefte
3 operationele informatiebehoefte

Ad 1 Strategische informatiebehoefte
Op strategisch niveau is het management van een bedrijf dat informatiediensten levert met name geïnteresseerd in de ontwikkelingen op de markt. De branche waarin het bedrijf zich bevindt, is nog jong en heeft zich nog lang niet uitontwikkeld. Dagelijks zijn er nieuwe initiatieven op het internet die van belang kunnen zijn voor dit type bedrijven.

Ad 2 Tactische informatiebehoefte
Op tactisch niveau is het zaak om slechtlopende producten op te sporen en te analyseren wat de achterliggende oorzaken zijn. Daarnaast bestaat er informatiebehoefte van tal van technische aspecten, zoals het gebruik van de bandbreedte (transmissiecapaciteit).

Ad 3 Operationele informatiebehoefte
Operationeel zijn er ook veel technische aangelegenheden die adequate informatie vereisen. De administratieve afhandeling van veel operationele activiteiten, zoals de facturering en incasso, verloopt geheel geautomatiseerd.

18.7 Samenvattende schema's bedrijven die informatie of informatie(diensten) leveren

In figuur 18.2 is het globaal processchema waarmee we dit hoofdstuk gestart zijn, uitgewerkt in een swimlane waarin de stappen en functiescheidingen zichtbaar zijn.

FIGUUR 18.2 Proces van levering van informatie met swimlanes

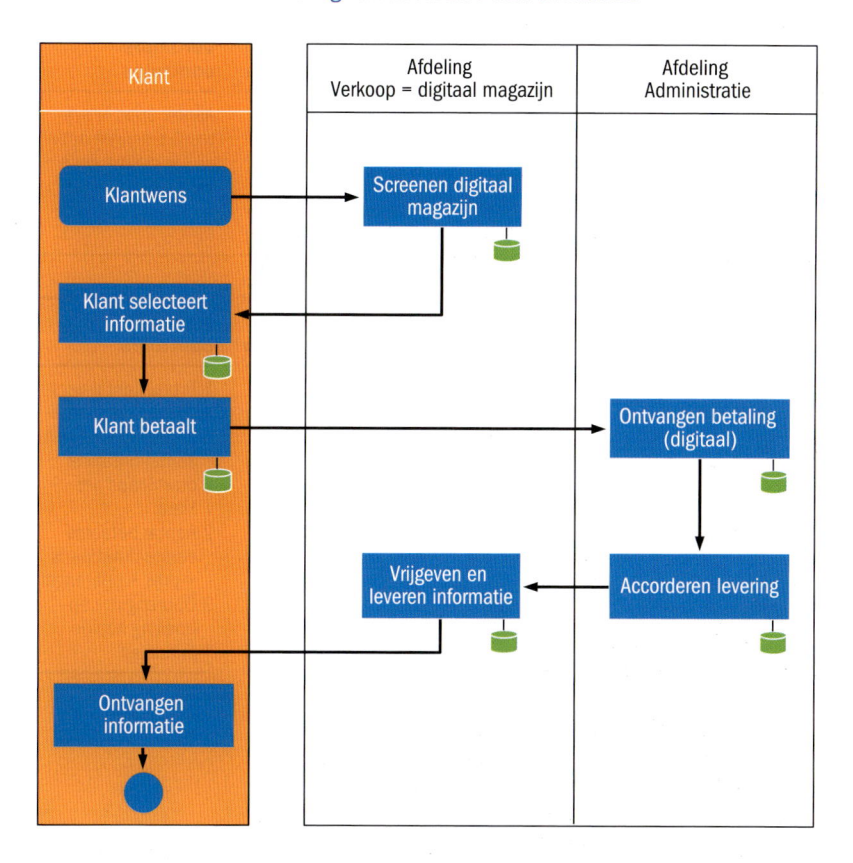

In tabel 18.2 is een samenvattend schema opgenomen van dit hoofdstuk, waarin de diverse elementen van de administratieve organisatie naar voren komen.

TABEL 18.2 Samenvattend schema hoofdstuk 18

Typologie	Bedrijven die informatiediensten leveren
Steunpunten	Verbanden in de automatisering
Mogelijke attentiepunten (niet limitatief)	Bepalen betaalde afname
Functiescheiding	Functiescheiding in de automatisering
	Klantencontact en afname dienst verloopt via automatisering
Automatisering	Vereist veel aandacht
	General computer controls erg belangrijk
	Verschillende registraties
	Waar mogelijk netwerk van controletotalen in systemen
Begroting	Verkoopbegroting
	Tariefbepaling
	Investeringsbegroting
Richtlijnen	Beheersing ontwikkelactiviteiten
	Tegengaan illegaal gebruik software

Assortiments- en prijsbepaling

Activiteit	Mogelijke attentiepunten	Risico's	Interne beheersingsmaatregelen	Verbandscontroles
Vaststellen assortiment (acceptatie aangeboden apps), prijzen en invoer in systemen		Onjuiste opbrengstverantwoording	1 Autorisatie assortiment en prijzen 2 Invoercontroles 3 Beveiliging stambestanden 4 Hash totals	Aantal apps in systeem + nieuwe apps −/− vervallen apps = nieuw aantal apps

Afname product

Activiteit	Mogelijke attentiepunten	Risico's	Interne beheersingsmaatregelen	Verbandscontroles
Klant downloadt en betaalt	Bepalen afname	Onvolledige opbrengstverantwoording	1 Registratie downloads per app 2 Registratie downloads per klant	1 Totaal aantal eerste downloads per betaalde app = totaal aantal betaalde downloads per klant 2 Aantal betaalde eerste downloads × prijs = opbrengst 3 Opbrengst = opboeking liquide middelen

Eindvragen

18.1 Wat zijn de verschillen tussen informatiegoederen en handelsgoederen?

18.2 Kan er sprake zijn van een voorraad informatiegoederen en zo ja, op welke wijze kan de waarde van die voorraad worden berekend?

18.3 Wat wordt verstaan onder opensourcesoftware?

18.4 Wat is het verschil tussen ASP en SaaS?

18.5 Er zijn websites waar standaard juridische contracten, zoals voor kamerverhuur, te koop worden aangeboden. De contracten worden aangeboden als Word-bestanden. Op welke wijze zal zo'n site proberen te voorkomen dat het contract na de download, wordt gekopieerd en ook door anderen dan de koper wordt gebruikt?

18.6 Gettyimages.com is een zogenaamd stockbureau en biedt sinds 1995 online tegen betaling foto's aan. De enorme collectie van meer dan 70 miljoen foto's is opgedeeld in een aantal categorieën, zoals Rights Managed, Royalty Free of Creative Express. Per categorie gelden andere tarieven en andere voorwaarden met betrekking tot het gebruik en publicatie van de foto's. Ter bescherming van de eigen rechten zet Gettyimages het bedrijf PicScout in om continu het web te scannen op ongeautoriseerd gebruik van de foto's. Websites die illegaal foto's uit de stock van Gettyimages gebruiken, ontvangen alsnog een rekening, die dan wel is verhoogd met een forse boete.

    a Op welke wijze probeert Gettyimages te voorkomen dat foto's van de website zonder betaling worden gebruikt? Om deze vraag te kunnen beantwoorden, zul je de site van Gettyimages moeten bezoeken.
    b Bij bepaalde gebruiksovereenkomsten mogen foto's slechts een beperkte periode, bijvoorbeeld drie maanden, worden gepubliceerd en dan ook maar op één website of in één advertentie. Welke eisen stelt dit soort van voorwaarden aan de registratie ten behoeve van de controle op de volledigheid van opbrengst?
    c Onder welke typologie valt PicScout?

18.7 In Nederland zijn er twaalf Kamers van Koophandel (KvK's) die zich bezighouden met advisering en belangenbehartiging voor ondernemers. Een van de bekendste taken van de KvK is het beheren van het handelsregister, waarin, op een enkele uitzondering na, iedere in Nederland gevestigd bedrijf moet zijn ingeschreven. De KvK biedt, tegen betaling, ook de mogelijkheid om informatie uit het handelsregister op te vragen. Iedereen die dat wil, dus ook particulieren, kan via het Handelsregister Online informatie kopen over bijvoorbeeld bedrijfsprofielen, concernrelaties, faillissementen of de jaarrekening. Gebruikers kunnen zich kosteloos registreren en ontvangen dan een toegangscode. De betaling geschiedt op basis van gebruik. Het tarief voor het opvragen van het bedrijfsprofiel en concernrelaties begint bij €2,30; een jaarrekening opvragen kost €3,05.

a Welke registraties vinden bij het Handelsregister Online plaats voor de controle op de volledigheid van opbrengst?
b Hoe groot schat je het risico dat de opgevraagde informatie wordt gekopieerd en eventueel wordt doorverkocht? Welke maatregelen kan de KvK nemen om illegaal gebruik te voorkomen?

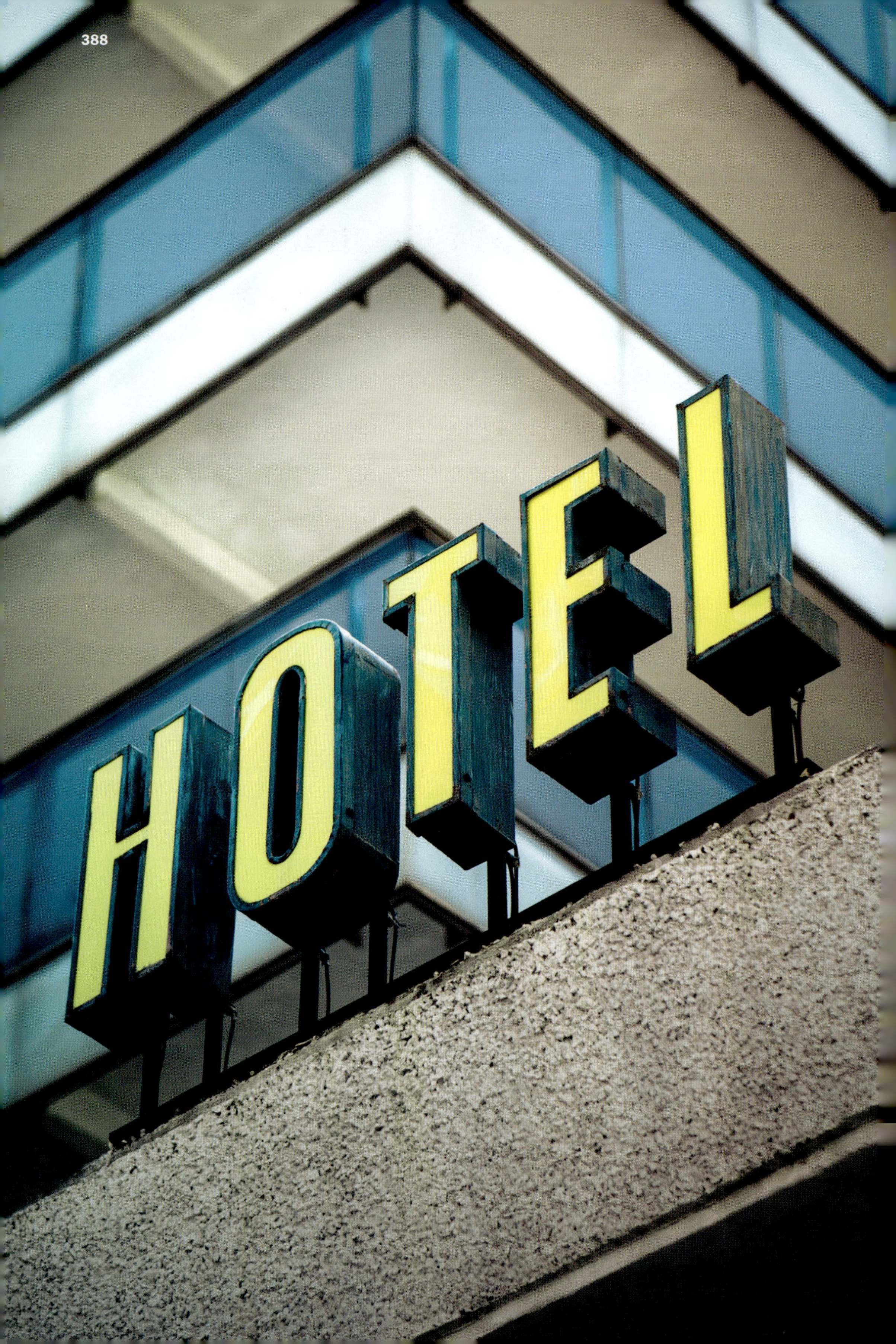
HOTEL

19
Bedrijven die capaciteit met specifieke reservering beschikbaar stellen: SaturnusHotels

19.1 **Typologie en steunpunten**
19.2 **Attentiepunten en risico's**
19.3 **Randvoorwaarden**
19.4 **Processen**
19.5 **Controles en analyses**
19.6 **Informatiebehoefte beschikbaar stellen capaciteit met specifieke reservering**
19.7 **Samenvattende schema's beschikbaar stellen capaciteit met specifieke reservering**

De hoofdstukken 15 tot en met 18 gingen over dienstverlenende bedrijven waarbij nog een zekere goederenbeweging aanwezig was. Nu komen we bij een volgende categorie bedrijven, namelijk waar geen sprake meer is van een (relevante) goederenbeweging. De eerste categorie die we gaan bekijken, betreft capaciteitsbedrijven. Dit zijn bedrijven die hun capaciteit beschikbaar stellen aan de klant. Het kan gaan om fysieke capaciteit (ruimtes), maar ook om andersoortige capaciteit. Dit kan bijvoorbeeld advertentieruimte in de krant zijn of reclameseconden op radio of tv. Wel is het belangrijk op te merken dat er twee soorten capaciteitsbedrijven zijn:
1 bedrijven waar specifieke reservering is
2 bedrijven waar geen specifieke reservering is

In dit hoofdstuk richten we ons op de eerstgenoemde categorie. De andere soort komt in het volgende hoofdstuk aan bod. In dit hoofdstuk staat het hotelbedrijf centraal. Daartoe zullen we nu eerst SaturnusHotels introduceren.

Openingscasus

SaturnusHotels
SaturnusHotels exploiteert een keten van vijftien hotels gelegen in bosrijke gebieden in Nederland. Het bedrijf richt zich op de zakelijke markt en de bovenkant van de particuliere markt. Een hotel beschikt gemiddeld over zeventig kamers. Dit betreft voornamelijk tweepersoonskamers, maar ook is er een beperkt aantal eenpersoonskamers en suites beschikbaar. Deze laatste bestaan, naast een slaap- en badkamer, uit een luxueus ingerichte zitkamer. Een aantal suites is door middel van een afsluitbare tussendeur verbonden met de naastgelegen tweepersoonskamer, zodat een familiesuite ontstaat. De prijs van een familiesuite is lager dan de prijs van de suite en tweepersoonskamer samen. Elk hotel beschikt ook nog over één bruidssuite, voorzien van een romantische aankleding en een tweepersoonsjacuzzi.

De prijzen van de kamers zijn van diverse factoren afhankelijk. Ten eerste variëren ze per hotel. Aangezien SaturnusHotels met een grootscheeps renovatie- en nieuwbouwprogramma bezig is, verschillen de hotels onderling qua luxe en faciliteiten. De prijsstelling is hierop aangepast. Ten tweede zijn de prijzen per nacht in het weekend lager dan gedurende de week. Het weekend omvat de nachten van vrijdag op zaterdag en zaterdag op zondag. Daarnaast zijn er verschillende arrangementen, mede afhankelijk van het seizoen. Zo zijn er onder meer een Nieuwjaarsarrangement van 31 december tot en met 2 januari, waarin de Nieuwjaarsbrunch is begrepen en een herfstarrangement van vrijdag tot en met zondag met twee keer een diner in het restaurant met een wildmenu.

Daarnaast beschikt elk hotel over circa vijf vergaderzalen die per dagdeel (ochtend, middag, avond) gehuurd kunnen worden. De zalen verschillen in grootte en dus in prijs. Een aantal zalen kan door middel van demontabele tussenwanden worden samengevoegd tot één grote zaal.

Het komt regelmatig voor dat bedrijven in de hotels conferenties en trainingen houden. Naast de huur van een of meer zalen worden dan kamers gehuurd en wordt gebruikgemaakt van het restaurant en (vooral) van de bar. Hiervoor wordt een arrangementsprijs afgesproken, waarbij de drankjes apart worden afgerekend. Tot slot is met een aantal grote klanten contracten afgesloten. Op basis hiervan krijgen ze bij alle hotels van de keten korting, mits een minimumafname behaald wordt.

Zoals gezegd, vindt een renovatie- en investeringsprogramma plaats. Hierdoor is de keten het afgelopen jaar uitgebreid van dertien naar vijftien hotels. Hotels die gerenoveerd worden, zijn tijdelijk geheel of gedeeltelijk gesloten.

De keten heeft haar hoofdkantoor in Deventer. Daar bevinden zich onder meer de centrale afdelingen Administratie en Automatisering. Alle hotels zijn aangesloten op het interne computernetwerk. Klanten kunnen zowel reserveren via de centrale reserveringsafdeling (bereikbaar via een 0900-nummer), als via de website, maar ook aan de balie van de hotels zelf. Dit laatste komt bij alle vestigingen voor, maar gebeurt relatief het meest bij hotels die zich dicht bij de snelweg bevinden. Dit zijn de passanten die voor dezelfde avond een kamer boeken.

19.1 Typologie en steunpunten

Zoals in de inleiding van dit hoofdstuk is vermeld, richten we ons in dit hoofdstuk op de bedrijven die capaciteit (ruimte) ter beschikking stellen met specifieke reservering. SaturnusHotels is hier een voorbeeld van, maar er zijn veel meer van dit soort bedrijven.

TUSSENVRAAG 19.1
Geef voorbeelden van andere bedrijven die capaciteit ter beschikking stellen met specifieke reservering.

Anders dan in alle eerder behandelde hoofdstukken is er bij deze categorie geen sprake meer van een goederenbeweging. Natuurlijk, er worden wel goederen ingekocht, denk aan schoonmaakmaterialen, beddengoed enzovoort, maar er is geen verband met de opbrengstverantwoording. Geen hard verband, zoals bij handel en productie en geen 'zachter' verband, zoals bij het eetcafé en het garagebedrijf. Waar het om gaat bij het hotel is bezetting. Dit geldt zowel voor het succes van de onderneming als voor de beheersing van de opbrengstverantwoording. Het is logisch dat een lege kamer niets opbrengt, maar erger nog: de gemiste opbrengst kan nooit worden ingehaald. Als een handelsbedrijf een dag niets verkoopt en de volgende dag een dubbele omzet draait, is er per saldo weinig aan de hand. Bij dienstverlening geldt: nu niet verkocht, is nooit verkocht.

Bezetting

TUSSENVRAAG 19.2
Hoe komt het dat de gemiste opbrengst bij een hotel nooit ingehaald kan worden?

Ook voor de (interne) controle op de opbrengstverantwoording is dit van belang. Laten we kijken naar een kleiner broertje van SaturnusHotels, een klein stadshotel dat zich richt op handelsreizigers die voor afspraken in de stad moeten zijn en die eenvoudig en goedkoop willen overnachten. Het hotel dat een beetje verwaarloosd en verouderd is, heeft tien kamers (zonder douche of toilet) die allemaal (altijd) €50 per nacht kosten. Dan is het simpel: de opbrengst per nacht moet €500 zijn, tenzij er kamers leegstaan. Het is logisch dat als er twee kamers niet bezet zijn, de opbrengst €400 is enzovoort. Dit is weergegeven in figuur 19.1.

Zonder maatregelen van administratieve organisatie bestaat hier echter een risico: is de kamer wel echt leeg of is die als leeg geregistreerd terwijl hij wel bezet is geweest? Kijk eens naar voorbeeld 19.1.

FIGUUR 19.1 De relatie tussen capaciteit, leegstand en opbrengst

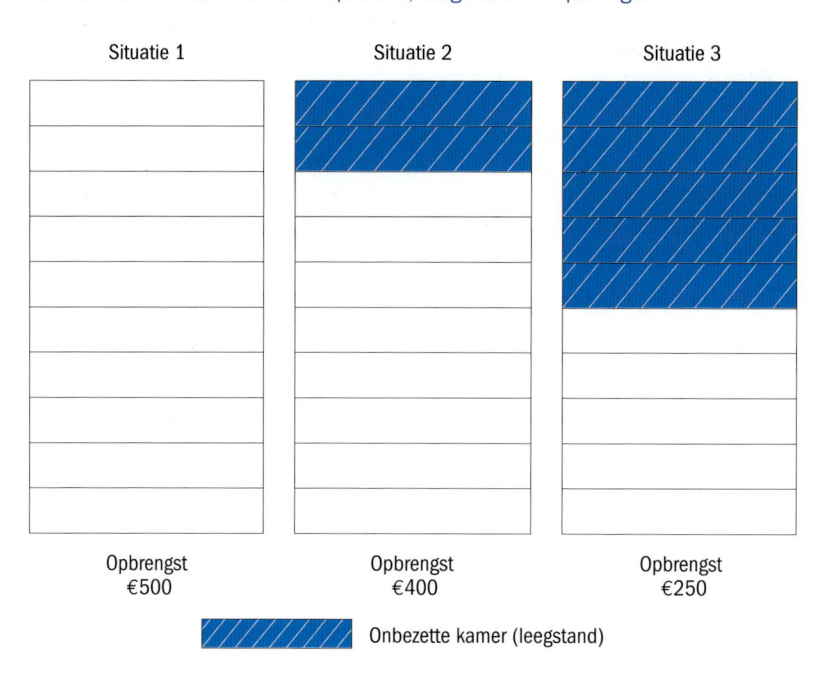

Situatie 1	Situatie 2	Situatie 3
Opbrengst €500	Opbrengst €400	Opbrengst €250

▨ Onbezette kamer (leegstand)

VOORBEELD 19.1

Is de hotelkamer wel echt leeg?

Het wordt het echtpaar, dat eigenaar is van het stadshotel, te veel om elke nacht ook de nachtdienst te draaien. Zij huren hier een student voor in. Deze ontdekt een methode om zijn lage uurloon aan te vullen. Opbrengsten van gasten die laat binnenkomen en vroeg vertrekken, stort hij niet in de kas, maar steekt hij lekker in eigen zak. Het enige dat hij hoeft te doen, als de gast weg is, is het bed weer netjes opmaken, even het raam openzetten, de stoel weer rechtzetten en voilà, niemand die het ziet. Dit levert toch al gauw €150 per week op en drie overnachtingen op een vijfdaagse werkweek meer of minder (50 'kamernachten') valt toch niet op.

Het probleem voor de eigenaar is dus dat kamers, waarvan hij denkt dat ze leeg gestaan hebben, wel degelijk bezet waren. Om deze reden kunnen we de bezetting iets scherper formuleren: capaciteit minus leegstand.

Het gaat er dus ten eerste om dat de capaciteit eenduidig vaststaat. Nu is dat bij het stadshotel niet zo'n probleem (tien kamers), maar bij SaturnusHotels ligt dat ingewikkelder.

TUSSENVRAAG 19.3

Welke factoren kunnen het mogelijk maken te frauderen met kamerverhuur bij SaturnusHotels?

Als de capaciteit eenmaal vaststaat, moet de leegstand gecontroleerd worden, zoals we bij ons stadshotel gezien hebben. We noemen dit dan ook leegstandscontrole. We zullen zien dat als we de processen slim inrichten, deze leegstandscontrole automatisch gebaseerd op functiescheiding plaatsvindt.

Leegstandscontrole

Daarnaast kent SaturnusHotels nog een ander probleem ten opzichte van ons stadshotel, namelijk dat de kamerprijzen niet gelijk zijn. Zoals in de openingscasus is beschreven, is er door allerlei redenen sprake van variërende prijzen en valt dus niet zomaar de rekensom te maken als bij het stadshotel.

Tot slot is het goed op te merken, dat er binnen SaturnusHotels verschillende activiteiten plaatsvinden en er zelfs sprake is van verschillende typologieën. Zo vallen zowel kamerverhuur als zaalverhuur onder dezelfde typologie en zijn onderwerp van dit hoofdstuk. Het restaurant en de bar daarentegen vallen onder de typologie dienstverlening met een zekere doorstroming van eigen goederen, die in hoofdstuk 15 is behandeld.

Samenvattend zijn de steunpunten:
- geautoriseerde tariefstructuur
- capaciteit minus leegstand
- leegstandscontrole

19.2 Attentiepunten en risico's

Bij de attentiepunten gaat het met name om de tijdige en juiste registratie van de beschikbare capaciteit (de hotelkamers) en het gebruik van de juiste prijzen voor de kamers en de consumpties (tabel 19.1).

TABEL 19.1 Attentiepunten en risico's bij SaturnusHotels

Mogelijke attentiepunten	Risico's
Wijzigingen beschikbare capaciteit (incidenteel)	1 Kamers worden te vroeg uit de administratieve capaciteit verwijderd, eventuele opbrengsten daarna worden niet meer verantwoord 2 Kamers worden te laat aan de administratieve capaciteit toegevoegd, eventuele eerdere opbrengsten worden niet verantwoord
Verschillende prijzen	Onjuiste prijzen in systeem
Annulering	1 Vergoedingen wegens annulering worden niet verantwoord 2 Annulering wordt niet verwerkt. Kamer blijft op bezet staan
Variabele capaciteit (regulier)	Wijzigingen in de capaciteit (bijv. door het samenvoegen van kamers) worden onjuist verantwoord, waardoor onvolledige opbrengstverantwoording

19.3 Randvoorwaarden

De randvoorwaarden bestaan uit:
- functiescheiding
- automatisering
- begroting
- richtlijnen en normen

19.3.1 Functiescheiding

Bij een hotel moet een functiescheiding bestaan tussen het vastleggen van de reservering (beschikkend/registrerend), het controleren van de leegstand (controlerend) en de facturering (registrerend). In de praktijk leggen de receptionisten de reserveringen vast en die registratie vormt tegelijk de basis voor de factuur. De leegstand zal vaak worden gecontroleerd door de huishoudelijke dienst. We komen hier in subparagraaf 19.4.4 nog op terug.

19.3.2 Automatisering

Een goed werkend reserveringssysteem is van levensbelang voor een hotel. Enerzijds levert het de informatie op basis waarvan reserveringsverzoeken al dan niet worden gehonoreerd, anderzijds is het essentieel voor de facturering en de opbrengstverantwoording. Als het reserveringssysteem, om welke reden dan ook, niet beschikbaar is, kan het hotel niet functioneren. Dit stelt eisen aan de general computer controls. De mogelijkheid om via het web te reserveren, betekent, zoals we dat ook al bij andere typologieën zagen, dat de autorisatie van de klant duidelijk moet worden ingeperkt en dat bepaalde delen van het informatiesysteem moeten worden afgegrendeld.

Stambestand Capaciteit

Het hart van het reserveringssysteem wordt gevormd door het stambestand Capaciteit (het kamerstambestand). Hierin zijn per hotel alle kamers met de bijzonderheden opgenomen, waaronder de prijs. Het zal duidelijk zijn dat de (blijvende) juistheid van dit bestand van groot belang is. Daarom zullen wijzigingen in dit bestand goed beveiligd moeten zijn en de invoer van gewijzigde prijzen moet door iemand anders worden gecontroleerd. Tevens zullen maar een paar medewerkers binnen de organisatie dit bestand mogen wijzigen (general computer controls).

19.3.3 Begroting

Bij de beslissing om een nieuw hotel te bouwen, moet worden uitgegaan van een bepaald prijsniveau. Dit zal mede zijn gebaseerd op prijzen in bestaande hotels, zowel van SaturnusHotels als van concurrenten. Met dit prijsniveau wordt ook verder gerekend in de meerjarenramingen die per hotel worden opgesteld. Deze vormen het uitgangspunt voor de jaarlijkse begrotingscyclus. De tarieven zijn een bouwsteen voor de omzetbegroting, uitgaande van een bepaalde kamerbezetting en bepaalde prijzen. De volgende stap is de omzetbegroting afzetten tegen de kostenbegroting, waaruit per hotel een geprognosticeerde winst volgt. De verwachte winst zal vervolgens worden afgezet tegen het geïnvesteerd vermogen, zodat er een rendement begroot wordt dat aan de eisen van de organisatie zal moeten voldoen. Wat deze eisen zijn, hangt onder meer af van de strategie van de onderneming en de toezeggingen die bijvoorbeeld aan aandeelhouders gedaan zijn. Vanuit de begroting worden op deze manier de tarieven per hotel, per kamer vastgesteld.

19.3.4 Richtlijnen en normen

De richtlijnen hebben betrekking op het toepassen van kortingen, de betaling van de factuur (vooraf, deels vooraf, achteraf enzovoort), annuleringen en de leegstandscontrole. Daarnaast zijn er allerlei richtlijnen over de wijze waarop met gasten omgegaan moet worden, maar deze zijn voor AO niet interessant.

19.4 Processen

In figuur 19.2 zijn de processtappen weergegeven van bedrijven die capaciteit met specifieke reservering beschikbaar stellen.

FIGUUR 19.2 Globaal schema beschikbaar stellen capaciteit met specifieke reservering

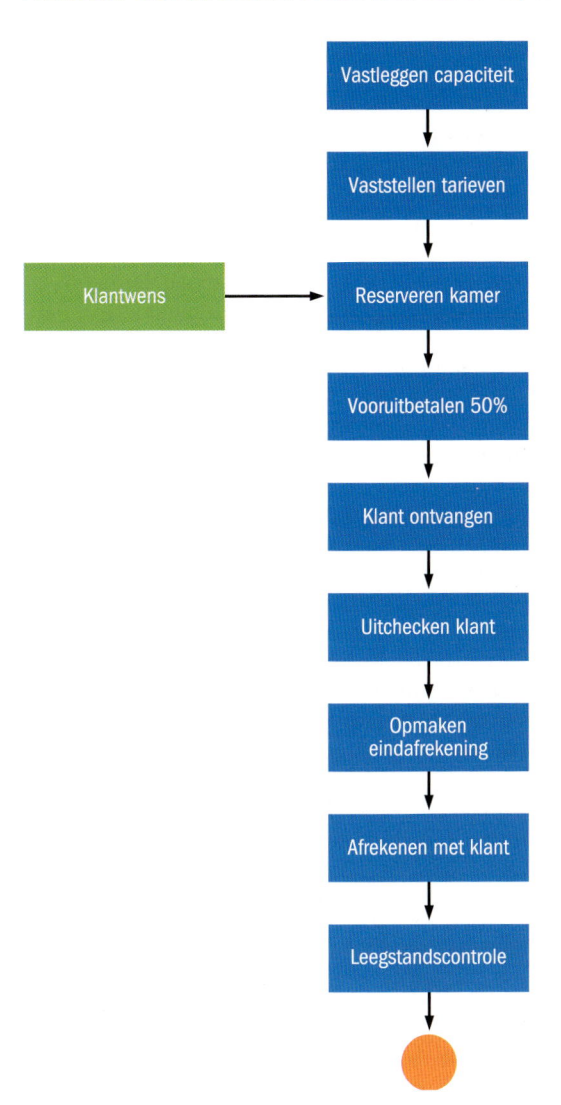

```
Vastleggen capaciteit
        ↓
Vaststellen tarieven
        ↓
Klantwens → Reserveren kamer
        ↓
Vooruitbetalen 50%
        ↓
Klant ontvangen
        ↓
Uitchecken klant
        ↓
Opmaken eindafrekening
        ↓
Afrekenen met klant
        ↓
Leegstandscontrole
        ↓
        ●
```

We zullen eerst ingaan op een aantal voorbereidende processen: vastleggen van capaciteit en vaststellen van tarieven. Vervolgens gaan we aan de slag met de operationele processen: het reserveren en de ontvangst en het vertrek van de gast. Bij het laatste proces zullen we ook ingaan op de leegstandscontrole.

19.4.1 Vastleggen capaciteit

In deze subparagraaf verdiepen we ons in de vraag hoe de capaciteit wordt vastgesteld en vastgelegd. Hierbij gaan we ook in op het feit dat bij SaturnusHotels de capaciteit wisselt. Dit heeft twee redenen:
1 *Nieuwbouw en renovatie.* Nieuwe hotels worden in gebruik genomen. De capaciteit breidt uit. Hotels worden gerenoveerd. Eerst daalt de capaciteit, daarna neemt die weer toe.
2 *Kamers en zalen samenvoegen en splitsen.* Kamers kunnen worden samengevoegd tot familiesuites. Vergaderzalen kunnen worden samengevoegd tot een grote zaal.

Categorie 1 is duidelijk anders dan categorie 2. Je zou kunnen zeggen dat de onder 1 genoemde oorzaken incidenteel voorkomen, terwijl de oorzaken bij 2 dagelijks (kunnen) voorkomen.

Nieuwbouw en renovatie

Bedrijven – en zeker bedrijven waar het geld met de capaciteit verdiend wordt – staan regelmatig voor investeringsbeslissingen. Moet de capaciteit worden uitgebreid en zo ja, met hoeveel, wat voor kwaliteit enzovoort? Dit geldt voor een luchtvaartmaatschappij, een autoverhuurbedrijf en dus ook voor een hotel. Dit zijn strategische beslissingen, waarvoor ook strategische informatie nodig is. De wijze waarop deze beslissingen tot stand komen en de (project)organisatie die daarbij gehanteerd wordt, vallen buiten het kader van dit boek.

Een belangrijk moment binnen de administratieve organisatie is als de capaciteit in gebruik genomen wordt. Bij renovatie gaat hier nog een belangrijk moment aan vooraf, namelijk het moment dat zij buiten gebruik gesteld wordt. In het laatste geval wordt zij uit de beschikbare capaciteit gehaald en bij ingebruikname (weer) toegevoegd. Dit is een van de (weinige) mutaties in het kamerstambestand, waarover we eerder spraken. Het is goed op te merken dat, uit het oogpunt van administratieve organisatie, er de volgende risico's zijn, in verband met het 'doen verdwijnen' van omzet:
- Kamers worden te vroeg uit de capaciteit gehaald waarna opbrengsten niet verantwoord worden.
- Kamers worden later administratief aan de capaciteit toegevoegd dan ze werkelijk verhuurd worden, met dezelfde gevolgen.

Dit is in figuur 19.3 grafisch weergegeven.

FIGUUR 19.3 Risico bij capaciteitswijzigingen

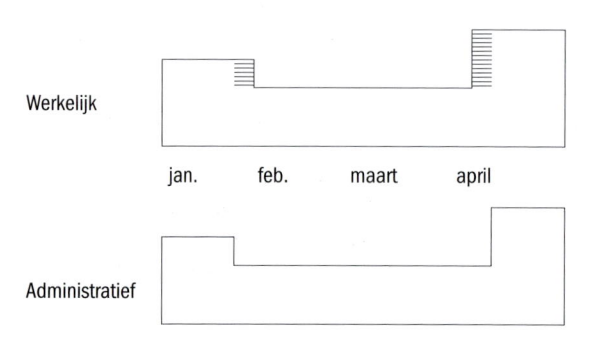

De bovenste achthoek in figuur 19.3 geeft het verloop van de werkelijke capaciteit bij een van de hotels weer. De achthoek daaronder geeft de capaciteit weer zoals die in het kamerstambestand is opgenomen. De gearceerde gedeelten bestaan dus in werkelijkheid wel, maar administratief niet. Het risico hiervan is dat de opbrengsten in eigen zak gestoken worden.
Door een goede administratieve organisatie kunnen deze risico's verkleind, of zoals dat zo mooi heet, gemitigeerd worden. Hierbij zal de invoer in het kamerstambestand, die bijvoorbeeld door de verantwoordelijk hotelmanager wordt gedaan, gecontroleerd moeten worden aan de hand van de investeringsplanningen (renovatie) en het protocol van oplevering. Deze invoercontrole kan bijvoorbeeld door de administratie gebeuren. Hierbij is het zaak per hotel het volgende verband te blijven volgen:

> Begincapaciteit + in gebruik genomen –/– (tijdelijk)
> buiten gebruik = eindcapaciteit   [19.1]

Deze (eind)capaciteit moet aansluiten op het totaal van het kamerstambestand. De administratie kan dit verband continu volgen. Op deze manier is gewaarborgd dat de werkelijke capaciteit ook administratief beschikbaar is en dus opbrengsten kan genereren (mits er geen leegstand is).

Kamers en zalen samenvoegen en splitsen
De wijzigingen in capaciteit door het samenvoegen of splitsen van kamers en zalen, zijn van een heel andere orde dan wat we hiervoor besproken hebben. In de dagelijkse stroom reserveringen zal het voorkomen dat op basis van wensen van klanten kamers of zalen worden samengevoegd of worden gesplitst. Bij de betreffende kamers zal in het kamerstambestand moeten zijn aangegeven dat deze mogelijkheden er zijn, zodat de samenvoeging dan wel splitsing administratief mogelijk is. We komen hierop terug als we het reserveringsproces bespreken (subparagraaf 19.4.3).

19.4.2 Vaststellen tarieven

Zoals we in de openingscasus gezien hebben, heeft SaturnusHotels een ingewikkelde prijzenstructuur. Dit is een veelvoorkomend verschijnsel bij dit type bedrijven en daarom besteden we hier afzonderlijk aandacht aan. Vooral luchtvaartmaatschappijen staan bekend om hun ingewikkelde tariefstructuur. Grote kans dat 25 willekeurige passagiers op eenzelfde vlucht allemaal een verschillende prijs betalen. Luchtvaartmaatschappijen en vergelijkbare bedrijven hebben hier ingewikkelde (wiskundige) modellen voor ontwikkeld om te zorgen dat de opbrengst per eenheid gemaximaliseerd wordt. Dit wordt ook wel yield management genoemd. Doel hiervan is, kort gezegd, niet een te hoge prijs te vragen (dan blijven klanten weg), maar ook niet een te lage (dan wordt niet het maximale rendement behaald).

Yield management

Hoewel het bij SaturnusHotels niet zó ingewikkeld is, is het toch zo dat er heel wat verschillende tarieven zijn. Laten we eens onderzoeken wat de verdere administratieve verwerking is.
We beschreven bij de begroting al dat de prijzen uitgangspunt vormen voor de rendementsberekening bij nieuwbouw. Voor bestaande hotels is het proces vergelijkbaar, maar dan als onderdeel van de jaarlijkse begrotingscyclus. De tarieven zullen uiteindelijk worden vastgesteld, geautoriseerd, door de directie.

De volgende stap is het vastleggen van deze goedgekeurde tarieven in het stambestand. Dit zal binnen het ERP-pakket een aparte tabel zijn, die gekoppeld is aan het kamerbestand. De invoer van de tarieven moet goed gecontroleerd worden en uiteraard is het zaak dat de tarieven niet (onbedoeld) gewijzigd worden.

TUSSENVRAAG 19.4
Met welke in hoofdstuk 7 over automatisering besproken maatregel is het (onbedoeld) wijzigen van prijzen te voorkomen?

Contracten-register

Kortingstabel

Speciale aandacht vragen we nog voor de contracten met grote klanten. Hier zullen ook eenmalige berekeningen aan ten grondslag liggen die SaturnusHotels heeft doen besluiten de grote klanten bepaalde kortingen te verlenen. Dit is vergelijkbaar met het in hoofdstuk 11 besproken verkoopproces, waarbij in eerste instantie een offerte zal worden uitgebracht. Omdat het hier om grote klanten (en dus contracten) gaat, is het van belang dat er een goede interne controle op de onderliggende berekeningen wordt uitgevoerd. De uiteindelijke contractonderhandelingen zullen op directieniveau plaatsvinden. De directie zal de contracten ook ondertekenen waarna de administratie deze registreert in het contractenregister. Ook zal er een registratie in het ERP-systeem moeten plaatsvinden. Dit zal veelal gebeuren in de vorm van een aan de klanten gekoppelde kortingstabel die natuurlijk weer goed gecontroleerd moet worden.

19.4.3 Het reserveren

Je ziet dat er heel wat voorbereidende werkzaamheden moeten gebeuren voordat de eerste reservering tot stand kan komen. Bij SaturnusHotels kan op verschillende manieren worden gereserveerd:
1 reserveren via de reserveringscentrale
2 reserveren via de website
3 reserveren via de afdeling Verkoop
4 reserveren bij de balie van het hotel zelf

Reserveren via de reserveringscentrale
De eerste vorm van reserveren is via de reserveringscentrale (0900-nummer). De telefoniste zal in het systeem nakijken of in de genoemde periode de gewenste kamer beschikbaar is. Zo niet, dan is het natuurlijk handig als het systeem zelf met een alternatief komt. Als de klant akkoord gaat, voert de telefoniste de gegevens in het systeem in, waarmee de kamer direct als voorlopig gereserveerd staat vermeld. Het systeem zal een reserveringsbevestiging produceren die hetzij per post, hetzij per e-mail naar de klant wordt gestuurd.

No show
Algemene voorwaarden

Binnen een hotel is een van de risico's dat klanten die hebben gereserveerd toch niet verschijnen (de zogenaamde no show). Hoe met dit risico om te gaan, is een commerciële beslissing die wordt vastgelegd in de algemene voorwaarden. Het is van belang de klant hiervan bij reservering op de hoogte te stellen, bijvoorbeeld door de algemene voorwaarden op te nemen in de e-mail. Een punt dat hierbij aan de orde moet komen, is het tijdstip van betalen. Hierbij zijn onder meer de volgende vier alternatieven mogelijk:

1 De klant dient 100% vooraf (bij reservering) te betalen.
2 De klant dient vooraf 50% te betalen en achteraf de andere helft; pas na ontvangst van de eerste 50% is de reservering definitief.
3 De klant dient zijn creditcardnummer door te geven en wordt verzocht per creditcard te betalen.
4 De klant hoeft alles pas bij vertrek te betalen.

Je zult begrijpen dat de eerste variant financieel het meest aantrekkelijk is en de laatste variant het meest klantvriendelijk, omdat de klant dan pas hoeft te betalen als de dienst geleverd is. Het is goed te bedenken dat de keuze geen onderwerp van ons vakgebied administratieve organisatie is. Het is wel de taak van de administratieve organisatie de gemaakte keuze goed te laten functioneren, gebruikmakend van interne controle. Overigens kennen hotels veelal een annuleringsregeling.

Wij gaan ervan uit dat SaturnusHotels de tweede variant toepast. Dit betekent dat er direct bij de reservering een factuur aangemaakt wordt die automatisch wordt opgeboekt in de debiteurenadministratie. Na betaling boekt de administratie de vordering af en daardoor wijzigt de status in definitief gereserveerd.

Reserveren via de website
Reserveren via de website werkt op dezelfde wijze, alleen voert de klant hier zelf de werkzaamheden van de telefoniste uit door de verplichte velden op de website in te vullen. Uiteraard is het zaak de website en de achterliggende systemen goed te beveiligen met de in hoofdstuk 7 besproken maatregelen. Om spookreserveringen te voorkomen, is het aan te bevelen voordat de klant reserveert een user-ID en wachtwoord toe te zenden op een door hem opgegeven e-mailadres. De algemene voorwaarden zullen op de website zijn opgenomen.

Reserveren via de afdeling Verkoop
Een derde categorie reserveringen zijn de arrangementen van bedrijven voor cursussen, zaalhuur enzovoort. Deze reserveringen zullen via de afdeling Verkoop van de keten lopen waarbij een offerte wordt uitgebracht. Deze offerte zal het gehele arrangement omvatten en zal eventueel rekening houden met de contractuele kortingen die met grote klanten zijn overeengekomen. Het is belangrijk de offertes goed door een tweede functionaris te laten controleren voordat ze de deur uitgaan. De verdere verwerking in het systeem is hetzelfde als eerder is besproken. Zaalhuur zal overigens altijd op deze wijze plaatsvinden, omdat daarin ook de aanvullende diensten als koffie, thee, drankjes en eten zullen zijn opgenomen. Op deze diensten gaan we hier verder niet in, omdat die buiten de typologie vallen.

TUSSENVRAAG 19.5
Onder welke typologie valt het verstrekken van drankjes?

Voordat we ons met de laatste categorie reserveringen gaan bezighouden (aan de balie bij de hotels, waaronder de passanten), staan we eerst stil bij de verbandscontroles die we tot nu toe binnen het reserveringsproces kunnen onderkennen.

In de vorige paragraaf hebben we gezien dat (per hotel) de capaciteit in een verband gevolgd wordt. Dagelijks kan vervolgens de volgende verbandscontrole worden gemaakt:

Beschikbare capaciteit (per hotel per nacht) oud −/− reserveringen = beschikbare capaciteit nieuw [19.2]

Het hotelmanagement zal hierin trouwens ook geïnteresseerd zijn. Hieruit blijkt de (toekomstige) bezetting waar nog op 'gestuurd' kan worden. Financieel zijn de volgende verbanden van belang:

Reserveringen × kamerprijs × 50% = opboeking debiteuren [19.3]

Afboeking debiteuren = opboeking liquide middelen [19.4]

Reserveren bij de balie van het hotel zelf
De laatste categorie reserveringen betreft gasten die zich bij het hotel zelf melden, waaronder de passanten die de komende nacht willen overnachten. Eigenlijk is dit hetzelfde als de vorige categorie, omdat gewerkt wordt met hetzelfde reserveringssysteem. Er zijn echter twee aspecten waarbij we stil willen staan.
Ten eerste: mensen die bij de balie reserveren voor een latere datum zullen de eerste factuur (50%) direct contant betalen. Hierbij is het van belang dat de reservering door middel van het systeem direct wordt vastgelegd. Dan kan de betaling worden verwerkt als kasbetaling. Deze zal door middel van een POS-systeem direct in de administratie worden geboekt. Als de reservering niet in het systeem wordt vastgelegd en de klant wel 50% betaalt, bijvoorbeeld omdat de receptionist een keurige handgeschreven bon afgeeft, bestaat het risico dat geld in eigen zak verdwijnt.

TUSSENVRAAG 19.6
Vind je het risico groot dat er bij SaturnusHotels geld in eigen zak verdwijnt? Welke maatregelen zijn genomen c.q. kunnen worden genomen om dit risico te voorkomen?

Het tweede aspect dat onze extra aandacht verdient, speelt een rol bij passanten die in één keer de hele kamerprijs betalen. Het risico bestaat ook hier dat de betaling voor de gehele kamerprijs in de verkeerde zak verdwijnt. Denk nog maar eens aan ons stadshotel. Ook hiervoor geldt dat de eerder besproken maatregelen dit moeten voorkomen, en we naderen nu het sluitstuk van onze interne controle: de leegstandscontrole! Maar voordat we hierop ingaan, is het goed stil te staan bij de mogelijkheid tot annuleren. De regels hierover vormen een onderdeel van de algemene voorwaarden. Hierna zijn de algemene voorwaarden voor de horeca op dit punt opgenomen (2018).

Annuleringskosten volgens de Uniforme Voorwaarden Horeca

9.2 Annulering van hotelaccommodatie/logies
9.2.1 Groepen
Wanneer een reservering voor uitsluitend hotelaccommodatie, al dan niet met ontbijt, is gemaakt voor een groep dan geldt voor annulering van die reservering het navolgende.
a Bij annulering meer dan 3 maanden voor het tijdstip waarop krachtens de horecaovereenkomst de eerste horecadienst zal moeten worden verleend, nader te noemen: 'de ingangsdatum', is de klant niet gehouden enige vergoeding aan het hotelbedrijf te betalen.
b Bij annulering meer dan 2 maanden voor de ingangsdatum is de klant gehouden 15% van de reserveringswaarde aan het hotelbedrijf te betalen.
c Bij annulering meer dan 1 maand voor de ingangsdatum is de klant gehouden 35% van de reserveringswaarde aan het hotelbedrijf te betalen.
d Bij annulering meer dan 14 dagen voor de ingangsdatum is de klant gehouden 60% van de reserveringswaarde aan het hotelbedrijf te betalen.
e Bij annulering meer dan 7 dagen voor de ingangsdatum is de klant gehouden 85% van de reserveringswaarde aan het hotelbedrijf te betalen.
f Bij annulering 7 dagen of minder voor de ingangsdatum is de klant gehouden 100% van de reserveringswaarde aan het hotelbedrijf te betalen.

9.2.2 Individuen
Wanneer een reservering voor uitsluitend hotelaccommodatie, al dan niet met ontbijt, is gemaakt voor een of meer individuen geldt voor annulering van die reservering het navolgende.
a Bij annulering meer dan 1 maand voor de ingangsdatum is de klant niet gehouden enig bedrag aan het hotelbedrijf te betalen.
b Bij annulering meer dan 14 dagen voor de ingangsdatum is de klant gehouden 15% van de reserveringswaarde aan het hotelbedrijf te betalen.
c Bij annulering meer dan 7 dagen voor de ingangsdatum is de klant gehouden 35% van de reserveringswaarde aan het hotelbedrijf te betalen.
d Bij annulering meer dan 3 dagen voor de ingangsdatum is de klant gehouden 60% van de reserveringswaarde aan het hotelbedrijf te betalen.
e Bij annulering meer dan 24 uur voor de ingangsdatum is de klant gehouden 85% van de reserveringswaarde aan het hotelbedrijf te betalen.
f Bij annulering 24 uur of minder voor de ingangsdatum is de klant gehouden 100% van de reserveringswaarde aan het hotelbedrijf te betalen.

Bron: www.hotelmanagementgroup.nl

Uit deze algemene voorwaarden blijkt dat hoe later geannuleerd wordt, hoe meer de klant moet betalen.

TUSSENVRAAG 19.7
Waarom moet de klant meer betalen als hij later annuleert?

Vanuit het oogpunt van administratieve organisatie is het van belang dat een annulering volgens de 'juiste' categorie behandeld wordt, maar ook dat verantwoord wordt wat werkelijk is afgesproken Hier is sprake van een verschuivingsgevaar, namelijk dat minder verantwoord wordt dan berekend is. Het is zaak een goede interne controle op de annuleringen in te bouwen om zo te bewaken dat de juiste bedragen in rekening worden gebracht. Hierbij kan het ERP-systeem een belangrijke rol spelen, door daarin de rekenregels op basis van de verwachte aankomstdatum op te nemen.

Verschuivings-gevaar

19.4.4 Ontvangst en vertrek van de gast en leegstandscontrole

Vóór elke dag zal er door de receptie van het hotel een uitdraai uit het systeem gemaakt moeten worden van de aankomende en vertrekkende gasten, dit zowel voor de kamers als voor de zalen.

Hiermee komen we op een belangrijk stuk functiescheiding. Want als we eerst eens naar de zalen kijken, zal de huishoudelijke dienst de zalen in orde maken op grond van deze informatie. Denk hierbij vooral aan het samenvoegen dan wel splitsen van de zalen. Omgekeerd, zal de huishoudelijke dienst geen opdrachten mogen uitvoeren die niet in het ERP-systeem staan. Dit kunnen we nog verder doorvoeren door het restaurant de verstrekte drank op de zaal te laten schrijven; ook dat kan alleen als de betreffende zaal in het systeem als gereserveerd staat. Bij de gasten volgen we het proces van ontvangst, verblijf en vertrek. De middelste fase is vanuit het oogpunt van administratieve organisatie niet interessant (we gaan voorbij aan zaken als de minibar en pay-tv).

Bij aankomst zal de klant zijn reserveringsbewijs moeten overleggen en zich identificeren. Hierbij zal hij zich inschrijven en de sleutel ontvangen. Je kunt je voorstellen dat het vanuit het oogpunt van administratieve organisatie het mooiste is als dit een elektronische sleutel is die op basis van de verblijfsduur vanuit het ERP-systeem wordt geactiveerd. Speciale aandacht is nodig voor de passant. Die komt aan en dan vindt zowel het proces reservering als het proces ontvangst gast plaats.

Het is zaak dat de gast daadwerkelijk in het systeem geregistreerd wordt. De elektronische sleutel kan hierbij helpen. Maar ook zonder deze sleutel is het moeilijk een gast niet te verantwoorden. Zoals gezegd vormt de leegstandscontrole het sluitstuk van de administratieve organisatie en interne controle. Je zou deze controle letterlijk kunnen nemen door 's avonds laat aan de deuren te kloppen en te kijken of de kamers bezet zijn. Maar dat zegt natuurlijk niet alles. Gasten kunnen wel ingecheckt zijn, maar de deur uitgegaan zijn of al in diepe slaap zijn.

Leegstands-controle

TUSSENVRAAG 19.8
Op welke kamers richt je je bij leegstandscontrole? Op de kamers die volgens het systeem bezet zijn of de kamers die volgens het systeem onbezet zijn?

Veel handiger is het natuurlijk om de leegstandscontrole te combineren met activiteiten die toch moeten plaatsvinden in het hotel. Hierbij doelen we op het schoonmaken van de kamers. Dit zal gebeuren op basis van een lijst van kamers, uitgedraaid door de receptie, waarin per dag is aangegeven of de kamer bezet is en de gast blijft of de kamer bezet was en de gast vertrekt of dat de kamer leegstaat. Voor de combikamers zal tevens zijn aangegeven of de kamers afzonderlijk dan wel als familiesuite verhuurd zijn. Het is zaak de huishoudelijke dienst te instrueren deze lijst integraal te controleren en eventuele bijzonderheden aan te geven. Hierbij gaat het vooral om kamers die als onbezet staan geregistreerd, maar toch bewoond zijn geweest.

Terwijl de huishoudelijke dienst 's morgens de kamers schoonmaakt en een belangrijk deel van de interne controle uitvoert, is het bij de balie een drukte van belang door vertrekkende gasten. Hierbij zal er per gast een factuur moeten worden uitgedraaid met daarop het totaal verschuldigde bedrag, minus de aanbetaling. Vervolgens zal deze factuur contant of per creditcard, dan wel pinpas worden afgerekend. Dit moet in het POS-bestand worden vastgelegd.

Voor bedrijven zal de procedure anders zijn. Hier zal de administratie op basis van het contract en de werkelijk geleverde diensten (kamers, eten en drankjes) een factuur opmaken. Deze moet goed gecontroleerd worden op het gebruik van de juiste prijs. Indien jaarafspraken met betrekking tot kortingen zijn gemaakt, moet de administratie zo zijn ingericht, dat gevolgd kan worden of de klant voor korting in aanmerking komt.

19.5 Controles en analyses

Binnen de controles en analyses onderscheiden we drie vormen:
1 verbandscontroles
2 cijferbeoordelingen
3 detailcontroles

19.5.1 Verbandscontroles

De verbanden die dagelijks door de administratie worden vastgesteld zijn:

Totale kamers −/− leegstand = aantal verhuurde kamers	[19.5]
Aantal verhuurde kamers × prijs = totale omzet	[19.6]
Totale omzet −/− 50% aanbetaling = afgerekend	[19.7]
Totaal afgerekend = ontvangen kas + creditcard + PIN volgens kassaterminal	[19.8]
Ontvangsten creditcard volgens kassaterminal = bijschrijving creditcardmaatschappij	[19.9]
Ontvangsten PIN volgens kassaterminal = bijschrijving bank	[19.10]

Overigens is het goed nog een opmerking te maken over deze (en andere verbanden). Het is niet zo dat deze verbanden een op een (dagelijks) gelegd kunnen worden. Zo wordt bij een meerdaags verblijf pas bij vertrek afgerekend. Wel kunnen met de verbanden verwachtingen worden opgebouwd (SOLL-posities) waar de werkelijkheid tegenover gezet wordt. Het meest krachtig werkt dit als dit met een systeem van controlerende tussenrekening intracomptabel, dat wil zeggen binnen de financiële administratie, plaatsvindt.

19.5.2 Cijferbeoordeling

SaturnusHotels is een filiaalbedrijf met 15 vestigingen. De filiaalvergelijking vormt hier dan ook weer prima instrument bij de cijferbeoordeling. Onderzocht kan worden hoe de bezettingscijfers zich onderling verhouden en welke bestedingen de gasten tijdens hun verblijf doen. Daarnaast zijn nog andere vergelijkingen mogelijk, zoals gemiddelde prijs per kamer per nacht.

19.5.3 Detailcontroles

Bij de detailcontroles in het hotel zal het vooral gaan om het hanteren van de juiste prijzen. Dit zal enerzijds gebeuren door bewaking van de prijzen in het kamerstambestand. Anderzijds zal de administratie steekproefsgewijs kunnen checken of de juiste prijs is gehanteerd, bijvoorbeeld week/weekend, wel/geen arrangement. Ook zal de administratie in detail de uitkomsten van de leegstandscontrole bekijken.

19.6 Informatiebehoefte beschikbaar stellen capaciteit met specifieke reservering

In deze paragraaf gaan we in op de informatie die nodig is om een bedrijf dat capaciteit met specifieke reservering beschikbaar stelt te besturen en te beheersen. Hierbij kijken we naar de informatie op de drie informatieniveaus:
1 strategische informatiebehoefte
2 tactische informatiebehoefte
3 operationele informatiebehoefte

Ad 1 Strategische informatiebehoefte
Op strategisch niveau gaat het vooral om de informatie die we bij de investeringsbeslissingen hebben gezien. Het in hoofdstuk 1 geïntroduceerde DESTEP-model kan hierbij gevolgd worden. Vooral economische en demografische factoren spelen hierbij een rol.

Ad 2 Tactische informatiebehoefte
Zoals je inmiddels zult herkennen, gaat het bij tactische informatie om de (vooral interne) informatie om de organisatie te besturen. Het zal je niet verbazen dat het bij het hotel vooral om de bezetting, de omzet van de verhuurde kamers en zalen, de kosten en de marge gaat. In het kader van besturing gaat het dan eigenlijk om de toekomstige bezetting, die is immers bepalend voor het te behalen financiële resultaat. Daarom zal een keuze gemaakt moeten worden in de mate van gedetailleerdheid: voor de lopende en komende week bijvoorbeeld per nacht en voor de komende maand per week. Maar dat is natuurlijk afhankelijk van de informatiebehoefte van de manager. Daarnaast zal verkoopinformatie van belang zijn, zoals de verhouding zakelijke en particuliere klanten. Omdat SaturnusHotels een keten vormt, zal de informatie van de hotels onderling tegen elkaar worden afgezet. We bespraken dit al bij de cijferbeoordeling.

Ad 3 Operationele informatiebehoefte
De operationele informatie ten slotte is wederom alle praktische informatie die in dit hoofdstuk behandeld is, om de organisatie te laten functioneren. Zo zal de receptie steeds up-to-date informatie willen hebben welke kamers beschikbaar zijn. Ook zal zij willen weten welke kamerprijzen gelden. De huishoudelijke dienst zal een opgave moeten hebben van de wel en niet bezette kamers, en van de gasten die vertrekken.

19.7 Samenvattende schema's beschikbaar stellen capaciteit met specifieke reservering

In figuur 19.4 is het globaal processchema waarmee we dit hoofdstuk gestart zijn, uitgewerkt in een swimlane waarin de stappen en functiescheidingen zichtbaar zijn.

FIGUUR 19.4 Proces van reserveren en beschikbaar stellen van capaciteit met swimlanes

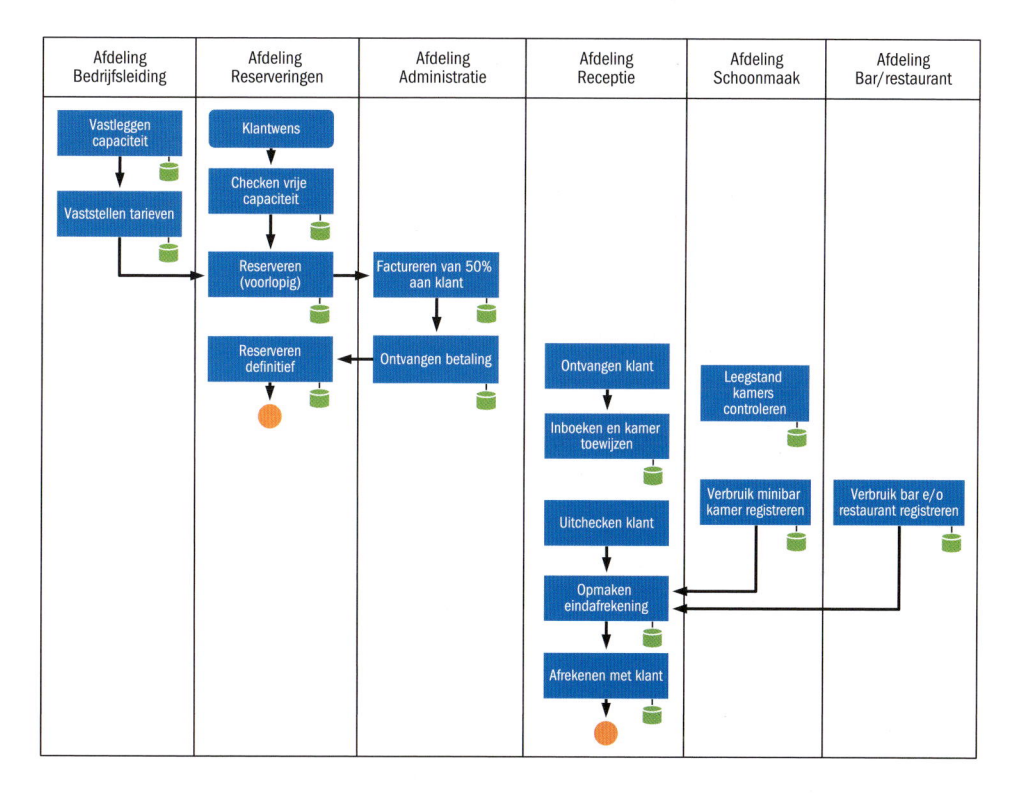

In tabel 19.2 is een samenvattend schema opgenomen van dit hoofdstuk, waarin de diverse elementen van de administratieve organisatie naar voren komen.

TABEL 19.2 Samenvattend schema hoofdstuk 19

Typologie Steunpunten	Beschikbaar stellen capaciteit met specifieke reservering
	Geautoriseerde tariefstructuur
	Capaciteit minus leegstand = opbrengsten
	Leegstandscontrole
Mogelijke attentiepunten (niet limitatief)	Wijzigingen beschikbare capaciteit (incidenteel)
	Verschillende prijzen
	Wijzigingen beschikbare capaciteit (regulier)
	Annulering
Functiescheiding	Essentiële functiescheiding tussen beschikbaar stellen capaciteit en leegstandscontrole
Automatisering	Capaciteitstambestand incl. tarieven
	Reserveringsbestand
	Reservering via website: beveiligingsmaatregelen
Begroting	Verkoopbegroting op basis van begrote bezetting en verhuurtarieven
	Kostenbegroting
	Investeringsbegroting
Richtlijnen	Richtlijnen leegstandscontrole

Voorbereiden

Activiteit	Mogelijke attentiepunten	Risico's	Interne beheersingsmaatregelen	Verbandscontroles
In of buiten gebruik stellen van capaciteit	Wijzigingen beschikbare capaciteit	1 Buiten gebruik wordt te vroeg uit de administratieve capaciteit gehaald 2 In gebruik wordt te laat uit de administratieve capaciteit gehaald	Invoer in kamerstambestand controleren aan de hand van (des)investeringsplannen en protocol oplevering	Begincapaciteit + in gebruik genomen −/− (tijdelijk) buiten gebruik = eindcapaciteit = totaal kamerstambestand
Bepalen en vastleggen tarieven	Verschillende prijzen	Onjuiste prijzen in systeem	Invoer in kamerstambestand controleren o.b.v. door directie geautoriseerde prijzen	

Reserveren en annuleren

Activiteit	Mogelijke attentiepunten	Risico's	Interne beheersingsmaatregelen	Verbandscontroles
Via reserveringscentrale: 1 Klant wijzen op algemene voorwaarden 2 Registreren van klantgegevens 3 Aanmaken en verzenden factuur 4 Aanbetaling	Verschillende prijzen	1 Capaciteit staat als gereserveerd terwijl die nog beschikbaar is 2 Reservering tegen verkeerde prijs	1 Beveiliging capaciteitsbestand 2 Logische toegangsbeveiliging	1 Beschikbare capaciteit oud −/− reserveringen = beschikbare capaciteit nieuw 2 Reserveringen × prijs × aanbetaling % = opboeking debiteuren 3 Afboeking debiteuren = opboeking liquide middelen
Via website: 1 Klant moet zich registreren 2 Klant vult reserveringsgegevens zelf in 3 Aanmaken en verzenden factuur 4 Aanbetaling	Verschillende prijzen	1 Capaciteit staat als gereserveerd aangegeven terwijl die nog beschikbaar is 2 Reservering tegen verkeerde prijs	1 Beveiliging capaciteitsbestand 2 Logische toegangsbeveiliging Website: general computer controls w.o. authenticatiemaatregelen en firewall	

Voorbereiden

Reserveren en annuleren

Activiteit	Mogelijke attentiepunten	Risico's	Interne beheersingsmaatregelen	Verbandscontroles
Bij bedrijfsreserveringen: 1 Offerte uitbrengen via Verkoopafdeling 2 Aanmaken en verzenden factuur 3 Aanbetaling	Verschillende prijzen	1 Capaciteit staat als gereserveerd aangegeven terwijl die nog beschikbaar is 2 Reservering tegen verkeerde prijs	1 Beveiliging capaciteitsbestand 2 Logische toegangsbeveiliging 3 Richtlijnen prijzen 4 Autorisatie offerte	
Via balie: 1 Klant wijzen op voorwaarden (w.o. prijs) 2 Inchecken (zie verblijf)	Verschillende prijzen		1 Beveiliging capaciteitsbestand 2 Logische toegangsbeveiliging 3 Leegstandscontrole	
Annulering	Annulering	1 Verschuivingsgevaar (te weinig in rekening gebracht) 2 Annulering wordt niet verwerkt. Kamer staat op bezet	1 Annuleringsregels invoeren in ERP-systeem 2 Geprogrammeerde controle op juiste prijsberekening o.b.v. datum annuleringen en geplande datum verblijf	Beschikbare capaciteit oud −/− reserveringen + annuleringen = beschikbare capaciteit nieuw

Verblijf

Activiteit	Mogelijke attentiepunten	Risico's	Interne beheersingsmaatregelen	Verbandscontroles
Maken uitdraai aankomst en vertrek				
Reguliere aanpassing capaciteit	Reguliere aanpassing capaciteit	Afname capaciteit (bijv. samenvoegen kamers) wordt te vroeg en toename te laat verantwoord	1 Beperkt aantal medewerkers mogen capaciteit wijzigen 2 Autorisatie wijzigingen door manager 3 Afwijkende capaciteit zowel administratief als feitelijk vaststellen bij de leegstandscontrole	

Verblijf

Activiteit	Mogelijke attentiepunten	Risico's	Interne beheersingsmaatregelen	Verbandscontroles
Inchecken gast		Gast wordt niet juist geregistreerd	1 Koppeling tussen registratie en fysieke aanwezigheid, door bijvoorbeeld elektronische sleutel 2 Leegstandscontrole	
• Uitchecken gast • Uitdraaien factuur • Verwerken betaling		Verschuivingsgevaar: van periode met een hoger tarief naar periode met een lager tarief	Beveiliging capaciteitsbestand (incl. prijzen)	1 Totale omzet –/– % aanbetaling = afgerekend 2 Totaal afgerekend = ontvangen kas + creditcard + PIN volgens kassaterminal 3 Ontvangsten creditcard volgens kassaterminal = bijschrijving creditcardmaatschappij 4 Ontvangsten PIN volgens kassaterminal = bijschrijving bank
Grote klanten: factuur	Verschillende prijzen	Onjuiste factuur door verkeerde aantallen (kamers/consumpties) of prijzen	Klant laten tekenen bij vertrek voor afgenomen kamers en consumpties Controle factuur met deze bon	1 Facturering = opboeking debiteuren 2 Afboeking debiteuren = opboeking liquide middelen

Leegstandscontrole

Activiteit	Mogelijke attentiepunten	Risico's	Interne beheersingsmaatregelen	Verbandscontroles
Controle op bezetting kamer in combinatie met huishoudelijke activiteiten	1 Onjuiste registratie bezette kamers 2 Onvolledige registratie bezette kamers		Steekproefcontrole op administratief niet bezette kamers.	1 Totale kamers –/– leegstand = aantal verhuurde kamers 2 Aantal verhuurde kamers × prijs = totale omzet

Eindvragen

19.1 Welk verband staat centraal in de beheersing van het type bedrijf als een hotel?

19.2 Beschrijf de achterliggende reden waarom leegstandscontrole zo van belang is.

19.3 Beschrijf een aantal mogelijke beveiligingen rondom het stambestand prijzen.

19.4 Welke interne controles moeten plaatsvinden als een klant wil annuleren?

19.5 Welke afspraken moeten in contracten met grote zakelijke klanten worden opgenomen?

19.6 AirMartina vliegt met een drietal zogenoemde combi-Boeings op de trans-Atlantische routes. Afhankelijk van de marktomstandigheden past zij per geplande vlucht de zogenaamde configuratie van het toestel aan. Dit betekent dat er verschillende combinaties mogelijk zijn van:
- vracht
- economyklasse-passagiers
- businessklasse-passagiers

Wat zijn de risico's van deze flexibele toestelindeling met het oogpunt op de volledigheid van de opbrengstverantwoording en welke beheersmaatregelen stel je voor?

19.7 BlueDrive is een onderneming die zich bezighoudt met 'car-sharing'. Klanten worden lid van de organisatie en hebben vervolgens het recht om op momenten dat zij dat willen een auto op te halen bij daartoe speciaal ingerichte parkeerplaatsen. Ze openen en starten de auto met een elektronisch slot waarvan ze de code via de app van het bedrijf verkregen hebben. Deze code geeft ze het recht de auto volgens een vooraf opgegeven tijdsduur te gebruiken. De klant betaalt naast een maandelijkse contributie zowel een bedrag voor de genoemde tijdsduur als een bedrag per gereden kilometer. Om dit te registreren, is elke auto voorzien van elektronica waaraan een global positioning system (gps) is gekoppeld. Dit systeem geeft, buiten de tijden dat de auto gereserveerd is voor een klant, door waar de auto zich bevindt alsmede de begin- en eindkilometerstand van de 'klantperiode'. Informatie over de locatie van de auto gedurende deze periode mag om privacyredenen niet worden vastgelegd.

Geef een beschouwing over de beheersing van de opbrengsten (met uitzondering van de maandelijkse contributie).

412

20
Bedrijven die capaciteit zonder specifieke reservering beschikbaar stellen: pretpark

20.1 **Typologie en steunpunten**
20.2 **Attentiepunten en risico's**
20.3 **Randvoorwaarden**
20.4 **Processen**
20.5 **Controles en analyses**
20.6 **Informatiebehoefte toegang zonder specifieke reservering**
20.7 **Samenvattende schema's toegang zonder specifieke reservering**

In het vorige hoofdstuk hebben we kennisgemaakt met SaturnusHotels. Waar het bij hotels om gaat is dat de gast gebruik mag maken van de ruimtes van het hotel. Het bijzondere hierbij is dat dit gepaard gaat met 'specifieke reservering'. Dit moet je niet te letterlijk nemen, want ook als je niet gereserveerd hebt en er nog een kamer vrij is, kun je terecht in SaturnusHotels. Het gevolg voor de administratieve organisatie van deze typologie is dat, ten behoeve van de volledigheid van de opbrengst, aansluiting wordt gezocht tussen de capaciteit en het niet-gebruikte deel daarvan, ofwel de leegstand. In dit hoofdstuk gaat het om bedrijven die ook capaciteit beschikbaar stellen, maar waar geen sprake is van specifieke reservering, althans niet in de zin van administratieve organisatie. Ook hierbij geldt dat er 'feitelijk' wel gereserveerd kan of misschien wel moet worden. Maar voor de beheersing van de volledigheid van de omzet richten we ons op iets anders. We kijken niet naar de capaciteit minus de leegstand, maar maken gebruik van kaartjes (of moderner: tickets).

Openingscasus

Pretpark
Na het vele studeren voor het mooie vak administratieve organisatie wil je met een aantal vrienden een gezellig dagje uit. Je besluit naar een pretpark te gaan. Het belooft mooi weer te worden. Je herinnert je van vorig jaar toen je bij Disneyland Parijs was, dat je wel anderhalf uur in de rij hebt moeten staan om kaartjes te kopen. Wachten voor leuke attracties, oké, maar wachten voor een stom loket: die tijd kun je beter besteden. Je opent je laptop, gaat naar de website van het pretpark en bestelt online vijf kaarten, voor een totaalbedrag van €130. Kassa! Je betaalt de kaarten direct per iDeal en je krijgt keurig via de e-mail een bericht dat je de kaarten kunt uitprinten. Gewapend met de kaarten duik je de bewuste dag de file in, richting pretpark. Nadat de auto geparkeerd is en de voorraad broodjes en drank uit de auto gehaald is, lopen jij en je vrienden fluitend langs de rij mensen die wel een kaartje ter plekke moeten kopen. Het feest kan beginnen!

20.1 Typologie en steunpunten

In de openingscasus hebben we kennisgemaakt met een pretpark, een bedrijf met toegang zonder specifieke reservering. Er zijn verschillende van dit soort bedrijven te bedenken, zoals de spoorwegen, musea, de bioscoop, een voetbalstadion, een festival, een parkeergarage of een zwembad. Als je goed naar dit rijtje kijkt, zie je dat je bij sommige bedrijven (theoretisch) wel zou kunnen werken met capaciteit minus leegstand: het voetbalstadion en de bioscoop hebben een vast aantal stoelen, als die allemaal bezet zijn, zijn ze 'uitverkocht'. Maar iedereen die in de spits met de trein reist of op tweede Paasdag naar een pretpark gaat, weet dat daar geldt: hoe meer mensen, hoe beter. Dit betekent dat we voor de volledigheid van de opbrengstverantwoording niet kunnen steunen op de formule capaciteit minus leegstand, zoals we die in het vorige hoofdstuk gezien hebben. Toch kan er bij de bedrijven die we in dit hoofdstuk behandelen, sprake zijn van specifieke reservering. In de openingscasus reserveerde je weliswaar via internet, maar dit was niet specifiek. Bij een bioscoop ligt dat echter anders.

TUSSENVRAAG 20.1
Waarom is er bij de bioscoop sprake van specifieke reservering?

Toch zal ook in de bioscoop de opbrengst op een andere manier gecontroleerd worden dan in het hotel uit het vorige hoofdstuk. In een bioscoop gaat niemand vlak voor de voorstelling de lege stoelen tellen. Daarom delen we voor de administratieve organisatie de bioscoop in bij de bedrijven die in dit hoofdstuk aan bod komen.

Als je naar onze openingscasus kijkt, zie je dat het proces van kaartverkoop geheel geautomatiseerd is. Ook bij de andere genoemde bedrijven zal dit het geval zijn. Hoewel, bij het zwembad en ook bij het festival gaat het misschien nog op de 'ouderwetse' met voorbedrukte kaartjes, maar bijvoorbeeld bij de NS gaat de aankoop en aanmaak van kaartjes ook volledig geautomatiseerd. Sterker nog, sinds de invoering van de OV-chipkaart zijn er (bijna) geen kaartjes meer. Dit betekent dat er maatregelen nodig zijn rondom het stambestand tarieven en prijzen en technische beheersmaatregelen rondom de computersystemen. Deze laatste maatregelen betreffen ook het voorkomen van misbruik, zoals anti-skimapparaten op de automaten.
Het zal duidelijk zijn dat de opbrengsten van alle verkochte kaartjes verantwoord moeten worden. Maar eigenlijk gaat het nog een stap verder: de opbrengsten van iedereen die van de diensten gebruik maakt moeten verantwoord worden. Het mag dus niet zo zijn dat iemand die lekker een dagje pretpark doet, daar niet voor betaald heeft.
Dit brengt ons op een belangrijk steunpunt, namelijk de toegangscontrole. Dat wil zeggen dat wordt gecontroleerd of je wel een kaartje hebt gekocht, voordat je toegang tot het pretpark of de bioscoop krijgt. *Toegangscontrole*
Samenvattend kunnen de volgende steunpunten worden onderkend:
- goed beveiligd tarievenbestand
- 'point of sale'-organisatie
- toegangscontrole

De POS-organisatie kent dezelfde elementen als bij een winkelbedrijf. Daarom gaan we er in dit hoofdstuk niet verder op in, ook de kasprocedures bespreken we niet, want die zijn hetzelfde als bij contante verkoop (zie hoofdstuk 12).

20.2 Attentiepunten en risico's

Het belangrijkste typologiespecifieke risico is dat mensen zonder te betalen van de diensten gebruikmaken. Daar richten de steunpunten zich op. Het belangrijkste attentiepunt betreft de tariefstructuur. Er kunnen verschillende prijzen gelden op basis van leeftijd (kinderkorting), seizoen, dag/tijdstip (NS), groepskorting, abonnementhouders enzovoort. Het risico van dit type attentiepunt is dat: 'hoge prijzen verantwoord worden als lage prijzen', waardoor de volledigheid van de omzetverantwoording niet gewaarborgd is (tabel 20.1).

TABEL 20.1 Attentiepunt en risico pretpark

Attentiepunt	Risico
Complexe tariefstructuur	Verkopen met hoge prijs worden verantwoord als verkopen met lage prijs en daardoor een onvolledige opbrengstverantwoording

20.3 Randvoorwaarden

De randvoorwaarden bestaan uit:
- functiescheiding
- automatisering
- begroting
- richtlijnen en normen

20.3.1 Functiescheiding

De belangrijkste functiescheiding is die tussen verkoop (kassa) en de toegangscontrole. Hierbij geldt trouwens dat beide functies geautomatiseerd kunnen worden.

20.3.2 Automatisering

Zoals uit de openingscasus blijkt, is het bij dit soort bedrijven vaak mogelijk vooraf via internet een kaartje te kopen en thuis te printen dan wel te downloaden op de smartphone. Dat stelt eisen aan de general computer controls, met name op het gebied van firewall. Als de verkoop plaatsvindt via automaten (NS), zal de datacommunicatie tussen de automaten en de centrale systemen goed moeten functioneren.

Bij de attentiepunten hebben we gezien dat het hebben van verschillende prijzen (misschien zelfs een ingewikkelde prijsstructuur) een belangrijk punt is. Bij de beheersing van dit probleem zal IT een belangrijke rol spelen. Het tarievenbestand staat daarin centraal. De invoer van de tarieven zal goed gecontroleerd moeten zijn, het bestand zal alleen door daartoe bevoegde medewerkers mogen worden gewijzigd (toegangsbeveiliging) en er moet bewaakt worden dat er (toch) geen ongeoorloofde wijzigingen plaatsvinden (hash totals).

Ook de toegangscontrole kan worden geautomatiseerd. Duidelijk voorbeeld hiervan zijn de poortjes (tourniquets) op stations voor de OV-chipkaart, maar ook bij de toegang tot zwembaden, pretparken enzovoort, waarbij de barcode van het ticket ervoor zorgt dat je kunt doorlopen.

20.3.3 Begroting

De begroting kent weinig specifieke elementen. Uiteraard zal het verwachte aantal bezoekers de basis zijn voor de verkoopbegroting. Van daaruit wordt de kostenbegroting opgesteld, waarbij de personeelskosten een belangrijke post zal zijn. Daarnaast zal er sprake zijn van een (meerjaren)investeringsbegroting. Het pretpark moet wel de nieuwste attracties hebben!

Zoals we al eerder zagen, kunnen er verschillende tarieven zijn. Deze tarieven zullen voortvloeien uit de begroting, worden goedgekeurd door de directie en worden vervolgens ingevoerd in het systeem. De controles die hierbij horen, zijn we in eerdere hoofdstukken al tegengekomen.

20.3.4 Richtlijnen en normen

De richtlijnen welke voor de AO van belang zijn, betreffen met name richtlijnen rond de toegangscontrole. Daarnaast zullen er, net als in het winkelbedrijf, richtlijnen rondom de kasprocedures zijn.

20.4 Processen

De processtappen bij het beschikbaar stellen van capaciteit zonder specifieke reservering zijn zoals in figuur 20.1 is weergegeven. Op enkele stappen gaan we in deze paragraaf nader in.

FIGUUR 20.1 Globaal schema beschikbaar stellen capaciteit zonder specifieke reservering

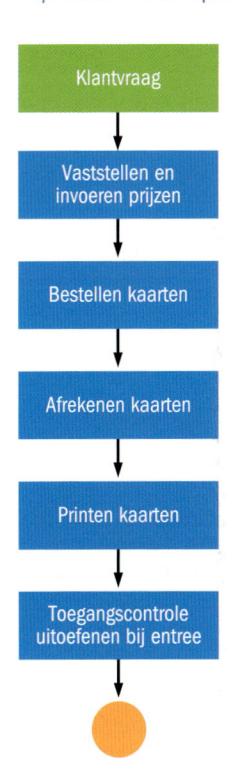

```
Klantvraag
    ↓
Vaststellen en invoeren prijzen
    ↓
Bestellen kaarten
    ↓
Afrekenen kaarten
    ↓
Printen kaarten
    ↓
Toegangscontrole uitoefenen bij entree
    ↓
    ●
```

20.4.1 Verkoop

Het proces begint met de verkoop. Verkoop kan via internet en aan de kassa. Voordat de verkoop kan beginnen, heeft uiteraard het proces plaatsgevonden van het vaststellen van de prijzen en de invoer in het tarievenbestand.

Het spreekt voor zich dat de internetverkoop geheel geautomatiseerd plaatsvindt. Dit zal iedereen herkennen vanuit de praktijk. Bij ons pretpark zal je een datum moeten kiezen, het aantal personen (volwassenen/kinderen) en of er eventueel sprake is van speciale kortingsacties (bijvoorbeeld bij elkaar gespaarde korting bij een supermarkt). In dat geval zul je ook een kortingscode moeten invullen.

TUSSENVRAAG 20.2
Welke geprogrammeerde controle zal er bij het invullen van de kortingscode plaatsvinden en wat moet er gebeuren nadat je de code hebt ingevoerd?

Als je alle verplichte velden (zoals naam, adres, woonplaats, e-mailadres en telefoonnummer) en de optionele velden (korting) hebt ingevuld, moet je nog akkoord geven. Daarna wordt je automatisch naar de betaalpagina geleid, want je moet wel vooraf betalen! Je kunt betalen met creditcard of iDeal. Als het pretpark bericht heeft gekregen dat de betaling is gelukt, zullen je tickets worden opgestuurd via de e-mail. Kortom: helemaal geautomatiseerd.

De verkoop aan de kassa stelt geen speciale eisen. De klant bestelt, de medewerker voert de gegevens in en na betaling worden de tickets geprint. Een tussenvorm is als er betaalautomaten in plaats van een kassa staan. Dan voert de klant zelf zijn wensen in, betaalt per PIN en de tickets komen eruit rollen.

Quasigoederen

Deze tickets zijn van groot belang, want die vormen de basis voor de toegangscontrole. In dit kader wordt ook wel gesproken over quasigoederen. Deze misschien wat ouderwets aandoende term is misschien ook wel wat uit de tijd, want de term stamt uit de tijd dat – voorgenummerde – kaartjes bij een drukker werden ingekocht. Deze werden vervolgens in volgorde van het nummer verkocht (de kaartjes zaten dan in een soort houder zoals je die bij de bakker vindt als je een nummertje moet trekken). Je kon dan makkelijk de beginvoorraad (nr. 250) en eindvoorraad (nr. 400) met elkaar vergelijken zodat je wist dat er 150 kaartjes verkocht waren. Als er dan iemand bij de ingang stond die het kaartje weer innam of er een strook afscheurde, waardoor die ongeldig werd, was de volledigheid van de opbrengstverantwoording geregeld! Kenmerk was dan ook dat het quasigoed maar één keer gebruikt kon worden.

Ook hier zijn er weer mogelijke attentiepunten die het moeilijker kunnen maken, bijvoorbeeld als je bij een festival ervoor kan kiezen om gedurende één, meerdere of alle dagen aanwezig te zijn, wat natuurlijk gevolg heeft voor de prijs.

TUSSENVRAAG 20.3
Hoe los je dit op qua toegangscontrole?

Tegenwoordig worden (nagenoeg alle) quasigoederen met computersystemen gemaakt. Dit geldt in de voorbeelden die we eerder gezien hebben, waar onder meer via internet besteld kon worden. Echter ook aan de kassa van ons pretpark zullen de kaartjes met het systeem gemaakt worden. Je zult er geen rollen voorgenummerde kaartjes meer aantreffen. Zowel de kaarten die aan de kassa worden uitgedraaid als die thuis via internet zijn besteld, zullen een uniek nummer hebben. Dit is vergelijkbaar met de voorgenummerde kaartjes uit het zwembad. Het doel is echter niet om met behulp van dit nummer aan het eind van de dag de verkopen te controleren. Dit gebeurt namelijk door de aanslagen in het systeem af te stemmen met de totale geldontvangst, respectievelijk pinbetalingen, zoals we ook in hoofdstuk 12 hebben gezien. Nee, met dit nummer, dat ook in barcode op het kaartje respectievelijk de print staat, kunnen we iets anders doen, namelijk een geautomatiseerde toegangscontrole. En daarmee komen we bij de laatste stap in het proces.

20.4.2   Toegangscontrole
In deze subparagraaf gaan we eerst (kort) in op de controle via een toegangspoortje. Daarna staan we stil bij de OV-chipkaart.

Controle via een toegangspoortje
De toegangscontrole is niet meer de man of vrouw aan de poort, maar een toegangspoortje dat opengaat als je kaartje erdoorheen gaat of de barcode voor een oog wordt gehouden. Op datzelfde moment wordt het nummer gedeactiveerd en geeft het dus geen recht meer op (nog een keer) toegang. Dus de slimmerik die denkt 'ik bewaar de print en ga morgen weer' staat uiteraard voor een dichte deur. Wel zal het nuttig blijven dat iemand oogtoezicht houdt, bijvoorbeeld om te checken of volwassenen niet met een kinderkaartje naar binnen gaan. Dan zal moeilijk te automatiseren zijn.

Toegangscontrole

OV-chipkaart
Van de OV-chipkaart kunnen we zeggen dat het een 'intelligent quasigoed' is. De intelligentie zit hem natuurlijk in de chip die op de kaart zit. Daarop kun je bij een oplaadpunt saldo laden, waar je vervolgens mee kunt reizen. Bij binnenkomst bepaalt het systeem waar je je bevindt en idem bij uitchecken. Het verschil wordt berekend of liever gezegd: bij inchecken wordt een (vast) bedrag afgeschreven en ditzelfde bedrag minus wat je betalen moet, wordt bij uitchecken weer bijgeschreven. Op vaste in- en uitcheckpunten op de stations of haltes is dit uiteraard gekoppeld aan de plek waar die zich bevinden. Dit is gekoppeld aan de toegangspoortjes.

TUSSENVRAAG 20.4
Hoe kan de locatie van in- en uitchecken bepaald worden bij 'palen' in bus en tram?

Het proces is dus volledig geautomatiseerd. Hiermee kan een grote mate van flexibiliteit worden bereikt. Zo kun je een abonnement nemen voor bijvoorbeeld een bepaald gebied. Als je binnen dit gebied in- en uitcheckt, wordt er per saldo niets afgeschreven. Ditzelfde gebeurt als je een week-OV hebt en je op een doordeweekse dag reist. In het weekend zal er wel geld worden afgeschreven.
In dit systeem is de automatisering dan ook erg belangrijk. Hier levert een niet goed werkende automatisering direct problemen op, zoals uit voorbeeld 20.1 blijkt.

VOORBEELD 20.1

Niet goed werkende automatisering

George studeert aan de universiteit. Hij checkt op het Amstelstation in op de Amsterdamse metro richting VU. Hierbij wordt €4 van zijn chipkaart afgeschreven, die straks weer wordt bijgeschreven omdat hij een week-OV heeft en het vandaag vrijdag is. Echter, alle palen op station VU 'liggen eruit' en dus weg €4. Je kan dit wel verhalen op het Gemeentelijk Vervoers-Bedrijf, maar wie doet dat nou voor dat bedrag?

20.5 Controles en analyses

Binnen de controles en analyses onderscheiden we drie vormen:
1 verbandscontroles
2 cijferbeoordelingen
3 detailcontroles

20.5.1 Verbandscontroles
De verbanden zijn:

Verkochte kaarten via internet = opboeking bank (iDeal)
+ vordering creditcardmaatschappij [20.1]

Verkochte kaarten aan kassa = contant ontvangen + PIN [20.2]

Afboeking vordering creditcardmaatschappij = opboeking bank [20.3]

Verkochte kaarten aan kassa + via internet per datum = aantal geregistreerde gasten bij geautomatiseerde toegangscontrole [20.4]

Dit laatste hoeft niet altijd te kloppen omdat mensen toch niet komen (no-show). Als hierbij sprake is van een annuleringsregeling, zoals we in het vorige hoofdstuk gezien hebben, zal de uitvoering hiervan goed gecontroleerd moeten worden. Dit zal voornamelijk gebeuren met application controls die op basis van de datum van gepland bezoek en datum van annuleren al of niet een restitutievoorstel doet.

20.5.2 Cijferbeoordeling
De cijferbeoordeling zal met name gaan om de ontwikkeling van de omzet per categorie (volwassenen, kinderen, kortingsregelingen) ten opzichte van de begroting. Ook de restituties wegens eventuele annuleringen zullen gevolgd moeten worden.

20.5.3 Detailcontrole
De detailcontrole betreft enerzijds de (blijvende) juistheid van de tarieven in het tarievenbestand, anderzijds bij de toegangscontrole of mensen terecht gebruikmaken van een kaart met een lage(re) prijs.

20.6 Informatiebehoefte toegang zonder specifieke reservering

In deze paragraaf gaan we in op de informatie die nodig is heeft om een bedrijf dat capaciteit zonder specifieke reservering beschikbaar stelt te besturen en te beheersen. Hierbij kijken we naar de informatie op de drie informatieniveaus:
1 strategische informatiebehoefte
2 tactische informatiebehoefte
3 operationele informatiebehoefte

Ad 1 Strategische informatiebehoefte
De strategische managementinformatie zal bij bedrijven met toegang zonder specifieke reservering vooral betrekking hebben op de concurrentie. Nauwlettend wordt in de gaten gehouden wat de concurrent te bieden heeft en tegen welke voorwaarden. Constant zal worden gezocht naar nieuwe publiekstrekkers.

Ad 2 Tactische informatiebehoefte
Bij de tactische informatie gaat het er vooral om of de doelstellingen van het pretpark worden gehaald. Dus wordt het beoogde aantal bezoekers gerealiseerd en spenderen die bezoekers net zoveel aan hapjes en drankjes als vooraf was begroot. Passagiersaantallen bij de NS, bezoekersaantallen in het pretpark, aantallen bioscoopbezoekers, daar gaat het hier om. Daarnaast is het van belang hierbij onderscheid te maken naar type kaartje, zeker als er (zoals bij de spoorwegen) sprake is van vele soorten, zoals abonnementshouders en kortingkaartjes. Afhankelijk van de wijze van toegangscontrole kan daar ook daar informatie over nodig zijn, zoals aantallen mensen die zonder kaartje binnen wilden komen of het aantal zwartrijders in het openbaar vervoer.

Ad 3 Operationele informatiebehoefte
De operationele informatiebehoefte is sterk afhankelijk van het type bedrijf, maar hangt niet zozeer samen met de opbrengstverantwoording, als wel met de logistieke planning. Bij een bioscoop is dit vrij eenvoudig: er moet iemand achter de kassa zitten, er moet iemand bij de zaaldeur staan en er moet iemand zijn die de film laat draaien. Bij een pretpark wordt dat al wat ingewikkelder, bijvoorbeeld omdat bij de attracties zelf ook mensen moeten zijn. Bij de NS tot slot gaat het om een ongelofelijk ingewikkeld logistiek proces met een moeilijke planning, iets wat we nog weleens vergeten als we mopperen dat de trein vertraging heeft. Daar is veel logistiek-operationele planningsinformatie nodig.

20.7 Samenvattende schema's toegang zonder specifieke reservering

In figuur 20.2 is het globaal processchema waarmee we dit hoofdstuk gestart zijn, uitgewerkt in een swimlane waarin de stappen en functiescheidingen zichtbaar zijn.

FIGUUR 20.2 Proces van beschikbaar stellen capaciteit zonder reservering met swimlanes

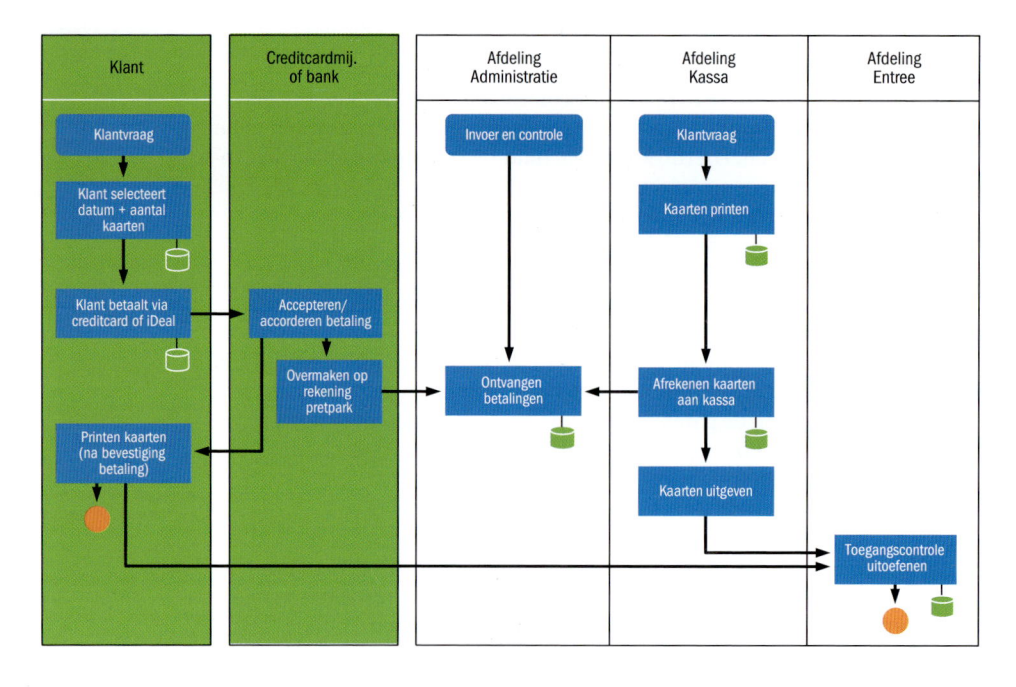

Klant	Creditcardmij. of bank	Afdeling Administratie	Afdeling Kassa	Afdeling Entree
Klantvraag ↓ Klant selecteert datum + aantal kaarten ↓ Klant betaalt via creditcard of iDeal ↓ Printen kaarten (na bevestiging betaling)	Accepteren/ accorderen betaling ↓ Overmaken op rekening pretpark	Invoer en controle ↓ Ontvangen betalingen	Klantvraag ↓ Kaarten printen ↓ Afrekenen kaarten aan kassa ↓ Kaarten uitgeven	Toegangscontrole uitoefenen

In tabel 20.2 is een samenvattend schema opgenomen van dit hoofdstuk, waarin de diverse elementen van de administratieve organisatie naar voren komen.

TABEL 20.2 Samenvattend schema hoofdstuk 20

Typologie	Toegang zonder specifieke reservering (dienstverlening zonder reservering van capaciteit)
Steunpunten	Geautoriseerde tariefstructuur
	Toegangscontrole
	Indien mogelijk: quasigoederenbeweging
Attentiepunten	Verschillende prijzen
Functiescheiding	Essentiële functiescheiding tussen verkoop (beschikkend), kan ook automatisch en de toegangscontrole (uitvoerend), kan ook automatisch
Automatisering	Tarievenstambestand
	Bij verkoop via automaten: datacommunicatie tussen centrale systemen en automaten
Begroting	Verkoopbegroting (per tariefsoort)
	Kostenbegroting
Richtlijnen	Kasprocedure
	Toegangscontrole

Voorbereiding

Activiteit	Mogelijke attentiepunten	Risico's	Interne beheersingsmaatregelen	Verbandscontroles
Invoer geautoriseerde prijzen in stambestand	Verschillende prijzen		1 Autorisatie prijzen 2 Invoercontrole 3 Controletotalen	

Verkoop

Activiteit	Mogelijke attentiepunten	Risico's	Interne beheersingsmaatregelen	Verbandscontroles
Afrekenen	Verschillende prijzen	Verschuivingsgevaar bij verschillende prijzen (bijv. volwassenen/kinderen)	Oogtoezicht Toegangscontrole	Aantal verkochte toegangskaarten (volgens geautomatiseerde teller) × prijs = verantwoorde opbrengst = bedrag kasontvangsten + ontvangsten via pinbetaling

Toegangscontrole

Activiteit	Mogelijke attentiepunten	Risico's	Interne beheersingsmaatregel	Verbandscontroles
Controleren toegangskaart	Verschillende prijzen	Verschuivingsgevaar bij verschillende prijzen (bijv. volwassenen/kinderen)	Oogtoezicht Toegangscontrole	Aantal verkochte kaarten = aantal kaarten bij toegangscontrole

Eindvragen

20.1 Wat wordt bedoeld met de term quasigoederen?

20.2 Wat is het risico als met verschillende tarieven wordt gewerkt, bijvoorbeeld kinderkorting.

20.3 Welke controle moet bij een pretpark worden uitgevoerd op het stambestand prijzen?

20.4 Hoe is de toegangscontrole bij de NS geregeld?

20.5 Bij camping Sol&Mar krijgen de gasten een polsbandje om, zodat het personeel kan zien dat zij gast zijn en dus van bepaalde faciliteiten (met name de zwembaden) gratis gebruik kunnen maken. Beschrijf het hiermee samenhangende proces met daarbij de maatregelen van interne controle vanaf het moment dat de gast incheckt bij de receptie.

20.6 Je bent penningmeester van de voetbalvereniging. Om de financiën van de club een oppepper te geven, organiseren jullie een feestavond. Hierbij treden bekende lokale en regionale artiesten op. Leden van de club betalen €15 entreegeld en mogen één introducé (die ook €15 betaalt) meenemen. Andere belangstellenden betalen €25. Iedereen die binnenkomt, krijgt vijf consumptiebonnen. Mensen die meer willen drinken, kunnen aanvullend bonnen kopen in setjes van vijf stuks à €7,50.

Beschrijf het proces van de opbrengsten van zowel de toegangskaarten als de consumpties.

20.7 Big City Parking bv exploiteert een parkeergarage voor kortparkeerders in Maastricht. In de computer worden gegevens opgenomen van de terminals bij de ingang en uitgang en van de afrekenautomaten. De uurtarieven worden elk uur lager, vanaf het zesde uur blijft het uurtarief gelijk. Een gedeelte van een uur wordt in blokken van 10 minuten afgerekend. De parkeerders krijgen toegang tot de garage door uit een apparaat bij de ingang een kaart te trekken, waarna de slagboom automatisch wordt geopend. Voor het verlaten van de garage wordt, op basis van de gegevens van de kaart, via de betaalautomaat betaald. De betaalde kaart opent de slagboom.

Beschrijf het proces van de opbrengsten bij Big City Parking bv.

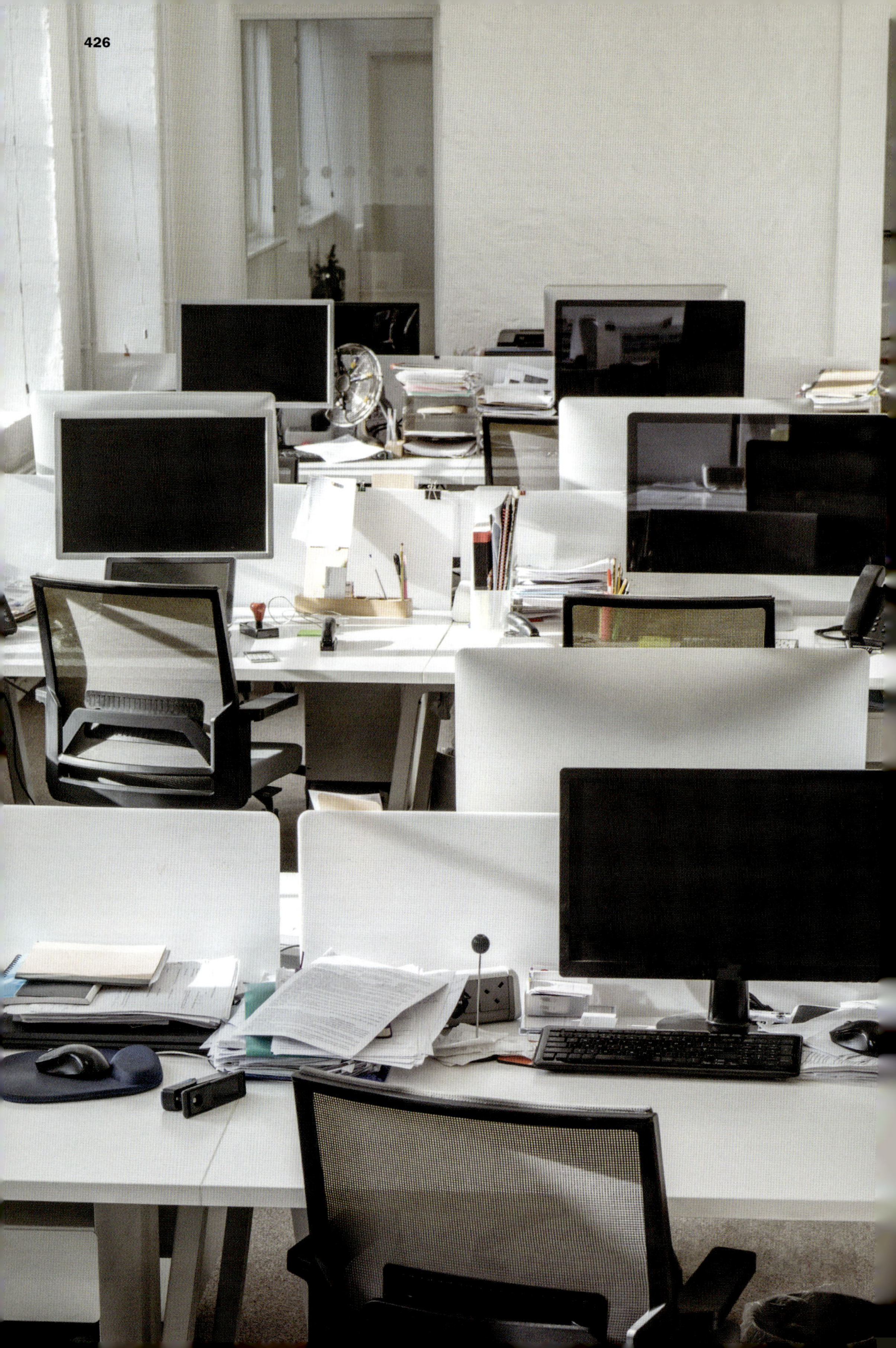

21
Bedrijven in de categorie 'overige dienstverlening': Accountantskantoor Check(t)Zeker

- 21.1 **Typologie en steunpunten**
- 21.2 **Attentiepunten**
- 21.3 **Randvoorwaarden**
- 21.4 **Processen**
- 21.5 **Controles en analyses**
- 21.6 **Informatiebehoefte het accountantskantoor**
- 21.7 **Samenvattende schema's het accountantskantoor**

In dit hoofdstuk gaan we het hebben over een organisatie waar veel hbo-studenten Bedrijfseconomie en Accountancy na hun studie komen te werken: het accountantskantoor. Hoewel deze organisatie binnen de typologie valt onder 'overige dienstverlening' zullen we zien dat er overeenkomsten zijn met eerder behandelde typologieën. We besteden in dit hoofdstuk niet alleen aandacht aan de opbrengsten maar ook aan de personeelskosten. Hoewel elk bedrijf natuurlijk personeelskosten heeft, hebben we voor dit hoofdstuk gekozen omdat er bij het accountantskantoor een nauwe samenhang is tussen de personeelskosten en de opbrengsten.

Openingscasus

Accountantskantoor Check(t)Zeker
Accountantskantoor Check(t)Zeker is vijf jaar geleden opgericht door twee register-accountants die daarvoor bij een van de grote kantoren hebben gewerkt. Het kantoor heeft een onstuimige groei gekend en telt inmiddels 75 medewerkers. Nog steeds zet de groei door, zodat er maandelijks nieuwe mensen bijkomen.
De groei stelt hoge eisen aan de medewerkers. Zeker in de drukke tijd (traditioneel de eerste maanden van het jaar) moet er veel worden overgewerkt. Tot het niveau van aspirant-manager worden overuren uitbetaald met een opslag van 21%. Voor de hogere (management)functies is dit niet het geval. Zij krijgen, op basis van vooraf vastgestelde criteria (waaronder productieve uren), een bonus uitgekeerd. De laatste tijd wordt het management van Check(t)Zeker ook geconfronteerd met het feit dat er nogal wat mensen weggaan, omdat ze het hoge tempo van de groeiende organisatie niet kunnen bijbenen.
Check(t)Zeker kent twee soorten opdrachten: controleopdrachten en overige opdrachten. Hoewel voor de controleopdrachten wel vooraf een prijsindicatie wordt afgegeven, vindt de facturering plaats op basis van de feitelijk bestede uren tegen de daarvoor geldende tarieven. De tarieven verschillen per functieniveau. Bij overige opdrachten worden daarnaast ook werkzaamheden verricht tegen een vooraf overeengekomen prijs. Regelmatig wordt het management van Check(t)Zeker geconfronteerd met het feit dat het aantal werkelijk bestede uren aanzienlijk groter is dan vooraf is aangegeven c.q. overeengekomen.

21.1 Typologie en steunpunten

In de openingscasus is een voorbeeld gegeven van het bedrijf dat in dit hoofdstuk behandeld wordt: accountantskantoor Check(t)Zeker. Hierin herken je misschien direct al elementen die we ook in hoofdstuk 14 (stukproductie) zijn tegengekomen.

TUSSENVRAAG 21.1
Welke elementen van stukproductie herken je bij het accountantskantoor?

Toch zijn er ook verschillen met het stukproductiebedrijf. Er wordt niets gemaakt, dat wil zeggen niets tastbaars, daarom betreft het de typologie dienstverlening. Als we bijvoorbeeld naar de accountantscontrole kijken, dan is het product dat de klant ziet uiteindelijk de controleverklaring. Dat bestaat uit een of twee A4'tjes waarin de accountant aangeeft dat de jaarrekening van de klant een getrouw beeld geeft, ofwel goed is (al hoeft dit niet tot op de laatste euro, maar dat terzijde). Voor die verklaring betaalt de klant dan een bedrag. Natuurlijk zullen accountants hiertegen inbrengen dat de accountant zekerheid toevoegt aan de jaarrekening (namelijk dat het klopt) en dat is dat bedrag wel waard. Er is geen relatie tussen het tastbare product en de gevraagde prijs. In dit kader zeggen we ook wel dat de accountant zijn klanten kennis en kunde aanbiedt. Of wat minder duur gezegd: er worden uren verkocht. Dit soort kantoren worden dan ook weleens oneerbiedig 'urenfabrieken' genoemd. En nog een stap verder: als elk gemaakt uur (regiewerk) gefactureerd wordt, spreekt men wel van 'uurtje factuurtje'.

Controleverklaring

Getrouw beeld

Dit geeft aan dat het accountantskantoor een arbeidsintensief bedrijf is. Er zullen wel investeringen gedaan moeten worden, maar die hebben geen rechtstreeks verband met de opbrengsten. Toch kunnen deze investeringen fors zijn. Denk hierbij aan computersystemen, (lease)auto's, maar vooral aan opleidingen voor de medewerkers.

TUSSENVRAAG 21.2
Als je kijkt naar de relatie tussen uren en opbrengsten, is er dan nog een andere typologie waarmee je overeenkomsten ziet? Zo ja, welke en waarom?

In de beheersing van de activiteiten staan de uren centraal. Daarom zijn de steunpunten binnen dit type bedrijf:
- tarievenbestand
- urenverantwoording
- verbanden in de uren

21.2 Attentiepunten

De volgende attentiepunten en risico's kunnen worden benoemd, waarbij we een onderscheid maken tussen de personeelskosten en de opbrengsten (tabel 21.1 en 21.2).

TABEL 21.1 Attentiepunten personeelskosten

Attentiepunt	Risico
Overwerk	Normale uren worden verantwoord als overuren en daarmee worden te hoge kosten verantwoord, dan wel niet alle verplichtingen uit hoofde van overwerk worden verantwoord en daarmee onvolledigheid van de verplichtingen (en kosten)
Bonussen	Er worden te veel bonussen verantwoord en daarmee te hoge kosten, dan wel niet alle bonusverplichtingen worden verantwoord en daarmee onvolledigheid van de verplichtingen (en kosten)

TABEL 21.2 Attentiepunten opbrengsten

Attentiepunt	Risico
Zowel opdrachten op basis van uren × tarief als opbrengsten tegen vaste prijs	Verschuiving van uren van opdrachten tegen uren × tarief naar opdrachten met vaste prijs. Daardoor onvolledige opbrengstverantwoording
Meerwerk	Opbrengsten uit hoofde van meerwerk worden onvolledig verantwoord

Bij de laatste twee risico's zal opvallen dat deze ook bij stukproductie voorkomen. Zoals eerder gezegd zijn er overeenkomsten tussen het accountantskantoor en het stukproductiebedrijf.

21.3 Randvoorwaarden

De randvoorwaarden bestaan uit:
- functiescheiding
- automatisering
- begroting
- richtlijnen en normen

21.3.1 Functiescheiding

Accountantskantoren en vergelijkbare bedrijven (advocaten, architecten, consultants) hebben vaak een partnerstructuur. De partners zijn eigenaar van de onderneming, de overige medewerkers niet. Partners zijn dagelijks betrokken bij de bedrijfsuitoefening. Ze bedienen, samen met een team medewerkers, klanten en zijn er verantwoordelijk voor dat er nieuwe klanten worden binnengehaald. Bij grote kantoren is een aantal partners vrijgesteld van klantwerkzaamheden en houden zich uitsluitend met bestuurs- en managementtaken bezig.

Bij de partners die wel klanten bedienen, is sprake van een uit hoofde van functiescheiding opvallende situatie. Zij werven nieuwe klanten, maken prijsafspraken met de nieuwe klanten, voeren werkzaamheden uit voor de klanten en hebben ook een belangrijke rol in het proces van facturering naar de klanten. De achtergrond hiervan is dat accountants vrije beroepsbeoefenaren zijn. Dit is dus anders dan bijvoorbeeld bij C-Bouw waar er een aparte verkoop- en calculatieafdeling is en er daarnaast projectleiders zijn die verantwoordelijk zijn voor de uitvoering van het proces. Er is dus bij het accountantskantoor een functievermenging waarvan je (hopen we) inmiddels behoorlijk schrikt. Omdat het bedrijfsgebeuren door de verbanden in de uren goed beheerst kan worden, is dit echter minder erg dan het lijkt. Wel is het belangrijk dat de juiste (management)informatie beschikbaar komt, zodat duidelijk (transparant) is wat er gebeurt.

21.3.2 Automatisering

Binnen het accountantskantoor is er sprake van twee soorten automatisering. Ten eerste de automatisering die het primaire proces ondersteunt, zoals elektronische controledossiers. Hierin zal de controleaanpak van het kantoor zijn opgenomen, inclusief alle regelgeving die hier betrekking op heeft. Vanuit het oogpunt van de administratieve organisatie gericht op de juistheid van de kosten en volledigheid van de opbrengsten, is deze soort van automatisering niet relevant.

Wel relevant zijn de systemen van urenregistratie en de registratie van kosten per opdracht. Deze systemen stellen geen specifieke eisen aan de general computer controls.

TUSSENVRAAG 21.3
'De registratie van kosten per opdracht': aan welke administratie binnen het stukproductiebedrijf doet je dit denken?

21.3.3 Begroting

Ook bij deze typologie begint het begrotingsproces met de verkoopbegroting. Hierbij is een nauwe relatie met de personeelskostenbegroting, omdat het aantal beschikbare mensen bepalend is voor de omzet. Uit de begroting worden de uurtarieven berekend, waarbij onderscheid gemaakt moet worden tussen het kostprijs- en verkoopprijstarief. Naast de opbrengst- en personeelskostenbegroting zal er sprake zijn van een investeringsbegroting (met name in IT-systemen). De begrotingen en tarieven worden goedgekeurd door de partnervergadering, waarna de tarieven in het ERP-systeem worden ingevoerd door de administratie. Het hoofd Administratie zal de invoercontrole uitvoeren.

21.3.4 Richtlijnen en normen

Naast de richtlijnen voor de uitvoering van de controlewerkzaamheden, zullen de richtlijnen vooral betrekking hebben op het maken van prijsafspraken met klanten en op de urenregistratie en -controle.

21.4 Processen

De processtappen bij een accountantskantoor zijn in figuur 21.1 weergegeven. Deze processtappen worden hierna besproken, gericht op Check(t)Zeker.

FIGUUR 21.1 Globaal schema voor de dienstverlening van een accountantskantoor

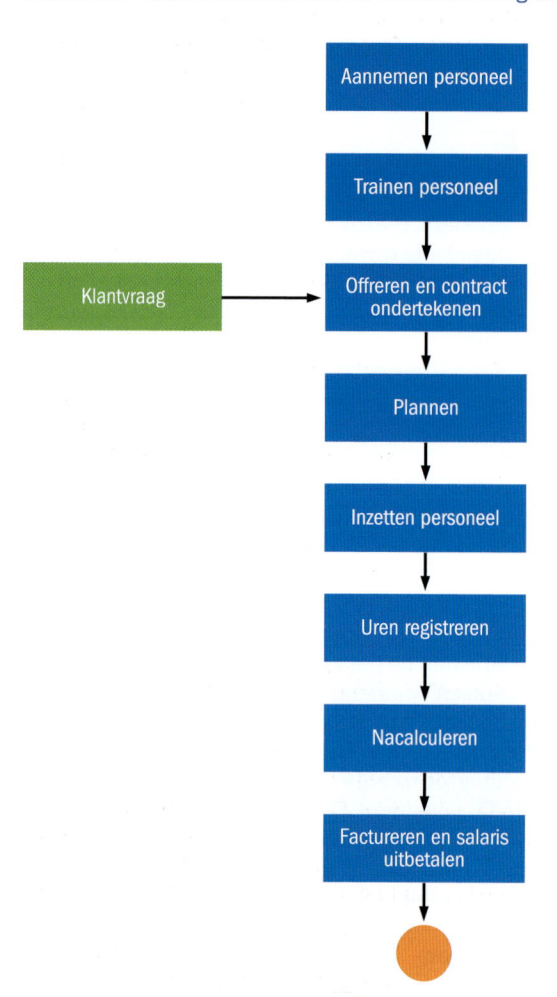

```
                    ┌─────────────────────┐
                    │  Aannemen personeel │
                    └──────────┬──────────┘
                               ↓
                    ┌─────────────────────┐
                    │  Trainen personeel  │
                    └──────────┬──────────┘
                               ↓
┌────────────┐      ┌─────────────────────┐
│ Klantvraag │─────▶│ Offreren en contract│
└────────────┘      │    ondertekenen     │
                    └──────────┬──────────┘
                               ↓
                    ┌─────────────────────┐
                    │       Plannen       │
                    └──────────┬──────────┘
                               ↓
                    ┌─────────────────────┐
                    │  Inzetten personeel │
                    └──────────┬──────────┘
                               ↓
                    ┌─────────────────────┐
                    │  Uren registreren   │
                    └──────────┬──────────┘
                               ↓
                    ┌─────────────────────┐
                    │     Nacalculeren    │
                    └──────────┬──────────┘
                               ↓
                    ┌─────────────────────┐
                    │Factureren en salaris│
                    │     uitbetalen      │
                    └──────────┬──────────┘
                               ↓
                               ●
```

21.4.1 Personeelsproces

Het personeelsproces is veelomvattend. Traditioneel gaat het hier om 'personeelszaken' maar tegenwoordig worden er ook andere termen gebruikt die de breedte beter aangeven. De twee bekendste zijn:
1 humanresourcesmanagement (hrm)
2 personeel en organisatie (P&O)

Als we naar deze twee begrippen kijken, zien we dat het personeelsproces alles omvat wat met de 'human resources' (letterlijk: menselijke middelen) en de organisatie te maken heeft. Je zult begrijpen dat dit bij een accountantskantoor belangrijk is. De juiste mensen vormen de basis voor succes.

Stafafdeling

Een belangrijke rol in dit proces is weggelegd voor de afdeling P&O (zoals we die vanaf nu zullen noemen). Hierbij is P&O een typische stafafdeling, dat wil zeggen een ondersteunende en adviserende afdeling. Omdat P&O een breed gebied betreft en mensen voor de meeste organisaties van cruciaal belang zijn, zie je in veel organisaties dat de afdeling P&O als stafafdeling is opgehangen aan de directie. Dat wil zeggen dat de baas van het hoofd P&O een van de directieleden zal zijn. Naast stafafdelingen kennen organisaties lijnafdelingen. Dit zijn de afdelingen die zich met de primaire processen bezighouden. De adviserende rol van P&O gaat onder meer over:

Lijnafdelingen

- organisatiestructuur en -cultuur
- personeelsbeleid waaronder beloningsbeleid

TUSSENVRAAG 21.4
Welke andere ontwerpen, naast de twee hiervoor genoemde, zullen in het personeelsbeleid aan de orde komen?

In het kader van de administratieve organisatie van Check(t)Zeker richten we ons op dat deel van het personeelsproces waarin mensen worden aangenomen, aan het werk zijn en weer uit dienst gaan. We kiezen deze invalshoek omdat met het in dienst hebben van mensen er een directe relatie is met de productieve uren en daarmee met de omzet. Eerst beschrijven we de diverse fasen in een arbeidsrelatie en de zaken die daarbij aan de orde komen. Daarna zullen we ons specifiek op de administratieve organisatie van het personeelsproces richten. Ten slotte gaan we in op de relatie tussen uitbetaalde uren en opbrengsten.

De stappen in een arbeidsrelatie
We beginnen met het aannameproces. Ook in dit proces speelt P&O een belangrijke rol. Veelal zal P&O een (eerste) selectie doen op basis van de ontvangen sollicitatiebrieven. Ook zal P&O, samen met de manager op wiens afdeling de nieuwe medewerker komt te werken, de sollicitatiegesprekken voeren. Hierbij zal P&O enerzijds een rol spelen in de keuze (al zal ook deze adviserend zijn) en anderzijds input kunnen leveren voor het aanbod dat de sollicitant wordt gedaan qua salaris en andere arbeidsvoorwaarden. Dit zal in lijn moeten zijn met het personeelsbeleid zoals dat binnen de organisatie geldt.

Als er een overeenkomst tot stand komt tussen de onderneming en de sollicitant, zal de afdeling P&O zorgdragen voor een juiste afhandeling. Dit betreft vooral het opstellen en laten tekenen van het contract en de verdere administratieve afhandeling. In de volgende subparagraaf komen we terug op een aantal specifieke aspecten van administratieve organisatie.

Nu de werknemer in dienst is gekomen, is het zaak dat beide partijen (werkgever en werknemer) zich gelukkig (blijven) voelen. Hierbij speelt uiteraard de beloning een rol, maar bewezen is dat het juist andere aspecten zijn, die de medewerkertevredenheid beïnvloeden. Hierbij is het wel van belang dat het primair de taak van de manager is ervoor te zorgen dat het goed gaat met de medewerker. Maar ook hier zal P&O kunnen faciliteren, bijvoorbeeld door periodiek met de manager het personeelsbestand door te praten en te bespreken of er mensen zijn die bijzondere aandacht nodig hebben. Daarnaast werken (grote) organisaties met formele beoordelingssystemen, al dan niet in combinatie met vooraf geformuleerde afspraken over gedurende het jaar te behalen doelstellingen. Door middel van een systeem van functionerings- en/of beoordelingsgesprekken wordt met de medewerker diens functioneren besproken. Hieraan kunnen afspraken van beloning gekoppeld worden. Ook hier zal gelden dat P&O een adviserende en ondersteunende rol zal spelen. Deze rol zal in eerste instantie betrekking hebben op de ontwikkeling van een systeem van beoordelen. Daarna zal P&O de gesprekken faciliteren, bijvoorbeeld door de manager tijdig van de juiste informatie (waaronder formulieren) te voorzien. Ook hier geldt: de manager zal de gesprekken voeren en is er dus verantwoordelijk voor. Bij Check(t)Zeker zal aan het begin van het jaar besproken worden welke criteria voor een bonus gelden. Aan het eind van het jaar zal de bonus worden vastgesteld op basis van de werkelijke uitkomsten.

In de huidige werkomgeving moet iedereen bijblijven. De tijd dat je als werknemer van school of de universiteit kwam en daarmee alle kennis had voor het hele werkzame leven ligt ver achter ons. Dit betekent dat bedrijven een actief opleidingsbeleid moeten voeren, om de werknemers aan de eisen die het werk stelt te laten blijven voldoen. Ook voor de werknemer is permanente opleiding belangrijk. Enerzijds om goed werk te kunnen blijven leveren, anderzijds om de kansen op de arbeidsmarkt te vergroten. Dit noemen we ook wel 'employability'. Het is tegenwoordig heel gewoon dat werknemers verschillende werkgevers hebben gedurende hun loopbaan. De tijd van een lifetime aanstelling (en daarmee van 40 jaar of langer bij de zaak) is zo langzamerhand ook wel voorbij.

Employability

Een laatste taak van de P&O-functie gedurende de tijd dat er medewerkers zijn (en dat is dus steeds) is het zorgdragen dat aan relevante wetgeving wordt voldaan. Ook hier zal de P&O-functie vooral een adviserende en signalerende rol hebben. Voorbeelden van wetgeving die relevant zijn, zijn de arbeidstijdenwet en de Arbowet (vooral gericht op veiligheids- en welzijnsaspecten).

Op een bepaald moment zal er een einde komen aan de arbeidsrelatie met de werknemer. De rol van P&O verschilt in de situatie dat het ontslag op initiatief van de werknemer dan wel op initiatief van de werkgever is.

In het eerste geval zal de rol van P&O beperkt zijn. Net zoals bij aanname zal het vooral gaan om de administratieve afwikkeling. Daarnaast kan P&O zorgen voor exit-interviews. Dit zijn gesprekken met de vertrekkende werknemer om duidelijk boven tafel te krijgen waarom de man of vrouw vertrekt. Hier kan waardevolle informatie uitkomen omdat mensen die weggaan geen belangen meer bij de organisatie hebben. Zij kunnen vrijuit spreken, zonder angst dat ze daarop afgerekend worden.

Exit-interviews

De rol van P&O is meeromvattend als het initiatief van ontslag van de werkgever uitgaat. Dit geldt zowel in de situatie dat het een individuele ontslagzaak betreft als in het geval waarin sprake is van verschillende ontslagen. Bij grote aantallen spreken we van collectief ontslag. In de eerste situatie zal P&O vooral letten op de juridische 'hardheid' van het ontslag. Zo moet er bij onvoldoende functioneren een dossier zijn, waarin bijvoorbeeld bewijs opgenomen is dat het functioneren al een paar keer besproken is, echter zonder verbetering. Ontbreekt een dergelijk dossier, dan kan de werknemer het ontslag bij de rechter met succes aanvechten, wat het bedrijf een hoop geld kan kosten. Dit laatste is ook het geval als een werknemer ten onrechte op staande voet ontslagen wordt. Op deze terreinen beschikt P&O over de (juridische) kennis om goed te kunnen opereren. Als er sprake is van collectief ontslag zal er intensief overleg moeten plaatsvinden tussen de werkgever en de vertegenwoordigers van de werknemers, zoals de ondernemingsraad en de vakbonden. Ook in dit overleg zal P&O een belangrijke (adviserende) rol hebben.

Het personeelsproces en de administratieve organisatie

Om de financieel-administratieve kant van het arbeidsproces goed te laten verlopen, is er functiescheiding nodig. In dit kader zijn, idealiter, gescheiden:
- de afdeling P&O
- de afdeling Salarisadministratie
- de afdeling Financiële administratie
- de directie

De functieverdeling tussen deze afdelingen is op hoofdlijnen als volgt:
- P&O neemt mensen aan en zorgt voor ontslag.
- De salarisadministratie rekent de salarissen uit (bruto-netto).
- De financiële administratie controleert de salarissen en boekt ze.
- De directie betaalt de salarissen en de afdracht aan belastingdienst en pensioenfonds.

In figuur 21.2 is dit nader uitgewerkt, evenals de controles die daarbij plaatsvinden.

FIGUUR 21.2 Schema salarisbetalingen

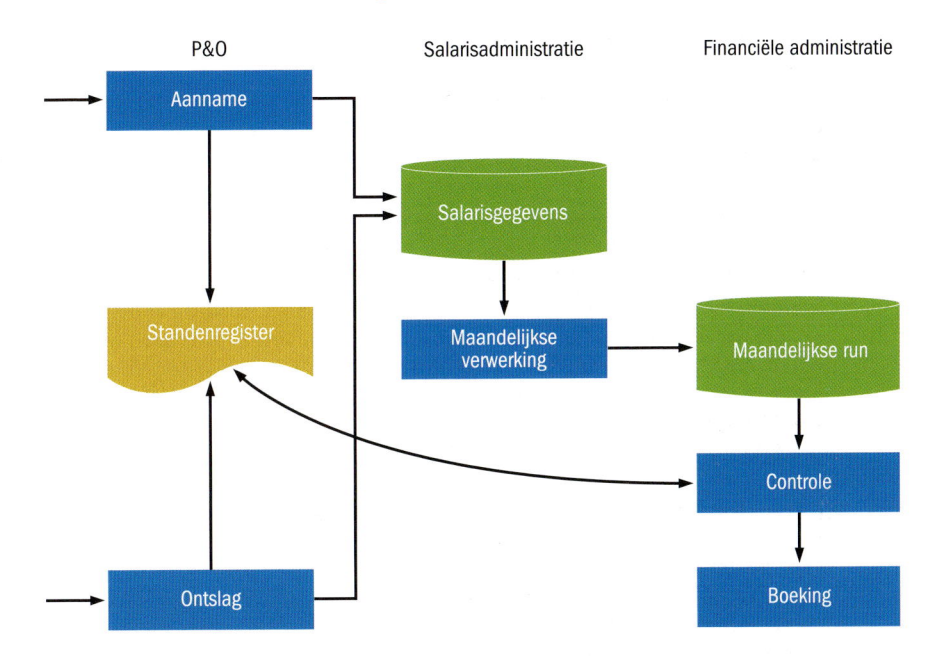

Uit dit schema blijkt dat er drie afdelingen nodig zijn om uiteindelijk salaris uit te betalen. Een belangrijke plaats in dit proces is weggelegd voor het standenregister. Het standenregister zijn we qua opbrengsten eerder tegengekomen, namelijk in hoofdstuk 17. Het zal je dan ook niet verbazen dat het hier gaat om een totaaloverzicht van de brutosalarissen. Dit wordt op de afdeling P&O bijgehouden. Tabel 21.3 laat zien wat er bedoeld wordt.

Standenregister

TABEL 21.3 Standenregister salarissen

Totaal bruto 31 januari		€330.621
bij:	P. Jansen	- 3.521
	G. Klaassen	- 2.960
	P. Izmar	- 3.350
af:	J. Wilson	- 2.950 -/-
Totaal bruto februari		€337.500

P&O houdt dus in totalen bij wat er aan brutosalarissen wordt betaald. Op de salarisadministratie wordt dit ook bijgehouden, maar daar staan alle werknemers individueel geregistreerd. Bij de maandelijkse salarisrun over februari zal het totaal aan brutosalarissen €337.500 moeten zijn. De Financiële administratie controleert dit. Op deze wijze is ondervangen dat te veel salaris wordt betaald, bijvoorbeeld aan mensen die niet (meer) in dienst zijn, dan wel dat de salarisadministrateur op eigen houtje het salaris van zichzelf of van een bevriende collega verhoogt. Het risico dat mensen ten onrechte salaris krijgen, speelt met name rond het moment van in dienst en uit dienst gaan.

TUSSENVRAAG 21.5
Hoe kan het dat iemand die uit dienst is nog salaris krijgt?

Het zal duidelijk zijn dat het risico maar één kant op gaat, namelijk als de onderneming te veel betaalt. Dit zal niet wegvallen tegen situaties waarin het omgekeerde gebeurt, om de simpele reden dat de betreffende werknemers wel aan de bel trekken als ze te weinig salaris krijgen. We noemen dit het piepsysteem. Degene die te weinig krijgt, gaat wel 'piepen'.

Piepsysteem

Bij Check(t)Zeker is er nog een ander aspect waar we rekening mee moeten houden, namelijk overwerk. Dit zal uit de urenverantwoording voortvloeien, die we verderop in dit hoofdstuk bespreken. Gevolg is uiteraard wel dat het brutosalaris niet meer overeenkomt met het standenregister. Voordat tot uitbetaling van overuren kan worden uitgegaan, zal er goede controle moeten plaatsvinden of de uren daadwerkelijk gemaakt zijn en of de medewerker recht heeft op uitbetaling van overuren. Het eerste vloeit voort uit de goedgekeurde urenverantwoording. Het tweede element kan in de software worden ingebouwd, zodat het systeem 'beslist' of al dan niet wordt uitbetaald.

Overigens is de taak van de Salarisadministratie niet alleen het vaststellen van het brutosalaris, inclusief overuren, maar vooral ook het maken van de bruto-nettoberekening. Iedereen die weleens geprobeerd heeft zijn eigen salarisstrook na te rekenen, weet dat dit ingewikkeld is. Het is daarom van belang dat de diverse tabellen (belastingen, pensioenen, sociale premies) juist in het ERP-systeem zijn opgenomen. Veel bedrijven hebben er daarom voor gekozen de salarisadministratie uit te besteden. Dan worden de gegevens van de werknemers (of liever gezegd: de mutaties ten opzichte van de vorige periode) opgestuurd naar het salarisbureau, dat de gegevens verwerkt. Na controle en goedkeuring door de eigen salarisadministrateur vindt definitieve verwerking plaats, waarna het salarisbureau de benodigde gegevens oplevert. Naast een bestand met te betalen nettosalarissen, zijn dit gegevens omtrent af te dragen belastingen en premies, journaalposten voor in de financiële administratie en de salarisstroken voor de medewerkers.

Relatie tussen uitbetaalde uren en opbrengsten
Wat we hiervoor behandeld hebben met betrekking tot het personeelsproces en de administratieve organisatie, geldt voor elke organisatie. Het bijzondere van organisaties als Check(t)Zeker is dat er een directe relatie is tussen uitbetaalde uren en de omzet. Immers, de uren vormen de bron voor facturering, hetzij direct, hetzij indirect. Je zou kunnen zeggen dat alle uren die aan medewerkers worden uitbetaald tot opbrengst moeten leiden, tenzij het indirecte uren betreft. Dit laatste kan zijn omdat de medewerker een indirecte functie heeft (bijvoorbeeld de telefoniste) of omdat de medewerker weliswaar een directe functie heeft, maar een aantal indirecte uren maakt (bijvoorbeeld opleiding). Daarnaast kan het zijn dat niet alle directe uren kunnen worden doorbelast vanwege prijsafspraken met de klant. Dit is bij Check(t)Zeker een probleem waar we in het vervolg van dit hoofdstuk op terug zullen komen. In figuur 21.3 is het verband tussen uitbetaalde uren en opbrengsten weergegeven, waarbij we ook nog een extra complicatie toevoegen, namelijk overuren. In het vervolg van dit hoofdstuk komen we op de diverse problemen terug.

FIGUUR 21.3 Relatie tussen uitbetaalde uren en omzet

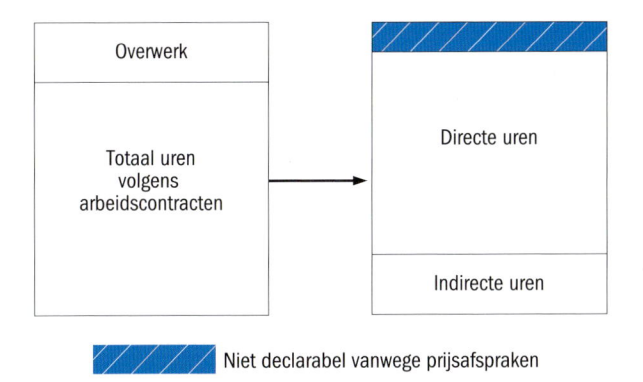

Net als bij het hotel zal er een registratie van de capaciteit zijn. Bij Check(t)Zeker is er dus een directe relatie tussen de beschikbare capaciteit en de mensen die in dienst zijn: er werken 75 mensen bij het kantoor. Als deze medewerkers allemaal fulltime werken, is de capaciteit dus 75 × 40 = 3.000 uur per week.
Om het gehele gebeuren rondom de uren te kunnen beheersen, is een systeem van urenverantwoording noodzakelijk. Voordat we daar echter op ingaan (in subparagraaf 21.4.5) besteden we aandacht aan de tarieven en het verkoopproces binnen Check(t)Zeker.

21.4.2 Tarieven
We hebben gezien dat Check(t)Zeker eigenlijk uren verkoopt. Dat betekent dat aan de uren een tarief moet worden gehangen. Check(t)Zeker werkt met een systeem van tarieven per functieniveau. In tabel 21.4 zijn de uurtarieven van Check(t)Zeker opgenomen.

TABEL 21.4 Uurtarieven Check(t)Zeker

Directeur	€250
Manager	€150
Teamleider	€110
Gevorderd assistent	€ 75
Beginnend assistent	€ 45

In tabel 21.4 gaat het om de 'verkooptarieven'. Deze worden vastgesteld in het jaarlijkse begrotingsproces. In dit begrotingsproces wordt een raming gemaakt van het aantal productieve uren (ook wel uitgedrukt in een productiviteitspercentage) per medewerkercategorie. Dit aantal wordt berekend uitgaande van het aantal bruto beschikbare uren volgens een model zoals opgenomen is in tabel 21.5.

TABEL 21.5 Voorbeeldberekening productieve uren (begroting)

Aantal weken			52
Aantal uren per week			40
Totaal aantal uren			2.080
Af: feestdagen	*		40
Af: vakantie			210
Af: opleiding			40
Af: ziekte (%)	**	5	104
			-
Beschikbare uren			1.696
Productiviteitspercentage	**	80	-
Aantal productieve uren			1.357

* verschilt per jaar
** kan in gevarieerd worden

Het uurtarief wordt vervolgens in het kader van het begrotingsproces vastgesteld. Dit kan op twee manieren. De eerste is dat vanuit de kostenbegroting en de gewenste winst berekend wordt wat de totale omzet moet zijn. Vervolgens wordt dit aantal gedeeld door de beschikbare uren, waarbij uiteraard rekening gehouden wordt met de verschillen in tariefgroepen. De andere vaak toegepaste methode, is de productieve uren van het (begrote) aantal medewerkers te vermenigvuldigen met de gewenste tarieven, die zullen afhangen van de huidige tarieven en marktontwikkelingen. Zo kan een totale omzet begroot worden. Door deze totale omzet vervolgens af te zetten tegen de kostenbegroting kan het resultaat voor het jaar begroot worden. Hierbij geldt dat er een redelijk directe relatie is tussen de kosten- en de opbrengstbegroting.

TUSSENVRAAG 21.6
Waarom is er een redelijk directe relatie tussen de kosten- en opbrengstenbegroting?

In de praktijk zie je vaak een combinatie van de beide begrotingsmethodieken. Als sluitstuk van het begrotingsproces zullen de tarieven voor het komende jaar worden vastgesteld en in het geautomatiseerde systeem worden ingevoerd.

21.4.3 Verkoopproces

Het verkoopproces van een bedrijf als Check(t)Zeker vertoont sterke overeenkomsten met dat van het stukproductiebedrijf dat in hoofdstuk 14 besproken is. Wel zal hier meer sprake zijn van opdrachten die jaarlijks terugkomen. We kennen daarom naast eenmalige opdrachten (zoals bij C-Bouw in hoofdstuk 14 het geval was) zogenoemde doorlopende opdrachten. Hierbij gaat het bijvoorbeeld om de controle van de jaarrekening. Meestal zijn dit opdrachten met een looptijd van drie tot vijf jaar, omdat accountantswisseling voor een bedrijf inefficiënt is. Toch zie je ook hier dat er jaarlijks kostenramingen worden afgegeven. Inhoudelijk zijn er dus weinig verschillen met het stukproductiebedrijf. Er zal een calculatie gemaakt moeten worden van het aantal benodigde uren per functiecategorie. Dit vermenigvuldigd met de tarieven geeft de prijs. Deze prijs is óf een indicatie waarbij achteraf facturering op basis van de werkelijke uren plaatsvindt óf een vaste prijs. Wat vaak verschilt ten opzichte van bedrijven met stukproductie, is wie (welke afdeling) deze calculatie maakt. We zagen bij C-Bouw dat hier een aparte afdeling voor was: de calculatieafdeling. Hoewel dit vanwege de functiescheiding ook voor het accountantskantoor wenselijk zou zijn, werkt het zoals we in de paragraaf functiescheiding gezien hebben, meestal anders. De verantwoordelijk partner zal de berekening zelf uitvoeren. Vanuit het oogpunt van functiescheiding ligt hier dus een probleem. Daarom kan er een richtlijn zijn dat elke prijsafspraak vooraf door een andere partner getoetst wordt. Sluitstuk van het verkoopproces is een contract (ook wel opdrachtbevestiging) genoemd, waarin de afspraken over de opdracht (waaronder de prijs) worden vastgelegd. Dit contract wordt vanuit Check(t)Zeker door de verantwoordelijk accountant ondertekend.

Voordat de werkzaamheden gestart worden, zal er een klantnummer of opdrachtnummer geopend moeten worden. Dit is niet hetzelfde, omdat één klant verschillende opdrachten kan hebben.

21.4.4 Plannen

Een bedrijf als Check(t)Zeker wordt gekenmerkt door hoge vaste kosten (personeelskosten) die door het maken van productieve uren moeten worden goedgemaakt. Dit betekent dat de personeelsplanning van groot belang is. Het management van het kantoor zal inzicht willen hebben in hoeverre de bezetting de komende periode is ingepland. Als er sprake is van leegloop (geen werk) heeft dit direct grote effecten op het resultaat.

Personeelsplanning

TUSSENVRAAG 21.7
Een medewerker met een weekloon van €1.000 en een uurtarief van €95 heeft één week geen werk. Wat is het effect op het resultaat?

Daarom zal er een strakke monitoring moeten zijn op de geplande inzet, over een periode van bijvoorbeeld de komende drie maanden. Een probleem hierbij is dat er sprake is van een zeker seizoenspatroon. In het voorjaar, als de jaarrekeningen van het afgelopen jaar afgerond worden, is er sprake van een piekbelasting. In deze tijd komt veelvuldig overwerk voor, zoals ook uit de openingscasus blijkt. Wil de personeelsplanning betrouwbaar zijn, dan zullen in ieder geval alle personeelsmutaties tijdig en juist verwerkt moeten worden. Daarom is er een koppeling tussen het personeelsproces en de registratie van de beschikbare capaciteit. Als de planning rond is, kunnen de werkzaamheden van start gaan. Dan komt de beheersing op opdrachtniveau aan de orde.

De 75 medewerkers van Check(t)Zeker voeren hun werkzaamheden voor het grootste deel van de tijd uit bij de klant. Tot en met het niveau van teamleider zal in een weekplanning worden bepaald op welke klanten de mensen worden ingezet. Zo weten (met name) de assistenten waar ze heen moeten. Managers en partners zullen hun eigen agenda beheren. De definitieve weekplanning voor de komende week wordt meestal door een van de managers gemaakt en tijdig aan alle betrokkenen gecommuniceerd.

21.4.5 Uren registreren

Tijd schrijven

Bedrijven als Check(t)Zeker werken met een systeem van tijd schrijven. Dit gebeurt meestal op weekbasis. Hierbij is het van belang dat alle medewerkers hun uren verantwoorden. Dit geldt ook voor de medewerkers die geen directe (= op de klant te schrijven) uren maken. Op deze wijze is er een mooie verbandscontrole mogelijk tussen de uitbetaalde uren volgens de salarisadministratie en de verantwoorde uren.

Het management van het kantoor zal er veel belang aan hechten dat de urenverantwoording ook tijdig gebeurt. Als medewerkers achterlopen met hun urenregistratie, kan er geen goede besturing plaatsvinden. Hier komt nog bij dat als een medewerker, bijvoorbeeld vier weken later, moet gaan bedenken wat hij indertijd gedaan heeft, dit de betrouwbaarheid niet ten goede zal komen. Als het systeem van urenverantwoording geautomatiseerd is, kan het computersysteem bijhouden welke medewerkers hun uren wel en welke (nog) niet verantwoord hebben. Met behulp van deze geprogrammeerde controle die in de urenapplicatie is opgenomen en daarom een voorbeeld is van een application control, kan dit bewaakt worden. Dit kan bijvoorbeeld door een e-mail te sturen als de deadline verstreken is, met een cc'tje aan de baas van de betreffende medewerker. Ook kan er een statistiek worden bijgehouden van de prestaties van de medewerkers op dit terrein, die in het jaarlijkse beoordelingsgesprek besproken kan worden.

Geprogrammeerde controle

Application control

De eerste stap is dus ervoor zorgen dat de uren tijdig worden verantwoord. De tweede stap is dat de uren op het juiste opdrachtnummer worden verantwoord. Hier is sprake van een verschuivingsgevaar, zoals we dat ook bij stukproductie gezien hebben.

Verschuivingsgevaar

TUSSENVRAAG 21.8
Waarom is het voorkomen van verschuivingsgevaar bij Check(t)Zeker van extra groot belang?

Om te bereiken dat de uren juist verantwoord worden, zullen deze door de betreffende opdrachtleider moeten worden goedgekeurd voordat verdere administratieve verwerking plaatsvindt. Deze zal uren die niet op 'zijn' project thuishoren niet goedkeuren. Na goedkeuring kunnen de uren worden doorgeboekt naar de onderhandenwerkadministratie, waarna verdere beheersing van de projecten kan plaatsvinden. Voordat we hierop ingaan, staan we nog even stil bij een ander punt, namelijk de vraag of alle uren wel verantwoord zijn. Dit lijkt een vreemde vraag. Ten eerste zullen we zien dat er een totaal verband met de beschikbare uren gelegd kan worden. Ten tweede, zou je denken, zal een medewerker niet minder uren verantwoorden dan hij gemaakt heeft. Toch hoeft dit niet altijd zo te zijn. Zo zijn er situaties denkbaar dat het budget 'op is' en er toch nog werk moet worden gedaan. Het bewaken van het budget (de vooraf afgegeven raming of de overeengekomen prijs) is een belangrijk punt. Als medewerkers door bijvoorbeeld niet efficiënt te werken over het budget heen gaan, kan dit tot vervelende gesprekken leiden. Om dat te voorkomen, zouden medewerkers in de verleiding kunnen komen de uren maar niet te schrijven. Dit geldt zeker als het overuren zijn die toch niet worden uitbetaald.

Het zal duidelijk zijn dat het voor de besturing van de organisatie slecht is als niet alle uren verantwoord worden. Zo kan bij een opdracht waarvoor een te lage prijs is afgesproken (waar dus verlies op geleden wordt) niet naar voren komen dat de prijs te laag was. Het gevolg kan zijn dat de opdracht volgend jaar weer voor een te lage prijs wordt aangenomen.

Het is dus zaak dat de opdrachtleiders alert zijn op het verantwoorden van alle uren. Hierbij zullen zij een relatie moeten leggen tussen de geleverde prestatie en de verantwoorde uren. Als bekend is dat een medewerker in een week veel 's avonds gewerkt heeft om een deadline te halen en vervolgens 40 uur verantwoordt, klopt er iets niet.

Het mooie van urenverantwoordingen is dat overuren hier direct uit blijken. Als de urenverantwoordingen worden goedgekeurd, zijn dus ook de overuren goedgekeurd. Dit laatste ongeacht of ze wel of niet worden uitbetaald aan de medewerkers. Er hoeft dus niet met aparte overurenbriefjes gewerkt te worden, zoals bij andere organisaties gebruikelijk is.

Zolang de uren nog niet gefactureerd zijn, spreken we van onderhanden werk. De post Onderhanden werk vormt samen met de post Debiteuren de belangrijkste post aan de debetzijde van de balans van dit soort dienstverlenende bedrijven. Daarom is een beheersing van beide posten van groot belang. Zeker als er vaste prijsafspraken zijn, moet natuurlijk voorkomen worden dat er in het onderhanden werk uren komen die niet gedeclareerd kunnen worden.

Onderhanden werk

21.4.6 Opdrachtbeheersing en facturering

Een goede bewaking van de ontwikkeling van het onderhanden werk per opdracht in relatie tot het budget is dus essentieel. Dit laatste is hetzij de afgegeven prijs bij aangenomen werk, hetzij de afgegeven raming bij regiewerk. Dit is primair de verantwoordelijkheid van de opdrachtleider. Echter, die kan weleens de neiging hebben eventuele problemen voor zich uit te schuiven. Dit uit zich in een oplopend saldo op het onderhanden werk, wat erop kan duiden dat er in het onderhanden werk bedragen zitten die niet gefactureerd kunnen worden. Daarom is bewaking van het totaalsaldo van het onderhanden werk en debiteuren een belangrijk punt van aandacht binnen dergelijke organisaties. Bij de facturering komt trouwens weer naar voren dat het om organisaties van professionals gaat.

Het is uiteindelijk de verantwoordelijke accountant die bepaalt wat er gefactureerd wordt. Mochten er uren geregistreerd staan die niet gefactureerd kunnen worden, dan leidt dat tot afboekingen. Deze zullen door het management van het kantoor goed in de gaten gehouden moeten worden. Hoewel er overeenkomsten zijn met het stukproductiebedrijf, zijn er dus ook verschillen. Dit komt vooral door de rol die de partner zelf speelt. Deze doet zowel de voorcalculatie, de projectbewaking als de facturering (en daarmee in feite de nacalculatie). Vanuit het oogpunt van functiescheiding is dit een ongewenste situatie die echter beheerst kan worden door:
1 het strakke verband in de uren
2 informatie over ontwikkeling onderhanden werk, debiteuren en afboekingen per partner

Op het meerwerk, een aspect dat we ook bij C-Bouw gezien hebben, gaan we in de volgende subparagraaf in.

21.4.7 Meerwerk

Net als bij stukproductie kan er ook bij het werk van accountants sprake zijn van meerwerk. Tijdens de uitvoering van de opdracht komt er bijvoorbeeld een aanvullende vraag van de opdrachtgever. De risico's hierbij zijn dezelfde die we in hoofdstuk 14 besproken hebben, namelijk 'is het wel meerwerk?' en 'is de meerwerkopdracht door een bevoegde persoon gegeven?' Ook hier is het dus van belang meerwerkafspraken schriftelijk vast te leggen, zodat er achteraf geen discussie kan ontstaan. Er is echter nog wel een ander risico, dat samenhangt met de mindere mate van functiescheiding in dergelijke professionele organisaties. Een meerwerkopdracht kan door degene die de contacten met de klant heeft voor eigen rekening (en niet eigen risico) worden uitgevoerd. Voorbeeld 21.1 illustreert dit.

VOORBEELD 21.1

Taco, de klantvriendelijke assistent-accountant

Taco Sjekker is een assistent die het beste voor heeft met zijn klanten. Hij is altijd bereid extra werk voor de klanten te doen. Helaas leidt dit achteraf weleens tot discussies over de factuur. Taco heeft dan ook voor de controle van Beun Konijn een strak budget van zijn baas meegekregen, dat geen ruimte laat voor extra werkzaamheden.

De administrateur van Beun Konijn heeft zijn zaakjes echter niet goed op orde. Hij weet dat als hij de baas van Taco belt, deze gelijk met een meerwerkopdracht zwaait tegen Taco's uurtarief van €75 per uur. Dat zal zijn directeur, de heer Konijn, niet willen betalen. Hij en Taco spreken het volgende af: Taco helpt de administrateur door samen een weekend door te werken. Taco verantwoordt de uren niet op zijn weekstaat. Als de administrateur hem €50 per uur betaalt uit de zwarte kas die hij bij de controle heeft ontdekt, zijn twee (of eigenlijk drie) problemen opgelost: het werk is af, de zwarte kas is weg en Taco heeft in een weekend bijna een kwart maandsalaris verdiend (netto!).

Winkel-in-een-winkel

Voorbeeld 21.1 is een typisch geval van een winkel-in-een-winkel. Anders dan bij C-Bouw, waar materialen en machines gebruikt worden, gaat het hier alleen maar om uren. Daarom is dit een groter risico. Hoewel dit risico nooit helemaal te voorkomen is, kan het worden verkleind als de opdrachtleider dicht op de opdracht zit en dus weet wat daar gebeurt.

21.5 Controles en analyses

Binnen de controles en analyses onderscheiden we drie vormen:
1 verbandscontroles
2 cijferbeoordelingen
3 detailcontroles

21.5.1 Verbandscontroles

Na het voorgaande zal duidelijk zijn dat de verbanden in de uren het belangrijkste zijn. In hoofdstuk 14 heb je de begrippen paid time, shoptime en jobtime geleerd.
Voordat we hierop ingaan is het eerst van belang de verbanden met betrekking tot de personeelskosten vast te stellen:

> Beginstand aantal medewerkers en totaal
> brutosalaris + nieuwe medewerkers –/– medewerkers
> uit dienst = eindstand aantal medewerkers en totaal brutosalaris [21.1]

> Totaal brutosalaris volgens standenregister = totaal brutosalaris
> volgens salarisadministrateur excl. overuren [21.2]

> Totaal brutosalaris + overuren –/– inhoudingen = nettosalaris [21.3]

> Nettosalaris = afboeking liquide middelen [21.4]

TUSSENVRAAG 21.9
Waarom is de een-na-laatste eigenlijk geen verbandscontrole volgens de criteria genoemd in hoofdstuk 8?

Het is een kleine stap van de verbanden in de personeelskosten naar die van de opbrengsten.
Binnen Check(t)zeker kan een totaalverband worden gelegd: zie tabel 21.6.

TABEL 21.6 Totaalverband uren

Paid time: 75 medewerkers à 40 uur per week	3.000 uur
Bij: overuren volgens goedgekeurde urenverantwoordingen	350 uur
Af: ziekte, vakantie volgens goedgekeurde urenverantwoordingen	120 uur
Beschikbare tijd (shoptime)	3.230 uur
Af: indirecte uren volgens goedgekeurde urenverantwoordingen	350 uur
Jobtime	2.880 uur

De opboeking in de onderhandenwerkadministratie moet dus gelijk zijn aan 2.880 uur tegen de geldende tarieven. De verbandscontrole is dan ook:

> Jobtime * tarief = opboeking onderhanden werk [21.5]

Daarnaast gelden de verbanden:

> Afboeking onderhanden werk = opboeking
> debiteuren + afgeboekt wegens niet declarabel [21.6]

> Afboeking debiteuren = opboeking debiteuren [21.7]

21.5.2 Cijferbeoordelingen

Zoals we gezien hebben is de bewaking van het onderhanden werk van groot belang. Daarom zal hierop continu een cijferbeoordeling plaatsvinden. 'Hoe verhoudt het onderhanden werk zich tot de omzet?' is hierbij een

belangrijke vraag. Ook de ouderdom van de debiteuren zal bewaakt moeten worden.
Daarnaast zal een beoordeling van de overuren, de indirecte uren en van de afboekingen onderhanden werk plaats moeten vinden.

21.5.3 Detailcontrole
Detailcontrole zal zich primair richten op vreemde zaken die opvallen bij de cijferbeoordeling. Daarnaast vindt bij de controle van de urenverantwoordingen detailcontrole plaats met name op het gebied van overuren en indirecte uren. Tot slot zullen de betaalde bonussen in detail gecontroleerd moeten worden.

21.6 Informatiebehoefte het accountantskantoor

In deze paragraaf gaan we in op de informatie die nodig is om een bedrijf dat onder overige dienstverlening valt te besturen en te beheersen. Hierbij kijken we naar de informatie op de drie informatieniveaus:
1 strategische informatiebehoefte
2 tactische informatiebehoefte
3 operationele informatiebehoefte

Ad 1 Strategische informatiebehoefte
Net zoals bij andere bedrijven gaat het bij strategische informatie vooral om externe informatie: wat doet de markt, wat doen concurrenten? Daarnaast is voor accountantskantoren de ontwikkeling van wet- en regelgeving van groot belang.

Ad 2 Tactische informatiebehoefte
Voordat de 'productie' plaatsvindt gaat het om de planning. In hoeverre zijn de medewerkers de komende periode(n) productief? Daarna zijn van belang:
- de werkelijk productieve uren, ook wel uitgedrukt in een percentage (productiviteit)
- de overuren
- de ontwikkeling van het onderhanden werk, waaronder de ouderdom
- de ontwikkeling van de debiteuren, waaronder de ouderdom
- de ontwikkeling van het onderhanden werk per opdracht, in relatie tot de afgegeven raming c.q. de overeengekomen prijs
- de afboeking van bedragen die niet gefactureerd kunnen worden

Door deze gegevens strak te volgen, afgezet tegen de budgetten, alsmede door de besproken verbanden in de uren te bewaken, is beheersing van dit type bedrijf mogelijk.

Ad 3 Operationele informatiebehoefte
De operationele informatie heeft voornamelijk betrekking op de planning en de stand van zaken binnen de opdrachten, zodat duidelijk is welke werkzaamheden moeten worden verricht.

21.7 Samenvattende schema's het accountantskantoor

In figuur 21.4 is het globaal processchema waarmee we dit hoofdstuk gestart zijn, uitgewerkt in een swimlane waarin de stappen en functiescheidingen zichtbaar zijn.

FIGUUR 21.4 Proces dienstverlening accountantskantoor met swimlane

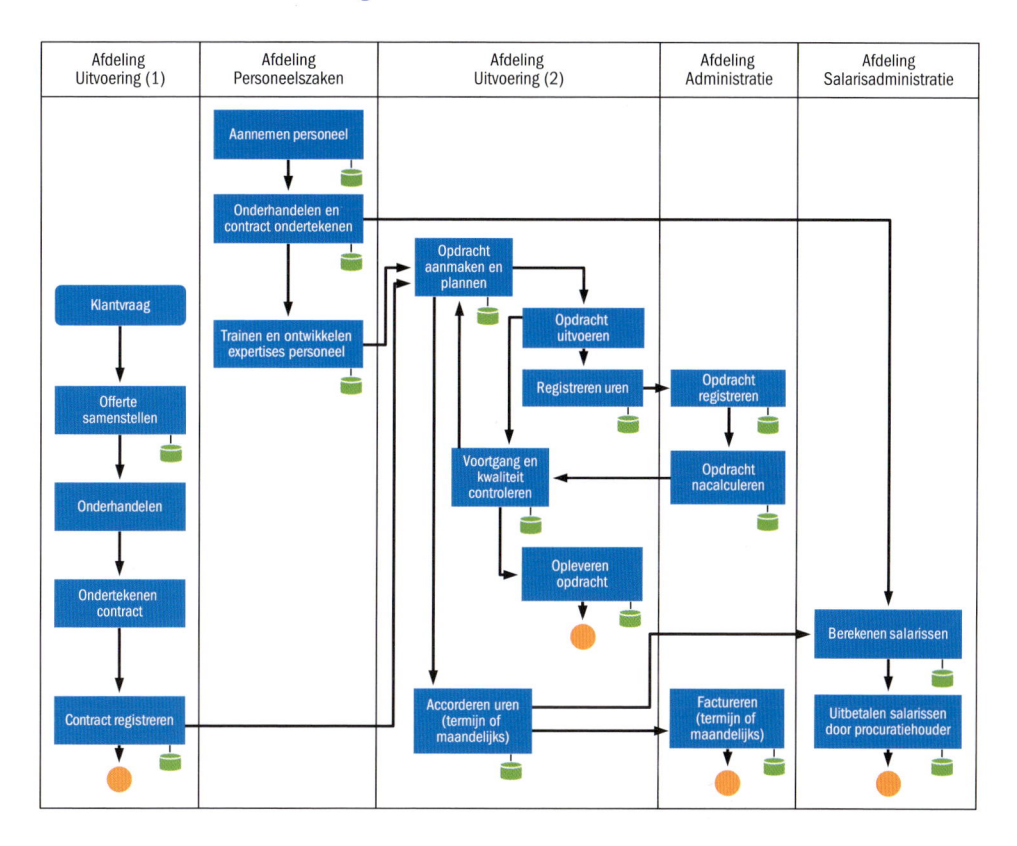

In tabel 21.7 is een samenvattend schema opgenomen van dit hoofdstuk, waarin de diverse elementen van de administratieve organisatie naar voren komen.

TABEL 21.7 Samenvattend schema hoofdstuk 21

Typologie	Overige dienstverlening: verkoop van kennis en kunde
Steunpunten	Geautoriseerde tarieven op basis van functie
	Urenverantwoording
	Totaalverbanden in uren
Attentiepunten	Meerwerk
(niet limitatief)	Overwerk
	Bonussen
	Opdrachten met vaste prijs en opdrachten tegen uren × tarief
	Meerwerk
	Beperkte functiescheiding tussen afsluiten contract, uitvoering en facturering
Functiescheiding	Beperkte functiescheiding tussen afsluiten contract, uitvoering en facturering
Automatisering	Personeelsbestand
	Contractenbestand
	Bestand onderhanden werk
Begroting	Begroting productieve uren
	Omzetbegroting
	Kostenbegroting
Richtlijnen	Opdrachtaanvaarding
	Werving en selectie personeel

Personeelsproces

Activiteit	Mogelijke attentiepunten	Risico's	Interne beheersingsmaatregelen	Verbandscontroles
Personeel aannemen		Personeel wordt te vroeg of te laat in administratieve capaciteit opgenomen	1 Controle standenregister met personeelsmutaties 2 Controle planningsbestand met personeelsmutaties	Beginstand aantal medewerkers + in dienst −/− uit dienst = eindstand aantal medewerkers

Salarisbetaling	Overuren
	Bonussen
		Te veel salaris uitbetaald
		Overuren ten onrechte uitbetaald
		Te veel bonussen verantwoord dan wel verplichting te laag
			1 Standenregister
			2 Functiescheiding:
			  a P&O (registreert gegevens)
			  b Salarisadministratie (berekent salarissen)
			  c Financiële adm. (controleert en boekt)
			Autorisatie overuren door leidinggevende
			FS vaststellen bonussen, registreren bonussen en salarisadministratie
				1 Totaal standenregister = uitbetaald brutosalaris

Personeel ontslaan		Personeel wordt te vroeg of te laat uit administratieve capaciteit verwijderd	1 Controle standenregister met personeelsmutaties 2 Controle planningsbestand met personeelsmutaties	Beginstand aantal medewerkers + in dienst −/− uit dienst = eindstand aantal medewerkers

Verkoop

Activiteit	Mogelijke attentiepunten	Risico's	Interne beheersingsmaatregelen	Verbandscontroles
Vaststellen uurtarieven		Onjuiste tarieven in systeem	1 Beveiliging tarievenstambestand 2 Invoercontrole op basis van geautoriseerde tarieven	
Werving klanten		Klant is niet kredietwaardig	1 Kredietwaardigheidscontrole 2 Autorisatie nieuwe klanten door directie	
Afsluiten contract	Beperkte functiescheiding tussen afsluiten contract, uitvoering en facturering	Onjuiste contracten worden afgesloten	Autorisatie contract door directie Controle hierop door administratie bij vastleggen contract in contractenregister	

Uitvoering

Activiteit	Mogelijke attentiepunten	Risico's	Interne beheersingsmaatregelen	Verbandscontroles
Personeelsplanning		Personeelsmutaties niet tijdig verwerkt	1 Autorisatie planning 2 Afstemming planning met capaciteit volgens standenregister personeelszaken	
Tijd schrijven	Zowel opdrachten tegen vaste prijs als regiewerk	1 Onvolledige of niet tijdige registratie uren 2 Verschuivingsgevaar van uren tussen opdrachten	1 Redelijkheidcontroles uren: Minimum: volgens arbeidscontract Maximum per week 2 Alleen ingeplande medewerkers kunnen uren op project verantwoorden. 3 Autorisatie opdrachtleider	1 Totaal contracturen + overwerk = paid time; paid time −/− geoorloofde afwezigheid = shoptime 2 Shoptime −/− indirecte uren −/− jobtime Jobtime = opboeking 3 Onderhanden werk
Bewaking onderhanden werk		Niet declarabele bedragen	Controle door kantoorleiding	
Facturering		Niet tijdige/niet juiste facturering	1 Bewaking tijdigheid door administratie 2 Controle met contracten door administratie	1 Afboeking onderhanden werk = opboeking debiteuren + afgeboekt wegens niet declarabel 2 Afboeking debiteuren = opboeking liquide middelen
Meerwerk	Meerwerk	1 Ongeautoriseerd meerwerk 2 Winkel-in-een-winkel	1 Opdracht meerwerk door klant 2 Controle opdrachtleider	

Eindvragen

21.1 Waarom is er functiescheiding nodig tussen Personeelszaken en de Salarisadministratie?

21.2 Noem in het kader van de aansluiting paid time, shoptime en jobtime per categorie drie verschillende soorten uren die een medewerker van Check(t)Zeker op zijn urenstaat kan verantwoorden.

21.3 Wat verstaan we onder het piepsysteem?

21.4 Geef aan waarop de leiding van het accountantskantoor zich richt bij de financiële beheersing op:
  a totaalniveau
  b opdrachtniveau

21.5 Wat is een winkel-in-een-winkel?

21.6 Account bv is een administratiekantoor waar vijftien mensen werken. Het voert administraties voor met name drogisterijen en apotheken. De klanten worden tweewekelijks gefactureerd voor de door Account bv gemaakte uren. Hierbij kent Account twee uurtarieven: één voor juniormedewerkers en één voor seniormedewerkers. Van de vijftien mensen die bij Account werken, zijn er tien 'junior' en vijf 'senior'.

Welke maatregelen van AO neem je om de juistheid, volledigheid en tijdigheid van de facturering aan klanten te waarborgen? Ga in het antwoord expliciet in op functiescheiding.

21.7 Je bent werkzaam als assistent-accountant. Op een van de opdrachten kom je te werken onder een voor jou nieuwe leidinggevende. Die zegt dat het urenbudget erg krap is en dat de baas op de opdracht, de partner, geen urenoverschrijdingen accepteert. Om die reden stelt hij voor dat het team dagelijks één uur langer werkt en dat dat uur niet verantwoord wordt. Op die manier kan de opdracht binnen het budget blijven.

Noem minimaal drie nadelen van de voorgestelde handelwijze.

450

22
Bedrijven in de categorie 'overige dienstverlening': casussen

22.1 Inleiding casussen
22.2 Commerciële omroep
22.3 Makelaarskantoor
22.4 Airbnb
22.5 Rijn Kraanverhuur
22.6 Event Catering
22.7 FlexCheck Detachering
22.8 Pechhulporganisatie

In het vorige hoofdstuk hebben we gekeken naar het accountantskantoor. Dit bedrijf valt onder de typologie 'overige dienstverlening'. Dit is, zoals de naam al aangeeft, een 'restcategorie'. Als een bedrijf niet onder een van de andere typen valt, maar wel dienstverlening is, dan valt het dus in de categorie 'overige dienstverlening'. Er zijn veel verschillende bedrijven die onder deze categorie vallen. Het is dan ook onmogelijk deze typologie helemaal te behandelen. Daar komt bij dat er steeds nieuwe bedrijven ontstaan, vaak gebaseerd op informatietechnologie. Het is soms best wel lastig om te bepalen waar in de typologie zo'n bedrijf valt. Denk maar aan Uber: is dat nu een taxibedrijf, een bedrijf dat informatiediensten levert of iets anders? Interessante vragen vanuit de administratieve organisatie, waarmee je vaak te maken zult krijgen.

Dit hoofdstuk is qua opzet geheel anders dan de voorgaande hoofdstukken. In de inleiding worden wat handreikingen gegeven hoe om te gaan met bedrijven die niet eenduidig in een bepaalde categorie vallen. Daarna volgt een aantal casussen waarmee je zelf aan de slag kunt. Op de website behorend bij dit boek vind je de uitwerkingen. Hierbij is het van belang op te merken dat er niet één goede uitwerking is en de andere uitwerkingen dus fout. Je kan een AO op verschillende manieren inrichten, mits het maar logisch opgebouwd en realistisch is.

22.1 Inleiding casussen

Het feit dat bij AO-casussen meerdere uitwerkingen mogelijk zijn, vinden nogal wat studenten lastig. AO is inderdaad niet een vak dat je leert door het boek (laat staan antwoorden op casussen) in je hoofd te 'stampen'. Natuurlijk moet je op de hoogte zijn van de instrumenten die we in dit boek hebben aangereikt, maar zie het als een gereedschapskist. Aan jou de taak om bij een casus gereedschap te gebruiken waarmee je een goed product krijgt. Dat product kan dus verschillen van andere goede producten. Net als bij het bakken van een taart, het in elkaar zetten van een pc-netwerk of wat voor product dan ook: oefening baart kunst. AO is echt een vak van oefenen!

Bij de typologieën die we eerder hebben besproken, horen bepaalde standaardgereedschappen. Dit zijn de steunpunten die we in elk hoofdstuk hebben benoemd. Die vormen het fundament van je administratieve organisatie. Helaas ontbreekt bij de brede categorie overige dienstverlening zo'n standaardgereedschap. Hier zal je naar op zoek moeten. Omdat het bij de administratieve organisatie meestal om de opbrengsten gaat, moet je goed naar de casus kijken om te ontdekken op welke manier die opbrengsten tot stand komen en waar die opbrengsten een relatie (verband) mee hebben. Vandaaruit kun je misschien een overeenkomst vinden met eerder in dit boek behandelde typologieën.

TUSSENVRAAG 22.1
Op welke manier komt de opbrengst bij het accountantskantoor tot stand en aan welke typologie deed dit denken?

Net als een ervaren loodgieter, moet je in lastiger situaties misschien wel met meerdere gereedschappen werken. Dit doe je door ook kenmerken van een andere typologie in je uitwerking te betrekken.

TUSSENVRAAG 22.2
Van welke andere typologie had het accountantskantoor ook kenmerken?

Op deze manier kun je een mooie administratieve organisatie ontwikkelen. Helaas zijn ook situaties denkbaar waarbij je niet direct een relatie met een andere typologie vindt. Dan komt het echt aan op je eigen creativiteit. Dat betekent echter niet dat alles dan goed is. Bijvoorbeeld in het geval van Uber zal je met verbanden in de geld- goederenbeweging niet ver komen. Bij dat soort casussen begin je met na te denken over de vraag wat de primaire vastlegging is. Hoe regel je dat verkopen allemaal worden vastgelegd in de administratie, ofwel 'waar is het startpunt'. Overigens kan dit startpunt ook vóór de eigenlijke verkoop liggen.

Primaire vastlegging

TUSSENVRAAG 22.3
Wat was de primaire vastlegging bij Vakgarage Kleinman?

TUSSENVRAAG 22.4
En bij Frystec?

Als je het punt van de eerste vastlegging eenmaal hebt ontdekt, kun je dat gebruiken als fundament. Bedenk wel dat wat je op dat fundament bouwt

realistisch moet zijn. Nogmaals, er zijn meerdere oplossingen mogelijk, maar als je als interne controlemaatregel invoert dat alles wat in een bedrijf gebeurt door een andere medewerker moet worden overgedaan ter controle, zal dat niet gaan werken. Zo'n bedrijf zal snel failliet zijn.
De bedoeling bij de hierna volgende casussen is, dat je de volgende vraag beantwoordt: 'Beschrijf de administratieve organisatie, gericht op de volledigheid van de opbrengstverantwoording en de juistheid van de in de casus genoemde kosten.' Een korte vraag met een uitgebreid antwoord. Hanteer bij dit antwoord de volgende indeling:
- typologie en steunpunten
- attentiepunten, de daarmee samenhangende risico's en de maatregelen (preventief, detectief en repressief)
- randvoorwaarden: functiescheiding, automatisering, begroting, richtlijnen en normen
- processen
- controles en analyses: verbandscontroles, cijferbeoordelingen en detailcontroles

Als je aan de slag gaat, zal blijken dat het onderdeel 'processen' het moeilijkst is. Hanteer hierbij goed het model met de 4 W's dat we in hoofdstuk 8 zijn tegengekomen:
- wie (functiescheiding)?
- doet wat (concrete handeling)?
- waarmee (informatie)?
- welke administratieve vastlegging volgt daaruit?

Vergelijk je uitwerking daarna met de uitwerking die op de website staat. Doe het vooral niet andersom, want het is net als met tennissen: als je Federer, Nadal of een andere topspeler ziet, denk je 'dat kan ik ook', totdat je het zelf moet doen! Dus het advies is oefenen!

Veel plezier en succes met de casussen en alle andere momenten waarop je tijdens je studie of in de praktijk aan de slag gaat met de administratieve organisatie.

22.2 Commerciële omroep

QSK is een vennootschap die zich bezighoudt met het exploiteren van een aantal commerciële televisiezenders in Nederland. Zij heeft hiertoe een drietal netten die qua naam aansluiten op de publieke en andere commerciële zenders die actief zijn in Nederland: QSK4, QSK5 en QSK7. Op de zenders is een mix te zien van populaire series die in eigen productie zijn gemaakt, zoals GoedePlaatsenSlechtePlaatsen (beter bekend als GPSP), nieuwsuitzendingen (het QSK-nieuws), films en aangekochte (vooral Amerikaanse) series.
De inkomsten bestaan vooral uit reclame, die tussen de programma's en tijdens de programma's wordt uitgezonden. De prijs per seconde varieert per klant en moment van uitzenden. Daarnaast zijn er inkomsten uit zogenoemde programmasponsoring. In eigen programma's worden producten getoond en wordt de naam van het betreffende bedrijf in de aftiteling duidelijk zichtbaar genoemd. Een voorbeeld van een dergelijk programma is KlussenmetLusse.

De kosten van QSK bestaan vooral uit productiekosten van de eigen programma's (mensen en techniek), en uit de aankopen van films en series. Daarnaast is QSK jaarlijks een fors bedrag kwijt aan de rechten op gebruik van de kabel. Zij betaalt hiertoe aan de kabelmaatschappijen een vast bedrag per jaar. Dit bedrag is mede afhankelijk van het aantal kijkers op de zender gedurende het jaar daarvoor.

Uitzenden doet QSK in eigen beheer. Zij heeft hiertoe op het mediapark in Hilversum de afdelingen Regie en Techniek, die zorgen voor het 'in elkaar zetten' van de televisiedag en het feitelijk uitzenden ervan.

22.3 Makelaarskantoor

Makelaarskantoor EHIGW (Eigen Huis Is Goud Waard) behoort met vijf vestigingen tot een van de grotere makelaars in de regio Utrechtse Heuvelrug. EHIGW werkt in zeven gemeenten en richt zich op alle segmenten van de woningmarkt. Het kantoor in Zeist functioneert als hoofdkantoor. Naast makelaars en taxateurs zijn in deze vestiging ook de centrale diensten gevestigd, zoals administratie en automatisering. In de andere kantoren zijn twee tot vijf makelaars/taxateurs werkzaam, die lokaal ondersteund worden door een secretariaat. Er wordt gebruikgemaakt van een computernetwerk waarop alle kantoren zijn aangesloten. Hierop draait onder meer een centraal planning/agendapakket en een makelaarspakket voor de te verkopen objecten.

Klanten kunnen verschillende diensten afnemen, waarvan verkoopbemiddeling de belangrijkste is.

Hierbij sluit de klant een contract af met EHIGW dat moet leiden tot de verkoop van de woning. EHIGW verzorgt de publiciteit (Funda), doet bezichtigingen met mogelijke kopers, voert de onderhandelingen, maakt de contracten en geeft de informatie door aan de notaris. Hiervoor betaalt de klant een percentage van de aankoopprijs als courtage. Dit percentage is onderhandelbaar.

Als koper en verkoper overeenstemming hebben bereikt, maakt de makelaar het voorlopig koopcontract op. Hierin is een voor de koper ontbindende voorwaarde opgenomen, voor het geval hij geen voldoende hypotheek kan krijgen. Hieraan is een termijn van meestal 2 maanden gekoppeld. Als de koper daarna het huis niet blijkt te kunnen betalen is hij 10% van de koopsom verschuldigt aan de verkoper. Overdracht van het huis gebeurt bij de notaris. De ontvangst van de courtage loopt ook via de notaris.
NB: nadere informatie over het proces van een huis (ver)kopen, kun je op internet vinden.

22.4 Airbnb

Een bed and breakfast (meestal afgekort tot B&B of BnB) is een klein logiescomplex dat overnachting en ontbijt biedt. Bed and breakfasts zijn vaak privéwoningen en hebben meestal een beperkt aantal kamers. De gastheren van de B&B wonen meestal zelf ook in het huis.
B&B's bestaan al sinds mensenheugenis. In Nederland werden zo vroeger meestal 'logies en ontbijt' genoemd. Eerst waren het kloosters die de reiziger een kamer en een maaltijd boden, maar al ruim voor de twintigste

eeuw werd de rol overgenomen door particuliere huizenbezitters. Gaandeweg raakten de B&B's evenwel wat op de achtergrond, maar door de internationalisering, de groei van het aantal reizigers en de komst van internet werden ze aan het begin van de 21ste eeuw herontdekt. Echt commercieel werd de markt pas met de opkomst van Airbnb.

Airbnb is een onlinemarktplaats voor de verhuur en boeking van B&B's. Airbnb werd opgericht in San Francisco in augustus 2008 en er werken nu rond de 3100 mensen. De website van Airbnb bevat de gegevens van meer dan 3.000.000 privé-accommodaties in 65.000 plaatsen in 192 landen. Tot medio 2017 hadden 160 miljoen mensen gebruikgemaakt van de diensten van Airbnb. Als vergoeding voor de service, rekent Airbnb 6% tot 12% van het bedrag dat de gast voor de overnachtingen moet betalen. Dit percentage is afhankelijk van meerdere variabelen, waaronder locatie, periode van verblijf, totale huursom en wordt bij de boeking door geautomatiseerde rekenregels bepaald. De aanbieder van de B&B (de 'host') betaalt vergoeding van 3% van de huursom. De klant betaalt de huursom via creditcard of iDeal aan Airbnb, verhoogd met het berekende percentage. Airbnb betaalt de huursom door aan de verhuurder, onder inhouding van de genoemde 3%. Airbnb maakt alleen kosten voor de instandhouding van de eigen onderneming. De kosten in verband met het onderhoud en de schoonmaak van de logies zijn voor rekening van de host.

Airbnb kent de annuleringsregeling zoals vermeld in subparagraaf 19.4.3 (individuen). De klant krijgt per jaar maximaal 3× de fee terug die aan Airbnb is betaald.

22.5 Rijn Kraanverhuur

Rijn Kraanverhuur is in haar 50-jarige bestaan uitgegroeid van een verhuisbedrijf tot een gespecialiseerd verhuurbedrijf van hijskranen en hoogwerkers in alle soorten en maten. De onderneming beschikt over een assortiment van 75 kranen van verschillende hoogten en draaglast (in tonnen). De kranen worden ingezet vanuit het centrale depot in Muiden. Daar bevinden zich ook het kantoor en de werkplaats. De verhuisactiviteiten zijn 10 jaar geleden verkocht.

Klanten (bouwbedrijven, wegenbouwers, bergingsbedrijven enzovoort). huren kranen en hoogwerkers voor een kortere (dagdeel) of langere periode (maximaal 3 maanden). Facturering vindt wekelijks plaats. Specialistische kranen kunnen alleen gehuurd worden inclusief een gecertificeerde kraanmachinist. Kleiner materieel kan ook gehuurd worden zonder machinist. De prijs hangt verder af van een aantal factoren:
- Het type en de zwaarte van de machine.
- Vaste of incidentele klant. Met vaste klanten worden op jaarbasis afspraken gemaakt over het af te nemen aantal dagdelen/ton. Indien de klant dit aantal niet afneemt, brengt Rijn voor het niet afgenomen deel 45% van de huurprijs in rekening.
- Lengte van de huurperiode. Hoe langer de huurperiode is, hoe lager de prijs per dagdeel.

Kosten van het vervoer naar de locatie worden doorberekend tegen een bedrag per kilometer, afhankelijk van het type machine. Rijn beschikt over eigen transportmaterieel zoals diepladers en trucks.

De werkplaats is de grootste gespecialiseerde werkplaats in Nederland op dit gebied. Naast werk aan het eigen materiaal vindt hier reparatie en onderhoud plaats van machines van derden. Dit wordt in rekening gebracht op basis van de werkelijk verbruikte materialen en mensuren.

Het bedrijf is, zoals gezegd, gevestigd in Muiden en bestaat uit de volgende afdelingen:
- Directie
- Personeelszaken
- Verkoop
- Bedrijfsbureau/planning
- Inkoop
- Financiële administratie
- Depot en logistiek
- Receptie werkplaats
- Werkplaats (waaronder het open onderdelenmagazijn)

De afdeling Depot en logistiek is verantwoordelijk voor het vervoer van en naar de verhuurlocaties en het verhuurklaar maken van de in depot aanwezige machines. De onderneming werkt met een ERP-systeem waarin alle bedrijfsfuncties zijn geïntegreerd. De systeembeheerder is werkzaam op de afdeling Financiële administratie.

22.6 Event Catering

Event Catering BV is een onderneming die zich bezighoudt met cateringactiviteiten. De activiteiten bestaan uit het verzorgen van de catering voor grote evenementen en congressen (Evenementencatering) en het verzorgen van dagelijkse warme maaltijden voor hulpbehoevende particulieren (Tafeltje-dek-je).

Onder de directie, die bestaat uit een commercieel en een culinair directeur, ressorteren de volgende afdelingen: Inkoop, Magazijn, Planning, Keuken, Bediening, Expeditie, Verkoop en Administratie. Het hoofd van de administratie is tevens systeembeheerder.

De afdeling Verkoop houdt zich bezig met het verwerven van de cateringopdrachten.
Bij de meest voorkomende vorm van catering betaalt de klant bij afsluiten van het contract een overeengekomen voorschot. De definitieve afrekening is gebaseerd op de werkelijke consumpties die zijn gebruikt.
Voor de tafeltje-dek-jediensten worden door Event Catering BV maand- en kwartaalabonnementen afgesloten met de hulpbehoevende particulieren. Deze abonnementen geven recht op een dagelijkse warme maaltijd voor een vaste prijs. De prijs per maaltijd is bij de kwartaalabonnementen lager dan bij de maandabonnementen. De abonnementsgelden zijn bij vooruitbetaling verschuldigd.

De afdeling Planning verzorgt de planning van de opdrachten, de daarvoor benodigde grondstoffen, en het benodigde personeel. Event Catering BV maakt in ruime mate gebruik van oproepkrachten voor de keuken en de bediening.

In de keuken zijn een chef-kok en een beperkt aantal vaste krachten werkzaam. In overleg met de directie stelt de chef-kok periodiek de inhoud van het standaardcateringaanbod vast. Met behulp van de daarvoor geldende receptuur worden de gerechten en snacks in de keuken bereid dan wel voorbereid om ter plaatse klaargemaakt te worden. Een beperkt deel van het assortiment kan op voorraad worden bereid en is vervolgens, evenals de meeste ingrediënten, beperkt houdbaar.
Voor de bediening wordt in belangrijke mate gebruikgemaakt van oproepkrachten die per uur worden betaald.

De afdeling Expeditie houdt zich bezig met het bezorgen van de gerechten en de dranken. Bij de evenementen en congressen is altijd eigen personeel in vaste dienst aanwezig.

De financiële administratie wordt gevoerd met behulp van een uitgebreid standaardsoftwarepakket, inclusief functionaliteit voor de registratie en het gebruik van gegevens met betrekking tot inkoopprijzen, offertes, cateringovereenkomsten en calculatiemodellen.

22.7 FlexCheck Detachering

FlexCheck is een detacherings- en uitzendbureau dat zich richt op de markt van accountantskantoren. Kantoren kunnen voor kortere of langere periode medewerkers van FlexCheck inhuren op de niveaus van gevorderd assistent tot en met afgestudeerd RA en AA. FlexCheck heeft zelf ca. 100 medewerkers in dienst en maakt regelmatig gebruik van een 'flexibele schil' van zzp'ers. FlexCheck werkt met op kwaliteit geselecteerde zzp'ers die, afhankelijk van de functie, voldoende ervaring hebben. Hiermee heeft FlexCheck contracten afgesloten met daarin vermeld het uurtarief dat aan de zzp'er betaald wordt. FlexCheck werkt alleen met zzp'ers die zich – ook fiscaal – kwalificeren als ondernemer en derhalve btw-facturen sturen.
Op het hoofdkantoor in Amersfoort zijn 15 medewerkers werkzaam onder leiding van een eenhoofdige directie. Deze medewerkers zijn verdeeld over de afdelingen:
- Verkoop
- Personeel en organisatie
- Planning
- Salarisadministratie
- Financiële administratie

Klanten zijn zowel de grote als kleinere accountantskantoren. Met een aantal grote kantoren zijn raamcontracten afgesloten waarin het minimaal af te nemen aantal uren vermeld staat. Onderdeel van deze contracten is dat de kantoren korting op de uurtarieven krijgen indien ze – vanaf het overeengekomen minimum – meer uren afnemen. Deze korting kan oplopen tot 50% van het regulier overeengekomen uurtarief. Met de andere kantoren worden per opdracht afspraken gemaakt over de uurtarieven. In alle gevallen geldt dat uren na 18.00 uur en in het weekend worden doorbelast tegen 150% van het overeengekomen tarief. De medewerkers van FlexCheck ontvangen in die gevallen ook een overwerkvergoeding. Dit geldt niet voor de zzp'ers.

22.8 Pechhulporganisatie

MNL (MobielNL) is een pechhulporganisatie welke hulp biedt uitsluitend binnen Nederland. MNL is opgericht door de BOVAG (vereniging van garagebedrijven), die enig aandeelhouder is. De formule komt erop neer dat als een klant van MNL in Nederland pech krijgt met de auto, hij de alarmcentrale van MNL belt. De alarmcentrale zet de melding door naar een BOVAG-garage in de buurt waar de automobilist is gestrand. Deze gaat naar de pechvogel toe en repareert de auto ter plaatse, zodat de klant zijn weg kan vervolgen. Als dat niet mogelijk is, wordt dit gemeld aan de alarmcentrale die dan een bergingsbedrijf inschakelt. Deze zorgt voor vervoer naar de betreffende garage. Als reparatie niet binnen 4 uur mogelijk is, heeft de klant, als dat in zijn contract is opgenomen, recht op vervangend vervoer. Hiervoor heeft MNL een contract afgesloten met een groot autoverhuurbedrijf.

Op het kantoor van MNL in Utrecht bevinden zich de volgende afdelingen:
- Directie
- Marketing
- Klantenservice
- Relatiebeheer (garages, bergingsbedrijven en verhuurbedrijf)
- Alarmcentrale
- Administratie (w.o. systeembeheer).

Doordat de overhead beperkt is en doordat de organisatie samenwerkt met lokale garages is de jaarcontributie relatief laag. Hierdoor heeft MNL de laatste jaren veel klanten overgenomen van de traditionele ANWB-Wegenwacht en heeft ze inmiddels 350.000 klanten. MNL kent een drietal contributiegroepen:
- Voor auto's tot 3 jaar oud is het tarief €45 per jaar.
- Auto's van 3 tot 10 jaar oud hebben een tarief van €65 per jaar.
- Auto's van 10 jaar en ouder hebben een tarief van €95 per jaar.

Daarnaast kunnen klanten voor €20 per jaar een aanhangwagen-supplement afsluiten. Deze dekt niet alleen problemen met de aanhanger maar dekt ook vervoer van de auto met aanhanger door het bergingsbedrijf. Tot slot is, zoals vermeld, een dekking mogelijk voor vervangend vervoer. Dit kost per jaar €15 extra.

Klanten melden zich telefonisch aan of via de website. Betaling kan per automatische incasso of per acceptgiro. In dat laatste geval wordt €5 administratiekosten in rekening gebracht.

Onder de standaarddekking vallen:
- Pechhulp ter plaatse, inclusief de daarbij gebruikte onderdelen tot maximaal €250 (v.w.b. de onderdelen).
- Vervoer auto en eventueel aanhanger naar de garage.

De reparatie bij de garage zelf valt niet onder de dekking. Deze kosten dient de klant direct aan de garage te voldoen en gaat geheel buiten MNL om.

De garage brengt de tijd op de plaats van het pechgeval evenals de daarbij gebruikte onderdelen (tot maximaal €250) aan MNL in rekening. Voor de tijd geldt een vast uurtarief van €45 per uur. Het bergingsbedrijf en de verhuurmaatschappij brengen eveneens hun kosten in rekening bij MNL.

MNL beschikt over een standaardboekhoudpakket, met daaraan gekoppeld standaardmodules voor de klantenadministratie en de incidentregistratie (registratie van pechgevallen).

Antwoorden op de tussenvragen

Hoofdstuk 1

1.1 De cockpitorganisatie: haar doelstelling is veilig en voor de passagier zo comfortabel mogelijk op de bestemming aankomen.
De cabineorganisatie: haar doelstelling is het zo goed mogelijk verzorgen van de passagiers.

1.2 Voetbal dat leidt tot winst is de output. Hiermee kan de doelstelling, promotie naar een hogere klasse, bereikt worden.

1.3 Contributie, entreegelden voor de wedstrijden, sponsoring, eventueel subsidie.

1.4 Een elektriciteitscentrale is kapitaalintensief: de investeringen zijn gigantisch en vaak zijn er maar een paar mensen in een grote regelkamer die het proces bedienen.
Een accountantskantoor is arbeidsintensief. De mensen 'vormen' het product.

1.5 Dit zal door de (top)leiding van de organisatie gebeuren.

1.6 Dan zijn er nog mogelijkheden om bij te sturen om zo uiteindelijk toch het gewenste resultaat te bereiken.

1.7 Op strategisch niveau is externe informatie erg belangrijk en is er minder behoefte aan interne informatie.

1.8 Op de thermostaat is de gewenste temperatuur ingesteld (bijvoorbeeld 20 graden). Dit is de norm. De thermometer die in het apparaat zit meet 19 graden en het gevolg is dat de verwarming aanslaat. Wordt de norm van 20 graden bereikt, dan slaat de verwarming af.

Hoofdstuk 2

2.1 Vooraf taakverdeling opstellen, planning opstellen, controleren of iedereen zich aan de planning houdt, controle op de kwaliteit van ieders deel, controle op de samenhang tussen de verschillende delen, strikte bewaking planning, eindcontrole.

2.2 Wat de precieze oorzaken zijn is moeilijk te zeggen, maar bij Enron was, zoals uit de openingscasus blijkt, sprake van erg snelle groei. Dat zorgt ervoor dat het bedrijf moeilijk te beheersen is. Daarnaast werden grote risico's genomen om maar steeds beter te blijven presteren. In het voorbeeld van Volkswagen kan je lezen dat het waarschijnlijk is dat de top van het bedrijf ook op de hoogte was. Misschien gold hier wel 'het doel heiligt de middelen,' want Volkswagen wilde graag het grootste autobedrijf ter wereld zijn.

2.3 Het eerste risico is een strategisch risico. Het gaat hier om de corebusiness van het bedrijf. Logisch dat ze daar risico moeten nemen, want ondernemen is risico's nemen. Immers, zonder risico geen rendement. Als computersystemen uitvallen (bijvoorbeeld de realtime verwerking van verkeersinformatie valt uit), heeft dat heel grote gevolgen voor het bedrijf. Dat willen ze zo veel mogelijk vermijden. Vandaar dat hun risicobereidheid laag is.

2.4 Denk aan: zijn de medewerkers tevreden met hun werk, zijn de medewerkers loyaal aan de organisatie, zijn ze betrokken bij de organisatie?

2.5 De term excellente organisatie komt uit een boek van Peters en Waterman (op dat moment bij McKinsey werkzaam) waarin verslag wordt gedaan van hun onderzoek onder Amerikaanse organisaties. Bij het INK-model is een excellente organisatie een organisatie die voldoet aan de vijf fundamentele kenmerken: inspirerend leiderschap, resultaatgerichtheid, continu verbeteren en vernieuwen, bouwen op vertrouwen, samenwerking.

Hoofdstuk 3

3.1 De verkoopmanager zal niet weten wat de oorspronkelijke bestelling was en zal dat ook niet hoeven te weten. Anders gezegd: het hoort niet bij zijn functie/taken om de inhoud van individuele bestellingen te kennen. De verkoopmanager zal wel willen weten hoeveel klant X dit jaar besteld heeft en of dit meer of minder is dan vorig jaar. Ook zal hij belangrijke klachten van klant X willen weten.

3.2 Dit kan bijvoorbeeld doordat de basisgegevens verkeerd zijn vastgelegd. Ook kan in het gegevensverwerkend proces wat fout gegaan zijn, zoals verkeerd berekend of opgeteld.

3.3 De baten zijn bij sommige organisaties moeilijk in geld uit te drukken. Bij een commercieel bedrijf als een bank kan door een goed georganiseerde informatieverzorging tijd en geld bespaard worden en zal uiteindelijk de winst stijgen. Een ziekenhuis heeft geen winstoogmerk. De baten van de informatieverzorging liggen daar dan ook eerder in het bieden van kwalitatief betere zorg aan de patiënt.

3.4 De norm is het budget voor de afdelingen.

3.5 Doelen zouden bijvoorbeeld kunnen liggen in het behalen van een bepaald marktaandeel, een bepaalde omzet of omzetgroei.

3.6 KSF's voor Magnitude kunnen bijvoorbeeld zijn:
Financieel: winst per project; hoogte uitstaande vorderingen.
Klanten: bekendheid bij mogelijke opdrachtgevers.
Intern: loyale medewerkers.
Innovatie: toepassen 'state-of-the-art' methoden en technieken.

3.7

TABEL 1 Prestatie-indicatoren Magnitude bv

Leading	Lagging
Positief imago	Omzet
Klanttevredenheid	Winst
Relatiemanagement	Productiviteit
Rendement training & opleiding	Debiteurenpositie
Publicaties vakbladen	Omvang orderportefeuille
	Marktaandeel
	Klanttevredenheid
	Positief imago
	Hitrate offertes
	Gem. omvang opdracht
	Opdracht op tijd gereed
	Efficiency uitvoering
	Verzuim
	Verloop

3.8 Vanuit de algemene score zal de persoonlijke scorecard gevuld kunnen worden op basis van de functie en taken van de individuele medewerker. Zo zullen voor een accountmanager bijvoorbeeld de PI's 'klanttevredenheid' en 'hitrate offertes' van belang zijn, terwijl voor een projectmedewerker de PI's 'opdracht op tijd gereed' en 'efficiency uitvoering' relevant zijn.

Hoofdstuk 4

4.1 Klascode, vakcode, lokaalnummer, lestijden.
Selecteren, sorteren, samenvoegen, invullen op schema.

4.2 Bij een uitzendbureau is het personeelsproces een primair proces.

4.3 Preventief heeft de voorkeur. Voorkomen is beter dan genezen. Maar al zijn er goede preventieve maatregelen, de andere soorten zullen ook nodig zijn.

4.4 Zelfcontrole is een zwakke vorm van controle. Je kijkt makkelijk over je eigen fouten heen!

4.5 Externe controle kijkt 'van een afstand' en zal daarom zaken zien die mensen in de organisatie niet zien. Daarnaast kan externe controle onafhankelijk zijn (hoeft niet).

4.6 Internal control: de attracties moeten aan de veiligheidsvoorschriften voldoen.
Interne controle: iedereen die het park binnenkomt (werkelijkheid) heeft een kaartje (norm).

4.7 Omdat interne controle gericht is op betrouwbaarheid van informatie is die eigenlijk altijd onderdeel van administratieve organisatie.

4.8 De kans (25%) maar ook de schade als er werkelijk wordt ingebroken. Statistisch is eens in de vier jaar sprake van inbraak. De schade zal dan al gauw in de tienduizenden euro's lopen. Dus een inbraakalarm (eenmalige investering) verdient zich wel terug. Of ook de €80.000 (4 jaar) van de bewakingsdienst terug worden verdiend, is de vraag. Overigens spelen niet alleen financiële aspecten maar bijvoorbeeld ook wat de verzekering verlangt.

Hoofdstuk 5

5.1 Overeenkomsten:
1 In beide is het onderscheid met of zonder goederenbeweging van belang.
2 Binnen dienstverlening is bij beide als eerste categorie opgenomen de dienstverlening met nog een zekere goederenbeweging.

Verschillen:
1 Starreveld onderscheidt massa- en stukproductie, waar Vaassen de indeling productie op voorraad, massamaatwerk en productie op order onderscheidt.
2 Waar Starreveld de 'overige dienstverlening' noemt, heeft Vaassen het over dienstverlening met beschikbaar stellen van kennis en kunde. Hieronder vallen ook banken en verzekeraars. Bij Starreveld vallen die in de aparte categorie 'financiële instellingen'.

5.2 Bij Airbnb kun je appartementen en dergelijke huren. Deze zijn echter geen eigendom van Airbnb. Je kan dus niet spreken over beschikbaar stellen van capaciteit. Eigenlijk bemiddelt Airbnb alleen maar en doet dat door middel van haar website. Daardoor kun je zeggen dat Airbnb onder de categorie 'informatiediensten' valt.

5.3 Kortingafspraken met leveranciers, consignatievoorraden (goederen in de showroom die echter nog eigendom van de leverancier zijn), kortingsacties, inkoop buiten Eurozone (valutarisico's).

5.4 Typologiespecifiek: dubieuze debiteuren.
Casusspecifiek: kortingsafspraken.

Hoofdstuk 6

6.1 De magazijnmeester wordt gecontroleerd doordat iemand anders, bijvoorbeeld de administrateur, die de voorraden telt (inventariseert) en controleert met de voorraadadministratie. Als de magazijnmeester goederen heeft ontvreemd, zal hij nieuwe ontvangsten van deze goederen te laag willen opnemen. Dan wordt de stand van de voorraden in de administratie immers lager, zodat die klopt met de lage werkelijke voorraad (vanwege het ontvreemden).

6.2 Hassan stelt tot zijn ontzetting vast dat zijn collega's de functiescheiding 'om zeep' hebben geholpen. Doordat ze EN zelf inkopen EN zelf de goederen ontvangen, is er geen scheiding meer tussen de beschikkende en bewarende functie.

6.3 Belangrijk is dat in de IT-systemen de autorisatie goed is geregeld. Dat wil zeggen dat is vastgelegd welke functionarissen welke rechten hebben binnen zowel de programma's als de database. Dus welke (onder)delen van de programmatuur mogen zij gebruiken en wat mogen ze dan precies doen (alleen maar 'kijken' of ook zaken aanmaken of aanpassen)? En welke gegevens uit de database mogen zij zien, dan wel muteren of verwijderen?

Hoofdstuk 7

7.1 Gevolgen van de fouten in de automatisering bij Book-online zijn:
- gemiste omzet omdat orders niet zijn ingevoerd
- al ingevoerde orders zijn verloren gegaan
- extra herstelwerk, dus kosten

7.2 Met name het doen functioneren loopt direct gevaar: het loopt in de soep. Daarnaast is het de vraag of er wel betrouwbare informatie aanwezig is om te kunnen sturen en daarmee (indirect) ook om verantwoording af te leggen.

7.3 Dominant bij: telecomaanbieder (hoofdstuk 17) en informatiediensten (hoofdstuk 18).
Niet dominant bij: eetcafé (hoofdstuk 15) en vakgarage (hoofdstuk 16)

7.4 De kans bestaat dan dat er verschillen (dus fouten) in de diverse registraties zitten. Wijzigingen moeten op meerdere plekken worden doorgevoerd. Dat is niet efficiënt.

7.5 Je bent dan ook erg afhankelijk van die leverancier. Je kan eigenlijk niet meer naar een andere leverancier gaan. Hiervan kan misbruik gemaakt worden (bijvoorbeeld rekenen van (te) hoge prijzen).

7.6 Een controle of adres en postcode bij elkaar horen.

7.7 Het hoofd Administratie heeft een registrerende/controlerende functie. Doordat hij als systeembeheerder alles van het computersysteem afweet, kan hij eventuele ongeoorloofde zaken binnen het systeem wegwerken.

7.8 De ontwikkelaars kunnen zo niet de dagelijkse gang van zaken beïnvloeden, terwijl degenen die daarvoor verantwoordelijk zijn niet weten hoe de programma's 'in elkaar zitten' en derhalve geen kennis hebben om gekke dingen te doen in het systeem.

7.9 Niet goed; je moet een heleboel zaken invoeren die tot verschillende applicaties behoren en je kunt zelfs het salaris van de directeur zien.

7.10 Ook dit is niet goed geregeld. Er was kennelijk geen back-up van de afgelopen week aanwezig, want orders moesten opnieuw worden ingevoerd. Daarnaast was er duidelijk geen uitwijk: toen het misging met het systeem, lag de site het weekend plat. Book-online kon niet overschakelen naar een uitwijksysteem.

Hoofdstuk 8

8.1 Omdat bij het ontwerpen van de processen rekening gehouden is met interne controles. Als deze in de praktijk niet worden toegepast, is er sprake van risico's.

8.2 Op 31 januari is de voorraad dan 15. Dus zou de SOLL-positie van de omzet zijn: $30 + 50 - 15 = 65 \times €250 = €16.250$.

8.3 Bij verbandscontroles worden verbanden gelegd tussen gegevens die uit verschillende bron afkomstig zijn (functiescheiding). Daarnaast is er sprake van harde verbanden, bijvoorbeeld zoals in de goederenbeweging.

8.4 In dat geval kunnen de vestigingen onderling goed vergeleken worden, We noemen dit ook wel filiaalvergelijking. Omdat je moet uitkijken 'appels met peren te gaan vergelijken', bijvoorbeeld omdat het ene filiaal groter is dan het andere, moet je goed nadenken over de vraag wat je precies gaat vergelijken.

8.5 Omdat de producten niet meer verkocht kunnen worden als ze niet meer vers zijn, zullen deze vernietigd moeten worden. Dit is een verstoring in de goederenbeweging die daardoor wordt: Beginvoorraad + inkoop − vernietigd − eindvoorraad = verkopen

Hoofdstuk 9

9.1 Hij zou in crediteurenadministratie de schuld die de klant aan hem heeft, kunnen verhogen.

9.2 De inkoop bij de Bijenkorf wordt centraal uitgevoerd. De inkopers van de verschillende afdelingen op locatie zijn geautoriseerd tot het verstrekken van de inkoopimpuls. Het assortiment wordt centraal op het hoofdkantoor vastgesteld. De inkopers op het hoofdkantoor zijn verantwoordelijk voor de productselectie, de onderhandelingen met leveranciers, de leveranciersselectie en de prijsbepaling.

9.3 De keuze voor een leverancier ligt bij de directie, maar die kan deze bevoegdheid hebben gedelegeerd aan bijvoorbeeld het hoofd Inkoop.

9.4 Nee, bij de Bijenkorf is de inkoop zodanig belangrijk dat er volgens een strikte procedure gewerkt moet worden (zie ook tussenvraag 9.2). E-Procurement zou in dit geval strijdig zijn met die procedure en kan daarom niet worden gebruikt voor de winkelinkopen. Wel zouden bijvoorbeeld kantoorartikelen en andere artikelen die niet via de winkel worden verkocht met e-Procurement kunnen worden ingekocht.

9.5 Vanuit oogpunt van administratieve organisatie is het beter dat de magazijnmeester niet weet hoeveel er besteld is. Dan zal hij zelf de ontvangen goederen echt moeten tellen (al kan hij ze ook nog overnemen van de pakbon). De controle of de ontvangst overeenkomt met de bestelling maakt het systeem dan.

9.6 Het zou kunnen zijn dat de ontvanger bijvoorbeeld geen opslagruimte heeft of niet liquide genoeg is om de factuur eerder te kunnen betalen.

9.7 De inkoper zou op die manier eenvoudig kunnen frauderen. Bijvoorbeeld: stel dat de inkoper met de leverancier heeft uit onderhandeld dat er elf tv's worden geleverd, maar dat er slechts tien in rekening worden gebracht. De elfde is dan voor de inkoper zelf als dank voor bewezen diensten.

9.8 De crediteurenadministratie heeft een bewarende functie. Zij heeft namelijk tot taak om de schuldenadministratie bij te houden en ervoor te zorgen dat er op tijd betalingen worden verricht. Eigenlijk beheert de crediteurenadministratie dus de voorraad schulden.

9.9 Het belangrijkste is dat hoofd Administratie verantwoordelijk is voor automatisering. Dit is zeer ongewenst, al is dat bij kleinere ondernemingen niet altijd te vermijden. Daardoor is er een gebrek aan functiescheiding, waardoor ook de maatregelen rondom aanpassing van de programmatuur ontoereikend zijn (change management).

Hoofdstuk 10

10.1 Als de magazijnmeester verantwoordelijk is voor de vernietiging, zou het zo kunnen zijn dat hij doet alsof hij bepaalde producten vernietigt, maar ze in werkelijkheid meeneemt voor eigen gebruik.

10.2 Kenmerk van een ERP-systeem is dat gegevens slechts 1× worden vastgelegd. De gegevens zijn dus afkomstig uit dezelfde bron.

10.3 Het gaat bij de Bijenkorf in het algemeen om registratie per productsoort. Een uitzondering hierop wordt gevormd door duurdere apparatuur die in verband met productgarantie afzonderlijk wordt geregistreerd.

10.4 Bij de permanence worden de producten alleen in geldtotalen geregistreerd en niet in aantallen product. Wil men dus het aantal producten weten, dan zal de voorraad in zijn geheel geteld moeten worden.

Hoofdstuk 11

11.1 De hackende klant wil uiteraard gegevens aanpassen waarmee zijn verplichtingen ten opzichte van de leverancier (de groothandel) worden verkleind of waardoor zijn korting of leveringsvoorwaarden worden verbeterd. Te denken valt dus bijvoorbeeld aan het saldo van de openstaande vorderingen of het kortingspercentage.

11.2 De groothandel zal zeer terughoudend zijn in het toekennen van een kredietlimiet. De nieuwe afnemer zal aanvankelijk een lage kredietlimiet krijgen, die gaandeweg kan worden verhoogd als blijkt dat de afnemer zich aan de betaalverplichting houdt.

11.3 Dit is geregeld in de procedures die gelden bij het verkoopproces. In sommige bedrijven zal de chef altijd moeten tekenen, bij andere hangt het af van de hoogte van het offertebedrag of van de klant. Bij nieuwe klanten tekent de chef altijd, bij bestaande klanten mag een van de verkoopmedewerkers tekenen.

11.4 Voordelen van een webshop voor het bedrijf zijn:
- groot potentieel bereik onder de afnemers
- altijd geopend
- lage personeelskosten

Voordelen van een webshop voor de klant zijn:
- altijd bereikbaar
- hele assortiment gemakkelijk bereikbaar
- prijsvergelijking tussen aanbieders wordt vergemakkelijkt

Nadelen van een webshop voor het bedrijf zijn:
- klanten zijn moeilijk of niet te identificeren
- gevaar van hacking

Nadelen van een webshop voor de klant zijn:
- geen advies
- betaling niet altijd safe
- risico dat niet zorgvuldig met privacy wordt omgegaan

11.5 Nee, dit is niet noodzakelijk aangezien informatie over prijzen voor de medewerkers van het magazijn niet relevant is.

11.6 Factoring houdt in dat het bedrijf dat de debiteuren uitbesteedt, al direct na verkoop bijna het gehele verkoopbedrag ontvangt van de factor. Op die manier wordt het moment van incasseren voor het bedrijf behoorlijk vervroegd, terwijl de werkelijke betaling door de debiteur pas later plaatsvindt. Dat is wat wordt bedoeld met financiering, de betaling van de debiteur wordt door de factor als het ware voorgefinancierd. De factor ontvangt daarvoor en voor het nemen van het risico op wanbetaling ook zijn provisie.

Hoofdstuk 12

12.1 Voordelen: er kan direct worden geleverd, klanten hoeven niet te wachten; de klant kan het product zien en uitproberen.
Nadelen: voorraad aanhouden kost geld; er is risico van diefstal; met name trendy producten kunnen snel uit de mode raken en zijn dan moeilijk verkoopbaar.

12.2 Het is lastig om telkens te moeten registreren dat een product uit de magazijnvoorraad wordt gehaald en naar de winkel wordt gebracht. Temeer omdat producten uit de winkel soms ook weer teruggaan naar het magazijn.

12.3 Een bekend loyaliteitsprogramma is dat van Air Miles. Air Miles kunnen bij zes bedrijven worden gespaard (onder andere bij AH, Shell, Etos en Praxis). De Air Miles worden cadeau gedaan, soms bij alle, soms bij bepaalde aankopen. Bij aankoop toont de klant zijn kaart of gebruikt de app, waarna het door de aankoop verdiende aantal Air Miles direct wordt bijgeschreven op zijn conto. Op de website van de Air Miles-organisatie of via de app kan de spaarder zelf zijn saldo controleren. Met de gespaarde Air Miles kunnen naast vliegreizen ook andere geschenken en diensten worden verkregen. In Nederland zijn er naar schatting meer dan vier miljoen huishoudens (46% van het totaal aantal huishoudens) die aan het programma deelnemen.

12.4 Nee, dat zou idealiter wel zo moeten zijn, maar door breuk, winkeldiefstal enzovoort zal de werkelijke voorraad altijd kleiner zijn dan de administratieve.

12.5 Het risico bestaat dat de klant zonder af te rekenen weggaat. Ook kan hij opzettelijk niet alle artikelen scannen.
Het eerste risico wordt opgelost door een poortje na de zelfscanterminals. Om het poortje te openen, moet de klant de kassabon (waar een barcode op staat) voor een lezer houden. De kans dat de klant artikelen (al dan niet bewust) vergeet te scannen, wordt tegengaan door steekproefsgewijze controles. De computer kan bepalen welke klant in de steekproef valt. Dan kijkt een medewerker of artikelen in de kar ook in het systeem staan. Dit kan ook ongemerkt: als de klant de scanner in het apparaat zet, ziet de medewerker op het scherm ook de bon. Opvallende zaken kan hij dan signaleren.
Ook kan de medewerker naar de klant toe gaan en de steekproef uitvoeren. Mochten er verschillen zijn dan wordt dit geregistreerd zodat de klant de volgende keer weer gecontroleerd kan worden. Overigens moet het bedrijf wel aandacht besteden aan mogelijke problemen met de privacywetgeving.

12.6 Hiermee wordt bedoeld dat de functionaris die het geld bij de bank stort, daarvoor (automatisch) een schriftelijke verklaring van de bank krijgt. In die verklaring die kwijting wordt genoemd, staat welk bedrag er is afgestort en wanneer die storting heeft plaatsgevonden. Mocht later blijken dat het geld niet op de bankrekening is bijgeschreven, dan kan de betreffende functionaris aantonen dat hij het wel degelijk bij de bank heeft achtergelaten.

12.7 De tegoedbon betekent voor de winkel dat de klant een vordering op de winkel heeft. De winkel heeft dus een schuld. De tegoedbon zal niet als omzet worden geboekt.

Hoofdstuk 13

13.1 Overeenkomsten: het principe is gelijk en tevens alles vóór de voorraad grondstoffen en na de voorraad gereed product. Met andere woorden, inkoop en verkoop zijn gelijk. Verschillen: er zijn twee magazijnen, namelijk grondstoffen en gereed product. Tevens is daartussen een omzettingsproces opgenomen.

13.2 De standaardkostprijs wordt bij of direct na het productontwerp vastgesteld. Daarna staat de standaardkostprijs in principe vast tenzij er belangrijke wijzigingen in de hoeveelheids- of prijscomponent zijn.

13.3 Als de afdeling Halffabricaat inefficiënt gewerkt heeft doordat ze meer ingrediënten heeft verbruikt dan was toegestaan, zal ze dit kunnen verdoezelen door te rapporteren dat ze meer geproduceerd heeft dan werkelijk het geval is en dus meer heeft afgegeven aan de afdeling Gevuld dan werkelijk het geval was. De afdeling Gevuld zal dit niet accepteren, want het lijkt dan alsof zij inefficiënt werkt, want de afdeling heeft dan in werkelijkheid minder eindproducten gemaakt dan ze met de (onterecht) hogere hoeveelheid halffabricaten had kunnen maken.

13.4 Kapitaalintensief: elektriciteitscentrale. Arbeidsintensief: ambachtelijke sigarenmakerij.

13.5 Vanuit het magazijn grondstoffen gaan zowel ingrediënten naar de afdeling Halffabricaat als vullingen naar de afdeling Gevuld.

13.6 Beginvoorraad + productie −/− eindvoorraad = verkoop.

13.7
- De voorraden moeten een bepaalde tijd in het magazijn staan, bijvoorbeeld om te koelen of te harden.
- De opvolgende afdeling werkt met kleinere productiehoeveelheden.
- De opvolgende afdeling heeft ook andere ingrediënten nodig die nog niet beschikbaar zijn.

13.8 De aanvaardbare grenzen zijn onderdeel van de standaardkostprijs. Bij de periodieke nacalculatie wordt bekeken of het werkelijke afval en de uitval binnen die grenzen blijven.

13.9 Het verband met de werkelijk geproduceerde eindproducten.

Hoofdstuk 14

14.1 HSL, de Noord/Zuidlijn in Amsterdam, aanleg vliegveld Berlijn (geplande opening november 2011, werkelijke opening misschien in 2020, meerkosten meer dan 3 miljard!).

14.2 Bij aangenomen werk staat de prijs vast. Als daar dus ten onrechte kosten op geboekt worden, verandert dat niets aan de opbrengsten. Dat is anders bij regiewerk. Daar worden de kosten (met winstopslag) doorberekend. Dus als daar minder kosten op worden geboekt dan scheelt dat opbrengsten.

14.3 Door bijvoorbeeld met uitzendkrachten of freelancers te werken (zzp'ers: zelfstandigen zonder personeel).

14.4 C-Bouw zal de mensen en de materialen al moeten betalen, terwijl het product pas na een lange tijd gereed is.

14.5 Omdat vooraf de kosten per project zijn begroot (voorcalculatie). Als dan de werkelijke kosten op een verkeerd project geboekt worden, worden de verkeerde conclusies getrokken.

14.6 In de projectadministratie staat hoe ver het project is en welke materialen dus logischerwijs nodig zijn.

14.7 Door een gedetailleerde voorcalculatie te vragen en door in het contract strikte afspraken te maken over meerwerk.

14.8 Als er ten onrechte op het hoofdcontract wordt geboekt, wordt er omzet (meerwerk) gemist en zal het resultaat op het hoofdcontract lager zijn dan begroot.
Als er ten onrechte op meerwerk wordt geboekt, wordt er te veel doorberekend wat waarschijnlijk niet door de klant geaccepteerd wordt.
Daarnaast is het resultaat op het hoofdcontract minder goed dan uit de administratie blijkt.

14.9 Omdat de calculatieafdeling de voorcalculatie heeft opgesteld. Omdat de productienormen niet hard zijn, kunnen ook hier 'fouten' gemaakt worden.

14.10 BV gereed product + productie −/− eindvoorraad gereed product = verkopen

Hoofdstuk 15

15.1 De stuklijst.

15.2 Als het aantal glazen bekend is dat uit een fust getapt kan worden, kan ook worden vastgesteld hoe er bij het tappen en verkopen is gehandeld. Stel, dat er 225 glazen bier uit een fust getapt kunnen worden (SOLL) en dat de opbrengst van maar 210 glazen is verantwoord (IST). Dan kan dat betekenen dat er bij het tappen veel bier verloren is gegaan (efficiencyverschil) of dat de opbrengst van een aantal glazen niet is verantwoord (in de zak van de barman verdwenen) of dat er gratis bier is uitgedeeld.

15.3 Enkele mogelijke oorzaken zijn:
- niet alle verkopen zijn op de kassa aangeslagen, maar het geld is wel ontvangen
- er is te weinig wisselgeld aan klanten teruggegeven
- de fooien van klanten zijn in de kassa gedaan

15.4 'Het kan soms wel voorkomen dat er nog wat restanten over zijn van de dag ervoor. In dat geval beoordeelt de kok of de ingrediënten nog bruikbaar zijn. Wanneer dat niet het geval is, zal de kok de ingrediënten afgeven aan de eigenaar die ze vervolgens verwijdert.'
Volgens de theorie zou er van de vernietiging een protocol opgemaakt moeten worden. In dit geval is het de eigenaar zelf die de door de kok geselecteerde ingrediënten verwijdert. We mogen ervan uitgaan dat de eigenaar zichzelf niet bedriegt, toch moet er voor de administratieve verwerking van de vernietiging wel een document worden opgesteld met gegevens over wat, hoeveel en wanneer is vernietigd.

15.5 Met een geautomatiseerd kasregister kan ook in een friettent meer bruikbare informatie worden verkregen. Omdat bij verkoop de voorraad direct wordt bijgewerkt komt er informatie beschikbaar over de omzet per product, per medewerker, per dag enzovoort. Met deze informatie zal de eigenaar van het bedrijf beter kunnen inspelen op de vraag van zijn klanten, zal hij zijn personeel beter kunnen controleren en de voorraad beter kunnen beheersen.

Hoofdstuk 16

16.1 Stukproductie.

16.2 De orderacceptatie wordt uitgevoerd door de receptie. Dit is goed.
Het uitvoeren van de reparatie wordt gedaan door de monteurs op basis van de werkplanning. Dit is goed.
Het bestellen van onderdelen wordt door Kleinman zelf gedaan. Dit is goed.
Het ontvangen en bewaren geschiedt door de receptie. Dit is goed.
De onderdelen worden door de monteurs zelf uit het magazijn gehaald en afgegeven. Dit is niet goed. De bewarende functionaris zou de onderdelen tegen kwijting moeten afgeven.
Het aanmaken van de factuur geschiedt door het systeem. Dit is goed.
Het incasseren van de betaling gebeurt door de receptie. Dit is goed.

16.3 Dat zal waarschijnlijk alleen de directeur zelf zijn, want de juiste tarieven zijn van wezenlijk belang voor een goede facturering.

16.4 Dit is vergelijkbaar met meerwerk. Daarom is vooraf ook toestemming van de klant nodig, zeker bij grote bedragen.

16.5 Hij zal die uren moeten toeschrijven aan andere werkzaamheden, dat wil zeggen dat hij vastlegt enkele uren meer te hebben besteed aan andere reparaties dan in werkelijkheid het geval was.

Hoofdstuk 17

17.1 Via de kabel is het ook mogelijk films te huren. Deze moeten apart in rekening worden gebracht.

17.2 Bij de flatrate is dat voor de facturering niet nodig, want de abonnee betaalt maandelijks een vast bedrag. De gegevens zullen evenwel toch worden vastgelegd om het totaalgebruik van de capaciteit te kunnen meten.

17.3 Prepaidklanten betalen vooraf, terwijl contractklanten pas achteraf betalen, dus feitelijk op rekening bellen. Evenals bij de verkoop op rekening heeft de verkoper graag zekerheid over de kredietwaardigheid van zijn klanten, temeer omdat de klanten mobiel zijn en daardoor mogelijk moeilijk te benaderen zijn bij eventuele incassoprocedures.

17.4 Het gaat hier om application controls met betrekking tot de opslag in gegevensverzamelingen. Concreet gaat het dan over hash totals. Daarnaast moeten er general computer controls zijn (zoals firewalls) die ervoor zorgen dat het niet mogelijk is om gegevens 'zomaar' (ongeautoriseerd) aan te passen. Tenslotte moeten er user controls zijn die ervoor zorgen dat elke wijziging in het tarievenstambestand moet worden goed gekeurd.

17.5 Periodiek zal er een meteropnemer bij de klanten moeten langsgaan om de meterstand te controleren. Daarnaast moeten er in het informatiesysteem van de energieleverancier invoercontroles (application controls) zijn ingebouwd die 'onredelijke' invoer zelf vast stellen.

Hoofdstuk 18

18.1 Check www.saas.startpagina.nl of www.cloudtools.nl/overzicht-online-software/saas-crm

18.2 DRM is een techniek om digitale rechten van makers of uitgevers van bijvoorbeeld muziek, afbeeldingen of teksten digitaal te beheren. De rechthebbenden (de makers of uitgevers) kunnen met DRM de omvang en wijze van gebruik bepalen of beperken. DRM is altijd gekoppeld aan een gebruiksovereenkomst waarin is bepaald welke handelingen de gebruiker met het product mag uitvoeren. Met DRM kan een uitgever bijvoorbeeld slechts een beperkt aantal afdrukken of kopieën toestaan of kan een onlinemuziekdienst bepalen dat een muziekstuk slechts een bepaald aantal keren beluisterd kan worden.

Hoofdstuk 19

19.1 Huizenverhuur, luchtvaart, autoverhuur, transportbedrijven.

19.2 Omdat je kamers niet op voorraad kunt houden. Een lege kamer kun je niet meer inhalen, terwijl je bij een handelsbedrijf de volgende dag de niet-verkochte goederen alsnog kunt verkopen.

19.3 Factoren die hierbij een rol spelen zijn: wisselende capaciteit vanwege renovatie en door bijvoorbeeld het samenvoegen van kamers en variërende prijzen.

19.4 Het tegengaan van (onbedoeld) wijzigen kan door middel van een goede beveiliging met user names en passwords. Tevens kan er een hash total op het prijzenbestand gezet worden: als deze wijzigt is er dus een prijswijziging geweest.

19.5 Dienstverlening met doorstroming van eigen goederen.

19.6 Het risico is niet zo groot, omdat het contant betalen van de eerste 50% niet vaak zal voorkomen. Daarnaast staat de kamer vervolgens als niet gereserveerd vermeld, zodat het risico van dubbele reservering ontstaat. Dit zal uitkomen.

19.7 Omdat de kans dan kleiner is dat de kamer alsnog verhuurd kan worden.

19.8 Op de kamers die volgens het systeem onbezet zijn: het risico is dat die toch bezet zijn en de opbrengst in eigen zak verdwenen is.

Hoofdstuk 20

20.1 Omdat je daar voor een bepaalde avond bij een bepaalde voorstelling boekt en ook je stoelnummers krijgt toegewezen.

20.2 In dat geval zal vanuit de supermarkt een kortingscode zijn doorgegeven. Bij boeking wordt automatisch gecontroleerd of deze codes overeenkomen en of de reservering binnen de voorwaarden van de actie valt. De code moet daarna onbruikbaar gemaakt worden.

20.3 Met behulp van barcodes kan geprogrammeerd worden wanneer de poort wel opengaat en wanneer niet. Of een simpeler oplossing is te werken met polsbandjes, waarbij de kleur een bepaalde dag of dagen aangeeft.

20.4 Via een navigatiesysteem dat bepaalt waar de bus/tram op dat moment is.

Hoofdstuk 21

21.1 Twee soorten opdrachten: aangenomen werk en regie.
Overschrijding van de kosten ten opzichte van de raming vooraf ofwel voor- en nacalculatie.

21.2 Dienstverlening met beschikbaar stellen van capaciteit met specifieke reservering: er is een maximaal beschikbare capaciteit (40 uur p.p.p.w.). Wanneer minder productief gewerkt wordt, is er 'leegstand'. Attentiepunt is overigens wel dat de capaciteit ook groter kan worden (overwerk).

21.3 De projectadministratie.

21.4 Opleidingsbeleid, diversiteitsbeleid (gaat over wat de optimale samenstelling van het personeel is), beleid met betrekking tot contractvormen.

21.5 Door de persoon later dan de feitelijke datum van uit dienst treden uit de salarisadministratie te verwijderen.

21.6 Omdat de belangrijkste kostencategorie salarissen zijn: als er uitbreiding van omzet zal zijn, zal dit gepaard gaan met meer medewerkers, dus hogere salariskosten.

21.7 $40 \times €95 = €3.800$.

21.8 Omdat facturering zowel op nacalculatiebasis als op basis van vooraf afgesproken prijs plaatsvindt.

21.9 Omdat de gegevens allemaal uit één bron komen, namelijk de salarisadministratie.

Hoofdstuk 22

22.1 Verkoop van mensuren; relatie stukproductie.

22.2 Dienstverlening met beschikbaar stellen van capaciteit met specifieke reservering: er is een maximaal beschikbare capaciteit (40 uur p.p.p.w.). Wanneer minder productief gewerkt wordt, is er 'leegstand'. Attentiepunt is overigens wel dat de capaciteit ook groter kan worden (overwerk).

22.3 De binnenkomst van de auto en zo mogelijk de eerder gemaakte afspraak.

22.4 De verkooporder.

Illustratieverantwoording

Digital Vision p. 126
iStock p. 174, 204, 272, 296, 342, 358, 412, 426
Photodisc p. 18, 36, 66, 90, 104, 114, 152, 220, 450
Shutterstock p. 250, 326, 374, 388

Afkortingenlijst

AO	administratieve organisatie	
ASP	application service provider	
b2b	business-to-business	
b2c	business-to-consumer	
BETA	BeginEindeToeAf	
BKR	Bureau Krediet Registratie	
BSC	Balanced Scorecard	
CBS	Centraal Bureau voor de Statistiek	
CKI	Centraal Krediet Informatiesysteem	
COSO	Committee of Sponsoring Organizations of the Treadway Commission	
crm	customer relationship management	
DESTEP	demografisch, economisch, sociaal-cultureel, technologisch, ecologisch, politiek-juridisch	
DDoS	distributed denial of service	
DoS	denial of service	
DRM	digital rights management	
EDI	electronic data interchange	
EDP	electronic data processing	
EFQM	European Foundation for Quality Management	
ERM	Enterprise Risk Management Framework	
ERP	enterprise resource planning	
fifo	first in, first out	
GCC	general computer controls	
hrm	human resource management	
IC	interne controle	
ICFR	Internal Controls over Financial Reporting	
ICT	informatie- en communicatietechnologie	
INK	Instituut Nederlandse Kwaliteit	
ISO	International Organization for Standardization	
IT	informatietechnologie	
KPI	kritieke prestatie-indicator	
KSF	kritische succesfactor	
KVA	kantoorvoorraadadministratie	
KvK	Kamer van Koophandel	
lifo	last in, first out	
mkb	midden- en kleinbedrijf	
mvi	maatschappelijk verantwoord inkopen	
mvo	maatschappelijk verantwoord ondernemen	
NAW	naam, adres, woonplaats	
P&O	personeel en organisatie	
PDCA	plan, do, check, act	
PI	prestatie-indicator	

POS	point of sale
SaaS	software as a service
SBR	standard business reporting
SLA	service-level agreement
SOx	Sarbanes-Oxley-wet
TQM	total quality management

Register

A
Aangenomen werk 300
Aansluiten 117
Aansluitingenbestand 367
Abonneebestand 365
Abonnement 361
Acceptatieprocedure 369
Acquisitie 226
Actieperiode 228
Administratief gesloten magazijn 208
Administratieve organisatie 93
Afboeken 239
Afdelingsgewijze nacalculatie 283
Afdelingsgewijze periodieke nacalculatie 284
Afkeuren en vernietigen 208
Afletteren 195
Afloopcontrole 262
Afnamecontracten 186
Afroepcontracten 186
Afspraaksysteem 347
Afstorten 262
Afval 277
Agencytheorie 23
Agent 23
Algemene verordening gegevensbescherming (AVG) 136
Algemene voorwaarden 398
Apple App Store 380
Application control 139, 440
Application service provider 136
App store 377
Arbeidsintensief 283
Artificial intelligence 136
Artikelstambestand 228
ASP 136, 377
Attentiepunten 109
Audit trail 142
Authenticatie 147
Automatiseren 70
Automatisering 129
Autoriteit Persoonsgegevens 136

B
B2b 223
B2c 223
Backorder 229
Balanced Scorecard 30, 75, 76
Bankgarantie 305
Barcode 258
Bedrijfsbureau 278, 281
Begrijpelijkheid 71
Begroting 120
Beheersmaatregelen 49
Belbundel 364
Beschikkende functie 118
Bestaanbaarheidscontrole 140
Bestek 304
Besturing 25
BETA-formule 161
Betrouwbaarheid 73
Betrouwbare rapportages 41
Bewarende functie 118, 119
Bewuste fouten 94
Bezetting 391, 404
Bezettingsgraad 368
Big data 136
Bijsturen 29
Bijsturing
 Operationele – 30
 Strategische – 30
 Tactische – 30
BKR 230
Blockchain 138
Boekenonderzoek 60
Boekhoudschandalen 41
Bonus 228, 229
Bouwvergadering 312
Breedbandinternet 361
Broncode 145
Brutomarge 226
Budget 28, 120
Buffet 333

C

Calculatieverschillen 313
Capaciteit 362, 391, 392, 396
Capaciteitsplanning 363
Casusspecifiek 110, 299
Check digits 140
Cijferbeoordeling 163
Cloud 136
Cloud computing 378
Commercieel beleid 227
Competentiematrix 146
Competentietabel 146
Compliance 41
Computersystemen 24
Consignatie 240
Consignatiegoederen 210
Contant geld 261
Continuïteit 72, 378, 379
Continuous monitoring 137
Contractenbestand 229
Contractenregister 187, 305, 398
Contractpositie 186
Control 28, 30, 43, 75, 96
Controlerende functie 119
Controletotalen 366
Controleverklaring 429
Controlmaatregelen 139
Convenant 60
Copyright 377
Corporate governance code 41
COSO 40, 46
COSO Internal Control Framework 46
COSO-kubus 46
Credit risk management 230
Credit scoring 230
Creditcard 260
Crediteurenadministratie 193
Crediteurenstambestand 193
Creditnota 192, 240
Crm 228
Crm-systeem 228
Cultuur 22
Cybernetisch principe 30
Cyclisch factureren 235

D

Databasemarketing 259
Datamining 136, 146
Debiteurenadministratie 230, 236
Deep learning 137
Demingcirkel 57
DESTEP-model 74

Detailbeschrijving 157
Detailcontrole 164
Detailhandel 253
Detectief 94
Diefstal 208, 255
Digitale pinpas 260
Documentatie 145
Doelen 27
Doelstellingen 21
Download 381
Dynamische prijsstelling 137

E

EDI (electronic data interchange) 142, 188
Effectief 40
Effectiviteit 40, 72
Effectiviteit en efficiency 98
Efficiencyverschillen 345
Efficiënt 40
Efficiëntie 40
Eilandautomatisering 131
Elektriciteitsmeter 366
Elektronische diensten 377
Emballage 240
Employability 434
Enterprise resource planning 119
E-Procurement 190
ERP-systeem 119, 131
Escrow-overeenkomst 145
Event Identification 53
Evenwicht 81
Excellente organisatie 58
Exit-interviews 434
Expeditie 235
Externe controle 95

F

Factormaatschappij 237
Factureren 233
Facturering 233, 367
Factureringsafdeling 233
Factuurcontrole 192
Fake-facturen 193
Feit 70
Fifo 212
Filiaalbedrijf 254, 258, 264
Filiaalvergelijking 264, 265, 404
Firewall 148
Flatrate 364
Flexibiliteit 72
Floor to list 213
Flowchart 157

Fooi 333
Frameworks 45
Fraude 94
Functiescheiding 117, 254, 345

G

Garantie 264, 350
Geaggregeerde informatie 75
Gebruikersorganisatie 145
Gebruikerstests 145
Gegeven 29, 70
Gegevensdrager 377
Gegevensverwerkend proces 29
Geld 22
Geldbeweging 177, 224, 241, 350
Geld- en goederenbeweging 161
General computer controls 142, 254
General IT controls 142
Geprogrammeerde controle 440
Getrouw beeld 429
Globaal processchema 157
Globale voorcalculatie 303
Goederen 24
Goederenbeweging 177, 223, 241, 350, 377
Grafische weergave 163
Grijpvoorraad 349
Groothandel 223

H

Hackers 381
Handel met contante betaling 177
Handel op rekening 177
Hard controls 44
Harde productienormen 276
Hash total 141, 194
Heterogeen 211
Hidden action 23
Hidden information 23
Homogeen 211
Horizontaal toezicht 60

I

Incasso 367
In control 39
In control statement 42
Incourante producten 209
Informatie 24, 29, 31, 70, 93
Informatieasymmetrie 23
Informatiebehoefte 72
Informatiepiramide 73
Informatiesysteem 80, 130, 131

Informatieverzorging 72
Informatieverzorgingsproces 70
Ingrediënten 331, 333
INK-model 54
Inkoopbegroting 180
Inkoopbeslissing 184
Inkoopcontracten 185
Inkoopdocumentatie 183
Inkoopimpuls 183
Inkoopresultaat 211
Input 22, 24, 283
Integrale inventarisatie 214
Interfaces 131, 278
Intern beschikkend 281
Internal control 46, 95
Interne controle 93, 94, 95
Internet 134
Internet of Things 135, 366
Inventarisatie 177, 213
Inventarisatie op kritische momenten 214
Inventarisatie
    Partieel roulerende – 258
    Simultane – 258
Inventarisatiemethoden 214
Invoercontroles 140
IST 95, 155
IST-positie 161
IST-situatie 30

J

Jaarplannen 28
Jobtime 309, 351
Juistheid 72

K

Kamerstambestand 394, 396, 397
Kans × impact 53
Kantoorvoorraadadministratie 209, 349
Kapitaal 22
Kapitaalintensief 283
Kasgeld 262
Kasinstructie 262
Kasregister 259, 262
Kassa 259, 332
Kassabon 263
Kassaterminal 254
Kastekort 263
Kasverschil 262
Kengetallen 265
Ketenaansprakelijkheid 309
Klantcontact 228
Klantenservice 263

Kopiëren 381
Korting voor contante betaling 236
Kortingsafspraken 224, 229
Kortingstabel 229, 398
Kredietbeperking 236
Kredietlimiet 230
Krediettermijn 236
Kredietverzekering 238
Kredietwaardigheid 230, 369
Kredietwaardigheidscontrole 365
Kritieke prestatie-indicatoren 79
Kritische succesfactor 29, 79
Kunstmatige intelligentie 136
Kwaliteitseisen 71
Kwaliteitseisen van informatie 71

L

Lagging 81
Leading 81
Leegloop 304
Leegstand 393, 394
Leegstandscontrole 393, 402
Leverancierskortingen 186
Leveringsvoorwaarden 229
Levers of control 43
Lifo 212
Lijnafdelingen 433
List to floor 213
Live-omgeving 144
Logfiles 146
Logging 146
Logische toegangsbeveiliging 146
Loon- en prijsclausules 300, 305
Loyale klant 259

M

Maatregelen
 Detectieve – 94
 Preventieve – 94
 Repressieve – 94
Maatschappelijk verantwoord inkopen (mvi) 181
Maatschappelijk verantwoord ondernemen 82
Maatschappelijk verantwoord ondernemen (mvo) 181
Magazijninventarisatie 208
Magazijnmeester 207
Mass customization 276
Massaproductie 275, 276
Meerjarenplannen 28
Meerwerk 300, 310

Meerwerkclausule 311
Mensen 24
Meten 29, 80
Middle management 28
Minderwerk 312
Missie 26, 74
Modules 132, 276
Monitoring 137

N

Nacalculatie 278, 351
Nafacturering 234
Nederlandse corporate governance code 41
Netting 189
Netwerk van controletotalen 366
Norm 75
Normatief 279
Normatief verbruik 284
Normen 80, 120
No show 398
Nutsbedrijven 361

O

Offertebestand 231
Offerteprocedure 183, 229
Offerteregister 184
Omgevingsfactoren 74
Omspannende verbandscontroles 196, 241
Onbewuste fouten 94
Onderhanden werk 441
Ondersteunende processen 94
Ontvangstregistratie 346
Ontwikkelomgeving 144
Oogstcontracten 186
Oogtoezicht 263, 347
Operationele gegevens 132
Operationele informatie 75
Opmaken van de kassa 262
Orderbestand 231
Organisatie 21
Organisatiedoelstellingen 22
OTA 145
Output 22, 24, 283
Outsourcing 136

P

Paid time 309
Paklijst 235
Paraplucontracten 186
Partieel roulerende inventarisatie 214
Partij 211
Partijresultaat 211

PDCA-cirkel 57
PDCA-cyclus 57
People 82
Personeelsplanning 439
Perspectieven 76
Piepsysteem 312, 436
Pinpas 260
Planet 82
Plannen 27
Planning & control 29
Point of sale 254, 259
Prepaid 363
Prepaidklanten 367
Prestatie-indicatoren 77, 79
Preventief 94
Preventieve maatregelen 94, 308
Prijssysteem 211
Prijswijzigingen 257
Primaire processen 93
Primaire vastlegging 452
Principaal 23
Principes 47
Privacy 73, 136
Privacybescherming 378
Private cloud 136
Procesbeschrijving 156
Procesmining 137
Processen 121
Procuratiehouder 195
Productiefactoren 283
Productieomgeving 144
Productieplanning 281
Profit 82
Projectadministratie 299, 306
Projectcontrollers 301
Projectorganisatie 144
Protocol 262
Protocol van oplevering 313
Public cloud 136

Q
Quasigoederen 418

R
Raamcontract 231
Randvoorwaarden 115
Ratio's 265
Recept 279
Receptie 349
Receptuur 331, 334
Recovery 147
Redelijkheidcontrole 140

Regiewerk 300
Registratiesysteem 362
Registreren 29
Registrerende functie 119
Relevantie 72
Rembours 224, 230, 238
Reparatie 264
Reparatieopdracht 349
Reparatieorderbestand 349
Repressief 94
Repressieve maatregelen 308
Reservering 391
Restaurant 331
Retail 253
Retour 239
Retouren 191, 263
Retourzending 239
Retrograde-methode 333, 350
Richtlijnen 121
Risicomanagement 48, 52
Risicomatrix 53
Risico's 109
Risk appetite 52
Risk response 53
Robotisering 136
Routelijst 238
Routeplanning 235
Ruilen 263

S
SaaS 136, 378
Samenspannen 118
Samenspanning 345
Sarbanes-Oxley-wet 41
SBR 134
Schematechniek 157
Secundaire processen 93
Selfbilling 193
Service-level agreements 147
Shoptime 309
Simons 43
Simultane inventarisatie 214
SLA 147
Sleeprisico 238
Slimme meter 366
SMART 28, 80
Soft controls 44
Software as a Service 136
SOLL 95, 155
SOLL-positie 161
SOLL-situatie 30
SOx 41

Stafafdeling 432
Stambestand 279, 367
Stambestand artikelen 255
Stambestand Capaciteit 394
Stamgegevens 141
Standaardkostprijs 275, 278, 279
Standard business reporting 134
Standenregister 361, 365, 435
Statiegeld 240
Steunpunten 108
Stichting Brein 381
Strategie 27, 74
Strategiekaart 77
Strategische informatie 74
Stroomschema 157
Stuklijst 279
Stukproductie 276
Swimlane 158
Systeemorganisatie 143

T

Taakstellende begroting 121
Tactisch niveau 28
Tactische informatie 75
Tapautomatisering 329, 331
Targets 28
Tarief 361
Tariefstructuur 361, 397
Tarievenstambestand 365
Tax Control Framework 60
Technisch gesloten magazijn 208
Technische voorcalculatie 306
Tegengestelde belangen 117
Tegoedbon 263
Telefonie 361
Televisie 361
Termijnfacturering 305
Testbuyers 263
Theoretische omzet 161
Three lines of defence model 50
Three way match 193
Tijd schrijven 440
Tijdigheid 72
Toegangsbeveiliging 381
Toegangscontrole 415, 419
Toegevoegde waarde 329
Totaalcontrole 164
Transactie 117
Transactiegegevens 141
Treasuryfunctie 189
Triple P-benadering 82

Trusted third party 145
Typologie 107
Typologiespecifek 109, 299

U

UBL 193
UBL-formaat 193
Uitval 277
Uitvoerende functie 119
Urenverantwoording 309, 440
Uurtarieven 347

V

Validatie 140
Valutarisico 188
Vast contract 363
Veranderorganisatie 143
Verantwoording afleggen 30
Verbandscontrole 159
Verbandscontrole uitvoeren 235
Verbetercyclus 57
Verbruik 361
Verbruiksbestand 362, 367
Verkoop op rekening 223
Verkoopbegroting 180, 226
Verkoopfunctie 226
Verkoopofferte 229
Vernietiging 334
Verschuivingsgevaar 187, 232, 299, 307, 402, 440
Verstoring in de goederenbeweging 208
Vertegenwoordigers 228
Vervalkalender 305
Vervanging 191, 240
Vierogenprincipe 141, 209, 287
Virtuele producten 377
Virusscanner 148
Visie 26, 74
Volledigheid 72, 161
Volledigheidscontrole 140
Voorcalculatie 299, 351
Voorfacturering 234
Voorraadadministratie 229, 258
Voorraadbegroting 180
Voorraadbeheer 256
Voorraadinventarisatie 224
Voorraadregistratie 210, 257
Voorraadverschillen 213
Voortgangscontrole 281, 305
Vrachtbrief 235

W
Waardekringloop 160
Waardesprong 161
Waardevermindering 208
Waarschijnlijkheidcontrole 140
Webshop 232
Werkorder 349
Winkeldiefstal 257
Winkel-in-een-winkel 442

Y
Yield management 397

Z
Zelfcontrole 95
Zelfscannen 259